Armin Schulz
Erzähltheorie in mediävistischer Perspektive

Armin Schulz

Erzähltheorie in mediävistischer Perspektive

Studienausgabe

2., durchgesehene Auflage

Herausgegeben von
Manuel Braun
Alexandra Dunkel
Jan-Dirk Müller

De Gruyter

ISBN 978-3-11-040014-4
e-ISBN (PDF) 978-3-11-041969-6
e-ISBN (EPUB) 978-3-11-041980-1

Library of Congress Cataloging-in-Publication Data
A CIP catalog record for this book has been applied for at the Library of Congress.

Bibliografische Information der Deutschen Nationalbibliothek
Die Deutsche Nationalbibliothek verzeichnet diese Publikation in der Deutschen Nationalbibliografie; detaillierte bibliografische Daten sind im Internet über http://dnb.dnb.de abrufbar.

© 2015 Walter de Gruyter GmbH, Berlin/München/Boston
Umschlagabbildung: Universitätsbibliothek Heidelberg, Cod. Pal. germ. 67, fol. 1r
Satz: Konrad Triltsch, Print und digitale Medien GmbH, Ochsenfurt
Druck und Bindung: CPI books GmbH, Leck
∞ Gedruckt auf säurefreiem Papier
Printed in Germany
www.degruyter.com

Vorwort zur Studienausgabe

Die ‚Erzähltheorie in mediävistischer Perspektive' von Armin Schulz hat nach ihrem erstmaligen Erscheinen 2012 viele positive Kritiken erhalten. Gelobt wurde nicht zuletzt ein unkonventioneller Denkansatz, der, obgleich wohlinstruiert durch die historische Narratologie, seinen eigenen Weg im Ausgang von den Texten sucht, statt an vorgefertigten Theoriemodellen entlangzuschreiben. Man stellte fest, daß es sich trotz seiner dezidierten Forschungsinteressen um ein gelungenes „studienbegleitendes Arbeitsbuch" (Lukas Werner) handelt, dessen Wirkung nur eins im Wege stand: der hohe Preis der Hardcover-Ausgabe. Es ist dem Verlag deshalb hoch anzurechnen, daß er nach zwei Jahren eine preisgünstigere Studienausgabe auf den Markt bringt. Damit wird es nun einem größeren Kreis von angehenden Mediävisten, Vertretern der historischen Narratologie, sonstigen Literaturwissenschaftlern, vielleicht auch dem einen oder anderen Liebhaber mittelalterlicher Literatur ermöglicht, sich dieses Werk anzuschaffen. Sie werden mit einem „komplexen, feinsinnigen und anregenden Buch" (Christine Putzo) belohnt, das eine Rezensentin „an einigen Stellen geradezu schmissig" nannte (Karin Münstermann) – und das widerfährt germanistischen Abhandlungen nicht allzuoft.

Die Herausgeber im Herbst 2014

Vorbemerkung

Armin Schulz konnte dieses Buch nicht mehr selbst zum Druck bringen. Am 21.9.2010 ist er einem tückischen Leiden erlegen, das er über lange Jahre mit großer Tapferkeit und immer neuer Zuversicht ertragen hatte. Fast bis zum Schluß hat er an seiner narratologisch-mediävistischen Einführung gearbeitet, eine neue Einleitung entworfen und die ersten Kapitel abschließend redigiert. Er wollte noch neuere Literatur einarbeiten – darunter die Habilitationsschrift von Sonja Glauch – und einige Ergänzungen vornehmen, vor allem zum ‚metonymischen Erzählen‘, ein Thema, das er in den letzten Jahren zusammen mit Harald Haferland für die Forschung entdeckt hat und dem die beiden eine Tagung widmen wollten. Dazu ist es nicht mehr gekommen. Dennoch lag bei seinem Tod ein weithin abgeschlossenes Werk vor, das auf zwei Vorlesungen in München basiert und in einer bislang unerreichten Eindringlichkeit Eigenarten des Erzählens im deutschsprachigen Mittelalter darstellt. Es hatte schon als unfertiger Entwurf das Interesse des Verlags geweckt; die entsprechenden Absprachen konnte Schulz noch selbst treffen.

Für uns, die Herausgeber, ist es eine Ehre und ein Bedürfnis, das Buch des früheren Mitarbeiters, Kollegen und Freundes der Öffentlichkeit zugänglich zu machen. Darüber hinaus ermutigten uns Nachfragen zahlreicher Studierender, die seine Vorlesungen gehört hatten. Wir haben uns darauf beschränkt, das Typoskript für den Druck einzurichten, kleinere sprachliche Unebenheiten zu glätten, einige Wiederholungen zu tilgen und – vor allem in der Bibliographie – Angaben aufeinander abzustimmen. So erhält der Leser wirklich Armin Schulz' Buch, vielleicht nicht ganz in der Gestalt, die der Verfasser ihm in seinem Perfektionismus gegeben hätte, aber ihr doch so nahe wie möglich. Beim Korrekturlesen wurden wir von Franz Adam unterstützt, der wie wir der Meinung war, daß der viel zu frühe Tod wenigstens nicht das Ergebnis jahrelangen Forschens auslöschen dürfe. Ihm möchten wir ebenso danken wie dem Verlag, der die seinerzeitigen Vereinbarungen tatkräftig umsetzte.

Das Buch, zunächst als knappe Einführung für Studenten geplant, wuchs sich im Laufe der Zeit zu einem umfassenden Handbuch aus. Bei einem so jung Verstorbenen fällt es schwer, von einem Lebenswerk zu sprechen. Dennoch ist das Buch so etwas wie die Summe jahrelanger, immer wieder neu ansetzender Forschungen. Die Bibliographie gibt darüber Auskunft, auf wie viele eigene Vorarbeiten es sich stützen kann: angefangen von der noch stark dem strukturalistischen Paradigma verpflichteten Dissertation über zahlreiche Aufsätze zu oft lange vernachlässigten Texten (Maeren, sog. Spielmannsepik, weniger bekannte höfische Romane), über die Habilitationsschrift *Schwieriges Erkennen. Personenidentifizierung in der mittelhochdeutschen Epik*, die grundlegende Fragen mittelalterlicher Anthropologie erläutert und deren begriffliche Prägungen sofort Eingang in die jüngere Forschung gefunden haben, bis zu den jüngsten, zunehmend kanonischen Texten gewidmeten Artikeln, in denen Schulz neue Perspektiven einer mediävistischen Narratologie entwickelt. Wir denken, daß die Leser auch in diesem Buch entdecken, was jene Arbeiten auszeichnet: weitreichende theoretische Reflexionen, begriffliche Klarheit und interpretatorische Phantasie. Wir sind stolz, der Fachwelt das *opus magnum* eines der begabtesten Mediävisten seiner Generation präsentieren zu können, der in den letzten Jahren trotz der immer wieder zurückkehrenden Krankheit durch ebenso originelle wie gründlich recherchierte Bücher und Aufsätze auf sich aufmerksam gemacht hat und von dem noch so viel zu erwarten gewesen wäre.

München und Stuttgart,   Manuel Braun,
1. Januar 2012   Alexandra Dunkel,
                                                                Jan-Dirk Müller

Inhalt

1. Vorwort 1
2. Interpretation und Anthropologie: Konzeptionen von Figuren und ihren Interaktionen 8
2.1 Echte Menschen und literarische Figuren; Charaktere und Typen 8
    2.1.1 Textinterpretation und die Frage nach dem Warum 8
    2.1.2 Zum Begriff der Figur 10
    2.1.3 Ein ‚technischer Blick' auf Figurenattribute und Figurenbeziehungen 12
    2.1.4 Handlungsprinzipien und Figuren, abstrakt: Das Konzept der Aktanten 16
    2.1.5 Handlungsprinzipien und Figuren, historisch: Transpersonale Identität, Einleiblichkeit, Merkmalsgleichheit 18
2.2 Text und Kontext 19
    2.2.1 Kulturelle Kontexte 19
    2.2.2 Zur Relevanz kulturellen Wissens für die Textinterpretation 21
    2.2.3 Interpretation und die Hierarchie der Textebenen .. 26
2.3 Kulturelle Voraussetzungen des Verständnisses mittelalterlicher Literatur 29
    2.3.1 Mikrokosmos und Makrokosmos: Der Mensch als Zwischenwesen 29
    2.3.1.1 Gelehrtes Wissen 29
    2.3.1.2 Mensch und Engel: Höfische Lichtkörper 31
    2.3.1.3 Mensch und Tier 1: Der Krieger und die animalische Gewalt 32
    2.3.1.4 Mensch und Tier 2: Das Unhöfische als Nicht-Menschliches 34
    2.3.2 Humoralpathologie und Temperamentenlehre 37
    2.3.2.1 Gelehrtes Wissen 37
    2.3.2.2 Kuren gegen Wahnsinn in der höfischen Dichtung 38
    2.3.3 Wahrnehmen und Erkennen 39

2.3.3.1	Die gelehrte Hierarchie der Sinne	39
2.3.3.2	Synästhetische Komplementärmodelle	40
2.3.3.3	Wahrnehmung im sozialen Feld	41
2.3.4	Feudale Identität: Handlungs- und Verhaltenssemantiken	43
2.3.4.1	Höfische Interaktion: Agon, Reziprozität und ‚Ausdruck'	43
2.3.4.2	Höfische Minne	53
2.3.4.2.1	Liebe als Kunst und ihre Paradoxien	53
2.3.4.2.2	Gattungszusammenhänge	55
2.3.4.2.3	Feudale Paarbildungslogiken	56
2.3.4.2.4	Magischer Zwang	58
2.3.4.2.5	Übergänge zwischen Magie und Kognition	59
2.3.4.2.6	Rekurrente Bildfelder und Interaktionsmuster	60
2.3.4.3	Zeichen, Repräsentation und Partizipation	63
2.3.4.3.1	Ein metonymisches Verhältnis zur Welt	63
2.3.4.3.2	Höfische Repräsentation	65
2.3.4.4	Rituale	66
2.3.4.4.1	Zur ordnungssetzenden Funktion von Ritualen	66
2.3.4.4.2	Literarische Thematisierung und Funktionalisierung von Ritualen	67
2.3.4.5	Gewalt	72
2.3.4.5.1	Felder der Gewalt	72
2.3.4.5.2	Kategorien der Gewalt: lozierend, raptiv, autotelisch	73
2.3.4.6	Kern und Hülle, Heimlichkeit und Öffentlichkeit	75
2.3.4.6.1	Das Böse, die Gewalt und die Falschheit	75
2.3.4.6.2	Prekäre Wahrnehmung im öffentlichen Raum	76
2.3.4.6.3	Kritik und Immunisierung der sozialen Wahrnehmung	78
2.3.4.7	Altersstufenlehre und Verhaltenssemantik	82
2.3.5	Determinanten adeliger Identität: Der Körper, das Selbst und die anderen	88
2.3.5.1	Identität und Individualität	88
2.3.5.1.1	Brüchige und widersprüchliche Figurationen des Selbst	88
2.3.5.1.2	Soziale Inklusion und soziale Exklusion	91
2.3.5.1.3	Körper, Kleidung und Identität	92
2.3.5.1.4	Individualitätsgeneratoren: Religion und Minne	95
2.3.5.2	Genealogie	97
2.3.5.2.1	Sippenkörper und Adelskörper	97

2.3.5.2.2 Gelehrte und feudale Vorstellungen
über menschliche Fortpflanzung 98
2.3.5.2.3 Genealogie als Ordnung des Wissens 103
2.3.5.3 Männer und Frauen:
Zur Kategorie des Geschlechts 104
2.3.5.3.1 *Sex* und *gender* 104
2.3.5.3.2 *One sex theory: natura* vs. *nutritura* 105
2.3.5.3.3 Gattung und Geschlecht 109
2.3.5.4 Freundschaft unter Merkmalsgleichen 110
2.3.5.5 Maß und Übermaß: Zur Thematisierung von
Affekten 112
2.3.5.5.1 Ritual, überbordende Gefühle, ‚Hydraulik‘:
zum Verhältnis von Literaturwissenschaft
und historischer Emotionsforschung 112
2.3.5.5.2 Zur Funktion literarischer Affektinszenierung 114
2.3.5.5.3 Überbordende Affekte in der Literatur
des 13. Jahrhunderts 114
2.3.6 Anthropologie und Gattungen:
Höfisches und Heroisches 117

3. Vom mittelalterlichen Wiedererzählen: Narrative Gattungen
im Widerstreit konkurrierender Logiken 119
3.1 Gattungen im Spannungsfeld 119
    3.1.1 Vor-Augen-Stellen von Widersprüchlichem 119
    3.1.2 Zum Status von Gattungen 120
3.2 Literarische Elementarlogiken 122
    3.2.1 Stoffe, Motive, Themen 122
    3.2.2 Wiedererzählen 123
3.3 Narrativer Agon 124
    3.3.1 Erzählen mit der und gegen die Tradition 124
    3.3.2 Das Prinzip der Aventiure 127
3.4 Konkurrierende Logiken in den Hauptgattungen
des volkssprachigen Erzählens 128
    3.4.1 Konkurrierende Logiken 1:
Das Motiv des Frauenerwerbs durch Aventiure –
Minne und Herrschaft im höfischen Roman 128
    3.4.1.1 Heldenkonzept und Wegstruktur 128
    3.4.1.2 Agonalität im höfischen Roman 129
    3.4.1.3 Frauenerwerb durch Aventiure 130
    3.4.1.4 Der *chevalier errant* als Problem 132

3.4.2	Konkurrierende Logiken 2: Märendichtung – agonale Überlistung, Anspruch und Gnade	134
3.4.2.1	Die Konkurrenz von Narration und Weisheitslehre	134
3.4.2.2	Das Schwankschema als agonales Prinzip	136
3.4.3	Konkurrierende Logiken 3: Höfische Legenden – Weltflucht vs. höfische Sichtbarkeit	143
3.4.3.1	Funktionen und Merkmale einer populären Gattung	143
3.4.3.2	Das Heilige: Nicht-Verfügbarkeit vs. Zwang zur Evidenz	146
3.4.4	Konkurrierende Logiken 4: Heldenepik – Höfisches und Heroisches	150
3.4.4.1	Von alternativer Geschichtserinnerung hin zur Faszination an grotesk-archaischer Gewalt	150
3.4.4.2	Heroische vs. höfische Anthropologie	152
3.4.4.3	Gängige Schemata, Motive und Figurenentwürfe ...	153

4. Erzählen nach Mustern:
Die gängigsten mittelalterlichen Erzählschemata 159
4.1 Erzählen: Das ‚Narrative' 159

4.1.1	Zwei Grundbegriffe: *histoire* und *discours*	159
4.1.2	Diegese bzw. dargestellte Welt	161
4.1.3	Lineare vs. zyklische Zeitstrukturen: Christlich-gelehrte Vorstellungen und literarische Insel-Phantasmen	162
4.1.4	Erzählen und Handlung: Ein Plädoyer	164
4.1.5	Handlung und Ereignis: Die Modelle von Brémond, Greimas und Lotman	166
4.1.5.1	Allgemeines	166
4.1.5.2	Brémond: Regelkreis und Entscheidungsbaum	167
4.1.5.3	Greimas: Narrativer Dreischritt und Wertetransfer	171
4.1.5.4	Lotman: Grenzüberschreitungen zwischen semantischen Räumen	176
4.1.6	Zur Theorie und zum interpretatorischen Nutzen von Erzählschemata	184

4.2 Zentrale Muster mittelalterlichen Erzählens 191

4.2.1	Zum Brautwerbungsschema	191
4.2.1.1	Vielseitige Verwendbarkeit: ‚Spielmannsdichtung', Heldenepik, höfischer Roman	191
4.2.1.2	Das Sujet des Brautwerbungsschemas	193

4.2.1.3	Idealtypische Semantik und paradigmatische Strukturen	193
4.2.1.4	Syntagma bzw. Ablaufplan	195
4.2.1.5	Umbesetzung und Variation des Brautwerbungsschemas 1: Das ‚Nibelungenlied'	204
4.2.1.6	Umbesetzung und Variation des Brautwerbungsschemas 2: Legendarische Einflüsse	207
4.2.1.7	Serielle Reduktion des Brautwerbungsschemas: ‚Dietrichs Flucht'	210
4.2.2	Zur ‚gestörten Mahrtenehe'	214
4.2.2.1	Faszinierende Fee vs. teuflische Dämonin	214
4.2.2.2	Mythische Grundlagen	216
4.2.2.3	Zum Sujet der ‚gestörten Mahrtenehe'	218
4.2.2.4	Syntagma bzw. Ablaufplan	219
4.2.2.5	Mythisches Schema und mythologisches Spiel: Maries de France ‚Lanval'	231
4.2.2.6	Bewältigung der Feen-Ambivalenz: Narrative Spaltungsphantasmen	235
4.2.3	Zum Artusschema: KUHN meets PROPP	241
4.2.3.1	Narrative Zweiteiligkeit, ‚Doppelweg' und ‚Symbolstruktur'	241
4.2.3.2	Zum Sujet des Artusromans	243
4.2.3.3	Schemakomplikation und Schemareduktion	244
4.2.3.4	KUHNS Modell der ‚Doppelwegstruktur' des ‚Erec'	245
4.2.3.5	HAUGS Modell der Chrétienschen bzw. Hartmannschen ‚Symbolstruktur'	250
4.2.3.6	PROPPS Zaubermärchenschema als Grundlage strukturalistischer Artusroman-Analysen	251
4.2.3.7	Zaubermärchen und Artusroman 1: Literaturanthropologische Forschungsansätze	253
4.2.3.8	Zaubermärchen und Artusroman 2: Die These NOLTING-HAUFFS	256
4.2.3.9	Märchensemantik vs. feudale Semantik	258
4.2.3.10	Zaubermärchen und Artusroman 3: Die These SIMONS	259
4.2.3.11	Versuch eines Ablaufschemas des ‚klassischen' Artusromans	261
4.2.3.12	Artusroman und Mythos	271
4.2.3.13	Unterschiedliche Möglichkeiten der Schema-Realisation	274

4.2.3.14	Schemainterferenzen: *her Îwein jaget in âne zuht*	276
4.2.3.15	Strukturkomplexion: Wolframs ‚Parzival'	279
4.2.4	Minne- und Aventiureromane	281
4.2.4.1	Zum Sujet des ‚weltlichen' Minne- und Aventiureromans	284
4.2.4.2	Zum Syntagma des ‚weltlichen' Minne- und Aventiureromans	285

5. Räume und Zeiten 292
5.1 Literarische Weltentwürfe 292
    5.1.1   Ausschnitthafte oder verallgemeinernde Darstellung 292
    5.1.2   Basale Kategorien der Raumorganisation 293
    5.1.3   Basale Kategorien der Zeitorganisation 294
5.2 Literatur- und kulturwissenschaftliche Beschreibungsmodelle 295
    5.2.1   BACHTINS ‚Chronotopos'-Konzept 295
    5.2.2   LUGOWSKIS ‚mythisches Analogon' 296
    5.2.3   Providenz und Kontingenz im mittelalterlichen Weltbild 297
    5.2.4   Aggregaträume und Systemräume 300
    5.2.5   Bewegungsräume und Schwellenräume 301
    5.2.6   Diskontinuierliche Räume 1: Linearität und Insularität 301
    5.2.7   Diskontinuierliche Räume 2: ‚Falträume' im Innen und im Außen 304
    5.2.8   FOUCAULTS Heterotopien 304
    5.2.9   Mythischer vs. profaner Raum bei CASSIRER 306
    5.2.10   Das Prinzip des Transgressiven 308
5.3 Sonderräume und Unorte im höfischen Roman 310
    5.3.1   Tristrants Waldleben: Chronotopos, Heterotopie, Konkreszenz 310
    5.3.2   Mythische Unorte im Artusroman: Ulrichs von Zatzikhoven ‚Lanzelet' 316

6. Verknüpfungen: Wie wird ein Text zu einem kohärenten Text? 322
6.1 Komposition, Wiederholung, Äquivalenz 322
    6.1.1   Narrativer Zusammenhalt 322
    6.1.2   Korrelative Sinnstiftung 323
    6.1.3   Kohärenz 325
    6.1.4   Motivationsarten: Unterschiedliche Formen der Klassifikation 327

	6.1.5	BARTHES' ‚Handlungsfolgen'	332
	6.1.6	Metonymisches Erzählen	333
	6.1.7	Erzählen im Paradigma	343
6.2	Von der Funktionalität ‚blinder' Motive	348
	6.2.1	Widersprüchlichkeit als Erzählprinzip	348
	6.2.2	‚Abgewiesene Alternativen'	350
	6.2.3	Prozessierung	359
	6.2.4	Überblendung und Hybridisierung	362
	6.2.5	Überdetermination	364

7. Vermittler zwischen Stoff und Rezipient:
   Erzähler und Erzählperspektive 367
7.1 Erzähler und Perspektive 367
7.2 Sekundäre Mündlichkeit:
    Der Erzähler im Heldenepos und im höfischen Roman 369
    7.2.1 Allgemeines 369
    7.2.2 Narrative Wissensvergabe und sekundäre Mündlichkeit im Heldenepos: Das ‚Nibelungenlied' 370
    7.2.3 Narrative Wissensvergabe und sekundäre Mündlichkeit im höfischen Roman 374
    7.2.4 Mittelalterliches Wiedererzählen 378
    7.2.5 Frau Aventiure als Personifikation des Stoffs 380
7.3 Zwei Fallbeispiele 383
    7.3.1 Fokalisierung/Point of view/Perspektive
          in Gottfrieds ‚Tristan' 383
    7.3.2 Experimente oder Fehlgriffe? Konrads ‚Partonopier' 386

Literatur 396
   Quellen 396
   Darstellungen und Hilfsmittel 402

Autoren- und Textregister 429

1. Vorwort

Narratologie tritt nicht selten mit dem Anspruch auf, alles beschreiben und analysieren zu können, was der Mensch jemals erzählt hat. GÉRARD GENETTES berühmtes Buch ‚Die Erzählung' (1994) befaßt sich fast nur mit zwei großen Geschichten, mit Homers ‚Odyssee' und mit Marcel Prousts ‚Auf der Suche nach der verlorenen Zeit'; diese beiden stehen stellvertretend für alle. An brauchbaren, guten und ausgezeichneten Einführungen in die Erzähltheorie herrscht eigentlich kein Mangel. Warum also noch eine neue?

Dieses Buch entstand aus der Erfahrung, daß das methodische Besteck der Narratologie, wie es den etwas fortgeschrittenen Studierenden der Germanistik vertraut ist, schon recht bald ziemlich stumpf wird, wenn man es zur Analyse mittelalterlicher Erzähltexte heranzieht. Vor allem scheint sich dabei das Verhältnis zwischen dem ‚Wie' der Geschichte und ihrem ‚Was' umzukehren: Erzähl- und Literaturtheorie haben ein sehr fein justiertes Instrumentarium dafür entwickelt, die Textur der Oberfläche – des Wortlauts, des *discours* – einer Geschichte zu beleuchten und dabei besonders darauf zu achten, *wie* diese Geschichte durch die je besondere Wahrnehmung und Auswahl von Informationen sowie durch die Stimme ihres Erzählers *an den Leser vermittelt wird*. Weitaus weniger Gedanken hat sich die Narratologie über die Frage gemacht, wie im Akt des Erzählens das ‚Was' einer Geschichte entsteht, in ihrer je eigenen ‚Sujetfügung' bzw. ihrem ‚Emplotment', über die Frage also, *wie das Geschehen – die histoire – bündig aus Handlungen und Handlungsgründen zusammengesetzt wird.*

Wenn man mittelalterliche Erzählungen untersucht, wird man bald feststellen, daß die Kategorien der gängigen Erzähltheorie zu oft nicht so recht passen: Wo es um die ‚Oberfläche' der alten Geschichten geht, um ihren Wortlaut und ihre Vermittlung durch einen Erzähler, erscheinen die filigranen Differenzierungen und Begriffe der Narratologie übertrieben und unnötig komplex, während sich andere Probleme stellen, beginnend damit, daß hier manchmal auch ein Blick in die gängigen Rhetorik-Handbücher sinnvoller erscheint als in diejenigen der Erzähltheorie:

– Es fällt ausgesprochen schwer, die Selbstinszenierungen der Erzählinstanz *durchgängig* von der Selbstthematisierung des realen Autors zu

trennen, weil die Autoren als Subjekte und auch als Objekte der Rede in ihren eigenen Texten auftreten, auch um damit die Geltung ihrer Geschichte zu sichern.
- Es fällt ausgesprochen schwer, das System der narrativen Informationsvergabe nachzuzeichnen: Die Figuren wissen und sprechen oft von Dingen, von denen sie – im Gegensatz zum Erzähler – eigentlich nicht die geringste Ahnung haben dürften.
- Es fällt ausgesprochen schwer, zu verstehen, daß mittelalterliche Texte für unseren Geschmack immer zu wenig oder zu viel erzählen: Handlungen haben nicht selten keine nachvollziehbar plausiblen oder zu viele und dann widersprüchliche Gründe, sie sind untermotiviert oder überdeterminiert.
- Es fällt ausgesprochen schwer, zu verstehen, daß die Protagonisten und auch die Nebenfiguren mittelalterlichen Erzählens nicht durch einen spezifischen Charakter geprägt sind, der sich kontinuierlich und bruchlos fortentwickelt, im Sinne moderner psychologischer Erwartungen, sondern daß die Identität der Figuren im wesentlichen nur durch soziale Bindungen, gattungsabhängige Verhaltensmuster und durch ihre je eigene Geschichte bestimmt ist: Eigenschaften, die wir heute als unveräußerliche Bestandteile menschlicher Individualität und Identität auffassen, können in den Texten völlig ‚vergessen' oder auf andere Figuren ‚verschoben' werden.
- Es fällt ausgesprochen schwer, zu verstehen, daß logische Brüche und scheinbare Unstimmigkeiten der Handlung nicht in jedem Fall die Unfähigkeit mittelalterlicher Autoren dokumentieren: Sie begegnen auch in den besten Texten, erstens weil die Funktion besonderer Handlungsumstände sich oft im Augenblick erschöpft, zweitens weil potentielle Widersprüche und Alternativen zur Handlung nicht immer erörternd-diskursiv abgehandelt, sondern oftmals szenisch ‚nebeneinander' vor Augen gestellt und dann nacheinander, in ‚präsentativer Symbolifikation', abgearbeitet werden.
- Und schließlich fällt es ohne die entsprechenden Vorkenntnisse ausgesprochen schwer, zu verstehen, wie die alten Texte Bedeutung indirekt, aber sehr massiv aus dem immer neu variierenden ‚Wiedererzählen' altbekannter Stoffe, Handlungsschemata und Basismotive produzieren.

Und dennoch ist es möglich, diese Texte zu verstehen, nicht nur ihrem Wortlaut nach (wenn man die Grundlagen des Mittelhochdeutschen beherrscht), sondern auch in ihren Entwürfen von Welt, Raum, Zeit, Geschehen und Figuren und in ihrer literarischen Gemachtheit. Ihre Fremdheit, ihre ‚Alterität‘, wie dies in der Mediävistik heißt, ist zwar mitunter groß, aber nicht überwältigend. Wir würden sonst nämlich gar nichts oder zumindest nicht sehr viel verstehen. Allerdings entzieht sich vieles, was man zunächst problemlos zu verstehen vermeint, bei genauerem Hinsehen dann doch wieder. Man sollte also nicht der Versuchung nachgeben, die alten Texte bedenkenlos den eigenen modernen Vorstellungen einzugemeinden. Das Bild, das man sich von der Welt und vom Menschen macht, ist nicht in jeder Epoche gleich. Es verändert sich ebenso im Lauf der Jahre und Jahrhunderte wie die Bauprinzipien, nach denen Erzählungen gestaltet werden. ‚Alterität‘ ist nichts, was von vornherein gegeben ist, sondern ist eine Beobachterkategorie. Sie entsteht erst, wenn man sich die alten Texte fremd macht. Wer aber nur das zu finden erwartet, was er ohnehin schon kennt, wird beim Lesen und Interpretieren nicht viel dazulernen.

Wenn man mittelalterliche Geschichten interpretieren will, erscheint es ausgesprochen sinnvoll, sich zunächst ein funktionierendes Instrumentarium für die Beschreibung und Analyse ihrer ‚Sujetfügung‘ bzw. ihres ‚Emplotments‘ bereitzulegen. ‚Sujetfügung‘ meint in diesem Sinne die Erzeugung narrativen Zusammenhalts mittels literarischer Verfahren (Kohärenzbildung): erstens durch Wiederholung, Variation, Steigerung und Kontrastierung von Wortmaterial sowie von Handlungen (Motiven, Situationstypen und strukturellen Konstellationen); zweitens durch kausale und finale Motivierung. Die kurze Skizze oben sollte deutlich machen, daß die Verfahren der Sujetfügung in älterer Literatur nicht unbedingt die für uns heute gewohnten sind. Weder die große Theorie noch die gängigen Einführungsbände befassen sich mit solchen Spezifika vormoderner Literatur.

Das bedeutet aber nicht, daß sich noch niemand damit beschäftigt hätte; und es bedeutet auch nicht, daß hierzu nicht einiges an sehr brauchbarer Forschungsliteratur existierte. Allerdings sind die entsprechenden Ansätze nicht im Rahmen erzähltheoretischer Grundlagenforschung entstanden, sondern in der literaturwissenschaftlichen Praxis – beim Interpretieren mittelalterlicher und frühneuzeitlicher Erzähltexte, und dies schon seit dem Ende des 19. Jahrhunderts. Das hat die unangenehme Folge, daß diese Ansätze über Dutzende, wenn nicht Hunderte von Aufsätzen und Büchern verstreut sind, und es kostet einiges an Zeit, sich einen Überblick zu verschaffen. Rein pragmatisch wird das nicht allein für die Studierenden immer schwieriger, in Zeiten der Beschleunigung, Komprimierung und Modularisierung des Germanistikstudiums, sondern auch für berufsmäßig Forschende und Lehrende, weil man angesichts der sich explosiv vermehrenden Forschungsliteratur nicht mehr in allen Bereichen den Überblick behalten kann.

Dieses Buch ist gedacht als eine Einführung in die Spezifika mittelalterlichen und frühneuzeitlichen Erzählens, mit der Beschränkung auf deutschsprachige Literatur. Es versucht, die bestehenden Forschungsansätze nicht bloß zu referieren, sondern sie in einer systematischen Perspektive zu betrachten, Vielfältiges also ‚unter einen Hut zu bringen'. Das wird es relativ oft unumgänglich machen, nicht allein bereits Bekanntes zu referieren oder zu reformulieren, sondern auch Lücken in der Systematik zu füllen, zum einen in bezug auf die alten Texte, zum anderen in bezug auf die narrativen Verfahren. Von daher richtet sich dieses Buch in erster Linie an Studierende der Germanistik im allgemeinen und der Germanistischen Mediävistik im besonderen, als ein studienbegleitendes Arbeitsbuch, das unter systematischem Aspekt in die deutschsprachige Erzählliteratur des Mittelalters einführt. Es richtet sich als Mischung aus Überblicksdarstellung, Kompendium und Forschungsbeitrag aber auch an die Kolleginnen und Kollegen, in der Hoffnung darauf, daß sie darin nicht allein zuverlässige Information über bereits Bekanntes, sondern auch den einen oder anderen anregenden und weiterführenden Gedanken finden mögen.

KAPITEL 2 befaßt sich mit notwendigen Grundlagen des Erzählens und mit notwendigen Voraussetzungen dafür, erzählende Texte historisch zu verstehen: Es befaßt sich mit demjenigen, was eine literarische Figur ist, und mit demjenigen, was uns mittelalterliche Texte nicht explizit über ihre Figuren verraten, was wir jedoch an Wissen über sie voraussetzen dürfen. Der Grundgedanke in diesem Kapitel ist der, daß es zum einen nicht statthaft ist, das, was die Texte nicht erzählen, durch modernes psychologisches Alltagswissen aufzufüllen, daß es jedoch zum anderen unbedingt notwendig, wenn auch ausgesprochen mühsam ist, das entsprechende Voraussetzungssystem mittelalterlicher Texte zu erschließen. KAPITEL 2 bemüht sich also um die Rekonstruktion des – vor allem: anthropologischen – Wissens, das für die Interpretation dieser alten Texte relevant ist. Dabei wird grundsätzlich versucht, auf die Besonderheiten aufmerksam zu machen, die dann entstehen, wenn die erzählende Literatur des Mittelalters das gelehrte Wissen ihrer Zeit aufgreift und verarbeitet.

KAPITEL 3 befaßt sich mit den vier Hauptgattungen der erzählenden Literatur im deutschsprachigen Mittelalter: Vorgestellt werden der höfische Roman, das Heldenepos, das Märe (d.h. die novellistische Verserzählung) und die höfische Legende. Der Grundgedanke ist hier, daß – auch wenn Gattungen immer nur idealtypische Rekonstruktionen sein können –

Erzählformen und Menschenbilder im Mittelalter immer auch gattungsabhängig sind. Eine zentrale Rolle spielt dabei ein Grundprinzip mittelalterlicher Narration, das auch in den folgenden Kapiteln immer wieder begegnen wird: das Gegen- und Nebeneinanderstellen konkurrierender Sinnbildungsmuster. Hier soll versucht werden, zentrale Gattungsmerkmale aus dieser Konkurrenz heraus zu erklären.

Kapitel 4 befaßt sich mit der Frage nach der Sujetfügung mittelalterlicher Erzähltexte. Dazu wird zunächst der Frage nachgegangen, was überhaupt ‚Erzählen' ist und was die grundlegenden Konstitutiva des Narrativen sind. Systematischer Bezugspunkt ist hier die Narrativitätstheorie Jurij M. Lotmans (1989). Auf dieser Grundlage werden dann ausführlich die wichtigsten Erzählschemata vorgestellt, nach denen große Teile der mittelalterlichen Literatur ihre Sujets formen: Brautwerbungsschema, ‚gestörte Mahrtenehe', Doppelweg (Artusroman) und das Schema des Liebes- und Abenteuerromans. Vorgestellt werden dabei auch die Möglichkeiten, aus der Erfüllung des Schemas oder der Abweichung von ihm im je konkreten Text interpretatorische Rückschlüsse auf den jeweiligen Bedeutungsaufbau anzustellen. Denn Erzähltheorie wird in diesem Buch nicht als bloße Hilfswissenschaft der Textinterpretation verstanden, sondern als einer ihrer Königswege.

Kapitel 5 handelt von den Regeln, nach denen die dargestellten Welten der mittelalterlichen Erzählliteratur geformt werden: mit ihren sehr eigenen Raum- und Zeitkonzeptionen, die massiv von modernen abweichen. Dabei soll immer auch der Frage nachgegangen werden, auf welche Weise eine solche ‚Weltgestaltung' bedeutungstragend ist.

Kapitel 6 ist den Verfahren erzählerischer Verknüpfung gewidmet – demjenigen also, was aus einem Text einen kohärenten Text macht, vor allem im Blick darauf, daß mittelalterliches Erzählen häufig massiv gegen die Grundsätze erzählerischer Ökonomie verstößt, indem entweder *zu viel* oder *zu wenig* erzählt wird. Eine besondere Rolle spielen dabei Motivationstechniken, Verfahren metonymischen Erzählens und indirekter Sinnlenkung, wie sie vor allem dann begegnen, wenn die Geschichten auf merkwürdig ausführliche Art und Weise auch dasjenige thematisieren, was sie eigentlich explizit abweisen.

Kapitel 7 befaßt sich mit der Instanz des Erzählers. Ausgehend von den bekannten Kategorien ‚Modus' und ‚Stimme' sollen hier die Spezifika mittelalterlicher Figurationen der Erzählinstanz beleuchtet werden, vor allem im Blick darauf, daß diese Texte als schriftliche für ein Publikum konzipiert werden, das Geschichten noch weitgehend mündlich rezipiert, wie sie von leibhaftig auftretenden Erzählern dargeboten werden („sekundäre Mündlichkeit', ,Vokalität'). Zentral sind dabei zwei Fragen: erstens diejenige nach dem Verhältnis zwischen Gattung und Konzeption des Erzählers, zweitens diejenige nach den oft befremdlichen Regeln der Wissensvergabe in vormodernen Texten.

Ein LITERATURVERZEICHNIS sowie AUTOREN- und TEXTREGISTER beschließen den Band.

* * *

Bücher wie dieses entstehen nicht im luftleeren Raum. So datieren, um nur ein Beispiel zu nennen, die ersten Überlegungen zur historischen Andersheit mittelalterlichen Erzählens ins späte 19. Jahrhundert. Im 16. Jahrgang (1892) der ,Beiträge zur Geschichte der deutschen Sprache und Literatur' (PBB) verwunderten sich einige der damaligen germanistischen Koryphäen über logische Absonderlichkeiten in der kleinen Heldendichtung ,Alpharts Tod', die zur sogenannten ,Historischen Dietrichepik' gehört. Zwar bestimmte das seinerzeit gängige Universal-Deutungsmuster, dasjenige des ,Stoffzwangs', den Tenor der Abhandlungen (der Autor habe unterschiedliche Quellen zusammengeführt und die Widersprüche nicht vollständig zu integrieren gewußt). Allerdings erscheint daneben bereits die Idee, daß man den Handlungsgang und das Verhalten der Figuren im vormodernen Erzählen sinnvollerweise nicht unbedingt an den Vorgaben der Goethezeit und des 19. Jahrhunderts messen sollte, weil in jenem älteren Erzählen Logik und Kohärenz suspendiert werden können, wenn die Brüche auf andere Weise sinnstiftend wirken, gleichsam hinter dem Rücken des Autors. Man war noch nicht soweit, hinter manchen der ,Fehler' Verfahren des Bedeutungsaufbaus zu sehen, aber man erkannte darin Stilprinzipien vormodernen Erzählens. Meine Überlegungen bauen mithin auf älteren Studien auf, die in den einzelnen Kapiteln ausführlich vorgestellt werden.

Ein Buch wie das vorliegende zu schreiben bedeutet, daß man sich auf sehr unterschiedlich dickem Eis bewegt. Es gibt einiges, in dem ich mich relativ gut auszukennen meine – vor allem Erzählschemata, Raumsemantik, Kohärenztechniken –, anderes hingegen mußte ich mir erst für dieses Buch aneignen, und dies gewiß nicht in einer Tiefe, die Fachleute aus dem entsprechenden Gebiet befriedigen kann. Vieles dürfte weitgehend dem Forschungskonsens entsprechen; an manchen Stellen habe ich mir, ausgehend von meinem systematischen Ansatz, das bestehende Wissen zu erweitern erlaubt (etwa bei den paradigmatischen Konstitutiva des arthurischen Romans) oder Lücken in der bestehenden Forschung zu füllen versucht. So bieten etwa die Ausführungen zum ‚metonymischen Erzählen' nur einen ersten Einblick in ein Forschungsprojekt, das ich gemeinsam mit HARALD HAFERLAND konzipiert habe (vgl. HAFERLAND/SCHULZ 2010). Angesichts des Nutzens, den eine Überblicksdarstellung wie die hier vorgelegte dann doch insgesamt haben sollte, möge man die Schwächen des Buchs zum Anlaß nehmen, wieder verstärkt systematisch über historische Narratologie nachzudenken.

Das Buch ist aus zwei Vorlesungen entstanden, die ich im Sommersemester 2008 und im Wintersemester 2008/2009 an der Ludwig-Maximilians-Universität München gehalten habe. Den Studierenden, die mir über die beiden Semester die Treue gehalten und mich mit ihren Nachfragen immer wieder zum Schreiben ermuntert haben, möchte ich an dieser Stelle ebenso danken wie den Kolleginnen Anna Kathrin Bleuler und Leila Werthschulte, die einzelne Kapitel vorab gelesen und mit mir diskutiert haben. Weiterer Dank gebührt Bettina Peter, die als studentische Hilfskraft meine erste ‚Testleserin' des Anthropologie-Kapitels war, und Bernd Keidel, der beim Erstellen der Druckvorlage sehr engagiert war. Und natürlich Alexandra Dunkel, die wesentlichen Anteil daran hat, daß ich das Buch nach der Rohfassung überhaupt weiterschreiben konnte.

Noch ein Wort zur Darstellung: Ich habe weitgehend auf Fußnoten verzichtet und die Nachweise der Forschungsliteratur in den laufenden Text integriert. Was die gewählten Beispiele aus den alten Texten betrifft, habe ich mich um möglichst signifikante und nicht immer schon völlig abgegriffene bemüht. Das erschwert natürlich die Lektüre für diejenigen, die noch nicht besonders viel mittelhochdeutsche Epik kennen. Die Alternative, alles, was es in diesem Buch zu sagen gibt, an nur einem einzigen Primärtext oder an jeweils einem Text der vier Hauptgattungen zu verdeutlichen, habe ich jedoch wieder verworfen, weil dann zu vieles, was systematisch in den Rahmen einer solchen Darstellung gehört, nicht hätte gesagt werden können. Ich habe mich also bemüht, jeweils so viel zu den Beispieltexten zu sagen, daß die Ausführungen auch für Nichtfachleute verständlich sein sollten.

Abschließend gedankt sei noch Heiko Hartmann; ebenso dem Verlag de Gruyter, namentlich Birgitta Zeller-Ebert, für die freundliche Bereitschaft, dieses Buch zu verlegen, obwohl es die üblichen Umfangsgrenzen eines Lehrbuchs, zumal in Zeiten der Modularisierung, doch recht deutlich sprengt.

2. Interpretation und Anthropologie: Konzeptionen von Figuren und ihren Interaktionen

2.1 Echte Menschen und literarische Figuren; Charaktere und Typen

2.1.1 Textinterpretation und die Frage nach dem Warum

Literarische Figuren erwecken ganz selbstverständlich den Anschein, echte Menschen zu sein. Was uns die Texte nicht über sie erzählen, vor allem über ihr Innenleben, ergänzen wir spontan aus unserem eigenen Erfahrungsschatz, aus unseren eigenen Gefühlen und Gedanken, wenn wir uns vorstellen, in der gleichen Situation zu sein. Das funktioniert selbst dort, wo die Figuren eigentlich recht blaß bleiben, weil wir, wie etwa im Fall von Märchen, nur dasjenige erfahren, was die Figuren tun. So lernen wir lesen, und wir können es zunächst gar nicht anders. Eltern verständigen sich mit ihren Kindern über Geschichten, indem sie mit ihnen darüber reden, *warum jemand etwas tut.* Lehrer versuchen ihre Schüler für leicht angestaubte Texte zu begeistern, indem sie sie dazu auffordern, sich mit den Figuren zu identifizieren, sich in sie hineinzufühlen. Die Frage, die im Deutschunterricht und später dann im Germanistikstudium am häufigsten gestellt wird, ist diejenige, *warum* etwas in einem Text geschieht. Schüler und selbst noch Studierende im Hauptstudium beantworten sie fast ausschließlich von den Figuren her, indem sie versuchen, die Emotionen, Intentionen und Gedanken der Protagonisten zu rekonstruieren und darin dann Gründe für die erzählten Handlungen zu suchen. Beschlagenere geben sich Mühe, solche Ergänzungen zu objektivieren, indem sie Argumentationshilfe aus der Psychoanalyse Sigmund Freuds oder aus der Archetypenlehre C. G. Jungs in Anspruch nehmen. Das Problematische daran ist, daß die Vorstellungen, die man sich in früheren Epochen und zumal im Mittelalter vom Menschen und seinem ‚Innenleben' gemacht hat, nicht unbedingt die unseren sind.

Insgesamt stellt sich die Frage, was die Beschäftigung mit älterer Literatur überhaupt will: Soll sie versuchen, einen Text in seiner je besonderen und je gattungs- und epochentypischen literarischen Gemachtheit und in seinen historisch-kulturellen Zusammenhängen zu verstehen; oder soll sie versuchen, ihn wie einen Gegenwartstext zu behandeln und ihn für unsere moderne Kultur zu ‚retten', indem man, wie Theatermacher, die dort thematisierten Konflikte im Blick auf die Zumutungen der Gegenwart deutet? Natürlich ist dieser Gegensatz ein konstruierter, weil sich die Fragen, die man an alte Texte stellt und die man aus ihnen ableitet, historisch wandeln, abhängig von den Interessen der jeweiligen Gegenwart. Als man Ende des 18. Jahrhunderts die mittelalterlichen Epen und Romane wieder zu entdecken begann, wurden sie zunächst dem Interesse an der kulturellen Fundierung der eigenen Nation dienstbar gemacht (GROEBNER 2008). So wollte man das ‚Nibelungenlied' als ein der griechischen ‚Ilias' entsprechendes Nationalepos verstehen. Nach dem Ersten Weltkrieg (‚Dolchstoß'-Legende: „im Felde unbesiegt") und im Zweiten (‚Nibelungentreue'; Göring-Rede nach der Schlacht von Stalingrad) trieb dies reichlich ekelhafte Blüten (SCHULZE 1997, S. 290–298), so daß die Germanistische Mediävistik allen Grund hatte, sich von der (oft sehr willig gesuchten) Indienstnahme durch die Politik zu verabschieden. Das Pendel schlug ins Gegenteil aus: Nach dem Zweiten Weltkrieg herrschte eine Sichtweise vor, die bewußt im Akt größtmöglicher Einfühlung nur das Ästhetische und das überzeitig und überkulturell Allgemein-Menschliche suchte; im günstigsten Fall beschrieb man literarische Strukturen und Formen. Nach 1968 betrieb man für fast zwei Jahrzehnte das Projekt einer ‚Sozialgeschichte der Literatur', indem die Figuren und Handlungen älterer Texte als Allegorien gesellschaftlicher Gruppen bzw. Prozesse gelesen wurden. Heutzutage richtet man den Blick hauptsächlich auf die Brüche und Widersprüche der mittelalterlichen Kultur und ihrer Hervorbringungen, aus einer Gegenwart heraus, die nicht mehr als homogen, sondern als äußerst heterogen und verwirrend erfahren wird.

Aber auch wenn man als Wissenschaftler nur schwer über den Tellerrand der eigenen Zeit sehen kann, sollte man sich doch um eine historisch angemessene Interpretation bemühen: zum einen in bezug auf die Vorstellungen vom Menschen und von der Welt, die ein alter Text voraussetzt (MÜLLER 2007b); zum anderen in bezug auf die möglichst intersubjektiv nachvollziehbare Rekonstruktion der Verfahren, mit denen er Bedeutung erzeugt (TITZMANN 1989a, 1989b, 1991, 2003). Dabei ist die Beschäftigung mit den alten Texten nie bloßer Selbstzweck (PETERS 2001). Man lernt dabei, wie dasjenige, was eine Kultur emotional und intellektuell beschäftigt, in ihren künstlerischen Äußerungen verarbeitet wird (MÜLLER 2007a). Indem man dieses ‚Wie' verstehen lernt, lernt man auch mehr über die eigene Gegenwart und darüber, wie sie ihre Phantasmen umsetzt. Gerade der Kontrast zwischen dem, was uns an vormodernen Geschichten merkwürdig erscheint, und den Selbstverständlichkeiten unserer eigenen Kultur schärft das Bewußtsein dafür, daß so vieles, was uns ‚natürlich' erscheint, nichts ist als eine kulturelle Konstruktion, die ihre eigene Vorgeschichte hat. Aber dazu braucht man auch das entsprechende Handwerkszeug.

GROEBNER 2008. – MÜLLER 2007a. – MÜLLER 2007b. – MÜLLER-FUNK 2008. – PETERS 2001. – SCHULZE 1997, S. 290–298. – TITZMANN 1989a. – TITZMANN 1989b. – TITZMANN 1991. – TITZMANN 2003.

2.1.2 Zum Begriff der Figur

Als Dozent hat man einige Mühen, den Blick der Studierenden auf die spezifische ‚Künstlichkeit' bzw. ‚Gemachtheit' der Erzählungen zu lenken: weg vom Argumentieren mit bloßen Inhaltsangaben, hin auf bestimmte Textstrategien, auf Gattungskonventionen und Handlungsmuster, auf das Verhältnis zwischen der manifesten Geschichte und den Konnotationen, die durch intertextuelle Bezüge oder durch das metaphorische System des Textes entstehen. Es ist schwierig genug, begreiflich zu machen, daß in literaturwissenschaftlicher Perspektive die *Motivation* eines Geschehens zuerst einmal rein erzähltechnisch zu beschreiben ist (nämlich als kausale oder als finale; vgl. Kap. 6.1.4) und nicht psychologisch von den Figuren her.

Erzähltechnisch betrachtet, bildet die Figur „[n]eben Handlung, Raum und Zeit [...] mit ihrer sinnkonstituierenden und handlungsprogressiven Funktion einen elementaren Baustein der fiktiven Welt eines Textes", also der *histoire* [bzw. der Diegese]: der über die Handlung dargestellten Welt (vgl. Kap. 4.1):

> „Die Konzeption der Figur ist dabei je nach Gattung und Epoche verschieden. [...] Bei der Konstitution der fiktiven Welt im Drama oder Roman reagiert der Leser/Zuschauer vorrangig auf die Figuren, die er sich zu lebendigen Personen komplettiert, obwohl die Informationen über sie – anders als im ‚realen' Leben – abgeschlossen, endlich und nicht beliebig zu erweitern sind." (PLATZ-WAURY 1997, S. 587)

Wir erhalten von einem Text nicht die Person selbst, die die Figur darstellen soll, sondern eine begrenzte Reihe von Merkmalen, die stellvertretend für das ‚Gesamt' dieser fiktiven Person stehen, im Sinne einer komplexen synekdochischen bzw. metonymischen Relation (vgl. Kap. 6.1.6).[1] Zugespitzt formuliert, stellen uns Texte keine Personen vor, sondern Ensembles von Zeichen, aus denen unsere Einbildungskraft die Vorstellung von Menschen erzeugt (vgl. FLUDERNIK 2006, S. 66–69). Sowohl über den psychischen ‚Apparat', der das Verhalten einer Figur steuert, als auch über Aussehen, Körper, Bewegungen und Handlungen, die diese Figur vollführt, erhalten wir in einem Text immer nur begrenzte Auskunft. Inneres wie Äußeres werden immer nur in Teilen vorgestellt, die stellvertretend für das ‚Ganze' stehen. Dieses Argument wäre auch ins Feld zu führen gegen neuere Forschungsrichtungen, deren Vertreter nicht müde werden, die besondere ‚Performativität' mittelalterlicher Literatur zu betonen, d. h. die vielen Textstrategien, die darauf abzielen, das Dargestellte bildhaft vor Augen treten zu lassen. ‚Performativität' läßt sich aber recht eigentlich nur in einer ‚wirklichen' oder zumindest ‚vollständigen' Welt untersuchen, in der man *alles* von außen beobachten kann; bei einer literarischen aber, zumal bei einer derart abstrakten wie in den meisten mittelalterlichen Erzähltexten, führt dieses Suchraster zu performativ unvorteilhaften Konstruktionen, weil man immer erst einmal Vollständigkeitszusammenhänge (etwa Bewegungschoreographien) rekonstruieren muß, bevor man den Text interpretieren kann, obwohl es für seinen Bedeutungsaufbau signifikant sein könnte, was er expliziert und was er ausläßt (entweder weil Sachverhalte als selbstverständlich vorausgesetzt oder weil sie kalkuliert unterschlagen werden); hinzu kommt, daß die gelehrte Technik der rhetorischen Beschreibung oftmals gar nicht auf die Simulation von Wahrnehmung, sondern auf die Inszenierung der eigenen Kunst abgestellt ist (PETERS 2007, S. 65 f.; zur Diskussion vgl. ausführlich HERBERICHS/KIENING 2008).

Während es selbstverständlich ist, Gedichte von den Techniken ihres Bedeutungsaufbaus her zu lesen und genau zu analysieren (vgl. BURDORF 1997), erscheinen literarische Geschichten, sofern sie ‚traditionell' (und nicht avantgardistisch) erzählt werden, offenbar völlig ‚natürlich' als Abbilder einer Realität, die zwar, weil es sich um Fiktionen handelt, keine ‚wirkliche Wirklichkeit' ist, aber doch eine ‚mögliche Wirklichkeit'. Offenbar kommt ihnen aus Sicht der allermeisten Leser ein nur geringer Grad an artifizieller Gemachtheit zu; offenbar fehlen hier die Signale, die uns den Blick auf die Künstlichkeit der Kunst richten lassen.

---

1   Dies auch als sehr verkürzte Antwort auf die Frage von PHILIPOWSKI 2006a („Wer hat Herzeloydes Drachentraum geträumt?") und auf die von ihr aufgeworfenen Probleme.

2.1.3 Ein ‚technischer Blick' auf Figurenattribute und Figurenbeziehungen

Gerade die Beschäftigung mit älterer Literatur aber kann diesen Blick schärfen, besser als es der Umgang mit vorderhand vertrauten Geschichten vermöchte. Im Vergleich mit dem traditionellen Erzählen, wie es seit der Goethezeit und besonders seit dem sogenannten ‚bürgerlichen' oder ‚poetischen Realismus' etabliert ist, gibt mittelalterliche Epik fast immer zu wenige oder zu viele Gründe, warum eine Handlung geschieht. Die Figuren erscheinen kaum je als komplexe Charaktere (weshalb man den Begriff hier vermeiden sollte), sondern in erster Linie als Handlungsträger, die bestimmte Typen repräsentieren. Individualisiert werden sie vor allem durch ihre Geschichte, nicht aber durch persönliche, unveräußerliche Eigenheiten: durch das, was sie tun; nicht durch das, was sie ‚im Innersten sind'.

Beispiel 1: ‚Tristan'-Fortsetzer
Dasjenige, was uns als unveräußerliche Garantie der Einheit der Person erscheint, das (autobiographische) Gedächtnis nämlich (MARKOWITSCH/WELZER 2005), scheint für die literarischen Imaginationen des Mittelalters eine weit geringere Bedeutung zu haben. In den Tristanromanen etwa scheint Marke, Isoldes Ehemann und Tristans Onkel, ein ausgesprochen kurzes Gedächtnis zu haben, anders gesagt: im Blick auf zentrale Sachverhalte des Geschehens und damit seines eigenen Lebens läßt sich sein Gedächtnis immer wieder ‚auf Null stellen'. Die Rede ist vor allem von den sogenannten ‚Rückkehrabenteuern' des Helden, die die bekannteste Fassung des Tristan-Stoffes, der Torso Gottfrieds von Straßburg (nach 1200), nicht mehr erzählt: Nachdem Tristan, der mit Isolde von Marke in flagranti ertappt worden ist, vom Hof fliehen mußte, gelingt es ihm (in den Fassungen Eilharts von Oberge [vor 1190], Ulrichs von Türheim [um 1240] und Heinrichs von Freiberg [um 1290] sowie in ‚Tristan als Mönch' [13. Jh.]), in unterschiedlichen Verkleidungen zu Isolde zurückzukehren. Nach der jeweiligen Liebesnacht muß er wiederum fliehen, weil ihn Marke oder diejenigen, die den cornischen König mit Informationen versorgen, erkannt haben, zumeist nicht an persönlichen Merkmalen, sondern an den Zeichen, die er hinterlassen hat, oder an den Geschichten, die man sich über den Unbekannten erzählt (SCHULZ 2007b, 2008, S. 340–350). Doch immer wieder gelingt es denjenigen, die auf der Seite des Liebespaares sind, Marke die naheliegenden Gedanken über einen erneuten Ehebruch zwischen seiner Frau und seinem Neffen auszutreiben. Sein Argwohn entsteht immer neu und kann immer wieder neu zerstreut werden; es gibt hier keine

Steigerung, wie man sie bei einem ‚echten Menschen' erwarten würde. Im anonymen ‚Tristan als Mönch', der vieles auf die Spitze treibt, was in der Tristan-Erzähltradition angelegt ist, scheint Marke gar all dasjenige vergessen zu haben, was seine beiden nächsten Angehörigen miteinander und gegen ihn getrieben haben: Als er mit der vorgeblichen Leiche Tristans konfrontiert wird, lobt er diesen als einen Vorzeigeritter, dem nichts ferner gelegen habe, als Ehebruch zu begehen. Schon bei Gottfried findet sich eine Unstimmigkeit, nachdem Marke seine Frau und seinen Neffen vom Hof verbannt hat, weil er in beider Blicke ihre Liebe lesen konnte. Denn als er bald danach die beiden in der Minnegrotte beobachtet, wo Tristan in listiger Voraussicht im Bett ein Schwert zwischen sich und Isolde gelegt hat, fällt er auf dieses verlogene Zeichen herein. Er hält die beiden für unschuldig und nimmt sie wieder am Hof auf, ein wenig benebelt durch die körperliche Attraktivität Isoldes. Dabei hat er schon die ganze Zeit Indizien für den Ehebruch sammeln können, und schon bald danach wird er die beiden in flagranti im Baumgarten seiner Burg ertappen.

Solche Unstimmigkeiten lassen sich aus der Logik der Erzählung heraus verstehen. Der ‚Tristan' ist ein typisches Beispiel für ein Erzählen, das nicht zielgerichtet vom Anfang bis zum Ende fortschreitet und alle Geschehnisse im Blick auf sein Handlungsziel fokussiert, sondern das eine Serie prinzipiell ähnlicher Episoden – von Ehebruchsschwänken – prinzipiell unabschließbar in einer Reihe anordnet. RAINER WARNING (2003) hat dies ein ‚Erzählen im Paradigma' genannt (vgl. Kap. 6.1.7), das nur beendet werden kann, indem die zentralen Parameter der Handlung nicht gleitend, sondern relativ radikal verändert werden. Markes kurzes Gedächtnis hat also die narrative Funktion, genau dieses ‚Prozessieren im Paradigma' zu ermöglichen.

Beispiel 2: ‚Herzog Ernst B'
Nun mag man einwenden, daß es sich hier nur um eine Nebenfigur handele und daß solch eine – vor allem der Erzähllogik geschuldete – freie Disposition unveränderlicher Personeneigenschaften bei den zentralen Protagonisten doch erheblich unwahrscheinlicher sei. Aber das ist nicht der Fall. Dazu ein Beispiel (ein weiteres wird im Kap. 3.4.4 in anderer Perspektive gegeben; dort wird davon die Rede sein, wie die Figur des Sivrit im ‚Nibelungenlied' in eine ‚höfische' und eine ‚heroische' Seite gespalten ist, wobei beide Handlungsregister in schroffem Widerspruch gegeneinander profiliert und nicht miteinander vermittelt werden): Der ‚Herzog Ernst B' (Anfang 13. Jh.) erzählt davon, wie Herzog Ernst von Bayern, der Stiefsohn des deutschen Kaisers Otto, durch Verleumdung die Huld seines neuen

Verwandten verliert und sich schließlich nach langjährigem militärischem Widerstand zu einer Kreuzfahrt ins Heilige Land aufmacht, wobei ihn zunächst ein Seesturm in einen phantasmatischen Orient mit wundersamen Wesen verschlägt. Dort kann er sich bei dem Herrscher eines Zyklopenvolks, der Arimaspi, als erster Berater und auch als Heerführer hervortun, er rückt in diejenige Position, die er im Reich an der Seite des Kaisers gehabt hat. Nachdem so der ursprüngliche Verlust kompensiert und das gute Ende vorweggenommen worden ist, kann die Versöhnung Ernsts mit Otto arrangiert werden, wobei sich besonders Ernsts Mutter und die Reichsfürsten hervortun. Auffällig ist in diesem Text nun, daß Ernst fast grundsätzlich in männlichen Zweierkonstellationen erscheint: Ernst und der Kaiser, Ernst und Graf Wetzel (sein erster Lehnsmann), Ernst und der König von Arimaspi, Ernst und ein junger Riese (den er ins Reich mitnimmt; STOCK 2002, S. 176). In diesen Zweierbeziehungen werden, auf der Basis persönlicher Loyalität (*triuwe*), immer wieder bestimmte Figureneigenschaften manifest: 1) die Fähigkeit zu herrschen; 2) die Fähigkeit, einem anderen guten Rat zu geben (was nach mittelalterlichen Vorstellungen auch zur tatkräftigen Hilfe verpflichtet; vgl. BRUNNER 1973, S. 269–272); und schließlich 3) die Fähigkeit zu kämpfen.

Diese Eigenschaften scheinen nun den Figuren nicht unveräußerlich zuzukommen, sondern sie werden innerhalb der jeweils thematisierten Zweierbeziehung hin- und hergeschoben: Wo Ernst einem Herrscher dient, ist er grundsätzlich der gute und kluge Ratgeber, während Wetzel von der Bildfläche verschwindet. Außerhalb von Ernsts Herrscherdiensten ist Wetzel dagegen beinahe durchgängig anwesend, und dann ist es nicht mehr Ernst, der klugen Rat findet, sondern Wetzel, und es ist Ernst, dem Führungsqualität und Kampfkraft zukommen. Kämpfen können dann auch beide. Im Umgang mit dem Riesen erscheint Ernst in der Herrscherrolle, während die Funktion des Kämpfens an den Riesen delegiert wird. Lange zuvor allerdings, an einem Tiefpunkt der Handlung (man hing am Magnetberg fest), ist Ernst völlig neutralisiert gewesen, während Wetzel die ‚leadership' zum Nutzen aller für sich reklamiert und dann kurzzeitig auch ausgeübt hat. Sinnvollerweise fragt man hier nicht, *warum* Ernst keine festen ‚Charakter'-Eigenschaften hat, sondern *welche Funktion* dies hat. Man fragt also zuerst nach dem *Wozu*: Was soll durch solche Textstrategien ausgedrückt werden? Offenbar geht es darum, den Status der Person zum jeweiligen Punkt der Erzählung zu markieren. Wenn Ernst weder kämpfen noch Rat finden noch seine Leute anführen kann, ist er buchstäblich am Ende; wenn er seinem Herrscher Rat geben und für ihn kämpfen kann, ist er hingegen in der ihm angemessenen Position.

Um das beschreiben zu können, muß man sich einen gewissermaßen ‚technischen Blick' auf die Texte angewöhnen, der bewußt von demjenigen absieht, was uns ‚natürlich' erscheint, von der Möglichkeit also, daß literarische Figuren echte Menschen abbilden würden. Man versucht, Figuren und ihre Beziehungen untereinander zu analysieren, indem man in den vielfältigen Merkmalen, die ihnen im Text explizit (durch Erzähler- und Figurenrede) und implizit (durch Handlungen) zugeschrieben werden, Merkmale gleicher und gegensätzlicher Bedeutung sucht. Im ‚Herzog Ernst B' lassen sich viele durchaus komplexe Handlungen des Protagonisten auf das einfache Basismerkmal ‚guter Kämpfer' reduzieren und abstrahieren, andere auf das Basismerkmal ‚guter Ratgeber' und wiederum andere auf das Basismerkmal ‚guter Anführer'. Andererseits lassen sich hieraus und aus dem Verhalten Ernsts folgende Oppositionen rekonstruieren, die nicht allein theoretisch möglich sind, sondern auch im Text selbst begegnen: ‚kämpfend' vs. ‚nicht-kämpfend', ‚ratgebend' vs. ‚nicht-ratgebend', ‚anführend/herrschend' vs. ‚nicht-anführend/nicht-herrschend'.

Auf diese Weise können Ebenen gleicher Bedeutung beschrieben werden, sogenannte *semantische Isotopien*, und zwar ‚vertikal' (*paradigmatisch*: hinsichtlich des Funktionsbildes ‚Stellvertreter eines Herrschers', aus dem unterschiedliche Facetten aktualisiert werden) wie ‚horizontal' (*syntagmatisch*: hinsichtlich der sukzessive aufeinanderfolgenden Realisierung der dazugehörigen Attribute). Simple Basisprädikate wie auch komplexe semantische Isotopien stehen oft im Verhältnis der Opposition zueinander, entweder in *symmetrischer* Opposition (d. h. für jedes Einzelmerkmal läßt sich ein gleichwertiges, gegenläufiges Pendant nennen oder rekonstruieren) oder in *asymmetrischer* (d. h. der eine Teil der Opposition ist dem anderen gegenüber nicht gleichwertig, z. B. aus der christlichen Sicht des Mittelalters: Christen vs. Heiden; oder in der Antike: Griechen vs. Barbaren). Mitunter kann man das Bedeutungssystem auch in Form einer *Triangulierung* rekonstruieren, einer dreipoligen Relation also, wie sie sich aus den wichtigsten abstrahierten Figurenmerkmalen ‚Herrscher-Kompetenz', ‚Rat-Kompetenz' und ‚Kampf-Kompetenz' bilden läßt; diese Eigenschaften stehen im ‚Herzog Ernst B' nicht im unversöhnlichen Gegensatz zueinander, sondern ergänzen sich (*komplementär*). Sie sind jedoch zumeist nicht in einer Person versammelt, sondern auf zwei Figuren verteilt (*distribuiert*). Das wäre gewissermaßen die Verteilungsregel (*Distributionsregel*) für diese Basiseigenschaften, von der der Text nur an wenigen Stellen eine Ausnahme macht.

Die Figurenbeziehungen im ‚Herzog Ernst B' realisieren sich auf dieser Grundlage zumeist als Varianten weniger Basismuster, deren Verhältnis sich als eines der Ergänzung oder der Opposition beschreiben läßt: ‚Kampf' und ‚Hilfe' (komplementär), ‚öffentliche Unterredung' versus ‚heimliche Unterredung' (gegensätzlich). Das ist natürlich ein sehr reduktionistischer Blick auf den Text, aber er ist auch dann möglich, wenn man von den historisch-kulturellen Rahmenbedingungen noch recht wenig versteht. In diesem Sinn kann man auch dann bereits Erzähltextanalyse betreiben. Letztlich bleibt jedoch nach solchen reinen Strukturanalysen ein gewisses Ungenügen übrig, weil sie nicht hinreichend historisch unterfüttert sind. Dennoch sollte man ihren Nutzen nicht unterschätzen.

2.1.4 Handlungsprinzipien und Figuren, abstrakt: Das Konzept der Aktanten

In diesen Rahmen gehört auch die Rede von ‚Aktanten', wie sie von ALGIRDAS JULIEN GREIMAS (1970/1972) im Anschluß an VLADIMIR PROPPS Analyse der russischen Zaubermärchen (1928/1972) entwickelt worden ist (GROB 1997 [mit Literatur]; vgl. auch WARNING 1979a, 1979b; vgl. Kap. 4.1.5.3 und 4.2.3.6). Aktanten sind Handlungs- bzw. Interaktionsprinzipien, die zum Inventar einer Geschichte gehören. Die Wissenschaftsmetaphorik siedelt diese Aktanten auf der Ebene der ‚Tiefenstruktur' an; gemeint sind die der Ebene der Handlung und der dargestellten Welt (*histoire*, Geschichte, ‚Diegese') vorausgesetzten bzw. zugrunde gelegten Organisationsprinzipien. Auf der Ebene der ‚Textoberfläche', des Wortlauts also (des *discours*), erscheinen sie als Figuren. Die Figuren ‚entstehen' dadurch, daß diese sehr einfachen Handlungsprinzipien (etwa: Opposition, Hilfe etc.) mit komplexerer Bedeutung aufgeladen, so als ‚thematische Rolle' wiederholt und dabei in handelnden Personen gebündelt werden. Unterschiedliche Figuren, die auf der Textoberfläche ein und dieselbe ‚thematische Rolle' ausfüllen, können auf der Ebene der narrativen Tiefenstruktur als Repräsentanten desselben Aktanten begriffen werden (etwa wenn Erec und Enite es zuerst mit drei, dann mit fünf namenlosen Räubern zu tun haben). Umgekehrt kann eine komplexe Figur unterschiedliche ‚thematische Rollen' in sich vereinen und entsprechend als Bündelung verschiedener Aktanten verstanden werden; im ‚Nibelungenlied' ist Prünhilt im Rahmen des Brautwerbungsschemas (vgl. Kap. 3.4.4 und 4.2.1.5) zum einen als Braut das gesuchte Objekt, das aus Isenstein nach Worms transferiert wird; zum anderen ist sie die oppositionelle Instanz, die sonst gewöhnlich in der Figur des Brautvaters erscheint, der einen solchen Transfer mit Gewalt verhindern will. Aktanten können also (auf unterschiedliche Figuren) *aufgespalten* oder (in einer Figur) *miteinander verschmolzen* werden. Mit diesem Modell läßt sich beschreiben, wie in den Zweierbeziehungen des ‚Herzog Ernst B‘ drei Basis-Aktanten verteilt und zwischen den Figuren verschoben werden.[2]

Allerdings ist die Rede von den ‚Aktanten‘ nicht völlig unproblematisch, weil sie voraussetzt, daß es eine Tiefenstruktur des Textes ‚gibt‘, die die Oberflächenphänomene gewissermaßen erzwingt, die sie ‚generiert‘. Das ist eine Vorstellung, die die Literaturwissenschaft der 1960er und 1970er Jahre in Anlehnung an die ‚Generative Transformationsgrammatik‘ der Linguistik (NOAM CHOMSKY) entwickelt hat. *Tatsächlich gibt es diese Tiefenstruktur nicht*; die Ebene der *histoire* ist vielmehr als bloße Abstraktion des Interpreten von derjenigen des *discours*, der Textoberfläche also, abhängig, weil sie nur aufgrund des Oberflächen-Wortlauts rekonstruiert werden kann. Anders gesagt: Das Geschehen entsteht erst durch den Wortlaut, weil Handlung und dargestellte Welt allererst durch ihn vermittelt werden (HEMPFER 1982, S. 136). Auch dort, wo das Geschehen als vorgeprägter Stoff dem bestehenden Text vorgängig ist, existiert es nicht als abstraktes Prinzip, sondern nur als immer schon geformtes, in bereits vorhandener Wortgestalt.

Und: In moderneren Texten sind die Charaktere zumeist derartig komplex angelegt, so daß ohne unzulässige Vereinfachung allenfalls Nebenfiguren mit Hilfe des Aktantenmodells beschrieben werden können. Dort, wo die Figuren noch einfacher gezeichnet sind, erlaubt es allerdings mitunter doch einigermaßen präzise Bestimmungen narrativer Grundstrukturen, die sonst nicht möglich wären.

BRUNNER 1973, S. 269–272. – BURDORF 1997. – FLUDERNIK 2006, S. 66–69. – GREIMAS 1970/1972. – GROB 1997. – HEMPFER 1982, S. 136. – HERBERICHS/KIENING 2008. – MARKOWITSCH/WELZER 2005. – PEARSON 1997, S. 161 f. – PETERS 2007, S. 65 f. – PHILIPOWSKI 2006a. – PLATZ-WAURY 1997. – PROPP 1928/1972. – SCHULZ 2007b. – SCHULZ 2008, S. 340–350. – STOCK 2002, S. 176. – TITZMANN 1989a. – TITZMANN 1989b. – WARNING 1979a. – WARNING 1979b. – WARNING 2003. – F. WENZEL 2005.

---

2 Für die ‚Kudrun‘, ein letztlich ‚versöhnliches‘ Heldenepos aus der Zeit um 1240/1250, hat die Forschung schon mehrfach ähnliche Beobachtungen gemacht; vgl. PEARSON 1997, S. 161 f.; F. WENZEL 2005.

2.1.5 Handlungsprinzipien und Figuren, historisch: Transpersonale Identität, Einleiblichkeit, Merkmalsgleichheit

Wenn das beschriebene Modell jedoch nicht aus der Existenz einer narrativen Tiefenstruktur hergeleitet werden kann, braucht es eine andere Begründung. Diese liegt in der mittelalterlichen Anthropologie. Die mittelalterliche Vorstellung vom Menschen trennt das menschliche Individuum keineswegs so scharf von anderen Individuen und von seiner Umwelt, wie dies in der Moderne üblich ist. Identität bestimmt sich nicht dadurch, daß man *anders* ist als alle anderen Menschen (wie wir das heute gerne sehen würden), sondern im Gegenteil in der *Teilhabe* an Kräften, Mächten und Eigenschaften, die die einzelne Person überschreiten. Hier klingen noch weitaus archaischere Muster nach (vgl. zu diesen K. E. MÜLLER 1987). Der gängige Vorstellungsrahmen ist hier derjenige eines Körpers, dessen Glieder die einzelnen Subjekte sind: etwa im Bild eines *transpersonalen* Sippenkörpers; in der Vorstellung, daß Mann und Frau, Geschwister und Geschwister, Elternteil und Kind nur *einen gemeinsamen Leib* bilden; im Vergleich der Herrschaft des Königs über seine Untertanen mit der Herrschaft des Hauptes über die Glieder und Organe des Körpers. Von Liebenden und Verwandten wird behauptet, daß sie die gleiche ‚Natur' hätten, und dies äußert sich darin, daß sie nicht psychische, sondern physische, ganz konkret körperlich gedachte Eigenschaften miteinander teilen. Probleme mit der eigenen Identität entstehen in der höfischen Epik zumeist daraus, daß diese *Teilhabe an einem transpersonalen Ganzen* nicht mehr garantiert ist (vgl. KOCH 2006, S. 80–158; SCHULZ 2008, S. 73–151).

Beispiel 3: Wolframs von Eschenbach ‚Parzival'
Das Muster körperlicher Partizipation an transpersonalen Eigenschaften kann etwa verstehen helfen, wieso in Wolframs von Eschenbach ‚Parzival' (nach 1205) das Haupt-Handlungsrepertoire des Helden von Parzival auf seinen Halbbruder Feirefiz verschoben werden kann. Parzival begegnet der Welt nämlich hauptsächlich im Modus des Kämpfens. Wenn er jemanden sieht, der Hilfe braucht, fragt er relativ bald, wo, wie und wann er für ihn kämpfen kann. Damit hat er beinahe überall Erfolg, und er gilt für einen guten Ritter, nur nicht auf der Gralsburg, wo man von ihm erwartet, daß er einfach nur die Frage danach stellt, woran der Burgherr leide. Als Parzival zuletzt selbst Gralskönig geworden ist, begleitet ihn sein heidnischer Halbbruder, der sich auf der Gralsburg in die Gralsträgerin Repanse de Schoye verliebt. Allerdings kann Feirefiz den Gral nicht sehen, und man

bedeutet ihm, daß er dies ebensowenig könne wie Repanse heiraten, solange er nicht den *touf* (die Taufe) habe. Prompt erkundigt sich Feirefiz danach, ob man den *touf* erkämpfen könne. Die ritterliche Kampfesgier, die zuvor nur sein Bruder zeigte, ist nun, da Parzival als König anders handeln muß, vollständig auf Feirefiz übergegangen.

KOCH 2006, S. 80–158. – K. E. MÜLLER 1987. – SCHULZ 2008, S. 73–151.

2.2 Text und Kontext

2.2.1 Kulturelle Kontexte

Es wurde womöglich schon deutlich, daß die Frage danach, *warum* Dinge in mittelalterlichen Texten geschehen und andere nicht, sich in einem zweiten Schritt durchaus beantworten läßt, nachdem man zuerst nach dem *Wozu*, nach der Funktion, gefragt hat. Das setzt allerdings voraus, daß man in der Lage ist, den Text zutreffend zu kontextualisieren. Passende Kontexte finden sich weniger in der mittelalterlichen Faktengeschichte, nicht allein deshalb, weil wir nur die allerwenigsten Texte einigermaßen sicher datieren können. Die Bezüge auf die Faktengeschichte sind häufig nicht besonders stark und besonders tragfähig. Weitaus deutlicher sind die Verbindungen, die man zum kollektiven Imaginären der Adelsgesellschaft ziehen kann, zu einer Vorstellungswelt, die gewissermaßen zwischen den literarischen Texten und der material gegebenen Realität liegt. Es geht um ein Bündel von teils mehr, teils weniger systematisierten und aufeinander abgestimmten Vorannahmen, die einerseits die Wahrnehmung von Welt strukturieren, die andererseits aber auch das Reden über die Welt und den Menschen formen, gerade auch in literarischen Texten (programmatisch MÜLLER 2007a).

Beispiel 4: Brautwerbungserzählungen und die ‚totale Repräsentation'
Ich habe versucht, das oben anhand der Vorstellung transpersonaler Partizipation zu zeigen. Für den ‚Herzog Ernst B' ließe sich dieser Gedanke noch fortführen. Dabei geht es um die Frage nach dem Funktionieren von Herrschaft. Für uns heute ist es völlig selbstverständlich, uns ein Staatswesen als eine durch Verfassung, Gesetze und Institutionen bestimmte Struktur zu denken, die von konkreten Personen lediglich ‚ausgefüllt' wird. Die Personen sind austauschbar und lösen sich ab, aber die Struktur bleibt. Demgegenüber hängt die mittelalterliche Anschauung von Herrschaft viel

stärker an den Personen. Staatliche Strukturen bestehen nicht an und für sich, sondern sie realisieren sich ausschließlich in Beziehungen personaler und reziproker („gegenseitiger') Loyalität (*triuwe/fides*). Das Modell menschlicher Nahbeziehungen bestimmt also die Vorstellung vom Staat. Herrschaft funktioniert demnach nicht über verfassungsmäßig garantierte Strukturen, sondern weil und indem sie von Personen ausgeübt wird. Weil der Herrscher aber – trotz eines Lebens als ‚Reisekönig' – nicht überall sein kann, muß er andere Personen beauftragen, Sachwalter seiner Interessen zu sein. Sie sind dies aber nicht vor allem deshalb, weil sie eine Funktion innerhalb einer Struktur ausüben, sondern sie sind Repräsentanten des Herrschers, die statt seiner agieren (natürlich innerhalb eines von der Konvention bestimmten Handlungsrahmens, der voraussetzt, daß es so etwas wie feudale Herrschaft geben muß). Treibt man das Modell auf die Spitze, werden von ihnen letztlich die gleichen Eigenschaften erwartet wie vom Herrscher selbst. HAFERLAND (2008) nennt dies die ‚totale Repräsentation'. Sie funktioniert nur dann, wenn Herrscher und Stellvertreter nicht am gleichen Ort sind. Sind sie dies doch, dann muß der Herrscher wieder diejenigen Attribute für sich vereinnahmen, die er zuvor an den Statthalter delegiert hat. Und wo der Statthalter die Herrschermacht repräsentiert, braucht er selbst etwa einen Ratgeber, weil seine kleine Herrschaft nur ein Abbild der großen ist.

Der literarische Ort der ‚totalen Repräsentation' sind die Erzählungen, die nach dem Schema der ‚gefährlichen Brautwerbung' organisiert sind (vgl. dazu Kap. 4.2.1). Der Herrscher läßt um eine Braut werben und schickt dazu Boten. An den Boten können die Tugenden des Herrschers abgelesen werden, doch das treibt mitunter absurde Blüten, etwa wenn der herausragende Werbungshelfer Horant im jiddischen ‚Dukus Horant' (13. Jh.) so schön singt, daß die Braut sich in den Boten selbst verlieben würde, versicherte er ihr nicht, daß sein Herrscher noch viel besser singe als er, und das täglich, morgens wie abends. Auf komische Weise wird hier das potentielle Problem inszeniert, daß der Repräsentant des Herrschers ‚besser' sein könnte als dieser selbst. Auch das ‚Nibelungenlied' führt dieses Stellvertreterproblem vor, wenn Gunther auf Isenstein um Prünhilt wirbt, die sich aber nur demjenigen versprechen will, der sie selbst in einem lebensbedrohlichen Zweikampf unterwirft. Prünhilts Regel weicht vom gängigen Schema ab, indem sie es unmöglich machen sollte, durch einen Stellvertreter für sich werben zu lassen: Sie fordert ein archaisches Modell von Herrschaft ein, nach dem der Stärkste selbstverständlich Herrscher ist und nicht seinesgleichen haben darf. Genau das aber, das Delegieren von Handlungen an Stellvertreter, ist das Herrschaftprinzip Gunthers wie auch das Muster der ‚gefährlichen Brautwerbung': Unter der Tarnkappe verborgen, kämpft deshalb Sivrit gegen Prünhilt, während Gunther dazu nur die passenden Bewegungen macht. Die literarischen Texte verbildlichen Grundprobleme der feudalen Ideologie und des feudalen Imaginären. Sie lösen sie nicht diskursiv-erörternd, sondern indem sie konfliktuöse Konstellationen ‚vor Augen stellen'.

In dieser ‚präsentativen Symbolifikation' (BERTAU 1983, S. 81–84)³ agieren Figuren, über deren Eigenheiten wir ansonsten nicht viel wissen. Wir können allerdings annehmen, daß das zeitgenössische Publikum dasjenige, was die Texte nicht auserzählt haben, ebenso aus seinem Erfahrungsschatz ergänzt hat, wie wir das heute tun. Es wäre nur unpassend, wenn wir unsere heutigen Vorstellungen vom Menschen, von seiner Psyche und seinem Körper, von Liebe und Freundschaft, vom Leben in der Gesellschaft, in summa: unser anthropologisches Wissen, an die alten Geschichten herantrügen, denn dann würden wir nur aus ihnen herauslesen, was wir zuvor in sie hineingelesen hätten. So kann man nur identifikatorisch lesen, nicht aber wissenschaftlich, wenn die Germanistik eine historische Disziplin sein soll: Das kollektive Imaginäre unterliegt durchaus historischem Wandel. Man kann dies nicht oft genug wiederholen. Ein angemessenes Bemühen um mittelalterliche Epik müßte zu rekonstruieren suchen, was die Voraussetzungen sind, vor deren Hintergrund die alten Texte sich situieren lassen. Was aber sind hier die relevanten Muster des kollektiven Imaginären? Was läßt sich über die Anthropologie dieser Geschichten sagen?

2.2.2 Zur Relevanz kulturellen Wissens für die Textinterpretation

Für die Literaturwissenschaft stellt es ein grundsätzliches Problem dar, zu bestimmen, welche Wissensbestände relevant sind, um mit ihrer Hilfe einen Text aufzuschließen (TITZMANN 1989a, S. 263–330; 1989b). Manche Texte sind in ihrem Anspielungsreichtum derart esoterisch (im Sinne von ‚geheimem Wissen'), daß sie schon zu ihrer Entstehenszeit nur von einem ausgesprochenen Kennerpublikum verstanden werden konnten. Ein Beispiel aus der Moderne: Muß ich, wenn ich Arno Schmidt interpretiere, mich auf die Spuren des Dechiffriersyndikats setzen, das versucht,

---
3 BERTAU 1983, S. 82, entlehnt den Begriff der amerikanischen Philosophin SUSANNE LANGER (Philosophie auf neuem Wege, Frankfurt/M. 1965).

selbst dem kleinsten Hinweis innerhalb von wahren Anspielungsgewittern nachzugehen, oder genügt es, wenn ich versuche, mich in das historische und kulturelle Allgemeinwissen der Adenauerzeit einzulesen, vor allem auf der Basis von Konversationslexika, Zeitungen und Büchern, die im damaligen Bildungsbürgertum populär waren?

Wiederum muß man vorher wissen, was die eigene Interpretation will. Wenn ich bestimmte Handlungsereignisse in einem ansonsten gut verständlichen Text nur dann erklären kann, wenn ich nicht allein das Allgemeinwissen der jeweiligen Kultur zu Rate ziehe, sondern ein scharf umrissenes Spezialistenwissen, dann darf ich daraus nicht allzu weitreichende Schlußfolgerungen für die Gesamtinterpretation ziehen, also den gesamten Text vom Verständnis einer oder weniger esoterischer Stellen aus deuten. Dem steht natürlich nicht entgegen, daß man solche Einzelstellen genau beleuchtet. In manchen Fällen zeigt sich, daß ein Text genau dort seine eigenen Verfahren bloßlegt, in dem Sinne, daß hier auf sehr kleinem Raum seine Makrostruktur abgebildet wird. Wo der Bedeutungsaufbau des Textes auf diese Weise im wahrsten Sinne des Wortes *reflexiv* wird, nennt man dies *Potenzierung* oder *mise en abyme* (FRICKE 2000, S. 106–117; 2003). Aber selbst wenn ich eine solche Stelle erkannt habe, kann ich von hier aus nur eine Teildeutung vornehmen: eben eine, die sich auf zentrale künstlerische Verfahren des Textes bezieht (und wahrscheinlich nicht einmal auf alle zentralen Verfahren).

Wenn man etwas über die Entstehungs- und Rezeptionsbedingungen eines Textes weiß, dann kann dies dabei helfen, das für seine Interpretation relevante kulturelle Wissen genauer zu bestimmen. Bei mittelalterlichen Erzähltexten weiß man meistens nicht besonders viel. Sicherlich war die höfische Literatur kein Massenphänomen innerhalb des Adels, sondern sie war etwas für Liebhaber und Kenner. Wenigstens für weite Teile der hoch- und auch spätmittelalterlichen Erzähltexte können wir dabei aber kaum so etwas wie sich verfestigende Literaturzirkel erkennen, was nämlich einen geschlossenen esoterischen Anspielungshorizont erzeugt hätte; derlei gibt es dann erst im 15. Jahrhundert, im Umkreis kulturinteressierter Höfe, wenn etwa die allegorischen Gestalten in Minnereden zugleich auch Merkmale haben, die sie auf reale Personen beziehbar machen. Das sind jedoch späte Ausnahmen, und selbst sie werden dadurch nicht zu Schlüsselromanen.

Gegen solche Vorstellungen spricht auch der Umstand, daß die Sprache der literarischen Äußerungen aus der Zeit um 1200 dazu neigt, sich auf etwas zuzubewegen, was man heute ‚Hoch-' oder ‚Standardsprache' nennen würde: im Sinne einer Vereinheitlichung, die davon zeugt, daß die Autoren ihr Publikum nicht bloß an einem bestimmten Hof gesucht haben. Für die Interpretation bedeutet das, daß die relevanten Kontexte nicht besonders speziell angesetzt werden dürfen. Sonst begibt man sich in die Gefahr der Überinterpretation. Interpretationen, die den Bogen überspannen, mögen mitunter recht geistreich und unterhaltsam sein, aber sie tragen nicht sehr viel dazu bei, unser Wissen über die fremde Vergangenheit unserer eigenen Kultur zu erweitern – und damit auch nicht das Wissen über unsere eigene Kultur, das sich gerade im Kontrast mit der Alterität von Fremd-Vertrautem besonders deutlich konturieren läßt.

Es sollte also beim Interpretieren darum gehen, den Ball möglichst flach zu halten. Das explizit formulierte Wissen der Zeit findet sich am systematischsten in den Schriften von Klerikern. Es handelt sich dabei nicht allein um theologisches Wissen, sondern um schlichtweg alles: Naturkunde, Philosophie, Medizin, Kriegskunst, Herrschaftslehre, Anthropologie, Physik, Geschichtsschreibung, Recht, Astronomie und Astrologie etc. Für all diese Disziplinen haben wir heute eigene Institutionen und Redeordnungen; im Mittelalter haben sie sich noch nicht als eigenständige Diskurssysteme ausdifferenziert. Die Autoren volkssprachiger Literatur haben zumeist so etwas wie eine klösterliche Schulbildung genossen; einzelne – wie etwa Gottfried von Straßburg – waren auch gebildeter. Das bedeutet für die Pragmatik der Interpretation, daß es in den meisten Fällen sinnlos ist, die relevanten Kontexte in besonders subtilen Ausformungen gelehrten Wissens zu finden und dem Autor des volkssprachigen Erzähltextes dann spitzfindige Diskussionen und Modifikationen gelehrter Theorien zu unterstellen. Man sollte sich statt dessen zunächst an mittelalterliche Wissenskompendien halten, in denen das (gelehrte) Allgemeinwissen der Zeit gesammelt wurde: etwa im ‚Liber de natura rerum' des Thomas von Cantimpré, in ‚De rerum proprietatibus' des Bartholomaeus Anglicus, im ‚Speculum naturale' des Vinzenz von Beauvais oder im ‚Buch der Natur' Konrads von Megenberg. In manchen Fällen mag es auch gelingen, Beziehungen zu spezielleren gelehrten Abhandlungen nachzuweisen, aber dazu bedarf es eines größeren Wissens über die Bedingungen von Produktion und Rezeption, als wir es zumeist haben. Näher an den Hof und seine Interaktionsregeln heran führen höfische Verhaltenslehren (die zumeist aber auch noch einiges an Wissen versammeln) wie Thomasins von Zerklaere ‚Welscher Gast' oder Freidanks ‚Bescheidenheit' (gemeint ist die *discretio*, das Unterscheidungsvermögen, mhd. *bescheidenheit*, das nach mittelalterlicher Anthropologie grundlegend für die menschliche Verstandestätigkeit ist). Gänzlich unsystematisch wird das Wissen der Gelehrten und der Laien in Sprichwörtern gespeichert. Auf der Basis humanistischer Sprichwortsammlungen, die die mittelalterlichen Bestände abgreifen, ist hier der ‚Thesaurus proverbiorum medii aevi' der Schweizerischen Akademie der Wissenschaften als ein erstklassiges Hilfsmittel entstanden (er ist auch ohne Lateinkenntnisse mühelos benutzbar, da nach deutschen Stichworten lemmatisiert wird).

Oft sind die Beziehungen zwischen den gelehrten Wissensbeständen und der höfischen Laienliteratur gar nicht besonders eng. Die gelehrte Theorie hat seit der Antike eine relativ genaue Vorstellung davon entwickelt, wie Sinneseindrücke nacheinander in drei Hirnkammern aufgenommen, kategorisiert und gespeichert werden (vgl. Kap. 2.3.3), aber dies wird in der volkssprachigen Literatur nahezu vollständig ignoriert, weil hier die entsprechenden Vorgänge nicht im Kopf, sondern im Herzen verortet werden. Ohnehin ist der Grad der Vernetzung zwischen gelehrtem Wissen und volkssprachiger Literatur äußerst schwierig und nur im Einzelfall zu bestimmen (KELLNER 2001, S. 272 f.; MÜLLER 1996, S. 80 f.; Fallbeispiele: HAUG 2004; PHILIPOWSKI/PRIOR 2006). Es gibt unbestreitbare Analogien und Nähen, aber ebensogut findet sich immer wieder ein „Diskurssprung", vor allem zwischen den anthropologischen Entwürfen der gelehrten Literatur und denen der volkssprachigen Texte (BUMKE 2003, S. 31).

Ursache ist die grundsätzliche ‚Konterdiskursivität' selbst vormoderner Literatur (WARNING). Gemeint ist, daß Literatur (im Sinne einer funktionalen, nicht einer qualitativen Bestimmung) mit extraliterarischen Diskursen nicht bloß affirmierend oder kritisch umgeht, sondern, bis hin zur Dekonstruktion, gleichsam spielerisch, indem deren Elemente aus ihren pragmatischen Geltungszusammenhängen herausgelöst werden können (WARNING 1999): Die höfische Anthropologie, wie sie in der volkssprachigen Epik entworfen wird, unterscheidet sich deutlich von derjenigen der geistlichen und primär didaktischen Literatur,[4] nicht allein konzeptionell in ihrem weitgehenden Desinteresse an allem Unkörperlichen (womit der neuplatonisch-christliche Leib-Seele-Dualismus unter-

---

4 Vgl. am Beispiel von *sêle* und *herze* PHILIPOWSKI 2006b, S. 301: „Anders aber als die Theologie und Philosophie und anders auch als die geistliche und die didaktische Dichtung setzt sich die höfische *minne*Dichtung [sic!] mit dem Konzept einer von Gott geschaffenen, den Körper belebenden unsterblichen Seele nicht auseinander. Sie bildet keine eigenen Begriffe aus, mit denen sie sie beschreiben könnte, und adaptiert weder philosophische noch theologische. Sie fragt weder danach, wo die Seele zu lokalisieren sei, noch welche Vermögen ihr zukommen, ob sie stofflich oder unstofflich ist und auf welche Weise sie mit dem Körper verbunden ist."

laufen wird), sondern vor allem in den poetisch übercodierten Formen ihrer Darstellung: etwa wenn der topische Gegensatz zwischen innen und außen beinahe regelhaft nicht als einer zwischen *sêle* – lat. *anima*, dem Sitz auch der menschlichen Kognition – und *lîp*, sondern als einer zwischen *herze* und *lîp* gefaßt wird, wobei immer wieder gerade die Möglichkeit ausgespielt wird, das Herz nicht allein in ‚uneigentlicher' Rede als Sitz der rationalen und affektiven Vermögen des Menschen aufzufassen, sondern auch ganz ‚eigentlich' als konkretes körperliches Organ, in dem dann die entsprechenden Vorgänge verortet werden (vgl. KÖBELE 2006). Die Eigenlogik literarischer Texte stellt sich so der Vorstellung entgegen, die Autoren bezögen sich nicht allein auf ein nicht sonderlich spezifiziertes Allgemeines an gelehrtem anthropologischem Wissen, wie man es etwa in mittelalterlichen Enzyklopädien findet, sondern exakt und präzise auf eine spezifische Variante solcher Konzepte.

In bezug auf das vorausgesetzte Wissen finden sich auch deutliche Unterschiede zwischen den jeweiligen Gattungen. Während der höfische Roman sich zumeist auf Konzepte gelehrten (Allgemein-)Wissens beziehen läßt (mit den eben genannten Einschränkungen), so sind die anthropologischen Entwürfe der Heldenepik zumeist nur noch aus den Heldenepen selbst zu rekonstruieren. Besonders auffällig sind sie etwa im Bereich des Einander-Erkennens: Der herausragende Heros sollte von allen, die mit ihm bestimmte Merkmale teilen (vor allem: ein atavistisches Heros-Sein, die Nähe zu bestimmten mythischen Bereichen, zum Naturhaft-Animalischen etc.), besonders leicht identifiziert werden können, auch wenn sie ihn zum ersten Mal sehen (SCHULZ 2008, S. 63–70, 181–184 u. ö.). Solche Muster lassen sich in den Texten selbst finden; sehr oft erscheinen sie allerdings schon variiert, mit anderen kombiniert oder sogar in Frage gestellt. Gerade weil die Muster, die man braucht, um den Bedeutungsaufbau der Texte zu verstehen, zunächst aus den Texten selbst rekonstruiert werden müssen, wo sie zumeist schon in abgewandelter, verkomplizierter Form begegnen, muß man beim Interpretieren immer auf der Hut sein und versuchen, der Gefahr eines Zirkelschlusses zu entgehen.

Insgesamt empfiehlt sich – zumal für Anfänger – eine gewisse Pragmatik. Man muß ja nicht in jedem Fall das Rad neu erfinden, sondern viele Pfade sind bereits vorgebahnt. Ich versuche im folgenden, das relevante Wissen knapp zu skizzieren. Dem vorangestellt seien allerdings noch einige grundsätzliche Bemerkungen zur Pragmatik der Textinterpretation.

Bartholomaeus Anglicus: De rerum proprietatibus. – Bernardus Silvestris: Cosmographia. – Egidio Colonna [Aegidius Romanus]: De regimine principum. – Fridankes Bescheidenheit. – Hugo von Sankt Victor: Didascalicon. – Konrad von Megenberg: Das Buch der Natur. – Konrad von Megenberg: Von der sel. – Thesaurus proverbiorum medii aevi. – Thomas von Cantimpré: Liber de natura rerum. – Thomasin von Zerklaere: Der Welsche Gast. – Vinzenz von Beauvais: Speculum naturale. – Wilhelm von Conches: Philosophia.

2.2.3 Interpretation und die Hierarchie der Textebenen

Insgesamt kann man dem überwältigenden Bedeutungspotential, das ein Erzähltext hat, nur dann rekonstruierend beikommen, wenn man zumindest heuristisch akzeptiert, daß es bestimmte Hierarchien zwischen den unterschiedlichen Ebenen im Text gibt. Wenn man sich dieser Grundannahme verweigern würde, würde die Interpretation beliebig, sie würde zu einer nurmehr subjektiven Lektüre, die willkürlich bestimmte Text-Daten gegenüber anderen privilegiert. Sie würde gleichermaßen beliebig, wenn sie sich nichts darum scherte, welche Text-Daten häufiger begegnen als andere. Allerdings bedeutet dies nicht, daß eine redliche Interpretation einfach alles ignorieren dürfte, was diese Relevanzkriterien nur in geringerem Maße erfüllt als das Gros der anderen Befunde. Es geht immer auch darum, die Komplexität der Texte zu beschreiben – und ohne Hierarchisierung wird man, ganz pragmatisch, keine Ordnung in die eigene Beschreibung bringen.

Die Hierarchie der Ebenen ist durch die literaturwissenschaftliche Konvention relativ eindeutig bestimmt. So ist die Ebene des wörtlichen Geschehens, der *histoire* mit ihrer dargestellten Welt, die aus Räumen, Zeiten, Ereignissen und Figuren besteht, immer demjenigen übergeordnet, was ein Erzähltext durch seine Metaphorik oder durch sein Anspielungssystem ‚durch die Blume' aussagt. Der ‚Don Quixote' von Cervantes mag eine Parodie auf die zeitgenössischen Ritterromane sein, aber in erster Linie erzählt er selbst eine Geschichte, diejenige des Ritters von der traurigen Gestalt. In goethezeitlicher und ‚realistischer' Erzählprosa ist die Bewegung des männlichen Helden in der Natur oft deutlich sexualisiert, indem es an zentraler Stelle relativ häufig um das Eindringen in feuchtwarme Höhlen geht. Dennoch wird man nicht behaupten wollen, daß es im Traum des Heinrich von Ofterdingen in erster Linie darum geht, daß ein junger Mann zum ersten Mal mit einer Frau schläft. In der ‚Schönen Magelone', einem ausgesprochen züchtigen Liebesroman, der im Jahr 1535 im Druck erschienen ist, flieht das Liebespaar in die Wildnis, wo das Mädchen im Schoß des jungen Ritters einschläft. Dieser Peter entdeckt nun einen roten

Samtbeutel im Busen der schönen Magelone, er öffnet ihn und findet die drei Ringe, die er ihr zuvor geschenkt hatte. Ein Raubvogel hält den Samtbeutel für Fleisch und stiehlt ihn mitsamt der Ringe; Peter verfolgt ihn und wird infolgedessen von Seeräubern entführt, so daß er für Jahre von Magelone getrennt ist. Man kann hier über Strukturhomologien und Metonymienketten einen sexuellen Subtext rekonstruieren, des Inhalts, daß die fleischlichen Begierden, die Peter als Tugendbold nicht haben darf, abgespalten und auf den Raubvogel verschoben werden, der die Ringe entführt, so wie Peter Magelone entführt hat. Der Vogel bemächtigt sich der Ringe, die zum einen für Peter stehen, von dem sie ja auch stammen, zum anderen für die Verfügungsgewalt über die Sexualität Magelones (SCHULZ 2000b, S. 186–197; vgl. 2000a). Das metaphorische System des Textes umspielt einen sexuellen Normverstoß im Sinne einer Vergewaltigung, aber das bedeutet nicht, daß der Sinn dieser Szene darin läge, daß Peter dafür bestraft würde, daß er sich an Magelone vergangen hätte. Vielmehr rückt der Text über sein Anspielungssystem die gemeinsame Flucht des Paares nur in die Nähe eines solchen Normverstoßes. Allenfalls könnte man sagen, daß durch den Ringraub gerade dasjenige verhindert wird, was gewissermaßen ‚in der Luft liegt'. Es handelt sich um eine Alternative, die dadurch eingespielt wird, daß Elemente der manifesten Handlung auch ‚uneigentlich' verstanden werden können, aber diese Alternative wird im Text letztlich abgewiesen (vgl. zum Problem Kap. 6.2.2).

Schwieriger zu handhaben sind die vielen narrativierten Allegorien, die sich in mittelalterlichen Erzähltexten finden. Wo Weltausschnitte von Figuren oder vom Erzähler als ‚uneigentlich' zu verstehende ausgedeutet oder markiert werden, stellt sich die Frage nach ihrem Realitätsstatus innerhalb der dargestellten Welt. Sie haben zumeist – wie in Gottfrieds von Straßburg Minnegrotte, in der Tristan und Isolde eine unbestimmte Zeit leben – etwas ‚Exterritoriales' an sich, und die Handlungen, die sich in ihnen abspielen, haben zumeist wenig Auswirkungen auf die ‚gewöhnliche Welt', auch wenn sie offenbar zu dieser in einem stark reflexiven Verhältnis stehen. Offenbar geht es darum, zentrale thematische Konstellationen der Texte zu ‚verbildlichen', wobei die Narration prinzipiell hinter der Symbolifikation zurücksteht, beide Ebenen sich mitunter aber spannungsvoll aneinander reiben. So gibt es in der Minnegrotte drei Fenster, die als Tugenden ausgelegt werden – was hat es dann zu bedeuten, wenn eines dieser Fenster, das gar nicht näher bestimmt wird, von Marke zugedeckt wird, der Isolde vor der dadurch einfallenden Sonne schützen will? Die Interpretation hätte jeweils im Einzelfall zu berücksichtigen, wie sehr und wie die ‚exterritorialen' Allegorien in die Gesamthandlung selbst integriert sind – ob sie also eher ‚eigentlich' oder eher ‚uneigentlich' vestanden werden können. Ein pauschales Rezept läßt sich hier nicht geben.

Wie die Handlungsebene (in narratologischer Sicht) der Ebene der Metaphorik übergeordnet ist, so steht auch die Ebene der Erzählerrede hierarchisch über der Ebene der Figurenrede. Das bedeutet, daß der Erzähler grundsätzlich recht hat, wenn er etwas formuliert, was demjenigen widerspricht, was die Figuren sagen. In der Rede des Epos, etwa im ‚Nibelungenlied', sind die ‚zutreffenden' Wissensbestände des Erzählers und seiner Figuren allerdings nicht in jedem Fall so scharf unterschieden wie in modernen Texten. Es scheint ein Gesetz der epischen Welt zu sein, daß dasjenige, was eine beliebige Figur irgendwann einmal gesagt hat, von da an zum Wissen aller anderen Figuren gehört (MÜLLER 1998a, S. 128), es sei denn, die ursprüngliche Rede fand in einem heimlichen Zusammenhang statt (*sundersprache*; *tougen*); oder es sei denn, daß das Wissensgefälle zwischen den Figuren eine von ihnen als besonders kundig profilieren soll (wie etwa im ‚Nibelungenlied': als Sivrit nach Worms kommt, trägt Hagen Geschichten vor, die der Erzähler bislang unterschlagen hat, nämlich die vom Nibelungenhort und die Geschichte von Sivrits Drachentötung; aber auch Sivrit ist ein ‚Wissender', der besonders gut über die Verhältnisse in Prünhilts Reich Isenstein informiert ist).

Problematisch wird die Sache allenfalls dann, wenn die Figuren etwas sagen, wozu der Erzähler sich nicht äußert. Dann muß man zusehen, ob nicht auf der Ebene der *histoire* bestimmte Handlungsregeln rekonstruierbar sind, die dann eine Aussage erlauben. Grundsätzlich ist die Ebene der *histoire*/‚Diegese'/‚erzählten Welt' der Ebene des *discours* übergeordnet (auch wenn sich die *histoire* natürlich nur anhand des *discours* rekonstruieren läßt, wobei das Verhältnis zwischen demjenigen, was der Text sagt, und demjenigen, was hinsichtlich des Gegenstandsbereichs nahegelegt wird, ein ähnliches ist wie im Fall der Figur: ausschnitthaft-metonymisch werden bestimmte Aussagen über die Welt gemacht, die der Leser dann zu komplettieren hat). In Theodor Fontanes Romanen zeigt der Erzähler zumeist eine extrem starke Sympathie für seine ehebrechenden Protagonistinnen, aber dennoch müssen sie fast alle sterben (nur in ‚L'Adultera' nicht, wo es aber eine todesähnliche Krise der Heldin gibt). Die Handlungslogik des Textes, die das Verhältnis zwischen Vergehen und Sanktion bestimmt, ist von einer geradezu alttestamentarischen Rigidität geprägt, wie sie in keinem Gesetzbuch des 19. Jahrhunderts zu finden wäre.

Heutige Leserinnen und Leser geben sich gerne der Illusion hin, daß Literatur ein progressives Medium zur Beförderung des Guten in der Menschheit sei, wobei ästhetisch hochstehende Werke auch besonders humane Ideale propagierten. Das ist ein schöner Gedanke, der zum einen durch die ‚engagierte Literatur' des 20. Jahrhunderts in die Welt gesetzt wurde, zum anderen durch die Vereinnahmung der ‚Klassiker' durch Schule, Feuilleton und andere Institutionen. An der Verbreitung dieses Gedankens haben sich nicht nur politisch Linke beteiligt, sondern auch humanistisch gesinnte Konservative. Doch in der überwiegenden Zahl der Fälle geht dieser schöne Gedanke an Texten vorbei, sicher bis etwa um das Jahr 1900 und wahrscheinlich noch danach.

Vor allem in älterer Zeit ist Literatur ihrer Intention und ihrer Tendenz nach durchgängig konservativ, im Sinne eines Festhaltens an althergebrachten Ordnungen, wenn nicht sogar: reaktionär. Eine Häufung von Ausnahmen findet sich zuerst in der Reformationszeit und dann erst wieder seit dem 18. Jahrhundert. Allerdings erzählt auch konservative Literatur immer wieder davon, wie Ordnungen in Frage gestellt werden, und damit wird die Sache für uns interessant. Ihre ‚Wahrheit' liegt – trotz aller (heute) phantastisch anmutenden Motive – in ihrer Teilhabe am kollektiven Imaginären, dessen offene oder sistierte Problemkonfigurationen sie narrativ ausspekuliert. Im Sinne ‚poetischer Konterdiskursivität' (WARNING 1999) erprobt sie dabei jedoch auch „die Grenzen der gültigen Ordnung", und dies „unabhängig von der Alternative, ob sie sie bestätig[t] oder infragestell[t]" (MÜLLER 2000, S. 481). Unter diesem Vorbehalt stehen die folgenden Skizzen des interpretationsrelevanten anthropologischen Wissens.

BERTAU 1983, S. 81–84. – BUMKE 2003, S. 31. – FRICKE 2000, S. 106–117. – FRICKE 2003. – HAFERLAND 2008. – HAUG 2004. – KELLNER 2001, S. 272 f. – KÖBELE 2006. – MÜLLER 1996, S. 80 f. – MÜLLER 1998a, S. 128. – MÜLLER 2000, S. 481. – MÜLLER 2007a. – PHILIPOWSKI 2006b. – PHILIPOWSKI/PRIOR 2006. – SCHULZ 2000a. – SCHULZ 2000b, S. 186–197. – SCHULZ 2008. – TITZMANN 1989a, S. 263–330. – TITZMANN 1989b. – WARNING 1999.

2.3 Kulturelle Voraussetzungen des Verständnisses mittelalterlicher Literatur

2.3.1 Mikrokosmos und Makrokosmos: Der Mensch als Zwischenwesen

2.3.1.1 Gelehrtes Wissen

Dieses Kapitel begann mit der Frage nach der Figur, mit der Frage nach dem Wissen, mit dem wir dasjenige, was ein mittelalterlicher Text uns nicht über eine Figur verrät, auffüllen dürfen. Nach allgemein erzähltheoretischen Überlegungen zum Problem der Figur (2.1) und nach einigen Vorbemerkungen über die Pragmatik der Textinterpretation (2.2) sind wir damit endlich bei dem Wissen angekommen, das die mittelalterliche Kultur vom Menschen hat. Vieles ist weit älter und geht auf die Antike zurück – etwa auf Aristoteles oder auf den spätantiken Arzt Galen – und wurde im Mittelalter vor allem über den Umweg arabischer und jüdisch-arabischer Philosophen rezipiert; viele Vorstellungen behalten bis weit in die Goethezeit hinein ihre Geltung (wer das nicht glaubt, möge Kants ‚Anthropologie in pragmatischer Hinsicht' oder Herders ‚Ideen zu einer Philosophie der Geschichte der Menschheit' lesen).

Man stellt sich im Mittelalter den Menschen als ein Mischwesen vor, und zwar zum einen im Blick auf die vier Elemente Feuer, Wasser, Erde und Luft sowie zum anderen im Blick auf die neuplatonische *Seinsstufenlehre* (wie sie etwa in der Spätantike von Pseudo-Dionysius Areopagita formuliert wird, die aber insgesamt schon älter ist). Die materiale Welt – und damit auch der Mensch – besteht aus Mischungen der vier *Elemente*; sie haben jeweils zwei von vier Grundeigenschaften (Feuer: warm und trokken; Wasser: kalt und feucht; Erde: warm und trocken; Luft: kalt und feucht). Eine Stufe über den Elementen stehen die Pflanzen, eine Stufe über den Pflanzen die Tiere, eine Stufe über den Tieren die Menschen und eine Stufe über den Menschen schließlich die reinen Geistwesen (Engel). Während die Elemente unbeseelt sind, haben die Wesen über ihnen unterschiedliche Seelenvermögen; es ist dabei immer so, daß die jeweils höhere Entität die Eigenschaften der hierarchisch unter ihr stehenden Seinsstufe ebenfalls hat:

– Die *Pflanzen* besitzen eine Nährseele, die jedoch noch nichts empfinden kann: sie besitzen also nur das Leben und nichts darüber hinaus.
– Die *Tiere* verfügen wie der Mensch über Körperempfindungen und Sinneswahrnehmungen, weshalb sie das Angenehme suchen und das Schädliche fliehen. Zudem verfügen sie über die Kraft, sich Abwesendes vorzustellen.
– Der *Mensch* verfügt zudem über das Vermögen, zwischen gut und böse, richtig und falsch zu unterscheiden, sowie über das Vermögen, Außersinnliches wie etwa die Engel zu erkennen.
– Über den Menschen stehen die *Engel*, reine Geistwesen, die aber auch über die beiden Seelenvermögen verfügen, die in der Hierarchie der körperlichen Wesen allein dem Menschen zukommen.

Der Mensch als Mischwesen vereint so das Elementarreich, das Pflanzenreich, das Tierreich und Teile des Geisterreichs in sich. Die unter-

2.3 Kulturelle Voraussetzungen des Verständnisses mittelalterlicher Literatur

schiedlichen Sphären bzw. Stufen berühren sich also. Zugleich ist er ein Zwischenwesen zwischen dem Reich des Stofflichen, Materialen, sinnlich Zugänglichen, und dem rein intellektuell erfaßbaren, außersinnlichen Reich des Göttlichen und seiner Engel. Indem er aus den vier Elementen besteht, ist der Mensch als Mikrokosmos (,kleine Welt') ein verkleinertes Abbild des ,Makrokosmos' (der ,großen Welt').

> Aristoteles: De anima, 2. Buch. – Konrad von Megenberg: Von der sel, S. 83, Z. 415–S. 87, Z. 457 (nach Bartholomaeus Anglicus). – Lexikon des Mittelalters, s. v. ,Dionysius, hl.', C. Dionysios Are(i)opagites', ,Elemente', ,Galen im MA', ,Humoralpathologie', ,Sein, Seinsstufen, Seiendes', ,Temperamentenlehre'. – LOVEJOY 1985. – STÖRMER-CAYSA 2004, S. 60–70.

2.3.1.2 Mensch und Engel: Höfische Lichtkörper

Die Grenzen des menschlichen Seinsbereichs werden in der höfischen Literatur immer wieder zum Thema gemacht, umspielt und überschritten. Zum einen gibt es Abweichungen nach oben, indem die literarischen Figuren bewußt an die ,englischen' – das ist tatsächlich ein beliebtes Wortspiel – Geistwesen herangeschrieben werden. Von diesen emaniert – nach der Lehre des Pseudo-Dionysius Areopagita – ein gleißendes Licht als Abglanz des Göttlichen. Ebenso strahlen und glänzen die Protagonisten der höfischen Epik: erstens natürlich die Heiligen in den höfischen Legenden; sie werden nach ihrem Tod verklärt. Zweitens wird dieser göttliche Glanz auch für weltliche Figuren ,konnotativ ausgebeutet' (WARNING). ,Konnotative Ausbeutung' bedeutet, daß vor allem religiöse Bedeutungsbereiche, die hinsichtlich ihres symbolischen Werts hoch besetzt sind, eingespielt werden, um andere Bedeutungsbereiche mit positivem Wert aufzuladen, etwa wenn die *vrouwe* (,Dame', ,Herrin') des Minnesangs analog zur Jungfrau Maria stilisiert wird (WARNING 1982, S. 183 f.).

In der höfischen Epik geschieht ähnliches, wenn die Erscheinung der Figuren als diejenige wahrer Lichtkörper beschrieben wird, die immer wieder mit Engeln verglichen werden, egal, ob es sich um Männer oder um Frauen handelt (Beispiele wären etwa Herzeloyde, Liaze und Condwiramurs in Wolframs ,Parzival' – sowie der Held selbst; CESSARI 2000; BRINKER-VON DER HEYDE 1996, S. 66). Hier geht es nicht mehr um religiöse, sondern um höfische Wertigkeiten. Der Glanz, der von den Figuren ausgeht (sie werden tatsächlich als selbstleuchtend imaginiert), ist kein zweckfrei ästhetischer, sondern Ethik und Ästhetik sind hier noch, anders als in der Moderne, eng aneinandergekoppelt: Immer wieder heißt es, daß die Figuren *durliuhtic* seien, ,durchscheinend', ,diaphan', im Blick auf etwas, das ‚unter' der sichtbaren sozialen Oberfläche aus Kleidung, Haut und Haar liegt und das den wahren ‚Kern' der Person ausmacht. Es handelt sich um Phantasmen visueller Evidenz, die unzweifelhaft Wahrheit verbürgen. Dieser Kern ist der Kern höfischer Tugend, und die Protagonisten sind in ihrer Schönheit nicht individualisiert, sondern im Gegenteil auf eine Idealität hin abstrahiert, die von jedweder körperlichen Konkretheit absieht, aber dennoch ganz körperlich bleibt. Insofern sind solche engelsgleich strahlenden Figuren ‚Realabstraktionen' des Höfischen, wie dies PETER CZERWINSKI genannt hat (1989, S. 42). Alle Traurigkeit und alle Aggression können verschwinden, wo man mit diesen Realabstraktionen in visuellen Kontakt tritt: Der Anblick der Inkarnation alles Höfischen pazifiziert und stiftet *vroide*, die zum Höfischen passende Hochgestimmtheit.

BRINKER-VON DER HEYDE 1996, S. 66. – CESSARI 2000. – CZERWINSKI 1989, S. 42. – HAUPT 2002. – WARNING 1982, S. 183 f.

2.3.1.3 Mensch und Tier 1: Der Krieger und die animalische Gewalt

Beispiel 5: ‚Iwein', ‚Wolfdietrich D', ‚Gauriel von Muntabel',
‚Herzog Ernst B'
Neben den Abweichungen nach oben gibt es auch diejenigen nach unten. Sie können unterschiedlich bewertet sein. Auch wenn das höfische Ideal Affektkontrolle und verfeinertes Benehmen propagiert, eine Entfernung vom Nicht-Kultivierten, vom Tierischen und vom Stofflichen also, so zeigt sich eine gegenläufige Tendenz, wenn es darum geht, das Ideal des ritterlichen Kriegers in Aktion zu beschreiben. Dieses Ideal nähert sich teilweise sogar dem des heroischen Kriegers an (vgl. Kap. 3.4.4.2). Der Ritter ist ohne sein Pferd nicht denkbar. Das Pferd ist zum einen Symbol adeligen Seins und adeliger Herrschaft, zum anderen ist es der Repräsentant animalischer Kräfte, die vom Krieger-Mann kontrolliert und zur Ausübung körperlicher Gewalt eingesetzt werden. Ritter und Pferd bilden so einen ideellen Gesamt-Kampfkörper. Wo die Einheit aufgelöst wird, bedeutet dies immer eine Bedrohung für den Krieger-Mann (FRIEDRICH 2001; PESCHEL-RENTSCH 1998). Nichts ist entwürdigender, als wenn der Ritter von seinem Abenteuer zu Fuß zurückkehren muß, wie etwa im ‚Iwein' Hartmanns von Aue, wo sich Kalogrenant nach seinem Scheitern in der Brunnen-Aventiure ohne Pferd zum Hof zurückschleppt.

Hartmanns Iwein besitzt neben seinem Pferd noch einen weiteren tierischen Begleiter, einen Löwen, dem er gegen einen Drachen beigestanden hat und der ihm nun nicht mehr von der Seite weicht. Deshalb nennt man ihn, der seine ursprüngliche Identität ebenso verloren hat wie

2.3 Kulturelle Voraussetzungen des Verständnisses mittelalterlicher Literatur 33

die Liebe seiner Frau, nur noch den Löwenritter. Mit diesem Löwen kommuniziert Iwein durch höfische Gesten, die das Tier ebenso beherrscht wie der Ritter. Der Löwe *symbolisiert* Herrschaft, zugleich *verkörpert* er eine animalische Gewalt, die dem Ritter Iwein immer wieder beistehen muß, damit er seine Abenteuer, bei denen er andere Adelige aus großer Not befreit, überhaupt erfolgreich bestehen kann. Der Ritter braucht also diese animalische Gewalt, um seinen höfischen Auftrag überhaupt ausüben zu können (Le Goff 1990).

Das literarische Muster, dem Helden ein Begleit-Tier zu attribuieren, das als externer Repräsentant seiner Fähigkeiten als Krieger verstanden werden kann, nimmt gewissermaßen den Sinngehalt von Wappen beim Wort, wie sie als Erkennungszeichen im Laufe der zweiten Hälfte des 12. Jahrhunderts üblich werden. Deutlich wird das in den Geschichten um die Heroen Ortnit und Wolfdietrich. Beide begegnen auf ihrem Weg zu einer Drachensippe, die Oberitalien tyrannisiert, einem edlen Tier, das gerade gegen einen Drachen kämpft: Ortnit einem Elefanten, Wolfdietrich einem Löwen. Beide stellen fest, daß es sich jeweils um ihr eigenes Wappentier handelt, und das veranlaßt sie dazu, dem Wesen, dessen Abbild sie bislang begleitet hat, auch ‚real' beizustehen (Schulz 2008, S. 175 f.). Parodiert werden solche Muster in Konrads von Stoffeln ‚Ritter mit dem Bock'. Hier wird Ritter Gauriel von Muntabel, der unvorsichtigerweise in Gesellschaft anderer Frauen erwähnt, daß er eine schöne Geliebte hat, von dieser in das häßlichste Wesen verwandelt, das man sich nur vorstellen kann. Dennoch bleibt er Ritter. Folgerichtig läßt er sich von dem schmachvollsten Wappentier begleiten, das man sich nur denken kann: von einem Bock. Doch dieser Bock hat eine enorme Kampfkraft, was sich daran zeigt, daß er, während sein Herr eine Tjost gegen Iwein reitet, Iweins Löwen besiegen und töten kann.

Der Ritter braucht einen Anteil animalischer Gewalt, um erfolgreich agieren zu können. Insofern sind hier die Abweichungen von der menschlichen Seinsstufe nach unten durchaus lizenziert. Es gibt jedoch auch problematischere Abweichungen: dann, wenn das Animalische vom Menschlichen Besitz ergreift. Das ist der Fall in den Imaginationen mensch-tierischer Mischwesen. Im ‚Herzog Ernst B', von dem oben schon die Rede war, werden der Held und sein Gefolge durch einen Seesturm zu einer prachtvollen, aber völlig menschenleeren orientalischen Stadt abgetrieben. Es gibt hier höfische Kultur im Übermaß. Nach einer Weile kehren die Einwohner der Stadt zurück: Es handelt sich um Hybridwesen, denen auf einen menschlichen Körper Hals und Kopf eines Kranichs aufgepfropft sind. Auf einem Raubzug haben sie eine christliche indische Prinzessin erbeutet, die nun mit dem – natürlich heidnischen – König der Kranichmenschen verheiratet werden soll. Dieser stößt ihr den Schnabel in den Mund, um sie zu küssen, und als Ernst und sein getreuer Graf Wetzel versuchen, die Prinzessin zu befreien, töten die Kranichmenschen sie mit einer Unzahl von Schnabelstichen. So behandelt man natürlich keine Dame; das ist kein Benehmen, sondern eine krude, mit Konnotationen einer Vergewaltigung aufgeladene Gewalttätigkeit. Die Abweichung vom Menschlichen, die Aufhebung der Differenz zwischen Mensch und Tier, geht hier mit einer seltsamen Paradoxie einher: In Grippia, dem Land der Kranichmenschen, findet sich zugleich ein Maximum an höfischer Kultur und ein Maximum an Abweichung vom höfischen Ideal. Es sieht fast so aus, als stehe der Verlust der Differenz zwischen Mensch und Tier für den Verlust der Differenz zwischen dem Höfischen und dem Unhöfischen.

FRIEDRICH 2001. – LE GOFF 1990. – PESCHEL-RENTSCH 1998. – SCHULZ 2008, S. 175 f.

2.3.1.4 Mensch und Tier 2: Das Unhöfische als Nicht-Menschliches

Beispiel 6: ‚Wolfdietrich D‘, ‚Parzival‘, ‚Eneasroman‘, ‚Trojanerkrieg‘
Dieser Verdacht läßt sich erhärten, etwa im Fall von Frauen, die entweder besonders gelehrt sind oder die in der Wildnis leben. In beiden Fällen wird die *Abweichung vom höfischen Ideal* als eine *Abweichung vom Menschlichen* hin zum Tierischen und zum Pflanzlich-Vegetabilen imaginiert: In den Wolfdietrich-Dichtungen der späten Heldenepik wird der Heros im Wald von der ‚haarigen Else‘, die wie ein Bär aussieht, mit erotischen Anträgen verfolgt. Schließlich gibt er nach und erklärt sich bereit, sie zu lieben, wenn sie denn nur Christin würde. Und schon stürzt sich die haarige Else in einen Jungbrunnen und verwandelt sich in einem Akt der Selbsttaufe in die wunderschöne Sigeminne, die Herrscherin über das ‚alte Troja‘; dabei streift sie die Bärenhaut ab. Troja aber ist nach mittelalterlicher Vorstellung der Ursprungsort höfischer Kultur überhaupt. Doch Sigeminne muß sterben, damit Wolfdietrich später Ortnits Witwe heiraten und die Herrschaft über Ost- und Westrom in sich vereinigen kann.

Die Wolfdietrich-Texte sind von einer derart massiven Heidenkampfideologie durchzogen, daß in ihnen das Höfische immer hinter dem Christlichen zurücksteht. Dem Höfischen allein kommt hier kein Wert zu, deshalb bleibt es immer nur Episode. An ‚richtigen‘ Höfen wird der rauhbeinige Held nicht heimisch; nur unter den behaarten Damen des Wilden Weibs Rome, die in den italischen Wäldern herrscht, mutiert der ‚Lonesome Cowboy‘ mit einem Mal für eine Woche zum galanten Causeur und zur Zierde des Hofes. Im Falle Sigeminnes wird der Widerspruch zwischen dem Unhöfischen und dem Höfischen temporalisiert, indem das eine das andere ablöst; im Fall von Romes Hofstaat wird dieser Widerspruch ‚synchron' herausgestellt. In beiden Fällen geht es um den paradoxen Fall, daß ein Maximum an *hövescheit* einhergeht mit dem ‚Unterschreiten' der menschlichen Seinsstufe. Abweichungen von der menschlichen Seinsstufe können also dazu benutzt werden, Ambivalenzen bei den Figuren auszudrücken.

Sehen läßt sich das auch in Wolframs ‚Parzival'. Hier gibt es die irritierende Gralsbotin Kundrie, die in den Wissenschaften unterwiesen worden ist und viele Sprachen spricht; sie trägt den Beinamen *surziere* (312,27: ‚sorcière': ‚Zauberin') und ist trotz ihrer modischen Kleidung alles andere als eine höfische Erscheinung: Ihr langer Haarzopf ist so weich wie Schweineborsten, sie hat eine Nase wie ein Hund, ihre Eckzähne sind die eines Ebers, ihre Augenbrauen dicht, ihre Ohren sind wie die eines Bären, ihr Gesicht ist behaart, ihre Hände ähneln denen eines Affen, ihre Fingernägel sehen aus wie Löwenklauen. Die Kleidung ist maximal höfisch, ihr Körper ist es nicht. Für den Helden hat sie eine zwiespältige Funktion: Sie ist diejenige, die ihn am Artushof bloßstellt, indem sie sein Versagen auf der Gralsburg öffentlich macht; sie ist zuletzt aber auch diejenige, die Parzival verkündet, daß er nun doch zur Gralsherrschaft berufen worden sei.

Es scheint aber so, als sei ihre Ambivalenz nicht bloß in dieser Funktion für die Handlung gegründet, sondern auch in dem Merkmal der Gelehrtheit: In Heinrichs von Veldeke ‚Eneasroman' ist der Held auf die Hilfe der cumäischen Sibylle angewiesen, um seinem Götterauftrag gemäß in die Unterwelt hinabzusteigen. Als er sie sieht, beginnt er sich zu fürchten: Sie sieht weder wie eine höfische Dame noch überhaupt wie eine Frau aus, ist abgrundtief häßlich, sie hat graues, verfilztes Haar wie eine Pferdemähne, ihre armselige Kleidung ist nicht die einer höfischen Dame, sie hat ein Buch in der Hand und liest. Lockiges Moos hängt ihr aus den Ohren, sie vereint also nicht allein tierische, sondern auch pflanzliche Merkmale auf sich. Sie ist fast taub; ihre Augen liegen tief, ihre Augenbrauen sind lang und grau und hängen zur Nase herab. Ihr Mund ist schwarz und kalt, ihre Zähne sind lang und gelb, ihr Hals ist schwarz und faltig; sie scheint nur noch aus Adern, Haut und Knochen zu bestehen. Aber sie ist freundlich und hilft dem Helden weiter. Die Merkmale des Tierischen und des Pflanzlichen sollten eigentlich eine gesteigerte Vitalität ausdrücken, doch hier gehen sie einher mit einem Verlust an Lebenskraft. Offenbar muß diejenige Figur, die den Helden durch das Reich des Todes geleitet, selbst nahe an den Tod gerückt werden, insofern sie zwischen der Sphäre der Lebenden und der Sphäre der Toten vermitteln soll. Die Unterwelt ist einerseits ganz konkret körperlich gedacht, andererseits bevölkern sie die Seelen der Toten als ungreifbare, immaterielle Schatten, als Geister also. Sibylles Merkmale sind widersprüchlich gemischt, insofern sie Merkmale aller Seinsstufen in sich vereinigt, aber keiner dieser Seinsstufen richtig zugeordnet werden kann: Sie ist [± vital], [± menschlich] usw. Eindeutig ist nur ihre Distanz zum Höfischen.

Gestalten wie Kundrie und Sibylle zeigen eine Tendenz auf, die sich für die höfische Epik verallgemeinern läßt: Gelehrsamkeit bei Frauen stellt eine Abweichung vom höfischen Ideal dar, die äußerst ambivalent gesehen wird. Diese Ambivalenz drückt sich in einem Äußeren aus, das die Abweichung vom Höfischen als Abweichung vom Menschlichen präsentiert; gleichwohl bleibt das Höfische hier immer noch präsent – als die Norm, die von der Erscheinung dieser seltsamen Frauen gerade nicht erfüllt wird.

Die Ambivalenz kann an der Person selbst ‚gezeigt' werden, so wie hier, oder sie kann narrativ umgesetzt werden, etwa im Fall der Medea in Konrads von Würzburg ‚Trojanerkrieg' (1287 abgebrochen). Die negative Seite ihres ambivalenten Wesens wird hier zunächst aktantiell abgespalten, in Form eines Drachen, der das Goldene Vlies bewacht, und von weiteren Drachen, die später den Wagen ziehen, mit dem sie durch die Lüfte reist (vgl. SCHULZ 2004). Auch die schöne Medea hat als Zauberin Macht über alle Seinsbereiche, vom Reich der vier Elemente bis hinauf zum Geisterreich (sie kann die antiken Götter wie Dämonen beschwören), und zuletzt läßt sie den untreuen Jason mitsamt seiner neuen Geliebten in Flammen aufgehen. Als Figur paßt Medea ziemlich gut in die Welt, die Konrad im ‚Trojanerkrieg' entwirft: in eine Welt, die stets von höfischer Pracht erfüllt ist, in der jedoch schon von Anfang an der Keim des Untergangs angelegt ist – und dieser Keim liegt im Höfischen selbst (MÜLLER 2006, 2007a, S. 452–460; SCHULZ 2008, S. 490–497; SEUS 2011, S. 118–180).

LANGER/RIDDER 2002. – MÜLLER 2006. – MÜLLER 2007a, S. 452–460. – SCHULZ 2004. – SCHULZ 2008, S. 490–497. – SEITZ 1967. – SEUS 2011, S. 118–180.

2.3.2 Humoralpathologie und Temperamentenlehre

2.3.2.1 Gelehrtes Wissen

Analog zu den vier Elementen ist die *complexion* des Menschen von dem Mischungsverhältnis der vier Körpersäfte Blut, Schleim, gelbe Galle, schwarze Galle abhängig, in denen wiederum die vier Grundeigenschaften kalt/warm und feucht/trocken miteinander kombiniert sind. Die Ähnlichkeit von Mikrokosmos und Makrokosmos manifestiert sich so auch in ihrer Struktur, die analog in miteinander kombinierbaren Viererschemata zu beschreiben ist.

In der Lehre von den vier Körpersäften, der *Humoralpathologie* (*humores* lat. ‚Säfte'; *pathos* griech. ‚Leiden'; *-logie* ‚Lehre von'), treffen sich zwei Bereiche, die wir heute zwar allmählich wieder in ihrem Wechselspiel begreifen, aber prinzipiell scharf auseinanderhalten: Körper und Seele, Physis und Psyche. Eine Seelenlehre, wie sie uns vor allem seit SIGMUND FREUD vertraut ist, gibt es im Mittelalter nicht. Unter ‚Seele' (mhd. *sêle*, lat. *anima*) versteht man aus medizinischer Sicht die Kombination der oben (Kap. 2.3.1.1) genannten körperlichen und unkörperlichen Vermögen, aus theologischer Sicht hingegen das Unsterbliche am Menschen.

Das, was wir ‚Psyche' nennen, existiert nur als körperliche Vorstellung: als *complexion*. Es gibt vier *complexiones*, die jeweils durch das Übergewicht eines der vier Körpersäfte entstehen: Der leichtlebige Sanguiniker hat ein Übermaß an Blut (*sanguis:* feucht/warm), der träge Phlegmatiker eines an Schleim (*phlegma:* kalt/feucht), der jähzornige Choleriker eines an gelber Galle (*cholera:* warm/trocken), der Melancholiker eines an schwarzer Galle (*melancholia:* trocken/kalt). Die *Temperamentenlehre* errichtet sich so auf der Basis der *Säftelehre* (Humoralpathologie). Die emotionale und mentale Disposition eines Menschen gründet auf dem Gleichgewicht der Körpersäfte. Die *complexiones* können noch weiter ausdifferenziert werden. Die *melancholia leonida* (die ‚löwenhafte Melancholie') etwa würden wir heute als bipolare Störung/manische Depression/Zyklothymie beschreiben; sie ist ein Kennzeichen besonders ausgezeichneter Helden, die zwischen Lähmung und überwältigender Tatkraft hin- und herwechseln. Vor allem Hartmanns von Aue Iwein hat man immer wieder in Verbindung mit der *melancholia leonida* gebracht: das Löwenhafte (bzw. Manische) der Melancholie manifestiere sich hier in Iweins treuem Begleiter (GRAF 1989; RÖCKE 2000).

GRAF 1989. – Lexikon des Mittelalters, s. v. ‚Humoralpathologie', ‚Temperamentenlehre'. – MATEJOVSKI 1996. – PHILIPOWSKI/PRIOR 2006. – RÖCKE 2000.

2.3.2.2 Kuren gegen Wahnsinn in der höfischen Dichtung

Im Mittelalter gibt es keine Lehre vom Unterbewußten, keine Vorstellung davon, daß ein psychisches Trauma verdrängt werden und in Form einer psychischen Störung wiederkehren könnte. Dasjenige, was wir heute als psychische Störungen bezeichnen, wird im Mittelalter als Störung der *Physis* aufgefaßt, bei der das Verhältnis der vier Körpersäfte und der damit verbundenen vier Basiseigenschaften ins Ungleichgewicht gekommen ist. Da man sich dieses Verhältnis als ausgesprochen labil denkt, rechnet man durchaus mit solchen Störungen. Aber man rechnet auch damit, daß man sie auf rein physischem Weg wieder in Ordnung bringen kann, in erster Linie mit einer Diät, die darauf ausgerichtet ist, das Gleichgewicht der Säfte wiederherzustellen (man darf sich deshalb nicht wundern, daß die überlieferten Rezepte aus der Adelsküche oft eine Tendenz zum Süß-Sauren haben: eben so bleiben die Speisen aus humoralpathologischer Sicht in der Balance; EHLERT 2000). Zur Kur gegen ‚Wahnsinn' gehören auch äußere Anwendungen wie Bäder und Salben, dazu viel Ruhe (MATEJOVSKI 1996, etwa S. 184–196); niemals aber etwas, das wir mit unseren heutigen Therapien vergleichen könnten. Der wahnsinnige Iwein wird kuriert, weil eine junge Hofdame ihm allzureichlich Salbe aus der Produktion der Fee Morgane über den ganzen Körper streicht, nicht nur, wie sie eigentlich sollte, dosiert auf den Kopf. Der namenlose Prinz im ‚Busant' wird durch eine wochenlange Badekur geheilt. Endgültig erfolgreich sind diese Therapien allerdings erst dann, wenn ein analoger Wahrnehmungsreiz von außen die Erinnerung an das frühere Selbst aktiviert, wobei dem ‚Gedächtnis des Körpers' eine wesentlich größere Rolle zukommt, als wir uns das heute ausmalen. Der Prinz aus dem ‚Busant' zeigt in einem paradoxen mimetischen Akt, bei dem er einen Bussard zerfleischt, welchen Zustand er überwunden hat und welches Tier für seinen tierhaften Wahnsinn verantwortlich ist (SCHULZ 2000a). Eine strikt historische Interpretation täte nicht gut daran, den Figuren mittelalterlicher Epik etwas zu unterstellen, was außerhalb der Vorstellungswelt ihrer Kultur lag. In diesem Sinne haben literarische Heroen und Ritter kein Unterbewußtes.

EHLERT 2000. – MATEJOVSKI 1996. – SCHULZ 2000a.

2.3.3 Wahrnehmen und Erkennen

2.3.3.1 Die gelehrte Hierarchie der Sinne

Sinneswahrnehmung gilt bei den Gelehrten der Antike und des Mittelalters als Grundlage für die menschliche Verstandestätigkeit. Die Kategorisierung der fünf Sinne und ihre Hierarchie gehen letztlich auf Aristoteles zurück (SCHEERER 1995; JÜTTE 2000, S. 29–115), auf seine Schrift ‚Über die Seele', ‚De anima'. Das siebte bis elfte Kapitel des zweiten Buchs erörtern in absteigender Rangfolge Gesichtssinn, Gehör, Geruchs-, Geschmacks- und Tastsinn. Die mittelalterliche Wahrnehmungspsychologie behält diese Ordnung bei (SCHLEUSENER-EICHHOLZ 1985, Bd. 1, S. 201 f.; etwa: Vinzenz von Beauvais, Speculum naturale XXV,9 [Sp. 1780]) und verbindet sie mit der Vorstellung, daß die Tätigkeit des menschlichen Geistes in drei hintereinanderliegenden Hirnkammern (Ventrikeln) stattfinde, wo die Sinneseindrücke sukzessive verarbeitet werden: *sensus communis*, *ratio* und *memoria*.

Die Sinneswahrnehmungen werden vom *sensus communis* bzw. von der *imaginatio* versammelt, koordiniert und in einer Art von Zwischengedächtnis gehalten; erst danach werden sie zum Gegenstand der Verstandestätigkeit der *ratio*, welche in wiederum zwei Einzelvermögen unterteilt ist, *ratio* und *intellectus*. Die *ratio* unterscheidet und kategorisiert die sinnlichen Eindrücke, der *intellectus* schlägt die Brücke in die Transzendenz, weil er das Göttliche erkennen kann. Das dritte Seelenvermögen ist das Gedächtnis (*memoria*), das die Sinneseindrücke und die Gegenstände menschlichen Erkennens nach Prüfung durch die *ratio* speichert und später abrufbar macht; hierzu werden sie wieder in die *imaginatio* zurückgespielt (HARVEY 1975; KEMP 1990, 1996; Thomas von Cantimpré, Liber de natura rerum 1,2 [S. 13]; Wilhelm von Conches, Philosophia 4,21,37). Wahrnehmung (*sensus communis*) und Erkennen (*ratio*) sind deutlich voneinander geschieden; sie geschehen nacheinander an unterschiedlichen Orten des Gehirns, nicht gleichzeitig (Hugo von Sankt Victor, Didascalicon 1,3 [S. 118–125]; HUBER 1977, S. 7 f.). In der volkssprachigen Literatur des Mittelalters werden die entsprechenden kognitiven Vorgänge nicht im Kopf, sondern im Herzen verortet. Man ‚liest' die Sinneseindrücke in sein Herz, und dann erst setzt die prüfende Untersuchung durch den Verstand ein (vgl. auch Beispiel 14 zu Kap. 2.3.4.2.6).

Solche Hintergründe erklären die Bildlichkeit in einem Minnelied Heinrichs von Morungen (‚West ich, ob ez verswîget möhte sîn', MF 127,1): Wenn die Angelegenheit geheim bliebe, dann ließe der Sänger das Publikum seine Geliebte sehen. Wer ihm das Herz entzweibräche, der könnte sie, die ohne Türe durch die unversehrten Augen hineingegangen sei, dort sehen. Dieses Bild nimmt auch die seit Aristoteles (,De memoria et reminiscentia') bekannte Vorstellung beim Wort, das menschliche Gedächtnis funktioniere analog zu Abdrücken/‚Eindrücken' in Wachstafeln.

> Aristoteles: De anima. – Aristoteles: De memoria et reminiscentia. – HARVEY 1975. – HUBER 1977, S. 7 f. – Hugo von Sankt Victor: Didascalicon 1,3 (S. 118–125). – JÜTTE 2000, S. 29–115. – KEMP 1990. – KEMP 1996. – SCHEERER 1995. – SCHLEUSENER-EICHHOLZ 1985, Bd. 1, S. 201 f. – Thomas von Cantimpré: Liber de natura rerum 1,2 (S. 13). – Vinzenz von Beauvais: Speculum naturale XXV,9 (Sp. 1780). – Wilhelm von Conches: Philosophia 4,21,37.

2.3.3.2 Synästhetische Komplementärmodelle

Die klassische Hierarchie der Sinne privilegiert die Distanzwahrnehmungen Sehen und Hören, die nicht nur als relevanter, sondern auch als feiner als die anderen gelten. Es gibt jedoch auch mittelalterliche Texte, in denen Tendenzen zur Synästhesie greifbar werden, verstanden nicht als poetisch-ästhetisches Programm, sondern als eine erkenntnismäßige Aufwertung der ‚niederen' Sinne. Solche Vorstellungen rühren her von der seit dem spätantiken christlichen Neuplatonismus geläufigen Idee eines ‚inneren Menschen', der über fünf ‚spirituelle', aber ganz körperlich gedachte Sinne verfügt. Sie ergänzen die Wahrnehmung der fünf äußeren Sinne komplementär, dies allerdings in einer umgekehrten Rangfolge: Tasten und Schmecken werden aufgewertet (ausgehend vom Psalmenwort *gustate et videte quoniam suavis est Dominus*, ‚schmeckt und seht, wie freundlich der Herr ist', Ps 34,9; zudem hat Aristoteles im zweiten Buch von ‚De anima' dem Tastsinn eine besondere Rolle eingeräumt): Spirituelle Erkenntnis wird idealiter in der Synästhesie aller ‚geistlichen' Sinne hergestellt, in einer Totalisierung der sinnlichen Wahrnehmung. Vor allem die christliche Mystik thematisiert solche Vorstellungen.

> Aristoteles: De anima.

Beispiel 7: Konrad von Würzburg, Wolframs ‚Willehalm'
Beispiele für das eben Ausgeführte finden sich vor allem im Werk Konrads von Würzburg. Konrad problematisiert die gängigen Modi der Weltwahrnehmung, indem er die traditionelle Hierarchie der Sinne mehrfach in Frage stellt: etwa in seinem ‚Partonopier' (um 1277), wo der Held eine unsichtbare Geliebte hat, so daß zunächst andere Wahrnehmungsbereiche (Hören und Tasten) dafür einstehen müssen, um ihre Vortrefflichkeit zu erkennen (hinzu kommt allerdings ein ‚verschobener', metonymisierender

Blick, der die Vortrefflichkeit der Dame in der visuellen Pracht des von ihr beherrschten Landes wiederfindet). In Konrads ‚Engelhard' hat sich die Königstochter Engeltrud mit dem Problem auseinanderzusetzen, daß sie sich in zwei Männer verliebt hat, die absolut gleich aussehen und auch noch identisch sprechen, aber nicht von Ebenburt sind. Als sie sich schließlich für einen der beiden entscheidet, ist der Klang seines Namens das zentrale Kriterium: Engelhard passe nun einmal zu Engeltrud. Allerdings wird Engeltruds Entscheidung synästhetisch inszeniert: als ein Tasten und Schmecken der Wörter. Im ‚Herzmäre' Konrads ißt eine Frau unwissentlich das balsamierte Herz ihres toten Geliebten, und sie muß dabei feststellen, daß sie noch niemals zuvor eine so vortreffliche Speise zu sich genommen hat. In vielen mittelalterlichen Legenden hat Heiligkeit einen besonders süßen und angenehmen Geruch; ein Motiv, das auch anderenorts aufgegriffen wird, so von Wolfram von Eschenbach in seinem ‚Willehalm': Indem hier dem sterbenden Vivianz, dem Neffen des Helden, ein solcher Duft zugeschrieben wird, wird er, der in einer Schlacht gegen die Heiden gefallen ist, gewissermaßen als Märtyrer ganz wörtlich in den Geruch der Heiligkeit gebracht. Wo die höfische Literatur die feststehende Hierarchie der Sinne dynamisiert und Verschiebungen erprobt, geht es natürlich nicht darum, Wahrnehmung und Erkennen an und für sich zu problematisieren, sondern vorrangig im sozialen Feld. Es geht darum, was man mit den eigenen Sinnen zutreffend über den anderen in Erfahrung bringen kann.

Rahner 1932. – Rahner 1933. – Schulz 2008, S. 355–497.

2.3.3.3 Wahrnehmung im sozialen Feld

Höfische Kultur ist eine ‚Kultur der Sichtbarkeit' (Wenzel 1995). Wahrnehmung im sozialen Feld basiert auf der Grundannahme, daß das sichtbare Äußere einer Person, ihre soziale Oberfläche, verstanden als Einheit von Kleidung, Haut und Haar, untrennbar mit ihrem Inneren, ihrem ‚Kern' oder ihrem ‚wahren Wesen' verbunden ist, entweder im Sinne einer Entsprechung oder im Sinne eines Gegensatzes; keinesfalls aber ist es bloß zufällig. ‚Schön' heißt ‚gut', und ‚gut' heißt ‚adelig', während ‚häßlich' nichts anderes als ‚schlecht' bedeuten kann. Als Ausnahme ist allenfalls denkbar, daß Häßlichkeit mit Gutsein und Schönheit mit innerer Verworfenheit gekoppelt sind. Die Regel hat sehr viel mit dem höfischen Gesellschaftsideal zu tun, die regelhafte Ausnahme mit der christlichen Verachtung der Welt, für die Hochmut und strahlende Schönheit zusammengehen. Nicht denkbar ist aber, daß es völlig gleichgültig ist, wie jemand aussieht.

Beispiel 8: Crescentia in der ‚Kaiserchronik'
Diese Wahrnehmungsmuster erweisen sich nun für die höfische Literatur als ausgesprochen produktiv, und zwar von Anfang an: In der ‚Kaiserchronik' (um 1150/60), einer Kompilation von exemplarischen Erzählungen, die die Geschichte des römischen Reichs seit Caesar zwar nicht berichten, aber doch repräsentieren sollen, wird vom Schicksal der Crescentia gehandelt. Sie ist die wunderschöne Tochter eines afrikanischen Königs, die überall, wo sie hinkommt, entsprechend ihrer herausragenden Adels-Erscheinung behandelt wird: Noch als sie als Sklavin an einen Herzogshof verkauft wird, sorgt ihr Habitus dafür, daß sie bald innerhalb des herzoglichen Haushalts eine herausragende Position bekommt. Zugleich mit der Norm wird auch die Ausnahme dargestellt: Crescentia bestimmt über den künftigen römischen Kaiser, indem sie zwischen den beiden potentiellen Thronfolgern, dem schönen und dem häßlichen Dietrich, die beide um sie werben, wählen darf: Sie entscheidet sich überraschenderweise für den Häßlichen – und der Schöne erweist sich in der Folge als intriganter Lüstling, der Crescentia erfolglos sexuell bedrängt und sie danach des Ehebruchs beschuldigt, weshalb sie ertränkt werden soll. Allerdings ist auch der häßliche Dietrich nicht loyal genug zu seiner Frau, um sie vor dem vermeintlich sicheren Tod im Tiber zu retten (STOCK 2002, S. 54–70).

Die Autoren sind klug genug, um zu wissen, daß es letztlich naiv ist, einem schönen Menschen in jedem Fall moralische Vortrefflichkeit zu unterstellen; sie sind klug genug, um zu wissen, daß solche Vorstellungen zu Fehlwahrnehmungen im sozialen Feld führen müssen, selbst wenn man die Umkehrung des Modells (‚häßlich' = ‚gut') immer noch als Möglichkeit mitbedenkt. Aber die Alternativen, die spätere Epochen entwickelt haben, sind ihnen noch nicht verfügbar. In der Frühen Neuzeit und im Barock kommt die Vorstellung eines Welttheaters, eines *theatrum mundi* auf, in dem alle Menschen nur Schauspieler sind; seither entwickelt sich auch die Vorstellung, daß das ‚wahre Wesen' eines Menschen nur in intimer, gesellschaftsferner Nähe zu erfahren sei, während man im sozialen Leben immer nur eine Rolle spiele. Eine Kultur, die derart auf das öffentlich Wahrnehmbare baut wie die des Mittelalters, kann jedoch dasjenige, was sich gerade der Öffentlichkeit entzieht, auf keinen Fall privilegieren. Alles, was dem Blick aller verborgen bleibt, ist zwar faszinierend, aber immer auch gefährlich. Alles, was ursprünglich in der Heimlichkeit entsteht, muß letztlich von der Öffentlichkeit abgesegnet werden, um Geltung zu haben.

In diesem Bereich zeigen sich Unterschiede zwischen den narrativen Gattungen. Der Weltentwurf des höfischen Romans ist dem Ideal der Kalokagathie (,schön' = ,gut') am konsequentesten verpflichtet, während Legende und Heldenepik gegenüber der Inszenierung solcher ,Sichtbarkeitszusammenhänge' (STROHSCHNEIDER 2002c, S. 139, Anm. 85) eine schwankende Position einnehmen. Zwar sind sie von einem tiefen Mißtrauen gegenüber dem schönen Schein des Höfischen geprägt (der im Roman immer mehr als nur schöner Schein sein muß), doch können sie die Rahmenbedingungen der mittelalterlichen ,Kultur der Sichtbarkeit' nicht umgehen: Dies zeigt sich, wenn sie die Heiligkeit oder Exorbitanz ihrer Protagonisten durch die literarische Inszenierung strahlender, verklärter Körper evident zu machen suchen; es zeigt sich auch ex negativo, wenn ihre Figuren für die adelige Welt gewissermaßen unsichtbar werden, weil sie eine neue Identität annehmen (vgl. dazu Kap. 3.4.3). Eine Geschichte wie die ,Crescentia', die einerseits legendarische Züge hat, andererseits dem Ideal des Höfischen verpflichtet ist, versucht beiden Sichtweisen gerecht zu werden.

GROEBNER 2004b. – HAHN 1977. – HAUBRICHS 2002. – KARTSCHOKE 1992. – VON MOOS 2004. – MÜLLER 1992. – SCHULZ 2008. – STOCK 2002, S. 54–70. – STROHSCHNEIDER 2002c, S. 139, Anm. 85. – WENZEL 1995.

2.3.4 Feudale Identität: Handlungs- und Verhaltenssemantiken

2.3.4.1 Höfische Interaktion: Agon, Reziprozität und ,Ausdruck'

Warum eine literarische Figur etwas tut, wofür uns der mittelalterliche Text keine Beweggründe nennt, läßt sich in vielen Fällen von den Grundregeln höfischer Interaktion her bestimmen. Im Prinzip geht es darum, ein Maximum an Ehre zu erwerben und auf jeden Fall auch nur die kleinste Schande zu vermeiden. Ehre und Schande bemessen sich nicht an ,objektiven' oder ,inneren'/,subjektiven' Wahrheiten, sondern allein an demjenigen, was die Gesellschaft über einen denkt und spricht. Damit unterscheidet sich die Orientierungsnorm höfischen Verhaltens grundsätzlich von der Norm der Gegenwart (wo es zum Beispiel nicht mehr darum geht, Schande zu vermeiden, sondern keine Schuld auf sich zu laden: die Kriterien guten und schlechten Verhaltens sind bei uns stark verinnerlicht, während sie im Mittelalter gewissermaßen veräußerlicht sind; vgl. BAISCH 2004).[5] HAFERLAND (1988) hat die Regeln höfischer Interaktion prägnant herausgearbeitet und formuliert:

> „Die imaginäre Wirklichkeit [...] beruht auf einer elementaren Grammatik höfischer Interaktion, dem agonalen Schema und dem Muster der Reziprozität, wie schließlich auf der Rhetorik des Ausdrucks. Hier kristallisieren sich Absichten und Gründe für Verhalten und Handeln, für reale Personen so gut wie für gedachte Figuren. Und hiermit sind generalisierte Regeln gegeben: Sei vor allen anderen derjenige, dem die meiste Ehre zukommt; sei bereit, für einen anderen alles ohne Berechnung zu geben; sei eindrucksvoll und trotzdem echt. Dies sind Regeln, die eine Reihe weiterer Regeln aus sich ableiten lassen. Sie können kollidieren oder sich auch ergänzen." (S. 17)

‚Reziprozität' ist einerseits, wie hier schon anklingt, ein ökonomisches Muster des Tausches und der Gleichheit: Gabe und Gegengabe; wie du mir, so ich dir; andererseits meint HAFERLAND damit ein geradezu antiökonomisches Muster der Verschwendung, der ‚absoluten' Gabe, die so groß und voraussetzungslos ist, daß sie durch Tausch nicht mehr aufgewogen werden kann, die aber in ihrem Übermaß dem Geber dennoch im Gegenzug wieder etwas einbringt: ein Maximum an symbolischem Kapital, ein Maximum an *êre* (OSWALD 2004). Damit sind gewissermaßen die beiden Endpunkte einer Skala markiert. ‚Agonalität' meint: Konkurrenz, oft auch gewaltsame Konkurrenz um Rang und Ehre, um den eigenen Platz in der gesellschaftlichen Hierarchie. ‚Ausdruck' meint: Das alles wird darüber bestimmt, was einer nach außen darstellt und was alle öffentlich wahrnehmen können.

Beispiel 9: Erzählen vom Artushof 1 (‚Der Mantel')
Von diesem einfachen Grundmodell aus lassen sich viele der vorderhand rätselhaften Ereignisse am Artushof verstehen. Mit einem Fest am Artushof beginnt das anonyme Fragment ‚Der Mantel' aus dem 13. Jahrhundert, das in der handschriftlichen Überlieferung (im ‚Ambraser Heldenbuch') den verlorenen Anfang des ‚Erec' Hartmanns von Aue ersetzt. Artusfeste – sie finden meist an Pfingsten statt – sind sehr oft Versuchsanordnungen, in denen gezeigt wird, was passiert, wenn die Prinzipien höfischer Interaktion miteinander kollidieren. Diese Prinzipien werden von bestimmten Figuren und Figurengruppen mit ihren Handlungen verkörpert. Deutlich wird dies

---

5 Das Bewußtsein dafür, daß der Bemessungsrahmen für die Schuld eines einzelnen nicht in der objektiv gegebenen Schädigung, sondern im subjektiv gegebenen Vorsatz zu suchen sei, entwickelt sich im Mittelalter erst allmählich. Ursprünglich entsprach die Größe der Strafe dem Umfang der Schädigung. Die Subjektivierung der Schuld nahm ihren Ausgang von der ‚Ethica' des Petrus Abaelard (nach 1129).

2.3 Kulturelle Voraussetzungen des Verständnisses mittelalterlicher Literatur 45

etwa an den merkwürdigen Bräuchen am Artushof: Die Tafelrunde sorgt für einen Raum virtueller Gleichheit (sie gehört in den Bereich der Reziprozität), weil es hier keine hierarchisch sinnfällige Sitzordnung gibt. Gleichzeitig trachtet jeder der Anwesenden danach, vor allen anderen maximale Ehre einzuheimsen. Das kann etwa dadurch forciert werden, daß von außen eine Figur an den Hof kommt und einen magischen Gegenstand bei sich hat, mit dem bei den Anwesenden eine Tugendprobe durchgeführt werden kann.

Beim Artusfest im ‚Mantel' gibt Ginover an alle anwesenden Damen von Adel, seien sie arm oder reich, prächtige Kleidung aus. Auch Artus verteilt prächtige Rüstungen an die Ritter; in beiden Fällen hat man auf diese Weise Gleichheit hergestellt. Diese wird aber augenblicklich dem agonalen Prinzip gegenübergestellt; zunächst, als die Ritter darüber debattieren, welche Damen vortrefflicher seien als alle anderen. Der mögliche Konflikt wird aber vorerst noch abgewendet, weil man zur Messe schreitet; der Ärger wird gewissermaßen auf eine andere Figur ausgelagert: Die überreichen Opfergaben – offenbar stammen auch sie von Artus – verstimmen den Bischof. Warum, das wird nicht gesagt, doch läßt sich aus den bislang etablierten Interaktionsmustern schließen, daß die so zur Schau gestellte Pracht der Weltlichen größer ist als die Pracht, über die die Kirche verfügen kann. Danach schreitet man zum Essen. Allerdings regt sich allmählich immer mehr Unmut, weil Artus nun seiner alten Gewohnheit folgt, so lange nichts zu essen, wie er nicht von einem Abenteuer gehört hat (STROHSCHNEIDER 2006). Auch hier geht es wieder um Gleichheit und Hierarchie: Alle essen gemeinsam, aber sie können das gemeinschaftsstiftende Mahl nur beginnen, wenn der hierarchisch Höchste, der König, stellvertretend für alle damit begonnen hat; solange bleibt, und das mitten im Fest selbst, die Stiftung der Festgemeinschaft als das eigentliche Fest ausgesetzt. In Erwartung von Aventiure als virtuellem Lebenselixier der höfischen Gesellschaft verweigert sich der König sogar seiner Pflicht zur Gastfreundschaft. Ohne das Fremde, das immer aus dem Außerhalb des Hofes kommen muß, ist damit auch die innere Ordnung gefährdet: die Idealität des höfischen Festes.

Gottlob kommt nun ein schöner Jüngling herangaloppiert. Sein Erscheinen erregt Aufsehen, und er wird vor den König geführt. Er ersucht ihn im Namen einer ungenannten Auftraggeberin pauschal um die Erfüllung einer Bitte, betont aber zugleich auch, daß er den Hof nicht schädigen wolle. Das Motiv des Pauschalversprechens, das von Artus gefordert wird, zielt, wie schon angedeutet, auf einen besonders prekären Punkt höfischer Idealität: Es geht dabei um die Verbindung höfischer

Reziprozität mit dem Grundsatz der *milte*, der herrscherlichen Freigebigkeit, wie ihn HAFERLAND (1988) formuliert hat: „[S]ei bereit, für einen anderen alles ohne Berechnung zu geben" (S. 17). Das kann jedoch – wie schon ausgeführt – nur dann funktionieren, wenn die Bitten des Gegenübers im höfischen und maßvollen Rahmen bleiben. Nur dann können sich König und Bittender Ehre erwerben. Allerdings darf der König eben nicht vorab seine Zustimmung daran binden, daß die Bitte maßvoll bleibt: Jede Einschränkung würde auch die höfische Kardinaltugend der *milte* einschränken, die dem König dann nicht mehr in unumschränktem Maße zukommen würde. Damit aber könnte auch die gefährliche und immer wieder erzählte Situation heraufbeschworen werden, daß die Bitten des Unbekannten gerade nicht im Rahmen des Angemessenen bleiben, weil er die Königin für sich selbst fordert (HAFERLAND 2005b; vgl. auch DICKE 1998; OSWALD 2001; SCHULZ 2009d). Durch die Kardinaltugend der *milte* verkörpert Artus geradezu das Prinzip höfischer Reziprozität. Probleme entstehen immer dann, wenn unklar ist, wie sehr das Pendel in Richtung der ‚absoluten' Gabe ausschlagen soll. Gerade das, was die Herrschaft stützt, die Großzügigkeit, kann diese deshalb auch zerstören. *Milte* hat so an und für sich einen ambivalenten Charakter (vgl. allgemein STROHSCHNEIDER 2002a).

Solche Probleme werden durch die Bitte des Boten heraufbeschworen, aber sogleich wieder durchgestrichen, weil der Jüngling selbst beteuert, daß dem Hof kein Schaden entstehen solle. Er führt einen Zaubermantel mit sich, hergestellt von einer Fee; der Mantel zeigt an, ob eine Dame jemals eine Falschheit gegenüber ihrem Ehemann oder ihrem Geliebten begangen habe. Feenreiche beliefern einerseits die höfische Welt mit Luxusgegenständen, die gerade das Höfische materiell ausdrücken, andererseits kommen aus ihnen immer wieder auch Bedrohungen des Höfischen; Bedrohungen deshalb, weil sie gerade den Widerspruch zwischen den Grundregeln höfischer Interaktion heraustreiben: Wenn alle Damen des Hofes denselben Mantel anziehen sollen, dann herrscht hier das Prinzip der virtuellen Gleichheit. Genau aus der Gleichheit aber, wenn alle das gleiche tun, sollen paradoxerweise wiederum Unterschiede entstehen, und zwar im Sinne einer Hierarchie der Tugend. Diese Differenz ensteht nun daraus, *wie* der Mantel im jeweiligen Einzelfall nicht paßt. Der Mantel macht als ‚Phantasma totaler Sichtbarkeit' öffentlich, was sonst der Öffentlichkeit verborgen ist (vgl. MÜLLER 2007a, S. 318–333).

Aus solchen Tugendproben geht Ginover als erste des Hofes niemals völlig schadlos hervor; ihr Makel verschwindet allerdings dann rasch hinter demjenigen der anderen Damen. Meistens hat sie zwar eine tadellose

Lebensführung vorzuweisen, aber sie hat sich zumindest in Gedanken mit anderen Männern als Artus befaßt. Dieses Motiv hält zwei Dinge in der Schwebe, über die man sonst in der deutschsprachigen Literatur nicht viel erfährt: zum einen die Frage danach, wie Ginover sich eigentlich den Männern gegenüber verhalten würde, die mit einem Mal am Artushof erscheinen und behaupten, sie hätten aus früheren Verlobungen oder Liebesverhältnissen einen Anspruch auf die Königin; zum anderen die Frage nach dem ehebrecherischen Verhältnis zwischen der Königin und ihrem ‚ersten Ritter' Lancelot, das in der altfranzösischen Literatur eine äußerst große Rolle spielt, während es in der mittelhochdeutschen mit Ausnahme des ‚Prosa-Lancelot' (und einer überdeutlichen Anspielung in ‚Tristan als Mönch') nicht explizit thematisiert wird. Wenn man diese seltsame Ambivalenz im Blick auf den Handlungsaufbau und nicht motivgeschichtlich zu fassen sucht, dann könnte man feststellen, daß Ginover eine Verkörperung der Widersprüche der höfischen Minne ist. Das dominante Konzept des *amour courtois*, der höfischen Liebe, wie es vor allem den Minnesang beherrscht, setzt voraus, daß Liebe nur *außerhalb* der Ehe, vorehelich oder außerehelich, möglich ist. Der Artusroman allerdings setzt dem ein Modell entgegen, das gerade die Vereinbarkeit von Liebe und Ehe behauptet: Hier hat Liebe ihren legitimen Ort am Hof, ohne daß erst mühsam Kompromisse hergestellt werden müßten, wie sie sich in anderen Erzählgattungen des Mittelalters finden; meistens wird gar nicht recht deutlich, ob die Liebespaare nun schon verheiratet sind oder nicht. In Ginover verkörpert sich der Widerspruch zwischen dem allgemeinen Muster höfischer Liebe und dem speziellen Gegenentwurf des Artusromans. Und gerade an diesem Widerspruch treten immer wieder Störungen zutage.

Tugendproben wie die des ‚Mantels' lassen aus der Menge der höfischen Damen fast immer eine besonders strahlend herausragen: die Geliebte oder Ehefrau des jeweils zentralen Protagonisten. Besonders peinlich ist die Sache dagegen für die Geliebte des Truchsessen Keie, der sich zuvor mit seinem bösen Spott nicht überall Freunde gemacht hat. Dieser Keie ist eine der merkwürdigsten Figuren der Artuswelt. Er ist derjenige, dessen Amt es ist, dafür zu sorgen, daß überall die höfische Etikette eingehalten wird, andererseits schießt er mit seinen Verbalinjurien und auch mit körperlicher Gewalt, die nicht einmal vor Hofdamen haltmacht, immer wieder über dieses Ziel hinaus; schließlich bietet er sich, gegen diejenigen, die den Hof von außen provozieren, immer wieder großsprecherisch als Vorkämpfer an – zumeist um dabei ausgesprochen lächerlich zu scheitern. Er neigt zur listigen Heimtücke, dann wieder zur Großmut.

2. Interpretation und Anthropologie: Konzeptionen von Figuren

Wie Artus und Ginover inkorporiert auch die Figur Keies ein Prinzip mitsamt seinen Widersprüchen. Höfische *zuht*, Hofzucht, das angemessene Benehmen, beruht vor allem auch auf der Einhaltung von Hierarchien; Hierarchien aber können dort, wo sie noch nicht von vornherein feststehen, nur über den Agon, die (kriegerische) Konkurrenz, bestimmt werden. In diesem Sinne schafft Gewalt allererst Ordnung. Im ‚Mantel' beauftragt Artus Keie, alle Hofdamen dazu zu zwingen, sich der Tugendprobe zu unterziehen. Es wird Gleichheit erzwungen, um Unterschiede, um Hierarchien festzustellen.

Die Gewalt, die Keie stellvertretend für den König ausübt, hat allerdings immer auch eine unhöfische Komponente. Das zeigt sich in der Szene um den Roten Ritter in Wolframs ‚Parzival', als Keie sowohl die Hofdame Cunneware als auch den vermeintlich taubstummen Antanor brutal maßregelt, weil ihr Lachen und sein Sprechen den jugendlichen Toren Parzival zu einem Auserwählten machen, der er aus Sicht des Hofes gar nicht sein darf.

Erheblich einfacher wird dieses Unhöfische im ‚Mantel' markiert, dessen Erzähler gar nicht mehr aufhören kann, Keie seiner bösen Sprüche wegen zu tadeln.

Keie, so könnte man sagen, steht für das Agonale der höfischen Gesellschaft, aber weil er nicht bloß die Verkörperung eines Prinzips, sondern auch eine Figur innerhalb des jeweiligen Handlungsgefüges ist, zieht er genau im Bereich des Agonalen immer wieder den kürzeren, weil er hier nicht nur hinter dem jeweiligen Helden der Erzählung zurückstehen muß (gegen den er, wenn er zufällig mit ihm kämpft, immer verliert), sondern auch gegen die überlegenen Gegner des Hofes, die eben nur der Held besiegen kann. Derjenige, der die Hierarchie herstellen und garantieren soll, unterliegt selbst im Kampf um die hierarchisch erste Position nach dem König. Entsprechend muß sich auch Keies Freundin in den Tugendproben geschlagen geben. Im ‚Mantel' heißt die Siegerin Enite, Erecs Ehefrau. Bewertet wird hier nicht allein die Dame, sondern das Verhältnis eines Paares – es ist das Paar, von dem im unmittelbaren Anschluß der Handschrift der Roman Hartmanns von Aue handeln wird.

Beispiel 10: Erzählen vom Artushof 2
(Chrétiens und Hartmanns ‚Erec')
Auch bei Hartmann kommt zunächst das agonale Prinzip zum Tragen. Der Rang des Helden bei Hof wird massiv erschüttert. Im Auftrag der Königin, vor ihren Augen und vor den Augen ihrer Hofdamen soll der junge Königssohn und unerprobte Ritter Erec eine Dreiergruppe Vorbeireitender

2.3 Kulturelle Voraussetzungen des Verständnisses mittelalterlicher Literatur 49

nach ihrer Identität fragen. Doch der Zwerg, der dort seinen Herrn und seine Herrin gegen die lästigen Fragen des Artushofs abschirmt, zieht ihm, wie schon zuvor einer jungen Hofdame, eine Reitpeitsche quer durchs Gesicht. Weil Erec unbewaffnet ist, kann er nicht mit einem Gegenschlag reagieren; er muß die Schande, die ihm buchstäblich ins Gesicht geschrieben ist, zunächst annehmen. Und weil er in diesem ehrlosen Zustand der Königin nicht mehr unter die Augen zu treten vermag, nimmt er augenblicklich die Verfolgung der drei Unbekannten auf. Er kommt nach Tulmein, wo zum wiederholten Mal der Sperberpreis ausgeschrieben ist: Es geht hier um die Verbindung zwischen der Kampfkraft eines Ritters und der Schönheit seiner Dame. Iders, der Ritter aus dem vorbeireitenden Trio, hat schon mehrfach gewonnen, obwohl, wie es heißt, seine Dame nicht die Schönste ist. Gewinnt er auch dieses Mal, so darf er den Sperber für immer behalten. Erec kann die Gelegenheit nutzen, um sich an Iders zu rächen, weil ihm ein verarmter Graf eine Rüstung und seine wunderschöne Tochter Enite zur Verfügung stellt. Erec verspricht Enite aus Dankbarkeit zu heiraten. Entscheidend für seinen Sieg sind dann die Erinnerung an seine Schande und der Blick auf die Schönheit Enites: Sie verdoppeln seine Kräfte (V. 930–939). Iders wird furchtbar zugerichtet, auf Geheiß Erecs züchtigt er auch seinen Zwerg. Erec schickt die Besiegten an den Artushof voraus, wo sie, ramponiert, wie sie sind, großes Aufsehen erregen und Erecs und Enites Ankunft mit dem Bericht über die eigene Niederlage vorbereiten. Damit ist Erecs Ehre am Hof schon in seiner Abwesenheit wiederhergestellt, und sie steigert sich noch, als man die schöne Begleiterin des jungen Ritters in neuen Kleidern vor die Artusritter führt. Allen bleibt buchstäblich der Mund offen, als sie sie sehen, und Enites Vorrang vor allen anderen Frauen am Hof wird dadurch bestätigt, daß König Artus sie als die schönste küßt. Das darf er nämlich, weil er selbst als Sieger aus der Jagd nach dem weißen Hirsch hervorgegangen ist. Als solcher darf er die Schönste durch seinen Kuß auszeichnen.

Die entsprechende Vorgeschichte kennen wir aus dem ‚Erec'-Roman von Chrétien de Troyes. Artus möchte einen alten Brauch wiederbeleben, eben die Jagd nach dem weißen Hirsch. Gauvain (= Gawein) warnt ihn:

„Sire, fet il [= Gauvains], de ceste chace
n'avroiz vos ja ne gré ne grace.
[…]
Maus an puet avenir molt granz,
qu'ancor a il ceanz .v^c.
dameiseles de hauz paraiges,
filles de rois, gentes et sages;

> n'i a nule qui n'ait ami,
> chevalier vaillant et hardi,
> don chascuns desresnier voldroit,
> ou fust a tort ou fust a droit,
> que cele qui li atalante
> est la plus bele et la plus gente." (V. 41–58)

> „Herr, für solche Jagd wird man Euch keinen Dank wissen. [...] Daraus kann großes Unheil entstehen; denn es gibt hier immerhin fünfhundert junge Damen von hoher Geburt, Königstöchter, alle liebenswert und züchtig; jede von ihnen hat einen Freund, lauter tapfere und kühne Ritter, und jeder von denen würde behaupten wollen – es sei nun zu Recht oder zu Unrecht –, diejenige, welche ihm gefalle, sei die schönste und liebenswerteste."

Artus nimmt dies zur Kenntnis, aber es ist ihm letztlich herzlich egal, weil er bereits sein Wort gegeben hat. Das Problem, das Gauvain formuliert, liegt darin, daß die Harmonie des Festes dadurch erschüttert werden könnte, daß mit der Schönheitskonkurrenz der Damen auch eine Konkurrenz der Ritter angestoßen werden könnte, und zwar dergestalt, daß es dann im möglicherweise kriegerischen Wetteifern junger Männer überhaupt keine Rolle mehr spielen würde, welche objektiv die Schönste sei. Das Problem, um das es geht, entsteht am Artushof, aber es wird gerade nicht auch dort bewältigt. Bewältigt wird es statt dessen im Außerhalb des Artushofs, in Tulmein, wo es bei Hartmann noch einmal in aller Schärfe formuliert wird:

> nû sagete man daz mære,
> daz dâ manec wîp schœner wære
> dan des ritters vriundîn.
> dô was sîn vrümekeit dar an schîn:
> er was alsô vorhtsam,
> daz er in mit gewalte nam.
> in getorste dâ nieman bestân:
> strîtes wart er gar erlân. (V. 210–217)

‚Man munkelte allerdings, daß viele Frauen dort schöner gewesen seien als die Freundin des Ritters. Doch hier zeigte sich, wie kampftüchtig er war: er hatte solche Furcht eingeflößt, daß er ihn einfach gewaltsam genommen hatte. Niemand hatte es gewagt, gegen ihn anzutreten: er brauchte gar nicht zu kämpfen.'

Im Blick auf den Artushof zeigt sich hier eine gegenbildliche Situation, die das gleiche Problem thematisiert. Ging es dort darum, daß es Unfrieden unter den Rittern geben könnte, weil ein jeder seine Geliebte für die Schönste hält und deshalb das Urteil des Siegers nicht akzeptieren könnte, so geht es hier darum, daß durch die körperliche Übermacht des Iders eine Frau, die das gar nicht verdient, zur schönsten aller gemacht wird. Im

2.3 Kulturelle Voraussetzungen des Verständnisses mittelalterlicher Literatur 51

Idealfall sind die Kampfkraft des Ritters und die Schönheit seiner Geliebten aufeinander abbildbar, beides kann füreinander einstehen, so daß das Urteil über die Schönheit der Frau im Zweifelsfall auch durch die Kampfkraft des zugehörigen Mannes objektiviert werden könnte. Dieses Ideal ist stets gefährdet, zum einen, weil es Unterschiede zwischen dem individuellen Urteil und dem allgemeinen geben könnte, zum anderen, weil es Unterschiede zwischen dem Grad der Schönheit der Frau und dem Grad der Rittertüchtigkeit des Mannes geben könnte. Agonale Gewalt könnte dort entstehen, wo sie ferngehalten werden soll: im Umkreis des höfischen Festes.

Das Problem, das am Artushof zunächst als ein *internes* erschienen ist, kehrt als *externes* wieder, vermittelt durch eine Provokation von außen, nämlich die Zwergenbeleidigung. Hartmann radikalisiert hier etwas, das bei Chrétien zwar angelegt ist, aber nicht auserzählt wird. Bei Chrétiens Sperberpreis finden sich die eben zitierten Sätze über die Diskrepanz zwischen Rittertüchtigkeit und Frauenschönheit nicht. Aus der Welt geschafft wird das anfängliche Problem, so wie Hartmann die Geschichte arrangiert, nicht intern, sondern extern, gewissermaßen *kompensatorisch*: Es wird nicht am Artushof, sondern im Außerhalb des Artushofes bereinigt, indem das Verhältnis zwischen demjenigen, was einen Ritter ausmacht, und demjenigen, was eine höfische Dame ausmacht, wieder ins Lot gebracht wird: Die Schönheit der Dame verdoppelt die Kampfkraft des Ritters, und deshalb kann der Ritter auch einen Preis gewinnen, der letztlich über die Schönheit der Dame entscheidet. Das funktioniert aber nur dann, wenn tatsächlich nur gleichrangige Paare gebildet werden, nach dem Prinzip: dem Besten die Schönste. Indem Erec nun die Schönste von außen an den Hof bringt, kann Artus ihre Schönheit mit einem Kuß bestätigen, ohne dabei die Damen an seinem Hof *untereinander* zurücksetzen zu müssen. Agon und Reziprozität als Prinzipien höfischer Interaktion sind wieder ins Gleichgewicht gebracht.

Es scheint sich hier um ein strukturelles Merkmal des Artusromans zu handeln: Beim Fest zu Beginn der Handlung offenbart sich ein gefährlicher Widerstreit der unterschiedlichen Muster höfischer Interaktion. Besonders das Verhältnis zwischen virtueller Gleichheit und durch Konkurrenz herzustellender Hierarchie führt immer wieder zu Problemen, zu Gefährdungen der höfischen Ordnung. Bereinigt wird die Sache – wie gesagt – allerdings nicht dort, wo sie entstanden ist, sondern *kompensatorisch*, ersatzweise, im Außerhalb des Hofes, in der Welt der Aventiure. Ermöglicht wird dies durch ein besonderes Prinzip der Weltmodellierung im Artusroman. Der grundlegende Unterschied zwischen dem höfischen Innen und dem nicht-höfischen Außen kehrt auf beiden Seiten der Grenze zwischen beiden Bereichen wieder. Der Gegensatz zwischen dem Höfischen und dem Nicht-Höfischen wird zum einen im Diesseits der Grenze, am Hof selbst, ausgetragen. Denn schon hier wird die Grenzziehung zwischen Ordnung und Chaos problematisch. Zum anderen erscheint der Gegensatz zwischen dem Höfischen und dem Nicht-Höfischen auch jenseits der Grenze, in der unhöfischen Peripherie. Dort nämlich ist die Kampfkraft des Helden keinesfalls nur gegen unhöfische Gegner gefragt, sondern auch in Situationen, die von einer merkwürdigen Ko-Okkurenz von Höfischem und Unhöfischem geprägt sind. Indem die Unterscheidung zwischen Ordnung und Chaos auf beiden Seiten der Grenze zwischen eben dieser Ordnung und eben jenem Chaos wiederholt wird, werden die beiden eigentlich getrennten Bereiche einander deutlich angenähert. Systemtheoretisch Bewanderte würden von einem *re-entry* sprechen (vgl. Kap. 4.2.3.11).

Die Echtheit des Ausdrucks, die dritte Grundkonstante höfischer Interaktion („sei eindrucksvoll und trotzdem echt"), spielt in den ‚klassischen' Artusromanen noch keine allzu große Rolle. Im ‚Erec' wird das Problem allerdings bereits anhand von Enite vorgeführt: In der Burg ihres Vaters Koralus und beim Sperberpreis auf Tulmein trägt sie noch ihre ärmlichen, zerschlissenen Kleider, und doch scheint durch die Risse ihr Schwanenleib auf eine Weise hindurch, die keinen Zweifel an ihrer überwältigenden Schönheit zuläßt. Erec verhindert hier noch, daß sie vom Herzog von Tulmein neu eingekleidet wird (man solle einer Frau am Leib ablesen, ob sie lobenswert sei, nicht an den Kleidern, V. 646–649). In den Kleidern, die ihr Ginover – die innerhalb der Textwelt höchstrangige Dame also – gegeben hat, bringt sie den ganzen Artushof zum Verstummen.

Die besten Kleider passen also zur schönsten Frau, und doch benimmt sich Enite bei alledem so schüchtern und zurückhaltend wie ein junges Mädchen. Ihre schamvolle Schüchternheit – etwa errötet sie unwillkürlich in den neuen Kleidern – garantiert die Authentizität ihrer Person. Zugleich macht sie in ihrer Schüchternheit und in ihren neuen Prachtkleidern einen nicht mehr zu überbietenden Eindruck. Demut ist das Verhaltensmuster, das in der höfischen Literatur in erster Linie der Frau zukommt. Paradoxerweise kann gerade sie den höchsten Rang und die größte Herrschertugend anzeigen.

Genau das ist in etwa das Verhaltensmodell der frommen Liebes- und Abenteuerromane der zweiten Hälfte des 13. Jahrhunderts (‚Mai und Beaflor', ‚Die gute Frau', Ulrichs von Etzenbach ‚Wilhelm von Wenden'; vgl. WALLICZEK/SCHULZ 2005; SCHULZ 2009b, 2009c; KARTSCHOKE

2004). Die hochadeligen Protagonisten fliehen in aller Demut aus der Welt und vor den Ansprüchen feudaler Repräsentationspracht, sie lassen alles hinter sich, um Gott als arme Pilger zu dienen, doch zuletzt stellt sich heraus, daß es sich nur um eine Phase ihres Lebens gehandelt hat, nach der sie in ein Maximum an weltlicher Herrschaft eintreten. Eine solche Erzähllogik gründet auf einem Prinzip höfischer Interaktion, das HAFERLAND (1988) ‚kontrastive Konversion' genannt hat:

> „Die Demut […] ist […] nach den Anweisungen und dem Denken der paulinischen Briefe das einzig Christus gemäße Verhalten. Aber wenn dieser über alle erhöht worden war, weil er sich vor allen erniedrigt hatte (Philipper 2,8–9), dann könnte sich aus dem Wissen darum eine Regel des Ausdrucks daraus ableiten lassen. Sie würde den Ausdruck majestätischer Allgewalt durch eine paradoxe Umkehr ermöglichen: Demut wäre nun Ausdruck von Majestät. Die Regel ist die der kontrastiven Konversion, und sie macht den Ausdruck unentscheidbar doppeldeutig. Denn etwas wird durch sein Gegenteil ausgedrückt, oder aber dieses Gegenteil schiebt sich nur davor, um es vergessen zu machen. Ob Demut echt ist oder ob nur Mittel zur Steigerung des Ausdrucks, ist nicht mehr auszumachen, weil sie den Ausdruck dann und nur dann steigert, wenn sie für echt angesehen wird. […] Demut drückt einmal mehr den höchsten Status aus, indem sie sich ihm als höchster denkbarer Ausdruck zugesellt." (S. 255)

BAISCH 2004. – DICKE 1998. – HAFERLAND 1988. – HAFERLAND 2005b. – KARTSCHOKE 2004. – MÜLLER 2007a, S. 318–333. – OSWALD 2001. – OSWALD 2004. – SCHULZ 2009b. – SCHULZ 2009c. – SCHULZ 2009d. – STROHSCHNEIDER 2002a. – STROHSCHNEIDER 2006. – WALLICZEK/SCHULZ 2005.

2.3.4.2 Höfische Minne

2.3.4.2.1 Liebe als Kunst und ihre Paradoxien

Höfische Liebe ist ein Konzept affektiver Bindung zwischen Mann und Frau, unabhängig von der Ehe: vor ihr, außerhalb von ihr und gegen sie – und nur selten innerhalb von ihr. Damit enthebt sie eine Institution, auf der die soziale Ordnung mit gegründet ist, ihrer Geltung. Gegen die Regeln dieser Institution, in der die Frau dem Mann untertan ist, setzt sie ihre eigenen Regeln. Sie versteht sich als eine Kunst im sozialen Raum, die nur von Virtuosen beherrscht wird: von Virtuosen eines Liebesdienstes, der sich als paradoxe Affektmodellierung äußert, zugleich als Zurückhalten und als Ausdruck von Affekten, als Zurückhalten im Verzicht auf das Ausspielen der körperlichen und sozialen Überlegenheit des Mannes, als Ausdruck indes gemäß einem verfeinerten Code von angemessenen Gesten, Handlungen und Worten. Innerhalb dieses Codes äußert sich der

Liebesdienst wiederum als paradoxes Wechselspiel von Enthüllen und Verschweigen, denn er ist nicht allein auf das erotische Gegenüber, sondern auf das Gesamt der höfischen Gesellschaft bezogen: Der Dienst muß einerseits jederzeit öffentlich wahrnehmbar sein – in den Taten des Ritters, der im Zeichen seiner Dame handelt, wenn er eine Schärpe, einen Ärmel, einen Wimpel, einen Schleier, ein Hemd von ihr am Leib trägt; im Lied des Minnesängers, der vor der höfischen Gesellschaft von seiner Dame und von der Beständigkeit seiner eigenen Liebe singt. Andererseits darf der Dienst die konkrete Person, der er gilt, keineswegs öffentlich machen, sofern er außerhalb der Ehe bleibt: In der Liebe gibt es ein Gebot zur Verschwiegenheit, andererseits gibt es einen gesellschaftlichen Imperativ, über die Liebe zu reden.

Überhaupt laborieren Minnedienst und Minnesang an einem Ausdrucksdilemma: getrieben von Affekten ausdrücken zu müssen, was angesichts der Überwältigung der eigenen Gefühle und der Perfektion der Dame gar nicht angemessen ausgedrückt werden kann – und dabei doch einen angemessenen Ausdruck im Rahmen der Regeln einer sozialen Kunst zu finden. Dilemmatisch ist auch das sexuelle Begehren: es existiert und drängt nach Erfüllung, und doch besteht die Gefahr, daß die Dame etwas von ihrer Perfektion einbüßen könnte, gäbe sie sich dem Minnediener hin. Nur das aufgeschobene Begehren produziert immerfort neuen Dienst. Das ist das Minneparadox, das die Forschung vergangener Jahrhunderte zu der falschen Annahme verleitete, das Konzept Minnedienst sei per se asexuell und keusch.

Der männliche Virtuoso der Minne ordnet sich der Frau unter, unterwirft sich ihr, sei es real oder symbolisch, mit dem zweifachen Ziel, sich zu vervollkommnen und die Liebe der Dame zu gewinnen: begonnen bei ihrem Gruß (*gruoz*, oft nur ein Blick) über ihre *hulde* (einem rechtsverbindlichen Gewogensein) bis hin zur sexuellen Erfüllung. Diese Unterordnung versteht sich als Dienst, analog zur feudalen Gesellschaft, in der ein Vasall einem Lehnsherrn dient. Beider Verhältnis gründet sich auf *triuwe* (,Treue'), eine gegenseitige Rechtsverpflichtung zu Loyalität, Solidarität und Hilfe. Strukturell rückt die Dame im Modell der höfischen Liebe gewissermaßen in diejenige Position, die im Feudalsystem der Lehnsherr einnimmt – und in der mittelalterlichen Religion Gott selbst. Eine weitere Analogie besteht zwischen höfischem Frauendienst und Marienverehrung: Was im Bereich der Transzendenz die Verehrung der Heiligen Jungfrau ist, ist im Bereich der Immanenz die Verehrung einer hochstehenden, zunächst zumindest unerreichbaren *domna*, *vrouwe*, Dame und Herrin.

Überall gibt es analoge Strukturen: Vergesellschaftung gründet auf sozialen Nahbeziehungen, die sich im Rahmen von Unter- und Überordnung als Dienst mit der Forderung nach Lohn verstehen. Im Lehnsdienst ist der Lohn ein Anspruch; im Gottesdienst und im Minnedienst verhält sich die Sache komplizierter: zwar kann der Diener seinen Lohn einfordern, mit dem Verweis auf die von ihm geleisteten Dienste, doch gehört es zum Wesen der Gnade, daß sie gerade nicht von Vorleistungen abhängig ist, sondern im Gegenteil voraussetzungslos ist. Und dennoch sind der Dienst an Gott und an der Dame ein religiöser und ein sozialer Imperativ, aus deren Ableistung sich mindestens eine Hoffnung auf Lohn ableiten läßt. Die Analogie ist keinesfalls blasphemisch zu verstehen. Auch hier handelt es sich um eine ‚konnotative Ausbeutung' (WARNING), die dazu angetan ist, ihren profanen Gegenstand durch die Annäherung an das Höchste in seiner Geltung zu erhöhen, ohne dabei das Höchste auch nur im geringsten anzukratzen (BUMKE 1990, Bd. 2, S. 503–582; SCHNELL 1994).

Das Modell der höfischen Liebe stellt sich gegen die zeitgenössische Realität. Dort ist die Frau dem Mann in allen Bereichen untergeordnet, wofür theologische und biologische Gründe geltend gemacht werden. Heiraten innerhalb des Adels folgen dem Allianzprinzip: Sie sind also nicht durch Liebe motiviert, sondern durch dynastische, politische oder ökonomische Interessen; entsprechend handelt es sich um Ehen, die nicht von den späteren Partnern selbst, sondern von ihren Angehörigen arrangiert wurden. Allerdings versuchte die Kirche, dagegen die Konsensehe zu etablieren, für die die Zustimmung beider Partner wesentlich ist. Grundlage der Ehe sollte die Liebe der Eheleute sein, im Sinne einer freundlichen Zuneigung (*maritalis affectus*; vgl. insgesamt M. SCHULZ 2005).

2.3.4.2.2 Gattungszusammenhänge

Ob es nun die höfische Liebe ‚wirklich' gegeben hat, jenseits eines gesellschaftlichen Rollenspiels und jenseits von kavalierhaften Höflichkeiten, das wissen wir nicht. Auf jeden Fall hat es sich um ein ungemein produktives kulturelles Phantasma gehandelt, das in Frankreich ab ca. 1100 in der Poesie der Trobadors ausgeformt worden ist und etwa ab 1160 auch in der deutschsprachigen Literatur wirkmächtig wird. Die konkrete Ausformung höfischer Liebe ist dabei je nach Gattung unterschiedlich. In der Lyrik findet Minne (fast) immer außerhalb der Ehe statt. In der Minnekanzone/Minneklage verweigert die Dame dem dienenden Mann die

Hingabe; im Tagelied geht es um die sexuelle Erfüllung Gleichrangiger, die allerdings schon stattgefunden hat, wobei sich das Paar nun trennen muß; die Pastourelle kennt keinen Dienst, in ihr verführt ein Ritter eine ständisch niedrigstehende Frau.

Der Artusroman propagiert die grundsätzliche Vereinbarkeit von Liebe und Ehe (Minneehe), während dies im Tristanroman unmöglich erscheint. Hier existiert Minne nur im Ehebruch, im Gegensatz zum Artusroman dient die Minne also nicht der Festigung der Ordnung, sondern ihrer Störung. Einen Kompromiß suchen die zahlreichen spätmittelalterlichen Liebes- und Abenteuerromane: Hier erscheinen Minne und Ehe zunächst unvereinbar, die Liebe muß geheimgehalten werden, wird dann aber öffentlich. Nach langer Trennung gelingt es dem Paar, mit Billigung der gesellschaftlichen Instanzen wieder zusammenzukommen und dann zu heiraten (Konrad Fleck: ‚Flore und Blanscheflur', Rudolf von Ems: ‚Willehalm von Orlens', Der Pleier: ‚Tandareis und Flordibel', Konrad von Würzburg: ‚Partonopier und Meliur', Johann von Würzburg: ‚Wilhelm von Österreich'; vgl. SCHULZ 2000b).

2.3.4.2.3 Feudale Paarbildungslogiken

Insgesamt begegnet die höfische Minne in der volkssprachigen Erzählliteratur in der überwiegenden Zahl der Fälle als idealisierende Überhöhung feudaler Eheschließungspraxis (MÜLLER 2007a, S. 362–417). Ihr Basisprinzip lautet: „Dem Besten die Schönste." Wer zueinander gehört und füreinander bestimmt ist, teilt bestimmte Merkmale: Mindestens sind es Schönheit und Adel, der sich beim Mann auch in seiner Kampfkraft manifestiert. Minneprädestination fußt auf einer Logik adeliger Körper, die die Idealpassung zweier Partner *nicht psychisch, sondern physisch* fundiert. Solche Figurationen höfischer Liebe suchen nach einem Mehr an Legitimation neben dem feudalen Allianzprinzip, aber sie suchen dieses Mehr in den gleichen feudalen Denkmustern (SCHULZ 2008, S. 236–238).

Weil man dazu in erster Linie den Adelsrang des/der anderen erkennen muß, hat höfische Liebe ausgesprochen viel mit Wahrnehmung und Kognition im sozialen Raum zu tun. Das, worauf man achtet, ist nun durchgängig gesellschaftlich bestimmt; es gibt keinen individuellen Wahrnehmungsfilter. Am deutlichsten wird dies in den Erzählungen, die von gefährlicher Brautwerbung handeln (vgl. Kap. 4.2.1). Sie sind allerdings weniger für den höfischen Roman typisch, sondern eher für die Heldenepik und die ihr nahestehende Spielmannsepik. Dem jungen Fürsten genügt es hier zu wissen, daß alle seine Ratgeber die Schönheit einer in der Ferne lebenden Prinzessin preisen, um sich auf der Stelle in sie zu verlieben. *Wenn das relevante Kollektiv von den Vorzügen einer Person überzeugt ist, genügt das dem einzelnen vollauf.*

Im höfischen Roman allerdings entsteht Minne nicht wie in der Brautwerbungsepik als Fernminne über das Hörensagen, sondern, wie im Minnesang, über den Anblick des/der Geliebten. Aber auch hier spielt dasjenige, was alle sagen, nicht selten eine entscheidende Rolle: Denn es ist der Leumund einer Person, der bestimmt, auf wen man den Blick überhaupt richtet. Um dem zu entgehen, erschaffen sich die Ritter des höfischen Romans gewissermaßen immer wieder selbst neu: als *chevaliers errants*, als anonyme fahrende Ritter, die ihre Ehre allein auf der aktuell evidenten Leistung gründen wollen, nicht auf dem Ruhm, der ihnen womöglich vorauseilt – und auch nicht auf dem Ruhm, der ihnen über ihr Adelsgeschlecht a priori zukommen würde.

Immer braucht Liebe einen objektivierbaren – und gerade keinen bloß subjektiven – Grund (Material bei SCHNELL 1985), einen Grund jenseits der romantischen Tautologie, zu lieben nur um der Liebe willen, egal was alle anderen dazu sagen. Dieser Grund kann in der Adelstugend, im dynastischen Rang, in den Qualitäten als Kämpfer oder im guten Ruf des anderen liegen, meistens aber liegt er in seiner adeligen Leiblichkeit. Sie garantiert, daß zusammenkommt, was zusammenkommen muß.

Beispiel 11: ‚Lanzelet', ‚Erec'
In Ulrichs von Zatzikhoven ‚Lanzelet' hat die Königstochter Iblis einen Traum: von einem Unbekannten, der ihr Geliebter und Ehemann werden wird: *dâ sach siu einen ritter wol getân,/ des gebærde was sô guot,/ daz siu herze und muot/ und alle ir sinne/ kêrt an sîn minne* (V. 4222–4226: ‚Da sah sie einen schönen Ritter, dessen Verhalten so gut war, daß sie Herz und Gemüt und all ihren Sinn an seine Minne wandte'). Iblis verliebt sich in Lanzelet, zuerst im Traum, dann in der Wirklichkeit, als sie dem Fremden tatsächlich begegnet. Liebe braucht einen Grund, hier genügt schon die *gebærde* des Unbekannten. Das meint die körperliche Haltung, Lanzelets sichtbaren Habitus, der ihn als potentiellen Partner – als Adelswesen von höchstem sozialen Rang – ausweist und deshalb das Begehren der Iblis auslöst. Liebe hängt von dem ab, was wahrgenommen werden kann – von dem, was jeder in der gleichen Situation wahrnehmen könnte, nicht von subjektiven Perspektivierungen auf die Eigenheiten einer Person.

Der Liebesgrund ist objektivierbar, es geht um eine Logik höfischer Körper, deren Basisregel, wie gesagt, „dem Besten die Schönste" lautet. So funktionieren höfische Paarbildungen, und so funktionieren Paare. Deshalb ist etwas faul, wenn in Hartmanns ‚Erec' Iders, der Favorit beim Sperberpreis auf Tulmein, zwar der bislang gefährlichste Ritter, seine Freundin aber bei weitem nicht die schönste Frau ist (V. 210–217). Erec kann die Geltung der Regel wiederherstellen. Er siegt über Iders, weil er seine Kräfte durch die Erinnerung an seine Schmach und vor allem durch den Blick auf Enites Schönheit verdoppelt hat. Solche Szenen konkretisieren den Zusammenhang zwischen Frauenschönheit und ritterlicher Kampfkraft; sie führen die Logik einer Paarbildung vor, deren unhintergehbarer Grund in den höfischen Körpern liegt, einer Paarbildung, die sich immer im Rahmen der gesellschaftlichen Normen vollzieht und deshalb auf dasjenige baut, was in der Öffentlichkeit von einer Person wahrgenommen und gesagt werden kann. Es geht hier noch nicht um die passionierte und dann romantische Liebe der Neuzeit, die mitunter gerade keinen Grund außerhalb der Liebe selbst mehr braucht, deren Motivationen damit auch gegen die gesellschaftlichen Normen gerichtet sein können: Wenn der unhintergehbare Grund der höfischen Liebe in den Körpern selbst liegt, dann gilt es herauszufinden, wer einzig physisch zu wem paßt. Dies geschieht entweder im Feld höfischer Sichtbarkeit – das bedeutet: man sieht genau das, was alle sehen können – oder anhand des Hörensagens, des Leumunds einer Person: man weiß über sie, was alle wissen können. Objektive Wahrnehmung erzeugt eine Liebe, die nur insofern individuell ist, als die Partner, weil ideal passend, nicht einfach gegen andere von gleichem Rang und Stand ausgetauscht werden können.

2.3.4.2.4 Magischer Zwang

Beispiel 12: ‚Eneasroman'
Vor allem in den frühen Ausprägungen des höfischen Romans erscheint die Logik feudaler Körper, ihre Idealpassung, noch zugunsten eines anderen Modells zurückgestellt. Es kommt hier noch nicht darauf an, daß Kognition und Liebesaffekt aneinandergekoppelt werden. Liebe hat noch keinen kognitiven Grund, sondern einen magischen, der sich der Willkür der Beteiligten entzieht. In Veldekes ‚Eneasroman' greifen immer wieder die Götter Venus, Amor und Cupido ins Geschehen ein, und in Eilharts wie dann auch noch in Gottfrieds ‚Tristan' ist es die Magie des Minnetranks, die die Liebe erzeugt (wonach allerdings Tristan und Isolde einander ‚durchsichtig' werden: der erkennende Akt wird hier zur Begleiterscheinung, nicht zur Ursache der Liebe; ähnliches geschieht auch in der Liebe zwischen Lavinia und Eneas).

Die *causa amoris* (SCHNELL 1985) wird nach außen verlagert, mythisiert und damit der Verantwortung der Protagonisten und ihrer Kognition entzogen: Liebe erscheint als magischer Zwang (MÜLLER 2007a, S. 418– 478). Nur daneben, aber eben nicht als primärer Liebesgrund, steht die objektive Passung adeliger Körper, die aufgrund ihrer Idealität füreinander bestimmt sind. Die erste Begegnung zwischen Eneas und Dido bleibt noch folgenlos, auch der rituelle Begrüßungskuß ändert daran nichts, obwohl die Szene bereits von Vorausdeutungen begleitet wird. Erst als Eneas' Sohn Ascanius zu Dido geschickt wird, verzaubert Venus ihm den Mund, so daß diejenige Person, die von ihm den ersten Kuß bekommt, von Liebesleidenschaft erfaßt wird. Dido begrüßt Ascanius mit einem Kuß, und nun ist es um sie geschehen:

> Ênêas bî ir saz
> do si also brinnen began.
> her was ein vil schône man
> unde minnechlîche getân.
> done mohte si des niht engân,
> si enmûste in starke minnen. (V. 840–845)
>
> ,Eneas saß neben ihr, als sie so in Feuer geriet. Er war ein sehr schöner und einnehmender Mann. Da konnte sie nicht anders, sie mußte ihn leidenschaftlich lieben.'

Auch als Lavinia den schönen Eneas zum ersten Mal sieht, genügt nicht schon der bloße Anblick des *minnesâlegen Troiân* (V. 10023: des ,durch Liebe beglückten Trojaners'), um ihre Liebe zu entfachen. Hinzu kommt der ,Zauberschuß' der Venus mitten in ihr Herz (V. 10031–10049), gegen dessen Folgen sie wehrlos ist: *si mûste minnen,/ si wolde oder enwolde* (V. 10042 f.: ,sie mußte [ihn] lieben, ob sie nun wollte oder nicht').

2.3.4.2.5 Übergänge zwischen Magie und Kognition

Beispiel 13: ,Trojanerkrieg', ,Iwein', ,Tandareis und Flordibel'
Der Pfeil der Venus und der Minnetrank überwältigen die Betroffenen mit einem Liebeszauber, gegen den man sich nicht wehren und von dem man sich nicht distanzieren kann. Spätere Romane, gipfelnd in Konrads von Würzburg ,Trojanerkrieg' (1281/1287), lassen den Blick auf die Schönheit adeliger Körper eine ähnlich zwingende Wirkung entfalten wie die magischen Hilfsmittel. Die prüfende Wahrnehmung des potentiellen Partners tritt in diesen Romanen zurück hinter der visuellen Überwältigung. Den anderen sehen und sich in ihn verlieben müssen sind eins. Schon Iwein kann sich der Schönheit der in ihrer Trauer völlig derangierten Laudine

nicht entziehen und verliebt sich, völlig wehrlos gegen diesen Anblick, auf der Stelle in die Witwe des Mannes, den er gerade getötet hat. Immer wieder wird adeliger Glanz zum unhintergehbaren, unentrinnbaren, magischen Liebesgrund. Wo er nicht schon die Minneentstehung bestimmt, ist er immerhin noch der Grund für die Beständigkeit des Affekts: *der juncvrowen liehter schîn/ twanc in tougenlîche* (,Tandareis und Flordibel', V. 898 f.: ,der helle Glanz/die strahlende Erscheinung der jungen Herrin zwang ihn in seinem Innersten [zur Liebe]'), heißt es von Pleiers Tandareis, der sich im Rahmen eines kleinen Hofamtes, beim Aufwarten, in die indische Königstochter Flordibel verliebt hat (V. 762–777).

2.3.4.2.6 Rekurrente Bildfelder und Interaktionsmuster

Es gibt immer wiederkehrende literarische Interaktionsmuster. Oft folgt das Erzählen vom Entstehen der Liebe den *quinque lineae amoris*, wie sie Ovid in seiner ,Ars amatoria' (1. Jh. n. Chr.) formuliert hat (SCHNELL 1975): vom *visus* (Anblick) über das *colloquium* (Gespräch) zum *tactus* (Berührung), dann zum *osculum* (Kuß) und schließlich zum *coitus* (Beischlaf). Dieses Schema läßt sich nicht allein als relativ ,natürliche' Abfolge verstehen, sondern auch in Relation zur aristotelischen Hierarchie der Sinne: von den Distanzsinnen zu den unmittelbaren Körpersinnen.

Analog zur Feudalgesellschaft wird Liebe oft als Dienst des Mannes gegenüber der Frau imaginiert (vgl. Kap. 2.3.4.2.1). Dieser Dienst besteht im Roman zumeist aus Kämpfen und Turnieren; es ist allerdings nicht endgültig geklärt, ob aus Dienst Anspruch auf Lohn folgt oder ob der Lohn nicht doch nur als Gnade gewährt werden kann. Relativ unveränderlich ist allerdings das folgende Schema: Im höfischen Roman erwirbt sich ein Mann Ansprüche auf eine Frau, wenn er diese Frau vor der Bedrohung durch einen anderen Mann rettet; hieraus entstehen gewisse axiologische Probleme, denn eigentlich gilt in der Minne der Grundsatz der Freiwilligkeit (vgl. Kap. 3.4.1.3).

Für moderne Rezipienten äußerst befremdlich ist der Umstand, daß höfische Liebe oftmals auch der Regel der Reziprozität folgt. Dann genügt das sichere Wissen, geliebt zu werden, um (fast) augenblicklich Gegenliebe zu erzeugen. Zu den bevorzugten Bildfeldern, auf denen Liebe und Sexualität modelliert werden, gehört dasjenige, was das Leben in einer feudalen Kriegergesellschaft ausmacht. In erster Linie sind hier die Gewalt zu nennen (etwa Kampf, Turnier, Lanzenstechen…), die Jagd, die Natur (Ackern, Pflügen…), die Zyklik der Jahreszeiten (Frühling/Sommer vs. Herbst/Winter) und die feudale Herrschaft.

Beispiel 14: Riwalin und Blanscheflur ('Tristan')
Beispiele liefert die Liebesanbahnung zwischen Riwalin und Blanscheflur, in Gottfrieds Roman den Eltern Tristans. Schon durch das Setting – ein Fest am Hof König Markes an Pfingsten – werden die Bereiche ‚Frühling'/ ‚Natur' und ‚Minne' parallelisiert. In einen potentiellen Partner verliebt man sich nicht einfach so, sondern aufgrund seines öffentlichen Rufes: Riwalin wird erst von allen Frauen des Hofes als bester Turnierritter anerkannt, bevor Blanscheflur, die Schwester des Königs, sich in ihn verliebt. Der prüfende Blick, der einerseits die öffentliche Rede bestätigt, andererseits das eigene Liebesbegehren allererst entfacht, kann sowohl vom Mann als auch von der Frau ausgehen; in dieser Phase der Liebesanbahnung gibt es keinen Unterschied in puncto *gender* (‚soziales Geschlecht'). Liebe geht dann über das Auge ins Herz, und dabei handelt es sich nicht um bloße Metaphorik: Das Herz wird als Kern der Person verstanden, als Ort, an dem nicht bloß die Affekte eines Menschen beheimatet sind, sondern an dem auch die Sinneseindrücke versammelt und anschließend von der Vernunft kategorisiert werden, als Ort, an dem Entscheidungen gefaßt werden und von dem aus das Begehren auf andere und anderes sich richtet. Gleichzeitig ist es der Ort, an dem Gedächtnisbilder aufbewahrt und wieder in die Vorstellung hereingeholt werden. Das Herz übernimmt in der volkssprachigen Literatur also auch die Funktionen, die das gelehrte Wissen des Mittelalters den drei Hirnkammern zuschreibt (vgl. Kap. 2.3.3.1).

Die Begegnung zwischen Riwalin und Blanscheflur folgt anfänglich den *quinque lineae amoris:* Dem Blick auf Riwalin (*visus*) folgt das Gespräch mit ihm (*colloquium*). Darin wird zunächst der Bildbereich des Agon aktualisiert, wenn das Mädchen den jungen Ritter bezichtigt, er hätte ihrem besten *vriunde* (V. 754: ‚besten Freund'/‚nächsten Verwandten'; sie meint ihr Herz) Gewalt angetan. Unsere moderne Sprache der Liebe ist weitgehend im Bereich von Handel und Verwaltung angesiedelt und bedient sich betriebswirtschaftlicher Metaphorik (‚Beziehung', ‚Win-win-Situationen', ‚Single-Markt' etc.; vgl. MAGERL 2008; ILLOUZ 2007a, 2007b); die mittelalterliche bleibt auf die Vorstellungswelt einer feudalen Kriegergesellschaft bezogen, auf Lehnswesen, Herrschaft und Agon. Dem Vorwurf unrechtmäßiger Gewalt begegnet der irritierte Riwalin mit dem Angebot, Blanscheflur möge deshalb über ihn richten. Er setzt sie damit in die Position einer Herrscherin ein (es gibt im Mittelalter noch keine Gewaltenteilung: Rechtsprechen ist eine Aufgabe des Herrschers). Wie er angeblich Gewalt auf ihren *vriunt* ausgeübt hat, so kann sie im Gegenzug nun Gewalt über ihn ausüben. Auf der Ebene der Kommunikation ist damit das Gebot höfischer Reziprozität erfüllt. Das Prinzip der Reziprozität bleibt auch weiterhin leitend, wenn Riwalins Nachdenken darüber, ob das Mädchen ihn liebe, seine eigene Gegenliebe erzeugt. Dieses Nachdenken zeigt, auch das ist typisch, eine starke Affinität zwischen der Liebe und der Kunst, Zeichen im sozialen Raum zu ‚lesen‘, wenn Riwalin Blancheflurs doppelbödige Rede, ihr Seufzen, ihr Gehabe und ihren Abschiedsgruß in dem Sinn deutet, daß sie in ihn verliebt sei. Seine eigene Liebe wird wiederum in gängigen Bildfeldern feudalen Lebens beschrieben: Gewalt, Herrschaft und Jagd.

Seine Sinne brennen (V. 806), Blancheflur wird in *Riwalînes herzen lant/ […]/ z'einer küniginne* gekrönt (V. 810–812); er verheddert sich, wie auf der Jagd, in Fangstricken (*stricke*[ ], V. 839). Man tut gut daran, solche Metaphorik erst einmal als solche ernst zu nehmen, bevor man sie vorschnell als nur ‚uneigentliche‘ Rede abtut und ohne kritische Distanz in die Sprache der eigenen Vorstellungswelt übersetzt. Liebe mag womöglich sogar ein universelles Gefühl unter den Menschen sein, aber die Ausdrucksformen, die sie in der Interaktion und in der sprachlichen Codierung findet, sind von Kultur zu Kultur unterschiedlich (LUHMANN 1982/1996). Wo wir uns einen friedlichen Tauschhandel vorstellen, wenn man sich liebt, stellt man sich im Mittelalter oft genug Kampf und Aggression vor. Die Unterwerfung des Mannes unter die Frau hat in dieser Vorstellung ihren Grund darin, daß er, der Krieger, dazu gezwungen ist, sich überlegener Gewalt zu beugen: Liebe besiegt den stärksten Kämpfer.

Es gibt viele Texte, die solche Metaphorik wieder Realität werden lassen, indem sie die Bilder beim Wort nehmen und sie in erzählender Handlung ausspekulieren. Die Metaphorik wird gewissermaßen wieder in die feudale Welt rückübersetzt, aus der sie stammt. Episodenhaft finden sich Liebeskriege im höfischen Roman: In novellenhaften Kurzerzählungen (‚Mären‘; vgl. Kap. 3.4.2) kann eine beim Wort genommene Liebesmetaphorik die Textstruktur als Ganzes massiv bestimmen. Hinzu kommen Mären, die knifflig-randständige Spezialfälle des Verhaltens in der Liebe, wie sie in der minnedidaktischen Literatur diskursiv erörtert werden, wiederum erzählend ausspekulieren, und zwar bis in die letzte Absurdität. Ein Beispiel wäre die ‚Heidin‘, wo eine Frage, die im wirkmächtigsten Minnetraktat des Mittelalters, ‚De amore‘ (‚Von der Liebe‘) des Andreas Capellanus, spitzfindig in einem Dialog erörtert wird, in eine abstruse Geschichte übersetzt wird: ob der Mann den Oberkörper oder den Unterleib einer Dame vorzuziehen habe.

Andreas Capellanus: De amore. – BUMKE 1990, Bd. 2, S. 503–582. – BUMKE 1994. – ILLOUZ 2007a. – ILLOUZ 2007b. – KASTEN 2002. – LUHMANN 1982/1996. – MAGERL 2008. – MÜLLER 2007a, S. 362–478. – SCHNELL 1975. – SCHNELL 1985. – SCHNELL 1994. – SCHULZ 2000b. – SCHULZ 2008, S. 236–238. – M. SCHULZ 2005.

2.3.4.3 Zeichen, Repräsentation und Partizipation

2.3.4.3.1 Ein metonymisches Verhältnis zur Welt

Höfische Liebe ist ausgesprochen zeichenlastig. Die männlichen Liebenden bemühen sich darum, ein materielles, dauerhaftes Andenken von der Dame zu gewinnen, einen Ring, einen Ärmel, einen Handschuh etc. Liebe verdinglicht sich in solchen Zeichen, sie repräsentieren entweder den Mann oder die Frau oder die beiden Liebenden oder die Liebe als Ganzes. Sie sind Stellvertreter, die die Teilhabe an demjenigen verheißen, von dem sie stammen oder mit dem sie in Berührung waren (‚Kontiguität'). Es handelt sich um metonymische Zeichen, um Zeichen also, die mit dem von ihnen Bedeuteten nicht in einer beliebigen, sondern in einer motivierten Beziehung stehen, von Teil und Ganzem, Produzent und Produkt, räumlicher oder zeitlicher Nähe etc. Zeichen können, wie schon Augustinus (4./5. Jh.) im zweiten Buch von ‚De doctrina christiana' schreibt, entweder als natürliche entstehen (*signa naturalia*), wenn etwa der Rauch, den man aus der Ferne sieht, auf ein Feuer hinweist, oder sie können durch Konvention gebildet werden (*signa data*), wenn etwa an einem Haus ein Schild zu finden ist, auf dem ein Krug abgebildet ist, was bedeutet, daß es sich um ein Wirtshaus handelt.

Diese beiden Kardinalbeispiele, die in mittelalterlichen Überlegungen zur Zeichentheorie immer wieder aufgegriffen werden, haben miteinander gemein, daß darin Signifikant und Signifikat auf metonymische Weise miteinander verbunden sind. In allen Bereichen des mittelalterlichen Lebens scheint dies die gängigste Zeichenpraxis gewesen zu sein (HAFERLAND 2004, 2008; SCHMIDT-WIEGAND 1982). Dabei kann das Signifikat sogar als unmittelbar, beinahe magisch präsent gedacht werden, im Sinne einer Einebnung des Unterschieds zwischen Zeichen und Bezeichnetem; insgesamt umfaßt das Verhältnis der Teilhabe eine breite Skala zwischen solcher Unmittelbarkeit und einem reflektierten Zeichengebrauch, in der historischen Realität wie in den imaginären Entwürfen der Literatur (STROHSCHNEIDER 1995).

2. Interpretation und Anthropologie: Konzeptionen von Figuren

Beispiel 15: ‚Die schöne Magelone', ‚Parzival', Heiligenverehrung, Rechtssymbolik, ‚Nibelungenlied', ‚Tristrant', Walther, ‚Gregorius'
In Veit Warbecks ‚Schöner Magelone' (gedruckt 1535) nimmt die Titelheldin die Ringe, die ihr ihr heimlicher Geliebter Peter geschenkt hat, mit in ihr Bett und küßt sie, als wären sie niemand anderer als der Schenker selbst (SCHULZ 2000b, S. 173 f.). Gahmuret, Parzivals Vater, trägt ein Nachthemd seiner Frau Herzeloyde über seiner Rüstung und zieht so als Krieger durch die Welt; nachdem er im Orient umgekommen ist, bringt sein Knappe das zerfetzte Hemd zurück nach Waleis (QUAST 2003). Die Knochen heiliger Männer und Frauen werden in sogenannte Reliquiare gesteckt und von Pilgern angebetet, die sich vom Küssen oder von der Berührung der Reliquiare, die wiederum die sterblichen Überreste der Heiligen berühren, Teilhabe am göttlichen Heil versprechen; es soll als stofflich gedachte Kraft direkt auf sie übergehen (ANGENENDT 1994; auch die Schrift partizipiert an diesem Heil, vgl. HERBERICHS/WETZEL 2008). Der Besitzerwechsel bei einem Stück Ackerland wird in einem Vertragsritual dadurch besiegelt, daß ein Bündel Ähren, das von diesem Land stammt, stellvertretend vom Verkäufer an den Käufer übergeben wird. Wer einem anderen den Lehenseid leistet, legt die Hände wie ein Gefesselter übereinander und gibt sie in die Hand des Lehnsherrn (SCHMIDT-WIEGAND 1982). Im ‚Nibelungenlied' hält Sivrit König Gunther den Steigbügel, als dieser vor den Augen von Prünhilts Gesinde auf sein Pferd steigt. Damit täuscht er vor, die Überlegenheit Gunthers anzuerkennen (die Bedeutung war strittig: man begriff den ‚Stratordienst' entweder als Pflicht des Vasallen oder als Ehrendienst etwa des Kaisers gegenüber dem Papst). Als man König Marke in Eilharts ‚Tristrant' die Spuren zeigt, die ein Unbekannter am selben Tag bei einem Kraftspiel hinterlassen hat, erkennt Marke an der Weite, über die ein Stein geworfen worden ist, daß dies niemand anderer getan haben könne als sein Neffe Tristan. Zwei, die an einem größeren transpersonalen Ganzen teilhaben, erkennen einander besonders leicht, weil sie die gleiche ‚Natur' oder das gleiche Sippenblut haben (SCHULZ 2008, S. 270–274 u. ö.). Walther von der Vogelweide begründet die prekäre Herrschaft des jungen Staufers Philipp damit, daß niemandem die Reichskrone, aus der der berühmte Waise herausstrahlt, besser passe als dem von ihm Gepriesenen (HAFERLAND 2005a). Ähnlich läßt Hartmann von Aue seinen Gregorius argumentieren, der in einem Kloster großgeworden ist und nun Ritter werden möchte: Wenn der Abt, der ihn vom Leben in der Welt abhalten möchte, glaubhaft machen könne, daß ihm, Gregorius, die Mönchskutte besser stehe als das Gewand eines Ritters, dann werde er sofort von seinem Vorhaben Abstand nehmen.

2.3.4.3.2 Höfische Repräsentation

Metonymische Zeichenpraxis und rituelles Handeln gehen oft ineinander über. Höfische Repräsentation bedeutet, daß die Grundlagen der Ordnung, auf die die feudale Gesellschaft gebaut ist, anschaulich gemacht werden, vor Augen gestellt werden – in einer Symbolsprache, die durch ihren metonymischen Code unmittelbar evident ist (RAGOTZKY/WENZEL 1990). Zur höfischen Repräsentation „gehören", so HORST WENZEL (2003),

> „solche Relationen, bei denen das Vertretene sich im Vertreter ‚verkörpert', also als anwesend gedacht wird. Diese Form von Repräsentation prägt sich vor allem im Umkreis von charismatisch operierenden Institutionen (Kirche, politische Herrschaft etc.) aus" (S. 269).

In der Liturgie wird der Leib Christi in der Wandlung symbolisch präsent gemacht (wie ‚real' diese Präsenz ist – und damit die Frage nach dem Zusammenfallen oder dem Auseinandertreten von Zeichen und Bedeutung –, ist im 11. Jahrhundert und in der Reformationszeit Gegenstand heftiger Debatten). Vor allem „[i]m politischen Zusammenhang wird ‚Repräsentation' primär als Verkörperung von geistlicher und weltlicher Herrschaft verstanden" (WENZEL 2003, S. 269). Es geht um

> „eine symbolische Form öffentlicher Statusdemonstration, die mit der Person des Statusträgers interpersonelle Wert- und Ordnungszusammenhänge für alle Sinne wahrnehmbar zur Darstellung bringt. Repräsentation trägt somit bei zur Ausdifferenzierung gesellschaftlicher Rangunterschiede und ermöglicht Kommunikation und Integration in einer unvollständig integrierten Lebenswelt. Das soziale Entgelt (Honorar) der repräsentativen Statusdemonstration ist die *ère*. Ehre als ‚gesellschaftliches Ansehen' ist eine öffentliche Bestätigung von Statusqualität und kann sich als guter Ruf (*fama, name, leumunt*) an einen hervorragenden Repräsentanten des Adels heften [...] oder auch an eine ganze Gruppe [...]. Die *ère* als Ergebnis aristokratischer Repräsentation differenziert die Statusträger, garantiert ihren Zusammenhalt und stützt die Sichtbarkeit der schönen Konfiguration. Demnach korrespondieren die Ehre oder Nichtehre des Hofes der ideellen Gesamtverfassung der Herrschaft so, wie die Ehre des Einzelnen der idealen Entsprechung von adliger Qualität und adliger Erscheinung" (WENZEL 1990, S. 180 f.).

Die höfische Epik liefert immer auch eine „Repräsentation der Repräsentation" (WENZEL 2003, S. 270), indem sie gesteigerten Wert auf die abundante Darstellung höfischen Zeremoniells, höfischer Feste und Turniere legt.

> „Die Literatur steigert die Pracht [...] ebenso wie die Anschaulichkeit der Handlungsvollzüge. Die Schilderung der Erziehung, der Waffenkunst, der Jagdbräuche, der Musik und der Liebeskunst hat in vielen Texten nicht nur

eine unterhaltende, sondern auch eine vergegenwärtigende, wenngleich nicht auf direkte Umsetzbarkeit abzielende Funktion." (Ebd.)

Wo es keine höfische Repräsentation gibt, gibt es auch keinen funktionierenden Hof. In Hartmanns von Aue ‚Erec' hat der Held, nachdem er seine schöne junge Frau Enite gewonnen hat, kein Interesse mehr daran, seine Herrschaft am eigenen Hof durch Feste und Turniere zur Schau zu stellen. Statt dessen bleibt er, bis auf die Zeit der Mahlzeiten und der Gottesdienste, den ganzen Tag und die ganze Nacht mit Enite im Bett liegen. Der Hof murrt, und es heißt, daß Hof und Herrscher so ihre ganze êre verloren hätten. Erec muß sie sich erst mühsam wieder zurückgewinnen.

> ANGENENDT 1994. – Augustinus: De doctrina christiana/Die christliche Bildung. – HAFERLAND 2004. – HAFERLAND 1988, S. 225–237. – HAFERLAND 2005a. – HAFERLAND 2008. – HERBERICHS/WETZEL 2008. – QUAST 2003. – RAGOTZKY/WENZEL 1990. – SCHMIDT-WIEGAND 1982. – SCHULZ 2000b, S. 173 f. – SCHULZ 2008, S. 270–274. – STROHSCHNEIDER 1995. – WENZEL 1990. – WENZEL 2003.

2.3.4.4 Rituale

2.3.4.4.1 Zur ordnungssetzenden Funktion von Ritualen

Funktionierende Herrschaft ist nicht ohne Rituale zu denken. Diese Einsicht verdanken wir vor allem dem Historiker GERD ALTHOFF, der in einer Reihe von Büchern und Studien immer wieder auf solche ‚Spielregeln der Politik' im Mittelalter aufmerksam gemacht hat (grundlegend: ALTHOFF 1997). Rituale sind nicht auf den religiösen Bereich beschränkt, auch wenn ihnen oft der Anschein des Sakralen gegeben wird. Ein Ritual ist eine regelhafte Kombination geordneter symbolischer Handlungen, dessen Wesensmerkmal die prinzipielle oder tatsächliche Wiederholbarkeit dieser Handlungen ist. ‚Symbolisch' meint in diesem Zusammenhang, daß diese Aktionen sich nicht, wie dies etwa in einer rein ästhetischen Performance möglich wäre, im wesentlichen auf sich selbst beziehen, also nicht zuallererst selbstreferentiell sind, sondern in einer ästhetischen Inszenierung zeichenhaft auf einen Normen- und Wertebereich höherer Ordnung verweisen.

Im Sinne höfischer Repräsentation bringen Rituale zur Anschauung, was die Grundlage der bestehenden Ordnung ist. Sie vergegenwärtigen diese Ordnung im Vollzug; im Gegenzug garantiert der Vollzug wiederum die Ordnung. Freilich bleibt eine durch Rituale gesicherte oder gesetzte Ordnung stets auf schwankendem Boden – es genügt, daß sich Teilnehmer nicht an die Regeln halten, um nicht nur das Ritual selbst, sondern die dahinterstehende Ordnung überhaupt anzugreifen. Auf der Grundlage zumeist metonymisch zu verstehender Zeichen und Zeichen-Inszenierungen entwickelt die feudale Kultur des Mittelalters eine wahre Symbolsprache des Rituals. Rituale können vorab unter den Beteiligten abgesprochen werden und so öffentlich zur Anschauung bringen, was zuvor im stillen Kämmerlein heimlich abgesprochen worden ist; sie können jedoch auch spontan durch Wiederholung anderer Rituale, durch deren Variation und durch die Neukombination bekannter Ritual-Elemente vollzogen werden.

2.3.4.4.2 Literarische Thematisierung und Funktionalisierung von Ritualen

Beispiel 16: ‚Herzog Ernst B'
Wie an der höfischen Repräsentation überhaupt hat die höfische Epik ein gesteigertes Interesse an ritueller Performativität. Auch hier fungiert sie als ‚Repräsentation der Repräsentation' – im Sinne dessen, daß sie immer wieder vorführt, wie die Idealität des Höfischen auf den rituellen Vollzug angewiesen ist und zuallererst durch diesen Vollzug entsteht, vom höfischen Protokoll bis hinab zum ‚fashioning' adeliger Körperbeherrschung. Im ‚Herzog Ernst B', um ein noch einfaches Beispiel zu nennen, geraten der Held und seine wenigen übriggebliebenen Begleiter in das von Zyklopen bewohnte Land Arimaspi. Auch in Arimaspi gibt es – wie überhaupt in dem von wundersamen Wesen bewohnten Orient, in den Ernst geraten ist – ein funktionierendes Gemeinwesen nur dann, wenn es auch eine feudale Ordnung gibt. Anderes liegt außerhalb der Vorstellungswelt des Textes. Allerdings können Ernst und seine Getreuen sich hier nicht mit Worten verständlich machen, denn sie sprechen die Sprache des Landes nicht. Dennoch können sie völlig problemlos in diese feudale Welt integriert werden: Einem Grafen, der die Neuankömmlinge beobachtet, genügen die Gesten, mit denen sie ihre interne Kommunikation untermauern, vollauf, um in ihnen Adelswesen zu erkennen, und ebenso ergeht es dann dem König des Landes, als ihm die Weitgereisten gezeigt werden. Er identifiziert Ernst als den Anführer der Fremden, indem er ihnen ein edles Pferd schenken läßt und dann beobachtet, wer es an sich nimmt. Es ist Ernst, der ohne Stegreif in den Sattel springt – und damit auch die gewaltige Körperkraft demonstriert, die mit seiner ‚leadership' verbunden ist. Auch wenn es ein ganzes Jahr dauert, bis die Neuankömmlinge die Sprache der Arimaspen beherrschen, so tut dies doch ihrer Teilhabe am Leben des

königlichen Hofes keinen Abbruch: Die rituelle Zeichensprache des Adels ist universell.

Am ‚Herzog Ernst B' läßt sich überdies zeigen, wie die höfische Epik mit den Ritualen, die die feudale Lebenswelt prägen, im Rahmen ihrer eigenen Sinnkonstitution umgeht. Gezeigt haben dies vor allem KAI-PETER EBEL (2000) anhand des sogenannten ‚Reichsteils' und CORINNA DÖRRICH (2002, S. 110–140) für die abschließende Versöhnung zwischen dem Kaiser und Ernst. Ich stütze mich hierauf, setze jedoch z. T. andere Schwerpunkte (vgl. auch SCHULZ 2008, S. 77–86). Gerade dort, wo der Handlungsgang eines Textes nicht völlig durchsichtig ist, könnte es der Fall sein, daß hier weniger auf textuelle als vielmehr auf rituelle Kohärenz Wert gelegt wird, daß wir also die Folgerichtigkeit eines Geschehens nicht verstehen, weil wir nicht in Erwägung gezogen haben, daß hier ein Ritual in seinem Funktionieren oder seinem Scheitern vorgeführt wird – und nicht ein psychologisch ‚stimmiges' Geschehen. Es ist, darauf wurde schon mehrfach hingewiesen, in literarischen Texten nur bedingt sinnvoll, die Ursache eines Geschehens vor allem in überzeitlich nachvollziehbaren Beweggründen der Figuren zu suchen.

Ernst hat einige Jahre im Dienst des Königs von Arimaspi verbracht und sich vor allem durch seine Fähigkeiten als Ratgeber und als Kriegsführer gegen deformierte Wundervölker ein eigenes Herzogtum erworben. Er hat also den Status wiedererworben, den er zuvor auch im Reich hatte. Ernst verläßt Arimaspi allerdings heimlich, um dem christlichen König von Mohrenland gegen den heidnischen König von Babylon (gemeint ist das heutige Kairo) beizustehen. Schließlich kommt er auch nach Jerusalem und vollbringt dort Großtaten für die Christen. Über Pilger und Kreuzfahrer dringt sein Ruf so auch ins Reich, zu Kaiser Otto. Vor allem die Wunder und die Wunderwesen, die Ernst um sich geschart hat, faszinieren Otto – sie markieren den Status, den der Herzog sich in der Fremde erworben hat. Daraufhin informiert Otto die Reichsfürsten, daß Ernst sich wohlauf in Jerusalem befinde. Die Reichsfürsten beschließen nun, dem Herzog seine Schuld zu vergeben und ihm dabei zu helfen, die Huld (das ist die gewissermaßen institutionalisierte Sympathie) des Kaisers wiederzugewinnen. Offenbar unterbleibt letzteres aber zunächst; der Kaiser selbst sieht unter dem Einwirken seiner Frau Adelheit, von Ernsts Mutter also, ein, daß er dem Herzog Unrecht zugefügt hat. Er läßt Ernst ausrichten, *daz er tougenlîche/ kæme vür daz rîche* (V. 5749 f.: ‚daß er heimlich zu ihm zurückkommen möge'); er wolle ihn für alles entschädigen, was er ihm weggenommen habe.

2.3 Kulturelle Voraussetzungen des Verständnisses mittelalterlicher Literatur 69

Ernst hört von der Bitte des Kaisers und von seiner Neugier auf die Wunder, ebenso davon, daß die Reichsfürsten seine Angelegenheiten wieder verhandelt hätten. Er schifft sich ein und kommt über Bari und Rom, wo man ihm große Ehre erweist, nach Baiern, und zwar heimlich. Allerdings geht er nicht, wie ihm auch ein Lehensmann geraten hat, heimlich zum Kaiser, sondern er schleicht statt dessen zu seiner Mutter, die ihn ermahnt, sich bis zum bald bevorstehenden Weihnachtsgottesdienst verborgen zu halten und erst dann Otto zu Füßen zu fallen; in der Zwischenzeit wolle sie sich heimlich mit den Fürsten absprechen. Die Fürsten geloben ihr, alles zu tun, damit Ernst nicht nur ihre eigene Huld, sondern auch diejenige des Kaisers zurückgewinnen könne. Am Weihnachtsabend fallen dem Kaiser dann im Bamberger Dom zwei Büßer zu Füßen, barfuß und in Kapuzenmäntel aus grober Wolle gehüllt. Sie bitten ihn um seine Gnade. Die Fürsten unterstützen sie, indem sie den Kaiser ermahnen, daß er um Gottes und des heiligen Tages willen ihnen seine Huld gewähren solle. Der Kaiser verkündet öffentlich, daß er dem Fremden alles, es sei, was es wolle, vergebe. Noch hat er Ernst nicht erkannt. Er richtet ihn auf, gibt ihm den Versöhnungskuß, und er sieht ihn sich erst genauer an, nachdem dieser ihm gedankt hat. Als er nun aber erkennt, um wen es sich handelt, beugt er sich nieder und schweigt, verweigert also jede weitere Kommunikation. Die Fürsten müssen ihn ermahnen, um seiner Ehre willen zu seinem öffentlich gegebenen Wort zu stehen. Der Kaiser liest hieraus die allgemeine Bereitschaft, Ernst zu vergeben, und verkündet nun, dem nicht im Weg stehen zu wollen. Er läßt seinen Zorn fahren. Es kommt nun zu einer völlig ungetrübten Versöhnung, Ernst wird vom Kaiser reich beschenkt und darf ihm tagelang erzählen, was ihm im Orient widerfahren ist; zuletzt läßt Otto die ganze Geschichte, in der er ja nicht durchgängig eine gute Figur macht, schriftlich aufzeichnen.

Der Text erzählt hier mehrfach, salopp gesprochen, auch dasjenige, was er nicht erzählt, Alternativgeschichten nämlich, deren Möglichkeit immer wieder narrativ eingespielt, dann aber im Fortgang der Erzählung vergessen oder verworfen wird. Es handelt sich dabei um sogenannte ‚abgewiesene Alternativen' (vgl. Kap. 6.2.2). Die erste ist die, daß der Kaiser und die Fürsten dem Herzog, beeindruckt von seinen Taten, bereits in Abwesenheit vergeben. Das ist nicht der Fall, die Fürsten werden zwar vom Kaiser informiert, aber sie beschließen offenbar ohne ihn, Ernst zu verzeihen und dafür zu sorgen, daß er die Huld Ottos wiedererlangen kann. Da der Text es sonst immer eigens betont, wenn eine Handlung heimlich stattfindet, kann davon ausgegangen werden, daß die Absichtserklärung der Fürsten, von der nichts Entsprechendes gesagt wird, ein öffentlicher Akt ist. Bei diesem öffentlichen Akt fehlen allerdings die beiden Hauptbeteiligten, der Kaiser und sein Herzog. Betrachtet man den Fortgang der Handlung, ist die Episode völlig überflüssig. Man könnte sie auch weglassen, ohne daß etwas Essentielles fehlen würde. Daß sie dennoch im Text steht, hat also offenbar eine bestimmte Funktion: Eine Versöhnung in Abwesenheit kommt nicht in Frage; die beiden Kontrahenten müssen sich von Angesicht zu Angesicht wieder miteinander arrangieren; genau das wird durch das scheinbar blinde Motiv indiziert. Die zweite abgewiesene Möglichkeit ist die, daß Ernst heimlich vor den Kaiser tritt und sich heimlich von ihm vergeben läßt. So lautet nämlich die Einladung, die Otto dem bairischen Herzog übermitteln läßt. Auch dazu kommt es nicht, weil Ernst sich zunächst heimlich an seine Mutter wendet, die ihm zu einem anderen Handeln rät. Für den Fortgang der Handlung wichtig – im Sinne einer vorbereitenden Motivation – sind bislang allein die Motive des Kaisers: Erst ist er beeindruckt von der Fama Ernsts, und dann veranlassen die Gebete Adelheits Gott dazu, Otto dahin zu bringen, sein eigenes Unrecht einzusehen.

Die dritte Möglichkeit, die sich zwischenzeitlich auftut, ist die, daß Ernst seinen ehrenvollen Zwischenaufenthalt in Rom dazu nutzt, entweder gleich hier, beim Papst, zu bleiben oder mit Unterstützung der Kirche diplomatische Kontakte zum Kaiser zu knüpfen. Beides unterbleibt; offenbar dürfen, trotz der insgesamt christlichen Ausrichtung des Textes, die kirchlichen Institutionen gerade keine Rolle spielen. Es kommt hingegen darauf an, daß die weltlichen Träger der Herrschaft die Dinge unter sich ausmachen, ohne daß sich Kirche und Papst einmischen dürfen. Die vierte verworfene Möglichkeit ist die, daß Adelheit vorab für eine heimliche Versöhnung mit dem Kaiser sorgt; auch das darf offenbar nicht sein, da Ernsts Mutter die Fürsten unbedingt beteiligt sehen möchte.

ALTHOFF (1997, passim) betont immer wieder, daß davon auszugehen sei, daß Rituale wie dasjenige, das nun im Bamberger Dom stattfindet, in der historischen Realität in der Mehrzahl der Fälle vorab unter den Beteiligten ausgehandelt und abgesprochen worden sind. Hier handelt es sich um eine *deditio*, um ein Versöhnungsritual, dessen Voraussetzung die – wenigstens symbolisch – bedingungslose Unterwerfung des einen Kontrahenten unter den anderen ist. Der ostentative Verzicht auf die eigene Ehre, die in der öffentlichen Selbstdemütigung anschaulich wird, evoziert, im Sinne höfischer Reziprozität, mit einer gewissen Zwangsläufigkeit im Gegenzug das Sich-Erniedrigen der superioren Partei, das sich im Verzeihen und Vergeben äußert. Im Idealfall wird dabei auch auf die Ehre des Unterlegenen geachtet, dem *satisfactio* (‚Genugtuung') zuteil werden soll.

2.3 Kulturelle Voraussetzungen des Verständnisses mittelalterlicher Literatur

Zentral beteiligt waren sogenannte *mediatores*, ‚Mittler', die beiden Parteien gleichermaßen verpflichtet sind.

Im ‚Herzog Ernst B' wären dies Adelheit und die Fürsten, deren Handeln jedoch das damit verbundene Gebot der Gleichbehandlung unterläuft. Es gibt hier zwar ein Vorab-Arrangement, aber die Dinge laufen dabei nicht korrekt ab, sondern im Sinne einer Intrige, von der auch Ernst noch nicht wissen kann, wie sie ausgeht (DÖRRICH 2002, S. 115). Damit ist die fünfte abgewiesene Möglichkeit markiert: Was es nicht geben soll, ist ein heimliches Vorab-Arrangement, bei dem Kontrahenten und *mediatores* gleichermaßen vorinformiert sind. Statt dessen wird hier eine Intrige inszeniert, die den Akt der realen Versöhnung von der Heimlichkeit in die Öffentlichkeit verschiebt. Heimlichkeit wird also gerade dazu benutzt, um Heimlichkeit zu vermeiden. Die Pläne Adelheits und der Fürsten zielen genau darauf ab, das Auseinandertreten zwischen der tatsächlichen Versöhnungshandlung und der öffentlichen Behauptung ihrer Geltung zu vermeiden, wie dies notwendige Folge jeder Vorab-Absprache wäre. Der Grund hierin liegt in der besonderen Art und Weise, wie ‚Öffentlichkeit' und ‚Heimlichkeit' im ‚Herzog Ernst B' semantisiert sind: Alles Heimliche ist hier grundsätzlich prekär, unsicher und bedrohlich, während alles Öffentliche für Sicherheit im sozialen Feld sorgt (SCHULZ 2008, S. 77–86). Nicht zuletzt gründet der Konflikt zwischen Ernst und dem Kaiser in den heimlichen Einflüsterungen des Pfalzgrafen Heinrich, der sich durch den Herzog aus der Gunst des Kaisers verdrängt sieht und sich dann rächen möchte, indem er den Baiern als potentiellen Königsmörder denunziert. Nicht zuletzt kann der Konflikt nur deshalb eskalieren, weil der Kaiser Ernst jede Möglichkeit verweigert, sich öffentlich vor dem *rîche* (dem ‚Reich'), vor dem Kaiser und seinen Fürsten, zu rechtfertigen. Die heimliche Intrige ist nun, vor der Versöhnung, nur deshalb ein statthaftes Mittel, weil sie paradoxerweise dem Heimlichen keine Geltung einräumt.

Damit erkauft wird allerdings die Überrumpelung des Kaisers. Auch hier ruft der Text wiederum diejenige Möglichkeit ins Bewußtsein, die dann letztlich vom Verlauf der Erzählung abgewiesen wird. Diese sechste Möglichkeit ist die, daß das Ritual scheitern könnte, weil der Kaiser im verständlichen Zorn über die Täuschung sein Mitspielen verweigert. Und tatsächlich: *ez gerou in deiz geschach./ als er in erblihte,/ der keiser nider nihte:/ er wolde im niht sprechen zuo* (V. 5942–5945: ‚Was geschehen war, reute ihn augenblicklich. Als er ihn [Ernst] erblickte, senkte der Kaiser den Kopf: Er wollte ihn nicht ansprechen'). Die Geltung dessen, was öffentlich zu sehen war, wird nun durch die Einmischung der Fürsten gesichert, die dem Kaiser zureden: „*herre her keiser rîche,/ daz ir sô offenlîche/ vor dem rîche habt getân,/ daz sult ir billîch stæte lân:/ ir liezetz durch uns und durch got./ ir welt iu selbe grôzen spot/ machen swenne ir alsô tuot."* (V. 5947–5953: „Monsieur, mächtiger Kaiser: Was Ihr öffentlich vor dem ganzen Reich getan habt, das sollt Ihr von Rechts wegen so stehen lassen. Ihr habt es um unserer und um Gottes willen geschehen lassen. Ihr werdet Euch selbst großen Spott einbringen, wenn ihr nun anders handelt.") Augenblicklich lenkt der Kaiser ein, und von nun an sind alle Probleme aus der Welt geschafft.

Es fällt dem modernen Leser ausgesprochen schwer zu glauben, daß damit schon alles ausgestanden sein soll. Man erwartet den Argwohn des Kaisers, man erwartet vertrauensbildende Maßnahmen, weil nach unseren Vorstellungen ja gerade das Vertrauen des Kaisers in seine Frau, seine Fürsten und seinen Stiefsohn erstmals oder aufs neue erschüttert worden ist. Genau das alles findet aber nicht statt; der Text interessiert sich nicht für das Innenleben seiner Protagonisten. Das hat mit dem besonderen Verhältnis zwischen Heimlichkeit und Öffentlichkeit zu tun. Das Innere einer Person wäre gewissermaßen die Steigerungsform jener prekären Heimlichkeit, die der ‚Herzog Ernst B' so umfassend wie möglich aus der Welt schaffen möchte. Dementsprechend ist hier gerade dasjenige ein gutes, ein vollkommenes Ende, was unserer Alltagspsychologie völlig unbefriedigend erscheint. Nach unseren heutigen Maßstäben ist die Erzählung völlig inkohärent, und ebenso ist es das Verhalten der Figuren. Tatsächlich gibt es hier aber so etwas wie eine rituelle Kohärenz, die sich ebenso in der Negation des Üblichen herausbildet, wie sich die Narration auf der Negation dessen, was eine mögliche Narration wäre, errichtet. Wieder werden die Dinge nicht diskursiv erörtert, sondern im Vorgang der Erzählung vor Augen gestellt.

ALTHOFF 1997. – DÖRRICH 2002, S. 110–140. – EBEL 2000. – SCHULZ 2008, S. 77–86.

2.3.4.5 Gewalt

2.3.4.5.1 Felder der Gewalt

Adelige Herrschaft stützt sich auf die Fähigkeit, körperliche Gewalt auszuüben. Dementsprechend ist das kollektive Imaginäre der Feudalgesellschaft stark von Gewaltphantasmen bestimmt. Mittelalterliche Adelsliteratur ist die Literatur einer Kriegergesellschaft. Es gibt hier noch kein staatliches Gewaltmonopol. Von daher ist Gewalt legitimes Mittel, die eigenen Interessen zu vertreten: Gewalt findet nur dort ihre Grenzen, wo sie auf einen Stärkeren trifft – entweder im Konfliktgegner oder im

Herrscher, der von den anderen Beteiligten angerufen wird, um über die Kontrahenten Gericht zu halten.

Gewalt muß, um Herrschaftsinstrument sein zu können, eingehegt und kontrolliert werden können, so etwa im höfischen Turnier. Wo sie eskaliert und sich gewissermaßen infektiös proliferiert – das zeigt das ‚Nibelungenlied' – kann sie zum Untergang ganzer Großreiche führen (Müller 1998a). Geschichten wie der ‚Heinrich von Kempten' Konrads von Würzburg führen in aller Bildmächtigkeit vor, wie selbst die bizarrste und brutalste Form der Gewaltausübung immer noch legitim sein kann, solange sie dem Nutzen des Reichs dient (Kellner 2002; Schulz 2008, S. 369–373). Gewalt prägt in dieser Kultur, wie bereits erwähnt, selbst die Sprache der Liebe, nicht allein in den bildhaften Umschreibungen für den Sexualakt, sondern ubiquitär, wenn etwa der Minnesänger seiner Dame entgegenhält, ihre Schönheit habe so viel Zwang auf ihn ausgeübt, daß er nicht anders könne, als sich ihr zu unterwerfen und sie zu lieben; oder wenn er davon spricht, er wolle Krieg gegen die Dame führen und ihr ganzes Land brandschatzen, um ihre Liebe zu gewinnen (vgl. Kellner 1997 und Herberichs 2005).

Solchen Fragen sind die Beiträger in einem 2005 von Manuel Braun und Cornelia Herberichs herausgegebenen, umfassend informierenden Sammelband interdisziplinär nachgegangen; das Vorwort (S. 7–37) bietet einen sehr guten Überblick zum Thema (vgl. auch Braun 2005 und Friedrich 1999).

2.3.4.5.2 Kategorien der Gewalt: lozierend, raptiv, autotelisch

Zu überlegen wäre mittlerweile auch, ob die Kategorien, die Jan-Philipp Reemtsma in seinem Buch ‚Vertrauen und Gewalt' (2008) entwickelt hat, nicht ebenfalls für das Mittelalter Anwendung finden könnten:

> „Reemtsma unterscheidet sehr einleuchtend drei Arten der Gewalt nach ihrem Bezug zum Körper: lozierende Gewalt, die über den Ort des Körpers im Raum bestimmen, ihn aus dem Weg schaffen will; raptive Gewalt, die den Körper in Besitz nehmen will, im Regelfall um ihn sexuell zu benutzen; autotelische Gewalt, die die Integrität des Körpers zerstören will. Autotelische Gewalt ist uns fremd geworden, sie hat in unserer Kultur keinen Ort, scheint vielmehr der Einbruch eines ‚radikal Bösen'" (Bisky 2008, S. 14).

Schon das höfische Fest scheint geprägt von lozierender Gewalt. Festbeschreibungen in der höfischen Epik schildern eine irritierende Unruhe, die in schroffem Gegensatz zur zeremoniellen Ordnung der höfischen Repräsentation steht: Sie schildern ein Gedränge, bei dem es offenbar darauf ankommt, vor allen anderen am Zielort zu sein; und es werden dabei nicht allein Blumen und Wiesen zertreten, sondern es kommen durchaus auch Personen zu Schaden, zumal im Buhurt, einem Gruppen-Reiterspiel, bei dem es darum geht, die gegnerische Gruppe mit stumpfen Waffen entweder abzudrängen oder zu besiegen.

Raptive Gewalt findet sich etwa dann, wenn in der Aventiure oder im Krieg Gefangene genommen werden, die sich dann auf Ehrenwort ergeben und als Geiseln gehalten werden, die weder gefesselt noch eingekerkert sind: Es wird also ‚reale' Gewalt in ‚virtuelle' überführt, die gleichwohl genauso zwingend ist. Raptive Gewalt gibt es natürlich auch im Bereich des Sexuellen, nicht allein in den Imaginationen vom gewalttätigen ‚Zwang' der Minne, sondern vor allem in den zahlreichen Phantasmen einer ‚Vergewaltigung im Einverständnis', bei denen die Frau sich anfänglich gegen den Mann bloß wehrt, weil sie auf ihren guten Ruf achten muß, aber dann doch ihr Vergnügen findet. Der Mann ist hierbei gehalten, vorab genauestens auf die unwillkürlichen Körperzeichen der Dame zu achten, denn echte Vergewaltigungen lehnt die höfische Literatur ausnahmslos ab – Frauenschänder werden mit dem Tod bestraft oder müssen, was sogar ehrenrühriger ist, wochenlang mit den Hunden am Hof aus dem gleichen Napf fressen (wie in Wolframs ‚Parzival'). Das Prekäre an dieser Konstruktion kann in der Literatur leichter aufgelöst werden als im Leben – Literatur kann nämlich Innensichten auf die Figuren oder zumindest zutreffende Informationen gewähren, aus denen restlos deutlich wird, was die Protagonisten sich wirklich wünschen. Dennoch wird auch hier die Ambivalenz der Gewalt deutlich. Im Zusammenhang erotischen Begehrens erscheint sie entweder als spielerisches Mittel, das die Ehre der Frau schont, oder als indiskutabler Zivilisationsbruch.

Autotelische – überschüssige und damit gewissermaßen selbstbezügliche – Gewalt wird etwa dann angewendet, wenn man im Kampf an besonders widerwärtige Gegner gerät, die jenseits des höfischen Comments agieren. Besonders Drachen und andere Monster werden akribisch zerstückelt. Das trifft auch für Riesen zu, die mit äußerster Brutalität und mit wuchtigen Stangen gegen höfische Ritter und auch gegen zivilisationsvergessene Heroen wüten. In Schlachtszenen, die sich allerdings kaum im höfischen Roman finden, sondern zumeist in der Heldenepik, wird der Gegner auch schon mal geköpft, zumal wenn er Heide ist. Gewöhnlich gibt es in den volkssprachigen Erzählungen zwischen Christen und Heiden keine kulturelle, sondern nur eine religiöse Differenz, weshalb man sich oftmals auf gemeinsame höfische Werte einigen kann, doch erscheint diese kulturelle Gemeinsamkeit nur als ein Merkmal, das man gewissermaßen beliebig an- und ausknipsen kann. Je unversöhnlicher die Feindschaft, umso autotelischer die Gewalt. Am Ende des ‚Nibelungenlieds' wird Kriemhilt, deren Ränkespielen der Untergang einer ganzen Heldenkultur zu verdanken ist, von Dietrichs von Bern Waffenmeister, dem alten Hildebrant, mit dem Schwert in Stücke gefetzt. Auch in Märtyrerlegenden gibt es eine Tendenz zur autotelischen Gewalt, wenn die Foltern und die Versuche, den Körper der heiligen Person zu zerstören, in ihrer Erfolglosigkeit immer irrwitzigere und fast schon verzweifelte Formen annehmen. Die heidnischen Christenverfolger suchen sich so vor der Bedrohung, die vom neuen Glauben ausgeht, zu schützen.

All diese Erscheinungsformen von Gewalt, die lozierende, die raptive und die autotelische, fungieren in der mittelalterlichen Epik als Mittel der Durchsetzung von Ordnung, gewissermaßen als Kehrseite der feinen Unterschiede höfischer *zuht* (‚Erziehung', ‚Manieren' und ‚Wohlgemessenheit'). Sie dienen der Einhegung von Unordnung und auch von unkontrollierten Affekten. Überraschend für uns Heutige ist dabei die ordnungsstiftende Macht realer und auch virtualisierter Gewalt. Die Lehensgesellschaft ist voll von Gesten der körperlichen Unterwerfung. Mit ihnen werden Hierarchien geschaffen und der Agon befriedet, wenigstens fürs erste. Im späteren Mittelalter und in der Frühen Neuzeit, da die Versuche zunehmen, etwa über Landfriedensordnungen das Recht des Adels zur Gewaltausübung massiv einzuschränken, findet sich in der feudalen Literatur, vor allem in der späten Heldenepik, eine gegenläufige Tendenz, eine wachsende Faszination an hyperbolischer bis hin zu geradezu grotesker Gewalt. Offenbar handelt es sich dabei auch um Versuche, eine ‚gute alte Zeit' wieder heraufzubeschwören, in der das adelige Faustrecht noch nicht beschnitten war.

BISKY 2008. – BRAUN 2005. – BRAUN/HERBERICHS 2005. – FRIEDRICH 1999. – HERBERICHS 2005. – KELLNER 1997. – KELLNER 2002. – MÜLLER 1998a. – REEMTSMA 2008. – SCHULZ 2008, S. 369–373.

2.3.4.6 Kern und Hülle, Heimlichkeit und Öffentlichkeit

2.3.4.6.1 Das Böse, die Gewalt und die Falschheit

In einer Kultur, deren Ordnung so sehr auf physischer Gewalt baut, ist das Böse anders definiert als in unserer Gegenwart. Bände über das gewandelte Verständnis der Moderne spricht das Konzept des staatlichen Gewaltmonopols: Legitimerweise darf bei uns nur der Staat Gewalt ausüben, und das im engen Korsett von Gesetzen und Parlamentsbeschlüssen. Es gibt dabei so gut wie keine Ausnahmen, allenfalls die Notwehr. Dennoch ist auch eine bürgerliche Gesellschaft wie die unsere immens fasziniert von Gewaltphantasmen: auf der einen Seite von Serienmördern und Kannibalen, die die bestehende Ordnung herausfordern (vgl. ‚Serial Killers', hg. v. KECK/ POOLE 1997), auf der anderen Seite von den Kinobildern einsamer Rächer, die das Recht selbst in die Hand nehmen, weil der Staat sich in der Konfrontation mit dem Bösen unfähig zeigt, für Gerechtigkeit zu sorgen. Das absolut Böse ist dabei für uns die unbegreifliche Gewalt: Gewalt, die keine Begründung außer ihrer selbst hat; Gewalt aber auch, die sich eine perverse Legitimität anmaßt; in jedem Fall handelt es sich dabei um Gewalt, die in ihrer Vernichtungswut über jedes Ziel hinausschießt (die also REEMTSMA [2008] als ‚autotelisch' bezeichnen würde).

Man wird nicht behaupten dürfen, daß die mittelalterliche Adelskultur solche überschießende Gewalt gutgeheißen hat (zumal in christlich-klerikaler Sicht nicht; vgl. FRIEDRICH 1999). Dennoch war für sie das absolut Böse anders bestimmt als für uns heute – nämlich in der menschlichen Falschheit. „Anders als in moderner Auffassung [...] hat das Mittelalter das Wesen des Bösen in der Täuschung gesehen" (HAHN 1977, S. 430). Das liegt, grob gesagt, an den Vorstellungen vom Wert der öffentlichen Wahrnehmbarkeit. Wir privilegieren den sozialen Nahbereich von Liebe und Freundschaft und erhoffen uns dort idealerweise Authentizität und Aufrichtigkeit, während wir dem öffentlichen Leben schon per se eine gewisse Theaterhaftigkeit unterstellen, wie sie in der Rede von den Rollen und Funktionen deutlich wird, die wir alle im sozialen Leben ausfüllen müssen. Natürlich sind wir nicht begeistert davon, wenn Politiker und Großmanager lügen und betrügen, aber wir wissen auch, daß es nicht weiter lohnt, sich darüber aufzuregen, da wir gar nicht anders können, als überall eine Diskrepanz zwischen dem ‚Öffentlichen' und dem ‚Eigentlichen' vorauszusetzen. Das sind jahrhundertealte bürgerliche Vorstellungen. Nachzulesen sind sie etwa in Adolph von Knigges ‚Über den Umgang mit Menschen' (1. Aufl. 1788).

2.3.4.6.2 Prekäre Wahrnehmung im öffentlichen Raum

Anders die mittelalterliche Adelskultur: Für sie ist das, was zählt, die feudale Öffentlichkeit. Sie gründet auf der Vorannahme, daß adelige Körper zuverlässig ‚lesbar' sein sollten, so daß man von der sichtbaren Oberfläche, der Hülle, auf das ‚Innere' bzw. den personalen Kern des Gegenübers schließen kann (WENZEL 1994; HAHN 1977, S. 415–418; SCHULZ 2008, S. 212–216 u. ö.). So erschließt sich analog „die Befindlichkeit der Seele (*habitus*) aus dem äußeren Zeichen, der Tätigkeit (*actus*)"

(HAHN 1977, S. 419). Schönheit zeigt nach diesem Verständnis in einer metonymischen Stellvertretung die Tugend ihres Besitzers an, sein Gut-Sein – und sein Gut-Sein schließt wiederum seinen Adel ein. Öffentlichen Auftritten sollte idealerweise Wahrhaftigkeit innewohnen, indem nur dasjenige zur allgemeinen Anschauung kommt, was ohnehin der Fall ist.

Es geht dabei vor allem um Wahrnehmung im sozialen Raum, im öffentlichen Raum. Den intimen Beziehungen wird gerade nicht per se größere Aufrichtigkeit unterstellt, denn dasjenige, was sich als Heimlichkeit und als menschliches Innenleben dem öffentlichen Blick entzieht, erscheint zunächst ebenso faszinierend wie bedrohlich: Das Nicht-Öffentliche ist etwa Ort heimlicher Liebe – womöglich beglückend für die einzelnen, aber bedrohlich für Familie und Gesellschaft, deren Stabilität sich arrangierten Ehen verdankt; das Nicht-Öffentliche ist bei denen, die tief religiös sind, Schauplatz einer Individualisierung, die aber wiederum prekär ist, weil sie den einzelnen von der Gesellschaft entfernt und ihn den öffentlichen Blicken entzieht; und überhaupt ist es der potentielle Ort von Intrige, Verrat und Falschheit.

Lange vor der ‚Entdeckung des Privaten' in der bürgerlichen Gesellschaft (und wohl als eine ihrer notwendigen Vorstufen) geschieht im Mittelalter die ‚Entdeckung der Heimlichkeit', die Entdeckung realer, psychischer und symbolischer Bereiche, die der öffentlichen Wahrnehmung entzogen sind (BRANDT 1993). Die Theologie beginnt sich für das menschliche Gewissen zu interessieren (zur literarischen Verarbeitung vgl. KARTSCHOKE 1995; STÖRMER-CAYSA 1998) und verschiebt allmählich die Bemessung menschlicher Schuld vom objektiv Angerichteten auf die Absichten (*intentio*) des Handelnden (u. a. seit Abaelard: ‚Ethica seu liber dictus scito te ipsum', nach 1129). Die höfische Literatur entdeckt und erkundet den ‚Innenraum' des Herzens, die Intimität heimlicher Liebe, die politische Intrige (vgl. WENZEL 1994, S. 217; MÜLLER 1998b; KELLNER 1997). So unterschiedlich diese Bereiche vorderhand erscheinen mögen, es verbindet sie doch das grundsätzliche Problem einer Entkoppelung von ‚Außen' und ‚Innen', von ‚Öffentlichkeit' und ‚Heimlichkeit', und dies stellt für die Repräsentationslogik der höfischen Kultur eine eminente Herausforderung dar, denn es eröffnet sich damit notwendig die Möglichkeit, daß das, was von außen beobachtet werden kann, nicht der Wahrheit entspricht.

Ein häufig thematisiertes Problem ist etwa, wie man zugleich höfisch – und das heißt: affektkontrolliert – sein kann und wie man trotz dieser Selbstkontrolle so authentisch bleibt, daß die grundsätzliche ‚Lesbarkeit' der Handelnden im öffentlichen Raum Bestand hat (sie gründet auf der metonymischen Verkoppelung von wahrnehmbaren und tatsächlichen Personeneigenschaften). Die didaktische Literatur fordert immer wieder die Disziplinierung des adeligen Körpers. Dabei gilt das Postulat einer grundsätzlichen Übereinstimmung zwischen Innerem und Äußerem, weil man sich vorstellt, daß die Disziplinierung des Geistes folgerichtig zur Disziplinierung des Körpers führt (vgl. BUMKE 1994). Allerdings: Disziplin ist zwar erwünscht, darf aber keinesfalls zur Täuschung führen. Denn sonst bedrohen Verstellung und damit notwendig auch Lüge die höfische Kultur im wahrsten Sinne des Wortes von innen heraus, von ihren eigenen Prämissen her. Dies ist von Anfang an ein Thema der Hofkritik.

2.3.4.6.3 Kritik und Immunisierung der sozialen Wahrnehmung

Betrachtet man die Literatur als Indikator kollektiver Vorstellungswelten, dann läßt sich im deutschsprachigen Raum erst seit der zweiten Hälfte des 15. Jahrhunderts eine Tendenz dazu erkennen, die sozialen Nahbeziehungen von Liebe, Ehe, Freundschaft, die uns heute so wichtig sind, durchgängig vom sozialen Leben in der Öffentlichkeit zu trennen. Im Gegenzug wird die Darstellung der Öffentlichkeit immer negativer: Höfe und Städte erscheinen so als Orte der Lüge, der leeren Inszenierung, des Verbrechens und der Bedrohung für das private Glück (Texte, an denen diese Tendenz ablesbar ist, wären etwa der anonyme ‚Fortunatus' und die Romane Jörg Wickrams: ‚Ritter Galmy', ‚Der Goldfaden', ‚Von guten und bösen Nachbarn', ‚Gabriotto und Reinhart'; vgl. BRAUN 2001; MÜLLER 1991; SCHULZ 2000c, 2001, 2007a; EMING 2006).

Natürlich sind schon die hochmittelalterlichen Autoren klug genug, um zu wissen, daß immer mit der Möglichkeit von Falschheit und Lüge gerechnet werden muß. Sie sind aber offenbar noch lange Zeit nicht in der Lage, das Verhältnis zwischen dem Inneren und dem Äußeren eines Menschen als weitgehend zufällig bzw. gleichgültig zu betrachten: ‚Schön' heißt fast immer auch ‚gut', nur ausnahmsweise kann auch ‚häßlich' ‚gut' sein, aber es ist offenbar noch nicht möglich, zu denken, daß in ethischer Hinsicht das Wesen eines Menschen in keinerlei – *in überhaupt keinem* – Zusammenhang mit seinem Äußeren steht. Zu diesem Äußeren gehört vor allem die sichtbare soziale Oberfläche, im Sinne eines Ensembles von Haut, Haar und Kleidung, Körperhaltung, Gestik und Mimik, daneben auch die öffentliche Rede.

Wo über das Problem nachgedacht wird, sei es in den Hofzuchten oder – narrativ – in der feudalen Literatur, kreisen alle Überlegungen um die Unmöglichkeit, in einen Menschen hineinzusehen. Man stellt sich das

2.3 Kulturelle Voraussetzungen des Verständnisses mittelalterlicher Literatur

Innere, den ‚personalen Kern', offenbar recht konkret räumlich vor. Figuren, denen besonders große Adelstugend unterstellt wird, erscheinen von durchscheinender, *diaphaner* Schönheit erfüllt: so, als wäre in ihrem Inneren eine Lichtquelle, die durch die transparente Haut hindurchstrahlt. CZERWINSKI (1989, S. 42) hat solche Körper in ihrem unhintergehbaren sozialen Zeichenwert als ‚Realabstraktionen' des Höfischen bezeichnet. Oder: Wenn man Adelige in zerschlissene Kleider steckt, so leuchtet ihre Schönheit ganz wörtlich durch die Risse in den Fetzen hindurch. Beispiele ließen sich in der höfischen Literatur zu Hunderten nennen: die verarmte Enite in Hartmanns ‚Erec'; Parzivals Mutter Herzeloyde, deren ‚Lichtkörper' selbst im Dunkeln leuchtet; die Isolde der Gottfried-Fortsetzer, die bei Morgengrauen mit dem Glanz der Sonne konkurrieren kann. Umgekehrt stellt man sich Schlechtigkeit immer als Falschheit vor, wobei dies wiederum am Körper manifest wird, im Sinne einer ‚falschen' bzw. ‚unzutreffenden' Oberfläche.

So warnt Thomasin von Zerklaere, der um 1215 in seinem Buch ‚Der Welsche Gast' alles zusammengefaßt hat, was man für das Leben am Hof wissen muß: *beidiu man und ouch wîp/ erzeigent oft, daz in ir lîp/ und in ir herzen niender ist* (‚Männer ebenso wie Frauen tragen oft zur Schau, was in ihrem Innern und ihrem Herzen durchaus nicht vorhanden ist'; V. 943–945). Er schimpft auf diejenigen, bei denen Äußeres und Inneres sich gerade nicht entsprechen, vor allem gegen *untriwe und unzuht* (‚Treulosigkeit und Zügellosigkeit'; V. 950) bei äußerlich schönen Frauen: *valsch schoeniu wîp man ahten sol/ ze kupher überguldet wol,/ daz an im lützel goldes hât./ under schoenem vel ist valscher rât./ man sol wizzn, daz valsche liute/ hânt niht mêr schoene wan ir hiute* (‚Verlogene schöne Frauen soll man wie vergoldetes Kupfer einschätzen, das kaum Gold an sich hat. Unter schöner Haut steckt Betrug. Man soll bedenken, daß verlogene Menschen nicht mehr Schönheit haben als ihre Haut'; V. 959–964). ‚Richtige' Wahrnehmung wird also dadurch vereitelt, daß sich eine ‚falsche' Oberfläche zwischen den prüfenden Blick und den leiblich-seelischen Kern der Person schiebt (HAHN 1977, S. 420 f.).[6] Doch damit ist es auch unmöglich, allgemeingültige Regeln anzugeben, wie dieser wahre Kern eigentlich erkannt

---

6 In gewissem Sinn liegt hier eine Integumentum-Vorstellung zugrunde, ein Modell von ‚Kern' und ‚Hülle' (*integumentum*), wie es Thomasin auch bei seiner Diskussion über die unter Umständen moralische Nützlichkeit von lügenhaften Aventiureromanen entfaltet: *die âventiure sint gekleit/ dicke mit lüge harte schône* (‚Die Phantasiegeschichten sind oft äußerst gefällig in Lügen eingekleidet'; V. 1118 f.).

werden soll. Denn durch opake Oberflächen kann man nicht hindurchblicken. Das, worauf es ankommt, ist im Rahmen höfischer Epistemik offenbar nicht mehr sprachlich vermittelbar und entzieht sich damit auch der Kodifizierbarkeit. Bei Thomasin vermag es nur der erfahrene *wîse* (der ‚Weltkluge'). Daß sich nicht konkret beschreiben läßt, wie man denn zuverlässig durch die Hülle auf den Kern hindurchblicken könnte, erklärt auch die allgemeine Vorliebe für positive Epitheta wie *lûter* und *clâr*, die bevorzugt zur Figurentypisierung eingesetzt werden: glänzend und vor allem transparent (vgl. HAFERLAND 1988, S. 275).

Beispiel 17: Das ‚Rolandslied' des Pfaffen Konrad
Vom Verhältnis von Gut und Böse, außen und innen, Schönheit und Häßlichkeit erzählt das ‚Rolandslied' des Pfaffen Konrad (um 1170). Hier geht es um den Kampf Kaiser Karls des Großen und seiner zwölf Paladine gegen die ‚Heiden', die sich Spanien unterworfen haben.[7] Anfänglich wird Karls Schönheit als überwältigend inszeniert, indem die Erzählung dem Blick der heidnischen Boten folgt, die Karls Gegner Marsilie ins christliche Lager geschickt hat. Karl glänzt so sehr, daß ihre Blicke seinem Strahlen nicht standhalten können. Glanz und Schönheit stehen für Karls Machtfülle, seine Tugend, seine Legitimation, die immer wieder dadurch bekräftigt wird, daß ihm Engel den Willen Gottes mitteilen. Schön ist allerdings auch der Verräter Genelun, den Karl im Gegenzug zu Marsilie schickt. Genelun ist einer politischen Lösung des Konflikts zwischen den Franken und den Arabern nicht abgeneigt, womit er aus heutiger Sicht eine durchaus positive Gestalt sein könnte. Doch die Heidenkampf-Ideologie des ‚Rolandslieds' ist derart unversöhnlich, daß jede Haltung, die nicht auf die kriegerische Unterwerfung des nicht-christlichen Gegners zielt, als Verrat an der christlichen Sache diffamiert wird. Der Nicht-Krieger, Kompromißler und Verräter Genelun wird weit negativer gezeichnet als die heidnischen Kampfgegner der Christen. Denn wären diese keine ehrenhaften Gegner, würde es auch keine Ehre einbringen, gegen sie zu siegen.

Insgesamt betreibt der Text einiges an Aufwand, den ‚wahren', der Transzendenz erborgten Glanz der christlichen Glaubensstreiter vom

---

7 Ich spreche hier und insgesamt nicht von Muslimen, weil die abendländischen Erzählungen des Mittelalters den Monotheismus der ‚Konkurrenz' nicht wahrhaben wollen. In ihnen erscheint Mohammed nicht als Prophet des einen Gottes, sondern als ein Hauptgott von dreien in einer falschen Dreieinigkeit, zu der noch die Götter Apoll (oder Jupiter) und Tervigant gehören, flankiert von Tausenden von Nebengöttern.

2.3 Kulturelle Voraussetzungen des Verständnisses mittelalterlicher Literatur 81

‚falschen', rein innerweltlichen Glanz der Heiden und ihres ersten Verbündeten abzusetzen: Auch der Verräter Genelun ist schön, sein Gesicht glänzt wie Feuer (*sîn antlitzze was hêrsam./ sîn varwe diu bran/ sam die liechten viures flammen*, V. 1658–1660), aber bei ihm ist, anders als bei Karl, das Äußere nicht die Entsprechung des Inneren, sondern dessen Gegenteil (vgl. GEROK-REITER 2002, S. 85 f.):

> er ervolte daz altsprochene wort.
> jâ ist gescriben dort:
> ‚under scœnem schade liuzet,
> ez en ist nicht allez golt, daz dâ glîzet.'
> Genelûn was michel unde lussam,
> er muose sîne natûre begân.
> michels boumes schœne
> machet dicke hœne.
> er dunket ûzen grüene,
> sô ist er innen dürre.
> sô man in nider meizet,
> sô ist er wurmbeizec.
> er ist innen vûl unde üble getân.
> daz bezeichenet den man,
> der ûzen wole redet
> unde valsches in deme herzen phleget. (V. 1956–1971)

‚Bei ihm erfüllte sich das alte Sprichwort. Es steht geschrieben: „Unter der Schönheit lauert der Schaden. Es ist nicht alles Gold, das da glänzt." Genelun war groß und schön, er mußte seiner Natur gemäß handeln. Die Schönheit eines großen Baums sorgt oft für Schaden. Man hält ihn außen für grün, doch ist er im Inneren verdorrt. Wenn man ihn niederfällt, dann erweist er sich als von Würmern zerfressen. Er ist innen verfault und häßlich. Dieses Gleichnis meint einen Mann, der nach außen schön redet, aber Falschheit im Herzen trägt.'

Wieder geht es um Kern und Hülle, um eine Oberfläche, die den Blick auf die Wahrheit verstellt. Das zentrale Problem an der höfischen Körpersemiotik ist die Ambiguität der äußeren Zeichen, ihre Zweiwertigkeit (nicht aber, wie gesagt, ihre Arbitrarität; diese spielt erst in der modernen Zeichentheorie eine Rolle). Entweder ist, im Sinne der Kalokagathie-Unterstellung, ‚schön' gleich ‚gut', oder ‚schön' ist im christlichen Mißtrauen gegen alle äußere Pracht gleich ‚böse'. Tertium non datur. Der Versuch, die Geltung dieses Modells gegen allen Zweifel zu retten, treibt mitunter absurde Blüten: In Konrads von Würzburg ‚Partonopier' (um 1277) sind alle schönen Adeligen grundsätzlich auch edel im Gemüt, während alle schönen Sozialaufsteiger, die ursprünglich unfrei waren und nur geadelt worden sind, die Falschheit in Person sind. Das grundsätzliche Problem wird hier durch die Setzung einer Ständeklausel ausgesprochen gezwungen gelöst (vgl. SCHULZ 2008, S. 448–455).

BRANDT 1993. – BRAUN 2001. – BRAUN/HERBERICHS 2005. – BUMKE 1994. – CZERWINSKI 1989, S. 42. – EMING 2006. – FRIEDRICH 1999. – GEROK-REITER 2002. – HAFERLAND 1988, S. 275. – HAHN 1977. – KARTSCHOKE 1995. – KECK/POOLE 1997. – KELLNER 1997. – MÜLLER 1991. – MÜLLER 1998b. – REEMTSMA 2008. – SCHULZ 2000c. – SCHULZ 2001. – SCHULZ 2007a. – SCHULZ 2008, S. 52–63, 212–216, 448–455. – STÖRMER-CAYSA 1998. – WENZEL 1994.

2.3.4.7 Altersstufenlehre und Verhaltenssemantik

Die Gelehrten des Mittelalters betrachten das menschliche Leben als Stufenfolge, im Sinne eines Nacheinanders von meist vier Altersstufen (zum Folgenden vgl. ZELLMANN 1996, S. 80–102; SCHULZ 2000b, S. 68–72): *puer* (‚Knabe'), *adolescens* (‚Heranwachsender'), *iuvenis* (‚Jugendlicher'/‚junger Mann') und *senior* (‚gereifter Mann'). An diese Altersstufen sind jeweils bestimmte Verhaltenserwartungen geknüpft. Sie betreffen dasjenige, was die Menschen in einem bestimmten Alter können und nicht können – und dasjenige, wofür sie anfällig sind. Es gibt hier neben dem etwas rasterhaften Viererschema auch andere Einteilungen, etwa das differenziertere Siebenerschema.[8] Zentral ist ihnen allen aber die Vorstellung, daß *soziales* Verhalten durch *biologische* Gegebenheiten bestimmt wird. Während *biologisches* Altern als stufenloses Kontinuum im dauerhaften Übergang geschieht, wird das soziale Altern in der Feudalgesellschaft in diskontinuierlichen *Stufen* gedacht: Die biologische ‚Entwicklung' vom Säugling zum Mann macht – gewöhnlich in Siebenjahresabständen – soziale ‚Sprünge' notwendig. Diese Sprünge von einer zur nächsten Altersstufe manifestieren sich und erlangen Geltung in Riten des Übergangs (Loslösung und Eingliederung), welche sie für den Beteiligten und seine Umwelt anschaulich, erfahrbar machen. Im Alter von sieben Jahren (*puer*) verlassen männliche Adelige den Bereich der Frauen, die sie bislang umsorgt haben, um zu den Männern zu gehen, bei denen sie als Knappen auf

---

[8] Die von mir gewählte lateinische Terminologie (Abfolge *puer, adolescens, iuvenis, senior*) ist ein operativer Behelf; die lateinischen Quellen selbst benutzen nicht immer die gleichen Begriffe, um das gleiche auszudrücken; mitunter schwankt die Bedeutung in ein und demselben Text (vgl. etwa Bartholomaeus Anglicus: De rerum proprietatibus, VI,I [S. 231 f.], wo *puer* entweder das Alter vom siebten Lebensmonat bis zum siebten Lebensjahr oder dasjenige zwischen dem siebten und dem vierzehnten bezeichnet; wird die Begriffsextension der *infantia*, die der *pueritas* vorausgeht, erweitert, verschieben sich die anschließenden Alter um ganze sieben Jahre nach hinten).

2.3 Kulturelle Voraussetzungen des Verständnisses mittelalterlicher Literatur 83

ihre späteren Aufgaben als Ritter vorbereitet werden. Ab dem Alter von vierzehn Jahren können die heranwachsenden *adolescentes* dann selbst die Schwertleite erhalten und so zu den ‚Junggesellenrittern' (*iuvenes*) übergehen; die Eheschließung markiert dann den abschließenden Status des *senior*.

Mittelalterliche Epik interessiert sich allerdings, ähnlich wie modernes Erzählen, weniger für das Übliche als vielmehr für das Abweichende: für die Frühreifen und für die Spätentwickler. Immer wieder hört man die Befürchtung am Artushof, der jugendliche Held – wie etwa Erec oder Wigalois – sei den Anforderungen der zu bestehenden Aventiure noch gar nicht körperlich gewachsen. Die biologische Jugend der Protagonisten wird hier (wie auch ihre mangelnde Erfahrung) gegen ihren sozialen Status als vollwertiger Jungritter ins Feld geführt. Der herausragende Held aber bewältigt seine Aufgabe ebenso staunenswert wie selbstverständlich. Wolframs Parzival ist in der Einöde zum Mann gewachsen, aber aufgrund der ängstlichen ‚overprotection' seiner Mutter weiß er nicht, was gutes Benehmen, was höfische Minne und was ritterliche Aventiure ist – ihm fehlt alles, was zur Ausbildung eines jungen Adeligen gehört. Er muß dies alles erst lernen; das geschieht mit zunächst unterschiedlichem Erfolg, aber aufgrund seiner bereits voll entwickelten adeligen Physis letztlich doch sehr schnell.

Heiligenlegenden führen uns oft einen außergewöhnlichen Protagonisten vor, dessen göttliche Erwähltheit sich darin zeigt, daß er schon als kleines Kind ein Verhalten offenbart, das gewöhnlich erst in einer höheren Altersstufe zu erwarten ist. Hinzu kommen Gelehrsamkeit und religiöse Empfänglichkeit. Solche Legenden führen den kindlichen Heiligen als *puer senex* vor. Es handelt sich hier um das Paradox eines ‚altersweisen Kleinkinds'. Der künftige Heilige zeigt schon von Anfang an, daß er die Stadien der Unreife ebenso bald hinter sich lassen kann wie diese Welt überhaupt (*proficere*: ZELLMANN 1996, S. 65 f.).

Auch in vielen weltlichen Erzählungen scheint der Einfluß dieses Modells greifbar. Besonders deutlich wird dies in den zahlreichen Minne- und Abenteuerromanen, die davon handeln, daß ein jugendlicher Adeliger und eine junge Herrschaftserbin einander lieben. Der Junge darf aber noch nicht legitim um die Braut werben, weil er sozial noch nicht als Mann gilt. In diesen Romanen werden die Altersstufen rasant überschritten, und das Konzept des *puer senex* kann dabei erklären helfen, wieso die Helden sich immer wieder massiv widersprüchlich verhalten: im gleichen Alter sind sie ängstliche Jugendliche (oder noch Kinder), entschlossene Liebhaber, tollkühne Ritter und sogar besonnene, kühl kalkulierende Feldherren. Das, was qua Altersstufe kulturell noch überhaupt nicht vorgesehen ist, sich aber dennoch im Verhaltensrepertoire des Helden findet, ist Anzeichen des baldigen *proficere* – und insgesamt seiner Außergewöhnlichkeit. Modellbildend für ein solches Erzählen von adeliger Jugend ist die Erziehungsgeschichte Tristans in Gottfrieds von Straßburg Roman: Tristan ist schon als Kind versiert in allen Fremdsprachen, in den Wissenschaften, in der Kunst der höfischen Konversation und in allen Künsten höfischen Divertissements, und auch in seiner Ausbildung als Ritter ist er allen anderen weit voraus. Tristan ist so zugleich der Musterfall eines höfischen Ritters, und dennoch ist er zugleich durch seine Genealogie und seine Biographie zu einem Leben bestimmt, das für ihn kein dauerhaftes Glück vorsieht (KOCH 2006, S. 205 – 283; GEROK-REITER 2006, S. 148 – 196).

Späteren Texten, die einen Kompromiß zwischen passionierter Liebe und gesellschaftlich anerkannter Existenz suchen, ist diese intrikate Verschränkung gleichgültig; sie übernehmen hiervon nur die frühreife Idealität des Helden. Zu diesen Texten gehören die besagten Minne- und Aventiureromane, die von einer ursprünglich illegitimen Liebe handeln, die nach langen Jahren, einer Trennung und vielen Abenteuern letztlich doch zu einer allgemein akzeptierten Herrschaftsehe werden darf. Hierzu zählen Rudolfs von Ems ‚Willehalm von Orlens‘ (um 1235) und Johanns von Würzburg ‚Wilhelm von Österreich‘ (1314). Schon das jeweilige Kleinkind wird als *puer senex* vorgestellt, der trotz seiner Jugend bereits *fast alles weiß und fast alles kann:* Klein-Willehalm lernt in nur einem Jahr so gut Latein, wie es gewöhnlich einem fünfjährigen Unterricht entspricht – in einem Alter, in dem das kulturell noch gar nicht vorgesehen ist, weil es nicht durch die entsprechenden biologischen Voraussetzungen gestützt wird.

In der Fürstenlehre des Aegidius Romanus (13. Jh.) – die zugleich eine zeitgenössische Wissenssumme ist – heißt es, daß man Kindern bis zum siebten Lebensjahr nur einfache, handlungslastige Geschichten vortragen solle, damit sie sich dabei erholten und die Bedeutung der Wörter lernten (*sunt eis recitandæ aliquæ historiæ, & aliquæ fabulæ, in quibus recreentur: & hoc maxime, cum incipiunt percipere significationes verborum*; ‚De regimine principum libri III‘, II,2,15 [S. 328]). Selbstverständlich soll der Unterricht in diesem Alter nur in der Volkssprache erfolgen, anders würden die Kinder nämlich gar nichts lernen können (*Si enim aliquid illo tempore addiscere possunt, hoc est idiomata vulgaria*; II,2,17 [S. 334]). Erst zwischen dem siebten und dem vierzehnten Lebensjahr, wenn sich der Verstand voll ausgebildet hat, sind Ansätze einer gelehrten Bildung vorgesehen, die aber für den Bedarf der höfischen Kultur umakzentuiert wird (nicht Musiktheorie, sondern Musikunterricht!): verpflichtender Unterricht in Grammatik, Logik und Musik (*Sed vt habeant intellectum perfectum, instruendi sunt in debitis scientiis*; II,2,16 [S. 331]: nämlich *in grammatica* [...] *& in logica* [...] *& in practica musicali*). Jedoch sei es den Kindern unmöglich, vollkommenes Wissen zu erlangen (*perfecte scire non possunt*; S. 333).

Zurück zum kleinen Willehalm aus Rudolfs von Ems Roman: Sein gelehrter Unterricht, der auch praktische Rhetorik und weitere Fremdsprachen umfaßt, wird nach dem siebten Lebensjahr in eine höfisch-ritterliche Ausbildung überführt, in der er sich nicht nur auf die Fertigkeiten der ritterlichen *iuvenes* vorbereitet, sondern sie sich selbst aneignet (V. 2773–2781). Ringen, Reiten und alles, was sonst noch zur Ritterschaft gehört, sind hingegen bei Aegidius Romanus erst ab dem vierzehnten Lebensjahr vorgesehen (*postea in quartodecimo anno instructi in luctatiua & in equitatina, & in alijs quæ ad militiam requiruntur*; II,2,17 [S. 335]).

Klein-Willehalm benimmt sich selbstverständlich stets vortrefflich; er verfügt bereits über die Herrschertugend der *milte* und tröstet jene, die in Not geraten sind (V. 2810–2821). Im ‚Willehalm von Orlens' werden damit topische Eigenschaften der Jugend so umgeschrieben, daß sie als Vorwegnahme herrscherlicher *senior*-Tugenden gelten können: Lobenswert an den Jungen, schreibt Aegidius Romanus, seien nämlich Freigebigkeit und Mitleid, Eigenschaften also, die auch Königen und Fürsten gut anstehen (*quæ diximus laudabilia in iuuenibus, adaptare possumus Regibus & Principibus: quia decet eos esse liberales* [...] *& miseratiuos*; I,4,1 [S. 191]). Helden wie Willehalm ‚sind' in jedem Augenblick ihres Lebens, von Anfang an, schon immer, was sie erst ‚werden' müssen. Die ältere Forschung hat hier häufig von der ‚statischen Idealität' solcher Protagonisten gesprochen.

Allerdings: Die Frühreife des Helden, die für seine soziale Auserwähltheit steht, sorgt auch dafür, daß der Held in Konflikt mit der Gesellschaft gerät, weil er bereits in einem Alter von der Liebe erfaßt wird, in dem ihm keiner solche Gefühle überhaupt zutrauen mag. Er minnt nach allen Regeln dieser Kunst schon als *adolescens* – und nicht erst als *iuvenis* (und kann dabei für sich ausnutzen, daß niemand damit gerechnet hat, daß ein kleiner Junge schon nichts als feine, höfische Liebe im Kopf hat und auch für den Akt an sich über die nötigen körperlichen Voraussetzungen verfügt: Sonst wäre er, der oft dem Mädchen unbeobachtet in ihrer Kammer aufwarten darf, gar nicht erst in die Nähe seiner späteren Geliebten gekommen – in der Realität waren bei den Erwachsenen die Bereiche der Frauen und der Männer relativ strikt getrennt).

Nach zeitgenössischer Vorstellung ist es die der Jugend eigene ‚Hitze', die die Heftigkeit der Leidenschaften *von innen her* erzeugt. Indem Erzählungen wie der ‚Willehalm von Orlens' *minne* gerade nicht als erst ab dem vierzehnten Lebensjahr kulturell vorausgesetztes, bloß fleischliches Begehren (*concupiscentia carnalis*) codieren, das einer Disziplinierung der Affekte unterworfen werden müßte, sondern als ethisch höherwertige, individualisierte Minne, zeigt sich auch hier erneut ein komplexer Umgang mit der kulturell vorgegebenen Altersstufensemantik.[9]

Höfische Romane referieren zunächst vor allem auf die sozialen Komponenten dieser Semantik. Es handelt sich um eine Menge von Verhaltensrepertoires, die von den Protagonisten jeweils in Perfektion ausgefüllt werden. Dabei zeigen sich ‚Ungleichzeitigkeiten'. Verhaltensweisen, die erst einer späteren Altersstufe zuzurechnen sind, werden dann ausgeglichen, indem der Held alsbald auch die nächste Stufe überschreitet: Im ‚Willehalm von Orlens' wird der Held auf Befehl seiner Dame zum Ritter, zum *iuvenis*. Dabei kommt nun auch die körperliche Komponente ins Spiel: Rein ‚biologisch' wäre es höchst unwahrscheinlich, daß der knapp fünfzehnjährige Willehalm die Kraft besitzt, sich gegen *alle* Älteren und Erfahreneren der dargestellten Welt als bester Krieger durchzusetzen, um sich mit dieser Fama dann sehr bald auch als tauglicher Herrscher und Ehemann zu präsentieren, als *senior*. Wo das Außerordentliche vorgeführt werden soll, werden ‚soziale' Altersstufen gegen ‚biologische' Tatsachen ausgespielt – und dieser Konflikt wird dann über das Konzept des *proficere* narrativ abgearbeitet.

Der Held verursacht zunächst aber selbst Konflikte, gerade weil er so ideal und so perfekt ist. Die Texte schildern, im positiven Sinne, abweichende Lebensläufe. Die Helden zeigen in jedem Alter bereits die Verhaltensmuster künftiger Stufen, mit dem Effekt, daß ihr Verhalten von unterschiedlichen, z. T. konträren Rollenentwürfen geprägt erscheint. Ihre Identität wird damit gleichermaßen als ideal behauptet und als widersprüchlich auserzählt. Im epischen Nacheinander geraten die Merkmale unterschiedlicher Altersstufen, die der Held in ein und demselben Alter

---

9 Die Fürstenlehre des Aegidius Romanus mahnt für den zweiten Lebensabschnitt lediglich die Disziplinierung pauschal ‚unerlaubter' Begierden an (*quia iam incipiunt habere concupiscentias aliquas illicitas*; II,2,17 [S. 334]). Konkret und gefährlich werden diese unerlaubten Begierden offenbar erst nach dem vierzehnten Lebensjahr: Man solle die jungen Menschen dann vom Fressen und Saufen absowie zur Scham anhalten (*Iuuenes a decimoquarto anno vltra non solum inducendi sunt, vt sint abstinentes & sobrij quantum ad cibum & potum, sed etiam vt sint continentes & pudici quantum ad actus venereos*; S. 337).

2.3 Kulturelle Voraussetzungen des Verständnisses mittelalterlicher Literatur 87

offenbart, miteinander in logischen Widerspruch. Schon der *puer senex* ist *entweder* spielendes Kleinkind oder abgeklärter Weiser mit überlegenen Gelehrtenqualitäten.

Auch wenn es im wesentlichen um das soziale Leben geht: Der Grund für menschliches Verhalten liegt für die mittelalterlichen Gelehrten in der Biologie, in der Physis. Herausragendes Verhalten gründet also in einer herausragenden Leiblichkeit, die durch exzeptionelle Herkunft verbürgt wird. Jedes Alter bleibt dabei aber immer auch von seiner spezifischen Basis-Biologie geprägt. Aegidius Romanus erklärt, daß die menschliche ‚Seele' von den Körpersäften abhängig sei. So seien die Säfte im Körper der Jugendlichen in großer Bewegung, weshalb diese ihren Willen und ihr Begehren oftmals heftig änderten (*Nam anima sequitur complexiones corporis. Sicut ergo in corporibus iuuenum humores sunt in magno motu: sic ipsi habent voluntates & concupiscentias valde vertibiles*; I,4,2 [S. 193]). Insgesamt schreibt man den Jugendlichen Leichtfertigkeit, Übermut und Verantwortungslosigkeit zu und sieht in ihnen eine Gefahr für die Ordnung (DUBY 1986). Aegidius Romanus weist darauf hin, daß sie ab dem vierzehnten Lebensjahr besonders zu ermahnen seien, allzu großen Stolz fahrenzulassen und statt dessen den Eltern und den Älteren gehorsam zu sein (II,2,17 [S. 336]).

Die topische Labilität der Jugend offenbart sich in Rudolfs Roman etwa darin, daß Willehalm, der von seiner Geliebten vorerst abgewiesen worden ist, aus unerfüllter Liebe lebensbedrohlich krank wird. Die Leichtfertigkeit, Verantwortungslosigkeit und potentielle Autoritätsferne der Jugend scheint im ‚Wilhelm von Österreich' in der Bedenkenlosigkeit auf, mit der der designierte Herrschaftsnachfolger das heimatliche Donauherzogtum verläßt. Überhaupt durchkreuzt die sonst so wohlerzogene Jugend in den Minne- und Aventiureromanen immer wieder die Pläne und die Politik der Erwachsenen, etwa wenn Willehalm von Orlens und Wilhelm von Österreich zu äußerst radikalen Mitteln greifen, als sie erfahren, daß ihre Geliebte an einen anderen verheiratet werden soll: Willehalm entführt die Braut, und Wildhelm tötet seinen Konkurrenten im Turnier. Der ungestüme Mut, den sie hier und auf dem Schlachtfeld beweisen, gehört ebenfalls zu den topischen Merkmalen der Jugend (*sunt iuuenes [...] animosi, & bonæ spei*; ‚De regimine principum libri III', I,4,1 [S. 189]). Dennoch überschreiten sie auch hier immer wieder dasjenige, was gewöhnlicherweise von ihrer Altersstufe erwartet werden kann. In der Schlacht etwa verfügen sie schon über das strategische Kalkül der *seniores*. Das zeigt an, daß das Überschreiten der Altersstufe bald bevorsteht, aber der Entwurf der Figur wird widersprüchlich, weil Eigenschaften wie diese

Abgeklärtheit völlig unvermittelt neben jugendlicher Labilität und jugendlichem Ungestüm stehen.

‚Individualität' zeigt sich hier als Außergewöhnlichkeit, als dasjenige, was vom Üblichen abweicht. Sie entsteht aus der Akkumulation von topischen Rollenmustern, die je für sich völlig den gesellschaftlichen Normen entsprechen, deren ‚ungleichzeitige' Kombination jedoch nicht nur positiv die Außergewöhnlichkeit des Protagonisten markiert, sondern paradoxerweise zu Normabweichungen und Konflikten führt: Der Held beginnt zu lieben, als es ihm sozial noch überhaupt nicht zusteht. ‚Privat' liebt er bereits wie ein junger Mann, der Gesellschaft aber gilt er noch als Kind, von dem erwartet wird, daß es ein harmloser Spielgefährte für eine Herrschaftserbin ist. Die Widersprüche müssen erst narrativ abgearbeitet werden, bevor ein harmonisches Ende erreicht werden kann. Von solchen Widersprüchen aus läßt sich auch in den Blick nehmen, wie mittelalterliche Texte Identität und Individualität konzipieren.

> Bartholomaeus Anglicus: De rerum proprietatibus. – Egidio Colonna [Aegidius Romanus]: De regimine principum libri III. – DUBY 1986. – GEROK-REITER 2006, S. 148–196. – KOCH 2006, S. 205–283. – SCHULZ 2000b, S. 68–72. – ZELLMANN 1996, S. 65 f., 80–102.

2.3.5 Determinanten adeliger Identität: Der Körper, das Selbst und die anderen

2.3.5.1 Identität und Individualität

2.3.5.1.1 Brüchige und widersprüchliche Figurationen des Selbst

Beispiel 18: Konrads von Würzburg ‚Partonopier',
‚Wolfdietrich D', ‚Iwein'

Es war immer wieder die Rede davon, daß die Protagonisten mittelalterlichen Erzählens alles andere als komplexe Charaktere sind, die erst im Blick auf eine bürgerliche, moderne Konzeption von Psyche begreifbar wären. Nebenfiguren sind ohnehin zumeist bloße Typen, deren Funktion für die Handlung sich darin erschöpft, eine bestimmte Rolle auszuüben. Etwas komplexer erscheinen die Haupt-Handlungsträger, aber das liegt zumeist nicht daran, daß an ihnen differenzierte Persönlichkeitsentwürfe erprobt würden, sondern schlicht daran, daß sich in ihnen konträre Rollenentwürfe und Handlungsmuster überschneiden. Angedeutet wurde dies eben im Abschnitt über die Altersstufenlehre. Wenn ein junger Mann wie der Partonopier Konrads von Würzburg einerseits als ein Knabe vorgeführt

2.3 Kulturelle Voraussetzungen des Verständnisses mittelalterlicher Literatur 89

wird, der von Ängsten geschüttelt wird, wenn er sich im Wald verirrt, andererseits aber eben noch einen wilden Eber gejagt hat und sehr bald als juveniler Krieger im Habitus einer kühl tötenden Kampfmaschine erscheint, dann liegt das daran, daß Partonopier Merkmale der tatsächlichen und bereits auch der nächsthöheren Altersstufe in sich vereint; eben deshalb läßt sich der eben noch so ängstliche Dreizehnjährige kalkuliert auf ein erotisches Abenteuer mit einer unsichtbaren Frau ein, die er für eine Fee halten muß.

Die Identitätsentwürfe der höfischen Epik wirken auf uns zumeist nicht eben stimmig. Das kann auch dadurch bedingt sein, daß ein Text Elemente, Motive und Strukturen unterschiedlicher Gattungen in sich vereint. Zum höfischen Roman gehört ebenso eine spezifische Anthropologie und Identitätskonstruktion wie zum Heldenepos oder zur höfischen Legende. Im Spätmittelalter vermischen sich die Gattungen – die es ohnehin nicht ‚rein' gibt, weil es sich ja nicht um Realitäten, sondern um Konzepte handelt – immer mehr; Resultat sind auch entsprechend ‚hybride' Heldenkonzeptionen: Der Superheros Wolfdietrich etwa stößt in der D-Fassung des gleichnamigen Epos (spätes 13. Jh.?) immer wieder an die Grenzen seiner Selbstmächtigkeit, wenn er an Gegner gerät, die so teuflisch übermächtig sind, daß selbst er mit seiner jedes Maß übersteigenden Kampfkraft ihnen gegenüber auch nicht die geringste Chance hat. Wolfdietrich müßte sterben, finge er nicht mit einem Mal zu beten an und gäbe er sich nicht wie ein Legendenheiliger ganz in die Hände Gottes; er müßte sterben, übte er sich nicht, gegenläufig zum heroischen Personenentwurf, schlagartig in völliger Passivität. Deshalb aber kommt es zum Eingreifen Gottes, und Wolfdietrich kann durch Gottes Hilfe gerettet werden.

Die Wolfdietrich-Figur agiert nicht allein im heroischen und im legendarischen Register, sondern auch in demjenigen des höfischen Romans: Zwar benimmt sich der Held, dem heroischen Grundtenor entsprechend, grundsätzlich etwas zu grobschlächtig und archaisch für die höfische Welt, doch ändert sich dies, als er auf die Wilden Waldweiber trifft, bei denen er sich völlig unheroisch und ganz höfisch als Meister der galanten Konversation zeigt. Wolfdietrich ist eine hybride Figur, deren Identität widersprüchliche Verhaltensentwürfe in sich vereint. Welcher dieser Entwürfe gerade in den Vordergrund tritt, hängt von den jeweiligen Erfordernissen der Erzählung ab. Gezeigt werden soll, daß der exzeptionelle Held, der von seinem Erbe verstoßen worden ist, nirgends so recht ‚dazugehört'. In der höfischen Welt verhält er sich unpassend, indem er dort mit archaischem Benehmen, auf Gewalt fixiert und die höfische Minne verachtend auftritt;

aber auch in der mythisch-archaischen Welt jenseits des Höfischen erscheint er merkwürdig deplaciert, wenn er ihren Vertretern als formvollendeter, wohlerzogener und sogar mit Wilden Weibern charmant plaudernder Elegant entgegentritt. Es ist dies aber keine Welt, die Wolfdietrich dauerhaft bestimmt ist. Überall ist er ein Fremdkörper, aber eben mal so, mal anders. Stimmig ist die Konzeption der Figur und ihrer Identität nicht an und für sich, sondern nur in ihrer Funktion: Konsequent durchgeführt und vorgeführt wird so die umfassende *Desintegration* des Helden. Die Einheit der Person liegt vorrangig in ihrer Geschichte begründet, im linearen Fortschreiten der Handlung, in deren Mittelpunkt Wolfdietrich steht, kaum aber in der von allen äußeren Umständen unabhängigen Konsequenz seines Verhaltens (von seinem ‚Innenleben' ist ohnehin so gut wie nicht die Rede).

Überhaupt sind die Identitätsentwürfe der mittelalterlichen Literatur uneinheitlich und brüchig. Unglaublich leicht scheint es, jemandes Glauben daran, wer und was er sei, zu erschüttern. Als in Hartmanns zweitem Artusroman Lunete, die Vertraute von Iweins Frau, dem Helden mitteilt, Laudine habe ihn verstoßen, weil er länger ausgeblieben ist, als vereinbart war, rennt der Gescholtene augenblicklich vom Artushof weg, über Felder mitten in den Wald und wird dort wahnsinnig. Er verliert zunächst fast alles, was ihn an die menschliche Kultur gebunden hat. Signifikant wird das im Kleidungs- und im Nahrungscode: Er ist nackt, und er ißt rohes Fleisch, das er mit den eigenen Händen erbeutet hat. Im Kontakt mit einem Einsiedler, der Iweins Jagdbeute gegen Brot und Salz tauscht, verbessert sich die Ernährung deutlich, aber er ist immer noch nackt. Drei höfische junge Frauen finden ihn schließlich schlafend neben einer Landstraße. Sie erkennen ihn an einer Narbe, für die der vermißte Iwein berühmt war. Weil die Dame von Narison einen Kämpfer braucht – sie wird in ihrer Unschuld von einem Grafen namens Aliers bedrängt –, opfert sie ein kostbares Gut, die Salbe der Fee Morgane, mit der dann eine ihrer Zofen den verwilderten, fast ganz schwarz gewordenen Helden bestreicht, gegen die Anweisung ihrer Herrin nicht nur am Kopf, sondern überall. Als Iwein aus dem Wahnsinn erwacht, hält er sich zuerst angesichts der äußeren Umstände für einen Bauern. Erst als er feststellt, daß all seine Gedanken um Turniere kreisen, zieht er sich die höfischen Kleider an, die das Mädchen in der Nähe bereitgelegt hat.

Diese Geschichte ist kein Einzelfall, kein singuläres Phantasma. Die höfische Literatur erzählt immer wieder von solchen Verunsicherungen dessen, wer und was man eigentlich sei (Müller 2003b, 2004, 2007a, S. 225–271; Schnyder 2005; weitere Fallbeispiele in von Moos 2004;

BAISCH/EMING/HAUFE/SIEBER 2005). Noch aus dem Florenz der Renaissance datiert die Geschichte vom dicken Bildschnitzer, dem alle Welt so lange einredet, er sei ein anderer, bis er es schließlich selbst glaubt und sich in die zunächst fremde Identität fügt (vgl. GROEBNER 2004a, 2004b, S. 13–23).

Vielleicht ist aber eher die Festigkeit unseres modernen Selbst die historische Ausnahme, und vielleicht ist der Umbruch in der Ich-Konzeption sehr viel jünger und vollzieht sich erst seit dem ausgehenden 18. Jahrhundert:

„Das Selbst in der Assoziationspsychologie der Aufklärung war fragmentiert: Atomistische Empfindungen wurden von den mentalen Fähigkeiten des Denkens, Gedächtnisses und der Einbildungskraft zu Assoziationen zusammengefaßt. Die Identität einer Person zerriß so leicht wie ein Spinnennetz und hatte Bestand nur kraft der Erinnerung und der Kontinuität des Bewußtseins; die Herrschaft des Verstandes im Mittelpunkt des Netzes war immer von innen und außen bedroht, von den Launen der Einbildungskraft und den Revolten der Spinnenfäden ebenso wie vom Sperrfeuer der Empfindungen, die das rezeptive Netz auffing. Dieses Selbst war weitgehend passiv, beeinflußbar, von seiner Umgebung geformt. Das nachkantische Selbst dagegen war aktiv und integriert und spielte als notwendige Bedingung für die Verschmelzung unbearbeiteter Empfindungen zu zusammenhängender Erfahrung eine wichtige Rolle in der Philosophie. Rund um den dynamischen autonomen Willen angeordnet, wirkte das Selbst auf die Welt, projizierte sich nach außen. Auch Wahrnehmungen wurden überprüft wie Besucher an der Einlaßpforte. Das ist das subjektive Selbst der idealistischen Philosophie, der romantischen Dichtung und […] der frühen Experimentalpsychologie: ein Selbst – ein ‚Subjekt' –, das der objektiven Welt gleich- und gegenübergestellt ist." (DASTON/GALISON 2007, S. 212)

Das schreiben LORRAINE DASTON und PETER GALISON im Blick auf die Formierung eines wissenschaftlichen Selbst unter dem sich seinerzeit erst allmählich abzeichnenden Paradigma der ‚Objektivität', wie es von 1850 an dann für mehrere Jahrzehnte und länger prägend wurde.

2.3.5.1.2 Soziale Inklusion und soziale Exklusion

Der Unterschied zwischen modernen und vormodernen Ich-Konzeptionen läßt sich systematisch fassen. Die Situationen, in denen die Protagonisten mittelalterlicher Literatur ‚ganz bei sich selbst sind', werden, befremdlich genug, nicht als Momente der Selbstfindung dargestellt, sondern als bedrohliche Momente des Selbstverlusts, wie etwa bei Iwein nach seinem Erwachen aus dem Wahnsinn. Das hat seinen Grund. Fassen läßt er sich etwa mit der Systemtheorie NIKLAS LUHMANNS. Sie unterscheidet grundsätzlich zwischen vormoderner Inklusions- und moderner Exklusionsindividualität (LUHMANN 1989; zur Operationalisierung für die Mediävistik vgl. etwa SCHMITT 2002, S. 41–45). Während sich das moderne Individuum durch die (wenn auch oftmals nur virtuelle) Abgrenzung von der Gesellschaft und ihren Normen definiert, weil es in einer ausdifferenzierten Gesellschaft nicht mehr nur einem, sondern vielen sozialen Subsystemen angehört und daher auf seine eigene Einzigartigkeit zurückgeworfen erscheint, ist das vormoderne Individuum gerade durch seine sozialen Bindungen innerhalb eines einzigen sozialen Systems charakterisiert; es kann zwar – „über exzeptionelle Leistungen oder Schicksale, über Heroismus oder Askese oder göttliche Fügung" eine systeminterne herausgehobene Position erreichen, aber eben keine sie von allen anderen Systemen und Individuen abgrenzende Einzigartigkeit (LUHMANN 1989, S. 182). ‚Konformität' bildet hier – auch wenn soziale Abweichung innerhalb eines gewissen Toleranzbereichs nicht notwendig negativ sanktioniert wird – einen ganz anderen Wert als in modernen Gesellschaften.

Wenigstens in den literarischen Inszenierungen wird nun dasjenige, was im Sinne sozialer Exklusion darüber hinausschießt, dasjenige also, was als ‚Einzelmenschlichkeit' (CLEMENS LUGOWSKI), ‚Exorbitanz' (KLAUS VON SEE) oder ‚Unverwechselbarkeit' (PETER VON MOOS) in die Richtung dessen geht, was wir heute als Individualität bezeichnen, keinesfalls als uneingeschränkt positiv erfahren, sondern zumindest als prekär, wenn nicht gar als negativ. Das Phänomen wird so zunächst nur ex negativo kenntlich. Individualität im heutigen Sinn bleibt für die Vormoderne eine Bedrohung, eine Abweichung, die zu sozialer Exklusion und damit zur Gefährdung der Identität führt (zum Folgenden vgl. v. a. VON MOOS 2004). Identität hingegen – das Bei-sich-Sein – kann für das Mittelalter als partizipative verstanden werden, im Sinne einer nicht-rollenhaften Teilhabe an einem sozialen Bezugssystem. Sie ist dabei grundsätzlich weit mehr an den menschlichen Körper gebunden als an die ‚Psyche' bzw. an das Bewußtsein der eigenen Einzigartigkeit – und doch spielen der konkrete Körper und die konkrete Physiognomie eine erstaunlich geringe Rolle, wo es darum geht, Identität nach außen mitzuteilen, obwohl es durchaus ein Bewußtsein für die körperlich fundierte ‚Unverwechselbarkeit' des einzelnen gibt.

2.3.5.1.3 Körper, Kleidung und Identität

Denn erkannt und identifiziert wird kaum je die wahrnehmbare Person als Ganzes, in ihrer ganzen Körperlichkeit, sondern man deutet einzelne Zeichen, die mit der Person in einer synekdochischen oder metonymischen

Beziehung stehen, Zeichen, die zum Körper gehören, wie etwa Narben, aber auch von ihm ablösbar sind, wie etwa Kleidungsstücke. Identität wird an der ‚sozialen Oberfläche' abgelesen, während Nacktheit die Identifikation und die Zuschreibung sozialer Identität erschwert oder unmöglich macht. Für die anderen begründen Zeichen die ansonsten uneinholbare Identität des einzelnen; für ihn selbst begründet sie sich vor allem durch den Grad seiner sozialen Einbindung, damit aber auch durch äußere Identitätszuschreibungen. Insofern ist Identität im Mittelalter immer fragil und manipulierbar. Wo die äußeren Zeichen verlorengegangen sind oder wo die anderen der Person ihre gewohnte Identität absprechen, kann der einzelne leicht darüber in Zweifel kommen, wer er eigentlich sei.

Zunächst irritierend wirkt die Rolle, die der Körper bei alledem spielt. Es dürfte schon mehrfach deutlich geworden sein, daß die Vorstellungen, die sich die mittelalterliche Literatur vom Menschen macht, ausgesprochen körperlich sind. Vieles, was wir heute im Bereich der Psyche ansiedeln würden, wird ganz konkret *physisch* gedacht. Das ist die eine Seite, die höfische und feudale, die sich den Vorrang des Adels gar nicht anders denken kann als durch körperlich fundierte und vererbbare Tugenden. Auf der anderen Seite steht dem die radikalchristliche Tendenz zur Verleugnung und Überwindung des menschlichen Körpers, seiner Vorzüge und seiner Bedürfnisse gegenüber (vgl. LE GOFF/TRUONG 2007). Aber auch diese Vorstellung dividiert Leib und Seele nicht derart auseinander, wie wir es uns in unserem cartesianisch-platonischen Weltbild der Moderne denken: Sitz der menschlichen Identität ist der Leib als Ort äußerer Zuschreibungen. Er erscheint hierin prinzipiell dem Bewußtsein (mhd. *muot, herze*) übergeordnet; alle Entgegensetzungen von *lîp* und *herze* bilden letztlich keine symmetrischen, sondern asymmetrische Oppositionen. Auch die Negation des Körperlichen, die Überwindung des Leibs – und damit der alten sozialen Identität – in Askese und Weltflucht bleibt noch immer massiv auf die Physis bezogen. Im Mittelalter werden vor allem die unangenehmen Seiten des Körperlichen forciert: Hunger und Durst, Schmutz und Schmerz. Das alles muß erst einmal empfunden werden, bevor es überwunden werden kann.

Beispiel 19: ‚Wilhelm von Wenden'
Der Körper steht im Zentrum der menschlichen Identität, aber er garantiert gerade nicht Ich-Stabilität, sondern ist ein fragiles Spielfeld eigener und fremder Zurichtungen, Zuschreibungen, Zeichensetzungen und Zeichendeutungen. Im höfischen Roman wird das Verhältnis zwischen dem Körper und seiner sozialen Hülle, die wiederum im Blick auf Identität

zentralen Zeichenwert hat, je neu verhandelt, wo er fasziniert von Identitätsgefährdungen und Identitätswechseln erzählt.

Beobachten läßt sich das etwa in den ‚frommen' Liebes- und Abenteuerromanen der zweiten Hälfte des 13. Jahrhunderts (SCHULZ 2009b). In Ulrichs von Etzenbach ‚Wilhelm von Wenden' (um 1290) zieht sich der 18jährige, noch heidnische Landesfürst Wilhelm, dem Pilger von Christus erzählt haben, immer wieder vom Hofleben zurück und streift sich in seiner Kammer heimlich Pilgerkleider über. Kleidungssemantik und Raumverhalten werden enggeführt, im Sinne eines metonymischen Ausdrucks krisenhafter Identitätsspaltung (KRASS 2006 versteht das Muster ‚Devestitur – Investitur' [‚Auskleidung – Einkleidung'] analog zu den Rites de passage als identitätsmodellierend). Denn als Ideal gilt immer die Deckung zwischen ‚öffentlicher' (sozialer: ‚was einer ist') und ‚privater' (personaler: ‚wer einer ist') Identität (Begriffe nach GUMBRECHT 1979). Innen und Außen aber treten auseinander wie das öffentliche Leben am Hof und das ‚private' in der Kammer (einen ähnlichen Fall thematisiert Hartmanns von Aue ‚Gregorius'). Ansätze zur Individualisierung (im Sinne einer Exklusionsindividualität) zeigen sich im Gefolge der Identitätsspaltung:

> er bar alsô ein mandel
> die süezen fruht in herter schâl:
> alsam truoc er sunder mâl
> ein süezez herze in heidenschaft,
> frühtic an aller tugende kraft.
> mit gebâr was er der werlde kint,
> in dem herzen sam die guoten sint (V. 650–656).
>
> ‚Er trug wie eine Mandel die süße Frucht in harter Schale. So hatte er ohne jeden Tadel ein gottgefälliges Herz, obwohl außen alles heidnisch war. Es trug Frucht in allen Tugenden. Äußerlich war er das Kind der Welt, im Herzen aber war er, wie die wahrhaft Guten sind.'

Parallelisiert werden hier auf der einen Seite der Innenraum der Kammer und das Herz als ‚Innen' des Körpers, auf der anderen die äußere ‚Schale' des Lebens in der (heidnischen) Welt und der Körper. Beide Bereiche werden einander schroff entgegengestellt; soziale und personale Identität dissoziieren sich. Die christliche Religion firmiert nicht hier allein als ein ausgesprochener Individualitäts-Generator: Das ‚Ich' wird allererst erfahren, weil die Ansprüche des Glaubens und die Ansprüche der Gesellschaft nicht mehr miteinander vermittelbar sind.

Im ‚Wilhelm von Wenden' lautet die Konsequenz, daß der Held zusammen mit seiner jungen Frau Bene, die überdies mit Zwillingen schwanger ist, heimlich den Hof verläßt. Von Anfang an hat er versucht, seine Frau loszuwerden, und schließlich gelingt es ihm auch. Doch dies geschieht nicht etwa, weil er sie nicht liebte, sondern obwohl er sie und dann auch seine beiden Söhne liebt. Wir sind heute geneigt, die Familie dem ‚privaten' Bereich des Lebens zuzuschlagen, doch gilt dies nicht für einen mittelalterlichen Dynasten: Hier gehört die liebevolle Bindung an Frau und Kinder gleichermaßen zur öffentlichen wie zur privaten Identität. Der Kernbereich ist im ‚Wilhelm von Wenden' allerdings der christliche Glaube – ihm zuliebe würde der Held alles opfern, was nach zeitgenössischem Verständnis einen adeligen Menschen ausmacht. Der Text betreibt einigen Aufwand, um zuletzt beide Aspekte der Identität wieder zusammenzuführen. Wilhelm ist am Ende als Christ ein guter Herrscher von höchsten weltlichen Ehren, er kann seine Dynastie fortführen und sein Gebiet arrondieren, und zuletzt ist ihm ein Platz im Himmelreich sicher.

2.3.5.1.4 Individualitätsgeneratoren: Religion und Minne

Wilhelms Individualität gründet in der Dissoziation zwischen ‚privater' und ‚öffentlicher' Identität, und sie gründet damit letztlich in der sozialen Exklusion. Dieses legendarische Konversionsmodell wird im ‚Wilhelm von Wenden' letztlich zurückgenommen, indem die Erzählung dann doch die Versöhnung mit den Ansprüchen eines feudalen Lebens sucht. Als Schrittmacher der Exklusion bzw. der (Exklusions-)Identität fungiert die radikale Hinwendung zum christlichen Glauben. Ein weiterer Individualitätsgenerator ist natürlich die Minne. Höfischer Roman und Minnesang fundieren Liebe zwar noch nicht als ‚Passion' einzig und allein radikal in der Subjektivität der Liebenden, ohne daß es darüber hinaus einen objektivierbaren Grund bräuchte. Doch gerade wenn Minne sich zumindest temporär gegen das gesellschaftlich Gebotene stellt, überschreitet sie das feudale Allianzdispositiv, indem sie nicht allein sozial akzeptierte Gründe wie Schönheit und Adel aufbietet, sondern zusätzlich durch unhintergehbare Letztbegründungen (etwa Magie, Feenliebe) gegen Kritik imprägniert wird.

In den weltlichen Minne- und Aventiureromanen des 13. und 14. Jahrhunderts wird vorgeführt, wie sich die ‚private' Identität als Minnender zeitweilig von der ‚öffentlichen' lösen kann, bis hin zur körperlichen Beinahe-Zerstörung der Person selbst. Auch hier werden, wie in der frommen Variante des Genres (‚Wilhelm von Wenden'), zuletzt beide Identitätsaspekte wieder zusammengeführt (‚Flore und Blanscheflur', ‚Willehalm von Orlens', ‚Partonopier und Meliur', ‚Wilhelm von Österreich'; vgl. SCHULZ 2000b). Und auch hier zeigt sich, wenigstens aus der rückblickenden Perspektive der Gegenwart, der Vorschein dessen, was für uns heute als Subjektivität und als Individualität unbedingt positiv behaftet ist. Im mittelalterlichen Erzählen wird Subjektivität allerdings immer nur dort freigesetzt, wo die Figuren ‚aus der Welt' und aus ihrer angestammten Rolle fallen. Das ist, wie gesagt, zunächst bedrohlich.

Beispiel 20: Tristan-Erzählungen, Herrand von Wildonie
In der Erzähltradition um Tristan und Isolde erscheint diese Bedrohung – wenigstens der Tendenz nach – als Zerstörung des körperlichen Fundaments der Person Tristans und der Liebe zu Isolde. In den Rückkehrabenteuern, von denen Eilhart von Oberge und die Fortsetzer Gottfrieds von Straßburg erzählen, wird Tristans körperliche Schönheit immer wieder und immer stärker zerstört, sei es durch Schminke und Maskeraden, sei es durch Krankheit, sei es durch Verletzung. Aber Isolde nimmt Tristan auch dann wieder auf, wenn er wirklich zum häßlichen Narren geworden ist. Sie muß nur sicher wissen, daß es sich wirklich um ihren Geliebten handelt, dann ist ihr alles andere gleichgültig (vgl. SCHULZ 2007b, 2008, S. 350–354). Solange es nur Tristan ist, steigt sie auch mit dem häßlichsten aller Männer ins Bett.

Wir würden heute zumindest in der bürgerlichen Welt gerne glauben, daß es nicht auf das Äußere, sondern vor allem auf die inneren Werte ankommt. In der Realität ist das natürlich nicht immer so, aber diese Vorstellung bildet unser Raster kultureller Normalität. Für die mittelalterliche Feudalkultur ist dieses Absehen vom Körper jedoch etwas durchaus Außergewöhnliches, wenn nicht gar Skandalöses – wie überhaupt die Tristan-Minne durch ihre Besonderheit definiert ist. Herrand von Wildonie erzählt in ‚Die treue Gattin' eine Geschichte, in der ein Mann sich nicht mehr nach Hause traut, weil er im Krieg ein Auge verloren hat und seither häßlich ist, so daß er sich seiner wunderschönen Ehefrau nicht mehr angemessen fühlt. Die wahre Liebe, von der Herrand erzählt, äußert sich hier nicht allein darin, daß der Frau die Ungestalt ihres Mannes herzlich egal ist, sondern in einem radikalen Akt höfischer Reziprozität: Die Frau sticht sich einfach selbst mit der Schere ein Auge aus, so daß die beiden wieder äußerlich zueinander passen.

In solchen Geschichten deutet sich eine Emanzipation des personalen ‚Kerns' gegenüber seiner äußeren ‚Hülle', dem Körper, an, in dem Sinne, daß die Identität der Figuren wenigstens zeitweilig nicht durch den Körper, sondern durch ihr Bewußtsein bestimmt ist. Das ist jedoch höchstens ein

2.3 Kulturelle Voraussetzungen des Verständnisses mittelalterlicher Literatur 97

matter Vorschein moderner Vorstellungen vom menschlichen Selbst. In den mittelalterlichen Geschichten führt dann doch alles zurück zum Körper, nach dem Prinzip der Gegenseitigkeit: im Passend-Machen des Paares – in der Verschmelzung der Leiber zwischen Tristan und Isolde und in der äußeren Angleichung des Ehepaares bei Herrand von Wildonie.

BAISCH/EMING/HAUFE/SIEBER 2005. – DASTON/GALISON 2007, S. 212. – GEROK-REITER 2006. – GROEBNER 2004a. – GROEBNER 2004b, S. 13–23. – GUMBRECHT 1979. – KLINGER 1999. – KOCH 2006. – KRASS 2006. – LE GOFF/TRUONG 2007. – LUHMANN 1989. – VON MOOS 2004. – MÜLLER 2003b. – MÜLLER 2004. – MÜLLER 2007a, S. 225–271. – SCHMITT 2002, S. 41–45. – SCHNYDER 2005. – SCHULZ 2000b. – SCHULZ 2007b. – SCHULZ 2008, S. 350–354. – SCHULZ 2009b. – SOSNA 2003.

2.3.5.2 Genealogie

2.3.5.2.1 Sippenkörper und Adelskörper

Der einzelne ist in mittelalterlicher Vorstellung gewöhnlich Teil eines größeren Ganzen. ELKE KOCH (2006) hat dieses Konzept in Anlehnung an ältere Forschung ‚Einleiblichkeit' genannt (S. 136 u. ö.). Dasjenige, was den einzelnen Menschen wesentlich ausmacht, teilt er noch mit anderen, und zwar physisch. In diesen Rahmen gehören die in der höfischen Literatur immer wieder formulierten Vorstellungen, Liebende hätten die gleiche ‚Natur' und Verwandte den gleichen ‚Leib', das gleiche ‚Herz' und das gleiche ‚Sippenblut' (vgl. SCHULZ 2008, S. 264–279). Was die Menschen zusammenbringt und zusammenhält, ist die ganz körperlich gedachte Teilhabe an etwas, das den einzelnen Körper und die einzelne Person übersteigt.

‚Adelig sein' bedeutet ganz selbstverständlich, jederzeit einem elaborierten Verhaltenscode Genüge zu leisten, von Tugenden und feinem Benehmen derart durchformt zu sein, daß sich die Differenz zum ‚Bäurischen' und ‚Nicht-Höfischen' in jedem Wort, jeder Geste und jeder Tat offenbart. Ebenso selbstverständlich bedeutet ‚adelig sein' aber auch, daß man zu solchem Verhalten und zur Herrschaft über diejenigen, die sich nicht so verhalten können oder wollen, durch die eigene Geburt vorbestimmt ist, in dem Sinne, daß man die vortrefflichen Eigenschaften der Väter und der Vorväter leiblich implantiert bekommen hat: weil man mit ihnen zusammen nur einen großen Sippenkörper bildet, der weit in die Vergangenheit zurückreicht. Als körperlich fundierte Eigenschaft sollte Adel jederzeit sichtbar sein, nicht allein in den Taten, sondern in der angeborenen Schönheit des Leibs und in der selbstbewußten Körperhaltung (bei der man gar nicht mehr unterscheiden kann, ob sie nun angeboren oder antrainiert ist). Tugendadel wird im Geburtsadel begründet.

2.3.5.2.2 Gelehrte und feudale Vorstellungen über menschliche Fortpflanzung

In solchen Vorstellungen zeigt sich mitunter eine gewisse Distanz zur gelehrten Anthropologie. Dort – auch diese Vorstellungen leben nach dem Mittelalter noch sehr lange weiter – stellt man sich die Voraussetzung menschlicher Fortpflanzung so vor, daß männlicher mit weiblichem Samen verschmelzen muß (vgl. LAQUEUR 1996). Der Samen – gemeint ist das Ejakulat, von weiblichen Eizellen hatte man noch keine Vorstellung – ist bei Männern wie bei Frauen das Konzentrat des Bluts, sozusagen potenziertes Blut und als solches Träger von Lebenskraft. Hitze, über die der Mann in höherem Maß als die Frau verfügt und die beim Geschlechtsakt durch ‚Reibung' entsteht, sorgt für diese Potenzierung. Für viele Gelehrte von Aristoteles bis Thomas von Aquin (13. Jh.) ist der Samen der Frau jedoch belanglos für die Eigenschaften, die das Kind dann erhält. Nach dieser Theorie ist die Frau nur ein *vas debitum*, ‚ein Gefäß, das seine Pflicht tun muß', damit Nachkommenschaft erzeugt wird. Demgegenüber steht die unter anderem von dem spätantiken Arzt Galen vertretene Vorstellung, daß männlicher und weiblicher Samen zusammengehen müssen, wobei dem männlichen allerdings der größere Einfluß auf die ‚Form' des künftigen Lebewesens zukommt.

Das kollektive Imaginäre der Feudalgesellschaft scheint klar das Galensche Modell zu bevorzugen, denn ‚adelig sein' ist selbstverständlich nicht auf Männer beschränkt. Die Fortpflanzungspartner müssen einander immer angemessen sein – auch die unehelichen (‚natürlichen') Kinder, von denen mitunter vor allem in den späten Heldenepen der Frühen Neuzeit die Rede ist, werden fast ausschließlich mit hochadeligen Konkubinen gezeugt. Der Bastard ist gar kein richtiger Bastard.

Beispiel 21: Thürings von Ringoltingen ‚Melusine' (1456)
Die mittelalterliche Literatur erzählt jedoch auch Geschichten, in denen der väterliche Einfluß nahezu ausgeschaltet erscheint zugunsten des mütterlichen. Berühmt sind vor allem die Söhne der Melusine (Thüring von Ringoltingen, ‚Melusine', 1456; vgl. Kap. 4.2.2 zur ‚gestörten Mahrtenehe'). Ihre Mutter ist eine Fee von königlichem Geblüt, die unter einem Fluch zu leiden hat: Jeden Samstag ist sie vom Nabel abwärts in eine große Seeschlange verwandelt, weshalb sie sich dann, um dies vor den

2.3 Kulturelle Voraussetzungen des Verständnisses mittelalterlicher Literatur

Menschen zu verbergen, in ein Badehaus zurückzieht. Melusines Mann ist Reymund, ein Sproß aus verarmtem Grafengeschlecht, der auf einer Eberjagd versehentlich seinen reichen Onkel getötet hat. Danach, völlig verwirrt, hat er am ‚Durstbrunnen' drei junge Frauen getroffen. Eine von ihnen ist Melusine, die wunderbarerweise alles, was geschehen ist, schon weiß. Reymund vertraut sich ihrem Versprechen an, mit ihr sein Glück zu machen. Mit einer List gelingt es, ein großes Stück Land rund um den ‚Durstbrunnen' aus der Erbmasse des Onkels zu bekommen. Melusine sorgt dafür, daß aus der Wildnis Kulturland wird, sie läßt Burgen und Schlösser bauen, und sie bringt parallel zu dieser Bautätigkeit zehn Söhne zur Welt. Fast alle haben auf ihrem adeligen Körper ein spezielles körperliches Merkmal, eine ‚Auszeichnung', die ihre Besonderheit ebenso herausstellt wie den andersweltlichen Teil ihrer Herkunft. Uriens hat ein rotes und ein grünes Auge – und einen zu großen Mund und zu große Ohren. Gedes ist ganz rot im Gesicht. Bei Gyot liegt ein Auge höher als das andere. Anthoni trägt ein haariges Löwenmal auf seiner Backe, seine scharfen Fingernägel machen seine Hände zu Krallen. Reynhart hat nur ein Auge. Aus Geffroys Mundwinkel steht ein Eberzahn hervor. Freymund trägt einen Flecken aus Wolfshaar auf seiner Nase. Horribel hat drei Augen. Die letzten beiden Söhne aber, Dietrich und Reymund, tragen kein Mal. Auffälligerweise sind sie es, die die Genealogie der Lusignans im Stammland Frankreich fortsetzen, nach völlig unspektakulären Heiraten – während die ‚gezeichneten' Söhne Heldentaten in ganz Europa und auf Zypern vollbringen und sich damit Landeserbinnen und Landesherrschaften erringen.

Töchter bringt Melusine nicht zur Welt. Die Dominanz der Frau gegenüber dem Mann kann sich also in der Kindergeneration nicht fortsetzen. Bei ihren Söhnen haben die körperlichen ‚Auszeichnungen' etwas seltsam Heraldisches an sich (STÖRMER-CAYSA 1999). Der tierische Anteil der Mutter, deren Unterleib sich samstags in eine Seeschlange verwandelt, findet sich in den tierhaften Malen Anthonis und Freymunds wieder, auch im Eberzahn Geffroys. Der Eberzahn verweist aber zugleich zurück auf die ebenso fatale wie glückhafte Eberjagd, bei der Vater Reymund seinen Onkel getötet und Melusine kennengelernt hat. In ihm treffen sich also väterliche und mütterliche Einflüsse. Geffroy liefert auch den Schlüssel für all die anderen Deformationen. Denn er ist derjenige, der im ‚Berg Avalon' [sic!] auf das Grab von Melusines Vater Helmas stößt und dort aus der Grabinschrift die Vorgeschichte der Familie erfährt: Helmas hat, gegen ausdrückliches Verbot, seine Frau im Wochenbett besucht und ist deshalb von seinen drei Töchtern in den Berg gebannt worden. Die Mutter hat daraufhin ihre Töchter verflucht – deshalb ist Melusine samstags ein halbes Wasserwesen.

Der Tabubruch wiederholt sich in der nächsten Generation: Verleitet durch die Einflüsterungen seines Cousins, seine Frau treibe Ehebruch oder Zauberei, verstößt Reymund gegen das Verbot, Melusine samstags zu sehen – er beobachtet sie heimlich durch ein Loch in der Tür des Badehauses. Das allein bliebe noch folgenlos, bezeichnete Reymund Melusine nicht später öffentlich als ‚böse Schlange'. Damit verschwindet Melusine, und nur ihre Erscheinung kehrt wieder, wenn dem Haus Lusignan etwas Besonderes bevorsteht.

Die Schuld, die die Figuren auf sich laden, manifestiert sich in der Folgegeneration zeichenhaft dort, wo sie am sichtbarsten ist: am Kopf und im Gesicht (während Melusines Vergehen gegen ihren Vater an ihrem Unterleib bestraft wird – dort, wo man sich und damit auch die Familie fortpflanzt). Reymunds Verstoß hat zum einen mit den Ohren zu tun, weil er den Gerüchten Glauben schenkt, zum anderen mit den Augen, weil er sieht, was er nicht sehen darf, und schließlich mit dem Mund, weil er ausspricht, was er nicht hat sehen sollen. Die Söhne tragen also gewissermaßen einen Teil der Familiengeschichte – der vergangenen und auch der künftigen – im Gesicht. Auch das feuerrote (*inbrünstige roett*, S. 47,25) Antlitz des Gedes fügt sich letztlich in dieses Muster: Während das Ideal der adeligen Gesichtsfarbe eine Mischung aus Weiß und Rot ist, zeigt Rot den maßlosen Zorn seines Trägers an (vgl. ‚Die Aristotelische Physiognomik'; HAUBRICHS 2002). Damit stellt sich ein Bezug zwischen dem Rot des Gedes und dem Zorn her, der seinen Vater Reymund veranlaßte, Melusine als Schlange zu beschimpfen, nachdem Geffroy das Kloster, in dem sein Bruder Reynhart lebte, mit Mann und Maus niedergebrannt hat. Als Heidenkämpfer, Riesentöter und Heilsbringer ist Geffroy keine negative, sondern eine ambivalente, eine exorbitante Gestalt. Absolut böse ist im Text nur Horribel mit den drei Augen; er wird, weil Melusine das bereits weiß, bald nach der Geburt erstickt.

In der ‚Melusine' wird das, was Schicksal der Familie ist, ganz konkret körperlich in den Gesichtern der Söhne manifest (vgl. STÖRMER-CAYSA 1999; WYSS 2002; KELLER 2005; ich stütze mich auf diese Interpretationen, setze aber eigene Akzente). Die Geschichte spinnt sich aus den beiden Prinzipien ‚Kontinuität' und ‚Bruch' heraus, die BEATE KELLNER (2004) als konstitutiv für genealogische Legitimitätskonstrukte und genealogisches Erzählen erkannt hat (vgl. auch den Forschungsüberblick bei BRAUN 2004). Im Anschluß daran formuliert JAN-DIRK MÜLLER (2007a):

2.3 Kulturelle Voraussetzungen des Verständnisses mittelalterlicher Literatur

„Genealogie ist ein Muster der Ordnung der Welt ebenso wie ein Muster narrativer Organisation. Indem das, was ist, auf seine Herkunft zurückgeführt wird, kann erstens begründet werden, was es gilt. Zweitens kann gezeigt werden, wie das, was gilt, sich von dem, was ihm vorausging, im Guten oder im Schlechten, entfernt hat. Und drittens kann von exzeptionellen Anfängen erzählt werden. Genealogische Erzählungen sind deshalb paradox. Sie kreisen um die Pole ‚Dauer' und ‚Störung'. Indem sie deren Implikationen kombinieren, die Spannung zwischen ihnen prozessieren und ihre wechselseitige Problematisierung beleuchten, ist die Problemkonstellation ‚Genealogie' narrativ produktiv." (S. 46)

Die ‚Melusine' erzählt so von dem herausragenden Anfang eines Geschlechts, der andererseits doch gar kein Anfang ist, denn sowohl Reymund als auch Melusine entstammen älteren Geschlechtern. Die Störungen, die mit dem Anfang verbunden sind, werden jedoch, aus der Perspektive der Genealogie, zunehmend an den Rand gedrückt. Melusines Enkel tragen keine Geburtsmale mehr. Und schon die beiden Söhne, die die Genealogie im heimischen Frankreich fortsetzen, sind ohne äußere ‚Auszeichnung' geboren. Die Familiengeschichte hat sich, obwohl am mythischen Ursprung eine Frau zentral beteiligt war, wieder der kulturellen Normalität angenähert, in der die Dominanz der Männer den Normalfall darstellt (dieses Muster scheint in genealogischen Erzählungen üblich zu sein; vgl. GEARY 2006). In der Peripherie Europas sitzen Melusines Schwestern Palantine und Meliora allerdings noch auf verwunschenen Burgen und warten auf Erlösung.

Beispiel 22: Ulrichs von Zatzikhoven ‚Lanzelet'
In der höfischen Literatur gibt es auch den Fall, daß allein das ‚Erbe' des Vaters zurückgedrängt werden soll, etwa im ‚Lanzelet' Ulrichs von Zatzikhoven. Es handelt sich um einen sehr unbekümmert erzählenden Artusroman, in dem der Held zwar ein ‚womanizer' allererster Güte ist, nicht aber, wie sonst in der europäischen Lanzelet-Tradition, auch der Liebhaber der Königin. Hier laufen beinahe alle Textstrategien darauf hinaus, Lanzelet von seinem väterlichen Ursprung zu entkoppeln. Das kann aber nur funktionieren, indem der ‚Kultur', die hier durch die besondere Erziehung des Helden repräsentiert wird, ein größerer Einfluß auf die Identität Lanzelets zukommt als der ‚Natur', die er über sein Herkommen erhält. Und das wiederum kann nur funktionieren, indem diejenige Seite von Lanzelets Selbst gestärkt und erweitert wird, die ihm durch das mütterliche Erbgut bereits in die Wiege gelegt ist. Die Genealogie ist hier nicht hintergehbar. Wenn man ihren Einfluß auf der einen Elternseite coupiert, muß man ihn auf der anderen stärken (zum Folgenden vgl. SCHULZ 2007c).

Anfänglich ist noch nichts davon zu bemerken, daß nun die Welt eines arthurischen Romans entworfen würde: Erzählt wird vom kriegsbesessenen König Pant von Genewis, dessen harte und ungerechte Herrschaft keinen Widerspruch duldet. Er ist *des lîbes* [...] *ein degen* (V. 53), also ein Krieger vom alten, heroischen Schlag, dessen Handeln von heldenepischem *zorn* (V. 63) geleitet wird. Ihm wird komplementär eine *höfische* Figur an die Seite gestellt, seine Frau Clarine, deren Freigebigkeit und Großzügigkeit (*milticheit*, V. 85) ihr überall dort in Genewis Ehrerbietung sichern, wo man ihren Mann aufs Blut haßt. Clarine ist die Schwester des Artus, dessen wichtigste Eigenschaft, die *milte*, sie mit ihm teilt und die sie auch auf Lanzelet, ihren Sohn, übertragen kann. Dieser wächst bis zu seinem fünfzehnten Lebensjahr ausschließlich unter hochadeligen und hochkultivierten Frauen auf, zunächst in der mütterlichen Kemenate, später dann im Reich einer Fee, die ihn entführt, als sein Vater bei einem Aufstand seiner Gefolgsleute ums Leben kommt.

Lanzelet ist, das hebt der Text eigens hervor, von seiner eigenen Mutter gesäugt worden – also nicht von einer nicht-adeligen Amme, wie dies gängige kulturelle Praxis war. Daß er dann von der Fee entführt wird, hat eine weitere Abweichung vom Üblichen zur Folge: Anders als nach dem Altersstufenschema vorgesehen, wird er gerade nicht im Alter von etwa sieben Jahren vom Bereich der Frauen in den Bereich der Männer gegeben, sondern er bleibt auf der Feeninsel als einem von der gewöhnlichen Welt völlig abgeschotteten Raum, in dem es ausschließlich Frauen gibt, zehntausend an der Zahl. Er bleibt hier bis zu seinem fünfzehnten Lebensjahr, bis zum Übergang in die Altersstufe der ‚Junggesellenritter' also. Auch wenn er noch nicht reiten und die Lanze führen kann, hat er immerhin im Feenreich den Schwertkampf mit eigens engagierten ‚Meerwundern' gelernt. Das Versäumte freilich kann er dann binnen weniger Tage nachholen. Er wird der beste Ritter der Welt. Ein Liebling der Frauen ist er schon im Reich der Fee, und er wird dies auch bleiben.

Lanzelets *manheit* ist deutlich von derjenigen seines Vaters abgesetzt. Auf seinem Weg tötet er zielsicher genau diejenigen Figuren, die seinem Vater in ihrem archaischen *zorn* besonders ähnlich sind, und er schließt sich, nachdem er nach langen Jahren endlich in Erfahrung gebracht hat, wer er eigentlich ist, der Artus-*familia* an, der Sippe seiner Mutter. Die Erzählung führt den Siegeszug der höfischen Kultur gegenüber archaischen Weltausschnitten vor, und Lanzelet exekutiert dieses Programm. Dabei darf er aus dem väterlichen Erbgut zunächst nur die exorbitante Kampfkraft behalten, während ihn das Erbgut der Mutter zu einem höfischen Sein prädestiniert, das durch die Erziehung im Reich einer weiteren

Mutterinstanz noch zusätzlich perfektioniert wird. Im Zentrum dieses höfischen Seins steht immer auch die höfische Minne – nicht zuletzt ist das genau derjenige Bereich, in dem Lanzelet außer beim Kämpfen den größten Erfolg hat.

2.3.5.2.3 Genealogie als Ordnung des Wissens

Im ‚Lanzelet' wird auch deutlich, daß, wie wiederum KELLNER (1999) herausgestellt hat, Genealogie in erster Linie eine Ordnung des Wissens ist und erst in zweiter eine Ordnung des Blutes. Der Held wächst bei der Fee nämlich in Unkenntnis seines Namens und seines Herkommens auf. Im Alter von 15 Jahren wendet er sich an die Fee, und die Reihenfolge seiner Fragen macht die Abstufung in der Wichtigkeit deutlich: Sie solle ihm seine Verwandten zeigen, denn er wisse nicht, wer er sei. Das ist die erste Frage. Dann die zweite: So viel Zeit sei vergangen, daß er sich von Grund auf schämen müsse – er wisse seinen Namen nicht (V. 312–319). Für die Identität des Helden ist das Wissen um seine Genealogie wichtiger als das Wissen um seinen Namen. Würde man die Geschichte heute neu erzählen, wäre es genau umgekehrt.

KELLNER (1999) zeigt, daß die Vorgeschichte des ‚Buchs von Bern', in dem die Genealogie Dietrichs von Bern entworfen wird, nicht nach dem Prinzip der Kontinuität des ‚Blutes', sondern nach dem Prinzip der Kontinuität im Amt gestaltet ist, denn es geht um die Abfolge derjenigen Personen, die Herrscher über das weströmische Reich sind. Diese Abfolge folgt zwar einem dynastischen Muster und stellt damit ‚Kontinuität' her, das erste Grundprinzip genealogischen Erzählens. Aber sie thematisiert zugleich das zweite Prinzip, den Bruch: Nachdem O(r)tnit kinderlos im Kampf mit einem Drachen getötet worden ist, tritt Wolfdietrich auf den Plan, besiegt den Drachen und heiratet O(r)tnits Witwe Liebgart, womit die „Kontinuität der Herrschaft" auch über den Bruch hinweg gewährleistet ist.

Möglicherweise lassen sich hier Bezüge zum Modell der ‚zwei Körper des Königs' herstellen, das ERNST H. KANTOROWICZ aus der politischen Theologie im Umfeld der anglonormannischen Könige herausgearbeitet hat. In der Person des Königs vereinigen sich demnach der sterbliche individuelle Körper der konkreten Herrscher-Person und der transpersonale Körper der Herrschaft über ein Reich. KELLNER (1999) argumentiert hier vorsichtiger und erinnert daran, daß „[i]m Spätmittelalter [...] Überlegungen zur Transpersonalität von korporativ-institutionellen Einrichtungen an Gewicht [gewannen]", als man sich zunehmend mit der Frage beschäftigte, „wie ‚Beständigkeit' trotz personaler Vergänglichkeit zu garantieren sei" (S. 51). Vielleicht sollte man ergänzen, daß eine relativ befremdliche Vorstellung wie die der ‚zwei Körper des Königs' zuallererst daraus entsteht, daß man Kontinuitäten zunächst nur im Sinne von Abstammungsverhältnissen denken konnte, nur im Sinne eines Stammbaums. Dieses Muster wird merkwürdig übercodiert, wenn es zugleich Geltung hinsichtlich einer bloßen Ämtersukzession erlangen soll. Denn Legitimität setzt im mittelalterlichen Denken einen Ursprung in möglichst unvordenklichen Zeiten voraus.

BRAUN 2004. – GEARY 2006. – HAUBRICHS 2002. – KELLER 2005. – KELLNER 1999. – KELLNER 2004. – KOCH 2006. – LAQUEUR 1996. – MÜLLER 2007a, S. 46–106. – [Pseudo-Aristoteles:] Die Aristotelische Physiognomik. – SCHULZ 2007c. – SCHULZ 2008, S. 264–279. – STÖRMER-CAYSA 1999. – WYSS 2002.

2.3.5.3 Männer und Frauen: Zur Kategorie des Geschlechts

2.3.5.3.1 *Sex* und *gender*

In den Geistes- und Sozialwissenschaften hat man sich angewöhnt, die Kategorie des ‚Geschlechts' in *sex* und *gender* zu differenzieren. Während *sex* das biologische Geschlecht meint, gewissermaßen das, was die Biologie und vor allem die primären Geschlechtsorgane aus uns machen, meint *gender* das soziale Geschlecht, d. h. die geschlechtsbedingten Rollenmuster und Verhaltensentwürfe, die von der Gesellschaft an das Individuum herangetragen werden, in der Erwartung, daß sie auch erfüllt werden (zu mediävistischen Perspektiven vgl. etwa BENNEWITZ 1989; BENNEWITZ/ TERVOOREN 1999). Biologie gilt uns heute weitgehend als Schicksal, das soziale Geschlecht erscheint uns aber durchaus variabel, und wenigstens in europäischen Großstädten scheint es durchaus legitim, ein wenig mit der eigenen geschlechtlichen Identität zu spielen. Diskutiert wird allenfalls, ob nun der festgelegten Biologie oder der variablen Sozialisation größeres Gewicht für die sexuelle Identität des Menschen zukommt. Unhinterfragt bleibt dabei zumeist, daß unserer Vorstellung von Biologie eine Kategorienbildung zugrunde liegt, die ihrerseits wiederum kulturell geprägt ist.[10]

---

10 Ich vereinfache hier stark. Die Vernachlässigung des Körpers und der Körperkonzepte im älteren feministischen Mainstream ist vor allem von JUDITH BUTLER (1997) kritisiert worden.

2.3.5.3.2 *One sex theory: natura* vs. *nutritura*

Im Mittelalter wird die Frage nach dem Verhältnis von Biologie und Sozialisation diskutiert als diejenige des Verhältnisses zwischen *natura* (,Natur'; mhd. *natiure*) und *nutritura* (,Erziehung', ,Ernährung'; mhd. *zuht*; GRUBMÜLLER 1999b). Allerdings erscheint dort die Biologie bei weitem nicht so festgelegt, wie wir das für selbstverständlich halten. Ein Beispiel dafür liefert die von THOMAS LAQUEUR (1996) so bezeichnete *one sex theory*. Bei diesem Modell, das seit der Spätantike (Galen) existiert, handelt es sich zwar, wie die Kritik an LAQUEUR gezeigt hat, nicht um die jahrtausendelang dominante Erklärung für körperliche Geschlechtsunterschiede, aber doch immerhin um eine stets aufs neue diskutierte, die bis ins 18. Jahrhundert hinein eine Rolle gespielt hat.

Die *one sex theory* geht nicht von zwei biologischen Geschlechtern aus, sondern nur von einem. Das bedeutet, Männer und Frauen sind bloß insofern biologisch voneinander unterschieden, als der Mann die perfektere Ausformung des Menschen ist, die Frau hingegen die unvollkommenere. Der Grund dieses Unterschieds liegt in der Lebenskraft, in der Vitalität, die sich in Hitze äußert. Die Hitze sorgt dafür, daß beim Mann die primären Geschlechtsorgane aus dem Körper heraustreten, während sie bei der Frau im Körper verborgen bleiben. Demnach haben Männer und Frauen die gleichen Geschlechtsorgane, nur sind sie beim Mann nach außen gestülpt, während sie bei der Frau nach innen gestülpt sind. (Auch der Frau wird ein Samen zugesprochen, als Essenz des Blutes, welche aber aufgrund geringerer Körperwärme weniger vollkommen ist.)

Das bedeutet jedoch, daß das Geschlecht eines Menschen nicht auf immer und ewig festgelegt ist. Im Mittelalter und in der Frühen Neuzeit gibt es ernsthafte Berichte darüber, daß junge Mädchen beim Herumtoben im Freien derart in Hitze-Wallung geraten sind, daß ihnen sich, feststellbar nach einem Sprung, die Vagina nach außen gestülpt und sich als Penis entpuppt hat. Sie haben sich also in Männer verwandelt und leben fortan auch als solche. STEPHEN GREENBLATT (1990) hat gezeigt, daß noch die Shakespeareschen Verwechslungskomödien, in denen Männer Frauen spielen, die sich als Männer verkleiden, ohne die Faszination an solchen Geschichten nicht denkbar sind.

Es ist indes eine prekäre Faszination. Die mittelalterliche Gesellschaft baut auf der Vorstellung gottgewollter Unterschiede auf, auch auf dem zwischen Mann und Frau. Das bedeutet, daß das soziale Geschlecht (*gender*) umso stärker normativ festgeschrieben werden muß, je variabler und fragiler das biologische Geschlecht (*sex*) gedacht wird.

*Beispiel 23: Achill in Konrads von Würzburg ‚Trojanerkrieg',
‚Cross-dressing'-Legenden, Sibotes ‚Frauenzucht'*
Die höfische Literatur setzt solche Vorstellungen nicht eins zu eins um. Aber es gibt viele Geschichten, in denen das Verhältnis zwischen *natura* und *nutritura* agonal bestimmt und narrativ ausgehandelt wird. Hierzu gehört etwa die Jugend des antiken Heros Achill, die Konrad von Würzburg in seinem ‚Trojanerkrieg' (1281/87) erzählt, angelehnt an die ‚Achilleis' des Statius (1. Jh. n. Chr.). Achill wird zuerst in der Wildnis Thessaliens vom Kentauren Schyron in äußerster Härte zu einer perfekten Kampfmaschine erzogen, was, wie der Erzähler betont, nicht ohne die adeligen Anlagen des Heros möglich gewesen wäre (FRIEDRICH 2007b; MÜLLER 2007a, S. 59–62). Diesem Muster einer betont männlichen (und trotz aller Härte: ‚richtigen') Sozialisation stellt Konrad das einer weiblichen (und für Achill ‚falschen') gegenüber. Im Anschluß kommt der Heros nämlich auf die Insel Skyros, wo ihn seine Mutter Thetis unter den Töchtern des Königs Lycomedes verstecken will, damit er nicht, wie ihr prophezeit worden ist, im Trojanischen Krieg umkommt. Weiblichkeit bedeutet hier: Disziplinierung des Körpers und seiner Bewegungen, die nur gemessen und zurückhaltend gemacht werden dürfen; Disziplinierung der Blicke, die zum Boden gesenkt werden sollen (und nicht irrlichternd aggressiv die Umgebung ‚scannen' dürfen); Disziplinierung der Rede, die nicht laut und ordinär sein darf (BENNEWITZ 1996). Achill fügt sich nur, weil er unter den Töchtern des Lycomedes Deidamia erblickt hat und in augenblicklich entbrannter Liebe zu allem bereit ist. Frauen zivilisieren also die Wildheit des männlichen Kriegers, und dennoch ist die männliche Leiblichkeit des Heros letztlich nicht dauerhaft zu zügeln. Sie bricht immer wieder hervor, massiv zum einen, als es zu einer Art ‚Vergewaltigung im Einverständnis' mit Deidamia kommt, zum anderen, als der listige Ulixes den Achill unter all den Mädchen erkennt, indem er ihm männliche Waffen und weiblichen Schmuck zur Auswahl offeriert (WEICHSELBAUMER 1999; MIKLAUTSCH 2002; SIEBER 2003; SCHULZ 2008, S. 480–487).

Cross-dressing – Geschlechtswechsel durch Kleidertausch – hat die mittelalterliche Literatur immens fasziniert. Zentrale Bedeutung haben dabei zum einen der narrative Agon zwischen *natura* und *nutritura*, zum anderen die Vorstellung, daß die Identität eines Menschen vor allem von außen zugeschrieben wird, anhand seiner ‚sichtbaren Oberfläche' im Dreiklang von Kleidung, Haut und Haar. Legenden wie diejenige der heiligen Marina erzählen von Frauen, die, um ihre Jungfräulichkeit zu bewahren, sich als Männer verkleiden und schließlich als Männer ins Kloster gehen. Daß sie aber dennoch ihre weibliche Demut behalten und

2.3 Kulturelle Voraussetzungen des Verständnisses mittelalterlicher Literatur 107

trotz der Anmaßung des ‚besseren' Geschlechts ideal bleiben, zeigt sich daran, daß sie etwa der Vergewaltigung beschuldigt werden und nichts dazu tun, diesen Vorwurf richtigzustellen, sondern willig alle Strafen auf sich nehmen, bis nach ihrem Tod, als man die nackte Leiche sieht, erkannt wird, daß sie ein solches Verbrechen gar nicht begangen haben können. Umgekehrt wird auch das Negativbild ausspekuliert, in den Geschichten über die Päpstin Johanna, in denen eine ehrgeizige – und damit negativ gezeichnete – Frau zum Papst avanciert und nur deshalb zu Fall kommt, weil sie in aller Öffentlichkeit ein Kind zur Welt bringt, das ein Mönch mit ihr gezeugt hat; Zeichen also für ihre Unkeuschheit, ein weiteres negatives Merkmal neben fehlender Demut (FEISTNER 1996, 1997). Das ‚bessere' männliche Geschlecht dient in diesen christlich geprägten Figurationen immer auch als das ‚neutrale' Geschlecht: Der Rollenwechsel von der Frau zum Mann erlaubt es den Frauen, sich trotz ihrer potentiell größeren ‚Verführbarkeit' den gesellschaftlichen Ansprüchen (Heirat/Fortpflanzungssexualität) zu entziehen.

Die vielleicht extremste der Erzählungen, in denen *natura* und *nutritura* geschlechtsspezifisch gegeneinander ausgespielt werden, ist die novellistische Erzählung ‚Frauenzucht' des Sibote, die MÜLLER (2000) vor dem Hintergrund der *one sex theory* interpretiert hat. Ich folge seiner Analyse weitgehend, stelle dabei aber das Verhältnis von Biologie und Erziehung stärker heraus. Ein Ritter und seine Frau haben eine Tochter, die die Garstigkeit in Person ist: Sie ordnet sich keinem Mann unter. Dies hat die Tochter von ihrer Mutter gelernt, wie schon diese von der Großmutter. Es gibt hier also eine Genealogie weiblicher Insubordination, die freilich der *nutritura* entspringt. Der Ritter glaubt schon, er brächte seine Tochter niemals unter die Haube, wenn da nicht ein junger Ritter wäre, der sich durch alle Warnungen nicht abschrecken läßt, weil er in der Schönheit und im stattlichen Körperbau der Tochter ein untrügliches Zeichen für hohen sozialen Wert, nämlich für Adel, gesehen hat (*natura*). Weil der junge Ritter aber auch vorgewarnt ist, gestaltet er die Heimführung der Braut radikal nach seinen Regeln: Er reitet mit ihr auf einem Pferd durch die Wildnis, begleitet von einem Jagdfalken und einem Jagdhund. Alle Tiere sind adelige Statussymbole, aber es wird eigens hervorgehoben, daß er sie billig erworben hat. Auf dem Weg durch die Wildnis tötet der Ritter nacheinander den Falken, den Hund und das Pferd, weil sie, im völligen Einklang mit ihrer ‚Natur', seinen unsinnigen und törichten Anweisungen nicht Folge leisten wollen. Wo die Natur nicht seiner eigenen Willkür folgt, ist der Bräutigam, so zeigt er es jedenfalls, bereit, über Leichen zu gehen. Die junge Frau ist nicht so abgebrüht, daß sie nicht entsetzt wäre. Sie willigt nach dem Tod des Pferdes sogar voller Angst ein, sich vom Bräutigam auf dem weiteren Heimweg satteln und reiten zu lassen (damit erhält der Machtkampf zwischen den Geschlechtern eine überdeutliche sexuelle Konnotation). Zu ihrem Glück muß sie das nur zwanzig Schritte durchhalten, denn in unmittelbarer Nähe hat der Bräutigam Zelte aufbauen lassen, wo die Hochzeitsgesellschaft schon wartet. Die Braut wird, gegen ihre Erziehung und die Tradition in der mütterlichen Linie, die bravste und fügsamste Ehefrau, die man sich nur vorstellen kann. Man lebt – so der männliche Blick der Erzählung – in schönster Harmonie und Eintracht, weil jeder sich an seinem gottgewollten Platz befindet.

Nach einiger Zeit wird das junge Paar von den Schwiegereltern besucht. Die Mutter ist entsetzt, was aus ihrer Tochter – gegen die Familientradition – geworden ist. Tradition wäre ein Wert an sich in einer Adelsgesellschaft, aber der Text zeigt nur die Perversion dieses Werts, weil diese Tradition sich gegen die angestammte und von Gott verfügte Ordnung richtet. Die Mutter stellt die Tochter zur Rede und empfindet die neue Fügsamkeit ihrer Tochter als Familienschande. Der Vater der Braut klagt indes dem Schwiegersohn sein Leid über die eigene Ehefrau. Nun stellt der junge Ritter die Mutter seiner Frau zur Rede. Als sie sich keinesfalls gewillt zeigt, fortan in rollengemäßer Demut zu leben, läßt er sie von seinen Knechten festhalten und führt an ihr eine Scheinoperation durch. Er ritzt sie mit einem Messer ungefährlich, aber äußerst schmerzhaft zwischen Unterleib und Oberschenkeln und präsentiert ihr danach eine Schafsniere, von der er behauptet, daß sie sich als ‚Zornbraten' im Leib der Frau befunden habe.

Der Machtkampf zwischen den Geschlechtern wird auch hier mit den Konnotationen einer Vergewaltigung entschieden; die Fiktion des ‚Zornbratens' liefert eine ‚biologische' Erklärung für das bislang dominante Verhalten der Frau, indem ihr so etwas wie männliche Hoden zugeschrieben werden. Der junge Mann sagt nun zur Schwiegermutter, daß sie zwar, wie er gesehen habe, noch einen zweiten ‚Zornbraten' im Leib habe, daß er aber von einer weiteren Operation Abstand nehmen werde, wenn sie nur gelobe, sich in Zukunft ihrem Mann gegenüber gefügig zu erweisen. Vor Schmerz und Angst verspricht die Frau dies und erweist sich in der Folge, wie zuvor schon ihre Tochter, als die ‚beste' aller Ehefrauen. Wenn sie mitunter aufmüpfig wird, droht ihr ihr Mann damit, den Schwiegersohn zu holen. Die anerzogene Genealogie des Ordnungsbruchs wird damit rückgängig gemacht; zugleich wird vorgeführt, daß man zwar glauben könnte, daß die Biologie den Menschen zu dem macht, was er ist, daß es aber tatsächlich die *nutritura*, die *zuht* ist: Die Geschichte heißt in den Handschriften selbst *der frawen zuht*.

Dennoch ist hier das Verhältnis zwischen *natura* und *nutritura* nicht so eindeutig zu Lasten der ersteren bestimmbar. Denn der junge Bräutigam hat, vom Ende her gesehen, durchaus recht, wenn er in dem stattlichen Körper seiner schönen Braut ein Zeichen besonderer Adelsqualität sieht. Er muß diesen Körper gewissermaßen nur gegen seine *nutritura* wieder zu seiner *natura* zurückbringen. Die Abweichung wird getilgt, bevor sich ihre Tradition endgültig verfestigen kann. So stellt sich die gottgewollte soziale Ordnung dann doch als vorgängige Ordnung der Natur heraus.

2.3.5.3.3 Gattung und Geschlecht

Beispiel 24: ‚Kudrun'
Entwürfe von *sex* und *gender* sind immer auch im Blick auf die jeweilige Gattung zu betrachten. Für die Diskussion der letzten Jahre produktiv hat sich der Ansatz von SIMON GAUNT (1995) erwiesen. GAUNT unterscheidet ein ‚monologisches', durch Ausschluß des Weiblichen konstituiertes heroisches bzw. heldenepisches Männlichkeitskonzept und ein ‚dialogisches' wie im höfischen Roman, das „die männliche Identität des Helden durch seine Relation zum Weiblichen konstruiert" (SCHMITT 2002, S. 50). In diesem Spannungsfeld sieht KERSTIN SCHMITT (2002) die Männerfiguren in der ‚Kudrun', einem ‚versöhnlichen' Heldenepos aus der Mitte des 13. Jahrhunderts: Mit Ausnahme Wates, eines rauhbeinig-archaischen Heros, der zuletzt bei der Eroberung einer Burg die Kinder in den Wiegen dahinmetzelt, kann in der ‚Kudrun' bei den Konzeptionen männlicher Identität nicht deutlich zwischen heroischem (‚monologisch') und höfischem (‚dialogisch' konstituiertem) Personal unterschieden werden; vielmehr sind je „verschiedene Verhaltensmuster in einer Figur ineinandermontiert", so daß angesichts dieser Heterogenität von einem klar definierten „Männlichkeitsideal" nicht die Rede sein kann. „Das Modell des Heroen [sic] hat in der ‚Kudrun' keine normative Geltung mehr" (S. 258–267, Zitate S. 258 u. 267). Zu ergänzen wäre, daß die Heldenepik prinzipiell davon gekennzeichnet ist, das Verhältnis zwischen dem Höfischen und seinem archaischen Anderen, eben dem Heroischen, zu diskutieren. Entsprechend handelt es sich bei dieser Mischung zweier Männlichkeitskonzepte um etwas durchaus Typisches für die mittelalterliche Heldenepik. Das Heroische bricht nur eruptiv hervor, wie etwa auch beim Sivrit des ‚Nibelungenlieds' (vgl. Kap. 3.4.4.2); gewöhnlich aber ist es in einem höfischen Personenentwurf gewissermaßen ‚eingekapselt'.

Auch die Konstruktion idealtypischer Weiblichkeit zeigt sich abhängig von gattungsbedingten Vorgaben. Die Titelheldin Kudrun, die bereits anderweitig verheiratet ist, aber ihrem Mann noch nicht in dessen Heimat gefolgt ist, wird von einem abgewiesenen Bewerber entführt und dann vor allem von seiner Mutter malträtiert. Solange sie nicht einwilligt, diesen Hartmut zu heiraten, wird sie zu niedrigsten Diensten gezwungen, etwa muß sie Wäsche am Strand waschen. Diese Leidenszeit interpretiert SCHMITT (2002) vor dem Hintergrund eines Erzählmusters, wie es vor allem in der Legende verbreitet ist: Eine Frau verweigert die Ehe, um ihre Jungfräulichkeit zugunsten eines höheren Werts zu bewahren. Das entspricht einem „Modell von Heldentum, das in der hochmittelalterlichen Literatur auch von Frauen verkörpert werden konnte: d[em] christliche[n] Märtyrertum" (S. 179) – andere positiv besetzte Erzählmuster sind für weibliche Protagonisten in der mittelalterlichen Literatur kaum verfügbar. Dieses Modell wird in der ‚Kudrun' aufgegriffen und paradigmatisch umbesetzt: In den Legenden ist es Gott, in bezug auf den die weibliche Identität sich formiert, während sie von den Zumutungen des Familienverbands Abstand nimmt. In der ‚Kudrun' hingegen bewahrt die Heldin ihre Identität, indem sie sich dem Angebot, ihren angestammten und ihren angeheirateten Herrschaftsverband zugunsten eines neuen Personenverbands zu verlassen, konsequent verweigert. Zuletzt erscheint ihr ein Engel, der ihr aber kein religiöses Heil verheißt, sondern die baldige Ankunft ihres Ehemanns und ihres Bruders, die sich nach langen Jahren endlich haben aufmachen können, um Kudrun mit Waffengewalt zurückzuholen. Die Position Gottes und der Religion wird in dieser spezifischen Adaptation des Legendenmusters also umbesetzt, indem sie vom eigenen Sippenverband eingenommen wird.

BENNEWITZ 1989. – BENNEWITZ 1996. – BENNEWITZ/TERVOOREN 1999. – BUTLER 1997. – FEISTNER 1996. – FEISTNER 1997. – FRIEDRICH 2007b. – GAUNT 1995. – GREENBLATT 1990. – GRUBMÜLLER 1999b. – LAQUEUR 1996. – MIKLAUTSCH 2002. – MÜLLER 2000. – MÜLLER 2007a, S. 59–62. – SCHMITT 2002. – SCHULZ 2008, S. 480–487. – SIEBER 2003. – WEICHSELBAUMER 1999.

2.3.5.4 Freundschaft unter Merkmalsgleichen

Immer wieder zeigt sich, daß ältere Welterklärungsmuster allmählich mit neuen Semantiken belastet werden. In der ‚Kudrun' ist es wie in vielen anderen Brautwerbungsepen einvernehmliche Heiratspolitik, die mit dem konnotativen Mehrwert des neuen höfischen Konzepts ‚Minne' geadelt wird. Ein weiteres Beispiel ist die allmähliche Herausbildung einer Vorstellung intimer, stark affektiver Freundschaft unter Männern – jenseits von Waffenbrüderschaft im Kampf. Um derartiges ausdrücken zu können, ist man auf die ‚konnotative Ausbeutung' (WARNING; vgl. oben, Kap. 2.3.1.2) bestehender Semantiken im Bereich sozialer Nähe angewiesen. Die eine liefert das Modell der Verwandtschaft und des transpersonalen Sippenkörpers, die andere das Modell höfischer Minne. (Einen weiteren Referenzpunkt aus der lateinischen Tradition bildet Ciceros ‚De amicitia'-Traktat.)

Der Grund, warum Sippenangehörige sich zueinander hingezogen fühlen, liegt in einer Physis, die nicht individuell und einzigartig ist, sondern einem dem Individuum übergeordneten Sippenkörper zugehörig. Mhd. *vriunt* meint ursprünglich einen Verwandten, mit dem man einvernehmlich im Bereich sozialer Nähe interagiert. Allmählich verändert sich jedoch die Bedeutung in Richtung auf diejenige der nhd. Entsprechung *Freund* (vgl. differenziert BRAUN 2006). Erst nur allmählich, im 15. und 16. Jahrhundert dann durchgängig, nimmt die Bedeutung der Sippe für den einzelnen ab, während sich die Geltung der Vergesellschaftungsformen Ehe, Liebe, Freundschaft rapide erhöht (BRAUN 2001). Idealerweise sind sie nichts, worin man wie in die Sippe hineingeboren wird, sondern sie beruhen einerseits auf freier Wahl, andererseits wiederum auf einer Art Naturalisierung. Man sollte ‚naturgemäß' zueinanderfinden, weil man – wie bei Sippenangehörigen – bestimmte Merkmale miteinander teilt (SCHULZ 2008, S. 264–279). Die Bedingungen solcher personalen Nähe bleiben durchweg denjenigen der althergebrachten Bindungen verhaftet, insofern es darum geht, daß vor allem – wie schon in der Liebe – physische, äußere Ähnlichkeit dafür garantiert, daß sie zustandekommt und auch funktioniert. Im Freundschaftstraktat des Aelred von Rievaulx wird postuliert, „daß man Freunden die seelische Einheit an der Ähnlichkeit ihrer Gesichter (*conformatio uultum*) ablesen könne" (KRASS 2006, S. 324). Konrads von Würzburg Roman ‚Engelhard' spekuliert dies aus, indem er das zentrale Freundespaar als äußerlich voneinander ununterscheidbar vorführt. UTE VON BLOH (2005) hat herausgestellt, daß solche Doppelgänger in der vormodernen Literatur anders als seit der Goethezeit keine identitätsbedrohlichen Figuren sind (in denen etwa gefährliche Teile des eigenen Selbst abgespalten würden), sondern im Gegenteil identitätsstabilisierende. Das hat gerade auch mit dem mittelalterlichen Konzept ‚transpersonaler Identitäten' zu tun, die durch möglichst umfassende körperliche Merkmalsgleichheiten begründet und naturalisiert werden: seien es nun solche der Sippe oder der Freundschaft. Das jüngere Konzept bedient sich der Muster des älteren.

Die Freunde Engelhard und Dietrich sprechen viel miteinander. Für uns Heutige hören sie sich dabei wie zwei frisch verliebte Homosexuelle an, die einander laufend gegenseitig als ‚Liebling' (*trûtgespil*) u. ä. titulieren. Das liegt aber wohl kaum in der Intention des Romans, der bald danach eine große heterosexuelle Liebesgeschichte zwischen Engelhard und Engeltrud erzählt. Zwar ist die Freundschaft zwischen Engelhard und Dietrich fast noch größer als diese Liebe, doch fehlen der Freundschaft selbst – mit Ausnahme des sprachlichen Codes der intimen Nähe – jede Erotik und alle Sexualität. Um diese Nähe auszudrücken, ist nichts anderes verfügbar als die Sprache der Minne (VON BLOH 1998).

VON BLOH 1998. – VON BLOH 2005. – BRAUN 2001. – BRAUN 2006. – KRASS 2006. – SCHULZ 2008, S. 264–279, 389–409.

2.3.5.5 Maß und Übermaß: Zur Thematisierung von Affekten

2.3.5.5.1 Ritual, überbordende Gefühle, ‚Hydraulik': zum Verhältnis von Literaturwissenschaft und historischer Emotionsforschung

Die Germanistische Mediävistik hat sich in den letzten Jahren verstärkt mit der Frage nach den Affekten und Emotionen beschäftigt, die in den Texten thematisiert werden. Beispielsweise geschah dies bei der Untersuchung von Ritualen, die – wie etwa die *deditio* – von gezielt eingesetzten Emotionen getragen werden, von ostentativen Tränen, von Scham und sichtbarer Reue. Befremdlich erscheint nicht allein die Massivität, in der Emotionen dort, wo wir uns ihrer weitgehend enthalten, geradezu ausgestellt werden: in der Öffentlichkeit. Befremdlich erscheint auch die Massivität der Emotionen überhaupt. Solches wirft immer wieder die Frage danach auf, wie grundsätzlich anders wir uns die emotionale Verfaßtheit des ‚mittelalterlichen Menschen' vorstellen dürfen. Das ist zwar eine wirklich interessante Frage, aber ein(e) redliche(r) Literaturwissenschaftler(in) wird sich außerstande erklären, sie zu beantworten. Weder mit Toten noch mit literarischen Figuren kann man psychologische Experimente durchführen.

Das gelehrte Wissen des Mittelalters liefert immerhin Hinweise darauf, daß der Einfluß der Emotionen auf Befinden und Verhalten des Menschen deutlich ‚zwingender' betrachtet wurde, als wir ihn heute sehen. Höfische und christliche Verhaltenslehren betonen demgegenüber immer wieder, wie wichtig es ist, sich zum Herrn über die eigenen Empfindungen zu machen: Vom Maßhalten, von Weltklugheit, Weisheit und christlicher Tugend soll sich das Selbst leiten lassen. Emotionen heißen in der zeitgenössischen Theorie *affectus* (‚Affekte'), im Sinne einer gewissermaßen

‚hydraulischen' Vorstellung basaler Gefühle, die, von außen kommend, den Menschen ‚anfüllen', bis sie wieder aus ihm ‚herausquellen'. Natürlich gibt es Dispositionen, die den einzelnen für spezifische Affekte besonders anfällig machen. Ein Übermaß läßt sich aus medizinischer Sicht auch mit Diäten im Sinne der Humoralpathologie, der Säftelehre, kurieren; überhaupt werden Afffekte sehr oft im systematischen Zusammenhang dieser Lehre erörtert: Jede der vier *complexiones* (Temperamente) ist charakterisiert durch eine spezifische Kombination dominanter Affekte.

Richard von St. Victor (gestorben 1173) versucht, die Affekte innerhalb eines zahlensymbolischen Siebenerschemas zu systematisieren (*timor:* Angst, *dolor:* Schmerz, *spes:* Hoffnung, *amor:* Liebe, *gaudium:* Freude, *odium/ira:* Haß/Zorn, *pudor:* Scham; vgl. HUBER 2003). Eingehender befaßt hat man sich in antiker Tradition vor allem mit Affekten, denen ein herausragender Zeichenwert im Blick auf die Besonderheit ihres ‚Trägers' zukommt: *zorn* und *melancholia leonida* (‚löwenhafte Melancholie': Wechsel zwischen äußerlich passiver Ich-Zurückgezogenheit und hyperaktivem Furor; RÖCKE 2000). Beides ist ambivalent (der heroische Zorn liegt nicht fern vom Jähzorn, der in christlicher Sicht unbedingt zu vermeiden ist), beides ist aber traditionelles Kennzeichen des Heros. Wiederum in antiker Tradition (Ovid) erörtert man die Liebe als Krankheit, die den Menschen von außen befällt. In all diesen Vorstellungen ist der Mensch nicht Subjekt, sondern Objekt seiner Empfindungen. Der psychische Apparat, der hier entworfen wird, ist extrem fremdbestimmt. Das Selbst ist ausgesprochen labil, wie schon der Blick auf die zeitgenössischen Konstrukte von Identität gezeigt hat (Kap. 2.3.5.1). Dagegen steht die moraldidaktische Forderung, ‚Herr im eigenen Haus' zu werden.

Zugänglich sind für uns nicht die Emotionen selbst, sondern nur das kollektive Wissen von ihnen (vgl. zum Folgenden SCHULZ 2006; zum Thema gibt es eine heftig geführte aktuelle Debatte: JAEGER/KASTEN 2003; SCHNELL 2004b, 2005a, 2005b, 2008; PHILIPOWSKI 2006a; EMING 2006; KOCH 2006). Das ist ein entscheidender Unterschied: Wir können nur rekonstruieren, wie sich dasjenige, was wir in den überlieferten Texten vorfinden, auf dieses Wissen bezieht, auf die kollektiven Muster, die Empfindung und Erfahrung strukturieren und allererst artikulationsfähig machen; wir können diese Muster selbst rekonstruieren, nicht aber, wie und in welchem Grad sich in Texten dargestellte Emotionen auf die reale Empfindung und Erfahrung historischer Subjekte beziehen. Es ist diese Ebene des kollektiven Wissens, des kollektiven Imaginären, die zwischen den Texten und der Alltagswirklichkeit steht. Diese Ebene ist die Grenze, an der die historischen Wissenschaften haltmachen müssen. Was dahinter steht, ist nicht mehr seriös zu untersuchen.

2.3.5.5.2 Zur Funktion literarischer Affektinszenierung

Literaturwissenschaft hat es primär mit Texten, aus Texten rekonstruierbaren Diskursen und durch Texte vermittelten Kontexten zu tun. In literaturwissenschaftlicher Perspektive sollte die Darstellung von Affekten und Emotionen vor allem auf die Funktion befragt werden, die sie im Rahmen textueller Bedeutungsproduktion haben. Das wäre unser Beitrag zur historischen Emotionalitätsforschung.

Mein Beispiel ist die Relation zwischen dem ‚Innen' und dem ‚Außen' literarischer Figuren im 13. Jahrhundert. KARL BERTAU (1983) hat für die Zeit um 1220 von einem „[h]istorische[n] Diskurswechsel von den Feinen zu den Frommen" gesprochen. Das meint die zunehmende Infiltration höfischer Lebensentwürfe, die darauf ausgelegt sind, wie man „Gott *und* dem Hofe gefallen" kann, durch einen spirituellen Rigorismus: „Das Schicksal der Einzelseele, das Schicksal des Nächsten vor Gott, ohne Rücksicht auf Hof und Welt, nur davon kann jetzt glaubhaft gehandelt werden" (S. 107). Gewiß ist dies überspitzt formuliert, und doch könnte man ebenso überspitzt ergänzen, daß die höfische Epik des 13. Jahrhunderts darüber hinaus Zeugnis für einen weiteren Diskurswechsel gibt: für denjenigen von den Feinen zu den Maßlosen, von den Affektbeherrschern zu den vom Affekt Beherrschten. Beides hängt in den Texten zumeist miteinander zusammen. Werden die Protagonisten der späthöfischen Literatur immer frömmer, so werden sie zugleich immer tränenseliger.

2.3.5.5.3 Überbordende Affekte in der Literatur des 13. Jahrhunderts

Auch wenn das Mittelalter eine Zeit der öffentlich zur Schau gestellten großen Emotionen ist, so haben diese Emotionen doch vor allem eine rituelle Funktion; ihr Ausdruck wird durch ihre rituelle Einbettung kanalisiert. Nicht allein in der Bibel steht, daß jegliches seine Zeit habe. Affektives Übermaß ist auf eng reglementierte Ausnahmesituationen begrenzt; insgesamt herrscht auch im 13. Jahrhundert das Ideal der *mâze* vor (‚Maß', ‚Mitte zwischen zwei Extremen', ‚Angemessenheit'). Wann immer die Protagonisten der späthöfischen Literatur sich exzessiv ihren Affekten hingeben – was sie vor allem dann tun, wenn sie den Verlust einer geliebten Person betrauern oder sich in einer ausweglosen Situation zu befinden glauben –, treten schon bald andere Figuren, vor allem Vertraute, auf den Plan, die dieses Übermaß abzustellen suchen: Sie ermahnen sie, daß es nun genug sei. Die ‚heulenden Helden' sind in ihren Affekten, von denen sie beherrscht werden, ohne sich davon distanzieren zu können, absolut handlungsunfähig. Die Vertrauten haben erst dann Erfolg, wenn sie den Hauptfiguren eine Lösung anbieten können, wie die Lähmung überwunden werden kann. Damit verpflichten sie sich auf *rât und helfe* (*consilium et auxilium*; eine Schlüsselformel feudalen Denkens). Insofern dient die Maßlosigkeit des Affekts dem Zweck, das Solidarhandeln einer Gemeinschaft zu evozieren, auch wenn sie zunächst radikal zum Selbstausschluß aus dieser Gemeinschaft führt. Der Affekt produziert Interaktion.

Aber das Übermaß hat noch eine andere Funktion: die Immunisierung gegen dasjenige, was ich eine Krise der sozialen Wahrnehmungsraster nennen möchte. Die höfische Anthropologie, wie sie vor allem in der feudalen Literatur konturiert wird, geht vom Nexus zwischen dem beobachtbaren Äußeren des menschlichen Körpers und dem der Wahrnehmung unzugänglichen ‚Kern' einer Person aus. Das Äußere entspricht im Idealfall dem Inneren, mitunter ist es auch dessen Gegenteil. Seelenregungen sollen sich in Regungen des Körpers manifestieren; zugleich jedoch sollen Körper und Seele, dem Ideal von *mâze* und *zuht* entsprechend, kontrolliert werden. Wer sich selbst und seine Affekte aber zu gut kontrollieren kann, der beherrscht nicht allein höfische *dissimulatio*, sondern könnte seine Verstellungskünste auch zu üblerem gebrauchen.

Das ist widersprüchlich. Einerseits soll man sich beherrschen, andererseits baut man darauf, daß menschliche Seelenregungen stets am Körper abgelesen werden können. Schon die höfische Literatur des 12. Jahrhunderts spekuliert diese Widersprüchlichkeit lustvoll aus, und nicht allein in der Tristan-Tradition wird vorgeführt, wie manipulierbar die Wahrnehmung im sozialen Raum ist (SCHULZ 2007b). Daraus ergibt sich aber für die Autoren höfischer Epik das Problem, wie man deutlich machen kann, daß eine Figur authentisch ist und von den anderen Figuren auch als authentisch wahrgenommen wird (vgl. SCHNELL 2004b, S. 271–275). Man braucht Strategien, die die Figuren gegenüber anderen Figuren und gegenüber dem Publikum gegen den Verdacht der Unaufrichtigkeit immunisieren können.

Beispiel 25: ‚Mai und Beaflor'
Die Authentizität der Figuren wird nicht selten über ein Übermaß an Affektäußerungen sichergestellt. Ein besonders signifikantes Beispiel hierfür ist der anonyme Roman ‚Mai und Beaflor' (um 1250?), dessen Protagonisten immer wieder jegliche Affektbeherrschung verlieren (zum Folgenden vgl. ausführlich WALLICZEK/SCHULZ 2005; SCHULZ 2006): Die

Heldin Beaflor offenbart maßlose Trauer, nachdem ihre Mutter gestorben ist, und sie zeigt ein ähnliches, noch exzessiveres Verhalten, nachdem ihr Vater sie danach mit inzestuösen Wünschen bedrängt hat (die sie, während er sie vorbrachte, noch ausgesprochen geschickt auf die lange Bank schieben konnte). Der Held Mai, Beaflors späterer Mann, ist drauf und dran, sich umzubringen, als er glaubt, seine Frau habe ihn mit einem Pfaffen betrogen und ein Wolfskind zur Welt gebracht; ohne Rücksicht auf seine Pflichten als Herrscher zieht er als verwahrloster Büßer durch sein Land, als er später glaubt, den Tod seiner Frau und seines Sohnes verschuldet zu haben. Die Protagonisten haben jegliche Handlungsfähigkeit verloren, jedes Maß, sie können sich selbst nicht mehr von ihren Affekten distanzieren, sie sind nahe am Selbstmord oder an der Selbstaufgabe, gefangen in einem Affekt-Habitus, den sie aus eigener Kraft nicht mehr ablegen können. Ihr maßloses *trûren* (sichtbares ‚Trauern' und ‚Traurigsein') sprengt den rituellen Rahmen, der für ihre Affektäußerungen vorgesehen ist, und damit schließt es sie zunächst aus der Gemeinschaft, deren Teil sie sind, radikal aus (zum *trûren* vgl. allgemein KOCH 2006). Das Übermaß der Affekte zerstört die höfische Idealität der Protagonisten. Aber dafür sind sie radikal authentisch, gerade *weil* sie nicht mehr zur Selbstbeherrschung in der Lage sind. Das *trûren* gehört also gerade zu ihrer Identität.

Die Schilderungen des Affekt-Übermaßes greifen nicht selten auf rituelle Handlungsformen zurück, aber sie sprengen deren Rahmen, weil sich das Übermaß weder von den betroffenen Protagonisten selbst noch von anderen Figuren einhegen läßt. Insofern führen unkontrollierte Affekte in die Vereinzelung, weil die von ihnen Beherrschten nicht mehr mit anderen kommunizieren können. Zugleich aber haben sie eine soziale Funktion: Sie sind gewissermaßen soziale Imperative, die *rât und helfe* anderer allererst auf den Plan rufen, weil sie die Befallenen nicht zugrunde gehen lassen wollen. Die wahrnehmbare Authentizität des Leids sorgt für die Hilfe Dritter, deren *triuwe* (‚Loyalität') damit zugleich demonstriert wird, und insofern haben die unkontrollierbaren Affekte trotz allem eine rituelle Funktion: Letztlich erweisen sie sich als gemeinschaftsstiftend. Ähnlich verhält es sich mit ihrer Funktion, die Figuren selbst über ihr Handeln zu charakterisieren: Die Abweichung vom Ideal der *mâze* stellt insgesamt Idealität her, weil so gezeigt wird, daß die Figuren dort, wo es wirklich wichtig wird, radikal authentisch sind.

BERTAU 1983, S. 107. – EMING 2006. – HUBER 2003. – JAEGER/KASTEN 2003. – KOCH 2006. – PHILIPOWSKI 2006a. – RÖCKE 2000. – SCHNELL

2.3 Kulturelle Voraussetzungen des Verständnisses mittelalterlicher Literatur 117

2004b. – SCHNELL 2005a. – SCHNELL 2005b. – SCHNELL 2008. – SCHULZ 2006. – SCHULZ 2007b. – WALLICZEK/SCHULZ 2005.

2.3.6 Anthropologie und Gattungen: Höfisches und Heroisches

In diesem Kapitel wurde versucht, einige Grundzüge der feudalen Anthropologie zu rekonstruieren, um so wenigstens skizzenhaft einen Hintergrund zu konturieren, vor dem das teilweise recht befremdliche Geschehen mittelalterlicher Erzähltexte besser zu verstehen ist. Dabei ging es um recht allgemeine Vorstellungen, die in den einzelnen Gattungen und Texten teils stärker, teils schwächer akzentuiert sein können. Darauf wurde bereits mehrfach hingewiesen, aber noch nicht systematisch. Gattungen transportieren durchaus ihre je eigenen anthropologischen Entwürfe, die in Konkurrenz zu denen anderer Gattungen stehen. Natürlich existieren diese Unterschiede in den Texten selbst nicht völlig ‚rein' und ‚unvermischt', sondern sie finden sich dort nur der Tendenz nach; man muß ein wenig von den Texten abstrahieren, um die entsprechenden Konzepte rekonstruieren zu können. Dann aber kann man deutlich beobachten, daß im mittelalterlichen Erzählen immer wieder, wenigstens aspekthaft, unterschiedliche Anthropologien einander gegenübergestellt und gegeneinander profiliert werden. Der funktionale Zusammenhang ist zumeist die Geltung des Höfischen, der zeitgenössischen Leitkultur der adeligen Elite Europas. Das wird nicht diskursiv oder dialogisch erörtert, sondern die Probleme, die damit verbunden sind, werden exemplarisch in Form eines ‚narrativen Agon' zwischen Repräsentanten unterschiedlicher Konzepte ausspekuliert und dem Rezipienten vor Augen gestellt. Davon soll ausführlich die Rede im nächsten Großkapitel sein, in dem es um die Hauptgattungen mittelalterlichen Erzählens in der Volkssprache gehen soll.

Vorab sei nur soviel gesagt: Der Ritterroman propagiert eine höfische Anthropologie, die außerhalb des Hofes und mitunter auch am Hof selbst gegen archaischere Muster durchgesetzt wird. Deren Brutalität wird durch die Methoden des ritterlichen Protagonisten, der hier ausnahmsweise selbst brutal sein muß, aus dem Weg geräumt. Was die Heldenepik betrifft, kann man zwar analog von einer heroischen Anthropologie sprechen, die ein archaisches Gegenbild zur höfischen darstellt, doch ist dies – der Quantität nach – nicht der dominante Entwurf des Heldenepos.

Denn bevor es zu den Großtaten kommt, die jede Vorstellung, jede Moral und alles Menschenmögliche übersteigen, befindet man sich hier zunächst fast immer in einer höfischen Welt; das Heroische scheint, im

Sinne einer Potenz, eingefriedet und eingekapselt, beschränkt auf bestimmte Protagonisten und Handlungsräume. Diese Potenz muß erst freigesetzt werden, damit das Heroische sich die Bahn brechen kann (vgl. hierzu besonders Kap. 3.4.4.3 zum ‚Nibelungenlied'). Man muß sich also deutlich machen, daß man mit Begriffen wie dem ‚Heroischen' und dem ‚Höfischen' nicht überall vorfindliche Realitäten, sondern Konzepte beschreibt. Diese können dann gewinnbringend als Instrumente der Textinterpretation eingesetzt werden.

3. Vom mittelalterlichen Wiedererzählen: Narrative Gattungen im Widerstreit konkurrierender Logiken

3.1 Gattungen im Spannungsfeld

3.1.1 Vor-Augen-Stellen von Widersprüchlichem

Das folgende Kapitel handelt von den vier Hauptgattungen des volkssprachigen mittelalterlichen Erzählens: vom höfischen Roman, von der Märendichtung, von der Legende und vom Heldenepos. Es sollen dabei nicht nur die wesentlichen Merkmale dieser Gattungen knapp beschrieben werden, sondern es soll vor allem herausgestellt werden, wie sehr die Sujetfügung mittelalterlicher Epik davon bestimmt wird, daß vorgefundene Stoffe, Motive und Themen im Rahmen je besonderer gattungsmäßiger Vorgaben arrangiert und komponiert werden. Für alle Gattungen grundlegend ist der Umstand, daß sie durchgängig über das Prinzip des Agon (d. h. der potentiell gewaltsamen Konkurrenz) beschreibbar sind. Die mittelalterliche Gesellschaft setzt nicht auf Gleichheit, sondern auf Hierarchie, und Rangordnungen müssen erst einmal festgestellt werden. Erzählen profiliert sich gegen anderes Erzählen, Helden profilieren sich gegen andere Helden, und die Texte selbst sind vom Widerstreit nicht allein ihrer Figuren geprägt, sondern auch vom Widerstreit unterschiedlicher Handlungs- und Interaktionsmuster, vom Widerstreit unterschiedlicher Normen und Werte, vom Widerstreit unterschiedlicher Logiken. Die Spannungen werden immer wieder geradezu ausgestellt, Gegensätze in ihrer Schroffheit vorgeführt, jedoch nicht im Sinne einer diskursiv-erörternden Abhandlung (etwa indem der Erzähler diese Sachverhalte diskutiert oder von seinen Figuren diskutieren läßt), sondern im Sinne einer ‚präsentativen Symbolifikation‘: Die Gegensätze werden dem Publikum durch die Mittel der Erzählung exemplarisch *vor Augen geführt*. Im Prozeß des Erzählens werden sie in ihren Handlungsfolgen ausspekuliert, sie werden gegeneinander in Anschlag gebracht, es wird über ihre Hierarchie entschieden, oder es werden Kompromisse gebildet.

Die folgenden Ausführungen wollen versuchen, dieses umfassende agonale Prinzip für die Beschreibung der unterschiedlichen Gattungen fruchtbar zu machen. Es geht mir dabei vor allem darum, diejenigen

Konfliktpotentiale deutlich werden zu lassen, die für den jeweiligen Erzähltyp bestimmend sind, im Sinne von Gattungsmerkmalen.

3.1.2 Zum Status von Gattungen

Vorausschicken muß ich, daß es in der mittelalterlichen Volkssprache keine Gattungspoetik gibt, weder deskriptiv (‚beschreibend') noch normativ bzw. präskriptiv (‚vorschreibend') (HAUG 1992; GRUBMÜLLER 1999a). Dasjenige, was wir über mittelalterliche Gattungen wissen, ist von der Forschung der letzten zweihundert Jahre zusammengetragen worden. Gattungen sind keine ‚Naturformen der Poesie', wie dies Goethe mit seiner Unterscheidung des Epischen, Lyrischen und Dramatischen noch glauben mochte, es gibt sie also nicht überzeitlich ‚an und für sich', sondern sie sind – durchaus wandelbare – Modelle, mit denen die Literaturwissenschaft der Vielfalt der Texte ordnend beizukommen sucht (wobei die zeitgenössische Literaturproduktion selbst – wie in der Neuzeit – Konzepte unterschiedlicher Gattungen explizit formulieren kann, dies aber nicht muß, wie eben im Mittelalter; wichtig ist, daß in der literarischen Praxis selbst ein Bewußtsein für unterschiedliche Textsorten bzw. Genres oder gattungsabhängige Schreibweisen deutlich wird).

Gattungen sind Modelle bzw. Konzepte literarischen Bedeutungsaufbaus, die aus den gegebenen Objekten rekonstruiert werden können, und zwar gewöhnlich aus mehreren Texten, denen so etwas wie eine sich verfestigende oder bereits vorausgesetzte gemeinsame Grundordnung abgelesen werden kann. Diese Konzepte können dann wiederum als Interpretamente, als Interpretationswerkzeuge, gebraucht werden, im Blick darauf, ob der jeweilige Text die Norm(en) seiner Gattung erfüllt, verändert oder transformiert, von ihnen abweicht oder sie mit Normen aus anderen Gattungen vermischt. Die Art und Weise, mit der ein Text mit seinen Vorgaben umgeht, erlaubt oft wesentliche Rückschlüsse auf seinen Bedeutungsaufbau und ist damit eine wichtige Grundlage der Interpretation.

Die Merkmale, die für die jeweilige Modellbildung geltend gemacht werden, liegen oftmals auf unterschiedlichen Ebenen: auf solchen der Handlungsstruktur, der Figurencharakteristik, der Sprecherrolle, der metrischen Gestalt, der schieren Länge, des Verhältnisses von Fiktionalität und Faktizität, der dominierenden Konflikte, des Welt- und Menschenbilds; und es ließen sich noch viele andere Kategorien finden (grundlegend HEMPFER 1973; vgl. VOSSKAMP 1977, 1992; RAIBLE 1980). Prägend im Sinne einer ‚gattungsprägenden Dominante' (JAUSS 1972) ist eine je besondere Kombination dieser Merkmale. Gattungen sind so verstanden nichts Statisches, sondern die Texte selbst verändern sie in der affirmativen oder kritischen Fortschreibung ihrer eigenen Grundmuster, in der Konfrontation oder in der Mischung mit anderen Gattungen.

Etwa verstärkt sich im Spätmittelalter eine Tendenz, die bereits von Anfang an in den literarischen Gattungen des Mittelalters angelegt war: die Tendenz zur ‚Hybridisierung' aus Roman, Epos und Legende (STIERLE 1980; FUCHS 1997; DIETL 1999; SCHULZ 2000b; MIKLAUTSCH 2005). Der Begriff stammt aus dem Obstanbau und meint ursprünglich das Aufpfropfen eines Reises (eines Zweigs bzw. Triebs) auf einen Stamm, der einer anderen Gattung zugehört, so daß eine Pflanze entsteht, die aus zwei Gattungen gemischt ist. In der Erzähltheorie bedeutet ‚Hybridisierung' eine Art der literarischen Kombinatorik, die über die bloße Montage einzelner Elemente hinausgeht, weil sich die unterschiedlichen Sinnbildungsmuster nicht bloß nacheinander ablösen (syntagmatisch), sondern wechselseitig durchdringen, indem ein Element (ein Motiv, eine Szene, eine Figur, ein Handlungsraum etc.) von mehreren Logiken her bestimmt wird, im Sinne einer strukturellen Überdetermination (KECK/SCHULZ 2003). Deutlich wird eine solche Überdetermination erst dann, wenn die Prinzipien, die in dem Text-Datum zusammenfallen, nicht aufeinander abgestimmt sind – und das ist im mittelalterlichen Erzählen ausgesprochen häufig der Fall.

Ein Beispiel sind die äußerst heterogenen Heldenkonzeptionen im spätmittelalterlichen Erzählen, vor allem in der späten Heldenepik, die stark vom höfischen Roman und der Legende beeinflußt ist. Das Anreichern des narrativen Vokabulars verändert die Gestaltung der Figuren: Während der eine und besondere Heros der Heldenepik eine aktive, absolut selbstmächtige Figur ist, ist der Heilige der Legende durch seine Demut charakterisiert, dadurch, daß er sich selbst passiv ganz in Gottes Hand gibt. Während der Ritter des höfischen Romans ein affektkontrollierter gesellschaftlicher Routinier ist, der galant mit den Damen plaudern kann und für den Minne ein zentraler Wert adeligen Lebens ist, wirkt der Heros des Heldenepos in einer höfischen, wesentlich auch auf Damen ausgerichteten Umgebung wie ein erratischer Fremdkörper, der mit seiner Fixierung auf Kampf und Heldentum ein wenig aus der Zeit gefallen ist. Ich erinnere an den ‚Wolfdietrich D' (Kap. 2.3.5.1.1).

In dieser ‚Überschneidung' unterschiedlicher Vorstellungen vom Menschen deutet sich literarhistorisch die Ablösung von schematisch-typisierter Figurengestaltung durch eine individualisierende Charakterisierung an, und man hat darin die Vorgeschichte des modernen Romans und des modernen Romanhelden sehen wollen. Natürlich kann man solche Zusammenhänge immer erst im nachhinein formulieren; notwendig in der Sache angelegt sind sie nicht.

Auch wenn Gattungen nichts als Re-Konstrukte der Literaturwissenschaft sind, so kommt ihnen doch eine besonders große Bedeutung für die Interpretation mittelalterlicher Texte zu. Das hat damit zu tun, daß die Praxis mittelalterlichen Erzählens ausgesprochen stark davon geprägt erscheint, daß in ihnen dasjenige fortgeführt wird, was bereits anderswo etabliert worden ist. Die Re-Konstrukte der modernen Gattungsgeschichtsschreibung haben also durchaus ihr *fundamentum in re*, ihren Grund in der Sache selbst.

DIETL 1999. – FUCHS 1997. – GRUBMÜLLER 1999a. – HAUG 1992. – HEMPFER 1973. – HEMPFER 1997. – JAUSS 1972. – KECK/SCHULZ 2003. – LAMPING 1997. – MIKLAUTSCH 2005. – RAIBLE 1980. – SCHULZ 2000b. – STIERLE 1980. – VORSTAND DER VEREINIGUNG DER DEUTSCHEN HOCHSCHULGERMANISTEN 1983. – VOSSKAMP 1977. – VOSSKAMP 1992. – VOSSKAMP 1997.

3.2 Literarische Elementarlogiken

3.2.1 Stoffe, Motive, Themen

In allen Kulturen und Zeiten lebt Literatur vom Wiedererzählen vorgegebener Motive, Stoffe und Themen – diese sind unabhängig von den Gattungen, in denen sie verarbeitet werden. Motive sind im engeren Verständnis intertextuell verfügbare Handlungskerne, im Sinne von strukturellen Konfigurationen auf der Ebene der *histoire* (der Handlungsebene im Gegensatz zur Ebene der sprachlichen Realisation, des *discours*).[11] In ihnen verbindet sich ein strukturell faßbares Handlungsmuster mit einer konkreten inhaltlichen Besetzung, wobei diese Besetzung (Personen, Handlungsorte, Handlungszeiten) allerdings den jeweiligen Gegebenheiten im Werk angepaßt werden kann. Nach gängiger Definition setzen sich Stoffe aus aneinandergereihten oder ineinander verflochtenen Motiven zusammen; insofern sind sie stärker inhaltlich festgelegt als

---

11 Verwendet man den Motiv-Begriff im weiteren Sinn, zeigt er große Unschärfen, da er für unterschiedliche Werk-Ebenen gebraucht wird: für die zentrale Problemkonfiguration ebenso wie für wiederkehrende Einzelheiten, die nicht einmal an Handlungen gebunden sein müssen (vgl. ‚Leitmotiv'). Für diese Einzelheiten hat sich, sofern man ‚Motiv' im engeren Sinne verwendet, der Begriff ‚Handlungszüge' eingebürgert (vgl. FRENZEL 1980, 1993; LÜTHI 1980).

Motive. Oftmals wird ‚Motiv' aber auch gleichbedeutend mit ‚Thema' verwendet, der dominierenden Problem- oder Gedankenkonstellation. Der ‚Liebestod' wäre ein zentrales *Motiv* innerhalb des ‚Tristan und Isolde'-*Stoffes*, der vom *Thema* der ‚illegitimen Liebesbeziehung' geprägt ist (SCHULZ 2003b–e).

Stoffe begegnen nicht in einer neutralen ‚Grundform', sondern immer nur abhängig von den Gestaltungskonventionen des Genres, in dem sie vorgefunden worden sind. Insofern bezeichnet ‚Stoff', auch wenn der Begriff sehr gegenständlich erscheint, nichts Reales: Vom ‚Stoff' einer Erzählung zu sprechen heißt, eine Modellbildung vorzunehmen. Dabei werden Inhalt und Handlung der Erzählung darauf reduziert, inwiefern sie als abhängig von Inhalt und Handlung ihrer ‚Quelle(n)' betrachtet werden können. Diese Abhängigkeit kann sich auch auf einzelne vorgängige Bearbeitungen bis hin zur Summe all dieser Bearbeitungen beziehen, etwa wenn heute die Geschichte von Tristan und Isolde oder diejenige des ‚Nibelungenlieds' für Fernsehen und Kino neu erzählt werden. Diese Neubearbeitungen beziehen sich nicht allein auf die mittelalterlichen Texte als ihre Stoffe, sondern ebenso auf die wirkmächtigen Musikdramen Richard Wagners und auf weitere vorgängige Bearbeitungen. Durch die Umakzentuierung der Inhalte können Werke programmatisch vom vorgegebenen Stoff abweichen; sie können auch inhaltlich und formal in kritische bis parodistische Distanz zu vorgängigen Bearbeitungen des gleichen Stoffes treten (DRUX 2000a; SCHULZ 2011).

3.2.2 Wiedererzählen

Die Epik des Mittelalters ist programmatisch vom ‚Wiedererzählen' geprägt (WORSTBROCK 1999). Der Stoff (die *materia*) erscheint dabei als die zentrale Bezugsgröße der stilistisch-rhetorischen und auch kompositorischen Anstrengungen der Autoren: Das Wiedererzählen soll den alten Stoff unverfälscht bewahren und ihn zugleich als unverfälschten gegen die Verzerrungen der Tradition erneuern (LIEB 2005; vgl. BUMKE/PETERS 2005). Das garantiert die Dignität der Dichtung: Die mittelalterlichen Autoren versuchen, ihrer Neufassung der alten Stoffe Geltung zu verschaffen, indem sie sie programmatisch von älteren Bearbeitungen absetzen. Gottfried von Straßburg etwa, von dem die ästhetisch anspruchsvollste (und moralisch anstrengendste) der mittelhochdeutschen Ehebruchsgeschichten um Tristan und Isolde stammt, erklärt in seinem Prolog, daß er die Richtigkeit seiner Vorlagenwahl durch umfassende Quellenstudien erhärtet habe. Im Gegensatz zu anderen erzähle er die einzig ‚richtige' Geschichte von Tristan. Tatsächlich unterscheidet sich seine Fassung deutlich von der älteren Fassung Eilharts von Oberge, was den Handlungsverlauf und die Episodenführung betrifft. Gottfried bearbeitet den altfranzösischen ‚Tristan' des Thomas de Bretagne, während Eilhart eine andere Quelle benutzt hat, die augenscheinlich dem ‚archaischeren' ‚Tristan' Bérouls nahesteht.[12] Gerade im feinen höfischen Gewand von Gottfrieds glasklarem Stil wirken Brutalität und Skrupellosigkeit des Liebespaares aber noch irritierender als im kruden, sprunghaften, detailarmen, archaischen, die Handlungen kaum motivierenden Erzählgestus Eilharts, nicht zuletzt deshalb, weil Eilhart nur den Listenreichtum der Protagonisten feiern möchte, während Gottfried dem Gedenken an diese besondere Liebe einen wahren Kult widmet, indem er es an die Eucharistie des Abendmahls heranschreibt.

BELLER 1970. – BELLER 1981. – BELLER 1992. – BUMKE/PETERS 2005. – DRUX 2000a. – DRUX 2000b. – FRENZEL 1980. – FRENZEL 1993. – LIEB 2005. – LÜTHI 1980. – SCHULZ 2003b. – SCHULZ 2003c. – SCHULZ 2003d. – SCHULZ 2003e. – SCHULZ 2011. – WORSTBROCK 1999.

3.3 Narrativer Agon

3.3.1 Erzählen mit der und gegen die Tradition

Erzählen positioniert sich so in Konkurrenz zu anderem Erzählen, allerdings ohne den Anspruch auf die gottgleich schöpferische Gewalt des Originalgenies (vgl. grundsätzlich CHINCA/YOUNG 2001). Man erzählt mehr oder minder das gleiche – nur eben anders. Das gilt dann auch für einzelne Motive. In seinem berühmten Schwalbenhaar-Exkurs wendet sich Gottfried beinahe explizit gegen die ältere Fassung Eilharts, als er polemisiert, es wäre albern und kindisch gewesen, wenn Tristan auf gut Glück vom Hof seines Onkels Marke ausgefahren wäre, um in der ursprünglichen Trägerin eines Haares, das eine Schwalbe in die Halle des Hofes getragen

---

12 Die Vergleiche werden nicht allein dadurch erschwert, daß Gottfrieds ‚Tristan' ein Torso geblieben ist, der just dann abbricht, als Tristan mit dem Gedanken spielt, eine andere Isolde (Isolde Weißhand) zu heiraten. Die altfranzösischen Texte des Béroul und des Thomas sind nur in zerstreuten Fragmenten überliefert; die Fassung des Thomas läßt sich in ihren Handlungszügen nur anhand einer nordischen (isländischen, ursprünglich wohl norwegischen) Prosa-Bearbeitung aus dem 17. Jahrhundert rekonstruieren.

hatte, die einzig passende Braut für Marke zu suchen. Tatsächlich hat Eilhart die Brautwerbungsfahrt genau so begründet, während Gottfrieds Tristan – der die Frau schon kennt – einfach die irische Isolde als die schönste und damit angemessene Frau für seinen Onkel nennen kann, als die Barone Marke zu einer Heirat drängen. Schon der Autor von Gottfrieds Vorlage, Thomas, hat sich von anderen Fassungen der Geschichte abgegrenzt, als er zum Schluß begründet, warum gerade nicht Tristans treuer Adlatus Kurneval nach Cornwall geschickt wird, um die heilkundige Isolde zum tödlich verwundeten Helden zu bringen. Denn, so Thomas, Kurneval sei als Verbündeter der Liebenden dort derart bekannt gewesen, daß er es niemals geschafft hätte, zu Isolde durchzudringen und ihr eine heimliche Botschaft ihres Geliebten zu überbringen.

Gottfried und Thomas argumentieren hier mit Wahrscheinlichkeiten, und das erscheint uns ausgesprochen vertraut, weil dies den gängigen Kohärenzansprüchen an ‚realistisches' (oder ‚mimetisches') Erzählen genügt (im Sinne des Postulats einer ‚Nachahmung von Wirklichkeit', wenigstens einer möglichen Welt). Der Anspruch, daß sich ein Geschehen genau so in der ‚richtigen Welt' hätte abspielen können, reicht allerdings nicht sehr weit. Denn ansonsten erzählen Gottfried und Thomas von einer Welt, die an unwahrscheinlichen Zufällen, Wunderwesen und magischen Machinationen nicht eben arm ist.[13]

Die Konkurrenz zu anderem Erzählen und anderen Autoren kann explizit *markiert* sein, muß dies aber nicht. Sie kann sich auf allen Ebenen der Erzählung manifestieren, von der Geschichte als Ganzes über einzelne Motive bis hin zu einzelnen Figuren. Wolfram von Eschenbach stellt in seinem ‚Parzival' immer wieder die Vortrefflichkeit seiner Figuren heraus, indem er ihre Qualitäten gegenüber denjenigen der Figuren Hartmanns von Aue hervorhebt. So lobt Wolframs Erzähler *explizit* die *triuwe* (‚Treue', ‚Loyalität': eine höfische Kardinaltugend) von Parzivals Frau Condwiramurs, die er gegenüber der rasch getrösteten Witwe Laudine aus Hartmanns ‚Iwein' profiliert. Auch *implizit* wertet Wolfram Hartmanns Protagonisten ab, wenn eine zwiespältige Gestalt wie der brutale Ritter Orilus als Bruder der Enite (der Heldin von Hartmanns ‚Erec') eingeführt wird.

---

13 Ich vereinfache hier. Eine genaue Betrachtung müßte versuchen, die Frage nach der Wahrscheinlichkeit des Erzählten zu historisieren, in dem Sinne, daß unsere modernen Erwartungen nicht unbedingt diejenigen des Mittelalters sind, in dem man durchaus an Zauber, Drachen und andere Wunderwesen glaubt, solange dies alles nicht gerade tagtäglich vor der eigenen Haustür begegnet.

Ältere Forschung hat derlei gerne als ausgewachsene Autoren-Feindschaft zu Tode interpretiert (wobei man allerdings viel mehr über eine Dichterfehde zwischen Wolfram und Gottfried von Straßburg spekuliert hat als über Wolframs Konkurrenz zu Hartmann).[14] Tatsächlich geschieht hier dreierlei: Erstens schreiben sich die Geschichten ein in einen literarischen Horizont des kollektiven Imaginären. Zweitens schreiben sie diese imaginäre Welt fort, besonders in der Artusepik, wo im 13. Jahrhundert immer wieder der genealogische Anschluß neuer Figuren an bereits bekannte gesucht wird (in der Heldenepik gibt es einen solchen narrativen Kosmos bereits). Drittens gehört der Agon – die mitunter auch kriegerische Konkurrenz – zu den Grundlagen höfischen Sich-Verhaltens (vgl. oben, Kap. 2.3.4.1). Die feudale Welt gründet auf Unterscheidungen, auf Hierarchien. Es geht in ihr darum, für sich selbst ein Maximum an *ère* ('Ehre', 'gesellschaftliche Reputation', 'soziales Ansehen') zu gewinnen, und dies vollzieht sich in einer Gesellschaft, die sich ganz wesentlich als Kriegergesellschaft begreift, über den Weg der gewaltsamen oder als gewaltsam imaginierten Konkurrenz. Auch Autoren *müssen* gegeneinander wettstreiten. Das ist nicht unbedingt Feindschaft, sondern Prinzip.

Hartmann von Aue schickt seine beiden Titelhelden Erec und Iwein gewissermaßen selbst gegeneinander ins Rennen: Als Iwein im gleichnamigen Roman gerade eine Herrschaft und eine Frau (Laudine) errungen hat, nimmt ihn der Musterritter Gawein ins Gebet und erinnert ihn daran, wie es Erec, von dem der erste Artusroman Hartmanns handelt, ergangen ist: Denn dieser habe alle seine *ère* verloren, weil er sich nach seiner Heirat mit der schönen Enite *verligen* habe (Erec und Enite haben nämlich ihr Bett nur noch zum Beten und zum Essen verlassen). Indem Iwein es aber besser machen möchte als Erec, macht er alles erst recht falsch, weil er vor lauter Turnieren nicht mehr zu seiner Frau Laudine heimfindet.

CHINCA/YOUNG 2001.

---

14 Gottfried nimmt die Schwertleite seines Helden Tristan zum Anlaß, die eigene dichterische Unfähigkeit zu beteuern und im Kontrast dazu die Fähigkeiten der Autoren-Zeitgenossen herauszustellen. Das ist natürlich nur Pose, denn mit Hilfe der Musen vom Helikon gelingt Gottfried auf der Ebene des *discours* ein Meisterstück rhetorischer 'Einkleidung', das der meisterlichen 'Einkleidung' des Helden auf der Ebene der *histoire* gleichkommt. Gottfried polemisiert dabei gegen einen ungenannten *vindære wilder mære*, also gegen einen, der ungewöhnliche Geschichten, die auf irgendeine Weise unhöfisch sind, findet oder erfindet. Dieser sei ein 'Hase auf der Wortheide', was sich offenbar auf Wolframs Prolog-Gleichnis vom 'hakenschlagenden Erzählen' bezieht.

3.3.2 Das Prinzip der Aventiure

Der Agon gehört natürlich zu den dominierenden thematischen Konstanten mittelalterlichen Erzählens. Kampf erscheint als der dominante Modus der Weltbewältigung. Wenn eine Störung der sozialen Welt vorliegt, kann sie durch Kampf bereinigt werden. Konflikte entstehen im Zentrum der höfischen Welt, im höfischen Fest, dem Selbst-Definiens der feudalen Welt, oder sie werden von außen an die höfische Welt herangetragen, oft wenn gerade ein höfisches Fest stattfindet. Sie werden aber nicht im höfischen Zentrum bereinigt, sondern an der Peripherie, im Bereich eines gänzlich oder wenigstens teilweise Außerhöfischen, und zwar indem sich der Held zum Kämpfen in diese Gegenwelt begibt (SCHULTZ 1983, S. 66–87; SIMON 1990, S. 24–31; SCHNYDER 2005). Das ist das Prinzip der Aventiure (von lat. *ad-ventus* ,was auf einen zukommt': zur Wortgeschichte vgl. LEBSANFT 2006; MERTENS 2006). Gewissermaßen im Sinne eines gelenkten Zufalls kommt der Held im Außerhalb des Höfischen genau dort an, wo ein Rechtsbrauch (eine *costume*) einen pervertierten Zustand zugleich festschreibt und zur Disposition stellt (KÖHLER 1960). Indem der Held diese *âventiure brichet*, wie es immer wieder heißt (ZELLMANN 1996, S. 202–251), bringt er nicht allein im Außerhalb des Hofes die Welt wieder in Ordnung, sondern zugleich am Hof selbst: Der Hof selbst braucht Aventiuren als Lebenselixier, gleichermaßen als Taten wie als Erzählungen von diesen Taten (MERTENS 2006; STROHSCHNEIDER 2006) – das Wort *âventiure* selbst meint beides.

Die Kampftaten des Helden wirken doppelt kompensatorisch: zum einen, indem sie nicht am Ort der ursprünglichen Störung stattfinden, zum anderen, indem sie auch dasjenige im Modus des Kämpfens wieder in Ordnung bringen, was vielleicht gar nicht durch körperliche, sondern nur durch verbale Gewalt in Unordnung gebracht worden war.

Beispiel 1: Wolframs von Eschenbach ,Parzival'
Wolfram von Eschenbach ironisiert dies in seinem ,Parzival', wenn dem Titelhelden überall, wo er hinkommt, nichts Besseres einfällt, als sich Gedanken darüber zu machen, für wen er wann und wo kämpfen könne. Auch weil dem Helden kein anderes Register zur Verfügung steht, muß er auf der Gralsburg versagen. Dort würde es darauf ankommen, Fragen zu stellen, nicht allein nach dem körperlichen Leiden des Gralskönigs, sondern auch danach, warum man Parzival ein Schwert in die Hand gedrückt hat. Doch als Parzival am nächsten Morgen erwacht und bloß noch die

Spuren der Pferde der Gralsritter sieht, denkt er allein daran, daß sie zum Kämpfen ausgeritten seien, und möchte ihnen dabei helfen.

Dennoch stellt Wolfram das Prinzip der Weltbewältigung durch Kampf nicht grundsätzlich in Frage. In der Episode, die der Begegnung mit der Gralswelt vorausgeht, ist Parzival nach Pelrapeire gekommen, einer belagerten Stadt. Sie wird deshalb belagert, weil die Landesherrin, die junge Waise Condwiramurs, dem Liebeswerben des Fürsten Clamide nicht nachgeben wollte. Parzival hilft den Eingeschlossenen und erwirbt sich damit einen Anspruch auf die Hand der Königin, die sich schemagemäß und selbstverständlich in ihren Retter verliebt.

Die Welt, von der die mittelalterliche Literatur erzählt, ist eine durch und durch agonale. In ihr kommt es darauf an, im Modus der (kriegerischen) Konkurrenz Hierarchien herzustellen, nicht allein in der Aventiurewelt des höfischen Romans, sondern auch in der Schwankwelt der novellistischen Kurzerzählung, des sogenannten ‚Märe': Vorherrschendes Handlungsprinzip ist hier das agonale Schwankschema von Schlag und Gegenschlag, List und Gegenlist, das so lange durchgespielt wird, bis die ursprüngliche Hierarchie endgültig wiederhergestellt oder endgültig auf den Kopf gestellt ist. Es ist deshalb kein Wunder, wenn auch Liebe auf der Handlungsebene wie auch auf der Ebene der Metaphorik oftmals als Liebeskrieg inszeniert wird (und wenn Sexualität dann als Turnierkampf – Lanzen, die auf Schilde treffen etc. – imaginiert wird).

BLEUMER 2006. – KÖHLER 1960. – LEBSANFT 2006. – MERTENS 2006. – SCHNYDER 2005. – SCHULTZ 1983, S. 66–87. – SIMON 1990, S. 24–31. – STROHSCHNEIDER 2006. – ZELLMANN 1996, S. 202–251, passim.

3.4 Konkurrierende Logiken in den Hauptgattungen des volkssprachigen Erzählens

3.4.1 Konkurrierende Logiken 1: Das Motiv des Frauenerwerbs durch Aventiure – Minne und Herrschaft im höfischen Roman

3.4.1.1 Heldenkonzept und Wegstruktur

Der höfische Roman erzählt die Geschichte eines Helden, der dasjenige verkörpert, was die höfische Gesellschaft für ideal hält. Er ist damit ein *exemplarischer* Held, dessen Einzigartigkeit vor allem durch seine spezifische Geschichte entsteht, weniger durch ureigene persönliche Merkmale. Diese Geschichte bleibt nicht statisch einem bestimmten Raum verhaftet, sondern sie entfaltet sich im Rahmen einer oftmals zweigeteilten Weg-Ziel-Struktur. Beide Teile können etwa, wie im Artusroman, der heute bekanntesten Untergattung, durch eine Krise des Helden miteinander verbunden werden: Der Held muß nach einer mehr oder minder schwerwiegenden Verfehlung dasjenige, was er schon erreicht zu haben glaubte, noch einmal endgültig erringen. Zeitweilig entfremdet er sich von sich selbst und von der Gesellschaft, auch dadurch, daß er sich (auf unterschiedliche Weise) dem Nicht-Höfischen angleicht, doch diese Entfremdung wird zuletzt wieder aufgehoben, die Exemplarizität des Helden wird wiederhergestellt (HAUG 1971).

Seine Geschichte kann dadurch gerahmt werden, daß zunächst erzählt wird, wie seine Eltern zueinandergefunden haben. Solche *Elternvorgeschichten* stellen vor, wozu der Held von seiner Genealogie her bestimmt worden ist. Ein genealogischer Ausblick kann davon erzählen, was seine Nachkommen erreicht haben, die natürlich ihre besonderen Eigenschaften wiederum von ihren Eltern und ihren Herkunftssippen ererbt haben.

3.4.1.2 Agonalität im höfischen Roman

Weltbewältigung vollzieht sich im höfischen Roman über den Kampf bzw. die ritterliche Aventiure. Die höfische Welt wird durch archaische Gewalt, Regellosigkeit, zügellose Sexualität, insgesamt durch Nicht-Höfisches bedroht, und der Held stellt sich dieser Bedrohung im Kampf. Der strukturelle Entwurf des höfischen Romans sieht vor, wie bereits angedeutet, daß systeminterne Störungen *kompensatorisch* im ‚Außerhalb' der Aventiurewelt ausagiert und dort durch die Taten des Helden auch *kompensatorisch* bereinigt werden. Erec, der Held von Hartmanns gleichnamigem Artusroman, hat am eigenen Hof gefehlt, indem er das höfische Leben brachliegen ließ und sich nurmehr mit seiner schönen jungen Frau Enite im Bett vergnügte. Als ihm durch Enite zugetragen wird, daß sein Hof nicht mehr hinter ihm steht, reagiert er nicht etwa damit, wieder Feste und Turniere zu veranstalten, sondern indem er mit Enite auf Abenteuerfahrt geht. Nachdem er hier erfolgreich war, kann er umjubelt zurückkehren und seine Herrschaft wieder antreten. Man kann das agonale Prinzip, von dem eben die Rede war, auf nahezu allen Ebenen des Erzählens finden. Es findet sich in den Texten aber auch auf einer abstrakteren Ebene, auf der Ebene thematischer Logiken. Auch wenn sie zuletzt fast immer ‚höfische Kompromisse' (MÜLLER 2007a) erzwingen, neigen mittelalterliche Erzähltexte ausgesprochen stark zu axiologischen Paradoxierungen, zu unaufgelösten und unabgestimmten Konfrontationen unterschiedlicher Wertbereiche.

3.4.1.3 Frauenerwerb durch Aventiure

Als Beispiel mag hier das Prinzip des Frauenerwerbs durch Aventiure gelten, wie es Parzival in Pelrapeire erfolgreich vorgeführt hat. Dabei handelt es sich um ein gängiges Motiv des höfischen Romans, und dieses Motiv ist in seiner Struktur von konkurrierenden thematischen Logiken geprägt. Es geht hier gleichermaßen um Kampf/Agon, Minne und Herrschaft. Die Dame, die das Begehren eines fremden Mannes erweckt hat, ist nicht irgendeine, sondern, als junge Waise, die Landesherrin. Aber ihre Herrschaft ist gefährdet. Um sie auf Dauer zu stellen, braucht sie einen Mann: zum einen, damit er ihr Reich als Herrscher und als Krieger gegen fremde Usurpationsgelüste verteidigen kann; zum anderen, damit er mit ihr einen männlichen Erben zeugt. Insofern steht der Leib der jungen Königin stellvertretend (genauer: metonymisch) für die Landesherrschaft (vgl. allg. SCHULZ 2010b). Das Begehren des fremden Mannes, der von außen kommt und sie lieben und heiraten will, ist nicht allein ein erotisches bzw. sexuelles, sondern immer zugleich auch ein herrschaftliches. Beides wird gewissermaßen als Einheit gedacht.

Im Rahmen einer agonalen, männlichen Kultur ist es dann nur folgerichtig, daß der bessere Kämpfer auch den besseren Anspruch auf Leib und Land der Dame hat: Zwei Ritter kommen von außen. Der eine belagert die Frau, der andere stellt sich als ihr Kämpfer zur Verfügung und siegt gegen den ersten. Weil er der ‚Beste' ist, darf er auch den Gewinn einstreichen, nämlich die Herrschaft und den Körper der Königin. Das allerdings widerspricht dem Prinzip adeliger Minne (vgl. Kap. 2.3.4.2). In der Minne nämlich ist die Frau dem Mann nicht hierarchisch untergeordnet, sondern mindestens gleichrangig. Das bedeutet aber auch, daß sie sich dem Werben eines Mannes verweigern und auf ihre sexuelle Selbstbestimmung pochen kann. Und genau das tut sie, wenn sie den Avancen des ersten Mannes nicht nachgibt, wenn sie seinen Dienst nicht annimmt und sich entsprechend dagegen verwahrt, ihm für seinen Dienst Lohn zu gewähren.

Hier kollidieren zwei unterschiedliche Prinzipien, die die Figurationen der Minne in der höfischen Literatur bestimmen: das ökonomische Prinzip ‚Dienst für Lohn' und das antiökonomische ‚Dienst auf Gnade'. Beim ersten gibt es einen Anspruch, während das Prinzip der Gnade gerade vollkommen unabhängig von allen Vorleistungen ist. Wenn der Dienst auch ohne jede Aussicht auf Erfüllung geleistet wird, dann ist die Dame gewissermaßen nicht mehr sein Ziel, sondern nur das Mittel, um die Vervollkommnung des einzelnen auf der Grundlage anerkannter gesellschaftlicher Werte voranzutreiben. In einem solchen Spannungsfeld bewegt sich im Mittelalter auch das Prinzip des Gottesdiensts: Als oberster Herr hat Gott Anspruch auf Dienst, aber er gewährt den Lohn nur nach dem Prinzip der Gnade, d. h. es gibt eben gerade keinen Anspruch darauf. Dennoch gibt es eine moralische Pflicht zum Dienst an Gott und zur ‚Besserung' (*bezzerunge*) der eigenen Person. Beim Minnedienst kann dasjenige, was der Lohn ‚ist', durchaus unterschiedlich verstanden werden: das Spektrum reicht von einem ‚Gruß', der nur schwerlich verwehrt werden kann, bis hin zur sexuellen Hingabe. Und die Texte spielen massiv mit dieser Mehrdeutigkeit.

In der Minnelyrik besteht der Dienst in erster Linie aus dem Sang. Hier herrscht, auch aufgrund der viel größeren Asymmetrie der Beziehung und der stärkeren Idealisierung der Dame, das Gnadenprinzip vor, während im höfischen Roman, wo der Dienst vor allem aus Kämpfen besteht, eher das Lohnprinzip gilt. Dennoch bleibt auch im Roman der Grundwiderspruch zwischen beiden Prinzipien bestehen, und er wird nicht selten deutlich auserzählt.

Die Dame kann nach dem Gnadenprinzip dem ersten ‚Diener' den Lohn verweigern, während sie sich und ihr Land demjenigen, der ihr dann als Kämpfer gegen diesen erfolgreich dient, förmlich an den Hals werfen muß, auch wenn er seinen Anspruch gar nicht explizit erhoben hat. Solche Paradoxierungen können nur durch einen Kompromiß gelöst werden: indem die Dame und der zweite Ritter sich ganz selbstverständlich ineinander verlieben, nach dem Prinzip ‚gleich und gleich gesellt sich gern': Der ‚Beste' und die ‚Schönste' müssen gewissermaßen naturgemäß zueinanderfinden, weil sie in der Perfektion ihrer adeligen Leiblichkeit merkmalsgleich sind. Es geht hier nicht um Gegensätze, die sich anziehen, sondern um Ähnlichkeiten und Gleichheiten. Nur so kann gewährleistet werden, daß nur diejenigen, die einander angemessen sind, zueinanderfinden.

Beispiel 2: Hartmanns von Aue ‚Gregorius'
Daß auch solche Kompromisse problematisiert werden können, zeigt Hartmann von Aue in seinem ‚Gregorius', einer Mischform aus höfischem Roman und Legende. Als Frucht eines Bruder-Schwester-Inzests ist Gregorius als Säugling im Meer ausgesetzt worden. Er wächst ohne genaues Wissen um seine Herkunft in einem Kloster heran und zieht als Fünfzehnjähriger als Ritter in die Welt. Das erste Abenteuer, das er besteht, ist, die alleinregierende Herzogin von Aquitanien gegen die Usurpation eines römischen Herzogs zu retten. Schemagemäß heiratet Gregorius die Für-

stin. Diese allerdings ist niemand anders als seine leibliche Mutter. Minne entsteht auch hier auf der Grundlage der Merkmalsgleichheit beider Partner. Gewöhnlich wird diese Merkmalsgleichheit nur in Analogie zu körperlicher Verwandtschaft imaginiert, ohne echte Verwandtschaft zu sein. Wie prekär dieses Muster ist, spekuliert Hartmann bis in die letzte Konsequenz aus.

3.4.1.4 Der *chevalier errant* als Problem

Verbunden mit dem zentralen Motiv des Frauenerwerbs durch Aventiure ist – nicht allein in der Problemdarstellung Hartmanns – das Prinzip des *chevalier errant*. Dort, wo es darum geht, Ehre zu erwerben, tritt der Held mit Vorliebe als namenloser und unbekannter Ritter auf: auf Turnieren, im Wald der Aventiuren, in verwunschenen Burgen, die irgendwelche Unholde in ihrer Gewalt haben, als Retter verwaister junger Herrscherinnen, die von ebenso liebestollen wie machtbewußten Nachbarfürsten bedrängt werden. Erst wenn der Anonymus den Sieg davongetragen hat, gibt er sich zu erkennen, manchmal erst, nachdem er den Ort seines Triumphes schon längst wieder verlassen hat. Tatsächlich handelt es sich grundsätzlich um einen Hochadeligen aus allerbester Familie, und in den Artusepen ist der jeweilige Hauptprotagonist überdies noch mit Artus selbst verwandt – und damit auch mit seinem Neffen, dem Musterritter Gawein.

Der Zweck der Geheimnistuerei ist folgender: Es geht darum, daß Geburtsadel immer zugleich auch als Tugendadel behauptet werden soll. Der ideologische Entwurf des höfischen Romans fundiert die Vorrechte des Geburtsadels in einer Leistungsethik. Deshalb muß das individuelle Herkommen des Ritters – und damit seine Identität – immer wieder eingeklammert werden, um sicherzustellen, daß er sich auch als Unbekannter vor den Augen der höfischen Öffentlichkeit dasjenige selbst zu erringen vermag, wozu ihn seine Geburt ohnehin prädestiniert (MÜLLER 2004, S. 303 f.): *êre*, die Herrschaft über ein Land und die Liebe einer hochstehenden Dame. Andererseits ist es jedoch genau das je besondere Herkommen, das die Qualitäten des Helden bedingt.

Besonders deutlich wird dieses Muster im Artusroman. Gegenüber seinen nahen Verwandten Artus und Gawein muß sich der Held durch eigene Leistung profilieren, obwohl er gerade durch diese Verwandtschaft schon hinreichend ausgezeichnet ist, als einer der besten. Genau deshalb tritt er seinen Verwandten am Hof immer wieder als Unbekannter gegenüber – vor allem im Kampf gegen Gawein, wie er sich in fast jedem Artusroman findet. Dieser Kampf wird trotz Vorteilen für den Helden

3.4 Konkurrierende Logiken in den Hauptgattungen des volkssprachigen Erzählens

unentschieden abgebrochen (es geht hier einmal mehr um das prekäre Verhältnis zwischen Gleichheit und Hierarchie; vgl. den ‚Mantel', Kap. 2.3.4.1; auch andere, kampflose Vortrefflichkeitsproben am Artushof wie etwa der Tugendstein blenden das Herkommen des Helden aus). Der Held ist auf der einen Seite genau so gut, wie es sein Herkommen bedingt; andererseits ist er sogar noch um ein kleines Maß besser. Die Texte versuchen, zwei Dinge zugleich zu erzählen und das eine im anderen zu begründen: Tugendadel und Geburtsadel. Daß der vortreffliche Anonymus nur von geringem oder gar keinem Adel sein könnte, steht außerhalb jeder Diskussion. Es scheint nur als durchgestrichene Möglichkeit auf, als abgewiesene Alternative.

Der *chevalier errant* tritt überall als Fremder auf. ‚Fremd' bedeutet: von außen kommend, nicht mit den Bewohnern und Herrschern des Landes bekannt und verwandt. Jenseits des Artushofs ist der *chevalier errant* tatsächlich ein Fremder – die selbstgewählte Anonymität klammert die Fama seines Geschlechts und seinen individuellen Ruhm ein. Wenn er sich als Unbekannter eine Frau und ein Reich erstreitet, dann steht seine Fremdheit zugleich immer auch für das Prinzip der *Exogamie*, d. h. der Heirat außerhalb der eigenen Familie. Exogamie ist das Gegenteil von *Endogamie*, der Heirat innerhalb der eigenen Familie, deren prekäre Steigerung der *Inzest* ist, die Blutschande.

Nach den Maßgaben der strukturalen Anthropologie (LÉVI-STRAUSS 1948/1993) bedeuten Inzest und Endogamie *Verhinderung von Kultur*, während Exogamie *Ermöglichung von Kultur* bedeutet. ‚Kultur' ist für LÉVI-STRAUSS hier[15] in erster Linie auf vertragsmäßige Bindungen gegründet, auf dauerhafte konfliktfreie Kommunikation, und beides entsteht massiv durch die Heirat zwischen unterschiedlichen Clans, durch ‚Frauentausch'. Man kann die Beobachtungen, die LÉVI-STRAUSS in den Stammeskulturen der Südhalbkugel gemacht hat, natürlich nicht eins zu eins auf die europäische Feudalkultur des Mittelalters übertragen. Aber in den Imaginationen der Erzählliteratur zeigen sich merkwürdige Abweichungen vom tatsächlichen Heiratsverhalten des Adels. Dieser versuchte nämlich oft genug, Ehen zu schließen, die aus der Sicht des relativ rigiden kirchlichen Inzestverbots (bis ins siebte Glied) gerade noch oder gerade nicht mehr erlaubt waren, weil so der Besitz innerhalb einer oder zweier

---

15 Innerhalb des ethnologischen Gesamtsystems von LÉVI-STRAUSS ist dies nur eines der für ‚Kultur' nötigen Basismerkmale. ‚Kultur' läßt sich in Opposition zu ‚Natur' bringen, und das bedeutet etwa, daß das Zubereiten von Speisen oder das Bekleiden ursprünglicher Nacktheit ebenso als kulturkonstitutiv zu begreifen sind.

miteinander verwandten Familien zusammengehalten werden konnte. Hingegen zeigt die Literatur eine überdeutliche Tendenz zur Exogamie: eben im Motiv des *chevalier errant*, der in der Fremde, wo ihn keiner kennt, durch herausragende Taten eine Frau und ein Reich erringt, und im narrativen Schematismus der ‚gefährlichen Brautwerbung' (vgl. Kap. 4.2.1). Daß gerade die Anonymität des *chevalier errant* nicht allein seine Fremdheit in bezug auf die Frau markieren, sondern im Gegenteil seine verwandtschaftliche Nähe zu ihr verschleiern kann, zeigt Hartmann in seinem ‚Gregorius' (siehe oben): Der Fremde, der von außen kommt, ist niemand anders als der Sohn der Landesfürstin (STROHSCHNEIDER 2000).

BUMKE 1992. – BUMKE 2004. – CORMEAU 1977. – CORMEAU 1979. – CORMEAU/STÖRMER 1985. – HAUG 1971. – HAUG 1991. – HAUG 1992. – KUHN 1948/1969a. – LÉVI-STRAUSS 1948/1993. – MERTENS 1998. – MEYER 1994. – MÜLLER 2004. – MÜLLER 2007a. – RIDDER 1998. – RUH 1978. – RUH 1980. – SCHMID 2000. – SCHULTZ 1983. – SCHULZ 2000b. – SCHULZ 2008, S. 208–212. – SCHULZ 2010b. – SIMON 1990. – STROHSCHNEIDER 2000. – WARNING 1979a. – WARNING 1979b.

3.4.2 Konkurrierende Logiken 2: Märendichtung – agonale Überlistung, Anspruch und Gnade

3.4.2.1 Die Konkurrenz von Narration und Weisheitslehre

Ein ähnliches Nebeneinander unterschiedlicher Ansprüche findet sich auch in den novellenhaften Erzählungen, die in der Germanistischen Mediävistik unter dem Label ‚Märe' firmieren (Überblick bei ZIEGELER 2000; GRUBMÜLLER 2006; SCHULZ 2015; zum europäischen Kontext vgl. auch CHINCA/REUVEKAMP-FELBER/YOUNG 2006). Von ihnen war oben schon kurz die Rede. Die Bezeichnung suggeriert, daß es bereits im Mittelalter eine an einen Begriff gebundene Vorstellung von einer Gattung gab; tatsächlich aber ist der Wortgebrauch im Feld poetologischer Begriffe im Mittelalter schwankend und nur eher zufällig terminologisch (zum Problem vgl. grundsätzlich DICKE/EIKELMANN/HASEBRINK 2006; GRUBMÜLLER 1999a). Die *literaturwissenschaftliche* Bezeichnung ‚Märe' ist eine Erfindung der Forschung des 20. Jahrhunderts – im Mittelhochdeutschen meint *mære* all dasjenige, was man früher als Bedeutung des schönen Worts *Kunde* verstanden hat. ‚Märe', im germanistischen Sinn vor allem geprägt von HANNS FISCHER (1968/²1983), meint eine Kurzerzählung (im Umfang bis ca. 2000 Verse), bei der sich das eigentlich Literarische von den Anforderungen exemplarisch-didaktischer Kleinepik schon relativ weitgehend

3.4 Konkurrierende Logiken in den Hauptgattungen des volkssprachigen Erzählens 135

emanzipiert hat (zur Diskussion HEINZLE 1978a, 1988; ZIEGELER 1985; MÜLLER 1984; HAUG 1993; GRUBMÜLLER 1993; SCHNELL 2004a; GRUBMÜLLER 2006).

Mären erheben sich gewissermaßen auf dem Grund exemplarischen Erzählens. In vormodernen Kulturen dient Erzählen nicht in erster Linie dazu, sich gepflegt unterhalten zu lassen, sondern es hat immer auch noch andere, zum Teil besonders stark hervortretende soziale Funktionen. Vor allem Kurzerzählungen dienen im Mittelalter zur moralischen Belehrung (GRUBMÜLLER/JOHNSON/STEINHOFF 1988). Anhand von Predigtmärlein (GRUBMÜLLER 2003), Fabeln (GRUBMÜLLER 1997) und anderer Kleinepik soll exemplarisch auf menschliche Schwächen hingewiesen werden. Zumeist bestehen dieses Schwächen darin, daß sich jemand nicht in den sozialen Stand, der ihm innerhalb der von Gott verbürgten hierarchischen Ordnung zugewiesen worden ist, einfügen möchte: Der Schwächere rebelliert gegen den Stärkeren, die Frau gegen den Mann, der Knecht gegen den Herrn. Didaktische Kleinepik führt vor, daß derlei nicht gutgehen kann, weshalb es am vernünftigsten ist, bei seinen Leisten zu bleiben. Es geht hier um eine erzählerische Weisheits- und Tugendlehre, die zumeist in der Rahmung der Geschichte noch deutlich forciert wird (,Promythion' und ,Epimythion': deutende Vor- und Nachbemerkung).

Am auffälligsten verfahren hierin sog. *bîspel* (auch diese Bezeichnung stammt weniger aus den mittelalterlichen Texten selbst als vielmehr von der modernen Literaturwissenschaft). Das sind narrative Exempla, kurze Erzählungen, deren Inhalt nicht für sich stehen soll, sondern repräsentativ ist für ein Problem in dem weiten Feld, wie man sich Gott und der Welt gegenüber richtig verhalten soll. Insofern können auch Tierfabeln die Grundlage solcher *exempla* (,Beispiele') bzw. *bîspel* (,Bei-Erzählungen') bilden. Abschließend werden Elemente der Handlung dann in zentralen Punkten nach dem Verfahren mittelalterlicher Allegorese im Blick auf eine christlich-feudale Weisheitslehre ausgelegt, wobei die Deutung auch schon einmal so umfangreich ausfallen kann wie der Text der zugrunde gelegten Erzählung (RAGOTZKY 1981; DICKE 1997). Ob diese in jedem Fall zu einem befriedigenden narrativen Abschluß geführt wird, spielt dort, wo die Didaxe im Vordergrund steht, nur eine nachgeordnete Rolle. (Beobachten läßt sich das etwa am ,Schweizer Anonymus', einer spätmittelalterlichen Kleinepiksammlung, in der, wenigstens nach modernen Maßstäben, einige erzählerische Pointen zugunsten der moraldidaktischen Ausrichtung regelrecht ,vergeigt' werden.) Ebenfalls zweitrangig ist, ob die Erzählungen gegenüber ihrer ,allegorischen' Ausdeutung überschießenden Sinn produzieren oder nicht.

Weil es dabei nicht um den konkreten, je besonderen Einzelfall geht, erscheinen die handelnden Figuren als bloße Typen, die lediglich bestimmte Eigenschaften repräsentieren (NEUSCHÄFER 1969; MÜLLER 1984). Handlungsträger sind ‚ein Mann und seine Frau', ‚Herr und Knecht', ‚Vater und Sohn' etc.

Das sind die Vorgaben, die für kürzere Erzählungen in der Volkssprache Geltung haben. Im Fall der ca. 250 Texte, die spätestens seit HANNS FISCHER (1968/²1983) als ‚Mären' bezeichnet werden (ZIEGELER 1985), tritt die didaktische Funktion zugunsten der literarischen Faktur zurück; eine Tendenz, die sich bereits in den Anfängen der Gattung (in den Mären des Strickers, erste Hälfte 13. Jh.) deutlich abzeichnet und die sich in den folgenden 300 Jahren immer mehr verstärkt. Es wird zunehmend Wert auf die Kohärenz der Komposition (Sujetfügung, Pointierung) und des metaphorischen Systems gelegt, so daß die Texte zunehmend komplexer werden (GRUBMÜLLER 2006; FRIEDRICH 1996, 2005; SCHULZ 2000a, 2015). Erzählen verselbständigt sich gegenüber den Ansprüchen der Moral und der Weisheit, doch ohne den Bezug darauf völlig aufgeben zu können (STRASSER 1989): Auch wenn die explizit formulierte Moral das mitunter überschießende Geschehen nicht mehr einholen, bändigen oder gar bewältigen kann, geht es doch immer noch um Problemfälle sozialer Normativität. Deshalb kann von einer ‚Autonomie' des Literarischen hier noch keine Rede sein (FRIEDRICH 2005).

3.4.2.2 Das Schwankschema als agonales Prinzip

Eine besondere Rolle spielt dabei das Schwankschema, das in sicherlich mehr als der Hälfte der überlieferten Mären die Handlungsführung organisiert. Als agonales Handlungsmuster paßt das Schwankschema perfekt in die mittelalterliche Erzählwelt. Es geht darin um das narrative Infragestellen und Aushandeln von Hierarchien. HERMANN BAUSINGER (1967) hat bestimmte Grundtypen schwankhaften Handelns beschrieben. Im ‚Ausgleichstyp' wird „die anfängliche Überlegenheit einer Partei [...] durch die List der Gegenpartei neutralisiert", im ‚Steigerungstyp' „die Überlegenheit einer Partei [...] im Verlauf der Handlung [vergrößert]" (HERZMANN 2003, S. 406; vgl. ZIEGELER 2003). Ursprünglich wird mit Hilfe eines solchen Musters auch noch versucht, Weisheit als Handlungsorientierung in der Ständewelt des Mittelalters zu vermitteln. Das zeigen die Mären des Strickers aus der ersten Hälfte des 13. Jahrhunderts, in denen die Einhaltung sozialer Normen prinzipiell belohnt, der Verstoß gegen sie aber prinzipiell bestraft wird (RAGOTZKY 1981; GONZALEZ/MILLET 2006).

Allerdings zeigt sich schon beim Stricker eine Freude an der ‚narrativen Lust an der List' (WARNING). Denn das Schwankschema ist gewissermaßen moralisch neutral: Grundsätzlich siegt hier der Listigere oder der Stärkere, und weder der Listigere noch der Stärkere braucht unbedingt der Tugendhaftere und der Weisere zu sein, im Gegenteil (SCHULZ 2009a).

In den Anfängen der Gattung ‚Märe' werden List und Weisheit noch zusammengedacht, im Verlauf ihrer Entwicklung zeigt sich aber zunehmend die Tendenz zur Entkopplung beider. Insgesamt gerät das Schwankschema in Konflikt mit den Normen und Werten, die laut Pro- und Epimythia sowie anderen metanarrativen Passagen aber immer noch exemplarisch durch die Erzählung vermittelt werden sollen (HAUG 1993; SCHNELL 2004a). Tendenzen zum Grotesken und Obszönen verstärken sich (GRUBMÜLLER 2006; GSELL 2001).

Beispiel 3: ‚Mauricius von Craûn'
Als erstes Beispiel mag hier der ‚Mauricius von Craûn' dienen (Ende 13. Jh.), eine äußerst merkwürdige Erzählung, die FISCHER ursprünglich gar nicht in seinen Märenkatalog aufgenommen hat (zur Interpretation vgl. ZIEGELER 1984; KLEIN 1999). Der Text beginnt mit einer ausführlichen Schilderung der *translatio* der Ritterschaft, ausgehend von Troja, über Rom nach Frankreich (*translatio* meint die ‚Übertragung' oder ‚Weitergabe' von Rittertum – *translatio militiae* –, Herrschaft – *translatio imperii* – und Gelehrsamkeit – *translatio studiorum* – von Ost nach West; der Begriff markiert ein zentrales Gliederungsmuster mittelalterlicher Geschichtsauffassung, wie es etwa in der ‚Chronica' Ottos von Freising in der Mitte des 12. Jhs. formuliert wird). Der ‚Mauricius von Craûn' setzt danach noch einmal neu an, indem er programmatisch von den Tugenden *dienst, lôn* (‚Lohn') und *stæte* (‚Beständigkeit') in der *minne* handelt.

Nach diesem gewissermaßen verdoppelten Prolog, der zentrale Adelswerte in Erinnerung ruft, erzählt das Märe von der Liebe des Ritters Mauricius von Craûn zur verheirateten Gräfin von Bêamunt. Sie verspricht, ihm Lohn für seinen Dienst zu gewähren, wenn er ihr zu Ehren ein Turnier ausrichte. Das geschieht auch, Mauricius läßt hierzu ein prachtvolles Schiff zu Land durch die Felder rollen, bis hin nach Bêamunt. Beim Turnier stirbt einer der Teilnehmer unglücklich, aber ansonsten verläuft die Sache prachtvoll und großartig; Mauricius hat auch den Mann der Gräfin besiegt und gibt ein grandioses Zeichen seiner Freigebigkeit (*milte[keit]*: zentrale Adelstugend), indem er das Turnierschiff bis auf das letzte Einzelglied unter seinen Mitstreitern verteilen läßt.

Mauricius will nun den *lôn* für seinen geleisteten *dienst* einfahren und begibt sich auf die Burg der Gräfin. Eine Zofe empfängt ihn und ‚parkt' ihn in einer Kemenate, weil die Gräfin vorerst noch unabkömmlich ist. Angesichts der Turnierstrapazen ist Mauricius ausgesprochen erschöpft, er möchte aber nicht ruhen, bevor er nicht seine Geliebte getroffen hat. Insofern werden die Anstrengungen des Kampfes und der Minne hier parallelisiert. Die Zofe ermuntert ihn jedoch dazu, sich auf einem prachtvollen Bett kurz hinzulegen, sie werde ihn dann schon wecken, bevor die Gräfin komme. Doch als diese dann tatsächlich erscheint, schafft es das Mädchen nicht mehr, den schlafenden Helden rechtzeitig wach zu bekommen. Die Gräfin wertet den Schlaf des Mauricius als schwerwiegenden Verstoß gegen die Minne-Etikette und zieht sich augenblicklich wieder zurück. Alles Bitten und Flehen der Zofe, die natürlich die Schuld auf sich nimmt, fruchtet nichts, bis Mauricius schließlich die Sache selbst in die Hand nimmt. Er dringt ins Schlafgemach des Grafen und der Gräfin ein und bietet in seiner Kampfkleidung dabei einen so furchterregenden Anblick, daß ihn der Graf für den Wiedergänger des Turniertoten hält und alsgleich in Ohnmacht fällt. Statt seiner legt sich Mauricius ins Bett; die Gräfin muß ihm nun den *lôn* gewähren. Am nächsten Morgen verläßt er sie, für immer. Sie trauert ihm auf ewig nach und tadelt sich, daß sie „im *zorn* und gegen guten *rât* falsch gehandelt hat" (ZIEGELER 1984, Sp. 693).

Das ist natürlich kein Schwank, aber im ‚Mauricius von Craûn' zeigt sich eine verwandte agonale Struktur von Schlag und Gegenschlag, über die Hierarchien narrativ ausgehandelt werden. Ist zunächst der Ritter der Unterlegene, der der Frau dient und von ihr Lohn will, so versetzt er sich durch das erfolgreiche Turnier in eine überlegene Position, die er durch seinen Schlaf wieder verliert. Die Superiorität der Dame aber wird alsgleich wieder demontiert, als es Mauricius gelingt, in ihr Schlafzimmer einzudringen und ihren Mann außer Gefecht zu setzen. Letztlich hat sich die Hierarchie umgekehrt. Inhaltlich gefüllt ist die Folge von Aktionen und Reaktionen mit dem Ausspekulieren einer theoretischen Frage aus der Minnedoktrin: wann nämlich die Dame den bereits versprochenen Lohn noch verweigern könne. In solch theoretischen Überlegungen, wie sie sich auch im berühmten Traktat ‚De amore' (‚Über die Liebe') des Andreas Capellanus finden, kann der Schlaf des Liebhabers vor dem erotischen Stelldichein auf seiten der Dame als Grund dafür geltend gemacht werden, daß sie ihr Versprechen auf Lohn legitimerweise doch noch einmal zurückzieht.

Das ist die eine Logik, auf die sich der Text bezieht: Von ihr aus erscheint das Verhalten des Mauricius in der Kemenate als wenig klug und als

Versagen in Sachen Minne. Demgegenüber lassen sich jedoch Textstrategien erkennen, die die vorgängigen Leistungen des Ritters als nahezu perfekt erscheinen lassen und seinen Verstoß gegen die Minne-Etikette deutlich herabspielen (hierzu gehört etwa das Verhalten der Zofe). Andererseits bleibt jedoch – vor dem Hintergrund des Liebesmodells aus dem Minnesang (mit seiner Analogie zum Gottesdienst) – insgesamt fraglich, ob eine Dame den Dienst eines Mannes überhaupt sexuell belohnen muß (weil hier das Prinzip der unverfügbaren Gnade gilt). Es laufen hier mehrere Textlogiken über Kreuz: Nach der einen ist die Dame völlig im Recht, nach der anderen ist das Verhalten des Helden aber durchaus entschuldbar, so daß wiederum die Dame ins Unrecht gesetzt wird. Der Widerspruch wird nicht diskursiv bzw. erörternd aufgelöst, sondern im Rahmen eines schwankähnlichen Handlungsmusters narrativ prozessiert.

Am Ende ist die ursprüngliche Hierarchie zwischen Gräfin und Ritter umgedreht worden, der Ritter begehrt die Gräfin nicht mehr, sondern die Dame schmachtet ihm unter Selbstvorwürfen hinterher. Das Ende der Erzählung löst den Konflikt zwischen den konkurrierenden Normen und Werten nicht befriedigend auf, sondern entscheidet ihn durch bloße Setzung. Insgesamt irritierend bleibt der Umstand, daß Minne – und zumal Ehebruchsminne – gewissermaßen über Leichen gehen muß, um verwirklicht werden zu können: Auf dem Turnier, das Mauricius die Gunst der Gräfin verschafft, gibt es einen Toten, und Mauricius als dessen scheinbarer Wiedergänger sorgt endgültig dafür, daß er mit der Gräfin schlafen kann. Das Ende – die Gräfin bleibt frustriert zurück, während Mauricius sein Mütchen kühlen konnte und als Sieger davonreitet – geht nur dann auf, wenn man einen radikalen Wandel in der Minne des Ritters annimmt: vom aufwendigen Dienst in bedingungsloser *triuwe* und *stæte* zum bloßen sexuellen Abenteuer im Sinne einer erotischen Trophäe. Letztlich werden die Spannungen nicht aufgelöst.

Beispiel 4: Ps.-Konrads von Würzburg ‚Die halbe Birne A'
Ähnliches läßt sich auch für ‚Die halbe Birne A' zeigen (spätes 13. Jh.?), ein Märe, das in der mittelalterlichen Überlieferung dem Meisterautor Konrad von Würzburg zugeschrieben wurde – vielleicht gar nicht ohne Grund – und auch in anderen Fassungen existiert (zur Interpretation vgl. v.a. MÜLLER 1984/85; SCHNYDER 2000).

Das Märe erzählt folgende Geschichte: Ein mächtiger König hat ein Turnier um die Hand seiner Tochter ausgeschrieben. Daran beteiligt sich Ritter Arnolt, der in der Nähe lebt. Nach ersten Erfolgen darf er mit der Dame speisen. Zuletzt trägt man den Nachtisch auf: schöne Birnen, je eine für zwei Personen, dazu ein wenig Käse. Unbedacht schneidet Arnolt die Birne ungeschält entzwei und schiebt sich sofort die eine Hälfte in den Mund. Erst danach legt er der Prinzessin die andere hin; das Mädchen ist ausgesprochen erbost über diesen Verstoß gegen die Etikette, reagiert aber noch nicht. Als Arnolt am nächsten Tag wieder im Turnier antritt, stellt die Prinzessin ihn öffentlich bloß, indem sie den Vorfall mehrfach lautstark erinnert und dem Ritter schlechte Erziehung vorwirft. Er solle für immer Schande haben. Der Angriff auf seine *êre* führt dazu, daß Arnolt schamrot wird und jede Handlungssouveränität verliert. Zornig reitet er nach Hause und schwört Rache.

Auf Anraten seines Knechts Heinrich kehrt er dann in der Verkleidung eines stummen Narren an den Hof zurück. Die Prinzessin und ihre Hofdamen sitzen in der Kemenate zusammen, als der untenherum nackte Narr einem der Mädchen auffällt, signifikanterweise als es nach draußen geht, um Wasser zu lassen. Es berichtet der Prinzessin, die den Narren hereinholen und in die Asche vor dem Kaminfeuer setzen läßt. Trotz seiner Schmutzigkeit erregt seine ‚aufgerichtete Lanze‘, wie es heißt, das sexuelle Begehren der Königstochter, die die Hofdamen wegschickt, aber der Narr reagiert nicht auf ihr Begehren. Die alte Kammerfrau Irmengart muß ihn auf die Prinzessin legen und unter den Anfeuerungsrufen ihrer Herrin mit Rutenschlägen antreiben.

Am nächsten Morgen, beim Turnier, tritt Arnolt wieder als er selbst an. Die Prinzessin versucht ihn erneut zu kompromittieren, aber wiederum auf Einflüsterung seines Knechts wiederholt Arnolt lautstark die Anfeuerungsrufe der Prinzessin aus der vorigen Nacht. Angesichts der drohenden Schande fügt sich die Prinzessin auf Anraten ihrer Zofe in die Ehe mit Arnolt, der ihr aber nie so richtig gewogen wird. Der Erzähler schließt damit, daß Frauen ihre Triebe beherrschen sollten, Männer aber sich selbst vor den kleinsten Fehltritten hüten sollten, weil sie sonst, was Arnolt gerade noch vermieden habe, ihre Ehre verlieren könnten.

Auch dieses Geschehen folgt einem letztlich agonalen Schwankschema, allerdings führt Arnolt den ersten Schlag gegen die Prinzessin gerade nicht absichtsvoll. Das Schwankgeschehen beginnt also mit einem Fauxpas, mit einem Verstoß gegen die Etikette und das feine Benehmen, um dann völlig zu eskalieren. Das Muster von Schlag und Gegenschlag wird dabei mehrfach wiederholt, bis die Prinzessin in Umkehrung der ursprünglichen Hierarchie die Unterlegene ist. Das wiederum macht sie für Arnolt zum verfügbaren Heiratsobjekt. Jedoch ist das kein Ergebnis, mit dem der Ritter vollständig zufrieden sein könnte, weil der Frauengewinn nicht allein zunächst seine eigene Ehre beschädigt, sondern zugleich erwiesen hat, daß

3.4 Konkurrierende Logiken in den Hauptgattungen des volkssprachigen Erzählens 141

die Prinzessin nur nach außen tadellos erscheint, während sie ohne soziale Kontrolle wahllos nach sexueller Enthemmung sucht.

Im Text überschneiden sich unterschiedliche Logiken: Das Schwankschema liefert das Gerüst der Handlung; inhaltlich gefüllt wird es mit einer Brautwerbungsgeschichte, deren Erfolg zunächst zum einen an eine agonale Konkurrenz (Turnier), zum anderen an die perfekte Erfüllung höfischer Verhaltensstandards gebunden erscheint. Die Antriebe der Figuren sind auf der einen Seite extrem kreatürlich (Essen und Sexualität), auf der anderen massiv durch Werte der feudalen Kultur bestimmt (es geht darum, der eigenen *êre* Genüge zu tun, grundsätzlich auch auf Kosten anderer). In dieser Gemengelage entspinnt sich ein Geschehen, das von der reduktionistischen Moral der Schlußbemerkung nicht mehr eingefangen werden kann.

Die Geschichte spielt mit Extremen; auf der einen Seite finden sich hier die ‚feinen Unterschiede', an denen kenntlich werden kann, wer zur hochadeligen Gesellschaft gehört und wer nicht – das entscheidet nicht allein die Herkunft, sondern das Befolgen bestimmter Verhaltensregeln, die es nun einmal ausschließen, daß man bei Tisch zuerst an sich selbst denkt. Während man auf dem Turnierplatz *êre* durch – allerdings kontrolliertes – egoistisches Verhalten erwerben kann, gilt dies nicht für die feine Tischgesellschaft. Hier soll man sich selbst zurücknehmen. Insgesamt geht es darum, dasjenige, was als nicht-höfisch, als bäurisch bezeichnet wird, zu markieren und auszuschließen. Insofern dienen die Tischmanieren hier als pars pro toto adeliger Erziehung und höfischen Verhaltens, in mittelalterlicher Terminologie: der *hovezuht*.

Das eine Extrem wird also durch verfeinerte Sitten markiert, das andere Extrem durch die blanke Kreatürlichkeit, die in der obszönen Nacktheit des vermeintlichen Narren und in der auf reinen Lustgewinn abzielenden sexuellen Gier der Prinzessin thematisiert wird. Während das höfische Mahl anders als das Turnier gerade von der Abwesenheit von Gewalt geprägt ist, kehrt die Gewalt in der Kemenate der Prinzessin in den Schlägen wieder, mit denen die alte Zofe den vermeintlichen Narren antreibt. Beide Szenen sind zugleich von Kontrollverlust und Selbstkontrolle geprägt – beim Mahl beherrscht sich Arnolt nicht, während die Prinzessin ihre Empörung zurückhält; in der Kemenate beherrscht sich gerade der unhöfische Narr, während die höfische Prinzessin ihre Selbstkontrolle verliert. Die Dinge sind höchst intrikat verschränkt.

Das Verhalten der Figuren in der ‚Halben Birne A' orientiert sich zunächst strikt an feudalen Verhaltensmustern. Für diese ist die Leitdifferenz ‚Ehre versus Schande' prägend: Man muß danach trachten, Schande zu vermeiden und ein Maximum an Ehre zu erlangen. Für die Prinzessin stellt das Verhalten des Ritters Arnolt bei Tisch offenbar einen Affront dar, weil er sie wie ein bäurischer Vielfraß nicht ihrem Stand gemäß behandelt, ihr das ‚Naturprodukt' Birne nicht durch Schälen in ein Kulturprodukt verwandelt und ihr nicht den Vortritt beim Essen läßt. Für diesen Angriff auf die eigene Ehre versucht sie sich zu rächen, indem sie die Ehre des Ritters öffentlich beschädigt. Ritter Arnolt wiederum versucht sich für seinen Ehrverlust zu rächen, indem er in die Rolle eines gesellschaftlichen Outcasts schlüpft, in eine Rolle also, in der man ohnehin schon alle Ehre verloren hat, um dann das Ergebnis dieser Eskapade als Waffe gegen die Ehre der Königstochter richten zu können und diese so zu gewinnen. Das Geschehen eskaliert, indem die Orientierung an den gängigen Grundwerten absurd auf die Spitze getrieben wird.

Parallelisiert werden dabei auch Arnolts Turniererfolge und – durch das Bild der ‚aufgerichteten Lanze' – der Geschlechtsakt, so daß der Frauenerwerb letztlich als Folge einer zweifach kontrolliert eingesetzten männlichen ‚Gesamtpotenz' erscheint, als deren Kehrseite aber auch immer schlechtes Benehmen und blanke Kreatürlichkeit mit dazugehören. Auch die Prinzessin hat diese Kehrseite, und bei ihr ist die Spanne zwischen den Extremen noch weitaus größer: zwischen den Regeln, die für sie in der Öffentlichkeit bei Tisch Geltung haben, und ihrem unbeherrschten Sexualtrieb, der sie dort, wo niemand zusieht, jede Etikette, die Bewahrung ihrer Jungfräulichkeit und eine ständisch angemessene Partnerwahl vergessen läßt. Den abschließenden Erfolg Arnolts gibt es nur, weil die Bereiche von Öffentlichkeit und Heimlichkeit voneinander entkoppelt werden. So ist das Heiratsglück des Ritters dann doch nur ein scheinbares: für die Öffentlichkeit, die nichts von den wahren Sachverhalten weiß.

Der narrative Entwurf der ‚Halben Birne A' gründet zum einen auf einem Schwankschema (dessen Handlungslogik von Aktion und Reaktion, Schlag und Gegenschlag moralisch indifferent ist), zum anderen auf normativ besetzten Basisoppositionen (wie Ehre versus Schande, Öffentlichkeit versus Heimlichkeit, verfeinertes höfisches Verhalten versus elementare Gewalt und Sexualität, Wildheit versus Kultiviertheit etc.). In diesem Rahmen kippt zuvor bloß metaphorisch Mitgemeintes in ausspekulierte Handlung: Birnen haben – als Vergleichsbilder für weibliche Brüste – eine deutliche sexuelle Konnotation, und Käse gilt, wie man etwa in der Tristan-Erzähltradition sehen kann, im Mittelalter als Narrenspeise. Nachdem die Antagonisten sich gegenseitig in ihrer Ehre beschädigt haben, werden genau diese Konnotationen beim Wort genommen und innerhalb der dargestellten Welt ‚real'.

Das Ende ist letztlich unbefriedigend – für alle Protagonisten. Die Frau bekommt einen Mann, den sie nicht mehr lieben kann, und der Mann bekommt eine Frau, der er nicht mehr trauen kann. Letztlich ist nur für die Öffentlichkeit alles in Ordnung. Dennoch bemüht sich der Erzähler darum, den Anschein zu erwecken, als illustriere die Geschichte nur eine allgemeingültige Moral, nämlich die, daß Frauen den Ehemännern ihre Lüsternheit verbergen sollen – und daß Männer sich vor kleinen Fehltritten hüten sollen, wenn sie nicht ihre Ehre verlieren wollen. Der Gattungstradition des Märe folgend, das seit seiner ersten Ausprägung im Œuvre des Strickers immer auch didaktisch geprägt ist, versucht die ,Halbe Birne A' Ratschläge für das Leben in der Welt zu vermitteln, doch wird diese didaktische Intention von der literarischen Faktur des Textes schlicht überrollt, von seinem radikalen erzählerischen Ausspekulieren feudaler Interaktionsmuster und kulturkonstitutiver Basisoppositionen. Der Text liefert einen Überschuß gegenüber der explizit formulierten Moral, er verselbständigt sich in der Konkurrenz der verwendeten Strukturmuster und Normbereiche. Insofern ist er typisch für viele spätmittelalterliche Mären.

Andreas Capellanus: De amore. – Bausinger 1967. – Chinca/Reuvekamp-Felber/Young 2006. – Dicke 1997. – Dicke/Eikelmann/Hasebrink 2006. – Fischer 1968/²1983. – Friedrich 1996. – Friedrich 2005. – Gonzalez/Millet 2006. – Grubmüller 1993. – Grubmüller 1997. – Grubmüller 1999a. – Grubmüller 2003. – Grubmüller 2006. – Grubmüller/Johnson/Steinhoff 1988. – Gsell 2001. – Haug 1993. – Heinzle 1978a. – Heinzle 1988. – Herzmann 2003. – Klein 1999. – Müller 1984. – Müller 1984/1985. – Neuschäfer 1969. – Ragotzky 1981. – Schnell 2004a. – Schnyder 2000. – Schulz 2000a. – Schulz 2009a. – Schulz 2015. – Strasser 1989. – Ziegeler 1984. – Ziegeler 1985. – Ziegeler 2000. – Ziegeler 2003.

3.4.3 Konkurrierende Logiken 3: Höfische Legenden – Weltflucht vs. höfische Sichtbarkeit

3.4.3.1 Funktionen und Merkmale einer populären Gattung

In Mittelalter und Früher Neuzeit zählte die Heiligenlegende zu den populärsten Literaturgattungen, und dies nicht nur mit simplen, schmucklosen Texten, wie wir sie heute mit diesem Erzähltyp verbinden (Überblick bei Williams-Krapp 1992; Kunze 2000; Feistner 1995; Wyss 1973, 1984). Legenden erzählen das Leben von Heiligen (Viten) oder zentrale Episoden daraus. Die besten Autoren ihrer Zeit wie Hartmann von Aue oder Konrad von Würzburg waren sich nicht zu schade, ihren Beitrag zum Genre zu leisten. Die ‚Legenda aurea' des nachmaligen Bischofs von Genua Jacobus de Voragine, verfaßt im späten 13. Jahrhundert, war das erfolgreichste Buch des späten und des ausgehenden Mittelalters. Als umfangreichste deutsche Legendensammlung tritt ihr das anonyme ‚Passional' (13. Jh.) zur Seite.

Legenden sind keine kanonischen Texte, Heiligenleben sind dementsprechend in unterschiedlichen, inhaltlich oft stark voneinander abweichenden Fassungen überliefert. Sie haben – ähnlich wie die mittelalterliche Bibelepik (in der Geschehnisse des Alten und des Neuen Testaments in der Volkssprache wiedererzählt werden) – nur einen sozusagen mittleren Verbindlichkeitsanspruch.

Man sollte zuerst mit dem Vorurteil aufräumen, religiöse Literatur sei langweilig. Legenden erzählen spektakuläre Geschichten, oft mit viel Humor und einer packenden Mischung aus Sex & Crime: von großen Sündern, die erst spät zu großen Heiligen werden; von haarsträubenden Inzestfällen (STROHSCHNEIDER 2000; KIENING 2003); von verfolgter Unschuld; von Frauen, die sich als Männer verkleiden, und umgekehrt (FEISTNER 1996, 1997); von tapferen Märtyrern (BACHORSKI/KLINGER 2002), großen Dulderinnen, bösen Christenverfolgern und natürlich immer wieder von unfaßbaren Taten und Wundern. Ihre Heldinnen und Helden gelten kirchlicherseits als historisch bezeugt. Heilige werden als Mittler zwischen Mensch und Gott verstanden, sie machen das Unverfügbare des Göttlichen in der sinnlich erfahrbaren Welt des Diesseits anschaulich. Sie öffnen ein Fenster in die Transzendenz, das auch dann offen bleibt, wenn sie selbst längst in den Himmel aufgestiegen sind: durch die Präsenz ihrer Reliquien und ihrer Geschichten, in denen die Wahrheit des Heils je neu aktualisiert werden kann. Für die Volksfrömmigkeit treten sie an die Stelle des heidnischen Götterpantheons; sie sind Ansprechpartner der Menschen in ihren Sorgen und Nöten, gewissermaßen Anwälte der Menschen, Fürsprecher, die ihre Sache vor der göttlichen Gnade vertreten sollen. Ihre Geschichten sollen zur Nachfolge Christi anspornen, aber zumeist übersteigen ihre Verzichtsleistungen, ihre Martern und ihre selbstauferlegten Leiden jedes menschliche Maß. Man kann sie nur noch staunend bewundern, wenn sie auf all das verzichten, was zum menschlichen Wohlergehen gehört: Sie lassen ihre adelige Ehre in den Dreck treten, sie scheiden aus dem identitätsstiftenden Zusammenhang von Sippenbindung und Genealogie aus, sie setzen sich Armut und Demütigung aus und wollen nirgends erkannt werden. Sie suchen das Abseits, die Schattenseite höfischer Repräsentation. Wo sonst die Idealität und die

3.4 Konkurrierende Logiken in den Hauptgattungen des volkssprachigen Erzählens

Integrität des adeligen Leibes gefeiert werden, lassen sie sich versehren und zerstören.

Man unterscheidet ‚einmal geborene' und ‚zweimal geborene' Heilige: diejenigen, die schon von Anfang an auf dem rechten Weg sind (und nur noch einen endgültigen Anstoß brauchen), und diejenigen, die sich erst nach einem Leben in der Sünde zum heiligmäßigen Leben bekehren. Die *conversio* ist ein krisenhaftes Moment, das nicht selten auf eine Identitätsspaltung reagiert: auf die Dissoziation zwischen der sozialen, öffentlichen Identität des nachmaligen Heiligen und seiner ‚privaten', nicht-öffentlichen. Durch den Schritt an die Öffentlichkeit und das radikale Bekenntnis zum Christentum können beide Komponenten wieder zur Deckung gebracht werden (GUMBRECHT 1979). Zuvor firmiert die Religion gewissermaßen als ein Generator von Individualität, im Sinne sozialer Exklusion, weil sie das Individuum und seinen Glauben in Opposition zu seiner angestammten Identität bringt: in Opposition zu Familie, Sippe, Personenverband. Die Herauslösung aus diesen traditionalen Ordnungen wird oftmals mit einem Übertritt in eine neue Ordnung kompensiert. An die Stelle von ‚natürlichen' Personenbeziehungen treten ‚künstliche': Ersatzfamilien, Glaubensbrüder, Glaubensschwestern, spirituelle Väter, Brautschaft mit Christus, spirituelle ‚Verlöbnisse' etc. Bestehende ‚natürliche' Verhältnisse können dabei in spirituelle überführt werden, etwa wenn ursprüngliche Fortpflanzungsfamilien zu asexuellen Gemeinschaften im Glauben werden. In der Negation bleibt das Negierte stets präsent. Erzählerisch interessant sind, wie auch im weltlichen Erzählen des Mittelalters, immer wieder die Phasen, in denen die Protagonisten aus ihren angestammten Bindungen heraustreten und sich ‚vereinzeln'. Heilige sind dann besonders auf Gottes Hilfe angewiesen.

Heiligkeit und Gewalt sind auf merkwürdige Weise aneinandergekoppelt – wie auch Reinheit und Sündenschmutz. Gewalt scheint die Kehrseite der Heiligkeit zu sein, in einem wechselseitigen Bedingungsverhältnis. Dem Heiligen eignet eine grundlegende Ambivalenz: Das, was Heil und Ganzheit verspricht, tritt gemeinsam mit Unheil und der Zerstörung des menschlichen Körpers auf; das, was eine nicht mehr steigerungsfähige Reinheit bedeutet, begegnet im Zusammenhang mit Schmutz, Dreck, Gestank und allem, was wir als eklig empfinden (vgl. GIRARD 1987, 1988, 2002; KIENING 2003). Das Heilige konturiert sich auf der Grundlage von Paradoxierungen.

Die ältesten Formen der Hagiographie, die Märtyrerakten, befassen sich mit den *passiones* (‚Leiden') der bei den spätantiken Christenverfolgungen hingerichteten Märtyrer, die sich standhaft weigern, ihren neuen christlichen Glauben wieder zugunsten der heidnischen Vielgötterei aufzugeben. Die alten Mächte wollen sie unter Aufbietung aller Mittel zum Glaubensabfall zwingen, erst freundlich, dann brutal. Ihr Körper trotzt immer neuen Foltern, Verstümmelungen und Zerstückelungen, bis es den Heiligen endlich gefällt, ihren Geist aufzugeben (BACHORSKI/KLINGER 2002; STROHSCHNEIDER 2002b). Es folgen die Viten der sogenannten ‚Bekenner', der *confessores*. Dabei geht es um Anachoreten, d. h. asketische Eremiten, die sich selbst in der Wüste körperlich zugrunde richten und sich völlig verkommen lassen. Diese Texte werden später unter dem Titel ‚Vitaspatrum' gesammelt (ERNST 2002). Noch vor der ersten Jahrtausendwende, als sich das Christentum schon fest in Europa etabliert hat, wenden sich die Legenden wieder stärker dem Wunderbaren und Mirakulösen zu. Die Legendenproduktion explodiert förmlich: bis zur Reformation werden im deutschen und niederländischen Sprachgebiet über 3100 Heiligenlegenden verfaßt. Sie finden auch Eingang in die weltliche Geschichtsschreibung. Die Dominikaner sammeln Legenden in sogenannten Legendaren, die für Predigten bestimmt sind. Frauenklöster sammeln die Viten weiblicher Heiliger. Erst im 15. Jahrhundert finden sich, etwa bei Nikolaus Cusanus, dem Bischof von Brixen, erste Einwände dagegen, besonders ‚abergläubische' Texte aus der ‚Legenda aurea' in der Predigt zu verwenden. In einem sich allmählich wandelnden Weltbild genügen nicht mehr alle Texte den Ansprüchen an ein verändertes Wahrheitsverständnis. Für Luther sind Legenden schließlich nurmehr ‚Lügenden'.

3.4.3.2 Das Heilige: Nicht-Verfügbarkeit vs. Zwang zur Evidenz

Die mittelalterliche Kultur ist eine ‚Kultur der Sichtbarkeit' (WENZEL 1995). Das Grundproblem des legendarischen Erzählens ist es dementsprechend, etwas Unverfügbares anschaulich zu machen (STROHSCHNEIDER 2000, 2002b, 2002c): Wo man über das Heilige nicht theoretisch debattiert, sondern von ihm erzählt, von Personen und Gegenständen, die Träger göttlichen Heils sind, ist man auf Evidenzen angewiesen. Ablesbar ist Heiligkeit vor allem an den Wundern, die durch die Heiligen gewirkt werden, an den jedes Maß sprengenden Leiden, die sie ertragen haben, und an ihren verklärten Körpern, wenn sie gestorben sind: dann, wenn die Transzendenz zumindest kurzfristig in die Immanenz hineinragt. In der Geschichte selbst müssen die anderen Figuren durch sinnliche Evidenzen davon überzeugt werden, es mit etwas Heiligem bzw. dem Heiligen zu tun zu haben. Aber auch und vor allem dem Publikum der Geschichte muß dies

3.4 Konkurrierende Logiken in den Hauptgattungen des volkssprachigen Erzählens

unmittelbar einleuchten; das Heilige wird so auf unterschiedlichen Textebenen zu einer Performanzkategorie (deutlich besonders in Legendenspielen; hierzu exemplarisch HERBERICHS 2008). Konrad von Würzburg schreibt im Prolog zu seiner Märtyrerlegende ‚Pantaleon':

> dâ von ich sîniu zeichen
> und sîne marter wil enbarn.
> daz wunder sol ze liehte varn
> daz got durch sîne tugent begie.
> mit rede wil ich ensliezen hie
> den namen und die helfe sîn,
> durch daz den liuten werde schîn
> daz sîn genâde manicvalt
> si müge erlœsen mit gewalt
> von allem ungevelle.
> swer nû sîn leben welle
> vernemen hie mit reiner ger,
> der biete herze und ôren her,
> sô wirt im offen diu getât
> die got durch in begangen hât. (V. 52–66)

> ‚Deshalb will ich seine Wunderzeichen und seine Marter offenbaren. Das Wunder soll ans Licht kommen, das Gott mit seiner Tugend vollbrachte. Mit meiner Rede will ich hier aufschließen, wie er – der Märtyrer – hieß und wem er hilft, damit den Leuten anschaulich werde, daß seine mannigfache Gnade sie mit Macht von allem Übel erlösen kann. Wer nun sein Leben mit reinem Begehren hören will, der neige Herz und Ohren her, dann wird ihm alles offenbar, was Gott um seinetwillen getan hat.'

In einer solchen Konstellation entsteht allerdings auch das Problem, daß ‚richtige' Evidenzen von ‚falschen' abgegrenzt werden müssen – denn in solchen Texten gibt es nicht nur die guten göttlichen Wunder, sondern auch heidnische Schwarzmagie, die mit dem Teufel im Bunde steht, und es gibt zudem die Behauptungen der heidnischen Widersacher der Heiligen, die göttlichen Wunder seien nichts anderes als dämonische Magie, die sich gegen die guten und legitimen Götter richte (etwa wenn der Körper der Märtyrer sich unter den perfidesten Folterinstrumenten zunächst als unzerstörbar erweist). Auf unterschiedlichen Ebenen der Texte wird also das Problem exponiert, wie man wundersames Heil von dämonischem Spuk unterscheiden könne. Dieses Problem wird nicht theoretisch entschieden, sondern narrativ: Immer erweisen sich die göttlichen Wunder wirkmächtiger als die schwarze Magie, und immer erweisen sich die Christen als diejenigen, die über die richtige Wahrnehmung und Erkenntnis verfügen, während ihre heidnischen Widersacher verstockt sind und sich jeder Evidenz verschließen, selbst dann noch, als die Götzenbilder auf wundersame Art und Weise zertrümmert werden. Ohne Deutung hat das Wunder keine Geltung als Heiliges – was aber die richtige Deutung ist, wird durch bloße Setzung entschieden (SCHULZ 2008, S. 357–365).

Legenden handeln jedoch auch vom entgegengesetzten Problem, nicht von überwältigend Sichtbarem, bei dem zunächst noch unklar ist, ob es sich um heidnischen Zauber oder um göttliche Wunder handelt, sondern von fehlender Sichtbarkeit. Heiligkeit muß zwar immer wieder zumindest kurzfristig evident werden, aber prinzipiell ist sie etwas Unverfügbares, das sich gerade jeder Wahrnehmung, vor allem der visuellen, entzieht. Das Heilige ist so entweder überhaupt nicht sichtbar, oder es ist überwältigend sichtbar (STROHSCHNEIDER 2002c). Genau das wird in den Geschichten selbst an der Figur des Heiligen deutlich.

Beispiel 5: Konrads von Würzburg 'Alexius'-Legende
Das schlagendste Beispiel hierfür ist die Alexius-Vita. Sie findet sich kurz und knapp in der ‚Legenda aurea' und äußerst elaboriert bei Konrad von Würzburg. Sie steht für einen bestimmten Legendentypus, dessen Weltbild in scharfer Abgrenzung zum Entwurf des höfischen Romans modelliert ist, weil es darin gerade darum geht, aus den ‚Sichtbarkeitszusammenhängen' der feudalen Gesellschaft herauszutreten und als soziales Wesen unsichtbar zu werden (STROHSCHNEIDER 2002c; SCHULZ 2008, S. 361–365). Erzählt wird davon, wie der spätere Heilige Alexius all das hinter sich läßt, was seine adelige Existenz ausmacht: sein komfortables Leben als Mitglied der römischen Oberschicht, seine Braut, seinen Vater und seine Mutter, um sich ausschließlich Gott hinzugeben. Für die gewöhnliche Welt verliert er damit jede Kenntlichkeit: Die Diener, die sein Vater ausschickt, um den Sohn zu suchen, erkennen in der Fremde den Bettler nicht, und als Alexius später, durch göttliche Lenkung, wieder nach Rom zurückkehrt, erkennt ihn nicht einmal der Vater, in dessen Haushalt er Zuflucht sucht, als einer, der nur die Brosamen von der Tafel lesen möchte. Auch Mutter und Braut erkennen ihn nicht, geschweige denn die Diener, die den heiligen Bettler ärgern und verspotten.

Der Typus der Weltfluchtlegende hat im 13. Jahrhundert auch den höfischen Roman beeinflußt. Besonders deutlich ist dies bei frommen Liebesromanen wie ‚Mai und Beaflor', ‚Wilhelm von Wenden' oder ‚Die gute Frau'. Hier ziehen sich die Protagonisten zeitweilig aus der Welt zurück und leben in gottgefälliger Armut und Demut, wofür sie ihre hochadelige Existenz aufgeben: Dabei schwindet ihre Kenntlichkeit als Individuen und als Adelswesen massiv, allerdings niemals so vollständig wie diejenige des Alexius, denn ihnen ist es zuletzt nicht verwehrt, in die feudale

3.4 Konkurrierende Logiken in den Hauptgattungen des volkssprachigen Erzählens 149

Welt zurückzukehren. Sie werden auch dort, wo sie sich selbst erniedrigen, immer wieder erhöht, weil ihre adelige Leiblichkeit – und deren sozialer Zeichenwert – nicht zu tilgen ist. Das sind nun keine Heiligenlegenden, sondern legendarisch beeinflußte Texte. Sie versuchen, die konkurrierenden Ansprüche feudaler und christlicher Heilsentwürfe in einem epischen Nacheinander kompromißhaft abzuarbeiten (WALLICZEK/SCHULZ 2005; SCHULZ 2009b).

Das wahrhaft Heilige indes ist durch Unverfügbarkeit und Unsichtbarkeit bestimmt. Beides hängt miteinander zusammen. Verfügbarkeit heißt Sichtbarkeit, Unverfügbarkeit heißt Verlust an Kenntlichkeit. Dennoch müssen Unverfügbarkeit und Unkenntlichkeit zumindest kurzfristig aufgehoben werden, denn sonst würde niemand auf das Heilige und den Heiligen aufmerksam. Mehrfach weist eine göttliche Stimme auf Alexius hin, und immer kann er, unauffällig wie er ist, zunächst nicht gefunden werden. In diesem Muster zeigt sich das grundsätzliche Problem. Erst nachdem Alexius gestorben ist, wird seine Heiligkeit evident in der Verklärung seines Körpers:

> dô schein sîn bilde, wizzent daz,
> durliuhtic als ein glasevaz
> in dem ein lieht ist schône enzunt.
> er lac dâ bî der selben stunt
> blüejend als ein rôse vrisch.
> sîn varwe diu was engelisch
> und ouch daz antlitze sîn:
> diu beide gâben liehten schîn. (V. 949–955)
>
> ‚Da leuchtete seine Gestalt – das sollt Ihr wissen – durchscheinend wie ein Gefäß aus Glas, in dem ein Licht schön angezündet worden ist. Er lag da zur gleichen Zeit blühend wie eine frische Rose. Seine Hautfarbe war die von Engeln, wie auch sein Gesicht: beide strahlten hellen Glanz aus.'

Zu Lebzeiten jedoch ist niemand in der Lage gewesen, den Bettler zu identifizieren und seine Besonderheit wahrzunehmen. Das Basisproblem konkurrierender Ansprüche bzw. Logiken wird (wie so oft in der höfischen Epik) durch Prozessualisierung gelöst, indem die konkurrierenden, einander ausschließenden Ansprüche in einem epischen Nacheinander erzählt werden: Die Verklärung des Heiligen und seine Wunder geschehen erst nach seinem Tod. Nur so kann das prekäre Verhältnis zwischen der Nichtverfügbarkeit des Heiligen und dem Zwang, es anschaulich zu machen, narrativ einigermaßen befriedigend dargestellt werden. Ähnlich verfahren viele Legenden.

BACHORSKI/KLINGER 2002. – ERNST 2002. – FEISTNER 1995. – FEISTNER 1996. – FEISTNER 1997. – GIRARD 1987. – GIRARD 1988. – GIRARD 2002. – GUMBRECHT 1979. – HERBERICHS 2008. – JOLLES 1930/⁷1999, S. 23–61. – KIENING 2003. – KUNZE 2000. – Lexikon der christlichen Ikonographie, Bd. 5–8: Ikonographie der Heiligen. – MÜLLER 2007a. – SCHULZ 2008, S. 357–365. – SCHULZ 2009b. – STROHSCHNEIDER 2000. – STROHSCHNEIDER 2002b. – STROHSCHNEIDER 2002c. – WALLICZEK/SCHULZ 2005. – WENZEL 1995. – WILLIAMS-KRAPP 1992. –WYSS 1973. – WYSS 1984.

3.4.4 Konkurrierende Logiken 4: Heldenepik – Höfisches und Heroisches

3.4.4.1 Von alternativer Geschichtserinnerung hin zur Faszination an grotesk-archaischer Gewalt

Heldendichtung (Heldenepik) ist ihrer Funktion nach ursprünglich die Vorzeitkunde schriftloser Gesellschaften, d. h. mündlich konzipierte und mündlich überlieferte Geschichtsdichtung, die zentrale Inhalte des ‚kollektiven Gedächtnisses' (ASSMANN 1992) speichert. Sie kann dann später auch *verschriftet*, d. h. in der Schrift lediglich aufgezeichnet, oder *verschriftlicht* werden, d. h. schriftsprachlich (re)konzipiert, die spezifischen Mittel des Mediums ‚Schrift' nutzend. Ihre der Mnemotechnik geschuldete Strophenform behält sie im deutschsprachigen Mittelalter auch als verschriftlichte meistens bei. (Der germanische Stabreim mit seiner Gliederung in Fitten hat sich im Mittelhochdeutschen nicht mehr erhalten.) Die Strophenform schließt ein, daß die Epen auch gesungen werden konnten, während die höfischen Romane wie die Kleinepik zumeist in vierhebigen Reimpaarversen verfaßt waren (zum Problem von Mündlichkeit und Schriftlichkeit vgl. allgemein SCHAEFER 1994). Heldenepik hat gewöhnlich keinen sich namentlich identifizierenden, personal kenntlichen, exklusiv zwischen Stoff und Publikum vermittelnden Erzähler wie der in vierhebigen Reimpaarversen verfaßte höfische Roman. Der epische Rhapsode inszeniert sich vielmehr als anonymes Sprachrohr gemeinschaftlicher Erinnerung (vgl. unten, Kap. 7.2.2).

Heldenepik erzählt so vom *heroic age* (BOWRA 1964) der Adelskultur. Im deutschsprachigen Raum sind dies die Wirren der Völkerwanderungszeit, die Eingang in das ‚Nibelungenlied', die Dietrichepik und das Doppelepos ‚Ortnit'/‚Wolfdietrich' gefunden haben (Überblick über die Gattung bei HEINZLE 2000; vgl. auch 1999; SCHULZ 2007d; zur Funktion MÜLLER 1985a; HAUBRICHS 1994). In ihrem Bezug zur mündlichen Tradition, in ihrer feudalen Ideologie, in ihrer Verherrlichung archaischer

Gewalt und ihrer moralischen Indifferenz stellt sich die Heldenepik in Opposition zur gelehrten lateinischen Geschichtsschreibung in den Klöstern. Besonders deutlich läßt sich das anhand der Gestalt Dietrichs von Bern sehen, der nicht nur als wichtige Nebenfigur im ‚Nibelungenlied' auftritt, sondern die Hauptfigur vieler Heldenepen ist (zur sog. ‚historischen Dietrichepik' zählen das ‚Buch von Bern' – alternativer Titel: ‚Dietrichs Flucht' – und die ‚Rabenschlacht'; vgl. HEINZLE 1978b, 1999; *Bern* und *Raben* sind die alten deutschen Namen für Verona und Ravenna). Hinter dieser Gestalt verbirgt sich der Ostgote Theoderich der Große, der im frühen Mittelalter (493–526) Oberitalien beherrscht hat.

In der volkssprachigen Heldenepik ist Dietrich ein perfekter, aber glückloser Herrscher, während er in der lateinischen Historiographie als bösartiger Ketzer verfemt wird (vgl. KRAGL 2007); Theoderich war demnach arianischen Glaubens und ein ebenso erfolgreicher wie skrupelloser Herrscher, der die Opposition gegen sich gnadenlos bekämpfte und so etwa den christlichen Philosophen Boethius (‚Vom Trost der Philosophie') einsperren und hinrichten ließ. In der ‚Kaiserchronik' (Mitte 12. Jh.), einem volkssprachigen Text, der aus Klerikerperspektive für ein feudaladeliges Publikum geschrieben worden ist und dementsprechend auch deutlich kenntliche Züge heroischer Weltbilder aufweist (der höfische Roman hat sich noch nicht etabliert), findet sich der ausgesprochen merkwürdige Versuch, nacheinander beiden Dietrich-Bildern gerecht zu werden – wobei auch noch gegen die Lügen der mündlichen Tradition gewettert wird (HELLGARDT 1995). Auch hier prallen wieder konkurrierende Textlogiken aufeinander.

Für die spätmittelalterliche Heldendichtung gilt die Funktion des ‚kollektiven Gedächtnisses' wohl nicht mehr (zum ‚Wolfdietrich' vgl. MIKLAUTSCH 2005). Ihre Neigung zu grotesken Gewaltphantasien läßt eher auf eine kompensatorische Funktion schließen, auf die überspitzte Verherrlichung dessen, was der Adel früher durfte und nun angesichts von Landfriedensordnungen nicht mehr darf. Beispiele hierfür wären nicht allein die französischen Heldenepen, die Fürstinnen wie Elisabeth von Nassau-Saarbrücken und Eleonore von Österreich (vgl. VON BLOH 2002) als Mitgift in ihre deutschen Ehen einbrachten und die sie ins Frühneuhochdeutsche übersetzen ließen, sondern auch die Epen um Dietrich von Bern (HEINZLE 1978b, 1981, 1999). Die späte Dietrichdichtung firmiert unter der Bezeichnung ‚aventiurehafte Dietrichepik'. Eingängiges Motiv darin ist, daß Dietrich, der eigentlich ein vorbildlich zivilisierter Herrscher ist, sich gegen archaische Riesen (wie Ecke im ‚Eckenlied' und Sigenot im ‚Jüngeren Sigenot') zur Wehr setzen muß. Er verliert dabei nicht allein seine höfisch-herrscherliche Contenance, sondern verwandelt sich in eine ungezügelte, feuerspeiende Kampfmaschine (HAUSTEIN 1998; KRAGL 2007). Hier wie überhaupt in der spätmittelalterlichen Heldendichtung zeigt sich eine deutliche Tendenz, die archaische Gewalt der heroischen Plots zunehmend ins Groteske zu überzeichnen und so auch die komische Seite der Gewalt herauszustellen (vgl. allgemein BRAUN/HERBERICHS 2005).

3.4.4.2 Heroische vs. höfische Anthropologie

Die Geschichten, die die feudale Welt des Mittelalters sich erzählt, handeln immer auch davon, wie sie ihre zentralen Werte gegenüber archaischen Zumutungen verteidigt; sie handeln oft genug aber auch von der Faszination dessen, was noch nicht oder nicht mehr höfisch ist. Die Heldenepik liefert hier ein Angebot, sich über die eigenen kulturellen Grundlagen zu verständigen, indem sie eine ‚moderne' höfische Adelskultur mit ihrem ‚archaischen' Gegenteil aus der Welt der Gewalt und des Mythos konfrontiert (SCHULZ 2008).

Höfisch (mhd. *hövesch, hübesch*; afrz. *cortois*; mlat. *curialis, urbanus*) ist als dasjenige, ‚was dem Hof angemessen ist', ein zentraler Wertbegriff der feudalen Kultur (GANZ 1986; BUMKE 1992, 1994). Dazu gehören Affektkontrolle, verfeinertes Benehmen, Selbstbeherrschung, die nicht in bloße Verstellung abgleitet, körperliche und rhetorische Eleganz, edle Kleidung, Schonung von unterlegenen Gegnern, Schutz für Frauen, Kinder und die Kirche etc. Explizit abgesetzt wird im Mittelalter die *höveschheit* von der *dörperheit* (afrz. *vilanie*), dem ‚bäurischen' und damit eben ‚nicht hofgemäßen' Benehmen (man erinnere sich an die ‚Halbe Birne A'; Kap. 3.4.2.2). In vielen heldenepischen Erzähltexten werden die zeitgenössisch ‚modernen' höfischen Werte mit ihrem ‚historischen Gegenteil' aus einer archaischen Vorzeitwelt konfrontiert, die vom Konzept des Heroischen bestimmt erscheint.

Der Nordist VON SEE (1978, 1993) hat dieses Konzept näher beschrieben: Heroischen Vorzeithelden eigne eine prinzipiell amoralische, radikale ‚Exorbitanz', die das Maß des Gewöhnlichen sprenge und so auch die Einbettung in die Sippe bzw. den adeligen Personenverband, wie sie zentral für vormoderne Identitätskonstrukte ist, immer wieder hinter sich lasse. Die heldenepische Welt ist zwar in Sippenzusammenhängen organisiert, doch der Heros läßt diese immer wieder hinter sich; damit neigt er zur Vereinzelung, ähnlich wie der *chevalier errant* des höfischen Romans und doch viel radikaler, weil seine Taten in ihrem Übermaß kollektive Pläne und Errungenschaften gefährden. MICHAEL MECKLENBURG (2002) faßt die Kennzeichen des Heros wie folgt zusammen: Zentral seien „Rücksichtslosigkeit und Kompromißlosigkeit"; der Heros selbst agiere „ohne Reflexion, zumindest ohne eine Reflexion, die die Handlung hemmt", Denken führe allenfalls zu mehr Konsequenz in seinen Aktionen. Heroik sei an bestimmte Situationen gebunden. In ihnen habe der Heros „nur ein einziges Handlungsmuster zur Verfügung" (S. 31 f.), und das ist zumeist die Ausübung archaischer Gewalt. Genau diese Unbedingtheit werde dann in der spätmittelalterlichen Heldenepik parodiert (der wir den größten Teil heldenepischer Texte verdanken).

3.4.4.3 Gängige Schemata, Motive und Figurenentwürfe

Heldendichtung reduziert die Antriebe der Figuren auf basale Emotionen wie Zorn, Haß, Liebe, Rachebegehren etc., und sie paßt ihr Geschehen tradierten Handlungsschemata und Motiven an, wie sie ursprünglich für das kollektive Gedächtnis Erinnerung formten und Erinnerung speicherten. Eines dieser Muster ist die Exile-and-return-Fabel: Der Heros wird, mitunter schon bei seiner Geburt, die oft den Ruch der Illegitimität trägt, aus dem Herrschaftsbereich seiner Sippe entfernt – oder später von Feinden vertrieben – und so von der Herrschaft ausgeschlossen. Er muß erst zum Helden werden oder genügend Mitstreiter sammeln, bevor er gewaltsam dasjenige zurückerobern kann, was ihm eigentlich von Rechts wegen zusteht, was ihm aber durch Gewalt, Intrige, Verleumdung oder List weggenommen worden ist. Ein weiteres Muster ist dasjenige der ‚gefährlichen Brautwerbung' (vgl. Kap. 4.2.1). Dabei geht es darum, wie ein junger Herrscher im Gemeinschaftshandeln mit seinem Personenverband mit Gewalt oder List eine angemessene Braut aus der Fremde holt, um mit ihr die eigene Dynastie auf Dauer zu stellen.

Diese beiden Erzählschemata setzen also bei kritischen Stellen in der Genealogie eines Herrschergeschlechts an, mit ihnen kann von Krisen und von Lösungen erzählt werden. Verbunden werden sie etwa in ‚Dietrichs Flucht' (13. Jh.). Hier wird erst in einer langen Kette von Brautwerbungshandlungen die Genealogie Dietrichs erzählt, bevor dann die Rede davon ist, wie er durch die Intrige seines Verwandten Ermrich von seiner angestammten Herrschaft vertrieben wird, am Hof von König Etzel Zuflucht suchen muß und dann vom Hunnenland aus einen wiederum erfolglosen Versuch zur Rückeroberung seines Territoriums startet.

Ein gängiges Motiv ist die ‚verräterische Einladung'. Sie findet sich etwa zweimal im ‚Nibelungenlied': zunächst im ersten Handlungsteil, als Prünhilt dafür sorgt, daß Sivrit und Kriemhilt an Gunthers Hof eingeladen werden, weil sie ihren Rangstreit mit Kriemhilt endgültig entscheiden möchte; dann im zweiten Handlungsteil, als Kriemhilt ihre Brüder und Hagen nur scheinbar freundlich an den Etzelhof einlädt, sich in Wahrheit aber an ihnen grausam für Sivrits Tod rächen möchte. Gemeinsam mit dem Brautwerbungsschema, das im Text in insgesamt drei Variationen begegnet, strukturiert das Motiv der ‚verräterischen Einladung' also das ‚Nibelungenlied'. Die Plot-Strukturen der Heldenepik sind weit mehr als diejenigen des höfischen Romans von Lüge, Intrige, Verrat und List geprägt. Täuschung bestimmt das narrative Basisinventar.

Gewöhnlich erscheint das Heroische in der mittelhochdeutschen Heldenepik zunächst nur ‚eingehegt'. Die Großtaten der Vorzeit konturieren sich in einer ‚modernisiert' dargestellten höfischen Welt – und auch gegen sie. Was der Nordist VON SEE als Charakteristika heroischer Exorbitanz benennt, findet sich hier fast immer nur punktuell und gewissermaßen eruptiv: dann, wenn die Heroen ihr höfisches Korsett abstreifen wollen oder müssen. Der Musterfall ist Dietrich von Bern in der sog. aventiurehaften Dietrichepik, wo er sich, wie erwähnt, vom vorbildlich affektkontrollierten, in puncto Gewalt zunächst sehr zögerlichen Ritter und Herrscher in eine feuerspeiende Kampfmaschine verwandelt. Exorbitanz gibt es nur in exorbitanten Situationen, aber sie ist kein kontingentes Beiwerk des Heroischen: Sie ist eine (transpersonale) Potenz, die zwar oftmals unter der höfischen Oberfläche ruht, aber jederzeit aktualisiert werden kann, wenn es darauf ankommt, den Helden nicht mehr als courtoisen Ritter, sondern, die Begrenzungen des Höfischen sprengend, als entfesselten Heros vorzuführen. Wieder geht es um die Kehrseite des Höfischen, die unabdingbar ist, um seine Geltung auch im Raum agonaler Gewalt aufrechterhalten zu können. Aber insgesamt mißtraut die Anthropologie der Heldenepen dem Höfischen – oft genug erscheint das Höfische im heroischen Erzählen als eine Welt des falschen Scheins und der Intrige. Im ‚Nibelungenlied' wird die höfische Welt als bloße Fassade denunziert, die mehr und mehr durch eine sich infektiös verbreitende Gewalt niedergerissen wird.

Heldenepik zeigt eine Faszination für die Extreme: Auffällig profiliert erscheinen in ihr zwei Heldentypen, die den Spielraum der Figurenkonzeption markieren. Die Bedrohlichkeit des einen liegt in seiner Fähigkeit zur Situationsreflexion, zur Lüge und zur Manipulation anderer; die des zweiten liegt in seiner gefährlich authentischen, habituellen Aggressivität, die jederzeit kenntlich ist und nur auf den kleinsten Anlaß wartet, um einen Sturm der Gewalt loszutreten. Beide – der listige Trickster wie der reflexionslose Aggressive – sind als Abweichungen vom Ideal der höfischen

Kultur (und damit auch des höfischen Romans) zu verstehen: Die zentrale Fähigkeit, die den Hofmann ausmacht, ist diejenige zur Selbstkontrolle, wobei diese Selbstkontrolle einerseits keinesfalls zur Verstellung ausarten soll, andererseits jedoch auch verhindern soll, daß der Hofmann aufgrund seiner sichtbaren Reaktionen wie ein offenes Buch für andere ist. Der Trickster nutzt die Verstellung.

Die prekäre Exorbitanz des Heros offenbart sich stets ambivalent: entweder in seinem gefährlichen Listenreichtum oder in seiner bedrohlich authentischen Aggressivität, die alle im diplomatischen Kompromiß gefundenen Konfliktlösungen beiseite schiebt und durch weitgehend reflexionslose Aktion zunichte macht. Der Sivrit des ‚Nibelungenlieds' spielt irritierenderweise abwechselnd auf beiden Klaviaturen, obwohl sich, setzt man einen halbwegs kohärenten Entwurf von ‚Person' voraus, die beiden Verhaltensinventare eigentlich kategorisch widersprechen.

Beispiel 6: Das ‚Nibelungenlied'
Die Grundstruktur des ‚Nibelungenlieds' ist es, Höfisches und Archaisches, in diesem Falle: Heroisches, gegeneinander in Anschlag zu bringen. Anfänglich sieht es so aus, als setzte sich die moderne höfische Kultur auf Kosten der archaischen immer mehr durch, doch zuletzt mündet das Geschehen in einen archaischen Blutrausch. Mörderische Gewalt profiliert sich dann gewissermaßen infektiös (MÜLLER 1998a, 2002a).

Den konkurrierenden Ordnungen des Höfischen und des Heroischen sind unterschiedliche Räume und Figuren zugeordnet. Worms und das Reich der Burgunden sind ausgesprochen höfisch gezeichnet, ebenso Xanten, das Reich von Sivrits Vater Sigmunt, und das Hunnenreich. Unhöfisch und archaisch erscheint das Nibelungenland, wo Sivrit den Nibelungenhort, die Tarnkappe und das Schwert Balmung gewinnt, unhöfisch und archaisch erscheint Isenstein, das Reich des Kraftweibs Prünhilt, die jeden Brautwerber in einen Kampf auf Leben und Tod zwingt. Offensichtlich ist die höfische Welt auf den Import aus solchen archaischen Randwelten angewiesen: Sivrits Nibelungenschatz weckt immer wieder Begehren, und der höfische König Gunther möchte unbedingt Prünhilt heiraten.

Sivrit hat, wie auch andere Figuren des ‚Nibelungenlieds', eine Doppelnatur. Einerseits gehört er der höfischen Sphäre an: Das zeigt sich in seiner höfischen Erziehung mitsamt Schwertleite, von der in der zweiten Aventiure die Rede ist. Das zeigt sich in dem edlen kleinen Brautwerbungszug, den er nach Worms anführt. Das zeigt sich auch in dem beinahe minnesangartigen Frauendienst, mit dem er sich am Hof von Worms seiner

Minnedame Kriemhilt unterwirft. Und es zeigt sich im vollendeten höfischen Benehmen, das er etwa als enger Berater Gunthers offenbart. Andererseits aber hat Sivrit teil an einer gefährlichen, bedrohlichen, archaischen Sphäre der Gewalt und des Heroischen. Er zeigt prinzipiell *entweder* seine höfische *oder* seine heroische Seite. Es handelt sich nicht um einen komplexen Charakter, sondern um eine hybride Figur (MÜLLER 1974, 1987).

Der Gegensatz zwischen den konkurrierenden Bereichen des Höfischen und des Heroischen zieht sich durch die gesamte dritte Aventiure (MÜLLER 1974). Als Sivrit am Hof von Worms erscheint, schaltet sein Verhalten beständig zwischen dem Höfischen und dem Heroischen hin und her. Ihn und seine Begleiter hält der kundige Hagen zunächst für Fürsten oder die Boten von Fürsten, er taxiert also das höfische Auftreten und die höfische Ausstattung der Neuankömmlinge. Dann aber sagt Hagen mit einem Mal, derjenige, der so ‚herrenmäßig‘ gehe, sei Sivrit, da sei er sich sicher, auch wenn er Sivrit noch niemals gesehen habe. Nun erzählt Hagen, der Wissende am Hof, die Geschichte von Sivrits heroischen Jugendtaten, die im ‚Nibelungenlied‘ bislang sorgsam ausgespart worden waren: davon, wie Sivrit im Nibelungenland mit brutaler Gewalt die Herrschaft an sich gerissen hat. Im unmittelbaren Anschluß daran benimmt sich Sivrit nicht mehr so, wie er an den Hof gekommen ist, nämlich höfisch, sondern so, wie er sich in Hagens Geschichte benommen hat, also heroisch (SCHULZ 2010a; HAFERLAND/SCHULZ 2010). Er fordert Gunther zum Kampf um dessen Reich auf – und begründet das mit seiner Eigenschaft als *recke*, dem aufgrund seiner kriegerischen Qualitäten zu Recht eine Krone zustehen sollte. Der überraschte Gunther beruft sich demgegenüber auf die Legitimität seiner ererbten Herrschaft.

Hier werden, was vor allem MÜLLER (1974) beschrieben hat, zwei konkurrierende Herrscherkonzepte gegeneinander profiliert: ein älteres, ‚charismatisches‘, das dem Anspruch Folge leistet, nur der Beste (Krieger) solle Herrscher sein, und ein strukturell moderneres, das Herrschaft zum einen ‚traditional‘ auf legitimes Erbe gründet, zum anderen darauf, Handlungen an die jeweils besten Untertanen delegieren zu können. Damit ist ein Thema eingeführt, das die Handlung noch mehrfach prägen wird – vor allem in der List, mit der Gunther später Prünhilt gewinnen wird (er muß in lebensgefährlichen Kampfspielen gegen die Königin von Isenstein antreten, tut aber nur so, als führe er die dafür notwendigen Bewegungen aus, während Sivrit unter seiner Tarnkappe der tatsächliche Agent ist). Gunther delegiert also das Kämpfen, aber man sieht das nicht. Selbst im Brautbett muß Sivrit erst unter seiner Tarnkappe Prünhilt für

3.4 Konkurrierende Logiken in den Hauptgattungen des volkssprachigen Erzählens

Gunther gefügig machen. Das Problem, wer der Beste sei, bestimmt dann auch den Streit der Königinnen Prünhilt und Kriemhilt. Letztlich führt dieser Konflikt zu Sivrits Tod.

Die Konfrontation mit dem burgundischen Herrschaftsverband bleibt bei Sivrits erstem Erscheinen in Worms noch folgenlos, weil es vor allem Gunthers Bruder Gernot gelingt, das Eskalieren der Situation zu verhindern. Er sorgt dafür, daß der Interaktionscode wieder umgestellt wird: von der heroischen Konfrontation zur höfischen ‚Virtualisierung' (MÜLLER 1998a) und vom heroischen Agon zur höfischen Reziprozität. Das heißt: Gunther läßt sich darauf ein, seine Herrschaft mit Sivrit zu teilen, aber das wird auf beiden Seiten nicht im ‚eigentlichen' Sinne verstanden, sondern im ‚uneigentlichen': formal als Metaphorisierung, funktional als Höflichkeitsfloskel. Ja, Sivrit unterwirft sich sogar: nicht Gunther, sondern Kriemhilt – im Minnedienst. Von dieser Unterwerfung profitiert allerdings Gunther, der als derjenige, der über den Zugang zu seiner Schwester Kriemhilt bestimmen darf, über die Kampfmaschine Sivrit im Interesse der Burgunden verfügen kann. Das Verhältnis zwischen dem Heroischen und dem Höfischen wird im ‚Nibelungenlied' immer neu verhandelt – zuletzt, am Ende des Textes, kollabiert die höfische Welt mit ihren Mechanismen friedlicher Konfliktregulierung gegenüber dem Einbruch einer archaischen Welt der unkontrollierten Gewalt, die sich gewissermaßen im Sinne einer Masseninfektion fortpflanzt.

Gewöhnlich liefert das Heroische in seiner Archaik und in seiner unkontrollierten Gewaltverhaftetheit nur den Zerrspiegel, vor dem sich das Höfische umso deutlicher konturieren kann. Daß sich die höfische Kultur auf ihrer Kehrseite mit archaischer Gewalt errichtet, ist ein Thema, das die mittelalterliche Adelsliteratur immer wieder fasziniert. Die Grenzziehung wird zwar immer wieder angegriffen, kann sich aber letztlich behaupten, weil das Höfische zumeist in der Lage ist, die archaische Gewalt einzuhegen und sich ihrer bei Bedarf zu bedienen. Im ‚Nibelungenlied' aber versagt dieser Mechanismus. Das führt letztlich zum Untergang einer ganzen Heldenwelt.

Die erzählenden Hauptgattungen volkssprachigen Erzählens wurden in diesem Kapitel hauptsächlich in ihrer Paradigmatik vorgestellt, in ihren dominanten Themen und Problemkonfigurationen. Das folgende Kapitel widmet sich nun den gängigsten Erzählmustern, die gattungsspezifisch oder quer durch die Gattungen immer wieder aufgegriffen werden.

ASSMANN 1992. – VON BLOH 2002. – BOWRA 1964. – BRAUN/HERBERICHS 2005. – BUMKE 1992. – BUMKE 1994. – GANZ 1986. – HAFERLAND/SCHULZ 2010. –

Haubrichs 1994. – Haustein 1998. – Heinzle 1978b. – Heinzle 1981. – Heinzle 1999. – Heinzle 2000. – Hellgardt 1995. – Kragl 2007. – Mecklenburg 2002. – Miklautsch 2005. – Miller 2000. – Müller 1974. – Müller 1985a. – J.-D. Müller 1987. – Müller 1998a. – Müller 1998b. – Müller 2002a. – Schaefer 1994. – Schulz 2007d. – Schulz 2008. – Schulz 2010a. – von See 1978. – von See 1993. – Strohschneider 1997/2005.

4. Erzählen nach Mustern: Die gängigsten mittelalterlichen Erzählschemata

4.1 Erzählen: Das ‚Narrative'

4.1.1 Zwei Grundbegriffe: *histoire* und *discours*

Was bedeutet es überhaupt, wenn wir vom ‚Erzählen' oder vom ‚Narrativen' sprechen? Die meisten wissenschaftlichen Definitionen stimmen darin überein, daß es ohne Handlungen, die in Sprache und/oder in Bildern dargestellt werden, auch kein Erzählen geben kann. Neuerdings möchte allerdings die sogenannte ‚natural narratology' „das Narrative nicht auf den Bericht von Handlungsabfolgen […] beschränken", sondern statt dessen den Aspekt der „Vermittlung anthropozentrischer Erfahrung" in den Vordergrund stellen und somit „Bewusstsein als die zentrale Kategorie für die Konstituierung von Narrativität […] benennen" (FLUDERNIK 2006, S. 73 u. 94). Solche Überlegungen stammen, wie die meisten grundsätzlichen Erörterungen der Erzähltheorie, aus dem Bereich der neuesten Philologien. Es handelt sich um eine Sichtweise, die ganz auf die Instanz des Erzählers abgestimmt ist, auf die vielfältigen Verfahren, mit denen Literatur das Verhältnis zwischen dem wahrnehmenden Bewußtsein und der Stimme des Erzählers je neu konfigurieren kann (vgl. auch SCHMID 2005, S. 11–19). Seit STANZEL (1964, 1979) und GENETTE (1994) ist hierfür ein geradezu feinmechanisches Instrumentarium entwickelt worden. Dieses Instrumentarium zielt vor allem auf den *Akt der Narration*, nicht aber auf den *Inhalt der Narration*. Es zielt auf die Ebene dessen, was in der Erzähltheorie *discours* (‚Diskurs') heißt, nicht aber auf die komplementäre Ebene der *histoire* (‚Geschichte'). Die klassische Definition dieser beiden ‚Kategorien der literarischen Erzählung' stammt von TZVETAN TODOROV (1972):

> „Geschichte und Diskurs. Auf der allgemeinsten Ebene hat das literarische Werk zwei Seiten: es ist zugleich Geschichte und Diskurs. Es ist Geschichte, weil es eine bestimmte Realität evoziert, Geschehnisse, die geschehen sein könnten, Personen, die von diesem Gesichtspunkt aus mit Personen des wirklichen Lebens ineinander verschwimmen. Dieselbe Geschichte hätte uns mit anderen Mitteln berichtet werden können z. B. in einem Film; sie hätte uns im mündlichen Bericht eines Zeugen, ohne daß sie zu einem Buch gemacht worden wäre, übermittelt werden können. Aber das Werk ist zugleich

Diskurs; es gibt einen Erzähler, der die Geschichte berichtet, auf der anderen Seite gibt es einen Leser, der sie aufnimmt. Auf dieser Ebene zählen nicht die berichteten Geschehnisse, sondern die Weise, in der der Erzähler sie uns vermittelt. [...] Der Begriff der Geschichte entspricht [...] einem pragmatischen Bericht von dem, was sich abgespielt hat. Die Geschichte ist also eine Konvention, sie existiert nicht auf der Ebene der Geschehnisse selbst. [...] Die Geschichte ist eine Abstraktion, denn sie wird immer von irgend jemanden [sic] wahrgenommen und erzählt, sie existiert nicht ‚an sich'" (S. 264–266).

Auch wenn die Termini hier im Zitat mitübersetzt sind, haben sich doch in der Erzählforschung die französischen Formen *histoire* und *discours* eingebürgert. Der *discours* ist erstens der blanke Wortlaut der Erzählung – und damit ist er zweitens auch die Ebene, auf der die Geschichte vermittelt wird, weil wir dem *discours* allein alle relevanten Informationen verdanken. In diesem zweiten Sinne wird er nur greifbar, wenn wir eine Modellbildung vornehmen, die den *discours* als Konzept zu fassen sucht, mit dem das Verhältnis zwischen dem Wortlaut des Textes und der in ihm dargestellten Welt zu beschreiben ist: Hierzu gehören Fragen nach dem Subjekt der Wahrnehmung und des Sprechens (Genette 1994: *Qui voit?* und *Qui parle?*), ebenso Fragen nach der Abweichung der Geschehensabfolge von der ‚Realität' der dargestellten Welt (etwa: c, a, b statt a, b, c) sowie Fragen nach dem Verhältnis von *showing* (ausführliche Beschreibung) und *telling* (Reduktion auf das Handlungsgerüst). Den *discours* betreffen dementsprechend auch Fragen nach der narrativen Wissensvergabe: danach, was ein Erzähler erzählt und was er ausläßt (und was dementsprechend nur zu erschließen ist); danach, wo er ‚eigentliche Rede' durch ‚uneigentliche (= bildhafte) Rede' unterstützt, ersetzt oder konterkariert; danach, wann er offensichtlich Nicht-Sagbares durch etwas Sagbares ersetzt bzw. es metonymisch dorthin verschiebt (besonders im Bereich der menschlichen Sexualität ist in dieser Hinsicht so gut wie alles möglich).

Die *histoire* ist dasjenige, was wir als dargestellte Welt (‚Diegese', s. u.) einer Erzählung rekonstruieren können: Zur *histoire* gehören die Handlungen und die daran beteiligten Figuren, Handlungsgesetze, Personenbeziehungen und Interaktionsregeln, Handlungsräume und Handlungszeiten, die Abfolge bzw. Chronologie der Handlungen. Handlungen können singulär sein, aber zumeist sind sie in einer absichtsvoll komponierten Geschichte aufeinander beziehbar: Sie können miteinander kontrastieren, und sie können einander korrespondieren, wobei sie sich auch steigernd oder abschwächend wiederholen können; im Sinne von Antithese, Parallelismus, Gradatio. Sie können logisch auseinander hervorgehen, indem die Kausalitäten benannt werden, nicht allein als nachvollziehbare Beweggründe der Figuren, sondern auch als Auswirkungen von Zufällen oder Wundern. Handlungen können aber auch einfach aneinandergereiht werden. Möglicherweise erzählt uns der Text hier etwas nicht, was er einfach voraussetzt – etwa bestimmte Interaktionsregeln (vgl. Kap. 2.3.4.1) –, oder es ist ihm darum zu tun, die Handlungen *final*, auf ihr Ziel hin, zu perspektivieren, so daß sie eben nicht *kausal*, sondern eher assoziativ, zumeist metonymisch miteinander verknüpft werden (SCHULZ 2010a; HAFERLAND 2004, 2005a; HAFERLAND/SCHULZ 2010).

4.1.2 Diegese bzw. dargestellte Welt

Erzählen ist immer ausschnitthaft, impliziert aber in den geschilderten Handlungszügen metonymisch eine ganze Welt (so wie wir auch nur einzelne Merkmale und Handlungen einer Figur erfahren, sie uns aber in Gedanken zu einem ganzen Menschen komplettieren; vgl. Kap. 5.1.1). Die Merkmale dieser Welt, der dargestellten Welt (mit GENETTE 1994: der ‚Diegese'), können vollständig oder weitgehend diejenigen der Welt sein, die die jeweilige Kultur als ihre wirkliche ansieht; die dargestellte Welt kann jedoch auch punktuell, ausschnitthaft, in weiten Teilen oder vollständig von dieser ‚wirklichen' Welt abweichen. Übereinstimmungen und Abweichungen sind interpretationsrelevante Fakten. In jedem Fall müssen wir die dargestellten Welten der Literatur erstens an demjenigen messen, was die jeweilige Kultur als Normalität betrachtet hat, zweitens an demjenigen, was innerhalb der jeweiligen Gattung als Normalität gelten kann. Zunächst gilt es jedoch, die dargestellte Welt selbst zu rekonstruieren.

Auf Raum- und Zeitstrukturen wird in diesem Buch noch genauer eingegangen werden (Kap. 5). An dieser Stelle genügen einige grundsätzliche Überlegungen. Sie betreffen zum einen das für die Logik der *histoire* essentielle Verhältnis, das zwischen den Figuren und der sie umgebenden Welt besteht; und sie betreffen zum anderen das Gegen- und Nebeneinander unterschiedlicher Prinzipien, die die jeweils dargestellte Welt modellieren: Regiert der Zufall oder das autonome menschliche Subjekt, regieren die Götter über den Menschen, regiert ein blindes Schicksal, regiert der eine (christliche, jüdische, islamische) Gott oder sein geschichtsphilosophischer Nachfolger, der Weltgeist; wird alles immer schlimmer, im Gegensatz zu einer idealisierten Vergangenheit, oder wird alles immer besser, etwa gegenüber einer Welt, die noch nicht den richtigen Glauben hatte, oder bleibt sich ohnehin alles gleich, in einem immerwährend zyklischen Werden und Vergehen (zu diesen Problemen, ausgehend von der Frage nach dem Zufall in mittelalterlicher Literatur, vgl. HERBERICHS/REICHLIN 2009)? Denkt man sich das Fortschreiten der Zeit, auf den einzelnen Menschen bezogen, als kontinuierliche ‚Entwicklung' oder als diskontinuierliche, immer wieder von Übergangsriten durchzogene Stufung (vgl. Kap. 4.2.3.7)? Können Handlungen, Figuren und Figurengruppen ihre Bedeutung, mehr noch: ihren Geltungsanspruch, idealerweise von einem Ursprung herleiten – oder immer nur als Mittel im Blick auf ein Ziel? Was ist in der dargestellten Welt ein übliches Ereignis, von einer Regelhaftigkeit, die Wiederholungen oder zumindest Wiederholbarkeit einschließt, was aber ein herausragendes, überraschendes, einmaliges und nicht-wiederholbares Geschehen?

Man wird das nicht immer einsinnig beantworten können. Oft wird man konkurrierende Sinnbildungsmuster konstatieren und rekonstruieren müssen. Sie können dabei auf unterschiedliche Räume und Zeiten der dargestellten Welt verteilt sein, müssen dies aber nicht. Die Weltdeutung der handelnden Figuren kann sich voneinander unterscheiden – und von derjenigen des Erzählers. Die Konzepte vom Verhältnis zwischen den Figuren und der sie umgebenden ‚Welt' können einander überschneiden, miteinander in Konflikt geraten, miteinander kompromißhaft harmonisiert oder aber auch in ihrer schroffen Gegensätzlichkeit ausgestellt werden. Auch in dieser Hinsicht ist mittelalterliches Erzählen als Agon zu verstehen.

4.1.3 Lineare vs. zyklische Zeitstrukturen: Christlich-gelehrte Vorstellungen und literarische Insel-Phantasmen

Das Neben- und Gegeneinander unterschiedlicher Weltmodellierungen kann knapp am Verhältnis zwischen linearer und zyklischer Zeitauffassung gezeigt werden. Uneinheitlich sind hier nicht erst die literarischen Imaginationen, sondern bereits die Konzepte der gelehrt-christlichen Kultur, die unter Umständen als ‚Hintergrundbeleuchtung' der Textanalyse dienen können: Für die mittelalterliche Vorstellung steckt die göttliche Vorsehung hinter allem, was geschieht, aber gewissermaßen ‚unterhalb' derjenigen Gottes gibt es durchaus noch die begrenzte Herrschaft des wankelhaften Glücks, der Fortuna (griech. *tyche*), des blinden Zufalls, aber auch des menschlichen Willens, der menschlichen Willkür. Wenn man allerdings jeweils das Ende und wirklich alle Umstände kennen würde, könnte man hinter und über allem, was sinnlos, zufällig oder der menschlichen Willkür unterworfen erscheint, durchaus das planende Walten Gottes erkennen (Boethius: Consolatio Philosophiae, v. a. IV, p. 6). Kontingenz gibt es demnach also nur, wenn der Blick auf die Welt rein der Immanenz verhaftet bleibt, wohingegen die Sinnhaftigkeit des Weltganzen zwar existent ist, sich jedoch als transzendente der Erkenntnis des Menschen weitgehend entzieht. Auch das Mittelalter kennt so schon das Problem, das das 18. Jahrhundert unter dem Begriff der Theodizee diskutieren wird (wie kann Gott in der besten aller Welten offenkundig sinnloses Leid und augenscheinliches Unrecht zulassen?); der Widerspruch wird nicht aufgelöst, sondern durch Hierarchisierung entschieden; er bleibt jedoch als solcher bestehen.

Auch das kulturell wirkmächtigste Bild, in das der Zufall gefaßt wird, ist in sich widersprüchlich. Es handelt sich um dasjenige des Glücksrades, der *rota fortunae:* Wer aufsteigt, wird fallen, doch wer fällt, kann auch wieder aufsteigen. Die Vorstellung blinder Zufälligkeit wird so in einer übergreifenden Regelhaftigkeit gebannt, ein linearer Verlauf wird zugleich als Teil einer zyklischen Wiederholungsstruktur behauptet. Die Kollektivsymbolik überführt so ‚harte', regellose Kontingenz in eine ‚weiche', regelhafte und macht sie damit leichter erträglich (zu den Begriffen vgl. WARNING 2001; zum Problemfeld HERBERICHS/REICHLIN 2009).

Schließlich ist es eine Frage des Betrachtungszeitraums, ob man sich Zeit nun als lineare Sukzession oder als repetitiven Zyklus vorstellt. Das mittelalterliche Christentum denkt sich die Zeit im großen Ganzen als Heilsgeschichte, beginnend mit der Schöpfung und auf das Ende der Zeiten hin ausgerichtet, also linear, im Sinne einer zielgerichteten Abfolge von vier Weltreichen (1. Babylonier, 2. Perser/Meder, 3. Griechen [Alexander d. Gr.], 4. Römisches Imperium und Römisch-deutsches Kaiserreich) im Rahmen von sechs bzw. sieben Weltzeitaltern (1. von Adam bis Noah/Sintflut, 2. bis Abraham, 3. bis David, 4. bis zur babylonischen Gefangenschaft, 5. bis zur Menschwerdung Christi, 6. bis zum Weltende, 7. Ankunft Gottes/Aufhebung der Zeit). Daneben allerdings orientiert man sich zyklisch an einer kleineren Einheit, dem Jahreslauf, an den Jahreszeiten, und bildet im Kirchenjahr mit seinen Feiertagen die Lebensgeschichte Jesu Christi nach.

Zeit kann also linear fortschreitend gedacht sein, aber auch zyklisch – und mitunter reversibel, umkehrbar. Neben der Ausgestaltung und der Arbeit an den christlichen Mustern, die eben skizziert worden sind, kennt die höfische Epik noch andere Modellierungen des Verhältnisses zwischen der Welt und dem einzelnen. In den Geschichten der Artushelden gibt es so immer wieder besondere Weltausschnitte, in denen das Fortschreiten der Zeit im Gegensatz zur übrigen Welt angehalten erscheint: Weltausschnitte, in denen Bäume Frucht und Blüte zugleich tragen, in denen eine Blume, die man auf einer Wiese bricht, sofort wieder nachgewachsen ist, in der, so legt es etwa Ulrichs von Zatzikhoven ‚Lanzelet' nahe, ein Vater in jahrelanger Blutschande mit seiner Tochter leben kann, und doch ist das Mädchen immer noch und immer wieder Jungfrau (SCHULZ 2007c).

In den mittelalterlichen Tristan-Dichtungen muß das ehebrecherische Liebespaar in den Wald flüchten. Obwohl man aus einer durchaus zivilisierten Hofwelt kommt, scheint mit einem Mal die menschliche Kultur gewissermaßen auf ‚Null' zurückgestellt worden zu sein, wenigstens was Tristan und Isolde betrifft: Es wird nun explizit behauptet, daß Tristan in der Wildnis das Fischen und das Jagen erfindet – obwohl er sich in seiner ‚gewöhnlichen Welt' schon immer als Jäger hervorgetan hat (Jagd ist der adelige Sport par excellence). Im Wald gilt also eine andere ‚Weltzeit' als am Hof. Das gesellschaftsferne Leben der Liebenden im Wald erscheint als Zeit der ewigen Wiederholung, aus der allein solche Ursprungsmomente herausragen und dieser Ausnahmezeit eine minimale Gerichtetheit geben. Eine solch weitgehende Aufhebung der Zeit setzt allerdings einen besonderen Raum voraus, für den andere Regeln gelten als sonst – denn am Hof geht das Leben selbstverständlich weiter seinen gewohnten Gang (SCHULZ 2003a; MÜLLER 2002b). Ein Leben außerhalb der höfischen Kultur ist offenbar zugleich auch ein Leben außerhalb der Zeit der höfischen Kultur. Erst als Tristan und Isolde an den Hof zurückzukehren beschließen, gibt es mit einem Mal wieder Markierungen des Jahreslaufs und Hinweise auf Fixpunkte im Kirchenjahr. Und erst als sie wieder Mitglieder der Gesellschaft sind, hat die Spaltung der Zeit in der dargestellten Welt ein Ende. Die Widersprüchlichkeit der unterschiedlichen Zeitkonzepte ist in den Texten also auffällig funktionalisiert.

4.1.4 Erzählen und Handlung: Ein Plädoyer

Die neuesten Philologien haben sich, ihren Gegenständen entsprechend, bei ihren erzähltheoretischen Überlegungen vor allem der Ebene des *discours* gewidmet. Völlig brach liegt demgegenüber das systematische Zentrum der *histoire*-Ebene: die einfache Frage danach, was eine Handlung ist. Die entsprechenden Beschreibungsmodelle sind Ende der 1960er Jahre entwickelt worden, und seitdem hat sich in diesem Bereich kaum etwas getan. Mein Verdacht geht dahin, daß dies mit den Texten zu tun hat, anhand deren die entsprechenden Modellbildungen vorgenommen worden sind: Es waren eben nicht hochkomplexe Erzählungen der literarischen Moderne, sondern das Material stammte aus der Folklore, aus den sogenannten ‚einfachen Formen' (JOLLES 1930/⁷1999), vor allem aus Märchen. Das hängt mit der Herkunft solcher Überlegungen zusammen, die in den späten 1920er Jahren von PROPP (1928/1972) und seiner Beschreibung der ‚Funktionen' und ‚Handlungskreise' des russischen Zaubermärchens angestoßen worden sind: Immer ging es dabei auch darum, gewisse narrative Schematismen freizulegen, als deren Kern die beschriebenen Handlungsformen zu gelten hätten. In diesen Fällen war die Ebene der *histoire* der des *discours* vorgeordnet.

Die entsprechenden Modelle haben sich in den 1970er Jahren bald als wenig hilfreich herausgestellt, als man versuchte, mit ihnen auch komplexe moderne Erzählformen zu untersuchen. Wo man vorrangig Interesse an Höhenkammliteratur hat, genießen Schemata traditionell keinen guten Ruf. Doch die Beschäftigung mit literarischen Schematismen spielte auch dort keine besonders große Rolle, wo sie eigentlich zu erwarten gewesen wäre: in der Trivialliteratur-Forschung (Ausnahme: DORNER-BACHMANN 1979, zur *Gothic novel*). Diese aber ist traditionell vor allem sozialhistorisch und ideologiekritisch ausgerichtet – und nicht so sehr an der ‚Gemachtheit', an den literarischen Verfahren ihrer Gegenstände interessiert. Der Strukturalismus, dem die einfachen Beschreibungsmodelle zu verdanken waren, galt auch aufgrund dieser als gescheitert, und was davon noch übrig war, firmiert seither unter dem Etikett ‚Erzähltheorie' oder ‚Narratologie', mitunter noch unter ‚Literatursemiotik'.

In den Mittelalter-Philologien indes ist die Beschäftigung mit den Handlungsstrukturen ihrer Texte nie abgeflaut. Sie läßt sich in eine Zeit weit vor dem Strukturalismus (und auch seinem historischen Vorgänger, dem Russischen Formalismus) zurückverfolgen (PANZER 1902), und sie dauert auch heute noch an, da der Strukturalismus in den neuesten Philologien längst totgesagt ist (etwa: Wolfram-Studien 18 [2004]; WARNING 2003). Dieses Interesse ist pragmatisch begründet. Es liegt in der Natur der Gegenstände: Es gibt zwar ausgesprochen schillernde Inszenierungen der Erzählinstanz und des Erzählvorgangs, nicht allein bei den ‚Klassikern' Hartmann, Gottfried und Wolfram, die ihre spezifische Art des Erzählens gegenüber anderen profilieren und geltend machen, doch letztlich dienen all diese Inszenierungen immer auch dem Zweck, die *Handlung* selbst gegenüber konkurrierenden Geschichten und anderen Fassungen derselben Geschichte deutlicher hervortreten zu lassen (sie verfolgen also gerade nicht das Ziel, das Erzählte hinter dem Akt des Erzählens zum Verschwinden zu bringen, eine Tendenz, die in der abendländischen Literatur seit dem ‚Tristram Shandy' greifbar wird, vielleicht am deutlichsten beim ‚Geschichtenzerstörer' Thomas Bernhard).

Mittelalterliche Erzählungen sind in ihren Motiven den ‚einfachen Formen' des Märchens nahe verwandt (auch wenn die Semantik dieser Motive eine völlig andere ist); sie sind vor allem ausgesprochen handlungslastig, mit auffälligen Bezügen – Steigerungen und Kontrasten – zwischen den einzelnen Episoden. Und sie sind – bis hinauf zu besten, komplexesten, ästhetisch anspruchsvollsten Texten – überdeutlich in Anlehnung an bestehende literarische Schemata gestaltet: vom einfachen Motiv, etwa des Frauenerwerbs durch Aventiure, über bestimmte Motivkombinationen und Handlungsketten bis hin zur Gesamthandlung eines Zehntausende von Versen umfassenden Romans. Von daher wäre es töricht, die Ebene der *histoire* mit interpretatorischer Mißachtung zu belegen.

> Boethius: Consolatio Philosophiae. – DORNER-BACHMANN 1979. – FLUDERNIK 2006. – GENETTE 1994. – HAFERLAND 2004. – HAFERLAND 2005a. – HAFERLAND/SCHULZ 2010. – HERBERICHS/REICHLIN 2009. – JOLLES 1930/⁷1999. – MÜLLER 2002b. – PANZER 1902. – PROPP 1928/1972. – SCHMID 2005, S. 11–19. – SCHULZ 2003a. – SCHULZ 2007c. – SCHULZ 2009c. – SCHULZ 2010a. – STANZEL 1964. – STANZEL 1979. – TODOROV 1972. – WARNING 2001. – WARNING 2003. – Wolfram-Studien 18 (2004).

4.1.5 Handlung und Ereignis: Die Modelle von BRÉMOND, GREIMAS und LOTMAN

4.1.5.1 Allgemeines

Was ist eine Handlung? Eine Minimaldefinition braucht zwei Kategorien: erstens eine Zeitachse, zweitens mindestens ein Merkmal, das in bezug auf diese Zeitachse zu einem späteren Zeitpunkt nicht mehr so ist wie zu einem früheren. Handlung ist demnach also Veränderung in der Zeit (TITZMANN 2003, S. 3076). Das ist ebenso einsichtig wie banal, aber damit ist für die Interpretation von Texten natürlich noch nicht viel gewonnen. Allerdings: Erzählungen, Geschichten sind ohne Handlung nicht denkbar. Erzählen besteht daraus, daß Handlung aus der Sicht einer oder mehrerer wahrnehmender Bewußtseinsinstanzen in Sprache oder einem anderen Zeichensystem nachgebildet wird (bzw. daß eine solche Nachbildung fingiert wird). Die strukturalistische Erzähltheorie der 1960er Jahre hat in Analogie zu linguistischen Satz-Modellen meistens nach der *kleinsten* narrativen Einheit im Sinne einer Subjekt-Prädikat-(Objekt-)Relation gesucht. Das hatte rein pragmatisch die unangenehme Folge, daß es unmöglich wurde, Texte auch nur mittleren Umfangs angemessen zu beschreiben, weil ja selbst die kleinste beschriebene Handlung miterfaßt wurde. Solche Verfahren bergen die Gefahr, sich mit immensem Aufwand in einer unüberschaubaren Fülle von Subjekt-Prädikat-(Objekt-)Relationen zu verlieren. Und angesichts dieses methodischen Aufwandes legen sie nahe, bereits das für Textinterpretation zu halten, was bloß deren Vorstufe ist: Modellbildung (vgl. die kritische Zusammenschau von GÜLICH 1977; knapp NÖTH 2000, S. 400–409).

Praktikabel und taugliche Grundlagen für die Textinterpretation werden solche Modellbildungen nur dann, wenn man die Handlungen, die erzählt werden, hinsichtlich ihrer Relevanz bestimmt – und wenn man sie auch in ihrer Semantik zu fassen bekommt. Denn die Alternative kann nicht lauten, sich allein auf die eigene Intuition zu verlassen; Wissenschaft setzt voraus, daß man sich intersubjektiv darauf verständigt, wovon man überhaupt spricht. Einzeltextspezifische Handlungsstrukturen und überindividuelle Handlungsschematismen vermitteln Bedeutung, also kommt man nicht darum herum, sich Gedanken zu machen, was denn nun Handlung überhaupt sei. Ich stelle im folgenden drei solcher Konzepte vor. Jedes von ihnen beanspruchte mit einer gewissen Ausschließlichkeit, eine Theorie *des* Narrativen schlechthin bereitstellen zu können (Überblicke über die gängigen Erzähltheorien finden sich auch bei TITZMANN 2003; MÜLLER-FUNK 2008, S. 43–62; KRAH 2006, S. 285–374). Man wird ihnen 40 Jahre später nicht zu nahe treten, wenn man herausstellt, daß sie in ihrem universellen Geltungsanspruch gescheitert sind. Sie ergänzen sich gegenseitig, und ich würde nicht behaupten, daß mit ihnen wirklich alles beschreibbar ist, was wir intuitiv als narrative Handlung begreifen. Sie schärfen allerdings den Blick für je spezifische, zentrale Aspekte des narrativen Bedeutungsaufbaus. Damit sind sie wichtig für die Heuristik der Interpretation.

4.1.5.2 BRÉMOND: Regelkreis und Entscheidungsbaum

CLAUDE BRÉMONDS Modell (1970) speist sich aus dem Ungenügen daran, daß PROPP in seiner seriellen Märchenanalyse Handlungseinheiten nur relativ intuitiv als ‚Funktionen‘ bestimmt hat (PROPP 1928/1972). BRÉMOND entwickelt seine Vorstellungen anhand französischer Märchen, er stellt dabei aber heraus, daß er die Skizze eines Modells geliefert haben will, das ‚auf alle Typen des Narrativen anwendbar‘ sei (S. 247, Anm.). Es besteht aus *zwei Komponenten: erstens* einer Art *Regelkreis*, mit der die *Handlungsgesamtheit* einer Erzählung beschrieben werden soll, und *zweitens* einem Dreischritt von *Handlungsalternativen*, mit dem die *Minimalform einer narrativen Sequenz* bestimmt werden kann. Der Regelkreis funktioniert nach dem Prinzip der Homöostase (,Erhaltung des Gleichgewichts'): Ein anfängliches Ungleichgewicht wird ins Gleichgewicht gebracht, oder ein anfängliches Gleichgewicht wird der Unordnung ausgesetzt und zuletzt wiederhergestellt. Die Kriterien hierfür sind sehr abstrakt: Einem *State of deficiency* (,Mangelzustand') folgt eine *Procedure of improvement* (,Verbesserungsphase'), hierauf ein *Satisfactory state* (,Befriedigender Zustand'), dann eine *Procedure of degradation* (,Verschlechterungsphase'; S. 251; Übersetzung nach Nöth 2000, S. 407).

Der Kreis kann, je nach Ausgangspunkt (befriedigender Zustand oder Mangel), in der Regel einmal oder eineinhalbmal durchlaufen werden, natürlich auch öfter, seltener ein halbes Mal.

> „Die in Texten abgebildeten Handlungen können nun in unterschiedlichster Weise entweder nur einzelne Phasen, wie den Prozeß der Verbesserung, oder ausschließlich den Prozeß der Verschlechterung, wiedergeben. Sie können aber auch beide Phasen miteinander verbinden, womit das Handlungsende wieder zum Handlungsanfang zurückkehren würde, oder sie können schließlich auch mehrmals den Handlungskreis durchlaufen." (Dorner-Bachmann 1979, S. 132 f.)

Die Schwäche dieses Modells liegt darin, daß es (wie schon bei Propp 1928/1972) über Elementares hinaus kein Interesse an Semantik hat. Je komplexer eine Erzählung ist, auch in ihrer Thematisierung von Normen und Werten, umso unbefriedigender wird es, ihre Semantik auf das Vorhandensein oder Nichtvorhandensein eines Mangels herunterzubrechen, gewissermaßen auf eine Beinahe-Leerformel, die ihre Minimal-Semantik aus dem Bereich der Ökonomie bezieht. Man kann so erklären, warum der Held im Märchen auszieht (aus Hunger), sehr grob auch noch, warum er dies in mittelalterlichen Erzählungen tut: weil er eine Frau braucht (in der Brautwerbungsepik) oder weil er selbst stellvertretend für den Hof *schande* in *êre* verwandeln muß (im Artusroman). Dazu aber muß man die komplexen Semantiken von ,Herrschaft und Genealogie' bzw. von *schande/êre* sehr reduktionistisch behandeln.

Der Wert von Brémonds Regelkreis liegt immerhin zum einen darin, daß er dem narratologischen Anfänger eine sehr klare Sicht auf die Dinge verschafft, freilich um einen gewissen Preis, zum anderen darin, daß er verdeutlicht, daß Erzählungen in Gang und zu einem Abschluß gebracht werden müssen. Brémond weist darauf hin, daß Erzählungen gewöhnlich nicht während einer unabgeschlossenen Phase der Verbesserung oder der Verschlechterung enden, und er mag damit für den Großteil traditionellen Erzählens auch durchaus recht haben, aber er verkennt die spezifische Funktion eines Erzählschlusses, wenn er behauptet:

"there ist nothing to stop the narrator from going on and on, adding new incidents to his story; his fantasy has no imposed limits, except the obligation, always respected in tales, to resolve the problems and release the tensions created by the narrative" (S. 252).

Denn gewöhnlicherweise genügt es eben nicht, wenn der ursprüngliche Mangel behoben worden ist. Artusromane sind zwar homöostatisch aufgebaut, was den Zustand des Artushofs und das Verhältnis zwischen der höfischen und der nicht-höfischen Welt betrifft (SCHULTZ 1983), aber dies gilt gerade nicht für ihren Protagonisten. Sein Weg ist einerseits zyklisch, weil der Held mehrfach auszieht, um Provokationen der außerhöfischen Welt zu bereinigen, wonach er wieder auf den Artushof trifft, wo man ihm bestätigt, die *êre* des Hofs und seine eigene gewahrt und gemehrt zu haben; andererseits aber ist dieser Weg auch linear fortschreitend, denn die Texte erzählen auf ein Ziel hin: in ihnen wird ein unerfahrener Junggesellenritter zuletzt zum vorbildlichen Landesherrscher und Ehemann.

Sonst bräuchte Erec, nachdem er vom Peitschenschlag des Zwerges in seiner Ehre verletzt worden ist, nicht auch noch mit einer schönen jungen Frau an den Artushof zurückzukehren, nachdem er sich über den Besitzer der Kreatur an dieser selbst gerächt hat – vom weiteren Handlungsverlauf einmal ganz abgesehen. BRÉMONDS zyklisches Modell ist für solche Steigerungen und Verknüpfungen blind. Traditionelle Erzählschlüsse brauchen zumeist so etwas wie einen – ganz allgemein gesprochen – ‚Überschuß' gegenüber der Ausgangslage. Meistens ist dieser ganz banal, auch wenn er wie eine Apotheose inszeniert sein kann, denn die möglichen Schlußpunkte sind in der Regel der (sozialen) Semantik des menschlichen Lebenslaufs geschuldet. Im höfischen Roman wären dies etwa Hochzeit, Herrschaftsübernahme, Tod (als Übergang aus der irdischen Welt ins Reich Gottes). Ein Erzählen indes, das, weitgehend losgelöst von solchen finalisierbaren Semantiken, immer wieder die gleichen Grundmuster durchspielt, wie etwa die Tristan-Geschichte mit ihren Serien von ähnlichen Ehebruchsschwänken oder Rückkehrabenteuern, tut sich ausgesprochen schwer damit, zu einem Ende zu kommen (vgl. WARNING 2001, 2003). Gelingen kann dies dann nur durch einen recht radikalen, zumeist als Bruch in der Erzähllogik wahrnehmbaren Wechsel des narrativen Paradigmas, der es erlaubt, auf finalisierbare Narrationsmuster zurückzugreifen. Tristans Tod ist nicht die Folge seines eigenen Ehebruchs mit Isolde, sondern er wird tödlich verletzt, als er – je nach Fassung – seinem Schwager oder einem zweiten Tristan (Tristan dem Zwerg) bei einem amourösen Abenteuer beisteht, als er sich also handlungsstrukturell von einer Hauptfigur in eine Nebenfigur verwandelt.

Die zweite Komponente von BRÉMONDs Modell ist die Minimalform einer narrativen Sequenz. Zentral dabei ist der Gedanke, daß Erzählungen nicht aus lückenlosen Ketten kausal begründeter und kausal miteinander verbundener Handlungen bestehen, sondern sich immer in einer Auswahl aus unterschiedlichen Alternativen realisieren. So verstanden, besteht eine elementare narrative Sequenz aus drei Elementen, wobei es für die zweite und die dritte jeweils eine Alternative gibt: „This triad corresponds to the three phases of all process: at first potential, then actualizing itself, and finally achieved. [...] Beside each function there is a possibility of a contrary choice" (S. 248). WOLFGANG NÖTH (2000) faßt diese Thesen bündig zusammen:

> „An jeder beliebigen Stelle der Erzählung gibt es nicht nur *eine*, sondern immer *zwei* mögliche Folgesituationen, denn in der Verknüpfung der Funktionen [= Handlungen, A. S.] gibt es immer die Alternative zwischen einer Realisierung und einer Nichtrealisierung einer Konsequenz. Auf einen Kampf kann z. B. nicht nur ein Sieg, sondern ein Sieg *oder* eine Niederlage folgen. [...] Eine elementare narrative Sequenz besteht für ihn [BRÉMOND, A. S.] aus einer Sequenz von drei narrativen Phasen, die wie folgt miteinander verbunden sind: (1) *Situation*, die eine Möglichkeit eröffnet, (2) *Verwirklichung* dieser Möglichkeit (mit der Alternative der Nichtverwirklichung), (3) *Erfolg* (Alternative: Versagen)." (S. 406, zu BRÉMOND 1970, S. 248–250)

Man erkennt hinter diesem Muster unschwer die Basisdefinition des Narrativen wieder: Veränderung in der Zeit. Das wäre gewissermaßen die syntagmatische Komponente, im Sinne einer satzanalogen Abfolge von Ausgangssituation, Akt der Veränderung und Resultat der Veränderung. Hinzu kommt hier eine paradigmatische Komponente, im Sinne dessen, daß an jeder Position eines narrativen Syntagmas eine Auswahl aus einem bestimmten Paradigma getroffen werden kann. Gewöhnlicherweise setzt dies eine Semantik voraus, der sich BRÉMOND aber wiederum gerade entzieht, mit seinem formalen Binarismus von „1" und „0" (,Erfüllung'/ ,Nichterfüllung'). Allerdings ermöglicht es genau dieser Binarismus, dem Bedeutungsgefüge einer narrativen Textwelt auf die Spur zu kommen.

BRÉMONDs Modell nützt dann etwas, wenn man den formalen Binarismus selbst mit Semantik füllt. Man kann die Handlung eines Textes grob in Form eines Entscheidungsbaumes skizzieren und sich dann die Frage stellen, welche Normen und Werte jeweils auf dem Spiel stehen: welche sich durch einen positiven Ausgang realisieren – und welche durch einen negativen Ausgang abgewiesen werden. Man kann rekonstruieren, was ein Text nicht erzählt, im einfachsten Fall: wie ein Protagonist nicht handeln soll und was ihm nicht zustoßen soll. Mit Hilfe eines solchen Entscheidungsbaums kann man auch die komplexe Handlungslogik eines Textes rekonstruieren: Welche Handlungen – die wiederum für bestimmte Figuren und/oder bestimmte Werte stehen – gehen grundsätzlich positiv aus, welche hingegen negativ? Man kann diesen Entscheidungsbaum vor das narrative Schema halten, das im Text aufgegriffen wird, und man kann feststellen, daß der Text bestimmte Alternativen, die im Schema vorgesehen sind, gar nicht eröffnet. Oder er macht im Gegenteil Alternativen auf, die im Schema gerade nicht vorgesehen sind; oder er vervielfacht die eine erwartbare Entscheidungs-Schaltstelle zugunsten mehrerer anderer, in der wiederum semantische Alternativen greifbar werden.

Vor allem in mittelalterlicher Literatur trifft man auf das merkwürdige Phänomen, daß die Alternativen, die an zentralen Schaltstellen des Geschehens möglich wären, nicht einfach bloß vorausgesetzt oder in den Reden und Gedanken der Figuren thematisiert werden, sondern daß sie bis zu einem gewissen Punkt als ‚blinde Motive' *auserzählt* werden, dann aber vom Lauf der Narration mit einem Mal fallengelassen werden wie eine heiße Kartoffel. Nicht nur solche ‚abgewiesenen Alternativen' (vgl. Kap. 6.2.2), sondern all die genannten Möglichkeiten produzieren Bedeutung, sie produzieren Semantik, die sich wiederum in Beziehung zu kulturhistorisch relevanten Diskursen (das sind rekonstruierbare Formationen und Regeln des Schreibens über bestimmte Gegenstände) setzen läßt, und so kann die narratologische Analyse durchaus zum Fundament einer angemessenen, historisch gesättigten Interpretation werden.

4.1.5.3 Greimas: Narrativer Dreischritt und Wertetransfer

Das Aktantenmodell von Greimas (1970/1972) ist oben bereits knapp vorgestellt worden, im Rahmen der Überlegungen zur literarischen Figur (vgl. Kap. 2.1.4). Aktanten sind elementare Handlungsprinzipien (wie ‚Opposition', ‚Hilfe') auf der Ebene der *histoire*, die sich in Form von ‚thematischen Rollen' bündeln (entsprechend dann: ‚Gegner', ‚Helfer'), die sich wiederum in einer Figur oder auf mehrere verteilt wiederfinden. Handlung entsteht auch bei Greimas in einem Dreischritt, in dem zwei Subjekt-Aktanten um einen Objekt-Aktanten konkurrieren. Die Glieder des Dreischritts lauten ‚Konfrontation' (Konflikt), ‚Domination' (‚Herrschaft': ein Aktant gewinnt die Oberhand) und ‚Attribution' (dieser Subjekt-Aktant kann sich das begehrte Objekt aneignen; S. 58 f.). Auch dieses Modell ist ursprünglich am Beispiel von Märchen entwickelt worden, aber sein Schöpfer hat es auf alle Arten von Erzählungen übertragen wollen (Nöth 2000, S. 407).

WARNING hat schon vor vielen Jahren (1979a, 1979b) darauf hingewiesen, daß der Bereich, den dieses Konzept erhellen kann, durchaus begrenzt ist. Versuche wie diejenigen von BRÉMOND und GREIMAS sind zugleich theoretische Höhenflüge und ausgesprochen banal, eben kaum tauglich, wenn es um das Interpretieren von konkreten Texten in ihrer komplexen Semantik geht. Dementsprechend vermißt WARNING in der Theoriebildung die Ebene eines ‚mittleren Allgemeinen‘, auf der die Grob-Generalisierungen der allgemeinen Narratologie im Blick auf die konkreten historischen Erscheinungsformen heruntergebrochen und spezifiziert werden. Diese ‚mittlere‘ Ebene sieht WARNING (1979a) in den Gattungen und Erzählschemata.

> „Die Suche nach universalen Typen von Sprachhandlungen sollte man zurückstellen zugunsten der Beschreibung empirisch vorfindbarer Handlungsschemata von mehr oder weniger hoher historischer Konstanz. Gattungskonventionen, so läßt sich vermuten, haben den Status solcher Handlungsschemata. […] [A]uch im Bereich der Narrativik müßte es möglich sein, Gattungen über konventionalisierte Erzählschemata (‚Geschichte‘) und Erzählhaltungen (‚Diskurs‘) zu beschreiben und damit die Aporien zu überwinden, in die sich die vorpragmatische Narratologie hineinmanövriert hat" (S. 557).

WARNINGS Beispiel ist Chrétiens de Troyes ‚Yvain ou le chevalier au lion‘, die Vorlage für Hartmanns von Aue ‚Iwein‘, stellvertretend für die Gattung des Artusromans. Er sieht hier zwei sich überlappende Erzählschemata am Wirken:

> „Der Held sieht sich von widerhöfischen Mächten herausgefordert, besiegt sie und bringt die bedrohte Artuswelt wieder in Ordnung. Ebenso offenkundig aber ist, daß die Abfolge dieser Abenteuer untereinander bereits einem anderen Schema gehorcht: Der Held gewinnt seine Geliebte, geht ihrer aufgrund eigener Verfehlung verlustig und muß sie in einem Prozeß der Bewährung erneut gewinnen" (ebd., S. 558).

WARNING versucht diese Interferenz, diese Überschneidung, zunächst mit dem GREIMASschen Aktantenmodell zu beschreiben. Darin wäre die Dame ein einfacher Wert, um den der Held mit den außerhöfischen Mächten konkurriert. Prinzipiell wäre der Werte-Transfer unabschließbar. Um aber zu einem befriedigenden Ende zu kommen, muß die Erzählung extratextuelle Semantiken heranziehen und den Transfer ‚axiologisch‘ (auf der Ebene von komplexen Normen und Werten) besetzen, sonst könnte die Dame wie ein Schatz im Märchen (oder wie in simpel gestrickten Eastern) unabschließbar zwischen dem Protagonisten und den antagonistischen Mächten hin- und herwechseln. Diese zusätzliche Semantik ist diejenige der Minne, nach der die Dame nicht ein ebenso wertvolles wie beliebiges Attribut für irgendwen ist, sondern die dem Helden bestimmte Partnerin. Sie wird in einem ersten Handlungsdurchlauf ‚erworben', dann aufgrund einer Verfehlung wieder verloren, auf die eine todesähnliche Krise folgt; in einem zweiten Handlungsdurchlauf kann sie dann erneut gewonnen werden, wobei der Schluß gegenüber dem Ende des ersten Handlungsdurchlaufs als Steigerung und endgültiger Abschluß betrachtet werden kann.

Hierin erkennt WARNING ein zweites Handlungsschema, das die Semantik des ersten besetzt und steuert, zugleich aber mit ihm konfligiert, weil es in diesem zweiten Schema Werte gibt, die eine Instanz der Handlung hergeben kann, ohne dabei für sich selbst etwas zu verlieren: Die Dame spendet Minne, der Artushof spendet êre, und beides zusammen bestimmt die Identität des Helden als einer komplexen Figur, die sich im Blick auf diese Identität immer wieder konkurrierenden Handlungsalternativen ausgesetzt sieht. Der Held ist gerade

> „nicht [...] Aktant, nicht [...] bloßer Ausführender eines Werttransfers, sondern [...] Träger eines Normenkonflikts. Sein Handeln ist nicht einfach Erfüllung einer Funktion im Sinne von GREIMAS, sondern es wird auf seine Motivation hin kommentiert und damit überhaupt erst als Handeln thematisch" (WARNING 1979b, S. 83).

Deutlich wird dies im „Prinzip der steigernden Reprise", das die Struktur des arthurischen Romans prägt (ebd.). Es meint mehr als eine bloße Zweiteiligkeit der Handlung und mehr als eine bloß mechanische Steigerung von bereits eingeführten Motiven, Figuren, thematischen Konfigurationen und Handlungsmustern (vgl. FROMM 1969). Am Ende des zweiten Handlungsdurchlaufs muß gegenüber dem Ende des ersten ein semantischer Mehrwert erreicht sein, ein deutlich markierter, stabiler Zielzustand. Dieses Prinzip sieht WARNING aus der geistlichen Literatur entlehnt, im Sinne einer nicht blasphemisch zu verstehenden ‚konnotativen Ausbeutung' (vgl. Kap. 2.3.1.2) des Figuralschemas der geistlichen Bibelinterpretation. Dieses Deutungsmuster, das auch als Typologie bezeichnet wird, setzt Gestalten und Situationen aus dem Alten und dem Neuen Testament miteinander analog, im Sinne eines Verhältnisses von ‚(unvollkommener) Verheißung' und ‚Erfüllung' (etwa: Maria als neue Eva, Christus als neuer Adam). Chrétien und Hartmann

> „nehmen die Dignität des Figuralschemas in Anspruch für einen Weg, der christliche Auserwähltheit nur usurpieren kann, ja sie usurpieren das Schema bis hin zur zentralen Krise. Denn wie in der Bibelexegese die Krise von Tod

und Auferstehung die Zeit der Erfüllung einleitet und damit Altes und Neues Testament zu einer heilsgeschichtlichen Kontinuität zusammenbindet, so ist auch die Krise des Artushelden Moment einer Diskontinuität nur im Rahmen einer übergreifenden Kontinuität des Figuralen, ja als Mittelachse der Relation von *figura* und *implementum* stiftet sie geradezu die Kontinuität des Weges, auf dem der Held seine Identität sucht und findet" (WARNING 1979b, S. 85 f.).

Indem jedoch die Struktur des arthurischen Romans Aktanten- und Figuralschema gegeneinander in Anschlag bringt, offenbart sich auch hier ein Erzählen als Agon, bei dem die Konkurrenz unterschiedlicher Handlungsmuster zu massiven „Inkonsistenz[en]" auf der Handlungsebene führt.[16] Laudine, die Frau Yvains, ist als Objekt-Aktant „die Brunnenfee, die den Beschützer wechselt", im Kampf zwischen Yvain und Esclados (bei Hartmann: Askalon), und sich deshalb bald danach als leicht getröstete Witwe erweisen kann. Andererseits ist sie „vollkommene höfische Dame" und Minneherrin, von deren Wohlwollen als wertspendender Instanz (außerhalb des Aktantenschemas) die Identität des Helden massiv bestimmt wird (WARNING 1979b, S. 87). Immer wieder zeigen sich solche Friktionen in der Handlungsführung, so wenn zuletzt Yvain die Gunst seiner Laudine, die für ihn so unabdingbar ist, nur durch einen schäbigen Trick wiedergewinnt, bei dem er sie auf ein pauschal gegebenes Versprechen festnageln kann.

Während die Einheit des Textes auf der Ebene der Handlung immer wieder auseinanderbricht, sieht WARNING sie indes auf der Ebene der Erzählerrede, des *discours*, massiv gestiftet. Hier zeigt sich nämlich – bei Chrétien wie bei Hartmann – eine durchgängige Ironie, die es gerade ermöglicht, das Heterogene problemlos auf einer Ebene zu verhandeln. „Ihre Homogenität gewinn[en] [...] die Szene[n] [...] nicht schon auf Inhalts-, sondern erst auf Vermittlungsebene, d. h. in der Perspektive des ironischen Erzählers", wobei die Ironie das eigentliche Thema des Artusromans, die Suche nach Identität, „spielerisch distanziert"; es handelt sich dabei um ein „Raffinement nicht des Erzählten, sondern des Erzählens" (1979b, S. 93, 91 u. 95). Von der Erzählhaltung, von den Inszenierungen des Erzählens und des Erzählers, soll später im Kapitel 7 noch ausführlich die Rede sein.

---

16 WARNING 1979a, S. 572: „Im Horizont der Identitätssuche gewinnt der Held, was nur er selbst und nicht ein anderer verloren hat: die Harmonie mit dem Hof und mit der höfischen Dame. Als Aktant hingegen gewinnt er genau das, was ein anderer verliert" (so wörtlich auch WARNING 1979b, S. 86).

Als Problem der Modelle von BRÉMOND und GREIMAS hat sich zum einen die Uneinlösbarkeit ihres Anspruchs erwiesen, allgemeingültig zu erklären, was Narration sei, zum anderen ihr Verzicht darauf, nicht bloß einfache, sondern auch komplexe Semantiken zu integrieren. Zu ergänzen wäre drittens, daß relativ unscharf bleibt, auf welche Ebene der Handlung sie sich beziehen. Man kann mit ihnen offenbar mehrere Einzelsequenzen zu einer Handlung zusammenfassen, man kann mit ihnen aber auch den Blick auf sehr kleinteilige Handlungseinheiten richten. Tatsächlich sind sie auch – in Analogie zur linguistischen Analyse von Sätzen – ausgehend von den kleinsten möglichen Handlungseinheiten gebildet. Wie relevant diese Einzelsegmente für die Gesamthandlung sind, ist in diesen Theorien nicht weiter reflektiert worden. Trotz massiver Formalisierung bleibt also etwas ganz Entscheidendes schlicht der Intuition und der Erfahrung des Interpreten überlassen: Was sind insgesamt strukturrelevante, was sind weniger wichtige, und was sind unter solcher Perspektive irrelevante Handlungseinheiten? Wie kann ich kleinere Einheiten zu größeren zusammenfassen, um nicht einen irrsinnigen Beschreibungsaufwand zu produzieren? Bei der Analyse eines narrativen Textes muß man allein aufgrund seines Umfangs bestimmte Sachverhalte privilegieren, andere hingegen unter den Tisch fallen lassen. Man kann nicht einfach, wie bei Gedichten, erst einmal alle möglichen Strukturen und semantischen Isotopien untersuchen, bevor man der Interpretation dann eine Richtung gibt. Das ist aus pragmatischen Gründen bei allen narrativen Texten unmöglich, die über den Umfang von Kurzerzählungen hinausgehen. BRÉMONDS und GREIMAS' Modelle sind aber eben nur an der Abfolge der Handlungen interessiert, nicht an ihrer Hierarchie. Jedes Element des Geschehens erscheint bei ihnen gleichwertig.

Einen Ausweg aus dieser Schwierigkeit liefert zum einen das Rekurrenzkriterium: die Wiederholungen. Elemente und Strukturen eines Textes sind für seine Komposition und damit auch für seinen Bedeutungsaufbau umso relevanter, je häufiger sie – zumeist in sichtbarer Variation – wiederaufgegriffen werden. Das gilt auch dann, wenn die Bezugnahme sich nicht als Wiederholung oder Variation, sondern als Gegensatz darstellt. Wenn die Rekurrenz auf thematischer Ebene stattfindet, sind auch andere Verbindungen zwischen dem Wiederholenden und dem Wiederholten denkbar (metonymische, metaphorische etc.: vgl. Kap. 6.1 zur narrativen Kohärenz). Wenn der Held im Artusroman eine Frau gewinnt, sie verliert und schließlich wiedergewinnt, sind dies zweifellos wichtige Handlungsereignisse, die ich als Interpret gegenüber anderen, die nicht in irgendeiner Weise ‚wiederholt' werden, privilegieren muß. Dieses Argument liegt gewissermaßen auf einer horizontalen Ebene, und es bietet sich besonders für die Struktur des Artusromans an, die ausgesprochen stark von Wiederholungen geprägt ist. Noch weiter kommt man, wenn man zudem auf der ‚vertikalen' Ebene Argumente findet, mit denen man wichtigere von unwichtigeren Text-Ereignissen unterscheiden kann – und zwar eben nicht bloß aufgrund von wissenschaftlicher Intuition, sondern in einem rationalen Verfahren.

4.1.5.4 LOTMAN: Grenzüberschreitungen zwischen semantischen Räumen

Ertragreich hat sich speziell in dieser Hinsicht und auch überhaupt die ‚offene' Narrativitätstheorie LOTMANS erwiesen, die weitaus weniger formalisiert ist als die eben diskutierten.[17] LOTMAN (1989) definiert ein narratives „Ereignis" – sprich: Handlung – als die „Versetzung einer Figur über die Grenze eines semantischen Feldes" (S. 332). Handlung in einem narratologisch relevanten Sinn kann nur dort entstehen, wo die erzählte Welt in unterschiedliche Segmente aufgeteilt ist, welche durch semantische Merkmale deutlich voneinander unterschieden sind. Diese Segmente sind durch eine Grenze voneinander getrennt, die nicht ohne weiteres überschritten werden kann. Gewöhnlich können das nur der Held und andere Handlungsträger, während die meisten anderen Figuren einem einzigen semantischen Feld zugewiesen sind und dieses auch nicht verlassen können; insofern bestätigen sie im Gegensatz zu den beweglichen Figuren die vorgegebene Aufteilung der dargestellten Welt. Es gibt im Rahmen einer Erzählung „zwei Typen" von Handlungsfunktionen: „klassifikatorische (passive) und die Funktionen des Handlungsträgers (aktive)" (S. 340).

Handlung ist nun der „Versuch", die semantische Struktur eines Textes „zu überwinden" (ebd.). Das bedeutet, daß Handlung *immer* an Bedeutung gekoppelt ist – und daß sie nur in Abhängigkeit vom jeweiligen Weltentwurf zu verstehen ist. Jeder literarische Text impliziert den Entwurf einer Welt, der jedoch unterschiedlich vollständig ausgeführt sein kann (damit gilt analog das in Kap. 2.1.2 zur *Figur* Gesagte: zumeist sind es synekdochische und metonymische Marker, die im Sinne indexikalischer Zeichen als Teile für das Ganze einstehen). In jedem Fall ist diese Welt durch logische Operationen wenigstens in ihrer grundlegenden Organisation rekonstruierbar (falls nicht, ist diese Unbestimmtheit ein relevantes Text-Datum; vgl. TITZMANN 1997a, 1997b, 2000). Dabei können auch Kategorien, die uns vertraut sind, entfallen oder anders besetzt sein. Li-

---

17 Vgl. zu LOTMAN auch das stärker systematisch und weniger im Sinne einer Einführung angelegte Referat bei TITZMANN 2003, S. 3077–3084.

terarische Texte bauen zwar auf den jeweils zeitgenössischen Vorstellungen von Wirklichkeit auf, aber ihre Weltentwürfe sind deshalb keinesfalls identisch mit diesen Vorstellungen. Sie können durchaus von ihnen abweichen und Weltentwürfe aus Traditionen, die im zeitgenössischen Wirklichkeitsverständnis längst verabschiedet sind, als dann literarisierte weiter präsent halten.

Christen imaginieren sich das Jenseits gerne im Sinne einer vertikalen Abweichung vom Gewöhnlichen: den Himmel oberhalb, die Hölle unterhalb der Erde. Nach alten keltischen Vorstellungen hingegen liegen Diesseits und Jenseits auf der gleichen horizontalen Ebene und sind voneinander durch eine räumliche Grenze wie etwa einen Fluß, ein Gebirge etc. getrennt. Artusromane gehören selbstverständlich zur christlichen Kultur, aber aufgrund der keltischen Provenienz vieler ihrer Motive finden sich in ihnen immer Anklänge an keltische Totenreiche: Der Held kann so Weltausschnitte, die gegenüber der gewöhnlichen höfischen Welt als eine Art strukturelles Jenseits verstanden werden können, durch eine Grenzüberschreitung in der Horizontalen erreichen und erlösen.

LOTMAN (1989) definiert Literatur als ein „sekundäres modellbildendes System" (S. 39), das bedeutet, daß künstlerische Sprache sich ebenso der Alltagssprache bedient wie künstlerische Weltentwürfe auf kulturell vorgegebenen basieren, daß aber in beiden Fällen durch literarische *Verfahren* daraus etwas anderes wird. Von daher darf man kulturell verfügbare Wissensbestände und Literatur nie eins zu eins aufeinander abbilden.

Für die Ordnung der Welt gilt nun, daß Norm- und Wertbereiche in nichtkünstlerischen und in künstlerischen Vorstellungen sehr oft auch als Räume vorgestellt werden – sehr oft, aber keinesfalls immer. *Topographische* und *semantische Räume* können also zusammenfallen (wenn die räumliche Organisation der Welt zugleich mit axiologischer Bedeutung besetzt ist und somit durch solche Merkmale eine *topologische* wird: im Artusroman läßt sich die Welt grob in ein höfisches ‚Innen' und ein nicht-, außer- und vorhöfisches ‚Außen' unterscheiden). Semantische Räume können aber auch rein ideeller Natur sein (im Sinne von Ordnungen). Die Grenze verläuft hier zwischen den Dingen, die ‚man tut' bzw. ‚man sagt', und denjenigen, die ‚man nicht tut' bzw. ‚man nicht sagt' – wie in der ‚Halben Birne A' (vgl. Kap. 3.4.2.2); oder zwischen Wissen und Nicht-Wissen: Etwa geht es in vielen Liebesromanen der Frühen Neuzeit nicht mehr vorrangig darum, daß Liebespaare heimlich zueinanderkommen und sich *körperlich vereinigen*, sondern vielmehr vor allem um gesichertes Wissen über die Liebe des jeweils anderen; es geht hier zunächst darum, Liebe *ausschließlich* im Modus der Kommunikation herzustellen, und dann darum, einen *gemeinsamen Wissens- und Kommunikationsraum* zu etablieren, der gegenüber der bedrohlichen gesellschaftlichen Außenwelt abgeschottet werden muß (vgl. SCHULZ 2007a, 2001, 2000b, S. 153–229).

Wenn eine Figur sich von einem zum anderen Raum bewegt, kann dies in einem Fall überhaupt kein Ereignis im Sinne von LOTMANS Theorie sein, es kann im zweiten Fall ein niederrangiges Ereignis sein, und schließlich kann es im dritten Fall ein höchstrangiges Ereignis sein. Wenn eine Figur aus dem Haus auf die Straße tritt, um wie jeden Tag in die Arbeit zu gehen, kann dies weitgehend belanglos sein; wenn dies aber in einem Horrorfilm geschieht, in dem draußen das Böse lauert, während drinnen sich die amerikanische Kleinfamilie aufzulösen droht, dann ist das ein ausgesprochen hochrangiges Ereignis.

Sujethaltig – d. h. narrativ – ist ein Text also nur dann, wenn in ihm eine Figur die ‚Grenze' zwischen zwei disjunkten (voneinander deutlich unterschiedenen) ‚semantischen Feldern' überschreitet, d. h. zwischen unterschiedlichen Normbereichen, die zumeist als Handlungsräume dargestellt werden. Jede solche Überschreitung ist ein narratives ‚Ereignis'; das ‚Sujet' eines Textes bezeichnet die höchstrangige Grenzüberschreitung innerhalb einer Kette solcher ‚Ereignisse'.

‚Ereignis' und ‚Sujet' sind so grundsätzlich miteinander gekoppelt (LOTMAN 1989, S. 330). Das ‚Sujet' kann mit LOTMAN „immer auf die Hauptepisode zusammengezogen werden – die Überschreitung der grundlegenden topologischen Grenze in der Raumstruktur" (S. 338). Das ‚Sujet', die zentrale Grenzüberschreitung, das zentrale ‚Ereignis', stellt also die höchste Abstraktionsebene der Handlungsorganisation dar. Die Analyse kann also beim Sujet ansetzen, um dann schrittweise auf hierarchieniedrigere Ebenen überzugreifen und so dieses zentrale ‚Ereignis' in weitere ‚Ereignisse' auszudifferenzieren.

LOTMAN selbst spricht von einer „Hierarchie der binären Oppositionen", die zu einem „gestaffelte[n] System semantischer Grenzen" führe. Neben der Haupthandlung sind noch „einzelne von der allgemeinen hinreichend unabhängige Geordnetheiten" denkbar. So „ergeben sich" insgesamt „Möglichkeiten gesonderter Grenzüberschreitungen, die sich zu einer Hierarchie der Sujetbewegung entfalten" (S. 338 f.). Um den Unterschied zwischen narrativ relevanten und narrativ irrelevanten Handlungen erfassen zu können, unterscheidet LOTMAN drei Ebenen:

„1. die Ebene der sujetlosen semantischen Struktur, 2. die Ebene des typisierten Handlungsablaufs im Rahmen der gegebenen Struktur, 3. die Ebene der konkreten Handlung" (S. 341).

Je nach Betrachtungsebene wechselt nun die Relevanz der zweiten Ebene; mitunter wechselt auch das System im Text selbst. Wenn eine Figur von zu Hause in die Arbeit fährt, gehört dies zum sujetlosen Code der Weltorganisation. Wenn derselbe Weg aber im Sinne einer „Erfüllung oder Nichterfüllung einer normativen Vorschrift" (S. 340) markiert wird, dann gewinnt er massiv an Bedeutung: etwa wenn der Mann heute nur so tut, als ginge er in die Arbeit, um so dem Anschein nach eine Norm zu erfüllen, während er seit gestern arbeitslos ist. Der Weg in die Arbeit ist nicht mehr Code, sondern Ereignis.

„Die Ebene 2 kann demnach, je nach dem Standpunkt des Beschreibenden, entweder als Kode oder als Mitteilung aufgefaßt werden" – und das heißt: entweder als bloße Bestätigung der vorgegebenen Weltordnung oder als narratives Ereignis (S. 341). Damit wird aber deutlich, daß der Geltungsbereich von Lotmans Theorie durchaus begrenzt ist, sie also keine Theorie ‚des' Narrativen schlechthin sein kann. Es sind nämlich Texte vorstellbar – im Sinne der obigen Minimaldefinition: Handlung ist Veränderung in der Zeit –, die durchaus narrativ sind, aber keine Ereignisse im Sinne Lotmans beinhalten, weil alles, was sie zu erzählen haben, auf „Ebene 2" stattfindet. Das wären zwar äußerst langweilige Geschichten, aber Geschichten mit Narration wären es doch.[18]

Das Verhältnis zwischen „Ebene 2" und „Ebene 3" kann sich durchaus innerhalb derselben Erzählung verändern. In mittelalterlichen Texten läßt sich sehr oft beobachten, daß die Bewegung von Handlungsträgern im

---

18 Ich vereinfache hier stark. Dasjenige, was ihm als moderne ‚Erzählung' im Sinne eines Sujets gilt, ist für Lotman Resultat eines jahrtausendelangen Prozesses, der seinen Ausgangspunkt zum einen bei *sujetlosen* mythischen Erzählungen nahm, in denen es keine dauerhaften Veränderungen, sondern immer nur ein zyklisches Werden und Vergehen gebe, wobei unterschiedliche, aber einander ähnliche Figuren als Manifestationen bzw. Metamorphosen ein und desselben mythischen Heros verstanden werden müssen; den anderen Ausgangspunkt modernen Erzählens (das für ihn letztlich bereits in der Antike beginnt) sieht Lotman in der gewissermaßen proto-sujethaften Erzählung von Neuigkeiten, wobei ihm der Begriff der *Novella* besonders signifikant erscheint. Modernes sujethaftes Erzählen habe sich aus einem jahrtausendelangen Nebeneinander beider Grundmuster entwickelt, wobei zunächst die Mythen in Richtung auf sujethaltige Erzählungen umgeformt worden seien (Lotman 1990, S. 151–154). Ich werde darauf noch unten im Abschnitt über die mythischen Anklänge des Artusromans zurückkommen (Kap. 4.2.3.12).

Raum offenbar völlig unter dem Bann dessen steht, ob eine Handlung als ereignishaft oder als bloß regelhaft markiert werden soll. In der ‚Kudrun' ist mehrfach von den endlosen Mühen der Brautwerber die Rede, die monatelang brauchen, um zum Aufenthaltsort der begehrten Frau zu kommen – damit sind zugleich auch der Wert und die Gefährlichkeit des Unternehmens selbst markiert. Nachdem die Werbung dann aber vorgebracht worden ist, erscheint der Rückweg nicht weiter dramatisch und kann in einem Bruchteil der Zeit zurückgelegt werden. Wir würden derlei als Unstimmigkeit verstehen, weil wir von nicht-avantgardistischer, nicht-phantastischer und nicht-märchenhafter Literatur erwarten, daß sie Wirklichkeit abbildet, nicht im Sinne faktischer Wahrheit, sondern im Sinne möglicher Wirklichkeit, von Wahrscheinlichkeit also. Historisch gesehen ist dies jedoch ein falscher Zugang, weil uns so als Fehler erscheinen muß, was in vormodernen Texten schlicht eine prägnante Funktion für den Bedeutungsaufbau hat.

WOLF SCHMID (2005) hat auf der Grundlage von LOTMANS Überlegungen zur Skalierung der Ereignishaftigkeit einige Kriterien vorgeschlagen, die dabei helfen können, die eigenen Überlegungen zum Verhältnis zwischen Ebene 2 und Ebene 3 zu systematisieren (S. 22–26):

1) „die *Relevanz* der Veränderung" für die Organisation der dargestellten Welt;
2) die Unwahrscheinlichkeit des Ereignisses, auch im Sinne eines Erwartungsbruchs hinsichtlich der eingeführten Wahrscheinlichkeiten der dargestellten Welt (Kontingenz bzw. *„Imprädiktabilität"*);
3) *„Konsekutivität"*, d. h. das Ereignis muß Folgen für die dargestellte Welt – v. a. für das Bewußtsein bzw. Handlungsrepertoire der Figuren – haben (ich spreche hier vom Handlungsrepertoire, weil Figuren in mittelalterlichen Texten oft nur ihr Verhalten ändern, während über ihr Bewußtsein nichts ausgesagt wird);
4) *„Irreversibilität"*, d. h. das Ereignis kann nicht oder nicht ohne weiteres wieder rückgängig gemacht werden;
5) Einmaligkeit (*„Non-Iterativität"*).

Natürlich sind all diese Kriterien nicht unabhängig von eigener Textinterpretation abzuwägen. Man muß sich immer vor Augen halten, daß bereits die Beschreibung von Fakten deren Interpretation ist. Narratologie versucht zwar oft, eine rein technische Beschreibung von Texten zu liefern und versteht dies als ihre einzige Aufgabe. Wie SCHMID (S. 26 f.) halte ich dies für einen Fehler. Erzähltheorie ist nicht die ‚Magd' der eigentlichen Interpretation, im Sinne einer lediglich zählenden und messenden Hilfswissenschaft, sondern immer schon ein interpretierender Zugang auf Texte.

Die sujetrelevanten semantischen Felder und die Grenze, die sie trennt, haben nun noch einen weiteren Bezug zu den Figuren. Nebenfiguren, die den Helden an seinem Tun hindern oder ihm dies im Gegenteil erst ermöglichen, sind im ersten Fall Funktionen der Grenze: „sie machen den Übergang von dem einen semantischen Feld in das andere äußerst mühsam", und es ist dabei gleichgültig, ob der Held gegen einen Gegner kämpfen oder sich mit der Widrigkeit von Meer oder Gebirge auseinandersetzen muß; im zweiten Fall sind sie „das Ergebnis einer Aufspaltung der Funktion der Grenzüberschreitung", in dem Sinne, daß sich für alle anderen Figuren als für den besonderen Helden und die wenigen beweglichen Figuren die Grenzüberschreitung als unmöglich erweist (LOTMAN 1989, S. 342). Funktionen der Handlung erscheinen so oft anthropomorphisiert, in Menschengestalt (ein Gedanke, der ja bereits aus den Thesen von GREIMAS vertraut ist; man sollte beim Arbeiten mit solchen Konzepten aufpassen, daß man nicht ihrem substantialistischen Jargon erliegt: selbstverständlich handelt es sich um Modellbildungen seitens der Interpreten, nicht um Aussagen über ein tatsächliches Sein der Dinge).

Helden können die zentrale semantische Grenze nur überschreiten, weil sie aus den Figuren in ihrem eigenen semantischen Feld herausragen. Dies ist oft dadurch markiert, daß sie bereits bestimmte Merkmale in sich tragen, die sie mit der ‚anderen Seite', also dem konträren semantischen Feld, verbinden (vgl. auch TITZMANN 2003, S. 3080). Dort, wo es not tut, kann etwa der höfische Held des Artusromans im unhöfischen Außenraum der Aventiure trotz aller Zivilisiertheit archaische Gewalt zur Anwendung bringen. Der Held der Brautwerbungsepik ist durch seine herausragenden Adelsqualitäten mit der Braut im fernen Heidenreich verbunden, er ist ihr und ihrem meist widerspenstigen Vater ebenbürtig, letzterem auch im Kampf.

Anders als BRÉMOND und GREIMAS hat sich LOTMAN (1989) durchaus Gedanken darüber gemacht, wie eine Erzählung zu einem Ende kommen kann:

> „Nach Überwindung der Grenze tritt der Handlungsträger in das ‚Gegenfeld' ein. Soll die Bewegung hier zum Stillstand kommen, so muß er in diesem Gegenfeld aufgehen und sich aus einer beweglichen Figur in eine unbewegliche verwandeln. Anderenfalls ist das Sujet nicht abgeschlossen, und die Bewegung geht weiter. So ist z. B. der Held des Zaubermärchens in der Ausgangssituation nicht Teil der Welt, in der er lebt: er wird verfolgt, ist nicht anerkannt und hat sich in seinem wahren Wesen noch nicht offenbart. Dann

> überwindet er die Grenze, die ‚diese' Welt von ‚jener' trennt. [...] Da der Held aber auch in ‚jener' Welt nicht eins wird mit seiner Umgebung [...], kommt das Sujet noch nicht zum Stillstand: der Held kehrt zurück und wird, nun in verwandelter Seinsform, zum Herren ‚dieser' Welt, deren Antipode er zuvor war. Eine weitere Bewegung ist unmöglich. Ebendeshalb hört, sobald der Verliebte heiratet, die Aufständischen siegen, die Sterblichen sterben, die Entwicklung des Sujets auf." (S. 342 f.)

Im Artusroman und in der Brautwerbungsepik kehrt der Held als ‚ein anderer' aus ‚jener' Welt zurück; in den eher weltlichen Minne- und Aventiureromanen aber geht der Held in ‚jener' Welt auf: als ein sozialer Aufsteiger innerhalb des Hochadels, der etwa als Grafensohn nach jahrelangen Mühen die einzige Königstochter heiraten darf und so auch Erbe in ‚jener' Welt wird. Die eher frommen Minne- und Aventiureromane handeln davon, wie ihre Figuren (oft ein Ehepaar) aus dem ‚Diesseits' feudaler Macht und höfischer Statusrepräsentation überwechseln in ein irdisches ‚Jenseits' der Armut und der Verleugnung der eigenen Adelsidentität, um schließlich nach Jahren, weltlich erhöht, ins weltliche ‚Diesseits' zurückzukehren – zuletzt ist ihnen dann aber natürlich auch der Platz im himmlischen Jenseits sicher. In den Geschichten, die von der erotischen Begegnung eines Menschen mit einem feenhaften Wesen handeln, geht der Mensch zumeist aus ‚dieser' Welt in den Bereich der Fee über, wobei sich dann aber eine entscheidende Transformation mit ‚jener' Welt vollzieht: Sie wird zuletzt in ‚diese' Welt eingemeindet, wie auch die Fee zuletzt zumeist auf den Status einer zwar außerordentlichen, aber keinesfalls nicht-menschlichen höfischen Dame festgeschrieben wird. TITZMANN (2003) beschreibt derlei in seinem LOTMAN-Referat als ein *Metaereignis*. Ein solches

> „liegt vor, wenn eine Entität die Grenze zweier semantischer Räume überschreitet und durch dieses Ereignis die dargestellte Weltordnung in der Zeit selbst transformiert wird, d. h. das System der semantischen Räume des Textes nach dem Ereignis nicht mehr dasselbe wie vor dem Ereignis ist. Ein Metaereignis ist also ein revolutionäres Ereignis: nicht nur der Zustand der Entität, sondern der der Welt ändert sich" (S. 3081).

Es wird zu zeigen sein, daß solche *Metaereignisse* auch in anderen Gattungen wie etwa dem Artusroman vorzufinden sind, besonders dann, wenn der Held kämpfend in Weltausschnitte eintritt, die ambivalent als zugleich höfisch und nicht-höfisch dargestellt sind. Diese Entdifferenzierung wird durch die Waffentat des Helden rückgängig gemacht, die ambivalenten Räume können dann wieder der höfischen Welt eingegliedert werden

4.1 Erzählen: Das ‚Narrative‘

(Beispiele zu Veränderungen des Raums in der Brautwerbungsepik – ‚Kudrun‘ – wurden bereits angedeutet).

Eine weitere Möglichkeit der Organisation narrativer Welten, die LOTMANS Konzept zu beschreiben erlaubt, ist diejenige der ‚nichtsujethaften Kollision‘ (womit WARNING den in den gängigen Übersetzungen erscheinenden Begriff der ‚Kollision außerhalb des Sujets‘ ersetzt):

> „Nichtsujethafte Kollision meint [...] nicht Reduktion, sondern Steigerung der sujethaften [Ereignishaftigkeit], nicht einfach Erschütterung der Grenze zwischen innen und außen, sondern ihr Verschwinden, den Einbruch des Außenraums in den Innenraum, den Kataklysmus [die Vernichtung bzw. Zerstörung], den Zusammenbruch einer ganzen kulturellen Ordnung" (WARNING 2003, S. 184 f.).

WARNING nennt hier das Beispiel des ‚Nibelungenlieds‘, in dem zunächst eine archaische Teilwelt immer mehr an den Rand gedrängt und ihr partieller Repräsentant Sivrit getötet wird, wohingegen diese Teilwelt im weiteren Verlauf zunehmend Besitz von der höfischen Welt ergreift, sie infiltriert, dabei immer mehr ihr Zentrum erfaßt und sie letztlich kollabieren läßt (sichtbar etwa daran, daß die Burgunden auf ihrem Weg in den Untergang zuletzt immer öfter als ‚Nibelungen‘ bezeichnet werden, als Bewohner jenes mythischen Nebellandes, dessen Herrschaft und dessen Schatz Sivrit an sich gerissen hat; vgl. WARNING 2003, S. 185, in bezug auf MÜLLERS ‚Nibelungenlied‘-Lektüre [1998a]).

Die Tauglichkeit von LOTMANS Theorie erweist sich vor allem in ihrer Offenheit. Sie ist kaum formalisiert, aber genau das ist ihre Stärke, weil man mit ihr Texte nicht in ein starres Analyseraster pressen muß, sondern gerade auf dasjenige achten kann, was für die Organisation einer Geschichte je eigen und je besonders ist. LOTMAN (1989) geht zwar von ‚einfachen‘ Erzählformen aus, doch behält er immer auch komplexere Geschichten im Blick – und darüber hinaus die wichtige Frage, wie eine Erzählung zu ihrem Ende kommt. Insgesamt zentral sind bei ihm die Semantik und die Hierarchie der Ebenen, und das Modell läßt es auch zu, die Konflikte zwischen unterschiedlichen Text- und Sujet-Logiken zu beschreiben (vgl. S. 347), von denen die mittelalterliche Erzählliteratur so stark geprägt ist.

LOTMANS Konzept soll nun im folgenden zur Beschreibung bzw. Reformulierung der gängigsten Erzählschemata der höfischen Literatur nutzbar gemacht werden. Es sind dies, wie in den Beispielen eben angedeutet, das Schema der ‚gefährlichen Brautwerbung‘, das der ‚gestörten Mahrtenehe‘ (des ‚Feenmärchens‘), das des Artusromans sowie – etwas weniger spezifisch – das des Minne- und Aventiureromans, erstens in seiner eher ‚weltlichen‘ und zweitens in seiner ‚frommen‘ Variante.

BRÉMOND 1970. – DORNER-BACHMANN 1979. – FROMM 1969. – GREIMAS 1970/1972. – GÜLICH 1977. – KRAH 2006, S. 285–374. – LOTMAN 1989. – LOTMAN 1990. – MÜLLER 1998a. – MÜLLER-FUNK 2008, S. 43–62. – NÖTH 2000, S. 400–409. – PROPP 1928/1972. – SCHMID 2005, S. 22–27. – SCHULTZ 1983. – SCHULZ 2000b, S. 153–229. – SCHULZ 2001. – SCHULZ 2007a. – TITZMANN 1997a. – TITZMANN 1997b. – TITZMANN 2000. – TITZMANN 2003. – WARNING 1979a. – WARNING 1979b. – WARNING 2001. – WARNING 2003.

4.1.6 Zur Theorie und zum interpretatorischen Nutzen von Erzählschemata

Schematisches Erzählen ist prägend für vor- und teilliterarisierte Gesellschaften wie die Adelskultur des Mittelalters. Ursprünglich einer mündlichen Kultur verpflichtet, finden Schemata schließlich auch Eingang in schriftliterarisches Erzählen. Von der Narratologie werden sie als spezifische Abfolgen von Handlungen verstanden, als Syntagmen. Dabei können diese Handlungen in erster Linie ‚Ereignisse' im LOTMANschen Sinn sein,[19] aber auch bloß ‚klassifikatorische Akte', mit denen entweder die Weltordnung oder der Status des Helden bestätigt wird. Hinzu kommen typische Handlungsumstände wie etwa Motivationen. ‚Erzählschema' meint – anders als ‚Plot' oder der ältere Begriff der ‚Fabel' – nicht „die Handlungsstruktur einzelner Texte", sondern „stereotype Handlungsmuster, die über einen individuellen Text hinaus für Textgruppen oder Gattungen charakteristisch sind" (MARTINEZ 1997, S. 506).

Erzählschemata können nur aus konkreten Texten rekonstruiert werden. LOTMANS Theorie erlaubt es nun, diese Rekonstruktion relativ systematisch anzugehen, indem man zunächst *paradigmatisch* bei dem Sujet ansetzen kann, das mehrere Texte miteinander gemein haben, und dann schrittweise auf hierarchieniedrigere Ebenen überzugreifen und so dieses zentrale ‚Ereignis' in weitere ‚Ereignisse' auszudifferenzieren. Diese ‚Er-

---

[19] Hier muß man natürlich die *histoire* im Sinne der Handlungsfolge aus dem *discours* rekonstruieren. Ein entsprechender Vorschlag lautet wie folgt: „Unsere Präparierung des Oberflächentextes im Hinblick auf die Analyseebene umfaßt fünf Operationen: die Elimination von deskriptiven und metanarrativen Textsegmenten, die Paraphrasierung von Dialogteilen in Handlungssätze, die Katalyse [= Rekonstruktion] von oberflächenstrukturell gelöschten Handlungssätzen, das Rearrangement der erzählten Handlungen und die Kondensierung von Handlungssätzen zu handlungsrelevanten Handlungssätzen." (DORNER-BACHMANN 1979, S. 147 f.)

eignisse' sollten in allen Texten an vergleichbarer syntagmatischer Position funktionale Äquivalente besitzen und so hinsichtlich ihrer Funktion für die Handlung ein gemeinsames Paradigma bilden: *Funktionsäquivalent* sind ‚Ereignisse' dann, wenn sie die *Überschreitung derselben semantischen Grenze* zum Gegenstand haben. Für klassifikatorische Akte und Handlungsmotivationen gilt analog, daß sie dann funktionsäquivalent sind, wenn sie die gleiche semantische Grenze umspielen (SCHULZ 2000b, S. 29 f.). Ich hoffe, daß dies in den folgenden Ausführungen deutlich werden wird.

Vorab stellt sich allerdings die Frage, wozu man als Interpret(in) diese Schemata eigentlich braucht. JÜRGEN WOLF (2007) etwa, der eine Einführung in das Werk Hartmanns von Aue geschrieben hat, gibt dem Doppelwegschema des Artusromans, wie es in den Grundzügen seit HUGO KUHN (1948/1969a) vorliegt, wenig Raum, weil er diesem Muster nur für Hartmanns ‚Erec'-Fassung eine signifikante strukturbildende Kraft zuerkennen möchte, während dieses Handlungsmuster in bezug auf alle anderen Artusromane vor allem von der deutschen Forschung weitgehend überbewertet worden sei (S. 44–46, hier 46). Diese Abneigung dürfte für alle Mediävistinnen und Mediävisten nachvollziehbar sein, die öfter mit der strukturalistisch inspirierten Forschung der 1970er und 1980er Jahre zu tun hatten. Damals wurde nämlich, wo man nicht sozialgeschichtlich interpretierte, beinahe jede mittelalterliche Erzählung, jede Legende, jeder höfische Roman, jedes Heldenepos, bei denen nur irgendwie eine Art von Zäsur in der Mitte und somit eine narrative Zweiteilung zu erkennen war, als Transformation (Abwandlung) des arthurischen Erzählmodells verstanden. Und das, obwohl HANS FROMM schon vor 40 Jahren in einem vielbeachteten Aufsatz (1969) davor gewarnt hatte, genau dies zu tun, weil es sich letztlich um narrative Universalien handle, die das Spezifische des arthurischen Doppelwegs nicht hinreichend erfaßten. Nicht alle der damaligen Forschungsarbeiten entgingen der Gefahr des Zirkelschlüssigen: in den Texten dasjenige an Struktur wiederzufinden, was man in ihnen immer schon vorausgesetzt hatte.

Und dennoch: Man sollte solche Strukturen kennen, nicht allein aus mnemotechnischen Gründen, weil man sich dasjenige, was in den Texten vorkommt, schlicht leichter merkt, wenn man es in Gedanken mit einem bekannten Handlungsmuster abgleichen kann. Auch für die Interpretation spielen Schemata ein wichtige Rolle: Sie haben nicht bloß eine Struktur im Sinne eines Syntagmas, einer Handlungsabfolge, und einer Paradigmatik, im Sinne von rekurrenten Strukturprinzipien, sondern sie haben auch eine spezifische Semantik, die uns im Idealfall etwas über die Kultur verrät, aus der sie entstammt. Verbreitete Erzählmuster sind gewissermaßen die

‚Narrative' einer Kultur, in denen diese sich ausdrückt und mit denen sie – nicht diskursiv, sondern in erzählenden Bildern, in ‚präsentativer Symbolifikation' – Selbstbeobachtungen und Selbstbeschreibungen unternimmt (MÜLLER-FUNK 2008; MÜLLER 2007a). Weltwissen wird in Plots gefaßt und in Plots vermittelt. Man sollte bei der Arbeit mit literarischen Schemata nie die Frage aus dem Auge verlieren, auf welche Probleme solch ein Erzählentwurf narrativ antwortet; und nie sollte die Frage aus dem Blick geraten, wie die Welt aussieht, die ein solches Schema als selbstverständlich voraussetzt (mit LOTMAN gesprochen, wäre das Schema die „Ebene 2", von der sich konkrete Texte durch ereignishafte Abweichungen – „Ebene 3" – absetzen).

Mittelalterliche Geschichten handeln von Rittern, Prinzessinnen, Drachen, bösen Widersachern, Riesen und Zwergen. Auch wenn in ihnen vieles, was uns heute als phantastisch gilt, keinesfalls den zeitgenössischen Realitätsannahmen widerspricht, so handeln sie dennoch nicht vom Alltag feudaler Existenz, sondern von den aus dem Alltag herausgehobenen Ausnahmesituationen adeligen Lebens: vom Fest, von der Aventiure, von der Minne und vom Kampf; von demjenigen, was einen an den Rändern der bekannten Welt begegnen kann. Anderes ist gar nicht erzählenswert. Das ist keine zweckfreie Unterhaltung, sondern es geht in diesen Geschichten immer auch darum, wie das Verhältnis zwischen dem einzelnen und dem Kollektiv bzw. der Gemeinschaft zu bestimmen sei; es geht immer auch darum, wie gelingende oder scheiternde Sozialisation aussieht; es geht immer auch darum, wie adelige Identität sich formiert in Konkurrenz zu anderen Adeligen und in Absetzung zu anderen Ständen. Diese Geschichten erzählen von Gründungsakten; sie erzählen mithin davon, warum alles so geworden ist, wie es jetzt ist; sie erzählen davon, wie Herrschaft gefährdet, aber auch, wie sie auf Dauer stabilisiert werden kann. Das alles – und noch mehr – läßt sich oftmals leichter erkennen, wenn man nicht allein einen Text betrachtet, sondern eine ganze ‚literarische Reihe', unter deren Gliedern eine gewisse ‚Familienähnlichkeit' (WITTGENSTEIN) zu erkennen ist. Als Teil des kollektiven Imaginären sind solche Narrative gewissermaßen Formationen des Wissens darüber, wie die Welt unter bestimmten Voraussetzungen auszusehen hätte.

Der zweite Grund, mittelalterliche Erzählschemata zu kennen, ist ein interpretationspraktischer, der versucht, sich produktionsästhetische Gesichtspunkte zunutze zu machen: Denn wo es ein Schema gibt, gibt es in den einzelnen Texten immer auch Abweichungen, Auslassungen, Umbesetzungen, Übererfüllungen (etwa durch Wiederholung oder Mehrfachbesetzung bestimmter Schemapositionen), Mischungen mit anderen

4.1 Erzählen: Das ‚Narrative'

Schemata (Hybridisierungen/Überdeterminationen), Abbrüche des einmal eingeschlagenen narrativen Weges, Weitererzählen nach einem anderen Muster, Komplexitätssteigerungen und Komplexitätsreduktionen. Erzählschemata sind nicht per se die Ausdrucksform trivialer und letztlich stumpfsinniger Wiederholungen, die wie ein hohler Refrain irgendwann einmal auch die interessanteste Semantik erschöpfen und von jedem Sinn entleeren. Vielmehr liefern sie dem mittelalterlichen ‚Wiedererzählen' Ausgangs- und Absetzungspunkte einer ganz besonderen literarischen Kreativität.

Vom Russischen Formalismus des beginnenden 20. Jahrhunderts hat die Literaturwissenschaft den Begriff der Abweichungsästhetik gelernt: Der besondere Wert von Kunstwerken liegt in der ‚Entautomatisierung' bestehender Wahrnehmungsgewohnheiten, die gerade durch den Bruch bestimmter Wahrnehmungserwartungen erzeugt wird: also auch durch Abweichung von bestehenden Schemata (FIEGUTH 1997; FRICKE 2000). Die Formalisten nannten dies ‚Verfremdung' (Brechts Verfremdungsbegriff hängt damit zusammen, ist aber deutlich anders akzentuiert; GÜNTHER 2003).

Der Kunst-Begriff der Russischen Formalisten ist eng an denjenigen der literarischen Avantgarde geknüpft, wie sie zu Beginn des 20. Jahrhunderts die Genie-Konzeptionen des 18. und des 19. Jahrhunderts fortführte. Mittelalterliche Autoren verstanden sich keinesfalls als progressive Genies, sondern als Wahrer einer Tradition. Ihre Abweichungsästhetik entspringt gleichermaßen dem Prinzip des ‚Wiedererzählens' und dem des ‚Erzählens als Agon'. Insofern ist das formalistische Prinzip für die Interpretation mittelalterlicher Schemaliteratur also durchaus brauchbar. Bedeutung konstituiert sich hier in bezug auf bereits verfestigte literarische Muster. Schwierig wird es allerdings dann, wenn, wie in manchen erzählenden Texten des späteren 13. Jahrhunderts, die Bezüge auf andere Erzählmuster, etablierte Motive und andere Texte derart überhandnehmen, derart abundant werden, daß die Anspielungen und Verweise einen Bedeutungsüberschuß produzieren, der sich nicht mehr befriedigend interpretatorisch auflösen läßt: eben weil es in der jeweiligen Sequenz zu viele und zu widersprüchliche Bedeutungen gibt. MARKUS STOCK (2003) hat für solche Phänomene ROLAND BARTHES' Begriff der *Echokammer* ins Feld geführt. Offenbar geht es dann kaum mehr um die literarische Produktion von Semantik, sondern um die Legitimation des Erzählens: weniger im Blick auf die Formationen des Wissens im kollektiven Imaginären als vielmehr im Blick auf eine bereits etablierte literarische Tradition. Insofern ist Kunst hier stärker selbstreferentiell, als zeitgenössisch üblich. Solche

‚Echokammern' stellen weniger Bedeutung aus als vielmehr den eigenen Kunstanspruch.[20]

Erzählschemata ermöglichen es zum einen, konkrete Texte im Blick auf kulturelle ‚Narrative' zu interpretieren, mit denen das kollektive Imaginäre Wissen formiert; zum anderen im Blick auf bereits verfestigte literarische Muster. Weil diese Schemata aber nirgends konkret vorfindlich sind, sondern immer erst rekonstruiert werden müssen, ergeben sich bestimmte Probleme: Denn was ist noch ‚Norm' (in LOTMANS Worten: Code/Ebene 2), und was ist schon ‚Abweichung' (in LOTMANS Worten: Mitteilung/Ebene 3)? Wenn man literarische Texte nicht für sich, sondern als Realisationen eines Schemas interpretiert, verschieben sich nämlich die relevanten Interpretationsebenen: Was im Einzeltext durchaus ein hochrangiges narratives ‚Ereignis' sein kann, ist vor dem Hintergrund des Schemas womöglich nur noch ‚typisierter Handlungsablauf'. Dieses Problem läßt sich in der interpretatorischen Praxis noch relativ leicht bewältigen, weil man es sich nur bewußtmachen muß. Insgesamt aber ist die Frage nach der Norm eines Schemas eine äußerst heikle.

Letztlich gibt es drei idealtypische Möglichkeiten, aus Texten, die eine gewisse ‚Familienähnlichkeit' vor allem hinsichtlich ihres Sujets, aber auch ihres narrativen Syntagmas haben, ein Erzählschema zu rekonstruieren:

– Entweder nimmt man (1.) alle diese Texte zur Grundlage – und gewinnt so ein Schema, das höchstwahrscheinlich den entscheidenden Nachteil hat, bereits alle historisch realisierten Abweichungen mitzuenthalten, also für die abweichungsästhetische Interpretation praktisch wertlos ist; womöglich hat es den weiteren Nachteil, daß es sich so, wie man es statistisch rekonstruiert hat, in kaum einem konkreten Text nachweisen läßt. Das wäre etwa der Nachteil des Schemas der ‚gefährlichen Brautwerbung', wie es CHRISTIAN SCHMID-CADALBERT (1985) beschrieben hat (v. a. S. 40–100; zum Problem SCHULZ 2002b). Eine weitere Gefahr liegt darin, daß sich unter Umständen nur noch ein sehr abstraktes, im Blick auf den Einzeltext kaum mehr aussagekräftiges Grundmuster aufzeigen läßt, wenn das zugrunde ge-

---

20 Ein weiteres Problem entsteht aus dem spezifischen Status mittelalterlicher Literatur zwischen (zumeist) schriftlicher Konzeption und (zumeist) akustischer Rezeption (‚Vokalität', ‚Semi-Oralität'). Das kalkulierte Spiel mit Schemaerfüllungen und Schemaabweichungen setzt ein Kennerpublikum voraus, das mit Bedeutungsnuancen auf eine Weise umgehen kann, die eine sehr genaue Textkenntnis erfordert. Eine solche verlangt aber eigentlich, daß man die Bücher zur Hand hat und nötigenfalls auch zurückblättern kann – oder mehrfache akustische Rezeption.

legte Textkorpus zu groß wird – das läßt sich etwa in der Forschung zu den Minne- und Aventiureromanen verfolgen (Schulz 2000b, S. 15–19; ich werde unten versuchen, durch eine Binnengliederung innerhalb des Korpus zu größerer Trennschärfe zu gelangen).
– Oder man versucht (2.), einen dieser Texte als Prototyp zu verstehen, in gewissem Sinn also als normbildend, als Ausgangspunkt einer ‚literarischen Reihe', die das Vorgegebene beständig transformiert. So hat man dies, ausgehend von Kuhns Überlegungen zum ‚Erec', beim Artusroman gehalten. Was hier funktioniert, wird allerdings nicht immer grundsätzlich möglich sein, nämlich die Ausprägung des Schemas bereits im historisch ältesten Text zu beobachten. Hinzu kommt das pragmatische Problem, daß wir über die Datierung vieler mittelalterlicher Erzählungen nicht besonders genau informiert sind, daß sich also über die historische Reihenfolge der einzelnen Geschichten nicht immer Gesichertes sagen läßt; man weiß oft gar nicht so genau, welcher Text nun auf welchen Bezug nimmt.
– Oder man versucht schließlich (3.), ausgehend von den konkreten Texten, so etwas wie einen idealen Ablauf, ein ideales Syntagma, mit einer idealen Semantik zu konstruieren: einen Idealtypus, der sich nicht unbedingt in der Überlieferung wiederfinden muß, weil literarische Texte immer dazu neigen, kulturell vorfindliche Muster aus Alltagserzählungen und ‚einfachen Formen' in ihren Konsequenzen auszuspekulieren, zu problematisieren und komplexer zu machen. Auch das hat gute Tradition, seit Friedrich Panzers Modellierung des Schemas der ‚gestörten Mahrtenehe' (1902) bis hin zu Müllers ‚Höfischen Kompromissen' (2007a). Dieser Tradition liegt eine Einsicht zugrunde, die man mit Wolfgang Müller-Funk (2008) wie folgt zuspitzen könnte:

„Die wirksamsten Erzählungen sind nicht die manifesten, sondern die latenten, die selbstverständlich geworden sind und nur gelegentlich zelebriert zu werden brauchen. Erst im Kampf um Bedeutung, wie es der Alltag moderner Gesellschaften ist, treten die narrativen Grundmuster zutage." (S. 14)

Der ‚Kampf um Bedeutung' haftet jedoch auch schon dem mittelalterlichen Erzählen als Agon an. In diesem Sinne wären die manifesten Erzählungen dann bereits als Transformationen und Verdeutlichungen latenter Narrative zu betrachten.

Neben solchen induktiven, vom je Besonderen zum gesetzmäßig Allgemeinen fortschreitenden Schema-Rekonstruktionen gibt es noch die deduktiven, die versuchen, einen gattungsspezifischen Handlungsablauf als Transformation eines woanders vorfindlichen Erzählprogramms zu verstehen. Wir werden ihnen wiederbegegnen beim Handlungsmodell des Artusromans, das mehrfach als Transformation des Zaubermärchenschemas verstanden worden ist, wie es Propp (1928/1972) beschrieben hat. Allein: Es gibt keinen historisch auch nur irgendwie zu plausibilisierenden Grund, warum dies so sein sollte – es sei denn, man glaubte an die Metaphysik einfacher Erzählformen, in dem Sinne, daß die russischen Zaubermärchen, wie sie Propp in einer Sammlung aus dem 19. Jahrhundert vorgefunden hat, keine historisch spezifische Erzählform, sondern die Urform allen Erzählens seien. Dementsprechend schwach fallen auch die Begründungen eines solchen Vorgehens aus.

Die möglichen Verfahren, Schemata ausgehend von vorfindlichen Texten zu rekonstruieren, habe ich oben nur idealtypisch beschreiben können. Tatsächlich überschneiden sie sich in der Praxis sehr oft. Ich selbst etwa habe vor Jahren versucht, einen besonderen Erzähltyp innerhalb der Minne- und Aventiureepik zu rekonstruieren, und bin dabei zunächst von dem historisch ersten dieser Texte, Rudolfs von Ems ‚Willehalm von Orlens' (um 1235?), als Prototyp ausgegangen. Weil es aber grundsätzlich unmöglich war, die beiden anderen Romane, die eine große ‚Familienähnlichkeit' mit dem ‚Willehalm von Orlens' aufweisen, als Transformation des in ihm profilierten Erzählmodells zu verstehen, habe ich das Schema im Blick auf einen syntagmatischen Idealtyp mit einer idealtypischen Semantik rekonstruiert (Schulz 2000b, S. 27–63).

Beim Interpretieren vor dem Hintergrund literarischer Schemata werden Anfänger, die noch nicht viele Texte gelesen haben, sich ganz pragmatisch auf dasjenige verlassen müssen, was vor ihnen andere herausgefunden haben. Das ist, zugegeben, wenig befriedigend, aber oft unumgänglich. Auch angesichts der eben umrissenen Schwierigkeiten sollte einen das zu einer gewissen Vorsicht anleiten. Auch hier gilt es wieder, den Ball flach zu halten und nicht, aus programmatischer Abweichungsästhetik heraus, allzu radikale Schlußfolgerungen zu ziehen, nur weil ein Text an einer Stelle von einem Schema abweicht, das man selbst nur aus zweiter Hand kennt. Wie immer empfiehlt sich im Zweifelsfall ein Blick in die Texte selbst: ob dort nämlich tatsächlich der Fall ist, was in der Forschung steht. Und wie immer ist ein Indiz allein ein schlechtes Indiz. Grundsätzlich sollte man immer mehrere signifikante Abweichungen sammeln, bevor man mit ihrer Hilfe eine These entwickelt und begründet.

Dorner-Bachmann 1979. – Fieguth 1997. – Fricke 2000. – Fromm 1969. – Günther 2003. – Kuhn 1948/1969a. – Lotman 1989. – Martinez 1997. –

MÜLLER 2007a. – MÜLLER-FUNK 2008. – PANZER 1902. – PROPP 1928/1972. – SCHMID-CADALBERT 1985. – SCHULZ 2000b. – SCHULZ 2002b. – STOCK 2003. – WOLF 2007.

4.2 Zentrale Muster mittelalterlichen Erzählens

4.2.1 Zum Brautwerbungsschema

4.2.1.1 Vielseitige Verwendbarkeit: ‚Spielmannsdichtung‘, Heldenepik, höfischer Roman

Eines der produktivsten literarischen Muster der mittelhochdeutschen Adelsliteratur ist die ‚gefährliche Brautwerbung‘. Brautwerbungsgeschichten werden überall auf der Welt erzählt (FRINGS/BRAUN 1947); es geht im folgenden jedoch um einen spezifischen Verlaufstyp mit einer spezifischen Semantik (vgl. besonders KUHN 1980; SCHMID-CADALBERT 1985; SCHULZ 2002b): wie das listige oder gewaltsame Gemeinschaftshandeln des feudalen Personenverbandes dafür sorgt, daß der jugendliche Herrscher eine angemessene Braut bekommt, um mit ihr die eigene Genealogie fortzusetzen und so die Herrschaft auch für die Zukunft zu sichern. Dieser Typus scheint in der Mündlichkeit vorgeprägt worden zu sein; in den schriftliterarischen Texten, auf die wir einzig zugreifen können, ist er zumeist schon komplexer gemacht oder mit anderen Strukturen kombiniert worden. Auffällig tritt dieses Muster in der sogenannten Spielmannsdichtung hervor, einem bunten Konglomerat von Texten aus vielleicht schon der zweiten Hälfte des 12. Jahrhunderts (überliefert jedoch zumeist erst im 15.), die zum Teil der Heldendichtung, zum Teil der Legende oder auch beiden nahestehen. Sie sind anonym geblieben und sprachlich nicht besonders elaboriert. Die Gattungsbezeichnung ist allerdings seit langem fragwürdig geworden, weil sie rein soziologischer Natur ist, im Blick auf den vermuteten Status der Autoren, über den wir allerdings nicht das Allergeringste wirklich wissen (BEHR 2003). In all diesen Texten gehört das Schema der ‚gefährlichen Brautwerbung‘ zu den zentralen Prinzipien der Textorganisation: deutlich sichtbar im ‚König Rother‘, in dem es darum geht, wie der weströmische Herrscher die Tochter des oströmischen Kaisers bekommt; weniger deutlich in den Oswald-Dichtungen (‚Münchner Oswald‘, ‚Wiener Oswald‘; vgl. KIENING 2007) und im ‚Orendel‘, wo eine Brautwerbungshandlung letztlich von einem Legendenmuster abgelöst wird; oder in ‚Salman und Morolf‘, wo die Handlung dort beginnt, wo Brautwerbungsgeschichten gewöhnlich enden: mit der

Ehe zwischen einem christlichen König und einer heidnischen Prinzessin. Allerdings wird diese dann zweimal von heidnischen Königen entführt, vom Bruder des Christenkönigs mit List und Tücke wieder zurückgebracht und schließlich getötet, damit der König eine weniger wankelmütige Frau heiraten kann. Im ‚Herzog Ernst', der Geschichte eines Konflikts zwischen dem Kaiser und seinem herausragendsten Lehnsmann und Stiefsohn, gibt es einmal eine ‚einfache (= unproblematische) Werbung', als Otto um Adelheit werben läßt, und einmal eine ‚gefährliche Werbung', als Ernst im Rahmen einer Sequenz der verweigerten Möglichkeiten und abgewiesenen Alternativen vergeblich versucht, die vom König der Kranichmenschen geraubte Prinzessin von Indien zu befreien.[21]

Prägend ist das Schema auch für Teile der Heldendichtung: vor allem für den ersten Teil des ‚Nibelungenlieds' (Sivrits Werbung um Kriemhilt, Gunthers Werbung um Prünhilt), für die Generationenfolge der ‚Kudrun' (deren Hilde-Teil auch im jiddischen Fragment ‚Dukus Horant' verarbeitet wird) und des Anfangs von ‚Dietrichs Flucht' sowie für die ‚Ortnit'- und die ‚Wolfdietrich (B/D)'-Elternvorgeschichten. Der höfische Roman privilegiert ein anderes Muster des Frauenerwerbs, die ritterliche Aventiure (vgl. Kap. 3.4.1). Hier erscheint das Brautwerbungsschema vor allem, um Versuche der Paarbildung zu problematisieren.

In vielen höfischen Romanen erscheint der Usurpator, der die Frau begehrt, die eigentlich dem Helden zukommen soll, als ein Brautwerber nach dem Schema der gefährlichen Werbung (wobei es zumeist keinen Brautvater mehr gibt, so daß die Aggression des Usurpators sich direkt gegen die sich ihm verweigernde Frau richtet); die Geschichte wird hier also gegen den Strich und aus anderer Perspektive erzählt.

In den Tristan-Texten Eilharts und Gottfrieds muß der Held als herausragender, kundiger Werbungshelfer für seinen Onkel agieren; das Problem, das hier zunächst eine Rolle spielt, ist, wie im ‚Nibelungenlied', daß derjenige, an den die Werbung delegiert wird, über weitaus größere Qualitäten verfügt als derjenige, der die Werbung eigentlich betreibt.

---

21 Die Idee, auch den ‚Herzog Ernst' in näherem Bezug zum Brautwerbungsschema zu sehen, als die Forschung dies gewöhnlich tut, verdanke ich einer Proseminararbeit von ALEXANDER KREBS.

4.2.1.2 Das Sujet des Brautwerbungsschemas

Das *Sujet* des Brautwerbungsschemas ist von einer bipolaren Raumstruktur bestimmt: Auf der einen Seite gibt es den Bereich des Brautwerbers, auf der anderen den Bereich des Brautvaters; der Gegensatz kann unterschiedlich besetzt werden: etwa Westrom gegen Ostrom (‚König Rother‘), Christen gegen Heiden (‚Ortnit‘, ‚Münchner Oswald‘). Das ‚Diesseits‘ ist der Bereich programmatischer Exogamie (der Heirat außerhalb der eigenen Familie), weil der Held hier und im näheren Umkreis keine Braut findet, die ihm ebenbürtig wäre, das ‚Jenseits‘ ist dementsprechend der Bereich der Endopraxis (der sozialen Selbstbezüglichkeit), wenn nicht gar der Endogamie (der Heirat innerhalb der eigenen Familie) und des Inzests (der Blutschande). Der Brautvater möchte als oppositionelle Instanz, die die Grenzüberschreitung erschwert, und als Repräsentant der ‚jenseitigen‘ Ordnung seine einzige Tochter keinesfalls verheiraten: Er bedroht etwa jeden Bewerber mit dem Tod. In manchen Fällen – so im ‚Ortnit‘ oder im ‚Münchner Oswald‘ – plant er gar, nach dem Ableben seiner Frau seine eigene Tochter zu heiraten, weil er in ihr das Abbild der Mutter wiedererkennen möchte.

Nach den Kategorien der strukturalen Anthropologie, die die Voraussetzung für ‚Kultur‘ im Frauentausch im Sinne der Exogamieregel sieht (Handel als Kommunikation), ist der Brautwerber also der Kultur-Mann per se, während der Brautvater als Verhinderer von Kultur erscheint. ‚Diesseits‘ und ‚Jenseits‘ sind voneinander durch das Meer getrennt, das später zum Ort weiterer Abenteuer werden kann (etwa weil der Weg zur Braut sich als mühsam erweist; oder weil der Brautvater die Brautentführer auf der Heimreise im Kampf stellt, wie in der ‚Kudrun‘). Der Brautwerber oder seine Repräsentanten müssen zunächst, am grundsätzlich widerspenstigen und zumeist höchst gefährlichen Brautvater vorbei, in den intimsten Innenraum der Braut, ihre Kemenate, eindringen und dort die Werbung vorbringen. Die Braut ist prinzipiell einverstanden, dann wird sie mit List oder Gewalt ins ‚Diesseits‘ entführt, was der Brautvater natürlich nicht hinnehmen kann. Er verfolgt die Entführer ins ‚Diesseits‘, wird aber auf der Grenze – auf dem Meer – gestoppt, besiegt oder getötet und muß im strukturellen oder im tatsächlichen ‚Jenseits‘ bleiben.

4.2.1.3 Idealtypische Semantik und paradigmatische Strukturen

Ich versuche dieses Erzählmuster zunächst im Sinne eines Idealtyps zu beschreiben: Letztlich geht es darum, wie Herrschaft auf Dauer gestellt werden kann, in einer Welt, in der Macht konkret an Dynastien und an

Genealogien gebunden ist und sich nur in ihnen erhalten kann, aber nicht in abstrakten Herrschaftsstrukturen. Erzählt wird von einem jungen Fürsten, der eine Frau braucht, mit der er sich und sein Geschlecht fortpflanzen kann, im Idealfall mit mindestens einem männlichen Erben. Damit wird die Stabilität der Herrschaft auf dem Herrscherpaar und seiner Fähigkeit zur genealogischen Prokreation gegründet, zugleich aber auch auf dem herrscherlichen Personenverband, denn die Gefolgsleute helfen dem jungen Fürsten in einer kollektiven Aktion, seine Braut heimzuholen. Das Erzählschema der ‚gefährlichen Brautwerbung' faßt also das Handlungswissen über eine (unter bestimmten historisch-kulturellen Voraussetzungen) ‚richtige' Herrschaftssicherung in eine spezifische Plot-Struktur. Im ‚König Rother' wird dies relativ explizit formuliert. Der jugendliche Held herrscht über 72 Königreiche, aber die *iungen graven* (V. 19) an seinem Hof machen sich Sorgen darüber, *wie se ane vrouwen* – gemeint ist die noch fehlende Königin – *ir erbe solden buwen* (V. 21 f.), wie sie also ohne Landesherrin ihr Erbe bestellen sollten:

> unde virsciede er an erben,
> so waneden se irsterben,
> weme sie dan die cronen
> solden gebin zo Rŏme. (V. 29–32)
>
> ‚Wenn er nämlich ohne Erben versterben sollte, glaubten sie, an dem Problem verzweifeln zu müssen, wem sie nach ihm die Krone in Rom übertragen sollten.'

Das Problem ist benannt, und man kann sich den Rest erschließen: Stürbe der Regent ohne Nachkommen, würde dies Konflikte über die Herrschaftsnachfolge nach sich ziehen, womöglich die Begehrlichkeit potentieller Usurpatoren wecken und am Ende das ganze Reich ins Chaos stürzen. Man kommt also überein, Rother die Suche nach einer passenden Braut nahezulegen. Rother aber delegiert die Wahl an seine Getreuen zurück, und der ihm ergebene Graf Lupolt nennt ihm unter allgemeiner Zustimmung schließlich die Tochter des oströmischen Herrschers, der sie jedoch, wie man weiß, keinesfalls herauszugeben bereit ist. Es beginnt nun also die ‚gefährliche Brautwerbung'.

Das Grundproblem der Herrschaftssicherung tritt genau dann zutage, wenn der jugendliche Held ‚mannbar' geworden ist und seine Eltern gestorben sind, er selbst also die Herrschaft antreten muß. Das Schema der ‚gefährlichen Brautwerbung' ist nicht denkbar ohne das Muster der Fernminne, die ihren Ausgang nicht über den Blick, sondern über das Hörensagen nimmt. Damit wird die Wahl des Werbers von einer subjektiven Entscheidung weggeführt und ‚objektiviert', weil es letztlich der Leumund bzw. der Ruf der Braut ist, der die Entscheidung des Werbers herbeiführt. Umgekehrt läßt sich die Braut auch dann überreden, diesen Werber zu heiraten, wenn sie gar nicht ihn selbst, sondern nur die Vorzüge des Werbungshelfers kennengelernt hat. Denn sie darf nach dem Prinzip der Repräsentation davon ausgehen, daß der eigentliche Werber noch viel vortrefflicher ist als sein Helfer. Auch hier geht es um objektivierbare Adelsqualitäten, nicht um subjektive Leidenschaften. Das Grundprinzip der Paarbildung lautet auch hier: „Dem Besten die Schönste" (Kap. 2.3.4.2.3). Personaler Wert ist im Sinne der adeligen Ideologisierung des Leibs physisch fundiert, nicht psychisch.

Zwischen Brautvater und Brautwerber besteht in der ‚gefährlichen Brautwerbung' im Regelfall zunächst Gleichrangigkeit. Aber dies ist noch nicht im direkten Aufeinandertreffen ‚ausgemacht' worden. Um die Braut zu bekommen, muß sich der Brautwerber mit dem Brautvater messen, im Blick auf Klugheit oder persönliche bzw. militärische Kampfkraft. Man kann die Weigerung des Brautvaters, die Braut herzugeben, auch unter dem Aspekt betrachten, daß sich erst durch seinen Widerstand der Wert des Brautwerbers (und seines Machtgefüges, d. h. seines Personenverbandes) offenbaren kann. Zugleich wird hier ein Generationenkonflikt ausgetragen, der im Herkunftsbereich des Werbers durch den frühen und gewissermaßen passenden Tod der eigenen Eltern auffällig ausgeblendet worden ist. Die Jugend muß sich gegenüber der Elterngeneration durchsetzen, aber eben nicht in der eigenen Heimat, wo alles harmonisch bleibt, sondern im Konflikt mit dem zukünftigen Schwiegervater. Zugleich markieren der Widerstand und die Macht des Brautvaters metonymisch den besonderen Wert der Braut. Wo der Widerstand des Brautvaters entfällt, spricht man von einer ‚einfachen Brautwerbung' (das wäre gewissermaßen die Plot-Struktur der kulturellen Normalität arrangierter Adelsehen). Anders als seine ‚gefährliche' Variante kann dieses Schema allerdings nicht ganze Großerzählungen tragen. Als Versatzstück anderweitiger Handlung ist es jedoch ubiquitär, nahezu überall vorfindlich.

4.2.1.4 Syntagma bzw. Ablaufplan

SCHMID-CADALBERT (1985) hat aus all den obengenannten Texten ein gemeinsames Ablaufschema rekonstruiert, das

> „Fixpunkte bereitstellt, welche von der Handlung durchlaufen werden müssen. Unter einem Handlungsfixpunkt ist ein überindividuelles Handlungselement zu verstehen, das an bestimmte Orte der Raumstruktur sowie an

bestimmte Handlungsrollen gebunden ist und im Handlungsablauf seinen festen Platz hat" (S. 87).

Das Grundmuster sieht vergröbert wie folgt aus:[22] Es geht um einen jungen König, der meist Waise ist. Um seine Herrschaft und die seines Geschlechts auch für die Zukunft zu sichern, braucht er eine adäquate Ehefrau. Die ist aber im näheren Umkreis nicht zu finden. Kundige raten ihm zur einzig angemessenen Frau, die weit weg, jenseits des Meeres wohnt, in der Obhut ihres mächtigen Vaters, der sie aber nicht hergeben will. Schon vom Hörensagen verliebt er sich in sie. Er oder ein von ihm beauftragter außergewöhnlicher Werbungshelfer macht sich mit bewaffnetem Gefolge auf, sie zu ihm heimzuholen. Im Land der Braut angekommen, verbergen die Werber ihre wahre Identität und ihren Vorsatz, um ungehinderten Zutritt zum Hof des Brautvaters zu erhalten. Einem von ihnen gelingt es, das Mädchen unbeobachtet zu sprechen (meist in einer Kemenate) und die Werbung vorzutragen. Das Mädchen willigt ein. Man beschließt eine heimliche Flucht, die dann auch durchgeführt wird. Der wütende Brautvater verfolgt die Werber und seine Tochter und stellt sie in einer Schlacht. Er wird besiegt, gibt dann seinen Segen zu der Verbindung; die Braut wird ins Land des Werbers geführt und heiratet ihn dann. Alternativ kann die Werbung auch von Anfang an offen vorgetragen und gewaltsam durchgesetzt werden.

Schmid-Cadalbert, der seinerseits auf älteren Forschungen aufbauen konnte, hat dies noch weiter präzisiert. Ich referiere seine Ergebnisse, setze dabei aber gelegentlich eigene Akzente, im Sinne des oben Dargestellten und eingedenk dessen, daß die extrem breite Textbasis, die Schmid-Cadalbert zugrunde gelegt hat, die Folge hat, daß die Klarheit des Entwurfs mitunter verwässert wird. Entsprechend diskutiere ich Abweichungen und Differenzierungen in den petit gesetzten Passagen.

1) Am Anfang steht oftmals eine sehr kurz gehaltene „Herrscherbeschreibung" (S. 88), wobei die Jugend des Helden (bis zur Schwertleite) und die Geschichte seiner Eltern skizziert sein können, aber nicht müssen.

Wichtig ist, daß hier der Status des Helden klassifiziert wird: Er ist einer, der nicht so leicht seinesgleichen hat. Dabei können seine „Residenz", sein

---

22 Einzelnes kann entfallen, es können aber auch ganze Handlungsabschnitte verdoppelt werden; etwa kann der Werbungsbote als Stellvertreter für den jungen König scheitern, und der Herrscher selbst macht sich dann auf, die Braut eigenhändig zu gewinnen; oder dem Brautvater gelingt es, bei der Verfolgungsschlacht wieder in Besitz seiner Tochter zu kommen, wonach alles von vorn beginnt.

"Machtbereich" und seine "Eigenschaften" erwähnt werden; aber sie werden nicht ausführlich beschrieben. Die typische Eingangsformel lautet: *Ez wuohs* ... (ebd.).

2) Es folgt eine "Ratszene" (S. 88–90; vgl. auch MÜLLER 1993). Sie hat zwei Bestandteile: erstens den Entschluß des Helden, überhaupt um eine Frau zu werben bzw. werben zu lassen; zweitens die Entscheidung für eine konkrete Frau. Es wird also ein Mangel benannt, und es wird geplant, wie diesem Mangel abgeholfen werden kann. Beides setzt zumeist voraus, daß die Eltern des Helden gestorben sind und er selbst nun die Herrschaft übernommen hat. Ob der Akzent der gesamten Handlung mehr auf der heroischen Einzigartigkeit des Helden oder auf dem Gemeinschaftshandeln des Personenverbands liegen wird, läßt sich zumeist daran ablesen, ob der Held selbst den Entschluß zur Werbung faßt oder ob er von seinen Gefolgsleuten darauf hingewiesen wird, daß er sich eine passende Braut suchen solle. Typischerweise kommt danach die Ratszene ins Stocken, weil es unmöglich scheint, daß es eine Braut gebe, die dem jugendlichen Herrscher ebenbürtig sei. Ein "Nenner" weiß endlich eine Passende, die weit *über mêr* (,jenseits des Meeres') lebt. "Ein Kundiger, der mit dem Nenner identisch sein kann, lobt die Schönheit der Königstochter, warnt aber des gefährlichen Brautvaters wegen vor dem Unternehmen oder rät gar davon ab" (S. 89). Hier kann auch thematisiert werden, daß der Brautvater womöglich Heide ist oder daß er seine Tochter inzestuös begehrt. Nachdem die potentielle Braut benannt worden ist, zeigen sich der junge Herrscher und alle anderen Teilnehmer der Ratsversammlung merkwürdigerweise schon vollständig über sie informiert, ebenso plötzlich zeigt der König sich als in Fernminne entflammt und unumstößlich willens, die Brautfahrt zu unternehmen oder sie unternehmen zu lassen.

Diese merkwürdige, aber typische Abfolge sollte man nicht an irgendwelchen Wahrscheinlichkeiten messen, und man sollte dem jugendlichen Herrscher weder Dummheit noch ein schlechtes Gedächtnis unterstellen. Es geht darum, daß die nun folgenden Handlungen im Konsens zwischen dem Herrscher und seinen Gefolgsleuten beschlossen werden, und die Geschichten führen vor, wie dieser Konsens hergestellt wird. Indem der Held selbst keine passende Braut zu nennen vorgibt, delegiert er die Entscheidungsfindung zunächst an seine Getreuen. Indem er dann bestätigt, was der Nenner bzw. der Kundige zu sagen wissen, und den Wert der Braut durch die Erklärung seiner Minne zusätzlich bekräftigt, stellt er selbst abschließend den Basiskonsens her. Minne ist auch hier kein subjektiv-individuelles Gefühl, sondern gewissermaßen eine objektivierbare Sympathie und ein objektivierbares Begehren, weil Minne vom sozialen Ansehen einer Person abhängt. Dafür steht metonymisch – im Sinne der Kalokagathie-Unterstellung (‚schön' = ‚gut' = ‚adelig') – der Ruf ihrer Schönheit ein.

Abweichungen sind grundsätzlich signifikant. Etwa gibt es unterschiedlich starke geistliche Überformungen: Die Aufforderung zur Heirat kann sich einer göttlichen Eingebung verdanken, ebenso die Wahl der Braut; als Nenner kann ein weitgereister Pilger auftreten. Auch kann der Held selbst – oder sein Vater – die passende Braut wissen. Je mehr die Entscheidung in den religiösen Bereich verlegt wird und je mehr sie ‚privatisiert' wird (was oft zusammengeht), umso größer sind in der Folge die Differenzen vom idealtypischen Handlungsverlauf (dem es ja darum zu tun ist, ‚politisches' Gemeinschaftshandeln zu inszenieren): Dies geschieht zumeist in dem Sinne, daß das Paradigma ‚Genealogie/Herrschaft' vom Paradigma ‚Virginität (Jungfräulichkeit)/Heiligkeit' abgelöst wird.

3) „Hilfeverpflichtung der Dienstleute; Boten- bzw. Helfersuche, -bestimmung und -ausrüstung" (S. 90). Auch hier geht es wieder um den Konsens: Der Konsens über Notwendigkeit und Durchführung des gemeinsamen Brautwerbungsunternehmens wird notfalls mit Gewalt erzwungen; dies zeigt nicht etwa Schwäche, sondern die Stärke des Königs und seiner Herrschaft an. Die Gefolgsleute, die manchmal erst herbeigeholt und mehr oder minder gezwungen werden, müssen sich durch einen Treueeid zur Mitwirkung verpflichten. Falls der Held nicht selbst ausfahren will, was zumeist der Fall ist, werden Boten bestimmt, um der Braut das Angebot des Werbers zu übermitteln. Diese Boten sind nicht irgendwelche, sondern, dem Prinzip der Repräsentation entsprechend (vgl. Kap. 2.2.1), Figuren mit besonderen Fähigkeiten. Hierzu gehört vor allem ein „außergewöhnlicher Helfer" (S. 90), der unter Umständen mit dem „Kundigen" (und eventuell auch mit dem „Nenner") identisch sein kann. „Nur der Kundige kennt die Örtlichkeiten im Lande der Braut [...] und kann das Vorgehen der Boten dementsprechend lenken" (S. 90). Die Beteiligten werden dementsprechend prächtig (und auch insofern zweckmäßig) ausgestattet.

Diese Schemaposition kann auch übererfüllt oder untererfüllt werden, und die Rolle des außergewöhnlichen Helfers kann mit der falschen Figur besetzt sein. In der ‚Kudrun' schickt König Hetel gleich drei außergewöhnliche Boten aus: den Sänger Horant als Verkörperung des Höfischen schlechthin, den klugen Fruote und die heroische Kampfmaschine Wate. Dem entspricht eine Verdreifachung der ursprünglich geplanten Strategien: Erstens hat man unter Deck des Schiffes eine stattliche Heeresmacht verborgen, um die Braut im Zweifelsfall mit Gewalt erobern zu können; zweitens will man sich in Hagens Reich Irland als von Hetel vertriebene Recken (d. h. Einzelkämpfer) ausgeben; und drittens will man versuchen, als Kaufleute in die Nähe der Braut zu kommen, im Sinne der genretypischen Kaufmannslist. Das geht eigentlich nicht logisch zusammen, aber das jeweilige Handlungspotential wird dann nacheinander aktualisiert (Schmitt 2002; F. Wenzel 2005). Erfolgreich ist zuletzt vor allem Horants unvergleichlicher Gesang, der als überwältigendes Kondensat des Höfischen schlechthin alle Türen öffnet (Fortmann 2006). Der Text kopiert gewissermaßen alle Möglichkeiten übereinander, die vom Schema her in Frage kommen. Die Unstimmigkeit wird in Kauf genommen, um sozusagen die ultimative Summe aller perfekten Brautwerbungen zu erzählen.

Im ‚Münchner Oswald' ist es ein sprechkundiger und mit Goldschmuck verzierter, aber ansonsten äußerst kreatürlicher, weil stets hungriger Rabe, der die Werbungsbotschaft überbringen soll. Hier kommt es von Anfang an nicht auf die Gemeinschaft zwischen dem Herrscher und seinen Getreuen an; die Geschichte kippt zuletzt, nach der Heimholung der Braut, vollends ins Legendarische (s. unten Kap. 4.2.1.6; vgl. Müller 2007a, S. 126–129; Miller 1978; Kiening 2007).

Im ‚Ortnit' ist der Held beinahe aufs Geratewohl ausgefahren und hat es verpaßt, vorab einen kundigen Boten zu bestimmen. Nur die Listen seines Trickster-Vaters Alberich, der sich urplötzlich dann doch an Bord wiederfindet, können dem Unternehmen vorläufigen Erfolg sichern; letztlich aber ist Ortnit eine Figur, die scheitert (seine Unfähigkeit wird immer wieder dadurch ausgedrückt, daß er unversehens einschläft; Schmid-Cadalbert 1985).

Gunther und Apollonius fahren gleich selbst nach ihrer Wunschbraut aus, weil sie wissen, daß sie selbst in einem Kampf bzw. in einem Rätselspiel um die Braut antreten müssen; in beiden Fällen erweist sich die Brautwahl als unpassend – Gunther zeigt sich Prünhilt nicht gewachsen, weil er sie nur durch einen Betrug und durch Sivrits tatkräftige Hilfe gewinnen kann, und Apollonius wird vom Brautvater durch den ganzen östlichen Mittelmeerraum verfolgt, nachdem er als des Rätsels Lösung ausgesprochen hat, was doch ohnehin schon jeder wußte: daß der König mit seiner Tochter in Blutschande lebt.

Im ‚Nibelungenlied' und in den ‚Tristan'-Dichtungen ist die Rolle des außergewöhnlichen Helfers falsch besetzt, weil hier in Sivrit und Tristan Figuren am Wirken sind, die den Werber selbst bei weitem übertreffen und die die eigentlichen Helden der Geschichte sind. Letztlich sind hier die Helfer und die Bräute merkmalsgleich (Tristan und Isolde höfisch, Sivrit und Prünhilt heroisch) und somit als Minne- und Fortpflanzungspartner füreinander prädestiniert, während die Werber selbst dahinter zurückbleiben. Im ‚Nibelungenlied' wird umständlich ein ‚Kurzschluß' (Kuhn 1980) zwischen dem Werbungshelfer und der Braut vermieden, weil Sivrit die im anderen wichtigen Bereich des Höfischen mit ihm merkmalsgleiche Kriemhilt heiraten soll (Strohschneider 1997/2005); in den ‚Tristan'-Geschichten hingegen findet genau dieser ‚Kurzschluß' statt.

4) „Botenfahrt" (Schmid-Cadalbert 1985, S. 91). Der oder die Boten fahren (oder aber der junge Herrscher selbst), zumeist übers Meer, „ins Land der Braut" (ebd.). Selten werden unterwegs Abenteuer erlebt.

Nach dieser Transgressionsphase (im Übergangsraum Meer) folgt die eigentliche Grenzüberschreitung bzw. der erste Versuch dazu.

Es ist durchaus nicht ungewöhnlich, daß die Hinfahrt als deutlich mühsamer und zeitraubender beschrieben wird als die Rückfahrt. Das hat mit der Markierung der Bedeutsamkeit und Gefährlichkeit des Unternehmens zu tun. Raum und Zeit sind keine vorgängigen Paradigmen, sondern funktional von den Erfordernissen der Handlung abhängig.

5) Die Boten/der außergewöhnliche Helfer oder der Fürst selbst landen im Bereich des Brautvaters (S. 91). Sind sie mit Heeresmacht unterwegs, werden Schiff und Truppen zumeist an einem geheimen Ort in der Nähe der brautväterlichen Burg versteckt. Im folgenden gibt es zwei Möglichkeiten: Entweder wird die Werbung offen vorgetragen, so daß sie zuerst der Brautvater und die Öffentlichkeit seines Hofes zu hören bekommen; oder man versucht, heimlich Gehör bei der prospektiven Braut zu finden (hierbei wären typisch die Kaufmannslist, d. h. die Verkleidung als Kaufmann, und die Vertriebenenlist, d. h. man gibt sich als hochrangige Adelige aus, die vom eigentlichen Werber vertrieben worden seien; im ‚Wolfdietrich B/D' tritt der Held als seine eigene Schwester auf).

Auch hier können unterschiedliche Aspekte stark gemacht oder auch negiert werden: das Gemeinschaftshandeln des herrscherlichen Personenverbandes; die Notwendigkeit, Aufgaben an herausragende Repräsentanten zu delegieren; die heroische (Kampf-) oder intellektuelle (List-)Kompetenz der Werbungshelfer oder des Werbers selbst. Im ‚Nibelungenlied' treten derjenige, der delegiert (Gunther), und sein Stellvertreter (Sivrit) gleichzeitig auf. Diese ‚Überbesetzung' markiert ein Problem.

6) Man nimmt Kontakt mit dem Brautvater und der Braut auf (S. 91 f.). Dabei sind wiederum mehrere Varianten möglich, die auch miteinander kombiniert werden können: a) offene Werbung mit Einverständnis des Brautvaters (das wäre die sogenannte ‚einfache Werbung'; in diesem Fall folgte dann sofort die Heimführung der Braut durch die Boten oder den Werber selbst); b) offene Werbung mit vorher ausgeschriebener Prüfung (der Werber selbst muß wie im ‚Nibelungenlied' eine Reihe von Aufgaben erfüllen und kann damit die Braut gewinnen; auch hier entfallen die folgenden Handlungsfixpunkte bis zur Heimholung der Braut);[23] c) offene Werbung mit Gefangensetzung der

---

23 Apollonius von Tyrland muß ein Rätsel lösen; das tut er auch, doch er bekommt deshalb nicht die Braut, sondern muß vor dem Brautvater flüchten, weil er dessen allgemein bekannten Inzest mit der Braut öffentlich ausgesprochen hat.

Boten (sie werden später von der Braut befreit; manchmal werden die Boten auch getötet; an dieser Stelle kann das ganze Unternehmen scheitern; wenn es nun doch noch Erfolg haben soll, muß sich der Werber selbst auf den Weg machen und die Werbung mit List oder Gewalt eigenhändig wiederholen); d) verdeckte Werbung mit Listhandeln: der außergewöhnliche Helfer oder der Werber selbst sucht den direkten, heimlichen Kontakt zur Braut (wofür es vor allem einen prägnanten Szenentypus gibt: die „Kemenatenszene", S. 91); e) offener Kampf: der Werber besiegt den Brautvater mit Heeresmacht (entsprechend entfallen die folgenden Handlungsfixpunkte; die Braut wird entführt oder mit Einwilligung des Brautvaters heimgeführt).

Man sollte sich hier von der Vielfalt der Möglichkeiten nicht verwirren lassen. Verbreitet sind hauptsächlich die Varianten c und d. In ersterer wird hauptsächlich die Konfrontation mit dem Brautvater herausgestellt, seine Gefährlichkeit und damit der Wert der Braut. Die Gefangensetzung (mitunter sogar die Tötung der Boten) ist als Geste machtvollen Selbstbewußtseins zu verstehen: als Herausforderung an den Werber selbst, der bislang nur Stellvertreter auf den Weg geschickt hat, und an seinen Personenverband. Er selbst muß nun seine Getreuen befreien und die Werbung selbst vorbringen. In der Kemenatenszene (Variante d) wird vor allem der Konsens mit der Braut betont. Hier ist auch der Ort, an dem das Prinzip der Delegation/Repräsentation von Herrschaftsaufgaben problematisiert werden kann.

Auffällig ist dies vor allem im ‚König Rother', wo der Held als ‚Dietrich', der angeblich von Rother (also von sich selbst) vertrieben worden ist, seine Werbung vorbringt – die oströmische Kaisertochter zeigt sich zwar sehr angetan, weil ‚Dietrich' seine Tugenden sichtbar für alle am Hof gezeigt hat, aber dennoch würde das Mädchen lieber den legendären Rother heiraten, von dem sie doch zu wissen glaubt, daß er so viel Macht hat, daß er selbst den vortrefflichen ‚Dietrich' aus Westrom hat vertreiben können. In der Folge muß Rother-Dietrich ihr erst beweisen, wer er in Wahrheit ist – dazu braucht er seine Getreuen, die beim ersten Werbungsversuch vom oströmischen Kaiser gefangengesetzt worden sind.

Auch im Fall einer listigen Annäherung an die Braut, die dann in einer solchen Kemenatenszene gipfelt, kann es vorab zu einer agonalen Auseinandersetzung zwischen dem Brautvater und den Werbungsboten bzw. dem Werber selbst kommen. Dieser Agon wird allerdings im wesentlichen auf der symbolischen Ebene ausgetragen (SCHMITT 2002). Kaufmanns- und Vertriebenenlist gehen in der ‚Kudrun' (bzw. im ‚Dukus Horant') und im ‚König Rother' damit einher, daß die Boten bzw. der sich als Vertriebener ausgebende Werber selbst den Brautvater durch massive Freigebigkeit, die sie im Land äußerst beliebt macht, ins Hintertreffen zu setzen suchen. Hinzu kommt die Demonstration von Gewalt: In der ‚Kudrun' gehört der heroische Wate zur Delegation der Werber; er verwickelt den ebenso heroischen Brautvater Hagen in einen Schaukampf, der zu eskalieren droht, aber dann noch glimpflich beendet werden kann. Im ‚Dukus Horant' wie im ‚Rother' hat der außergewöhnliche Helfer bzw. der Held selbst eine Reihe gewalttätiger Riesen dabei, die er nach Belieben im wahrsten Sinn des Wortes ‚von der Leine lassen' kann. Außergewöhnliche Helfer bzw. der jugendliche Fürst selbst demonstrieren im Eigenbereich des Brautvaters ihre Macht durch Zurschaustellung von Reichtum und körperlicher Gewalt.

In der Prünhilt-Werbung des ‚Nibelungenlieds' erscheint das Hindernis, das gewöhnlich durch den Brautvater repräsentiert wird, von der Braut selbst verkörpert. Auch hier geht es ganz massiv um eine Probe auf königliche Macht. Den Regeln gemäß, die Prünhilt selbst gesetzt hat, ist diese Macht allerdings weniger auf Reichtum oder einen funktionierenden Personenverband gegründet als vielmehr auf die schiere Physis des Werbers. Prünhilt wird jedoch durch eine List betrogen, weil Gunther nur so tut, als vollführe er die nötigen Bewegungen, während sie in Wahrheit von Sivrit ausgeführt werden, der unter seiner Tarnkappe verborgen ist. Prünhilt wird also von einem Herrschertyp unterworfen, dem sie sich gerade nicht zur Ehe geben wollte: von einem, der delegieren muß, weil er selbst nicht stark genug ist. Das funktioniert hier nur, weil der Repräsentant (Sivrit) und der Repräsentierte (Gunther) am selben Ort sind, der Repräsentant aber in der Unsichtbarkeit verschwindet. – Auch Sivrit muß, um Kriemhilt zu bekommen, eine Reihe von Aufgaben für die Brüder der Braut erledigen, wobei die Prünhilt-Werbung die wichtigste ist.

In den Wolfdietrich-Geschichten (Fassung B und D) kommt es auf die Thematisierung von Herrschaft und ihren Bedingungen nicht mehr an. Wolfdietrichs Vater Hugdietrich verkleidet sich als Mädchen, damit er als Gespielin in die Nähe seiner prospektiven Braut kommt, die von ihrem Vater in einen Turm gesperrt worden ist. Hugdietrich entführt die Braut auch nicht, sondern verführt sie im Anschluß an die Kemenatenszene; er selbst kehrt danach vorerst nach Griechenland zurück und läßt die Schwangere bei ihrem Vater. Hier hat das Werbungsmotiv die Funktion, die Geburt des Heros zugleich illegitim und legitim zu gestalten: Denn der kleine Wolfdietrich wird auf diese Weise unehelich geboren und erst später durch die Heirat seiner Eltern legitimiert. Eine dubiose Herkunft gehört zum Schema des heroischen Lebenslaufs (PÖRKSEN/PÖRKSEN 1980).

7) Die Braut wird entführt (zumeist mit Hilfe einer List; SCHMID-CADALBERT 1985, S. 82). Diese Entführung findet nur dann statt, wenn die Braut nicht anderweitig heimgeführt werden kann, sei es im Einverständnis mit dem Brautvater, sei es nach dessen militärischer Überwindung. Beliebt ist dabei das Motiv, daß die Braut auf das Schiff der Boten/Werbungshelfer oder des Werbers unter dem Vorwand geht, dort etwas von der Kaufmannsware ansehen zu wollen.

8) Verfolgung (S. 92 f.). Der Brautvater setzt seiner entführten Tochter mit Heeresmacht nach und stellt den oder die Entführer. Es geht hier darum, zu zeigen, daß das Brautwerbungsunternehmen nicht allein aufgrund einer List gelingt, sondern daß es sein Gelingen der Basis feudaler Machtausübung verdankt: physischer Gewalt. In diesem Sinn werden Brautwerber, Brautvater und ihrer beider Personenverbände

noch einmal gewaltsam miteinander konfrontiert. So wird nachgeholt, was im Fall reinen Listhandelns bislang gefehlt hat. Der Werber beweist hier entweder seine Gleichrangigkeit mit dem Brautvater – oder sogar seine Überlegenheit. Man versöhnt sich, oder der Brautvater wird getötet.

Wo der Werber selbst bislang seine Repräsentanten hat agieren lassen, wie in der ‚Kudrun‘, kann der Verfolgungskampf so arrangiert werden, daß der junge Fürst seiner Braut entgegenfährt und bei der Übergabe vom Brautvater gestellt wird. So kann er sich selbst auch als herausragender Krieger präsentieren. Wenn das Geschehen zu einem friedlichen Ende geführt werden soll, versöhnt die junge Frau die beiden konkurrierenden Herrschaftsverbände dauerhaft miteinander (z. B. Hilde in der ‚Kudrun‘).

9) „Heimführung der Braut" (S. 93).
10) Eheschließung (S. 93). Ist die Braut Heidin, wird sie zuvor getauft.

Der Schlußteil des Schemas kann, wie im ‚König Rother‘, verdoppelt werden: Hier gelingt dem Brautvater mittels seiner Repräsentanten, die eine Kaufmannslist anwenden, die Rückentführung der Braut. Folgerichtig zieht Rother noch einmal aus, um die Braut endgültig heimzuholen. Diese droht inzwischen mit einem Heiden, dessen Vater sich Ostrom unterworfen hat, verheiratet zu werden (damit wird auch die zweipolige Raumstruktur zu einer dreipoligen erweitert: in der Mitte Ostrom, verkörpert durch die Kaisertochter, um die Christen und Heiden wetteifern). Rother schleicht sich heimlich in den Festsaal und gibt sich zu erkennen; mit Heeresmacht kann er die Heiden besiegen und die Braut dann – diesmal mit Zustimmung ihres Vaters – endgültig ins weströmische Reich heimholen.

Zu diesem Schema gehört eine Reihe von Handlungsrollen, die bereits genannt worden sind und hier noch einmal wiederholt werden sollen: der Werber (der jugendliche Fürst), die Ratgeber, der Nenner, der Kundige, der außergewöhnliche Helfer, die Boten, der Brautvater und die Braut (selten auch eine Brautmutter, die das Ansinnen des Werbers im Gegensatz zum Brautvater für legitim hält und deshalb als ausgleichende oder konfliktverschärfende Instanz agieren kann). Unterschiedliche Handlungsrollen, die für die Werbung selbst nötig sind, können in einer Figur zusammenfallen.

Mit dem Schema selbst kann nun ausgesprochen verschieden umgegangen werden, im Sinne von Varianten, Umbesetzungen, Hybridisierung unterschiedlicher Muster, Komplexitätssteigerung und Komplexitätsreduktion. CHRISTIAN KIENING (1998) hat für den ‚König Rother‘ die These vertreten, daß hier das Schema der ‚gefährlichen Brautwerbung‘, das ursprünglich der Mündlichkeit entstammen dürfte, im Sinne einer ‚Arbeit am Muster‘ literarisiert werde: Doppelnde Variationen von Schemaele-

menten, die eigentlich nur einmal vorkommen müßten, offenbaren ein
kalkuliertes Spiel mit dem Erzählmodell. Schematisches Erzählen wird hier
reflexiv. Der ‚König Rother' errichtet gewissermaßen seinen eigenen Bedeutungsaufbau auf der Grundlage der vorgegebenen Stereotypie (vgl. auch
STOCK 2002, S. 229–280). Ich skizziere im folgenden einige weitere
Möglichkeiten der ‚Arbeit am Muster'.

BEHR 2003. – FORTMANN 2006. – FRINGS/BRAUN 1947. – KIENING 1998. –
KIENING 2007. – KUHN 1980. – LOERZER 1971. – MILLER 1978. – MÜLLER
1993. – MÜLLER 2003b. – MÜLLER 2007a, S. 126–129. – PÖRKSEN/PÖRKSEN
1980. – SCHMID-CADALBERT 1985. – SCHMITT 2002. – SCHULZ 2002a. –
SCHULZ 2002b. – SIEFKEN 1967. – STOCK 2002, S. 229–280. – STROH-
SCHNEIDER 1997/2005. – F. WENZEL 2005.

4.2.1.5 Umbesetzung und Variation des Brautwerbungsschemas 1: Das ‚Nibelungenlied'

Ich knüpfe wieder bei der dritten Aventiure des ‚Nibelungenlieds' an, in der
bereits beispielhaft die Konfrontation zwischen dem Höfischen und dem
Heroischen aufgezeigt worden ist (Kap. 3.4.4.3). Sie beginnt damit, daß
der höfisch vollkommen erzogene Sivrit von der Schönheit Kriemhilts aus
Burgund hört. Er hört davon, daß diese Schönheit viele fremde Ritter in
Gunthers Land zieht, und er hört schließlich davon, daß sie keinen dieser
Helden will. Sivrit richtet seine Gedanken auf die Minne. Offensichtlich ist
dieser Vorsatz in Xanten allgemein bekannt, denn seine Verwandten und
Gefolgsleute raten ihm dazu, um eine Frau zu werben, die ihm angemessen
sei, wenn er seine Hoffnung schon in die Minne setzen wolle. Sivrit sagt,
dann wolle er Kriemhilt nehmen.

Der Neueinsatz des Erzählens in der dritten Aventiure variiert das
Brautwerbungsschema zunächst nur wenig: Sivrit braucht etwa keinen
‚Nenner', der ihm von der einzig zu ihm passenden Braut berichtet, sondern Kriemhilts Schönheit gehört zum allgemeinen, zum kollektiven
Wissen. Vorgeführt wird hier, wie sich eins zum anderen fügt: Was der
jugendliche Herrscher will, wollen auch seine Gefolgsleute. Er selbst betont
mehr die Minne, die Gefolgsleute legen mehr Gewicht auf die Wer-
bungshandlung und damit auch auf die Heirat. In der ersten und zweiten
Aventiure sind Kriemhilt und Sivrit gewissermaßen füreinander passend
geschrieben bzw. entworfen worden: in der Parallelität ihrer höfischen
Erziehung und Jugend.

Dann allerdings wird mit Sigmunts und Siglindes Warnungen ein
neues Register aufgemacht: Bislang erschien das geplante Geschehen als
eine sogenannte ‚einfache Werbung', nun aber wird sie als ‚gefährliche

Werbung' markiert. Abweichend vom Schema, leben die Eltern des Werbers noch; ebenfalls abweichend vom Schema, befindet sich Kriemhilt nicht in der Obhut ihres Vaters, sondern in derjenigen ihrer Brüder. Die oppositionelle Instanz, die sich der Werbung entgegenstellt, wird hier also nicht durch einen Brautvater besetzt, sondern durch die Brüder. Die entsprechenden Bedenken von Sivrits Vater sind jedoch, das wurde bereits gezeigt, an dieser Stelle dysfunktional. Eine Funktion im narrativen Gefüge erhalten sie nur dann, wenn man sie als Vorausdeutungen auf das sehr viel spätere Geschehen am Burgundenhof sieht, bei dem Sivrit nach erfolgreicher Brautwerbung zu Tode kommen wird (Schulz 2010a; Haferland/Schulz 2010).

Sivrit vereint mehrere Funktionen bzw. Handlungsrollen des Brautwerbungsschemas in einer Person: natürlich den Werber, dann den ‚Nenner', der von der einzig angemessenen Braut weiß, den herausragenden Werbungshelfer, den Werbungsboten selbst. Von einem Kundigen auf seiten des Werbers Sivrit ist nicht die Rede, dafür gibt es eine solche Figur am Burgundenhof, nämlich Hagen. Wenn Sivrit mehrere Rollen in sich vereint, dann korrespondiert dies mit seiner heroischen, seiner heldenmäßigen Werbung um Kriemhilt. Diese Werbung ist hier nicht mehr, wie im Schema, Kollektivaufgabe des herrscherlichen Personenverbandes, sondern die Tat eines herausragenden einzelnen. Folgerichtig bleiben Sivrits Begleiter anonym und spielen dann keine Rolle mehr. Nachdem es gelungen ist, die Aggression, die der Werber Sivrit an den Wormser Hof gebracht hat, in höfische Formen zu kanalisieren, kann Gunther Sivrits Werbung auf die lange Bank schieben, um ihn als Helfer für sein eigenes Werbungsunternehmen instrumentalisieren zu können. Damit wechselt Sivrit erneut die Rolle: vom ‚Werber' zum ‚Kundigen' und zum ‚herausragenden Werbungshelfer' *eines anderen*.

Auch die sechste Aventiure beginnt so mit der Variation des Brautwerbungsschemas. Das Geschehen des ‚Nibelungenlieds' wird letztlich durch Variation und Verschränkung bekannter Erzählschemata und Motive bestimmt: dreimal gibt es eine Brautwerbung, wobei die ersten beiden, Sivrits Werbung um Kriemhilt und Gunthers Werbung um Prünhilt, miteinander verschränkt sind, denn Sivrit erhält Kriemhilt letztlich zur Frau, weil er bei Gunthers Werbung den herausragenden Werbungshelfer spielt. Die dritte Werbung, eine sogenannte ‚einfache Werbung' ohne größere Gefahr, ist später diejenige Etzels um die Witwe Kriemhilt.[24]

---

24 Hinzu kommt das zweifach variierte Motiv der ‚verräterischen' bzw. ‚gefährlichen Einladung': Prünhilt bringt Gunther dazu, Sivrit und Kriemhilt einzuladen, weil

Doch zurück zur sechsten Aventiure: Gunther hört von der Schönheit und Kraft Prünhilts und möchte um sie werben. Prünhilt fordert jeden, der um sie werben möchte, zu einer Reihe von Kämpfen auf. Wer verliert, verliert auch das Leben. Wer gewinnt, gewinnt auch die Königin. In Prünhilt sind zwei Handlungsfunktionen der ‚gefährlichen Brautwerbung' vereint: erstens die der Braut, zweitens die der oppositionellen Instanz.

Das Brautwerbungsschema stellt eigentlich das kollektive Handeln des herrscherlichen Personenverbandes in den Vordergrund. Damit wird es aber auch möglich, stellvertretend handeln zu lassen – der Werber selbst braucht gar nicht an allen wichtigen Aktionen beteiligt zu sein. Allerdings: Der Kampf, den Prünhilt im ‚Nibelungenlied' allen Werbern aufnötigt, macht von vornherein deutlich, daß es eigentlich unmöglich ist, durch einen Stellvertreter für sich werben zu lassen – genau das aber, das Delegieren von Handlungen an Stellvertreter, ist nicht nur ein Strukturprinzip des Brautwerbungsschemas, sondern schlechthin das Herrschaftsprinzip Gunthers. Es zeigt sich auch hier, was der Text bereits anläßlich von Sivrits Werbung angedeutet hatte. Das ‚Nibelungenlied' nutzt das Brautwerbungsschema, um die Konkurrenz zweier Herrschaftskonzepte narrativ ausspekulieren zu können (vgl. Kap. 3.4.4.3), von denen das eine sich vor allem dadurch auszeichnet, daß essentielle Herrschaftsfunktionen wie Kampfkompetenz, Inszenierung höfischer Festlichkeit etc. von anderen Mitgliedern des eigenen Personenverbandes repräsentiert werden können (MÜLLER 1974). Im Hilde-Teil der ‚Kudrun' schickt Hetel den kampfstarken Superheros Wate, den Sänger Horant, dessen höfische Kunst Mensch und Tier beinahe zauberhaft bezwingen kann, und den klugen Fruote auf Brautwerbung aus: Jeder der drei verkörpert ein bestimmtes Prinzip, auf das Herrschaft sich zu gründen hat; und diese Kompetenzen werden gerade nicht mehr vom Herrscher selbst ausgeübt. Ähnliches ließe sich für den ‚König Rother' und den ‚Dukus Horant' zeigen, in gewissem Sinn auch für den ‚Ortnit AW', wo der brautwerbende Heros zu dumm ist, um die Aufgaben bewältigen zu können, und deshalb immer wieder die Hilfe seines Trickster-Vaters Alberich in Anspruch nehmen muß.

Sivrit rät Gunther massiv von der Werbung um Prünhilt ab – erfolglos. Hagen wiederum rät dem König, Sivrit als Kundigen mitzunehmen. Darauf läßt sich Sivrit nur ein, wenn er zur Belohnung Kriemhilt als Frau

---

sie noch etwas aufzuklären hat; Kriemhilt bringt Etzel dazu, ihre Verwandten einzuladen, weil sie sich an ihnen für die Ermordung Sivrits rächen möchte. Die jeweiligen Ehemänner, Gunther und Etzel, wissen von den Plänen ihrer Frauen nichts.

bekommt. Nachdem ihm dies eidlich zugesichert worden ist, packt er seine Tarnkappe ein – das magische Hilfsmittel, mit dem es möglich wird, Prünhilts Regel, daß niemand stellvertretend für einen anderen werben könne, zu umgehen, denn so kann Sivrit später bei den Kampfspielen unsichtbar die Bewegungen ausführen, während Gunther so tut, als sei er der Kämpfer gegen Prünhilt. Sivrit sorgt auch dafür, daß der Werbungszug klein bleibt. Nur vier Männer fahren nach Isenstein: Gunther, Sivrit, Hagen und Dankwart. Daß es dabei immer auch um Sivrits Werbung um Kriemhilt geht, macht das ‚Nibelungenlied' implizit deutlich, indem es betont, daß Kriemhilt die aufwendigen Kleider der vier Recken herstellt. Sie ist so gewissermaßen über ihre Produkte bei der Werbung mit anwesend, also metonymisch. Jedoch: Eigentlich würde Prünhilt, in ihrem Festhalten an dem archaischen Prinzip charismatischer Herrschaft und in ihrer körperlichen Übermacht, viel besser zu Sivrit passen. Das aber darf nicht sein, weil Sivrit ja Kriemhilt versprochen ist, und der Text betreibt in der Folge einiges an Aufwand, um es nicht zu einem ‚Kurzschluß' zwischen der Braut und dem herausragenden Werbungshelfer, der Sivrit für Gunther wird, kommen zu lassen (KUHN 1980; STROHSCHNEIDER 1997/2005). Dennoch wird sich der Betrug an Prünhilt zuletzt für Sivrit als tödlich und für die ganze burgundische Welt als fatal herausstellen. Das ‚Werkzeug' dieses Untergangs ist beide Male Kriemhilt.

HAFERLAND/SCHULZ 2010. – KUHN 1980. – MÜLLER 1974. – SCHULZ 2010a. – STROHSCHNEIDER 1997/2005.

4.2.1.6 Umbesetzung und Variation des Brautwerbungsschemas 2: Legendarische Einflüsse

Obwohl das Brautwerbungsschema selbst genuin weltlich angelegt ist, zeigen sich immer wieder Einflüsse aus dem religiösen Bereich. Exogamieregel und Raumstruktur werden narrativ in einen Konflikt zwischen Christen und Heiden ‚übersetzt' (SCHULZ 2002b): So konkurriert der weströmische König Rother im zweiten Handlungsteil mit einem babylonischen Heidenkönig um die Tochter des oströmischen Kaisers. Im ‚Münchner Oswald' rät die Stimme eines Engels dem Helden, mit Heeresmacht *uber mer* (V. 63: ‚übers Meer') zu fahren, von dort *aine*[ ] *haidnische*[ ] *kuniginne* (V. 65) heimzuholen, zugleich aber im Heidenland den *kristenleichen glauben* (V. 68) zu verbreiten. Der göttliche Auftrag zur Brautwerbung wird mit einer heilsgeschichtlichen Bekehrungsmission verknüpft, die dann auch erfolgreich absolviert wird. Und im ‚Orendel' – anderer Titel: ‚Grauer Rock' – geht es für den Protagonisten um die Hand von *frouw Bride,/* [...]/ *ir dienet daz heilige grap/ dar zu vil der heidenschaft* (V. 223–226: ‚ihr dient man am Heiligen Grab, zudem dienen ihr viele Heiden'). Wie sich später herausstellen wird, beherrschen de facto diese Heiden das Heilige Grab und haben als solche einiges gegen den christlichen Bräutigam der Königin von Jerusalem einzuwenden, den sie gegen einen der Ihren ersetzen wollen. Daher kommt es auch hier mehrfach zu einer gewaltsamen Auseinandersetzung zwischen Christen und Heiden.

Über diese basale Konfliktstruktur hinaus spielen in den Texten, in unterschiedlichem Maße, geistlich geprägte Erzählmuster eine wichtige Rolle. Dies zeichnet sich schon im ansonsten sehr weltlichen ‚König Rother' ab. Zuletzt beschließt Rother, der Welt zu entsagen und sich als mönchischer Einsiedler in einen Wald zurückzuziehen. Allerdings geschieht dies erst, nachdem die Herrschaftssicherung ihr Ziel erreicht hat. Denn zuvor haben die Großen des Reichs Rothers Sohn Pippin – den Vater Karls des Großen – als Nachfolger anerkannt. Rothers Moniage (‚Mönchwerdung') – das Motiv stammt wohl aus der Tradition der Chansons de geste – stellt damit keinen Widerspruch zur dynastischen Vorgabe des Brautwerbungsschemas dar.

Anders jedoch ist dies im ‚Orendel' und im ‚Münchner Oswald', denn hier wird den Helden die Fortpflanzung durch göttliches Geheiß verweigert (MILLER 1978; SCHULZ 2002b; ähnlich auch der ‚Wiener Oswald', vgl. KIENING 2007). Das Hauptziel der Brautwerbung, die Verlängerung der eigenen Genealogie in die Zukunft, wird aufgegeben, der Verlauf der Narration ist, um es mit LUGOWSKI (1932/1994) zu sagen, ‚thematisch überfremdet' (vgl. Kap. 6.1.6): einmal durch eine legendarische Herkunftssage über den Trierer ‚Grauen Rock', das vorgebliche Gewand Christi; das andere Mal durch die finale Heiligkeit Oswalds. Der Heilige Oswald zählt als einer der 14 Nothelfer zu den beliebteren christlichen Heiligen; historisch geht die Figur auf einen frühmittelalterlichen König im nordenglischen Northumbria zurück.

Im ‚Orendel' und im ‚Münchner Oswald' herrscht ein beinahe vollständiges Desinteresse an der Inszenierung feudalen Gemeinschaftshandelns. Hilfe erhält der Herrscher nicht mehr von seinen Getreuen, sondern unmittelbar oder mittelbar von Gott. Gemeinschaftliches Agieren spielt nur dann eine Rolle, wenn es zur militärischen Auseinandersetzung mit der heidnischen Partei kommt – aber selbst dann nicht immer, denn Orendel und seine Braut können auch allein ganze Heere besiegen, weil sie von kämpferischen Engeln unterstützt werden. Die Umbesetzung profaner durch legendarische Erzählmuster führt zur Entwertung des feudalen

4.2 Zentrale Muster mittelalterlichen Erzählens

Gesellschaftsideals – und damit letztlich zur Dekonstruktion des Brautwerbungsschemas von seinen inneren Prämissen her.[25]

Besonders auffällig ist der ‚Münchner Oswald' (vgl. auch KIENING 2007). Der Entschluß zur Brautwerbung ist hier einer göttlichen Eingebung zu verdanken, als außergewöhnlicher Bote firmiert ein sprechender Rabe, und nach der Heimholung der Braut erscheint Christus in Gestalt eines Pilgers am Hof des Helden und nimmt ihm die Braut wieder weg, nachdem er sich pauschal die Erfüllung einer Bitte hat zusichern lassen. Oswald erhält seine Braut zwar zurück, aber er muß geloben, in Keuschheit mit seiner Frau zu leben; zu diesem Zweck stellt man einen Zuber voll kalten Wassers neben das Ehebett. In jungfräulicher Ehe leben die beiden nicht mehr allzulange fromm und sittsam miteinander, bis es Gott gefällt, ihre Seelen von einem Engel in den Himmel holen zu lassen.

Unabhängig von aller Komik, die durch den Raben und durch den Waschzuber entsteht: Wenn das feudale Brautwerbungsschema immer stärker von der Legende her christlich umbesetzt wird, dann hat dies offenbar eine bestimmte Funktion. Sie liegt darin, zwei Aspekte von Oswalds ‚Wesen' bildhaft zur Anschauung zu bringen: den Aspekt der Herrschaft und den Aspekt der Heiligkeit. Herrschaft drückt sich über die Genealogie aus, die der junge Fürst auf göttliches Geheiß fortzusetzen bereit ist; christliche Herrschaft zeigt sich in der Überwindung und Taufe des heidnischen Personenverbands, aus dem die Braut stammt; bestimmendes Merkmal von Heiligkeit ist allerdings die Jungfräulichkeit, die Virginität. Der Text führt dies alles zu einem höchst spannungsreichen Kompromiß zusammen. Zentrale Schaltstelle zwischen beiden Registern ist dabei die Szene des Pauschalversprechens, wo die herrscherliche *milte* zunächst problematisiert zu werden scheint (vgl. oben, Kap. 2.3.4.1, und SCHULZ 2010b). Indem derjenige aber, dem Oswald seine ganze Herrschaft – verkörpert durch die Braut – herzugeben bereit ist, sich als Christus herausstellt, kann auch das übrige Geschehen nun endgültig in die Dreingabe alles Irdischen hinübergespielt werden.

KIENING 2007. – LUGOWSKI 1932/1994. – MARTINEZ 1996. – MILLER 1978. – MÜLLER 2007a, S. 126–129. – SCHULZ 2002b. – SCHULZ 2010b.

---

25 Nicht diskutieren kann ich hier die potentiellen Ursachen und die zeitlichen Rahmenumstände dieser Hybridisierung. Eine religiös geprägte Umcodierung ursprünglich profaner Erzählmuster ist in der mittelhochdeutschen Literatur seit Anbeginn festzustellen, wie die legendarische ‚Faustinian'-Erzählung in der ‚Kaiserchronik' zeigt, die auf das narrative Modell des spätantiken Liebes- und Abenteuerromans zurückgreift; vgl. MARTINEZ 1996.

4.2.1.7 Serielle Reduktion des Brautwerbungsschemas: ‚Dietrichs Flucht'

In ‚Dietrichs Flucht' (anderer Titel: ‚Buch von Bern'), einem späten Heldenepos aus dem 13. Jahrhundert, wird zunächst ausführlich vom Herkommen Dietrichs von Bern erzählt, der sich im Hauptteil der Geschichte mehr oder weniger erfolgreich mit seinem ungetreuen Verwandten Ermrich auseinanderzusetzen hat. Über Generationen hinweg wird zuvor eine Abfolge von einfachen und gefährlichen Brautwerbungsgeschichten erzählt (KELLNER 1999; MÜLLER 2003b; SCHULZ 2002a). Insgesamt beschwört der Text dabei immer wieder Gefahren herauf, die sich entweder mühelos bewältigen lassen oder überhaupt nicht gegeben sind. Das Schema der ‚einfachen Werbung' wird in diesem Sinne bei der Werbung des Urahns Dietwart um Minne von Westenmeer zu einer breiten Erzählung aufgebläht und nimmt mit 1900 Versen fast Umfangsdimensionen an, die in der mittelalterlichen Literatur sonst der ‚gefährlichen Werbung' vorbehalten sind.

In extenso werden die Paarbildungsregeln der seligen Vorzeit ausgefaltet, die es einem Mann offenbar erst zu heiraten erlauben, wenn er 30 Jahre alt geworden ist und die Schwertleite erhalten hat; breit wird die beratende Rede des Landgrafen Erwin referiert, daß und welche 20 Fürsten sich mit Dietwart der Ritterpromotion unterziehen sollen; im Umfeld der Schwertleite kommt es dann zu wahren *milte*-Orgien. Als Dietwart nun endlich seine Getreuen in eine Kemenate bestellt, um über eine passende Frau für ihn zu beraten, geschieht zunächst gar nichts: *Sy begunden schweigen alle/ und redten nicht über lange stünd,/ da er in het getan kündt,/ wie gestalt was sein müt* (‚Sie verstummten alle und redeten lange nicht mehr, als er ihnen eröffnet hatte, was seine Absicht sei', V. 840–843).

Nach langem Schweigen tritt nun einer – stellvertretend für alle – aus der Ratsversammlung vor, um Dietwart umständlich für seinen Entschluß zu loben, kann aber noch keine passende Braut benennen: *Wo vinden wir nu der frawen leib,/ damit ir werdet wol gewert?* (‚Wo finden wir nun die Dame, mit der ihr eine Passende bekommt', V. 864 f.) Vor dem Hintergrund des Brautwerbungsschemas erscheint dies als erste Irritation, als erste Störung der harmonischen Vorzeit, denn idealiter hat die Ratsversammlung nach nur kurzem Zögern eine passende Braut parat. Wo dies überdeutlich anders ist, weist es auf ein Problem hin: Wenn der Rat im ‚Ortnit AW' ganze fünf Tage braucht, um zu einer Entscheidung zu gelangen, ist dies die erste einer ganzen Reihe von Störungen, die den Erfolg

4.2 Zentrale Muster mittelalterlichen Erzählens 211

der Werbung bedrohen und letztlich den heimgekehrten Werber scheitern lassen.

Doch in ‚Dietrichs Flucht' blitzt die Irritation nur auf, um sogleich wieder ‚vergessen' zu werden. Denn die Ratsversammlung ist mit einem Mal durchaus in der Lage, eine passende Braut zu bestimmen, *kůniges Ladineres kindt* (‚die Tochter König Ladiners', V. 896): *Mynne so ist sy genannt,/ und heysset Westenmer ir landt* (‚Sie heißt Minne, und Westenmeer heißt ihr Land', V. 903 f.). Der ‚Nenner', der schemagemäß weitgereist ist (*sechtzig landt* – ‚60 Länder' – kenne er, V. 873), bleibt auffälligerweise namenlos: *Ainer der sprach under in* (‚Einer von ihnen sagte', V. 869). Wenn der Repräsentant des Kollektivs nicht einmal ansatzweise individualisiert wird, fällt damit die Kompetenz der richtigen Brautwahl auf die gesamte Ratsversammlung zurück, und somit wird, nach dem retardierenden Moment des Schweigens, das alle Aufmerksamkeit des Publikums auf die nun folgende Szene lenkt, gerade die Idealität des Verhältnisses zwischen Herrscher und Gefolgsleuten eindrucksvoll demonstriert: *Da sprachen sy alle,/ daz es gůt wêre./ Da liebet dem kůnig das mâre,/ da es sy alle dauchte gůt* (‚Da sagten alle, daß es gut sei. Da freute sich der König darüber, als sie es alle für gut hielten', V. 930–933). Die potentielle Störung wird angedeutet und augenblicklich vom Tisch gewischt. Die relative Ereignislosigkeit der Vorgeschichte wird hier wie später immer wieder mit äußerlichen Momenten der Gefahr zu garnieren versucht, die im Ritualismus der Schemarealisation sinnentleert erscheinen müssen. Das Anspielen auf Störungen, die in den Brautwerbungsepen auf latente Probleme verweisen und damit signifikante Bedeutung besitzen, bleibt insgesamt trivial. Der leere Schematismus von ‚Dietrichs Flucht' vermag die heraufbeschworenen Erwartungen nicht zu erfüllen, da es ihm ja gerade darum zu tun ist, die Abwesenheit aller Probleme zu demonstrieren.

Auch im Folgenden präsentiert sich Dietwarts ‚einfache' Werbung im Gewande einer ‚schwierigen'. Westenmeer ist zwar nur durch eine Schiffsreise zu erreichen, doch *es ist nicht so verre* (‚so weit weg', V. 944). Keine Rede ist davon, daß der Brautvater, wie man nach den umständlichen Präliminarien, die eine ‚schwierige' Werbung erwarten lassen, etwa denken könnte, ein gefährlicher Heide wäre, der alle Werbungsboten tötet und die eigene Tochter für sich selbst begehrt. Nur die pathetischen Worte Dietwarts und seiner Getreuen thematisieren immer wieder eine Gefahr, die gar nicht gegeben ist: *Beynamen ich můss sy schawen,/ oder mich můesse sein der todt* (‚Wahrlich, ich muß sie sehen, es sei denn, der Tod sei mir zuvor bestimmt', V. 940 f.) – *Solt es unnser tot sein,/ wir werben euch die potschafft,/ unns irre dann die gotes crafft* (‚Und sollte es unser Tod sein: wir

überbringen Eure Botschaft, es sei denn, Gottes Macht hindere uns daran',
V. 990–992). Bald schon sitzen die Boten im Schiff, nach einem tränenreichen Abschied – und nachdem Dietwart versprochen hat, sie und gegebenenfalls ihre Hinterbliebenen mehr als üppig zu belohnen bzw. zu versorgen. Schon nach elf Tagen ist man in Valdanis, der Hauptstadt von Westenmeer.

Die Werbungsboten werden zwar namentlich kenntlich gemacht, aber es geht auch hier nicht ansatzweise um Individualisierung gegenüber – oder besser: Heraustreten aus – dem Kollektiv. Keiner der vier ist, wie es zuvor schon keinen individualisierbaren ‚Nenner' gab, ein ‚Kundiger' des fremden Landes oder gar ein ‚außergewöhnlicher Helfer', der die anderen überragt. Das Repertoire der Handlungsrollen, die SCHMID-CADALBERT (1985) für die ‚gefährliche' Werbung rekonstruiert hat, bleibt schlicht ungenutzt. Wo sich keiner gegenüber dem Kollektiv (und möglicherweise auf dessen Kosten) hervortun kann, gibt es keinen Heros, geschweige denn die entsprechende ‚Exorbitanz' einer solchen Figur (vgl. Kap. 3.4.4.2). Der Held – und eben nicht: der Heros – der ganzen Aktion ist indes die Gemeinschaft zwischen Herrscher und Gefolgsleuten, und gerade dies wird durch den Verzicht auf die Individualisierung der Handlungsrollen gezeigt.

Vom modernen Standpunkt aus präsentiert ‚Dietrichs Flucht' in der Dietwart-Vorgeschichte ein ausgesprochen spannungstötendes Erzählen: Alle Spannungsmomente, die aufgebaut werden, fallen letztlich in sich zusammen. In Valdanis erregt das fremde Schiff der Boten die allgemeine Neugier: *Aintweder es bedeutet newe mære,/ oder es sind kauffleute./ Das besehen wir noch wol heute* (,Entweder bedeutet das Neuigkeiten, oder es sind Kaufleute. Das werden wir sicher heute noch sehen', V. 1114–1116). Was ,man' in Valdanis denkt, dürfte auf die Kaufmannslist der ,Kudrun' anspielen, aber das Motiv bleibt ungenutzt. Dietwarts Delegation indes, wiewohl aufgefordert, *mit listen* (V. 1046) zu werben, braucht keine faulen Tricks: Was zuvor mit Doppelsinn eingespielt worden ist, löst sich in der Folge zur bloßen Kompetenz des angemessenen Auftretens bei Hofe auf. Zwar berät man nach der Ankunft in Valdanis, wie weiter zu verfahren sei, aber es geht dabei allein um die Absicherung des eigenen Tuns. Nach allgemeinem Beschluß sollen 24 Mann zurückbleiben und zurückreisen, wenn sie nach dem nächsten Morgen nichts von der Gesandtschaft gehört haben sollten. Doch natürlich verläuft der Empfang beim König wunschgemäß. Landgraf Erwin bringt, nachdem man einander versichert hat, stets auf die *êre* des anderen zu achten, die Werbung vor: Ohne zu zögern, gibt Ladiner sein Einverständnis und läßt Dietwart einladen, Minne bis zum nächsten Sommer heimzuholen. Die einzige Komplika-

4.2 Zentrale Muster mittelalterlichen Erzählens 213

tion, die es geben könnte, erwächst gerade aus den Vorsichtsmaßnahmen der Boten. Als diese um ihren Abschied bitten, will Ladiner sie nicht gehen lassen und fordert sie auf, bis zum nächsten Tag zu bleiben. Erwin lehnt zunächst ab. Der König aber bleibt bei seiner Bitte. Damit blitzt die Möglichkeit auf, daß die Delegation der Forderung Ladiners wegen ihr Schiff verpassen und die bereits erfolgreiche Werbung im nachhinein hieran scheitern könnte, daß Dietwart gar, im Glauben, seine Männer seien gefangengenommen oder getötet worden, eine militärische Aktion gegen Ladiner vorbereiten könnte. Doch erneut wird die aufkeimende Irritation augenblicklich wieder ‚vergessen'. Davon, daß die Boten über Nacht bleiben müßten, ist nun gar nicht mehr die Rede. Reich beschenkt nehmen Erwin und die Seinen Abschied vom Landesherrscher. In Rom – sie müssen sich erst nach dem König durchfragen: wiederum eine funktionslose Retardation – treffen sie auf Dietwart, der sofort seine Burgen besetzen und Schiffe ausrüsten läßt. Man macht sich mit 4000 Rittern auf den Weg, und erst jetzt gibt es eine wirkliche Komplikation: Nach acht Tagen Seereise wird der Konvoi durch einen Sturm auf eine Insel verschlagen, auf der ein Drache sein Unwesen treibt. Nachdem 30 Männer den Tod gefunden haben, tritt Dietwart selbst an und siegt. Die Heimholung der Braut verläuft dann ohne weitere Schwierigkeiten; Dietwart wird über 430 Jahre alt und zeugt mit Minne 44 Kinder, von denen nur Sigher überlebt, der dann die Herrschaft übernimmt.

Das heroische Potential des Helden realisiert sich nur in der Inselepisode, die insgesamt völlig folgenlos bleibt und zunächst keinerlei Anbindung an das sonstige Werbungsgeschehen hat. Nicht ist, wie im ‚Tristan', die Legitimation des Werbers an einen erfolgreichen Drachenkampf geknüpft, und es geht somit auch nicht darum, ein geplagtes Land von einem gewalttätigen Monster zu befreien. Davon, daß Menschen die Insel bevölkern würden, ist nicht die Rede. Dietwart sorgt allein dafür, daß nicht noch mehr seiner eigenen Leute den Tod gegen den Drachen finden. Kein Erlösermärchen, kein Zusammenhang mit einer womöglich vom Drachen gefangengehaltenen Jungfrau (wie man sie aus der mittelalterlichen Georgs-Ikonographie kennt). Demonstriert wird nur, daß Dietwart, auch wenn die Brautwerbung insgesamt harmonisch und nach dem Muster der ‚einfachen' Werbung verlaufen ist, durchaus das heroische Potential in sich trägt, auch eine ‚schwierige' Werbung als sein eigener ‚außergewöhnlicher Helfer' zu bestehen und für die Verteidigung seiner Leute einzustehen. Die ‚gefährliche' Werbung wird aber insgesamt in den Status einer abgewiesenen Handlungsalternative verbannt, um so die Vorzeit einer pervertierten Gegenwart zu idealisieren. Das wiederholt sich in ‚Dietrichs Flucht' noch mehrfach. Letztlich wird damit das Schema trivialisiert. Auch das ist eine Möglichkeit, ‚Arbeit am Muster' zu betreiben.

KELLNER 1999. – MÜLLER 2003b. – SCHMID-CADALBERT 1985. – SCHULZ 2002a.

4.2.2 Zur ‚gestörten Mahrtenehe'

4.2.2.1 Faszinierende Fee vs. teuflische Dämonin

Erzählungen über die Liebe eines Ritters zu einer feenhaften Geliebten scheinen vor allem das Spätmittelalter besonders fasziniert zu haben. Das Motiv findet sich in einer ganzen Reihe von Texten des 13. bis 15. Jahrhunderts an handlungsbestimmender Stelle: in Konrads von Würzburg ‚Partonopier und Meliur' (1277), in Konrads von Stoffeln ‚Gauriel von Muntabel' (zweite Hälfte 13. Jh.), im ‚Ritter von Staufenberg' (14. Jh.), im ‚Friedrich von Schwaben' (Anfang 14. Jh.), in der ‚Königin vom Brennenden See' (15. Jh.), in Ulrich Füetrers ‚Poytislier' und seinem ‚Seifrid de Ardemont' sowie in Thürings von Ringoltingen ‚Melusine' (alle zweite Hälfte 15. Jh.).[26] Mehr oder weniger orientieren sich die Erzählungen dieses offenkundigen Faszinationstyps an einem ursprünglich mythischen Erzählmuster, das PANZER 1902 als ‚gestörte Mahrtenehe' bezeichnet hat (S. LXXII–LXXX; vgl. auch SIMON 1990, S. 35–46; RÖHRICH 1999; WOLFZETTEL 1984). (*Mahrte* ist die weibliche Form von *Mahr* ‚Geist'; vgl. *Nachtmahr*.)

Die Feengestalt selbst ist als eine ursprünglich mythische Figur grundsätzlich ebenso verlockend wie bedrohlich. Sie ist gewissermaßen *zugleich* die gute und die böse Fee, wie wir sie noch im Märchen finden (oder anders: sie ist, vom Helden aus gesehen, zugleich die begehrte Prinzessin und die feindliche böse Fee mit ihren zauberischen Mächten). Die Verbindung eines Menschen mit einem übermenschlichen Partner, der oft auch animalische Anteile haben kann, findet sich in archaischen Gesellschaften im rituellen Zusammenhang mit totemistischen Fruchtbarkeitskulten nahezu weltweit (vgl. DUERR 1984), sie findet sich häufig in der indischen wie in der antiken Mythologie und scheint vor allem in der irokeltischen, aus der die Matière de Bretagne (der Stoffkreis der Artus- und Tristan-Erzählungen) schöpft, eine besondere Rolle zu spielen (vgl.

---

26 Weniger zentral findet es sich im ‚Meleranz' des Pleier (zweite Hälfte 13. Jh.) und, soweit sich das aus dem überlieferten Fragment rekonstruieren läßt, in ‚Abor und das Meerweib' (14. Jh.?).

zuletzt WAWER 2000; vgl. auch WOLFZETTEL 1984). Bis zum heutigen Tag spielen solche Vorstellungen in der Folklore (etwa des Alpenraums) und besonders in Märchen immer noch eine Rolle. Daß die Fee in der mittelalterlichen Literatur zumeist lediglich eine höfische Dame oder nur wenig mehr als das ist, liegt am Mißtrauen der zeitgenössischen Theologie. Für sie sind die Misch- und Mittlerwesen der vorchristlichen niederen Mythologie nichts anderes als gestaltwandlerische Dämonen, die eindeutig negativ sind. Dementsprechend sind auch eheliche und sexuelle Beziehungen mit ihnen eindeutig negativ (vgl. KELLNER 2001). An diesem Vorwurf arbeiten sich die mittelalterlichen Mahrtenehenerzählungen explizit oder implizit ab.

Dennoch erliegen selbst die gelehrten Autoren der Faszination des Erzählens über solche Verbindungen immer wieder. Ich nenne nur Vinzenz von Beauvais, in dessen Enzyklopädie sich ein Abriß der zeitgenössischen Dämonenkunde findet, in dem die Frage diskutiert wird, ob Dämonen und Menschen sich gemeinsam fortpflanzen können. Dabei weist Vinzenz sogar darauf hin, daß man nachlesen könne, daß sich solche Fälle in der Bretagne zur Zeit des Königs Artus häufig ereignet hätten; besonders dessen Gefährten sei derlei widerfahren (*In eadem prouincia, scilicet in minore Britannia: creberrime leguntur tempore Arturi Regis, & sociorum eius huiusmodi casus accidisse*, ‚Speculum naturale' II,127 [Sp. 157]).

Vinzenz spielt auf Fälle der Feenliebe an, wie sie aus dem arthurischen Stoffkreis bekannt sind, aus (Pseudo-)Historiographie wie aus höfischen Romanen und anglonormannischen Lais (etwa aus dem ‚Lanval' der Marie de France). Für den hier verfolgten Zusammenhang genügt es zu sagen, daß die gelehrten Autoren Geschichten vom Typus der ‚gestörten Mahrtenehe' für faktisch wahr halten. Auffällig ist die Mischung zwischen Abscheu und Faszination, die aus den gelehrten Exempeln spricht.

In der volkssprachigen Literatur hingegen ist dieser Abscheu kaum zu finden, wenn auch den Texten oft deutlich das Bemühen eingeschrieben ist, die Fee zu depotenzieren, sie also vom Verdacht der Dämonie zu reinigen (etwa wenn sie, wie in Konrads von Würzburg ‚Partonopier und Meliur', nur noch eine höfische Dame ist, die sich ein wenig Zauberei aus Büchern angelesen hat, um damit ihren Vater zu unterhalten). Meist geht diese ‚Humanisierung' des weiblichen Parts nicht glatt auf, da die Texte sich an dem Problem abarbeiten, die Dame entdämonisieren zu müssen, und dabei doch zugleich etwas von ihrem attraktiven andersweltlichen Potential in die Erzählung hinüberretten wollen.

Denn Erzählungen über die Verbindung eines Menschen mit einem nicht-menschlichen Wesen gehören in der mittelalterlichen Adelskultur fest zum Haushalt des Imaginären. Die Fee verspricht erfüllte Sexualität und überhaupt jede Art von Glück, Reichtum, Macht, Gründung und Fortpflanzung eines außergewöhnlichen Adelsgeschlechts. Der Faszinationstyp Feenmärchen steht damit im Schnittpunkt zweier Diskurse, die für das adelige Selbstbild im Mittelalter von eminenter Bedeutung sind: Minne und Genealogie sind Fundamente adeliger Identitätsstiftung. Erzählungen von der ‚gestörten Mahrtenehe' spielen Fälle des richtigen und des falschen Verhaltens innerhalb von Minnebeziehungen durch, die Notwendigkeit oder auch die Unmöglichkeit, eine heimliche und zunächst gesellschaftsferne, damit vom Standpunkt der Menschenwelt aus illegitime Liebe in die höfische Gesellschaft zu integrieren. Die Verheißung des Feenmärchens, Sexualität selbstbestimmt und nicht gesellschaftlichen Zwängen unterworfen ausleben zu können, wird somit zum Ausgangspunkt einer höfischen Minnekasuistik. Erzählungen über Mahrtenehen können aber auch, wie in der ‚Melusine', den Ursprung eines herausragenden Adelsgeschlechts ‚erklären' und gewinnen damit eine mythische Funktion. Natürlich können in ihnen auch beide Aspekte verbunden sein.

DUERR 1984. – KELLNER 2001. – PANZER 1902. – RÖHRICH 1999. – SIMON 1990. – Vinzenz von Beauvais: Speculum naturale. – WAWER 2000. – WOLFZETTEL 1984.

4.2.2.2 Mythische Grundlagen

Liebesverbindungen zwischen menschlichen und nicht-menschlichen Partnern zählen zum Grundbestand mythischen Erzählens. Geschichten über solche Verbindungen ‚erklären' in der vorchristlichen Mythologie etwa außergewöhnliche Taten, die die bestehende Weltordnung fundiert haben, aus dem anderweltlichen Potential exorbitanter Heroen, die schon im Akt ihrer Zeugung als Mittler zwischen göttlicher und menschlicher Welt angelegt sind; und in diesem Sinne versteht sich ‚Mythos'

> „als ‚angewandte Erzählung', Erzählung als primäre Verbalisierung von überindividuellen, kollektiv wichtigen Aspekten der erfahrenen Wirklichkeit. [...] Die Erzählung hat ihre Sinnstruktur, ja ihren ‚Eigensinn', doch wird sie erzählt um ihrer Beziehung auf die Realität willen, Realität im diesseitigen, handfesten Sinn" (BURKERT 1982, S. 65). „In diesem Sinne ist Mythos begründend – ohne daß darum explizit von Urzeit die Rede sein muß – als ‚Charta' von Institutionen, Erläuterung von Ritualen, Präzedenzfall für Zaubersprüche, Entwurf von Familien- und Stammesansprüchen und überhaupt als wegweisende Orientierung in dieser und der jenseitigen Welt. Mythos in diesem Sinne existiert nie ‚rein' in sich, sondern zielt auf Wirklichkeit; Mythos ist gleichsam eine Metapher auf dem Niveau der Erzählung. Ernst und Würde des Mythos stammen von dieser ‚Anwendung': Ein Kom-

plex traditioneller Erzählungen liefert das primäre Mittel, Wirklichkeitserfahrung und -entwurf zu gliedern und in Worte zu fassen, mitzuteilen und zu bewältigen, die Gegenwart an Vergangenes zu binden und zugleich die Zukunftserwartungen zu kanalisieren" (BURKERT 1988, S. 12).

Das Erzählen von der ‚gestörten Mahrtenehe' kann also im Sinne eines Mythos funktionalisiert und damit selbst in die Nähe des Mythos gerückt werden (wie in der ‚Melusine', die vom Aufstieg des Adelsgeschlechts derer von Lusignan erzählt), muß dies aber nicht. Wenn Lanval im Lai der Marie de France zuletzt mit seiner übernatürlichen Geliebten die Menschenwelt verläßt und nach Avalon reitet (*La fu raviz li dameiseaus!* – ‚Dorthin wurde der junge Edelmann entrückt', V. 644), dann erklärt dies keine wie immer geartete ‚Wirklichkeit', denn man weiß vom Helden nichts weiter zu erzählen, und der intrigante Artushof, an dem die ganze Geschichte stattgefunden hat, bleibt nach Lanvals Entrückung völlig unverändert. Lanvals Dame ist zwar eine Fee, aber seine Geschichte dient nur zur sozusagen märchenhaften Erörterung eines höfischen Minnekasus (MERTENS 1992, S. 206 f.). Nichts mehr ist darin zu bemerken von dem wohl ursprünglich irokeltischen Legitimationsmythos, auf den sich sehr viel später noch die ‚Melusine' in einem verdeckten Akt ‚konnotativer Ausbeutung' (WARNING) zu beziehen scheint:

> „In den Herrschersagen der keltischen Mythologie ist es ein gültiges Muster, dass rechtmäßige Herrschaft nur über die Verbindung mit einer anderweltlichen Frau etabliert werden kann, wobei die Frau als Manifestation der Muttergöttin bzw. des irischen Territoriums selbst gedacht wird. Die Verbindung des zukünftigen Königs mit der Muttergöttin wird als eine heilige Hochzeit gefeiert; ein Akt, der allererst die Legitimität der königlichen Herrschaft bestätigt." (WAWER 2000, S. 44)

Auch wenn ihnen ein mythisches Erzählmuster zugrunde liegt, sind die mittelalterlichen Mahrtenehengeschichten keine Mythen mehr. Das Grundschema kann nun in unterschiedlichem Grade ‚rationalisiert' werden. Dabei wird der nicht-menschliche Partner der Menschenwelt angeglichen. Wenn es sich dabei um die Frau handelt, läßt sich mit ANNE WAWER sagen, daß dem Erzähltyp in seiner vollständigen Ausprägung eine fünfteilige Struktur zugrunde liegt, deren einzelne Positionen natürlich höchst unterschiedlich besetzt sind:

> (1) Ein Mann verbindet sich mit einer übernatürlichen oder verzauberten Partnerin; (2) die Beziehung unterliegt einem oder mehreren Geboten; (3) sobald der Mann absichtlich gegen „eines dieser Gebote" verstößt, wird er von der Frau verlassen; (4) danach muß er sie lange und mühevoll suchen, bis (5) das Paar wieder vereint wird (WAWER 2000, S. 11 f. u. passim).

Das ist noch sehr allgemein und findet sich in der Folklore sowie in den Mythen vieler Völker. Das spezifischer gefaßte Modell der ‚gestörten Mahrtenehe' ist erstmals 1902 von PANZER in seiner Textausgabe der beiden spätmittelalterlichen Romane von ‚Merlin' und ‚Seifrid de Ardemont' beschrieben worden. PANZER ermittelt es aus dem Vergleich mit unterschiedlichen Märchen aus aller Welt (also unter Absehung von der Gattung, der die mittelalterlichen Texte zugehören):

> „Die grundzüge dieses märchens sind die folgenden. Ein jüngling erwirbt im elbenlande eine elbische gattin. Aus diesen oder jenen gründen trennt er sich nochmals von ihr, um für kurze zeit in die menschenwelt zurückzukehren. Die gattin verbietet ihm, ihrer dort je zu erwähnen, da sie sonst für immer geschieden sein müssten. Der held verletzt das gebot und verliert die gattin. Beharrlich suchend gelingt es ihm aber endlich durch vermittlung überirdischer kräfte und wesen wieder ins elbenland zurück und zu dauernder vereinigung mit der geliebten zu gelangen" (PANZER 1902, S. LXXIV).

BURKERT 1982. – BURKERT 1988. – MERTENS 1992. – PANZER 1902. – WAWER 2000.

4.2.2.3 Zum Sujet der ‚gestörten Mahrtenehe'

Im Sinne LOTMANS und im Blick auf die spezifisch mittelalterliche Besetzung dieses Schemas wäre das Sujet der ‚gestörten Mahrtenehe' etwa wie folgt zu skizzieren: Der jugendliche Held befindet sich im ‚Diesseits' der gewöhnlichen Adelswelt in einer Krisensituation. Ohne zu wissen, wohin eigentlich er sich bewegt, überschreitet er die Grenze in ein ‚Jenseits', das eine gesteigerte und perfektionierte Variante des ‚Diesseits' ist; dieses ‚Jenseits' wird von einer Frau beherrscht, deren Adelsschönheit und Reichtum unüberbietbar sind. Sie bietet ihm ihren Leib, ihr Land und unermeßlichen Reichtum an: Erotik und Herrschaft werden auch hier aufs engste miteinander verknüpft; der Körper der Frau steht wie so oft metonymisch für ihr Reich. Dafür allerdings stellt sie dem Helden bestimmte Bedingungen. Er verstößt jedoch gegen diese Bedingungen, weil er von Agenten des ‚Diesseits' dazu gedrängt worden ist. Der Regelbruch kann semantisch unterschiedlich besetzt sein: vor allem im Sinne höfischer Minnekasuistik (wenn der Held, was sich nicht gehört, gegen das Gebot zur Verschwiegenheit verstößt, indem er im ‚Diesseits' von seiner Dame spricht) – oder im Sinne der Aufdeckung des ‚wahren Wesens' seiner Dame (wenn der Held trotz Verbots die Dame zu einer bestimmten Zeit oder vor einer gesetzten Frist ansieht). Infolgedessen verliert er seine Geliebte. Er wird aus dem verheißungsvollen ‚Jenseits' wieder ins ‚Diesseits' zurückgestoßen (oder das ‚Jenseits' verwandelt sich unversehens in ein ‚Diesseits').

Der Held durchmißt eine Krise, die als symbolischer Tod zu verstehen ist, und er kann nur wieder zur Dame finden, indem er sich von Figuren, die ihr nahestehen, helfen läßt sowie indem er gefährliche Schwellenwächter überwindet, die ebenfalls mit der Geliebten verbunden sind, aber auf unbestimmte Weise. Womöglich muß er zuletzt noch einen Widersacher ausschalten, mit dem die Dame verheiratet zu werden droht. Zuletzt heiratet er selbst die Geliebte; damit wird ihr ‚Jenseits' dem ‚Diesseits' der männlich geprägten Adelswelt einverleibt.

Es handelt sich gewissermaßen um ein Narrativ individuellen Liebesglücks, das davon erzählt, wie junge Ritter *gegen die gesellschaftlichen Instanzen, doch zugleich im Einklang mit den gesellschaftlichen Normen* ihr Glück in erotischer wie in sozialer Hinsicht machen können. Indem dieses Glück mit einem Reich verknüpft ist, in dem womöglich Dämonie herrscht, bleibt jedoch immer der Eindruck des Außerordentlichen haften.

4.2.2.4 Syntagma bzw. Ablaufplan

PANZER (1902) hat sein Modell aus 32 Volksmärchen aus aller Welt gewonnen. Ich reformuliere sein Ablaufschema und lehne mich dabei an der strukturalistischen Neufassung PANZERS durch RALF SIMON an. SIMON zieht dafür deutschsprachige Texte des Mittelalters heran und formuliert die Schema-Bestandteile deutlich im Blick auf LOTMANS Theorie (SIMON 1990, S. 37–39). Allerdings ist sein neun ‚Erzählfunktionen' (= Handlungseinheiten) umfassender Versuch, den Blick weg vom folkloristischen Panorama PANZERS zu lenken, deutlich zu abstrakt ausgefallen, weshalb ich mich darum bemühen werde, die konkrete semantische Besetzung der mittelalterlichen Erzählungen verstärkt ins Spiel zu bringen.

Man möge sich an die Diskussion der Möglichkeiten erinnern, wie der Interpret ein Erzählschema rekonstruieren kann (Kap. 4.1.6). PANZER (1902) ging es um eine Idealtypik, um einen idealen Handlungsverlauf, allerdings hat er diesen gerade nicht aus mittelalterlichen Texten entwickelt. Er unterscheidet zwischen „märchentypus" und „litterarische[r] bearbeitung" (S. LXXX), und das bedeutet, daß sein Idealtyp einen ‚Ursprung' rekonstruieren soll. Nach dieser Logik sind alle mittelalterlichen Texte bereits Bearbeitungen des Typus, die zwar literarisch elaborierter sein mögen, aber vom Ursprung wegführen. PANZER steht damit in einer gut 100 Jahre älteren Forschungstradition, die das Sinnzentrum mittelalterlicher Texte nicht in eben den Texten selbst suchen wollte, sondern in Phantasmen eines mythisierten Ursprungs. Das Problem daran ist, daß man diesem ‚Ursprung' analytisch gar nicht nahekommen kann. Denn die

Märchen aus aller Welt, die jedoch ursprünglicher sein sollen als die mittelalterlichen ‚Bearbeitungen', sind historisch viel jünger als diese. Wenigstens in Schriftform sind sie erst Jahrhunderte später überliefert, und es gibt keinen Grund anzunehmen, daß sie sich zuvor in der Mündlichkeit seit unvordenklichen Zeiten stabil hätten erhalten können. Auch wenn das Schema etwas zu beschreiben erlaubt, was in fast allen Kulturen und Zeiten erzählt worden ist – die erotische Verbindung zwischen Menschen und nicht-menschlichen Wesen –, so ist doch die Semantik dieses Erzählmusters je nach Kultur und Gattung unterschiedlich besetzt. Simons Versuch nimmt nun vorrangig die mittelalterlichen Texte in den Blick, bleibt aber Panzers Schema ausdrücklich verpflichtet, weil es ihm vor allem um eine „statistische Mächtigkeit" geht, „die eine syntagmatische Gattungsanalyse zuläßt".[27] Dementsprechend erweitert er nur Panzers Material um einige mittelalterliche Texte, er kassiert also den Unterschied zwischen ‚Märchentypus' und ‚Bearbeitung'. Resultat seiner Bemühungen ist ein Verlaufsschema, das zwar strukturalistischen Standards entspricht, dessen semantische Besetzung aber im Blick auf die mittelalterlichen Texte kaum konkret wird. Diesem Mangel soll im folgenden abgeholfen werden.

Die Erzählfunktionen <F1> – <F9> stammen von Simon, die im Anschluß daran teils gesperrt gesetzten, (beinahe) grundsätzlich aber klein geschriebenen Zitate von Panzer. Die Zitate aus Simon sind in den Nachweisen auch an den arabischen Seitenzahlen zu erkennen, diejenigen aus Panzer an den römischen. Meine eigenen Erläuterungen, vor allem zu Abweichungen und Differenzierungen, stehen jeweils wieder in den kleingedruckten Absätzen dahinter. Vorauszuschicken bleibt, daß das Schema keinesfalls in allen genannten Texten vollständig realisiert wird, manche enthalten nur einzelne Episodenreihen. Es geht auch hier wieder um einen Idealtyp.

1) „<F1> Der Held gelangt zum Feenreich, oft allerdings durch Berechnung der Fee, die ihn auf geheimnisvolle Weise zur ersten Zusammenkunft führt" (Simon 1990, S. 37). Dieser Funktion, die bei Panzer schon zur „z w e i t e [n] F o r m e l, erwerbung der elbischen gattin", gehört, kann eine „e i n g a n g s f o r m e l" vorgeschaltet sein, die aus der „jugendgeschichte des helden" besteht. Zentral ist dann die Darstellung dessen, wie „der held i n e l b e n l a n d g e l a n g t". Mitunter geschieht dies „durch vermittlung überirdischer gewalten" (S. LXXIV f.).

---

27 Simon 1990, S. 36.

In PANZERS Ausführungen findet sich ein hochinteressantes Detail, nämlich der Umstand, daß in über der Hälfte der internationalen Mahrtenehenmärchen der Held zunächst „vom vater dem teufel versprochen und ihm, herangewachsen, übergeben wird, sich aber aus dessen gewalt zu befreien weiss" (S. LXXIV). Letztlich scheinen die Märchen damit auf das gleiche Problem zu reagieren wie die mittelalterlichen Texte, weil die Mahrte/Elbin/Fee trotz aller Glücksverheißungen immer auch eine dunkle, dämonische Seite hat. Diese wird offenbar narrativ auf den Teufel verschoben, die Verantwortung für den Kontakt mit dem Teufel wird auf die Elterngeneration delegiert, und das Problem erscheint letztlich nach der Vorgeschichte schlicht dadurch bewältigt, daß der Held es hinter sich zurückläßt.

In den mittelalterlichen Bearbeitungen muß eingangs natürlich der Status des Helden geklärt werden, im Sinne von Herkunft und Adelsrang. Trotz bester Herkunft erscheint der jugendliche Held in dem Kollektiv, das seine Identität definiert, nicht vollständig verankert. Sehr oft verirrt er sich auf der Jagd nach Hirschen oder Ebern im Wald (das Jagen ist neben dem Turnieren die männliche Adelsbeschäftigung schlechthin). Häufig erscheint er zudem sozial desintegriert, in unterschiedlichen Abstufungen: Er wächst am Hof eines reichen und mächtigen Verwandten auf, sein Vater ist tot, er hat sein Gut vertan und seine *êre* verloren, schlimmstenfalls hat er gerade versehentlich seinen Onkel getötet (,Melusine'). Die Ausgangssituation bietet also die Möglichkeit, eine Defizienz im Blick auf die adelige Identität des Helden zu thematisieren – konträr zum Brautwerbungsschema, wo der Held nur den einzigen Mangel hat, noch nicht mit einer angemessenen Frau verheiratet zu sein. Allerdings wird nicht immer die Möglichkeit genutzt, von sozialer Defizienz zu erzählen. Ein weiterer Unterschied zur Brautwerbungsepik besteht darin, daß der Held nicht weiß, daß er nun bald auf die Frau stoßen wird, die fortan sein Leben bestimmen wird. Man kann dies im Blick auf die potentielle Defizienz des Helden erklären; denn auch dort, wo diese nicht zum Gegenstand der Erzählung gemacht wird, ist die Dame dem Helden nicht sozial gleichrangig, sondern massiv überlegen – es wäre also anmaßend, bewußt mit dem Vorsatz auszufahren, sie zu erwerben. Die Liebe der Dame muß vielmehr zunächst wie eine völlig unverhoffte Gnade über den Helden kommen (auch wenn sich nachträglich durchaus erweisen darf, daß der Held sie sich vorab, ohne es zu wissen, durch seinen famosen Tugendadel erworben hat).

Völlig übercodiert ist das häufige Jagdmotiv. Es ist nicht zufällig, daß der Held gerade dann auf die Dame trifft, als er einer der Adelsbeschäftigungen per se nachgeht: damit ist die Wertigkeit markiert; zudem ist die allegorische Umschreibung der Minne als Jagd im Mittelalter ausgesprochen häufig zu finden: das Wild ist hier die Dame. Indem zwischen der Hirschkuh, die vorrangig gejagt wird, und der Fee zumeist eine merkwürdig unbestimmte (metonymische) Verbindung hergestellt werden kann, werden zugleich massive mythische Konnotationen evoziert, die auf archaische Vorstellungen zurückgehen: auf die Vorstellung der Verbindung eines Menschen mit einem Mensch-Tier-Mischwesen, das zugleich göttlich ist – natürlich im nichtchristlichen Sinn. (Ich erinnere an die irischen Souveränitätsmythen, von denen oben die Rede gewesen ist. Und: Archaische Kulturen kennen die

Geschichte der sexuellen Vereinigung des Großen Jägers mit der mächtigen Tierbraut; der Ritus garantiert den Wohlstand des Stammes; vgl. DUERR 1984.)

2) „<F2> Der Held muß sich durch Initiationsproben für den Eintritt ins Feenreich qualifizieren. Diese Initiationen sind meist Kämpfe oder höfisch angemessenes Verhalten" (SIMON 1990, S. 37).

SIMONS Formulierung klingt etwas beliebig, benennt aber durchaus, worauf es hier ankommt: Da der Held von seinem Adelsrang her der Dame gar nicht ebenbürtig sein kann, muß er durch sein Verhalten zeigen, daß er ein angemessener Partner sein könnte – Tugendadel beweist sich in Rittertaten und im Auftreten. Der Held reagiert so entweder auf die ‚dunkle' oder die ‚lichte' Seite des Feenreichs: auf die oft monsterhaften Schwellenwächter, die den Zutritt zur Fee regulieren, oder auf die phantasmatische Übersteigerung aller höfischen Pracht und Etikette in ihrem Reich.

Wenn die ‚Initiationsprobe' nicht im Kampf gegen Schwellenwächter besteht, kann sie auch schon länger zurückliegen: Im ‚Partonopier' etwa eröffnet Meliur ihrem Geliebten später, sie sei in seine Heimat, nach Frankreich, gefahren, um ihn dort heimlich zu beobachten: Nachdem er sich in jeder Hinsicht als würdig erwiesen habe, habe sie beschlossen, ihn sich als Bräutigam herzuholen. Ähnlich begründet auch die Fee im ‚Ritter von Staufenberg' ihre Liebe zu Peterman.

PANZER weist darauf hin, daß in den Märchen der ‚Eintritt ins Feenreich' selten auch durch „vermittlung überirdischer gewalten" ermöglicht werden könne (S. LXXV). Derlei findet sich in den mittelalterlichen Bearbeitungen zumeist erst im zweiten Handlungsteil, wenn der Held die Dame verloren hat und sich auf die Suche nach ihr macht. Für die Eingangssequenzen der mittelalterlichen Texte läßt sich daraus erschließen, daß es hier vor allem auf die Tugenden des Helden ankommt (was durch magische Hilfe eher verschleiert würde).

3) „<F3> Der Held begegnet der Fee und handelt mit ihr einen Kommunikationskontrakt aus. Für ihre Liebe muß der Held eine Bedingung, meist ein Schweigegebot, einhalten. Oft bekommt er ein Zaubergeschenk" (SIMON 1990, S. 38).

Das Schweigegebot ist in den Märchen magisch codiert, in den höfischen Geschichten des Mittelalters aber ist seine Semantik der Minnekasuistik geschuldet. Zumeist verlangt die Dame vom Helden, niemals in Gesellschaft von ihr zu sprechen. Höfische Liebe, sofern sie außerhalb der Ehe stattfindet, ist darauf angewiesen, geheim zu bleiben. Davon handeln auch theoretische Erörterungen über die Liebe, etwa Andreas Capellanus' ‚De amore': Wenn die Gesellschaft von der Liebe erfährt, ist es durchaus wahrscheinlich, daß sie sie torpediert. Die mittelalterlichen Mahrtenehengeschichten mythisieren die Bedingung der Heimlichkeit zum magischen Tabu. Das zeigt sich etwa im ‚Lanval' der Marie de France (vgl. unten).

4.2 Zentrale Muster mittelalterlichen Erzählens

Die zweite Variante ist ein Sichtverbot, wie es sich etwa im ‚Partonopier', im ‚Friedrich von Schwaben' oder in der ‚Melusine' findet. Der Held darf die Geliebte für eine bestimmte Frist oder zu bestimmten Zeiten nicht (an)sehen. Auch hier geht es wieder darum, daß die Bedingungen der Heimlichkeit narrativ ausspekuliert werden. Meliur, Partonopiers zunächst unsichtbar bleibende Geliebte, möchte den Helden schlicht vor der Öffentlichkeit ihres Hofes verbergen, womit sie allerdings das Problem erzeugt, daß ihre eigene Unsichtbarkeit schließlich den Verdacht generiert, sie sei ein Dämon. Der Text thematisiert immer wieder ein Zuviel oder ein Zuwenig an visuellen Orientierungen, im Blick auf die Frage, woran man sich im sozialen Feld orientieren solle. Im ‚Friedrich von Schwaben' darf der Held die tags in einen Hirsch verzauberte Königstochter Angelburg nachts weder sehen noch berühren. Hier wird das sexuelle Begehren vom Körper auf den Blick verschoben. Wie in der ‚Melusine' soll die Dame durch das Einhalten der Bedingung von einem zauberischen Fluch erlöst werden.

Singulär ist die Bedingung der Dame im ‚Ritter von Staufenberg': Der Held darf alles, sogar mit anderen Frauen schlafen, nur darf er, wenn er nicht binnen drei Tagen sterben will, keine andere heiraten (der Text pocht so darauf, daß die Feenliebe als Übersteigerung höfischer Liebe nur außerhalb der Ehe stattfinden kann, während die meisten anderen Texte in der Suche nach ‚höfischen Kompromissen' [MÜLLER 2007a] darauf hinerzählt sind, die gesellschaftsabgewandte Feenliebe letztlich als Ehe in die höfische Gesellschaft zu integrieren).

Der mittelalterliche Typus weicht insgesamt deutlich vom Märchen ab. PANZER schreibt: „Der z u s t a n d d e r e l b i n wird übereinstimmend in beinahe allen fassungen als ein zustand der verzauberung oder verwünschung aufgefaßt, aus dem der held sie erlöst. [...] Am öftesten ist die elbin in eine tiergestalt verzaubert" (S. LXXV). Genau das ist mit Ausnahme des ‚Friedrich von Schwaben' und der ‚Melusine' in den mittelalterlichen Fassungen nicht der Fall. In den Märchen wird aus der ehedem mythischen Tiermensch-Partnerin eine lediglich verzauberte Frau, mit dem Resultat, daß Mann und Frau im folgenden gewissermaßen ein ‚Geschäft' auf Gegenseitigkeit machen: Liebe gegen „e r l ö s u n g" (S. LXXVI), und die Mühen, die mit der Erlösung verbunden sind, stehen in den Mahrtenehenmärchen als Funktionen der ‚Grenze' gewissermaßen an derjenigen Systemstelle, die SIMON für die mittelalterlichen Texte als ‚Initiationsproben' bezeichnet hat. Mit diesen ‚Initiationsproben' wird jedoch nur die Tugend des Helden angezeigt; die Dame selbst ist nicht darauf angewiesen. In PANZERS Märchen folgt „[d]er erlösung [...] überall sogleich die v e r l o b u n g oder vermählung des helden mit der mahrte. Und zwar trägt sich diese zumeist selbst als gattin an, ja sie erklärt wohl, schon lange auf den ankömmling gewartet zu haben [...], ihn schon lange zu lieben" (S. LXXVI f.). Diesen unmittelbaren Konnex, der den ‚Handel' deutlich macht, gibt es in den mittelalterlichen Texten nicht. Der Held hat die Dame nicht erlöst, sondern sich ihre Liebe durch seine Tugenden ‚verdient'. Deshalb liebt sie ihn auch schon lange.

Wenn in den meisten mittelalterlichen Bearbeitungen die Frau nicht erlösungsbedürftig ist, sorgt das für ein massives Ungleichgewicht in der

Hierarchie zwischen Mann und Frau. Die Frau ist, wie schon mehrfach festgehalten, dem Mann absolut überlegen (anders als in der Brautwerbungsepik und im Aventiureroman; von daher ist auch SIMONS Rede vom ‚Aushandeln eines Kommunikationskontrakts' mißverständlich, denn der Held hat hier nichts zu bestimmen: die Bedingungen werden allein von der Dame festgelegt; so differenziert denn auch SIMON 1990, S. 45, selbst). Dennoch sind sie als Merkmalsgleiche füreinander geschaffen, auch in dem Sinn, daß beide als Mittlerfiguren zwischen dem höfischen ‚Diesseits' und dem ‚Jenseits' höfischer Transzendenz fungieren: der Held als derjenige, der die Grenze überschreiten darf, weil er dem ‚Jenseits' bereits vorab verbunden ist, und die Fee als diejenige, die über den Helden den Kontakt zum höfischen ‚Diesseits' sucht.

PANZER weist noch auf Einflüsse aus dem „Dornröschentypus" hin, was mitunter zur Folge hat, daß „die elbin sich in einem zustande der erstarrung befinde[t]" (S. LXXVI). Das ist in den mittelalterlichen Texten nicht der Fall. Derart massive Anklänge an das Totenreich werden vermieden. Anklänge an keltische Jenseitsvorstellungen zeigen sich allenfalls darin, daß das Feenreich oft nicht dem Wandel der Jahreszeiten unterworfen zu sein scheint, indem Frucht und Blüte zugleich stattfinden, in einem nie enden wollenden Frühsommer. Es handelt sich dann um ‚angehaltene', ‚aufgehobene', ‚mythische Zeit' (vgl. unten, Kap. 5.2).

Der „a u f e n t h a l t s o r t   d e r   e l b i n" ist mit PANZER „ein feenland [...], jenseits der menschenwelt gelegen" (S. LXXV), d. h. es liegt jenseits des normal-menschlichen und zugänglichen Bereichs. Häufig handelt es sich um einen Berg, das Feenschloß ist von besonderer Pracht (ebd.).

Ich habe die Begriffe des ‚Diesseits' und des ‚Jenseits' bislang in kalkulierter Unbestimmtheit gebraucht, weil es mir dabei auf die Basisstrukturen der ‚gestörten Mahrtenehe' angekommen ist. Man könnte es mir als Hilflosigkeit auslegen, daß ich nicht zu eindeutigeren Aussagen komme, aber das Problem liegt in der Sache selbst. Die einzelnen Texte halten den Status der Dame kalkuliert im Unbestimmten – ist sie nun tatsächlich eine Fee (dann aber eine gut christliche), oder ist sie eine höfische Dame, die ‚nur' schöner, reicher und mächtiger ist als alle anderen? ‚Irgendwie' ist sie beides zugleich, wobei die synchrone Ambivalenz, den mittelalterlichen Darstellungskonventionen gemäß, narrativ zumeist in ein Nacheinander übersetzt wird. Das erlaubt es auch, die potentiell dämonische Seite der Fee zu ‚bewältigen', vor allem, indem sie auf andere Wesen in ihrer Nähe abgespalten, besiegt bzw. überwunden und erzählerisch zurückgelassen wird (SCHULZ 2004). Zuletzt ist die Fee beinahe immer eine höfische Dame ohne zusätzliche Macht, und ihr Reich, das ‚irgendwie' gleichermaßen irdisch wie jenseitig erschienen ist, gliedert sich wie von selbst dem höfischen ‚Diesseits' ein. Man kann das daran erkennen, daß die Grenzen, die zuvor nur unter größten Mühen überschreitbar waren, nun für jedermann offenstehen. Die Texte unterscheiden sich in dieser Bewältigung ausgesprochen stark, in ihrer ‚Arbeit am Mythos' (HANS BLUMENBERG). Davon soll unten unter dem Stichwort ‚Spaltungsphantasmen' noch genauer die Rede sein (Kap. 4.2.2.6).

4.2 Zentrale Muster mittelalterlichen Erzählens

Das ‚Zaubergeschenk', das SIMON erwähnt, besteht etwa in einem Ring, mit dem sich der Held die Geliebte jederzeit herbeiwünschen kann (PANZER 1902, S. LXXVII); struktureller Ort im Handlungssyntagma ist zumeist die erste Trennung des Paares, nach der der Held zeitweilig in die gewöhnliche Welt zurückkehrt. Statt eines Zaubergeschenks kann es sich auch um Reichtümer handeln, die es dem Helden erlauben, im ‚Diesseits' der höfischen Welt seinen sozialen Status entscheidend zu verbessern.

4) „<F4> Nach einer kurzen, konfliktlosen Zeit verstößt der Held gegen den Kommunikationskontrakt" (SIMON 1990, S. 38). Dies setzt zumeist die „t r e n n u n g" des Paares voraus. Der Held verläßt die Dame, entweder weil er, „von sehnsucht nach den seinen ergriffen, diese vor der vermählung oder nach einigen jahren glücklicher ehe nochmals zu sehen begehrt", oder aber „die gattin [bewirkt] die trennung", indem sie vor der Ehe noch um einen Aufschub bittet. Bei der Trennung „wird ein V e r b o t ihm eingeschärft": „er soll die geliebte nicht erwähnen und keiner anderen liebe schwören […], ihren namen nicht nennen" und anderes mehr, will er nicht ihre Liebe auf ewig oder gar sein eigenes Leben verlieren. „Der gatte v e r l e t z t nun, in die menschenwelt zurückgekehrt, d a s v e r b o t" (PANZER 1902, S. LXXVII f.).

Die Rückkehr in die Menschenwelt wird auch in den mittelalterlichen Erzählungen ähnlich motiviert: Der Held will die eigene Sippe sehen. Das kann auch damit verbunden sein, daß ihm die Dame eröffnet, daß er ganz gut daran täte, seine Erblande von Feinden zu befreien (‚Partonopier'; hier hat man schon zuvor erfahren, daß der Held zuerst Ritter werden soll, bevor er außerhalb der heimlichen erotischen Beziehung von der Dame als ehewürdig angesehen werden kann). Das magische Verbot wird allerdings, wie gesagt, zumeist im Sinne einer Minnekasuistik umbesetzt.

Wo es in den mittelalterlichen Geschichten nicht um ein Erwähnungs-, sondern um ein Wahrnehmungsverbot geht, steckt dahinter die mythische Vorstellung, daß es dem Sterblichen nicht möglich sein soll, das nichtmenschliche Wesen in seiner wahren Gestalt anzusehen (‚Partonopier', ‚Friedrich von Schwaben', ‚Melusine'). In Mythen nicht-christlicher Kulturen ist der Mensch diesem Anblick nicht oder kaum gewachsen. Für das christliche Mittelalter bedeutet diese Frage natürlich: Handelt es sich um einen Dämon oder nicht? Gewöhnlich wird die Frage negiert (aber nicht notwendigerweise, wie das Beispiel der ‚Melusine' zeigt; vgl. dazu unten zu den ‚Spaltungsphantasmen', Kap. 4.2.2.6).

Wenn ich PANZERS Ausführungen richtig verstehe, übertritt der Märchenheld das Verbot vor allem aus Dummheit und Prahlerei (S. LXXVIII). Mittelalterliche Mahrtenehengeschichten kennen allenfalls den Leichtsinn des jungen Ritters, ansonsten aber wird der Held im ‚Diesseits' der höfischen Welt zumeist massiv unter Druck gesetzt, und er wird förmlich dazu gezwungen, um seiner weltlichen Ehre oder um seines christlichen Seelenheils willen das

Gesetz der Fee zu brechen. Dazu tragen Instanzen bei, die eigentlich positiv besetzt sein sollten: Königin Ginover (‚Lanval'); die Mutter des Helden, der König selbst und ein Bischof (‚Partonopier'); ein vermeintlicher Arzt (‚Friedrich von Schwaben'); der Bruder des Helden (‚Melusine'); die ganze Sippe des Helden, der Klerus und der Kaiser (‚Der Ritter von Staufenberg'). Damit werden die Ansprüche der (zumeist heimlichen) Feenliebe und diejenigen der Gesellschaft gegeneinander in Stellung gebracht. Der Held muß sein Glück den gesellschaftlichen Ansprüchen opfern, wenigstens zunächst. Die meisten Texte bemühen sich, wie mehrfach angedeutet, um einen Kompromiß.

5) „<F5> Der Held wird aus dem Feenreich verstoßen" (SIMON 1990, S. 39). Die Sanktion folgt also auf dem Fuße; die Grenzüberschreitung ist fürs erste gescheitert. Wenn der Held gegen das Erwähnungsverbot verstoßen hat, was er nur außerhalb des Feenreichs kann, „**e r - s c h e i n t d i e g a t t i n** entweder sofort und ohne weiteres oder er selbst wünscht sie sogleich herbei oder er muss sie auf das drängen seiner umgebung herbeiwünschen [...], um die wahrheit seiner behauptung zu beweisen. [...] Die gewünschte stellt sich sofort ein, aber nur um sich für immer von dem ungehorsamen zu trennen, nachdem sie die wahrheit seiner voreiligen behauptung erwiesen hat" (PANZER 1902, S. LXXVIII). Die Behauptung besteht in den mittelalterlichen Geschichten vor allem darin, daß die Geliebte des Helden von unübertroffener Schönheit ist, was vor allem in der direkten Konkurrenz mit Damen der ‚gewöhnlichen Welt' erwiesen werden muß (Agon!).

Hieran zeigt sich, daß das Heimliche immer auch einen gesellschaftlichen Wert haben könnte, wenn es denn gelänge, die heimliche Beziehung in das ‚Diesseits' der gewöhnlichen Welt zu integrieren. Eine Geschichte wie der ‚Partonopier' Konrads von Würzburg, in der dem Helden ein Sichtverbot gesetzt ist, erzählt diese Facette zusätzlich mit, obwohl der Verstoß des Helden vor allem der Frage danach galt, ob seine Geliebte eine Frau oder ein Dämon sei. Als Reaktion auf den Schein von Partonopiers Zauberlaterne erscheint Meliur als ‚Engel', diaphan, von einer strahlenden Schönheit, die der Blick des Betrachters gar nicht mehr ertragen kann: Schönheit aber ist keine rein ästhetische oder rein erotische, sondern vor allem eine soziale Qualität. Ebenso nehmen die Damen des Hofes, die sich nun in Meliurs Kemenate versammeln, die Schönheit des illegitimen und noch zu jungen Liebhabers wahr, so daß der Zorn auf die vorehelichen Eskapaden der Kaiserin Meliur bald großem Verständnis weicht. Stellvertretend für diesen Sinneswandel der Gesellschaft erscheint nun Meliurs Schwester Irekel und versucht, die junge Herrscherin dazu zu bewegen, den Helden nicht zu verstoßen, doch vergebens.

Merkwürdig unbestimmt erscheint in vielen Texten der Verbotsmechanismus: Ist er allein der Willkür der Dame geschuldet, so daß sie ihn nach Belieben ändern kann, oder handelt es sich um ein magisches Tabu? Im ‚Partonopier' wird der Held in einem ersten Anlauf von seiner Mutter dazu genötigt, auszuplaudern, daß er eine unsichtbare Geliebte habe; das aber kann Meliur ihm noch mühelos verzeihen, weil das Sichtverbot, das an ihrem eigenen Hof Heimlichkeit garantiert, davon nicht betroffen ist. Als jedoch dann im zweiten Anlauf auch gegen das Sichtverbot verstoßen wird, geschieht etwas Merkwürdiges: Nachdem das Tabu verletzt worden ist, verfügt Meliur nicht mehr über ihre Zauberkräfte, obwohl sie sich diese aus Büchern angelesen hatte. Das Öffentlichwerden der heimlichen Liebesbeziehung kratzt massiv an ihrer êre, und deshalb verstößt sie den Helden. Jedoch spielt ihre zerstörte êre sehr bald keine Rolle mehr, als ein Turnier um ihre Hand ausgeschrieben wird, an dem die edelsten Herrscher aus dem Okzident und aus dem Orient teilnehmen. In diesem Text werden ‚Magisches' und ‚Soziales' immer wieder ineinander übersetzt: Heimlichkeit als Zauber, Ansehensverlust als Verlust von Zauberkraft, die Verstoßung des Helden als Reaktion auf den Ehrverlust, den seine Verbotsüberschreitung für die junge Kaiserin mit sich brachte. Dennoch geht dieses Changieren nicht völlig glatt auf.

In der stark mythisierenden ‚Melusine', die gewissermaßen den Gegenpol zur ‚rationalisierenden' Partonopier-Erzählung Konrads von Würzburg markiert, finden sich zunächst ähnliche Verfahren zur ‚Entautomatisierung' des Verbots. Angeheizt von den ehrabschneidenden Reden seines Bruders, Melusine treibe samstags im Badehaus Ehebruch oder Zauberei, beobachtet Reymund seine Frau. Abends im Bett wartet er ängstlich auf sie, denn er fürchtet, sie deshalb verloren zu haben. Sie aber legt sich zu ihm und beruhigt ihn völlig. In der Beziehung selbst geschieht nichts, doch verfolgt Reymund im Zorn den Bruder aufs Schloßdach, von wo aus dieser in den Tod stürzt. Noch immer prosperieren Eheglück und Macht derer von Lusignan, bis Melusines Sohn Geffroy ebenfalls im Zorn das Kloster, in dem sich sein Bruder Freymund befindet, mit Mann und Maus niederbrennt. Als Reymund dies erfährt, beschimpft er seine Frau als Schlange – was eigentlich ein uralter misogyner Topos ist, hier aber fatale Folgen hat: Melusine muß nun aus Reymunds Leben verschwinden; ihre Erlösung ist gescheitert. Der Verbotsbruch wird erst wirksam, wenn sein Ergebnis in der Öffentlichkeit ausgebreitet wird. Erst dann greift die magische Mechanik, aber mit umso größerer Konsequenz. Denn es wäre auch eine Szene denkbar, in der die Öffentlichkeit des Hofes die Beschimpfung als Schlange nicht als Beschreibung des ‚wahren Wesens' der Herrin von Lusignan begreift, sondern als ‚uneigentliche' Rede eines aufgebrachten Ehemanns. Hier wird nicht der Mann aus dem Feenreich verstoßen, sondern die Frau verstößt sich selbst – und so wird das ‚Jenseits' endgültig zum ‚Diesseits'. Nur wenn dem Haus Lusignan ein besonderes Ereignis bevorsteht, erscheint Melusines Geist in den Lüften.

Nur ausnahmsweise ist nach dem Verbotsbruch die Geschichte beendet: Im ‚Ritter von Staufenberg' stirbt Peterman, nachdem er sich unter dem Druck seiner Familie, der Priester und des Kaisers mit einer anderen verheiratet hat. In der ‚Melusine' erfährt man dann noch den Grund für die Verzauberung der Heldin und das Schicksal ihrer Schwestern. Während das Geschlecht derer von Lusignan in seinem ‚Zentrum' nach wie vor floriert, auch und besonders nach dem Verschwinden der ‚Urmutter', zeigen sich in seiner ‚Peripherie' immer noch Auswirkungen des Fluchs, mit dem Melusines Mutter ihre Töchter

,begabt' hat. Die meisten Mahrtenehengeschichten versuchen die Zumutungen des Mythischen letztlich zu bewältigen, indem sie sie zuletzt aus ihrem Zentrum ‚herauserzählen', und sie versuchen einen narrativen Kompromiß zwischen dem prekären Potential der heimlichen Liebe und den Anforderungen der Gesellschaft zu finden.

6) „<F6> Der Held erleidet eine schwere, todesähnliche Krise" (SIMON 1990, S. 39). SIMON versteht dies als eine spezifisch mittelalterliche Zutat, von der in den Märchenfassungen PANZERs nicht die Rede ist. (Der schreibt: „Der held lässt sich nicht abschrecken und macht sich sofort auf, d i e v e r l o r e n e i n i h r e m l a n d e z u s u c h e n. Lange irrt er umsonst durch die welt, bis es ihm gelingt, die unterstützung überirdischer gewalten für sein unternehmen zu finden", S. LXXIX.)

Zu tun hat diese Krise zum einen mit der emphatischen Liebessemantik des *amour courtois*, nach der der männliche Liebende auf Gedeih und Verderb von der Gunst seiner Minneherrin abhängig ist, zum anderen mit dem Einfluß des arthurischen Romans, dessen ‚klassische' Form den ersten und den zweiten Handlungszyklus dadurch trennt, daß der Held aufgrund eigener Schuld eine ‚schwere, todesähnliche Krise' durchmessen muß. Die Ritterhelden haben hier also, sofern diese Krise auch narrativ realisiert wird (das wird sie nicht immer), nichts von der zupackenden Unbekümmertheit der Märchenhelden. Was für uns heute ein psychisches Problem wäre – das Ende einer Liebesbeziehung –, stellen die mittelalterlichen Texte als ein somatisches Problem vor. Wieder geht es nicht um Psyche, sondern um Physis. Am auffälligsten ist diese Krise im ‚Partonopier' modelliert, wo sich deutliche Bezüge zum ‚Yvain/Iwein' ausmachen lassen: Der Held zieht sich zunächst aus der Welt zurück, verweigert jede Nahrung außer Wasser und Brot, läßt sich äußerlich völlig verkommen und flüchtet sich zuletzt in einen Wald, wo er in einem hohlen Baum lebt, sich nur noch von Kräutern ernährt und wie ein Tier auf allen vieren kriecht. Der Ritter von Staufenberg wird augenblicklich aufs Kranken- und dann tatsächlich schon aufs Sterbelager geworfen. Gauriel von Muntabel wird von seiner Fee in einen derart häßlichen Gnom verwandelt, daß er für keine Frau auf der Welt noch als Partner vorstellbar ist (das ist gewissermaßen der soziale Tod des früheren Schönlings).

7) „<F7> Der Held erholt sich, meist durch Hilfe der Fee oder ihrer Botinnen" (SIMON 1990, S. 39). Diese Funktion hat in PANZERs Märchen keine Entsprechung.

SIMONs Rede von der „Hilfe der Fee oder ihrer Botinnen" ist wiederum mißverständlich. An anderer Stelle spricht er in strukturalistischer Terminologie davon, daß die *„Aktantenstruktur des Feenmärchens* […] hauptsächlich in zwei Instanzen [besteht]: dem männlichen Helden und der Fee mitsamt ihres Kommunikationspersonals"* (hinzu kommen noch die „Aktanten der normalen Welt mit ihren ideologischen Ansprüchen"). Die Fee selbst ziehe es vor,

„zumindest in den Momenten, wo der Kontrakt mit dem Ritter nicht eindeutig definiert ist, [...] nicht selbst aufzutreten" (SIMON 1990, S. 45 f). Das suggeriert eine Absicht der Fee: nämlich die fast augenblickliche Zurücknahme der Verstoßung des Helden. Davon kann aber nicht die Rede sein. Es geht vielmehr um die Beschreibung einer Struktur; die Helferfiguren, die den Helden nun wieder auf die Beine und in die Nähe der Fee bringen, sind zumeist auf eine metonymische Weise mit ihr verbunden: Frauen aus ihrem Gefolge, weibliche Verwandtschaft, Wesen aus ihrem Bereich, merkmalsähnliche Gestalten (etwa mit der gleichen Affinität zum Wasser, wie sie typisch für keltische Feen ist). Insofern sind sie im Sinne der *Aktantentheorie* als narrative ‚Abspaltungen' der Fee zu verstehen (vgl. dazu unten zu den ‚Spaltungsphantasmen', Kap. 4.2.2.6). Betrachtet man sie als *Figuren*, verhält sich die Sache freilich komplizierter. Etwa macht sich Meliurs Schwester Irekel auf eigene Faust auf, Partonopier wiederzufinden – und entdeckt den völlig verwilderten Helden schließlich im Wald. Sie gaukelt ihm vor, Meliur habe ihm verziehen, und fälscht sogar entsprechende Briefe, um Partonopier wieder aufzupäppeln. Parallel dazu bearbeitet sie ihre Schwester so lange mit seelischer Folter, bis Meliur sich einzugestehen bereit ist, daß sie Partonopier immer noch liebt. Das ‚Kommunikationspersonal' der ‚Fee' kann auch handeln, ohne daß die Fee davon weiß oder sogar gegen ihren ausdrücklichen Willen. Ich würde die metonymische Verbindung zur Fee anders als die etwas mißverständliche Rede SIMONS nicht als Ausdruck einer Kausalität oder einer davon abhängigen Instrumentalität verstehen (nämlich daß die Fee durch ihr ‚Kommunikationspersonal' *handeln will*), sondern als Ausdruck einer Finalität: der Kontakt zu denjenigen, die wiederum mit der Fee verbunden sind, zeigt die Richtung des Geschehens an – hin zu einer Wiederbegegnung.

In manchen Fällen sind die Figuren, die die Wiederannäherung ermöglichen, sogar dem religiösen Bereich zugeordnet. In der ‚Königin vom Brennenden See' begegnet der Held Hans zunächst einer Reihe von Einsiedlern, die ihm den Weg zum ‚Brennenden See' weisen, bevor der Held auf zwei zunächst bedrohlich erscheinende Schwellenwächter trifft, einen Greifen und einen Riesen, die sich beide aber als gleichermaßen harmlos herausstellen. Damit wird angezeigt, daß die Handlung unter besonderem göttlichem Schutz steht (und, nebenbei, daß die Dame natürlich keinesfalls eine Dämonin sein kann, wenn die Wiederannäherung sich der Lenkung durch geistliche Instanzen bedient).

8) „<F8> Der Held versucht, die Gunst der Fee wieder zu gewinnen" (SIMON 1990, S. 39). Das bedeutet, er macht sich auf die Suche nach der Verschwundenen oder nach ihrem Reich.

In PANZERS Märchenkorpus braucht der Held hierzu „die unterstützung überirdischer gewalten" bzw. „ü b e r m e n s c h l i c h e [r] w e s e n" (S. LXXIX). Mittelalterliche Erzählungen sind nun weniger von einer Semantik des Zaubers als von einer Semantik des Gesellschaftlichen geprägt. Die Helfer, die in der ganzen Sequenz <F6> – <F8> immer wieder eine Rolle spielen, sind metonymisch mit der Dame verbunden, repräsentieren religiöse oder hochrangige gesellschaftliche Instanzen.

Die Suche nach der Dame bzw. die Wiederannäherung an ihr Reich wird in den mittelalterlichen Erzählungen oftmals als eine Aventiurekette ausgestaltet, zumal wenn die Geschichte romanhaften Umfang annimmt. Dabei hat der Held die Gelegenheit, sich die Hilfe, die ihm zuteil wird, vorab zu verdienen oder nachträglich zu vergelten. Es geht dabei also um *triuwe* (,Loyalität') als Basis einer Gesellschaft, in der das menschliche Zusammenleben noch kaum durch staatliche Strukturen geregelt ist. Indem der Held sich in solchen Abenteuern als *getriuwe* und als Beschützer von Frauen und anderen Schutzlosen erweist, tilgt er gewissermaßen kompensatorisch die Schuld gegenüber der feenhaften Dame, die sich gerade in einem Mangel an unbedingter *triuwe* gezeigt hat.

Der Held erreicht die Fee bzw. ihr Reich nicht selten in einem prekären Moment: dann nämlich, als „seine g a t t i n [...] g e r a d e e i n e n a n d e r n h e i r a t e n" will bzw. muß (PANZER 1902, S. LXXIX).

Dieses Problem wird in den mittelalterlichen Erzählungen zumeist durch einen Zweikampf gelöst. In diesem Zusammenhang muß der Held sich der Dame zu erkennen geben bzw. von ihr erkannt werden. Nachdem Identität im Mittelalter sehr stark an äußere Zuschreibungen gebunden ist (vgl. Kap. 2.3.5.1), muß die Dame die Identität des Helden wiederherstellen, indem sie sie in einem Akt des Erkennens bestätigt.

9) „<F9> Der Held wird schließlich wieder von der Fee aufgenommen; es folgt die Festlegung des endgültigen Zustands" (SIMON 1990, S. 39). Während PANZERS Märchen zumeist damit enden, daß der Held ins Feenland übergeht und dort bleibt, ist das Ende der mittelalterlichen Texte übergreifend nicht so deutlich zu beschreiben. Hierzu SIMON: „Da das Schema des Feenmärchens das der *Vermittlung zweier Welten* ist, ist es die Schemainterpretation des je einzelnen Textes, ob Fee und Held sich glücklich im Diesseits oder im Jenseits vereinigen, ob sie zwischen beiden Reichen hin und her schwanken, oder ob sie unglücklich an der Unvermittelbarkeit ihrer Welten scheitern" (S. 40).

Zu ergänzen wäre freilich, daß, wie bereits mehrfach angedeutet, die Weltaufteilung in ein ‚Diesseits' und ein ‚Jenseits' im Verlauf der mittelalterlichen Erzählungen zumeist nicht stabil bleibt, indem das ‚Jenseits' mitsamt der dann zur höfischen Dame depotenzierten ‚Fee' dem höfischen ‚Diesseits' eingegliedert wird. Anschließen können sich genealogische Nachgeschichten, es können jedoch auch unabgeschlossene Handlungsstränge, die nicht zum Kernbereich der ‚Mahrtenehe' gehören, thematisiert werden (im ‚Partonopier' etwa das Problem der Geltung höfischer Wahrnehmung und die Heidenkampf-Problematik).

Das Schema selbst prägt zumeist relativ kurze Texte. Wo es auf Romanlänge ausgedehnt wird – etwa in Konrads von Würzburg ‚Partonopier' –, erscheint es zumeist mit anderen Motiven und Strukturen vermengt, bevorzugt mit solchen des Minne- und Aventiureromans, aber auch des

Artusromans (‚Gauriel von Muntabel') oder der Chanson de geste (‚Partonopier').

Im Anschluß versuche ich zu zeigen, wie man das Schema mitsamt seinen mythischen Implikationen als Interpretationswerkzeug nutzbar machen kann. Auch hier offenbart sich wieder ein ‚Erzählen als Agon': Zum einen stehen die Feen und die feenhaften Damen für eine Art höfischer Transzendenz. Sie sind zunächst grundsätzlich unverfügbar, können aber durch die Liebe dazu gebracht werden, im ‚Diesseits' zu leben und es mit ihrer Schönheit zu durchdringen. Ihre Segnungen und Gaben erreichen die gewöhnliche höfische Welt stets unverhofft (aber nie unverdient). Sie spenden individuelles Liebesglück, das frei von den Zumutungen arrangierter Heiraten ist, sie spenden Reichtum, luxuriöse Gegenstände, magische Apparaturen, wundersame Heilmittel und insgesamt höfische *vreude*; ihr Schoß ist der Ursprung gewaltiger Dynastien. Das ist die Sicht der Adelskultur. Zum anderen, aus christlicher Sicht, sind sie Dämonen, Unterteufel zweiter Klasse, die junge Männer täuschen und verblenden und sie sich durch eine sozial nicht kontrollierte Sexualität gefügig machen. Mythische Ambivalenz könnte Auszeichnung sein; in Klerikerperspektive wird sie vereindeutigt zur Negativität. Diese Klerikersicht kann von der Adelskultur letztlich nicht völlig ignoriert werden. Das führt zu höchst unterschiedlichen narrativen Kompromissen, zu höchst unterschiedlichen Wegen, die strukturelle und kulturelle Ambivalenz der Fee zu bewältigen. Das erste Beispiel entstammt der altfranzösischen Literatur und gehört zu den ältesten greifbaren Adaptationen des mittelalterlichen Erzählmodells; im Anschluß folgen dann spätmittelalterliche deutschsprachige Texte.

DUERR 1984. – KELLNER 2001. – MÜLLER 2007a. – PANZER 1902. – RÖHRICH 1999. – SCHULZ 2000b. – SCHULZ 2004. – SIMON 1990. – WAWER 2000. – WOLFZETTEL 1984.

4.2.2.5 Mythisches Schema und mythologisches Spiel: Maries de France ‚Lanval'

Hochliterarisch greifbar wird das Erzählprogramm der ‚gestörten Mahrtenehe' erstmals in der zweiten Hälfte des 12. Jahrhunderts, in den Lais der Marie de France. Die Art ihrer Adaptation läßt darauf schließen, daß der Geschichtentypus selbst bereits bekannt war; Bereiche des Mythischen sind in den Lais zwar vorhanden, aber sie erscheinen bereits stark depotenziert. Auffälligerweise ist selbst dort, wo die weibliche Figur deutlichen Feencharakter hat, keinerlei Bemühen zu erkennen, sie gegen einen möglichen Dämonieverdacht in Schutz zu nehmen. Die Figur aus der Anderswelt ist reine Verheißung, und niemand denkt daran, in ihr ein teuflisches Trugbild zu sehen.

Obwohl er Königssohn und Vasall des Artus ist, gehört Lanval zu den Zukurzgekommenen: Anders als die anderen der Tafelrunde wird er nicht mit einer Ehefrau und einem Reich bedacht. Man beneidet ihn um seine Schönheit und Tapferkeit, aber er ist dennoch nicht in das Leben des Hofs integriert. Lanval ist materiell am Ende, da er, fern seiner Heimat, sein ganzes fahrendes Gut vergeudet hat und von Artus nichts fordert. Als er eines Tages ausreitet und sich auf eine Wiese bei einem Wasserlauf zum Ausruhen hinlegt, kommen zwei schöne Damen auf ihn zu und fordern ihn auf, zu ihrer Gebieterin mitzukommen, deren Zelt ganz in der Nähe aufgestellt ist. Lanval muß also nicht, wie in vielen Mahrtenehengeschichten üblich, eine Grenze in die Anderswelt überschreiten – die Anderswelt kommt sozusagen zu ihm; allenfalls liefert der Flußlauf einen Hinweis auf die Anderswelt, denn sehr oft hat die ‚Fee' (die hier aber nicht explizit als solche benannt wird) eine auffällige Verbindung zum Wasser.

Die Dame liegt, nur in ihrem Hemd bekleidet und einen mit Hermelin gefütterten Purpurmantel übergeworfen, verführerisch auf ihrem Bett und eröffnet Lanval, daß sie ihn liebe und seinetwegen von weit her gekommen sei. Wenn er edel und höfisch sei, werde er so viel Glück haben, wie es noch nie einem König oder Kaiser zugekommen sei. Die erotische Initiative geht von der Frau aus, die vorab alles über den Helden weiß. Beides – abweichendes erotisches Rollenverhalten und überlegenes Wissen – sind typische Merkmale einer Fee. Lanval ist augenblicklich in die Dame verliebt und verspricht ihr, alles zu tun, was sie gebiete, ja sogar, um ihretwillen alle Menschen zu verlassen, womit die potentielle Gesellschaftsferne der Feenliebe bereits deutlich markiert ist. Danach schlafen die beiden miteinander. Sie verspricht ihm: Was immer er (materiell) begehre, werde er erhalten, unter einer einzigen Bedingung: *Ne vus descovrez a nul humme!* (‚Entdeckt Euch keinem Menschen!', V. 145.) Denn er würde ihre Liebe verlieren, *Si ceste amur esteit seüe* (‚wenn diese Liebe bekannt wäre', V. 148). Er würde sie nie wieder sehen und ihren Körper besitzen können. Sie setzt ihm also ein Erwähnungsverbot, das hier nicht weiter begründet wird. Es handelt sich dabei aber dennoch nicht mehr um ein mythisch-magisches *factum brutum*, sondern, wie sich noch zeigen wird, um dessen Funktionalisierung und Umcodierung im Rahmen einer höfischen Minnekasuistik: Später, nachdem Lanval gegen das Verbot verstoßen hat, wird die Fee ihre eigene Regel gleich zweifach brechen und sich dem Helden wie dem Hof zeigen und, nachdem sie zunächst weggeritten, Lanval mit sich nach Avalon nehmen. Daß der magische Mechanismus außer Kraft gesetzt wird, zeigt, daß es hier nur um die quasi-mythische Überhöhung der heimlichen, außergewöhnlichen Liebe geht, die der korrupten Liebespraxis der höfischen Gesellschaft gegenübergestellt wird. Mythisierte Liebe suspendiert mythische Logik.

Doch zurück zur Geschichte: Nach weiteren Liebesfreuden schickt die Dame Lanval weg, kündigt ihm aber an, er könne sie jederzeit zu sich wünschen, und sie werde ihm zu Willen sein, und niemand außer ihm werde sie sehen und hören können. Liebe etabliert einen abgegrenzten Bereich, der für die Wahrnehmung des Hofes nicht zugänglich ist. Nach seiner Neueinkleidung durch die Dame (ein typisches Motiv) und dem Abendessen reitet der Held in die Stadt zurück. Auf dem Heimweg wagt er kaum zu glauben, was er erlebt hat. Abends und in der Folge hält er reiche Tafel in seinem Haus, alle werden eingeladen, Gefangene freigekauft, Spielleute beschenkt, und niemandem sagt er, woher sein Reichtum kommt. Inzwischen bereuen Walwain (= Gauvain/Gawein) und Yvain, daß sie Lanval früher ausgeschlossen haben, und bringen ihn zum Hof. Die Königin wird auf ihn aufmerksam. Sie führt den Rittern im Garten 30 Jungfrauen entgegen. Lanval versucht sich zu separieren, damit er sich seine Geliebte herbeiwünschen kann. Doch die Königin geht auf ihn zu. Sie bietet ihm ihre Liebe an; angeblich habe sie ihn schon lange geliebt. Er lehnt ab, mit Hinweis auf seine Dienste für den König. Es kommt also zur unerwünschten Wiederholung der Liebesverheißung; daß die Königin den Ehebruch in Kauf nimmt und Lanval ihr Angebot ablehnt, zeigt die Höherwertigkeit der Feenliebe im Vergleich zur korrupten Liebespraxis des Hofes.[28]

Daraufhin wirft die Königin Lanval Homosexualität vor, eine Provokation erster Güte. Der Held antwortet sofort und sagt, daß er eine Dame liebe, deren armseligste Magd schöner, gütiger, gebildeter und wertvoller als die Königin sei. Weinend zieht die Königin ab und sinnt auf Rache. Sie erzählt dem König, daß Lanval sie bedrängt habe; als sie ihn abgewiesen habe, habe er sich einer Geliebten gerühmt, deren niedrigste Kammerfrau mehr wert sei als sie, die Königin. Der König ist erbost und schwört, Lanval aufhängen und verbrennen zu lassen, wenn es ihm nicht gelinge, sich vor dem Hofgericht zu rechtfertigen. Er schickt drei Barone

---

28 Die negative Zeichnung der Königin überrascht, wenn man die deutschsprachige Artusliteratur kennt. In Kap. 2.3.4.1 wurde allerdings zu zeigen versucht, daß Ginover eine grundlegende Paradoxie verkörpert: Liebe außerhalb und Liebe in der Ehe (vgl. auch SCHULZ 2010b). Zudem ist im französischsprachigen Raum die Lancelot-Ehebruchsgeschichte weiter verbreitet gewesen als im deutschsprachigen.

nach Lanval. Dieser hat inzwischen schon bemerkt, daß er einen verhängnisvollen Fehler gemacht hat, da er sich seine Geliebte nicht mehr herbeiwünschen kann. Er ruft vergeblich nach ihr, weint, seufzt und wird krank. Lanval wird vor den König gebracht und mit der Anklage konfrontiert, die er Wort für Wort bestreitet. Nur zu der Liebe, deren er sich gerühmt hat, bekennt er sich. Ihm wird ein Termin gesetzt; zunächst hat er keine Bürgen, aber schließlich stehen Walwain und die Ritter mit ihren Ländereien für ihn ein. Der ganze Hof – mit Ausnahme der edlen Ritter um Walwain – wird als extrem intrigant gezeichnet: beim Gerichtstermin versuchen einige Barone, nicht dem Recht zu folgen, sondern dem König nach dem Mund zu reden.

Der Graf von Cornwall formuliert nun die Bedingung: Lanval müsse seine Behauptung über die Schönheit seiner Geliebten beweisen, sonst verliere er seine Stellung am Hofe; die tödliche Bedrohung für den Helden erscheint damit abgemildert. Lanval läßt durch Boten antworten, daß er seine Geliebte nicht beibringen könne. Während das Gericht nun nach einem Urteil sucht, kommt der Zug von Lanvals Geliebter an: vier Damen, jeweils zu zweit, umgekehrt nach ihrem Rang und sich steigernd in ihrer Schönheit, bis nach den vieren endlich die Geliebte selbst kommt. Lanval wird von Walwain immer wieder gefragt, wer nun seine Geliebte sei, aber er sagt, er kenne die Damen nicht. Die Mädchen kündigen dem König ihre Herrin an. Bereits das zweite Damenpaar ist weit schöner als die Königin. Nun kommt die Geliebte. Lanval erkennt sie sofort und sagt, er sei zufrieden, jetzt zu sterben, denn es genüge ihm, sie noch einmal gesehen zu haben. Allerdings geschieht dieses Sehen hier zum ersten Mal öffentlich. Die Öffentlichkeit kann nicht anders, als Lanvals Behauptung zu bestätigen. Vor dem König und den Baronen bekennt sich die Dame zu ihrer Liebe zu Lanval. Lanval wird freigesprochen. Die Geliebte reitet davon; Lanval setzt ihr nach und springt zu ihr auf ihr Pferd, und die beiden reiten auf die Insel Avalon. *La fu raviz li dameiseaus!* (,Dorthin wurde der junge Edelmann entrückt', V. 644); man weiß nun nichts mehr von ihm zu erzählen.

Lanvals Geliebte ist eine Fee, aber ohne jede Ambivalenz. Im Text ist nicht das geringste Indiz dafür zu erkennen, daß die weibliche Hauptfigur gegen klerikale Vorwürfe der Dämonie in Schutz genommen werden müßte. Die Fee ist durchgängig positiv gewertet und gibt dem *jeune/ iuvenis*, was dieser begehrt. Der Text benutzt ein mythisches Schema, aber es wird rationalisiert, da der mythische Mechanismus durch die Liebe suspendiert wird. Im Gegenzug wird die außergewöhnliche Liebe mythisiert. Ihr Ort ist nicht der Hof, nicht die Gesellschaft, sondern das andersweltliche Jenseits Avalons. Der Verzicht auf eine Ordnungsleistung für die menschliche Gesellschaft zeigt aber deutlich, daß der Text nicht auf die Funktion eines Mythos angelegt ist, sondern nur mit seinen Elementen spielt. Der Hof bleibt korrupt, wie er war, und der Held geht nicht auf eine Initiationsreise ins Jenseits, um dann als ein anderer in die Menschenwelt zurückzukehren, sondern er bleibt in der Anderswelt. Der Preis der außergewöhnlichen Liebe ist die gesellschaftliche Isolation.

4.2.2.6 Bewältigung der Feen-Ambivalenz: Narrative Spaltungsphantasmen[29]

Liest man den Lai der Marie de France, gewinnt man den Eindruck, daß die Adelsgesellschaft sich um die theologischen Verdikte zunächst nicht zu kümmern scheint. Daß Lanvals Fee ein Dämon sein könnte, wird nirgends thematisiert. Doch ändert sich dies rasch, denkt man an den anonymen ‚Partonopeu de Blois' (um 1170) und seinen ängstlichen Helden, der hinter den trickreichen Arrangements seiner für ihn unsichtbaren Geliebten permanent dämonischen Spuk wittert und sich schließlich von seiner argwöhnischen Mutter und dem Bischof von Paris dazu bereden läßt, die wahre Natur Meliors, in der sie einen Succubus (einen ‚unten liegenden' Dämon) vermuten, mit einer Zauberlaterne zu enthüllen. Beständig wird hier – wie dann später auch in der Version Konrads von Würzburg (‚Partonopier') – ein Dämonieverdacht thematisiert, der jedoch zugleich auf ganzer Linie dementiert wird. Der Held glaubt nur, auf eine Fee gestoßen zu sein, und ist von dieser Verheißung einerseits gut adelig fasziniert, andererseits fürchtet er sich gut christlich vor einem dämonischen Succubus (vgl. SCHULZ 2000b, S. 82–121, hier 90–92). In Wahrheit jedoch ist Melior nicht mehr und nicht weniger als die wunderschöne und äußerst kluge Tochter des oströmischen Kaisers, die sich aus Büchern ein paar Zaubertricks angelesen hat, mit denen sie die visuelle Wahrnehmung ihrer Umwelt manipulieren kann.

Der Text scheint das Faszinationspotential der Feenliebe unbedingt bewahren zu wollen, aber er zeigt zugleich sehr deutlich, daß man den Argwohn der Theologen nicht mehr bloß schlicht ignorieren kann. Auch wenn ein unbewältigter Rest bleibt – denn seltsamerweise kann Melior nach dem Tabubruch des Helden über ihre bloß erlernten Zauberkünste nicht mehr verfügen –, ist die älteste der in der deutschen Literatur adaptierten Mahrtenehengeschichten zugleich diejenige, die am konse-

---

29 Vgl. zum Folgenden genauer SCHULZ 2004.

quentesten rationalisiert. Ambivalent oder gar bedrohlich wirkt die unsichtbare Geliebte bei Konrad von Würzburg (wie schon in der französischen Vorlage) nurmehr in der begrenzten Figurenperspektive des Helden, hinter dessen Blickwinkel sich der sonst allwissende Erzähler partiell weitgehend verschanzt, somit als Effekt eines gewissermaßen proto-psychologisierenden literarischen Verfahrens.

Auffälligerweise scheinen die späteren Erzählungen jedoch grosso modo von einem erheblich offensiveren Spiel mit dem Mythischen geprägt zu sein, womit sie sich das Problem einhandeln, die hieraus resultierenden Ambivalenzen bewältigen zu müssen, um den christlichen Dämonieverdacht abzuweisen.

Mythische Gestalten sind häufig Figuren des ‚Dazwischen'. Sie tragen Merkmale unterschiedlicher Seinsbereiche in sich. Dort, wo die Geliebte des Helden völlig menschlich erscheint, finden sich in ihrer unmittelbaren Nähe die besagten Monster, die auf merkwürdige Weise mit ihr verbunden sind, weil sie offenbar den Zugang zu ihr regulieren können: als Schwellen- und Grenzwächter. Da die Mahrtenehengeschichten auf einem ursprünglich mythischen Erzählmodell aufsitzen, wäre ich geneigt, diese Verbindung mit einer mythischen Vorstellung von ‚Person' zu erklären: In dieser Vorstellung ist der einzelne nur ein ‚Gefäß' unterschiedlicher Kräfte, an denen er teilhat, aber diese Kräfte können ihn auch wieder verlassen, etwa durch einen Exorzismus.

Erzähltheoretisch fassen läßt sich dies durch die GREIMASsche Aktantentheorie (vgl. Kap. 2.1.4 u. 4.1.5.3). Der gleiche Aktant kann – als Handlungsprinzip – auf unterschiedliche Figuren aufgespalten werden, es können aber auch unterschiedliche Aktanten miteinander zu einer Figur verschmolzen werden. Die ‚thematische Rolle' der Fee würde in ihrer mythischen Ausprägung aus der Verschmelzung zweier konkurrierender Prinzipien bzw. Aktanten bestehen: in bezug auf den Helden wäre die Fee so zugleich das positive gesuchte ‚Objekt' *und* ein bedrohlich monströses gegnerisches ‚Subjekt', das eben diese Objektaneignung behindert. Die Fee bündelte also ursprünglich positive wie negative Mächte. Das ist natürlich eine holzschnittartige Vergröberung, aber eben diese erlaubt es, der Mytho-Logik der Texte auf den Grund zu gehen: zu erklären nämlich, wieso sich in der mittelalterlichen Literatur so viele Texte finden, in denen die Dame als begehrtes Objekt für den Helden so oft in merkwürdiger Nähe von monströsen Gestalten erscheint, die ihm den Zugang zu ihr verwehren wollen.

Die Spannung zwischen Abwehr und Faszination prägt auf diese Weise den Umgang mit dem Mythischen im ‚Seifrid de Ardemont', einem Ar-

tusroman, der nur in Ulrich Füetrers strophischer Bearbeitung aus dem
‚Buch der Abenteuer' überliefert ist (zweite Hälfte 15. Jh.). Schon PANZER
ist 1902 die entscheidende Merkwürdigkeit aufgefallen: Der Held muß
zunächst eine Dame aus ihrer Schlangengestalt erlösen, aber sie ist noch
nicht die Geliebte, die ihm bestimmt ist. Diese nämlich trifft er erst später,
und sie hat dann kaum mehr Züge, die sie als Fee oder als andersweltliches
Wesen kenntlich machen würden. Die beiden Begegnungen mit einer
besonderen Dame versteht PANZER als Abfolge funktional gleichwertiger,
inhaltlich allerdings gegenläufig besetzter Motive. Er hält nämlich fest, daß
der Autor „die in schlangengestalt verzauberte jungfrau [...] von der gestalt
der nachherigen gattin des helden" getrennt habe (S. XCII; vgl. zum
Folgenden SCHULZ 2004).

Dies liest sich im ‚Seifrid de Ardemont' dann so: Nach vielen Abenteuern kommt der Artusritter Seifrid mit seinem Begleiter, dem jungen Grafen Waldin, in eine prächtige Stadt. Der Bürger, bei dem sie Quartier finden, erzählt ihnen, daß hinter der Stadt das von Menschen kultivierte Land ende; dahinter sei nur noch der Ozean (Str. 268). Auf der unermeßlich großen Heide hinter der Stadt finde man eine Schlange, die den Weg versperre, ansonsten aber völlig harmlos sei. Wenn aber jemand dorthin reiten wolle, fange die Heide unverzüglich lichterloh zu brennen an, und ein gewaltiges Unwetter erhebe sich, mit einem Lärm, als stürme ein Heer heran (Str. 268–270).

Der beschriebene Raum trägt die Züge einer Anderswelt, eines Jenseitsraums, eines Raums außerhalb der menschlichen Kultur, in dem die Elementargewalten bedrohlich werden. Am nächsten Tag treffen die Helden dort ein: *der schlanng sich auf hüeb wie ain glüende kertzen,/ das velld hüeb an zw prinnen,/ darzüe di wolcken sich wurden greulich schwertzen* (Str. 274,5–7: ‚Die Schlange richtete sich auf wie eine glühende Kerze, das Feld begann zu brennen, und die Wolken wurden auf bedrohliche Weise schwarz'). Doch Seifrid und Waldin stellen fest, daß das Feuer sie nicht verbrennen kann. Furchtlos wenden sie sich nun der Schlange zu. Mit ihren Lanzen reiten sie durch das Feuer, das augenblicklich verlischt. Die Bedrohung durch die Elementargewalten war also nur eine scheinbare, sie stellt sich als ebenso harmlos heraus wie die Schlange, die die beiden Helden jedoch nicht zu fangen vermögen. Statt dessen finden sie eine Säule mit einer goldenen Inschrift: Wenn es einem tapferen Ritter gelinge, der Schlange eine gräßliche Kröte ‚vom Hals' zu entfernen, dann werde er eines der göttlichen Geheimnisse sehen dürfen. Die Schlange werde sich nämlich in ein wunderschönes Mädchen verwandeln (Str. 278). So geschieht es dann auch: Seifrid handelt diesmal erfolgreich, und augenblicklich verwandelt sich die Schlange in eine Dame (Str. 279,6 f.). Sie betet zu Gott und dankt ihm für seine Gnade. Dann bedankt sie sich bei Seifrid und bittet ihn, sie christlich zu bestatten; sie erbleicht und fällt zu Boden. Ihre Seele verläßt sie als weiße Taube durch den Mund und fliegt ins Himmelreich (Str. 283,4 f.).

Die Erlösung aus der Tiergestalt wird hier ins Christliche gewendet, und es ist nicht etwa ein Dämon, der der Verzauberten aus dem Mund fährt, sondern ihre Seele. Daneben spart der Text nicht an biblischen Anspielungen, die darauf hinweisen sollen, daß diese Dame gerade nichts mit dem Teufel zu tun hat.

Womöglich sind diese Konnotationen etwas entlegen, ich gebe sie aber dennoch zu bedenken, da sie indirekt nur dasjenige unterstreichen, was der Text ohnehin schon deutlich gemacht hat: Biblisch meint die aufgerichtete Schlange nämlich die Schlange *vor* dem Sündenfall und vor der Verfluchung durch Gott (vgl. Gen 3,14). Über das feurige Leuchten und die vertikale Ausrichtung wird sie zudem mit der Säule und ihrer goldenen Inschrift parallelisiert. Es geht dabei keinesfalls um eine phallische Symbolik, sondern um die biblische der ‚Ehernen Schlange', deren Anblick die Israeliten im vierten Buch Mose von den Bissen feuriger Schlangen heilt (Num 21,6–9). Die eherne Schlange ist ein apotropäisches (schadenszauberabwendendes) Zeichen, das für die Abwehr einer Bedrohung steht. Als positives Symbol wird sie in der Ikonographie meist auf einer Säule dargestellt und als Präfiguration des Kreuzes verstanden (vgl. LCI 4, Sp. 54–56, 75–81; LCI 1, Sp. 583–586). Hingegen ist die Kröte, von der die Schlange befreit wird, im Rahmen christlicher Vorstellungen ein absolut negativ charakterisiertes Tier, „Symbol des Teufels und böser Dämonen" (LCI 2, Sp. 676 f., hier 676). Wir haben es hier gewissermaßen mit einer synkretistischen Umwertungsmaschine zu tun, die ihren Zweck, die christlich codierte Vereindeutigung der verwunschenen Dame schon *vor* ihrer Erlösung, allerdings nicht vollständig erfüllt: Denn wenn die Schlange anfangs *wie ain glúende kertzen* (Str. 274,5) aussieht, konnotiert sie, trotz ihres Aufgerichtetseins, immer noch die ‚feurigen Schlangen' (Num 21,6) der Bibel, vor denen die eherne Schlange gerade schützen soll. Es bleibt eine gewisse Ambivalenz.

Vor dem Hintergrund des Mahrtenehenschemas ist es zunächst überraschend, daß Seifrid an dieser Stelle zwar als Erlöser tätig wird, dabei aber nicht die für ihn bestimmte Frau kennenlernt. Dieser wird er erst nach einer langen Reise durch die Wildnis begegnen, und es gibt hier kein Erlösungswerk zu vollbringen, denn Mundirosa ist eine beinahe normale, gut christliche höfische Dame, die weder verzaubert ist noch über übernatürliche Kräfte verfügt.

Die Schlangenepisode reichert den Weg des Helden zu seiner Geliebten mit einem mythischen Motiv an. Auch wenn diese Begegnung für die Handlung völlig folgenlos ist, ist sie keinesfalls als ein blindes Motiv zu verstehen. Sie beschwört Erzählungen von der ‚gestörten Mahrtenehe' herauf, und zugleich führt sie vor, daß dem Helden gerade nicht ein solch merkwürdiges Mischwesen bestimmt ist. Die Schlangendame muß also durch ihren raschen Tod wieder aus der Handlung verschwinden. Die Grundkonstellation des Mahrtenehenmodells wird anzitiert, aber augenblicklich wieder ‚durchgestrichen'.

Das hat natürlich eine bestimmte Funktion: Der Text versucht sich an einem Kompromiß. Einerseits soll offenbar die Faszination der Feenliebe unbedingt geltend gemacht werden, andererseits soll die Geliebte des Helden keinesfalls eine ambivalente Figur sein. Deshalb wird die partielle Negativität der Fee auf die Schlangendame ausgelagert und dort bewältigt, zum einen durch Verharmlosung, zum anderen durch das Erlösungswerk des Helden. Negativität und Ambivalenz erscheinen mit dem Verschwinden der Verzauberten aus der Handlung weithin bewältigt oder zumindest stillgestellt: Kurz bevor die Helden auf Mundirosa treffen, kommen sie an einen Berg, der von einer Hecke umgrenzt ist. Dahinter wimmelt es von Schlangen, Lindwürmern, Drachen und Löwen, die aber in diesem Augenblick überraschenderweise keine Bedrohung darstellen. Die Helden, die sonst gerne und häufig gegen solche Monster kämpfen, kümmern sich ausnahmsweise nicht um diese gefährlichen Wesen und ziehen wie in einem Tierpark an ihnen vorbei, völlig unbehelligt, bis sie hinter dem Gipfel des Berges auf die Festgesellschaft Mundirosas treffen. Erneut wird eine Bedrohung deutlich markiert, dann aber durch den Fortgang der Handlung wieder ‚durchgestrichen', wieder abgewiesen. Offenbar soll alles, was in unmittelbarer Nähe der Fee liegt oder mit ihr zu tun hat, also alles, was in mythischer Konnektivität mit ihr in einen Wesenszusammenhang zu bringen wäre, mithin alles, was sich als Abspaltung der Fee verstehen ließe, sich als so harmlos wie möglich erweisen, ohne daß dabei jedoch der mythische Mechanismus des Schemas preisgegeben würde.

Die Grundfigur des ‚Seifrid de Ardemont' ist die Verharmlosung des Mythischen, nicht aber seine Auslöschung. Das ambivalente Potential bleibt in sichtbarer Nähe zur Geliebten des Helden, aber nurmehr stark abgeschwächt. Die ‚thematische Rolle' der Fee wird aufgespalten, indem die Negativität, die zu ihrer ursprünglichen Ambivalenz gehört, auf Wesen projiziert wird, die dem Helden als Hindernisse erscheinen müssen, die ihm den Weg zur Geliebten versperren. Allerdings gestaltet sich die Überwindung dieser Schwellenwächter als nicht eben schwierig – im Zweifelsfall genügt es, sie zu ignorieren: Die abgespaltene Negativität muß offenbar noch zusätzlich ‚entschärft' werden.

Es geht um eine Faszination, von der man nicht lassen kann, auch wenn sie narrativ nicht immer unter Kontrolle zu bringen ist. Die Forschung zu den ‚späten' und äußerst brutalen Heldenepen des ausgehenden Mittelalters hat zeigen können, daß sich die Adelskultur (und in deren Gefolge z. T. auch das Stadtpatriziat) in Zeiten zunehmender Sozialdisziplinierung verstärkt für literarische Texte interessiert hat, in denen das traditionelle Verständnis adeliger Lebensführung wenigstens noch imaginativ ausgelebt werden konnte. In diesem Sinne könnte vielleicht auch die bei Füetrer bemerkbare Tendenz zur Remythisierung der Mahrtenehengeschichten verstanden werden: als trotziges Festhalten an einem Phantasma des kollektiven Imaginären, das zunehmend bedroht ist – in einer Zeit wachsender institutioneller Festigung des Christentums, wachsender Laienfrömmigkeit und nicht zuletzt wachsender Dämonen- und Hexenhysterie.

Ich habe oben mehrfach von der Faszinationskraft gesprochen, die der Ambivalenz des Mythischen offenbar innezuwohnen scheint. Die Mahrtenehengeschichten erzählen mythische Inhalte, in ihnen finden sich mitunter Residuen mythischer Logik, kaum aber je die zentrale Funktion des Mythos, nämlich Deutung der gegenwärtigen Welt im Blick auf legitimierende Gründungsakte, welche durch die Vermittlung der gewöhnlichen menschlichen Seinssphäre mit einer kategorial anderen gesetzt werden. In diesem Sinne sind die mittelalterlichen Feenmärchen keine Mythen mehr, denn das Mythische gewinnt in ihnen eine andere Funktion. Diese hängt offenbar mit dem Entgrenzungspotential der Feenliebe zusammen, die dem betroffenen einzelnen eine in jeder Hinsicht gesteigerte Existenz verspricht und die alle gewöhnlichen Maßstäbe sprengt (was sich ja etwa auch darin zeigt, daß die Helden, selbst wenn sie von ihrer feenhaften Geliebten verstoßen worden sind, sich ersatzhalber keinesfalls mit einer gewöhnlichen Frau abfinden wollen, und sei sie noch so adelig und, anders als die fast durchgängig in der genealogischen Ortlosigkeit stehende Fee, von bestem und gesichertem Herkommen). Die Feenliebe wird kalkuliert in den Bereich des (mythisch, nicht christlich zu verstehenden) Heiligen hinübergespielt. Mit ERNST CASSIRER (1923/1954), einem der wegweisenden Theoretiker des Mythos, gesprochen: „Denn das Heilige erscheint immer *zugleich* als das Ferne und Nahe, als das Vertraute und

Schützende wie als das schlechthin Unzugängliche, als das ‚mysterium tremendum' und das ‚mysterium fascinosum'" (S. 99).

CASSIRER 1923/1954. – PANZER 1902. – SCHULZ 2000b. – SCHULZ 2004. – SCHULZ 2010b.

4.2.3 Zum Artusschema: KUHN meets PROPP

4.2.3.1 Narrative Zweiteiligkeit, ‚Doppelweg' und ‚Symbolstruktur'

Die narrativen Muster, von denen bislang die Rede war, finden sich in der breiten Masse mittelalterlicher Großerzählungen; sie fußen, wie bereits erwähnt, noch in der Mündlichkeit. Dort, wo die Texte, die sich ihrer bedienen, stärker schriftliterarisch konzipiert erscheinen, zeigen sich auffällige Tendenzen zur Verdoppelung von Motiven und Strukturen rund um eine ‚Mittelachse', und zwar im Sinne einer steigernden Reprise. Für den ‚König Rother', der dem Brautwerbungsschema verpflichtet ist, hat dies vor allem KIENING (1998) gezeigt (vgl. insgesamt auch STOCK 2002). Konrads von Würzburg ‚Partonopier', das einzige Meisterstück unter den deutschsprachigen Mahrtenehentexten, ist nach der ‚Krise' von einer geradezu auffälligen Tendenz zur Wiederaufnahme von nicht-schemagebundenen Motiven aus dem ersten Handlungsteil geprägt.[30] Die mittelalterlichen Bearbeitungen von Vergils ‚Aeneis' bemühen sich darum, die großen Liebesbegegnungen des Eneas mit der karthagischen Dido und mit der italischen Lavinia im Sinne einer kontrastiven Steigerung zu gestalten (FROMM 1969) – bei Vergil allerdings spielt die Beziehung mit Lavinia keinesfalls eine besondere Rolle, es kommt hier nur auf ihr Erbe, das Land, an (und genau das ist für mittelalterliches Erzählen offenbar kaum hinnehmbar ohne idealisierende Überhöhung im Sinne der Minnedoktrin).

Bei alledem handelt es sich zum einen um Verfahren literarischer Kohärenzbildung (vgl. Kap. 6), zum anderen wird damit durch Steigerung, Kontrast, ‚Korrektur' und ‚Überschreibung' massiv Bedeutung erzeugt. Diese Bedeutung kann auch überschießend sein und die Interpreten bis heute irritieren: Man hat immer wieder versucht, aus der strukturellen Beziehung der Dido- und der Lavinia-Minne Gründe dafür herauszulesen,

---

30 Der Forschung ist dies beinahe völlig entgangen, weil man sich – ich schließe meine eigenen Versuche da durchaus ein (SCHULZ 2000b, 2008) – hauptsächlich für die Art der Adaptation des Erzählschemas interessiert hat, nicht aber für Strukturen, die ‚quer' zu den Handlungsschemata liegen. Vgl. jedoch die Ansätze bei GARSTKA (1979), die die Struktur des ‚Partonopier' an derjenigen des ‚klassischen' Artusromans mißt.

erstere für fehlerhaft zu halten, aber vermutlich hat die bedauernswerte selbstmörderische Königin von Karthago bloß das Pech, dem Strukturwillen eines anonymen Dichters, dem des französischen Eneasromans, unterworfen worden zu sein.

Am kunstvollsten ausgearbeitet findet sich die Struktur, die auf narrativen Doppelungen rund um eine Mittelachse beruht, in den sogenannten ‚klassischen' Artusromanen (‚Erec', ‚Iwein', ‚Parzival'). Ihre französischen Vorlagen stammen allesamt von Chrétien de Troyes; auf deutsch bearbeitet wurden sie von Hartmann von Aue und Wolfram von Eschenbach. WARNING (1979a, 1979b) hat, wie bereits schon oben dargestellt, dieses Kunstprinzip (das stets mehr ist als bloß narrative Zweiteiligkeit) auf die ‚konnotative Ausbeutung' typologischer Bibeldeutungsmuster zurückführen wollen: eines gelehrten Auslegungsschemas, das Gestalten und Situationen des Alten Testaments als noch unvollkommenen ‚Vorschein' von Gestalten und Situationen des Neuen Testaments versteht. Nach WARNING würde so aus einem Prinzip des Textverständnisses ein Prinzip der Textproduktion. Chrétien spricht in seinem ‚Erec'-Prolog davon, daß er den zusammenhanglosen Geschichten, die offenbar die bretonischen *jongleurs* (Berufsdichter) erzählten, eine *molt bele conjointure* entgegensetzen wolle, eine ‚sehr schöne Zusammenfügung', eine ‚sehr schöne Komposition', die in der Forschung seit vielen Jahrzehnten als programmatische ‚Symbolstruktur' verstanden wird: als ein schriftliterarisches Konzept, das durch eine Vielfalt von internen Bezügen Zusammenhänge stiftet, die in der bloßen Aneinanderreihung von Ereignismomenten gar nicht vorhanden wären (HAUG 1971).

Prägend waren dabei die Überlegungen KUHNS, des bedeutendsten Altgermanisten der Nachkriegszeit. KUHN untersuchte schon 1948 Hartmanns ‚Erec' im Vergleich zur Vorlage Chrétiens und arbeitete dabei ein Strukturprinzip heraus, das er den ‚doppelten Cursus' nannte. In den 1970er Jahren wurden diese Überlegungen vor allem von KUHNS Schüler WALTER HAUG weitergedacht, im Blick auf ein Erzählschema, das zum einen zu verstehen sei als narrative Ausfaltung eines Individuations- und Identitätsfindungswegs (im Sinne allgemein-menschlicher, hier aber spezifisch feudaladelig codierter Grunderfahrungen), zum anderen als Medium einer literarischen Fiktionalität, die es im Mittelalter so zuvor nicht gegeben habe. Eine zweite Forschungslinie ging vom Strukturalismus der 1960er Jahre aus. Im Gefolge der verspäteten Rezeption PROPPS und seines Strukturschemas des russischen Zaubermärchens (1928, deutsche Übersetzung erst 1972) verstand man den Artusroman aufgrund seiner Motive als ‚Märchenroman'. Dementsprechend wollte man in seiner Struktur, die erst seit KUHN deutlich geworden war, eine Transformation des Zaubermärchens sehen. Auch wenn diese Prämisse unter historischem Aspekt unhaltbar ist, so hat das entsprechende Forschungsinteresse doch dabei helfen können, Strukturmomente des Artusromans klarer zu sehen, als dies zuvor möglich war.

FROMM 1969. – GARSTKA 1979. – HAUG 1971. – HAUG 1992. – KIENING 1998. – KUHN 1948/1969a. – PROPP 1928/1972. – SCHULZ 2000b. – SCHULZ 2008. – STOCK 2002. – WARNING 1979a. – WARNING 1979b.

4.2.3.2 Zum Sujet des Artusromans

Ich werde diese Forschungsdiskussion grob nachzeichnen und abschließend ein Handlungsschema des ‚klassischen' Artusromans skizzieren, das versucht, eine für die eigene Textinterpretation brauchbare Synthese der besprochenen Ansätze zu bilden. Der leichteren Orientierung wegen sei vorab wieder das Sujet des Handlungsschemas dargestellt.

Das Sujet des Artusromans errichtet sich, mit WARNING (2003) gesprochen, auf der

„im Prinzip stabile[n] Grenze zwischen höfischer und nichthöfischer Welt", mit „de[m] Held[en] als d[er] Figur, die Bedrohungen dieser Grenze aus dem Außenraum abwehrt, indem er sich in den Außenraum begibt, dort hausende Riesen und Ungeheuer besiegt und nach vollbrachter Tat in die kulturelle Welt zurückkehrt" (S. 184).

Diese Welt besteht also aus zwei Teilen: einem höfischen, in dessen ideellem Zentrum der Artushof steht, und einem nicht-, vor- oder außerhöfischen, in dem es ‚verwunschene' Weltausschnitte gibt, im Sinne einer strukturellen Ambivalenz, weil die Differenzierung zwischen dem Höfischen und dem Nicht-Höfischen hier in sich zusammengefallen ist. Aus dieser ambivalenten Welt, die *zugleich* höfisch und nicht-höfisch ist, wird nun eine Provokation in den Artushof hineingetragen, an dem gerade ein Fest gefeiert wird. Doch das Fest als Sinnbild und Urszene des Höfischen trägt bereits selbst den Keim der Unordnung in sich. Das Sujet entspinnt sich folgerichtig daraus, daß die höfische Ordnung latent von innen und manifest von außen gestört worden ist, indem die Basisdifferenz, über der alle Ordnung errichtet wird, nämlich die Differenz zwischen dem Höfischen und dem Nicht-Höfischen, bedroht wird.

Folgerichtig muß die Geltung dieser Weltordnung wiederhergestellt werden: Am Artushof befindet sich ein junger, noch unerfahrener Ritter von allerbester Herkunft; gegen alle Bedenken setzt er es durch, sich der von außen kommenden Provokation zu stellen. Dafür verläßt er den Bereich des Artushofs (die latente interne Störung wird zunächst ‚zurückgelassen'). Bei seiner ersten ritterlichen Aventiure gegen die Agenten der Entdifferenzierung bzw. Grenzaufweichung erwirbt der Held sich zugleich auch eine Frau, mit der er eine Minneehe eingeht. Allerdings zerstört er nun das Gleichgewicht zwischen Minne und Rittertum, das genau durch diese Initialaventiure repräsentiert wird, indem er dem einen der beiden Pole zu viel Gewicht einräumt. Die Folgen zeigen sich in einer radikalen ‚Krise', die von Dritten markiert wird, indem sie dem Helden seine *êre* absprechen, was sich schlagartig zu einem Identitätsverlust auswächst.

Der Held muß sich nun alles, was ihm im ersten Aventiureweg mehr oder minder zugefallen ist, mühsam wieder erkämpfen. Besonders das letzte Abenteuer zeigt auffällige inhaltliche Bezüge zu eben der Verfehlung, die zur Krise geführt hat; der Held kann nun durch eigenes Handeln beweisen, daß er eine pervertierte Ordnung, wie sie auch durch sein eigenes Fehlverhalten hätte entstehen können, nicht mehr zuläßt und nicht mehr zulassen wird. In dieser Schlußaventiure betritt der Held einen Weltausschnitt, in dem die kulturkonstitutive Differenz zwischen dem Höfischen und dem Nicht-Höfischen bereits kollabiert ist; er sorgt durch Kampf für eine gewaltsame Re-Differenzierung, so daß die ambivalenten Teilwelten wieder der höfischen Welt eingegliedert werden können. Das Ende wird dadurch markiert, daß der instabile Glückszustand, den der Held am Ende des ersten Cursus erreicht hat, nun dauerhaft etabliert wird.

Dieses Sujet liefert einen gewissermaßen kompensatorischen Handlungsentwurf: indem dasjenige, was die höfische Welt auch von innen her bedroht, in die Außenwelt der Aventiure projiziert wird, wo es vom Helden (kompensatorisch) im Kampf bewältigt wird. Vor allem die instabil gewordene Grenzziehung zwischen dem Höfischen und dem Außerhöfischen wird durch die Tatkraft des Helden wieder fixiert (Cormeau 1977, S. 1– 22; Schultz 1983).

Cormeau 1977. – Schultz 1983. – Warning 2003.

4.2.3.3 Schemakomplikation und Schemareduktion

Vorab sei gesagt, daß dieses spezifische Schema sich eigentlich nur im ‚Erec' nachweisen läßt: Es ist also einem Prototyp nachgebildet. Bereits der ‚Iwein'/‚Yvain' verkompliziert das Grundmodell durch die Hereinnahme eines zweiten Handlungszentrums und einzelner Handlungssegmente, die dem Programm der ‚gestörten Mahrtenehe' entnommen sind. Im ‚Parzival' wird dieses zweite Handlungszentrum neben dem Artusroman durch den religiös überhöhten Gralsbereich besetzt; hinzu kommt, daß der eigentliche Protagonist zeitweilig völlig aus dem Fokus des Erzählens verschwindet, während Gawan, der sonst nur die ‚Meßlatte' für jeden neuen Helden am Artushof darstellt, eigene Aventiuren im Sinne eines Artusromans absolvieren darf. Im ‚Wigalois' Wirnts von Grafenberg zeigt sich dann eine Hybridisierung (Gattungsmischung; vgl. Kap. 3.1.2 und 6.1.6) zwischen Artusroman und Legende; hier werden die Herausforderungen, die der Held zu bestehen hat, nicht mehr nur im Sinne eines Anti- und Außerhöfischen gedeutet, sondern zugleich als Teufelei im christlichen Sinn. Für den Handlungsaufbau werden ‚Symbolstruktur' und ‚doppelter Cursus' im Lauf der Gattungsentwicklung immer weniger bedeutsam. Insgesamt nähert sich das Erzählen im ‚nachklassischen' Artusroman (also nach Hartmann und Wolfram) immer mehr einer seriellen Hintereinanderschaltung zweier Aventiureketten an, wobei die erste und die zweite Ausfahrt des Helden oft nicht einmal mehr durch eine ‚Krise' voneinander getrennt werden. Der Held selbst erscheint krisenlos und ‚statisch ideal', um erneut einen Begriff KUHNS aufzugreifen. Die Texte erschöpfen sich darin, ähnliche thematische Konfigurationen variierend durchzuspielen, im Sinne eines ‚Erzählens im Paradigma' (WARNING 2003); der Blick wird so, vor allem in der ‚Krone' Heinrichs von dem Türlin, vermehrt auf die Bizarrerie phantasmatischer Einzelszenen gelenkt (HAUG/WACHINGER 1991; darin besonders HAUG 1991).

HAUG 1991. – HAUG/WACHINGER 1991. – WARNING 2003.

4.2.3.4 KUHNS Modell der ‚Doppelwegstruktur' des ‚Erec'

Mit KUHN (1948/1969a) ist die Handlung des ‚Erec' in „zwei Hauptteile" gegliedert, I. in die „Geschichte Erecs und Enites bis zur Hochzeit"; II. in die „Abenteuerfahrt des Paares", welche, bis auf „die Einheit der Hauptpersonen", „nach Handlung und Zeit völlig von I getrennt" ist (S. 133). Vier ineinandergeschachtelte Geschichten ([1]–[4]), die wiederum in einzelne Episoden aufgeteilt sind, bilden für KUHN zusammen den Handlungshauptteil I. Den verlorenen Anfang Hartmanns rekonstruiert KUHN nach der altfranzösischen Vorlage Chrétiens. Ich gebe im folgenden das Schema KUHNS wieder und kursiviere dabei diejenigen Handlungselemente und Motive, die auch im Hauptteil II wieder aufgegriffen werden.

Hauptteil I

(1) „Jagd auf den weißen Hirsch" zu Ostern am Artushof. Der Sieger darf die schönste Dame am Hof küssen. Während dieser Jagd reitet auch Königin Ginover aus, wobei sie von Erec und einigen Hofdamen begleitet wird.

(2) „Zwergenbeleidigung": Man sieht einen Ritter, eine Dame und einen Zwerg. Die Königin möchte erfahren, wer durch ihr Land reitet. Eine Hofdame und dann Erec, die sich erkundigen wollen, werden vom Zwerg, der barsch jede Auskunft verweigert, mit einem Peitschenschlag ins Gesicht gezeichnet.

(3) „Tulmein, Sperberpreis": Angesichts dieses Ehrverlusts vor den Augen der Königin macht sich der völlig unbewaffnete Erec auf, Rache zu nehmen. Er verfolgt die drei Fremden bis nach Tulmein. Dort findet zum wiederholten Mal ein Turnier statt, dessen Sieger einen prächtigen Sperber als Schönheitspreis für seine Geliebte gewinnen kann. Es wird also über die idealtypische Verbindung zwischen der Kampfkraft eines Ritters und der Schönheit seiner Dame entschieden. Der Sieger der letzten beiden Jahre ist Iders gewesen, der Herr des üblen Zwergs, obwohl seine Freundin gerade nicht die schönste aller Frauen ist. Aber in diesem Jahr droht er mit seiner übermächtigen Kampfkraft den Preis wohl endgültig für sie zu erringen.

(4) „Arme Herberge, Verlobung": Erec sucht in einem verfallenen Gemäuer Unterkunft für die Nacht. Hier lebt Koralus, ein Graf, den man zwar von seinem Erbe verstoßen hat, der aber genau dasjenige besitzt, was Erec braucht: eine Rüstung und eine wunderschöne Tochter, Enite. Um am Sperberpreis (3) teilnehmen zu können und sich so für die Zwergenbeleidigung (2) zu rächen, verlobt sich Erec mit Enite.

Es erfolgt nun eine „Wendung": Bei seinem *ersten „Ritterpreis"* siegt Erec im Kampf gegen Iders und wendet damit die Teilhandlungen (2), (3) und (4) für sich zum Positiven.

– Dann folgt ein „Szenenwechsel" zurück zum Artushof:

(1) (Rekurs:) Ende der Jagd auf den weißen Hirsch, die Artus für sich entschieden hat; der Sieger darf die schönste Frau am Hof küssen, allerdings gibt es einen „Kußaufschub", weil man sich nicht über die Schönste einigen kann.

(2) (Rekurs und Ende:) Iders kommt zu Artus und berichtet von seiner Niederlage gegen Erec.

4.2 Zentrale Muster mittelalterlichen Erzählens

– Es folgt ein weiterer „Szenenwechsel" zurück nach Tulmein:

(3) (Rekurs und Ende:) Enite erhält den Sperberpreis, damit ist Handlung (3) abgeschlossen, mit dem *ersten „Schönheitspreis* für Enite".
(4) Mit einer „Siegesfeier" endet die Teilhandlung (4), bis auf die noch aufgeschobene Hochzeit zwischen Erec und Enite.

– Wieder folgt ein „Szenenwechsel" zum Artushof, wohin Erec und Enite nun reiten:

(1) (Rekurs und Ende:) *zweiter „Schönheitspreis* für Enite".
(4) (Abschluß:) Hochzeit, Turnier, *zweiter „Ritterpreis* für Erec" (KUHN 1948/1969a, S. 135 f.).

Die Ineinanderschachtelung der einzelnen Teilhandlungen geht mit einer Reihe von Motivdoppelungen einher. Diese Tendenz wiederholt sich nun im Hauptteil II, und zwar in dem Sinne, daß hier zwei hintereinandergereihte Aventiurereihen (A und B) sichtbar werden, deren einzelne Bestandteile steigernd aufeinander bezogen sind. Ich gebe zunächst die Handlung wieder, bevor ich KUHNS Strukturidee darstelle.

Hauptteil II
In Erecs Hauptstadt Karnant zieht das junge Herrscherpaar den Unmut des Hofes auf sich, weil die beiden nur noch mit ihrer Sexualität beschäftigt sind, statt sich um die höfische Repräsentation zu kümmern. Als Erec durch Enite von diesem Unmut erfährt, befiehlt er ihr, gemeinsam mit ihm heimlich aufzubrechen, und verbietet ihr unter Androhung des Todes, auf dieser Ausfahrt mit ihm zu sprechen (Verliegen, Aufbruch, Redeverbot).
Drei und dann fünf Räuber lauern den beiden auf; Erec besiegt und tötet alle (1). Ein Burggraf begehrt Enite, nur mit Mühen kann man ihm entkommen (2). Immer wieder hält sich Enite nicht an das Schweigegebot, um ihren Mann vor Todesgefahr zu warnen. In einem Zweikampf besiegt Erec den zwerghaften König von Irland, Guivreiz, und gewinnt ihn zum Freund (3). Erec wird dabei verletzt. Man begegnet dem Artushof und wird dort zur Übernachtung genötigt, obwohl Erec sich noch nicht wieder ‚hoffähig' fühlt (4). Mit einem Pflaster der Fee Morgane notdürftig verarztet, bricht er wieder mit Enite auf. Unterwegs rettet er den Grafen Cadoc aus den Händen zweier Riesen und schickt ihn und seine Freundin zum Artushof, um dort von ihrer Errettung durch Erec zu künden. Dann bricht Erecs Wunde wieder auf, und er fällt wie tot zu Boden. Enite beklagt ihn und möchte sich selbst in sein Schwert stürzen, wird aber vom Grafen

Oringles daran gehindert, der sie alsgleich heftig begehrt. Er will sie auf seiner Burg Limors zur Hochzeit mit ihm zwingen, aber sie weigert sich standhaft. Als er sie deshalb schlägt, schreit sie so laut, daß der scheintote Erec davon erwacht. Blutüberströmt erschlägt er Oringles und flieht mit Enite (5). Unterwegs begegnet ihm Guivreiz, der ihm zu Hilfe eilen will; man erkennt einander nicht, und beinahe würde Guivreiz Erec erschlagen, würfe Enite sich nicht dazwischen (6). Auf Guivreiz' Burg Penefrec erholt man sich zwei Wochen lang, und als man sich wieder, gemeinsam mit dem Zwerg, auf den Weg zum Artushof macht, erhält Enite ein prachtvolles Pferd als Geschenk. Weil man die falsche Abzweigung wählt, kommt man zur Burg Brandigan, wo das Abenteuer von Joie de la curt schon 80 Tote gefordert hat. In der Burg sind 80 Ritterwitwen, daneben liegt ein geheimnisvoller Garten, in dem der Ritter Mabonagrin mit seiner Freundin lebt; sie schotten sich in ihrem tödlichen Idyll mit aller Gewalt von der Gesellschaft ab. Niemand, der Mabonagrin bislang zum Kampf herausgefordert hat, hat überlebt: Die Köpfe der 80 Ritter wurden im Garten aufgespießt, ihre Freundinnen bilden die Trauergesellschaft von Brandigan. Erec besiegt Mabonagrin (7) und kann ihn, seine Freundin (auffälligerweise eine Verwandte Enites) und die 80 Witwen wieder für die höfische Gesellschaft und Festfreude zurückgewinnen. Er bringt sie zum Artushof (8), und zuletzt herrscht er wieder in Karnant.

KUHN (1948/1969a, S. 142) erkennt hierin folgende Weg-Gliederung (kursiv in Klammern stehen zentrale und wiederholte Themen des Textes):

Karnant: Verliegen, Aufbruch, Redeverbot	
A	**B**
(1) Doppeltes Räuberabenteuer	
(2) Graf Galoein (*Enites Schönheit*) ↔	(5) Graf Oringles (*Enites Schönheit*)
(3) Guivreiz (*Erecs Rittertüchtigkeit*) ↔	(6) Guivreiz (*Erecs Rittertüchtigkeit*)
	(7) Joie de la curt
(4) Zwischeneinkehr am Artushof ↔	(8) Schlußeinkehr am Artushof Krönung in Nantes (Crestien) bzw. Rückkehr nach Karnant (Hartmann)

Singuläre Episoden sind in diesem Schema nur (1) und (7), ansonsten herrscht durchgehende Motivdoppelung, was KUHN als ‚doppelten Cursus' benennt. KUHN wertet hier die Cadoc-Episode (die Befreiung des Ritters aus der Hand zweier Riesen) nur als notwendige Vorgeschichte (Motivation) zu Episode (5), da Erec in (5) wie tot daliegen muß, damit Oringles versuchen kann, sich Enites zu bemächtigen (S. 143). In Reihe A sind Erec und Enite unhöfisch (im Blick auf den Zustand der Kleidung, auf Nahrung, Übernachtung etc.), das thematische „Programm der A-Reihe ist: *ungemach* durch *arbeit*" („Mühe') und Gesellschaftsferne. In Reihe B sind Erec und Enite *höfisch*; programmatisch sind dementsprechend *vreude* und Gesellligkeit (S. 142).

Kuhn erklärt dann die Funktion der alleinstehenden Episoden: Das „doppelte Räuberabenteuer" in Episode (1) gilt Kuhn als „epische[r] Doppelpunkt" (S. 143); der Rezipient soll darauf eingestellt werden, daß im Folgenden immer wieder Motive und Szenen steigernd gedoppelt werden. Episode (5) beginnt ebenso mit einer Doppelung bzw. Rekurrenz: Erst hält Cadocs Frau ihren Mann für tot, dann glaubt Enite an Erecs Tod. Episode (7) (Joie de la curt) ist, was die Situation der gesellschaftsfernen Minne Mabonagrins und seiner Freundin betrifft, eine allegorisch zu verstehende Spiegelung der Situation Erecs und Enites in Karnant. Erst mit diesem Abschluß ist das Problem der Krise endgültig bewältigt: Mit sich, Enite und den 80 Frauen bringt Erec der Artusgesellschaft die Freude zurück.

Abschließend widmet sich Kuhn der Gesamtkomposition: Zwischen den beiden Hauptteilen I und II sieht er kompositorische Klammern: Erec und Enite stehen in I gegen Iders und dessen Freundin, in II gegen Mabonagrin und dessen Freundin; die Stange mit dem Sperber (I) korrespondiert der Stange, die Erecs Kopf in II erwartet. In I wie in II ist zu beobachten, daß Enite sich um Pferde kümmern muß (um dasjenige Erecs im Haus ihres Vaters [I] und um diejenigen der getöteten Räuber [II]). Zudem erkennt Kuhn zwischen den beiden Hauptteilen thematische und „inhaltliche Verbindung[en]" (S. 146): In der ersten Romanhälfte I ist Erec zunächst neutralisiert (ohne Waffen), dann folgt sein sozialer Abstieg, Enite ist – als schäbig gekleidete Tochter eines verarmten Grafen – in ihrer höfischen Schönheit ebenfalls neutralisiert, doch durch die Verbindung von Rittertüchtigkeit und Frauenschönheit gelingt Erec und ihr der gemeinsame Aufstieg zum idealen Paar. Auch in der zweiten Romanhälfte II folgt dem Abstieg ein Aufstieg, am Wendepunkt zeigt sich auch hier die Notwendigkeit der Minne Enites für Erec (ihr Schrei erweckt ihn vom Scheintod). Also gibt es auch einen ‚doppelten Cursus' zwischen den Handlungshauptteilen I und II. Dabei ist Steigerung durch Kontrastierung festzustellen: Der Weg in I ist vom Zufall bestimmt, der in II von bewußter Entscheidung.

Den Gesamtsinn des Textes begreift Kuhn als Probe der Minnegemeinschaft, deren integrale Bestandteile Erecs Rittertüchtigkeit und Enites Schönheit sind. Minne darf nicht als Besitz genossen werden, sondern ist Teil der höfischen Gesellschaft, innerhalb deren sie realisiert werden muß.

Der Aventiureweg steht nicht für Läuterung bzw. Entwicklung, sondern für die Buße eines Vergehens, des *verligens*.

KUHN 1948/1969a.

4.2.3.5 HAUGS Modell der Chrétienschen bzw. Hartmannschen ‚Symbolstruktur'

Im Anschluß an KUHN hat dann WALTER HAUG (1971 u. ö.) ein Strukturmodell für den ‚klassischen' Artusroman formuliert. Ich gebe hier nur das Grundmuster wieder (HAUG 1992, S. 91–107). HAUG hat es in vielen Publikationen immer wieder weiterentwickelt und modifiziert.

„1. Ausgangspunkt und Endpunkt der Handlung ist die arthurische Tafelrunde. Ihre Erscheinungsform ist die *vröude*, das Fest. Der Artusroman beginnt mit einem Fest, und er endet mit einem Fest.

2. Die Handlung besteht im Auszug und *avanture*-Weg eines arthurischen Ritters. Dieser Weg führt ihn in eine Gegenwelt, d. h. in eine Welt antiarthurischer Figuren und Verhaltensformen. Der Held begegnet hier natürlichen oder übernatürlichen Feinden: Riesen, Zwergen, Bösewichten, Untieren, die er bezwingt, um wieder an den Hof zur Fest-*vröude* zurückzukehren bzw. sie wiederherzustellen.

3. Der *avanture*-Weg ist gedoppelt. Die beiden Ausfahrten sind konstrastiv motiviert. Der erste Auszug wird durch eine Provokation der Tafelrunde von außen angestoßen. Die festliche Freude wird in Frage gestellt. Der Artusritter unternimmt es, sozusagen stellvertretend die Provokation zu bewältigen. Er kehrt aber nicht ohne persönlichen Gewinn zurück: er erwirbt sich auf diesem Weg eine Frau. Der zweite Auszug wird durch eine innere Krise verursacht, in der das Verhältnis zur Partnerin und zur Gesellschaft gleichzeitig problematisiert wird. Der zweite Auszug wiederholt den Weg durch die antiarthurische Gegenwelt unter veränderten Vorzeichen.

4. Im Rahmen dieses Handlungsschemas wird eine doppelte Thematik ausgetragen. Zum einen geht es um die ritterliche Tat, d. h. um die Frage nach der Möglichkeit der Bewältigung der Welt durch die Tat. Dabei übt der Artusritter Gewalt, und er begegnet der Gewalt, er sieht sich dem Tod gegenüber. Das zweite Thema ist die Liebe. Der Held erfährt den Eros als Begierde und als absoluten Anspruch an das Du.

Das arthurische Modell dient somit dazu, das Verhältnis von Tat und Liebe, von Gewalt und Begierde, von Tod und Eros durchzuspielen. Die einzelnen Romane sind Varianten dieses Spiels unter wechselnden Akzentsetzungen. Der Bezugspunkt ist die Balance der Kräfte im höfischen Fest […]. Die antiarthurische Gegenwelt, in die der *avanture*-Ritter auszieht, ist gekennzeichnet durch die Mächte, die jener Balance grundsätzlich entgegenstehen: die Unbedingtheit des Eros und die Irreversibilität des Todes." (HAUG 1992, S. 98 f.)

Was hier zu kurz kommt, ist der Umstand, daß die Krisenmomente schon dem Hof selbst eingeschrieben sind, das Agieren des Helden im Außerhalb des Hofs also stets etwas Kompensatorisches an sich hat – und daß auch die ‚Gegenwelt' nicht grundsätzlich anti-höfisch, sondern in ihren relevantesten Ausprägungen gerade *auch* höfisch ist (vgl. Kap. 5.3.2). Ich werde mich unten darum bemühen, diesem Umstand in der Synthese der vorliegenden Modelle Rechnung zu tragen.

HAUG 1971. – HAUG 1992.

4.2.3.6 PROPPS Zaubermärchenschema als Grundlage strukturalistischer Artusroman-Analysen

In den strukturbegeisterten 1970er Jahren wurde dann vor allem versucht, das am Einzeltext gewonnene Schema KUHNS auf der Grundlage der PROPPschen Zaubermärchenstruktur in ein allgemeines Artusschema zu überführen. Um diese Versuche darstellen zu können, skizziere ich zunächst das Modell PROPPS.

PROPPS Modell (1928/1972) wurde aufgrund einer Märchensammlung aus dem 19. Jahrhundert entwickelt, derjenigen AFANASJEWS und der darin explizit als ‚Zaubermärchen' titulierten Texte. PROPP schwebte etwas wie eine ‚Morphologie' im Goetheschen Verständnis vor: im Sinne der Rekonstruktion eines einzigen Idealtyps auf Grundlage der Vielfalt der Erscheinungen. Zentral ist für PROPP der Begriff der ‚Funktion'. Eine Funktion ist für ihn eine Handlungseinheit, ein Ereignis, ein handlungstragendes Element, verstanden als paradigmatische Äquivalenzklasse, aus der das konkrete Element eine bestimmte Auswahl darstellt. Einzelne dieser Funktionen können auch ausfallen, manche können verdoppelt werden. PROPP benennt die Hauptfunktionen in ihrer syntagmatisch fixierten Abfolge (bis auf die Trias *P–M–Lö*; diese ersetzt, wenn sie auftritt, die Trias *K–M–S*) wie folgt:[31]

A: *Schädigung* (S. 36) bzw. *a Mangelsituation* (S. 39)

---

31 Den Hauptfunktionen geht oftmals eine Vorgeschichte voraus. Sie besteht etwa daraus, daß ein „Familienmitglied [...] das Haus für eine Zeit [verläßt]" (*a*, S. 31); dem „Helden wird" dann „ein Verbot" oder ein Befehl „erteilt" (*b*, S. 32), das übertreten wird (*c*, S. 33). Es tritt nun der „Gegenspieler" bzw. Schadensstifter auf, der „Erkundigungen" einzieht (*d*, S. 33) und „Informationen über sein Opfer [erhält]" (*e*, S. 34). Er vollzieht ein „Betrugsmanöver" an seinem Opfer (*f*, S. 35), das auch darauf hereinfällt und „damit unfreiwillig dem Gegenspieler [hilft]" (*g*, S. 35). Erst jetzt beginnt die Haupthandlung mit der *Schädigung A*.

4. Erzählen nach Mustern: Die gängigsten mittelalterlichen Erzählschemata

B: *Vermittlung, verbindendes Moment:* „Ein Unglück oder der Wunsch, etwas zu besitzen, werden verkündet, dem Helden wird eine Bitte bzw. ein Befehl übermittelt, man schickt ihn aus oder läßt ihn gehen." (S. 40; PROPP unterscheidet „Sucher" und „leidende Helden". Für letztere fällt die Funktion C aus, S. 41.)
C: *Einsetzende Gegenhandlung* (S. 42)
↑: *Abreise* des Helden (S. 43)
Sch: *Erste Funktion des Schenkers:* „Der Held wird auf die Probe gestellt, ausgefragt, überfallen usw., wodurch der Erwerb des Zaubermittels oder des übernatürlichen Helfers eingeleitet wird." (Ebd.; *Sch¹:* „Der Schenker stellt den Helden auf die Probe."³²)
H: *Reaktion des Helden* (S. 46; H^9: Der Held besiegt den Feind oder unterliegt)
Z: *Empfang eines Zaubermittels* (S. 47)
W: *Raumvermittlung:* „Der Held wird zum Aufenthaltsort des gesuchten Gegenstandes gebracht" (S. 52)
K: *Kampf* (S. 53)
M: *Kennzeichnung* des Helden (S. 54)
S: *Sieg* des Helden (ebd.)
L: *Liquidierung, Aufhebung des Unglücks oder Mangels* (S. 55)
↓: *Rückkehr* des Helden (S. 57)
V: *Verfolgung* des Helden (ebd.)
R: *Rettung* (S. 58)

Hier nun ist das Ende vieler Märchen, eine Heirat schließt sich an, doch häufig wiederholt sich die Schädigung, oft genau wie am Anfang, oft ganz anders realisiert; dann wiederholt sich die Handlung bis zur Rückkehr des Helden. Die folgenden Funktionen werden nur *nach* einer solchen Handlungswiederholung realisiert (S. 59 f.).

X: *Unerkannte Ankunft* (S. 61)
U: *Unrechtmäßige Ansprüche* des falschen Helden (ebd.)
P: *Prüfung, schwere Aufgabe* (ebd.)
Lö: *Lösung* (S. 62)
E: *Erkennung* des Helden (S. 63; E korrespondiert mit M)
Ü: *Überführung, Entlarvung* des falschen Helden (ebd.)
T: *Transfiguration* des Helden (ebd.)
St: *Strafe, Bestrafung:* „Der Feind wird bestraft" (S. 64; St_{neg} bei Begnadigung)
H**: *Hochzeit* (H*) *und Thronbesteigung* (ebd.)

Hier endet das Märchen; andere, nicht genauer zu definierende oder aus anderen Gattungen übernommene Funktionen können als *N* in die analytische Beschreibung des Handlungsablaufs einbezogen werden. Unterschiedliche Funktionen können auf der Oberflächenstruktur der *histoire* identisch realisiert werden; daß es sich um tatsächlich unterschiedliche Funktionen handelt, kann am Resultat des

---

32 PROPP hat die meisten seiner Funktionen mit Index-Ziffern weiter ausdifferenziert. Ich gebe hier im besonderen diejenigen Funktionen wieder, die in der Argumentation SIMONS (s. u. Kap. 4.2.3.10) eine Rolle spielen.

jeweiligen Handlungselements erkannt werden. Auch treffen oft zwei Funktionen in einer Handlung zusammen. Außer den aufgezählten (Haupt-)Funktionen gibt es noch Hilfselemente, die keinen Einfluß auf die Entwicklung des Geschehens haben, z. B. „Nachrichtenübermittlung" (S. 71). Solche Kopulaelemente werden mit „$\mathcal{S}$" bezeichnet (S. 74).

Die Funktionen des Zaubermärchens sind auf sieben verschiedene Aktanten mit ihren jeweiligen Handlungskreisen verteilt (S. 79 f.: Gegenspieler: *A, K, V*; Schenker: *Sch, Z*; Helfer: *W, L, R, Lö, T*; Zarentochter/gesuchte Gestalt und deren Vater: *P, M, Ü, E, St, H**; Sender: *B*; Held: *C*↑, *H; H**; falscher Held: *C*↑, H_{neg}, *U*). Das verallgemeinerte Handlungsschema einer Zaubermärchen-Sequenz, die auch von anderen Sequenzen unterbrochen und wiederholt werden kann, lautet mit PROPP (S. 104):

$$A\ B\ C\uparrow Sch\ H\ Z\ W\{^K_P M\ ^S_{Lö}\}\ L\downarrow V - R\ X\ U\ E\ Ü\ T\ St\ H^*$$

Gelegentlich wird die eigentlich fixe Reihenfolge der einzelnen Funktionen variiert, verdoppelt oder zusammengezogen.

PROPP 1928/1972.

4.2.3.7 Zaubermärchen und Artusroman 1: Literaturanthropologische Forschungsansätze

Natürlich sind Ritterromane keine Zaubermärchen, auch wenn es in ihnen Zaubermittel gibt und der Held seine Prinzessin heiratet. Prononcierter gesagt: Der höfische Roman bedient sich zwar einer Märchenmotivik (und womöglich auch märchenanaloger Strukturen), dies aber nur, um damit eine feudale Semantik einzukleiden. Deutlich geworden ist dies bereits in der Diskussion der Theorien elementarer Narrativität. Märchen erzählen nicht selten Initiationsgeschichten, sie handeln davon, wie vor allem männliche Protagonisten vom Kind oder Jugendlichen zum Ehemann werden. Vor allem traditionale Kulturen regeln den Übergang zwischen zwei unterschiedlichen Lebensaltern durch Initiationsriten. Diese wurden zuerst 1909 durch ARNOLD VAN GENNEP systematisch beschrieben. Es geht darum, daß eine symbolische Grenze überschritten werden muß, die die beiden Lebensalter trennt (vgl. zum Folgenden auch LEACH 1978, S. 98–101; TURNER 1989). Sie ist zugleich zumeist räumlich markiert. Der Initiand muß sich einem Trennungsritus unterwerfen, der ihn seinem Alltagsraum enthebt und ihn in einen Ausnahmeraum führt, wo er, getrennt von seiner bisherigen sozialen Umgebung, seinen alten Status und seine Identität verliert. In Schwellen- und Umwandlungsriten wird er symbolisch getötet. Nach einer symbolischen Wiedergeburt muß er sich einem Angliederungs- bzw. Aggregationsritus unterziehen und darf dann in seiner neuen sozialen Rolle wieder in die Gemeinschaft eintreten. Er kann sich diesen Riten allein unterziehen oder in einer Gruppe von Initianden; er kann die Riten selbst an sich vollziehen, oder er braucht dazu einen oder mehrere Initiationshelfer.

Die Initiation kann durchaus in voneinander unabhängige Phasen aufgespalten und somit sukzessive realisiert werden. Dann wird die Phase der *Liminalität* in die Länge gezogen: eines Zustandes, in dem die Initianden auch bedrohlich für andere sein können, weil sie nicht Glieder einer festgefügten sozialen Ordnung sind (das erklärt etwa die Lizenzen in puncto Gewalt und Promiskuität, die junge Männer in vielen Kulturen haben, solange sie unverheiratet sind). Konstitutiv für die Übergangsriten sind u. a. Reisen an einen anderen Ort, das Ablegen der alten Kleidung, spezielle Ge- und Verbote (hinsichtlich Nahrung, Kleidung und Verhalten) während des Aufenthalts im Ausnahmeraum. In älteren Kulturen sind diese Riten noch deutlich kenntlich; wir kennen sie zumeist nur noch in stark abgeschwächter Ausprägung (Führerscheinprüfung, Abitur, universitäre Abschlußprüfungen, Hochzeitsbräuche).

Große Teile der Weltliteratur erzählen Initiationsgeschichten – bis hinein in den Bildungsroman des 19. und noch des 20. Jahrhunderts. In den Erzählungen der Moderne und Postmoderne sind die Riten, die symbolischen Tode und die symbolischen Wiedergeburten oft nur noch dunkel erahnbar, sie werden vielleicht nur noch im Traum oder in halluzinogenen Zuständen manifest, ansonsten erscheinen sie etwa von der Handlungsebene weg in die Metaphorik, in die Ahnungen der Figuren oder in Begleitumstände der Haupthandlung verschoben. Dennoch: Es handelt sich um ein anthropologisch fundiertes Erzählmuster, das von Kultur zu Kultur unterschiedlich besetzt wird.

Artusromane erzählen nun von jungen Männern (*iuvenes/jeunes*; vgl. Kap. 2.3.4.7), die ihren sozialen Status massiv verändern, indem sie zu Rittern und zu Ehemännern und Landesherrschern werden. Artusromane erzählen – nicht nur im Fall der ‚Krise' – von Begegnungen mit dem Tod und von symbolischen Wiedergeburten, sie erzählen von vazierenden Rittern, die sich im sozialen ‚Außerhalb' der Aventiurewelt treffen, um sich in gefährlichen Kampfspielen miteinander zu messen, und sie erzählen von Ausnahmeräumen, in denen genau das nicht gilt, was sonst das gewöhnliche Leben am Hof ordnet. Sie erzählen davon, wie erotische und sexuelle Erfahrungen gemacht werden, und sie erzählen davon, wie all diese prekären, ebenso faszinierenden wie gefährlichen Dinge letztlich in die soziale Ordnung eingepaßt werden können – wie also zuletzt aus dem herumstreunenden Aventiureritter ein braver Landesfürst wird. So verstanden, ist es nicht mehr völlig abwegig, den Artusroman und das Märchen im Blick

4.2 Zentrale Muster mittelalterlichen Erzählens

auf ihre Funktion als Initiationsgeschichten miteinander in Beziehung zu setzen.

Ein entsprechender literaturanthropologischer Ansatz stammt von WALTER BURKERT. Die Vorbehalte, die man dagegen geltend gemacht hat, PROPPS Schema auch außerhalb der 100 Zaubermärchen AFANASJEWS vorfinden zu wollen, wischt er mit einem relativ lässigen Überblick über die Mythen der Antike vom Tisch. In den Geschichten um Perseus, Herakles und Jason, ja schon im sumerischen Gilgamesch-Epos möchte BURKERT (1998, S. 74–101) die entsprechenden Handlungsmuster vorfinden:

> „Die PROPP-Sequenz wirkt als gestaltendes Prinzip seit den ältesten Erzählungen, die aufgezeichnet wurden, und weit über die klassische Mythologie hinweg bis in die Moderne hinein" (ebd., S. 81).

BURKERT sieht den Grund hierfür in einer menschlichen Urerfahrung: der Nahrungssuche mitsamt den damit verbundenen Gefahren; den Ursprung der entsprechenden Geschichten sieht er in schamanischen Ritualen:

> „Der Schamane führt in Ekstase vor, wie er eine abenteuerliche Suche in jenseitige Bereiche unternimmt; er kann zum Himmel aufsteigen oder in die Unterwelt hinabfahren; er begegnet Geistern, Dämonen, Göttern. Zweck der Reise ist, die ‚Seelen' von Kranken zurückzuholen, die man im Jenseits gefangen glaubt, oder aber die Tiere für die Jagd frei zu bekommen, die von einem vielleicht gekränkten Herrn der Tiere oder einer Herrin der Tiere zurückgehalten werden" (ebd., S. 87).

Initiationserzählungen wie die der PROPP-Sequenz seien letztlich hieraus entwickelt worden, wobei das Schema der ‚abenteuerlichen Suche' jedoch nicht das einzige Muster sei.[33]

---

33 Diesem vorrangig auf männliche Protagonisten zurechtgeschnittenen Typ stellt BURKERT (1998) komplementär die „Mädchentragödie" gegenüber (S. 91). Er entwickelt den Typus anhand der Geschichte von Amor und Psyche, die Apuleius im ‚Goldenen Esel' erzählt. Auch hier möchte BURKERT die grundlegenden Muster bereits in den ältesten überlieferten Geschichten der Weltliteratur erkennen. Die ‚Mädchentragödie' handelt von der sexuellen Initiation einer jungen Frau (seltener eines jungen Mannes, dann natürlich mit den notwendigen Umbesetzungen), in einer Abfolge von fünf Funktionen: „(1) Ein Bruch im Leben eines jungen Mädchens: Eine von außen kommende Macht zwingt, das Haus zu verlassen; dies bedeutet Trennung von der Kindheit, von den Eltern, von der Familie. (2) Eine Periode der Abgeschiedenheit, die oft als eine idyllische, wenn auch abnorme Lebensform geschildert wird. Ein besonderes Haus oder auch ein Tempel dient als Aufenthalt, doch an die Stelle des Eingeschlossen-Seins kann auch der Ausbruch in die Wildnis stehen, weit weg vom zivilisierten Lebensbereich. (3) Die Katastrophe, die das Idyll zerbrechen läßt. In der Regel geht es um das Eindringen eines Mannes; nicht selten eines sehr eigentümlichen Wesens, Dämon, Heros oder Gott. Das

Eine Argumentation wie diejenige BURKERTS geht nur dann auf, wenn man die Semantik, die an solchen Initiationserzählungen haftet, relativ allgemein faßt (und ihren Sinn im Ursprung des Modells sieht). Nur dann kann man im Muster von Ausfahrt, Prüfung und Wiederkehr so etwas wie eine anthropologische Universalie sehen. Für die Interpretation eines historisch konkreten Texttyps ist man daher mit dem Brautwerbungsschema besser bedient, weil dort auch eine kulturspezifische Semantik mitgedacht ist. Extrem reduktive Abstraktionen wie diejenige BURKERTS haben jedoch den Vorteil, daß sich die Welt der Phänomene erst einmal aus der Vogelschau wie von selbst ordnet, und sei es über Jahrtausende hinweg.

BURKERT 1998. – LEACH 1978. – SCHMITT 2002. – TURNER 1989. – VAN GENNEP 1909/1986. – WAWER 2000.

4.2.3.8 Zaubermärchen und Artusroman 2: Die These NOLTING-HAUFFS

ILSE NOLTING-HAUFFS Versuch (1974a), Chrétiens ‚Yvain' als Adaptation der Zaubermärchenstruktur zu lesen, ist vor allem an syntagmatischen Strukturen interessiert, kaum allerdings an der Semantik. In der Entwicklung des abendländischen Erzählens sieht sie bis zum Ende des 17. Jahrhunderts einen spezifischen Erzähltypus am Wirken, den ‚Märchenroman', dessen dominierende Untertypen der Artusroman und der hellenistische Liebes- und Abenteuerroman seien (NOLTING-HAUFF 1974a, 1974b). Unter dieser Prämisse, die das Märchen zugleich als Urtyp und als Zielform einer mehr als ein Jahrtausend übergreifenden Erzähltradition begreift, versteht sie Chrétiens ‚Yvain' als einen Text, dessen Handlungsablauf in dreierlei Hinsicht stark vom Märchenschema geprägt

---

Mädchen wird vergewaltigt und geschwängert. (4) Eine Periode des Leidens, der Bestrafung, der Todesnot, sei es durch Gefangenschaft, sei es durch Austreibung in der Fremde. (5) Die Rettung, die zu einem glücklichen Ende führt. Dieser Abschluß ist in der Regel direkt oder indirekt mit Kindsgeburt verbunden; meist handelt es sich um einen Sohn, um einen Stammesheros mit göttlichem Vater in der Konvention der griechischen Mythologie. Damit wird der Erzähltyp zur Einleitung in die Geschichte eben dieses Sohns, seiner Abenteuer und seines Erfolgs." (S. 91 f.) Dieses Modell ist in der Mediävistik, soweit ich sehe, mit wenigen Ausnahmen (WAWER 2000, S. 40–43) weitgehend folgenlos geblieben. Man könnte in der Zeugung des Helden in der B- und der D-Fassung des ‚Wolfdietrich' gewisse Parallelen erkennen, überhaupt in der Heldenepik, wo der Heros oftmals von latent dubiosem Herkommen ist. Das übliche Muster jedoch, nach dem im mittelalterlichen Erzählen von der Initiation einer Frau erzählt wird, ist dasjenige der Legende (vgl. SCHMITT 2002, S. 175–215).

sei: zum ersten, indem das Gesamtgeschehen sich als gedoppelte Abfolge einer variierten PROPP-Sequenz begreifen lasse; zum zweiten, indem auch die ‚gestörte Mahrtenehe', die der Beziehung zwischen Yvain und Laudine zugrunde liege, als Transformation des PROPPschen Schemas zu verstehen sei; und schließlich zum dritten, indem sie im zweiten Handlungsteil nicht nur die ‚Pesme avanture', Yvains größtes Abenteuer, sondern auch die anderen, ineinander verschachtelten Einzelepisoden als Einzelmärchen im Sinne einer jeweils mehr oder minder vollständig realisierten PROPP-Sequenz liest, wobei einer der Urtypen aller Märchen, das Drachentöter- und Erlösungsmärchen, seine spezifische mittelalterliche Gestalt erhalte.

Ich gebe das hier nicht im einzelnen wieder. Ein paar grundsätzliche Dinge sollten allerdings diskutiert werden:

1) Märchen und Artusroman unterscheiden sich massiv im Umfang. Das bedeutet, daß die Handlungselemente des Artusromans durch Resümeebildung bestimmt werden müssen. NOLTING-HAUFF (1974a) legt damit die Grundlage für ihre ‚mehrdimensionale' Lektüre des ‚Yvain' als Transformation von Zaubermärchen, denn dies läßt zu, daß eine komplette Handlungssequenz auf einer hierarchisch höheren Ebene nur noch als eine einzige Handlungsfunktion verstanden werden kann (S. 139 f.).

2) NOLTING-HAUFFS Nachweis funktioniert nur unter der Prämisse, daß die Abfolge der Handlungsfunktionen, anders als von PROPP bestimmt, nicht eindeutig festgelegt ist. Das wirft meines Erachtens grundlegende Probleme auf, denn die Funktionen PROPPS sind inhaltlich nicht distinkt definiert. Das bedeutet, daß der Umstand, daß ich einen Text mit Hilfe der Zaubermärchen-Funktionen beschreiben kann, nichts mehr darüber aussagt, ob es tatsächlich einen ursächlichen Zusammenhang gibt, wenn die Reihenfolge der Funktionen gleichgültig ist.

3) Merkwürdigerweise zeigt sich NOLTING-HAUFF bei ihrer Resümeebildung desinteressiert an der chronologisch ‚richtigen' Abfolge der Ereignisse, also an der Rekonstruktion der *histoire*; sie resümiert zwar die Handlung, folgt dabei aber der Reihenfolge, in der die Ereignisse auf der Ebene des *discours* präsentiert werden.

4) Während PROPPS Schema wesentlich auf die Perspektive des Helden fixiert ist, läßt NOLTING-HAUFF den Blickwinkel von Episode zu Episode und auch innerhalb einer Episode wechseln, so wenn die Schädigung gar nicht den Helden betrifft, dieser aber dennoch auszieht, sie zu bereinigen. Wie bereits bei 2) und 3) stellt sich die Frage, ob PROPPS sehr allgemein gehaltene Funktionsbezeichnungen angesichts

solch massiver Veränderungen der Analysemethode noch irgendeinen Aussagewert haben, was eine Verwandtschaft (und eben nicht bloß: Analogie) zwischen dem Märchen und dem Artusroman betrifft.

NOLTING-HAUFF 1974a. – NOLTING-HAUFF 1974b.

4.2.3.9 Märchensemantik vs. feudale Semantik

Die Einwände gegen ein Verständnis des Artusromans vom Märchen her sind vor allem von CHRISTOPH CORMEAU (1979) gebündelt worden. CORMEAU bezweifelt, daß die Semantik eines Schemas und sein Syntagma als voneinander unabhängig begriffen werden können:

> „Das ist nun die entscheidende Frage: Ist die ‚Umdeutung des Märchens im Sinne feudaler Wertvorstellungen' [...][34] ein Prozeß, der die syntagmatische Ebene des Erzählens nicht verändert? Ist mit den an der einfachen Form gewonnenen Funktionen der Roman adäquat erfaßt, was NOLTING-HAUFF annimmt, oder sind allenfalls Analogien zwischen zwei verschieden situierten Typen von Erzählung herausgearbeitet, die den Vergleich erleichtern, aber einen unüberbrückbaren Unterschied nicht aufheben können?" (S. 66)

Während es im Märchen um eine relativ elementare Schädigung gehe, die durch die Aktionen des Helden wiedergutgemacht werden muß, spiegele sich im Begriff der *êre* „eine ganze – fiktionale – Gesellschaftsstruktur samt ihren Verhaltensmustern und damit auch die nicht reduzierbare Situierung der Gattung in einer Lebenswelt", so daß die Gleichsetzung zwischen Schädigung und Ehrverletzung eine unangemessene Reduktion der feudalen Semantik darstelle (S. 69). Darüber hinaus blende das PROPPsche Schema, wie es NOLTING-HAUFF als Basis ihrer Interpretation ansetze, das spezifische Doppelwegschema des arthurischen Romans aus, nicht allein die Krise, sondern auch „die Wiederholungen, die Verhaltensweisen steigern und die so etwas wie eine habituelle Qualität des Protagonisten anschaubar machen", ebenso, „daß Minne und Minnekasuistik das Erwerben einer Braut ebenso qualitativ verändern wie das Ethos die Handlungsauslösung" (S. 73 f.). CORMEAUs Kritik zielt also darauf, daß die spezifische Semantik des arthurischen Doppelwegs an bestimmte syntagmatische und paradigmatische Strukturen gekoppelt ist, die vom Märchenschema nicht erfaßt werden.

Er zeigt dann auch, daß der Artushof als „kollektive Kategorie, die mindestens mit Artus, Ginover, Gawein und Keie zu besetzen ist" keinesfalls darin aufgeht, bloß das romanhafte Pendant des Märchenaktanten

---

34 CORMEAU zitiert hier NOLTING-HAUFF 1974a, S. 175.

'Sender' zu sein, weil er die Identität der Erzählung und der Gattung über den linearen Weg des jeweils einzelnen Helden hinaus verbürgt. Der Hof „repräsentiert eine Verhaltensnorm, und daran orientiert sich der Held" (S. 75). Durch die Existenz des Hofs kann die soziale Norm, die der Hof verkörpert, narrativ abgelöst werden vom Grad ihrer Erfüllung, den der Held verkörpert, und beider Verhältnis kann in den Hoffesten veranschaulicht und so erzählend diskutiert werden – dies wiederum in gattungstypischen Handlungseinheiten, die vom Märchenschema her nicht vorgesehen sind, die jedoch das Syntagma des Artusromans allein durch ihre aufeinander beziehbare Wiederholung bestimmen (S. 76).³⁵

CORMEAU 1979.

4.2.3.10 Zaubermärchen und Artusroman 3: Die These SIMONS

SIMON, ein Schüler CORMEAUS, hat trotz dieser Kritik einen späteren Versuch unternommen, PROPPS Funktionenschema auf den Artusroman zu übertragen, unter der nirgends problematisierten Prämisse, „alle wesentlichen Teile des Artusromans seien aus dem Zaubermärchen ableitbar" (1990, S. 3). Auch er läßt sich dabei durch KUHNS ‚Erec'-Aufsatz anleiten. Von dem älteren Versuch NOLTING-HAUFFS (1974a) grenzt SIMON sich mit dem Argument ab, daß sie die Reihenfolge der PROPPschen Funktionen zu oft umgestellt habe, was PROPPS Ansatz nur in Ausnahmefällen zuläßt. Die These, die SIMON beweisen möchte, lautet, daß der Artusroman „ein zwar noch vom Zaubermärchen abhängiges, aber doch auch schon eigenstrukturiertes Gattungsprogramm" sei (S. 19). Den Nachweis kann er allerdings nur in struktureller Hinsicht führen, nicht in historischer. Das Verfahren funktioniert nur dann, wenn man sich darauf einläßt, bei SIMONS Uminterpretation der PROPPschen Funktionen mitzugehen. Diese Uminterpretation betrifft das wenige an Semantik, was in PROPPS Funktionen enthalten ist, aber schon dieses wenige erscheint mit SIMON im Artusroman

---

35 CORMEAU wendet sich an dieser Stelle auch dagegen, die „Gegenspieler" des Artushelden mit den Gegenspielern im Zaubermärchen gleichzusetzen. Der Aktionsradius ersterer sei zumeist, anders als im Märchen, auf nur wenige Episoden begrenzt; zudem seien sie in ihrer ethischen Bewertung nicht eindeutig, weil sich hier das ‚Böse-Sein' nur auf habitualisierte Verhaltensmuster beziehe, die, sobald sie vom Helden durch eine Kampfestat unterbunden worden seien, auch wieder aufgegeben werden könnten, so daß die ehemaligen Gegner als ‚Gute' in den Bereich des Höfischen integriert werden könnten. Auch das sei von der Semantik des Märchens her nicht vorgesehen und stelle einen ganz entscheidenden Unterschied dar.

nicht allein radikal anders, sondern in gewissem Sinn beliebig. Hinzu kommt, daß die ‚Transformation' des Zaubermärchens zum Artusroman einerseits zwar zu einer deutlichen Reduktion der Funktionen führt, aus denen die Sequenz eines Einzeltextes zusammengesetzt ist, andererseits aber damit einhergeht, daß im Gegenzug der Umfang des Einzeltextes um ein Zigfaches erweitert wird.

Dennoch: SIMONS Modell erlaubt einen unglaublich klaren Blick auf die Struktur des arthurischen Romans, und es sei deshalb hier vorgestellt. Zentral sind für SIMON zwei Umakzentuierungen; erstens eine des Zaubermärchenschemas, zweitens eine der gängigen Sicht auf den Artusroman: 1) Das *Zaubermittel Z* transformiere im Artusroman den sozialen Status des Protagonisten; 2) die Krise habe „nur Motivationsfunktion [*Mot:N*] und ist damit zunächst *kein autonomes Segment*" (S. 5). Diese Interpretation, die die Semantik der Krise komplett ignoriert, ist für SIMON nötig, weil er die anfängliche *Schädigung A* durch den ersten Sieg des Helden (H^9) als bereits aufgehoben begreift – es sei kein Handlungsdefizit mehr vorhanden. Die Großaufteilung in zwei Handlungssequenzen spiegele folgende thematische Orientierung wider: 1) der Held müsse sich qualifizieren (*A – Z:* „Vom Können zum Sein", S. 18); 2) er müsse für die Gemeinschaft handeln (*Z – H*:* „Vom Sein zur Anerkennung", ebd.). Der Einschnitt zwischen beiden Teilen sei das Hoffest, „sowohl die letzte Funktion des ersten Teils als auch die erste des zweiten Teils" (S. 17). Bei diesem Hoffest werde der soziale Status des Helden festgelegt – so begreift SIMON die Umdeutung des *Zaubermittels Z*. Im zweiten Cursus transformiere der *Kampf K* zur ersten Aventiurereihe, der *Sieg S* zur zweiten Aventiurereihe. Die *Markierung M* werde in der Zwischeneinkehr am Artushof realisiert.

Das Gattungsprogramm des Artusromans stelle sich beim ‚Erec' mit den Funktionen PROPPS dann wie folgt dar (S. 18):

$< A\ B\ C\ Sch^1\ H^9\ Z\ Mot{:}N\ W\ K\ M\ S\ h^2\ H^* >$

Es entfallen dabei nach SIMON folgende Funktionen und Aktanten: *L*, der Gegenspieler, damit *V* und *R*, weiterhin *P, Lö, X, E, T, U, Ü, St*, welche aber an anderen syntagmatischen Stellen wieder eingesetzt werden könnten. Ferner gebe es keine Helfer (allenfalls fakultativ und episodisch), keine Schenker (die Funktion werde in einer Aventiuresituation realisiert), keine Gegenspieler, keine entführte Gestalt, keinen falschen Helden und keinen Sender. Es bleiben h^2 (erneuerte Ehe) und H^* (Thronbesteigung). Die Dame selbst sei, da sie keine eigenständige und handlungsrelevante Rolle spiele, kein Aktant, sondern sie gehöre zum Helden.

Diese ‚Rechenkünste' haben zwar etwas Selbstzweckhaftes, das wenig dazu angetan ist, die Struktur des Artusromans im Sinne einer historisch angemessenen Interpretation zu erhellen. Das Schema entsteht dadurch, daß der ‚Erec' als Prototyp vor das PROPPsche Handlungsmodell gehalten wird: Festgehalten werden nur die Entsprechungen, und wo wichtige Handlungselemente des Artusromans keine Entsprechung im Zaubermärchenschema haben, wird einfach die Basissemantik einer Zaubermärchenfunktion uminterpretiert, um eine Handlungsfunktion des Artusromans zu erhalten. Allerdings ist das Buch SIMONS viel klüger, als es die notgedrungen verkürzende Zusammenfassung seiner Thesen erahnen läßt. Das zeigt sich vor allem am Ende seiner Ausführungen, wenn er sehr grundsätzliche Überlegungen zum Thema Intertextualität anstellt, und es zeigt sich schon zuvor in seinem ‚systemischen Blick' auf den Artusroman. Ich stelle noch einige wichtige Beobachtungen SIMONS vor, bevor ich aufgrund der bislang vorgestellten Forschungsansätze einen eigenen Beschreibungsversuch unternehme.

Als neuer Handlungskreis gegenüber den Zaubermärchen werde – als kollektive Aktantengruppe – der Artushof eingeführt, womit sich auch die Raumstruktur des Artusromans grundlegend anders organisiere als die des Zaubermärchens: Es gebe nur noch den Hof selbst und das ‚Außerhalb'. Der Held wird als Vertreter des Kollektivs ins ‚Außerhalb' ausgesandt, um etwas zu korrigieren. Das ‚Außerhalb' kenne drei Aventiurekreise:

1) den ritterlichen Zweikampf: in diesem standesspezifischen Ritual stelle sich der Held als bester unter seinesgleichen heraus. Das Ritual schaffe standesspezifische Solidarität;
2) den Kampf gegen rohe Gewalt (Ritter und Drachen): der Held zeige seine Kompetenz, auch jenseits der eingeübten standesspezifischen Rituale situationsadäquat zu handeln und die Gemeinschaft vor dem Außerhöfischen (ihrem *„archaischen Gegenteil"*, S. 29) zu schützen;
3) die Erlösung einer verzauberten Burg: der Held beweise weltliche Heilskompetenz im Zusammentreffen mit dem *„strukturellen Gegenteil"* (S. 29) der Artusgesellschaft.

NOLTING-HAUFF 1974a. – PROPP 1928/1972. – SIMON 1990.

4.2.3.11 Versuch eines Ablaufschemas des ‚klassischen' Artusromans

Gerade das ‚archaische' und das ‚strukturelle Gegenteil' der Artusgesellschaft sind für die folgenden Ausführungen besonders interessant, in dem Sinne, daß ein ‚Gegenteil' eine grundsätzliche Vergleichbarkeit voraussetzt.

262 4. Erzählen nach Mustern: Die gängigsten mittelalterlichen Erzählschemata

Es wird sich zeigen, daß das ‚strukturelle' Gegenteil des Hofs noch ausgesprochen viel mit ihm selbst zu tun hat. Ich erinnere vorab an die Ausführungen zum Artusroman in den Kapiteln 2.3.4.1 und 3.4.1.

Erster Cursus
Hof:[36]

1) Ausgangssituation: Der Held befindet sich als junger, unerfahrener Ritter zur Ausbildung am Artushof, der zu Beginn der Handlung Schauplatz eines höfischen Festes ist. Allerdings erscheint die Festfreude bereits durch kleinere Störungen von innen her gefährdet: indem Schwierigkeiten dabei auftreten, die sozialen Imperative der Reziprozität und des Agons zugleich zu erfüllen. Das Verhältnis zwischen der virtuellen Gleichheit aller (Tafelrunde) und dem Gebot, dennoch festliche Ordnung auch agonal durch Hierarchisierung herzustellen, ist per se prekär, wenn nicht paradox.

‚Erec': Trotz der Warnungen Gaweins belebt Artus einen alten Brauch neu – die Jagd nach dem weißen Hirsch. Damit wird Konkurrenz unter den Liebespaaren am Hof entfacht (Chrétien). Im ‚Mantel'-Fragment, das im Ambraser Heldenbuch den verlorenen Anfang Hartmanns ersetzt, kommt es durch den magischen Mantel zu einer Tugendprobe: Der gleiche Gegenstand (virtuelle Gleichheit) sorgt auch hier für eine Konkurrenz unter den Paaren, auch wenn nur die Tugend der Dame gemessen wird (vgl. Kap. 2.3.4.1).

‚Iwein': Das Königspaar hat sich – offenbar gegen die Etikette – am Nachmittag vom Fest in die Kemenate zurückgezogen. In kleiner Runde erzählt Kalogrenant von seinem gescheiterten Abenteuer im Brunnenreich, bei dem er sich gegen den Brunnenritter Askalon mehr als eine blutige Nase geholt hat. Iwein kündigt an, die Schmach seines Verwandten rächen zu wollen. Die Königin nähert sich der Erzählgemeinschaft, was zu einem kleinen Tumult führt, als man sie bemerkt. Dafür verantwortlich ist ausgerechnet derjenige, der für Ordnung am Hof sorgen soll: der Truchseß Keie, der zunächst Kalogrenant, später dann Iwein wegen Großsprecherei maßzuregeln sucht. Dafür wird Keie wiederum zweifach von Ginover ausgescholten.

2) Provokation des Außerhalb: An den Artushof wird eine Provokation von außen herangetragen. Die nicht-höfische Welt dringt in die höfische ein, ihre Vertreter können dort aber nicht überwunden werden,

---

36 Die raumsemantische Dichotomisierung Hof – Außerhalb folgt SIMON 1990. Um der Stringenz des Schemas willen wurden andere höfische Bereiche (Karnant; Laudinereich) hier prinzipiell dem Hof zugeschlagen und erst als ‚Zielbereich' eigens vermerkt. Zum Gattungsmodell immer noch hilfreich: CORMEAU 1977, S. 1–22.

weil sie sich sofort wieder entziehen oder weil sie nur im Status einer Erzählung präsent geworden sind.

‚Erec': Der Zwerg, der das vorbeireitende Paar begleitet, läßt es nicht zu, daß sich die Hofdame der Königin und dann Erec nach der Identität seiner Herrschaft erkundigen. Er verletzt zuerst das Mädchen – und damit über die Königin auch den Hof – und den Helden selbst massiv in ihrer jeweiligen êre.

‚Iwein': Interne und äußere Störung sind hier ineinander verschränkt. Iwein möchte die Scharte in der Familienehre auswetzen, die Kalogrenant sich im Außerhalb des Hofs zugezogen hat (die Provokation kommt also nicht über einen Vertreter des Außerhalb an den Hof, sondern über eine Geschichte). Der Spott Keies sorgt zusätzlich für eine Verschärfung der internen Störung, ebenso wie die Ankündigung des Königs, gemeinsam mit seinen Rittern zum Wunderbrunnen auszureiten: Iwein ist im Zugzwang.

3) Erster Aufbruch des Helden: Der Held macht sich auf, die externe Provokation zu bereinigen. Dies geschieht zugleich im Interesse der eigenen *êre*, als Alleingang, der mit niemandem abgesprochen ist, und als Stellvertreter der Artusgesellschaft: Trotz oder gerade wegen seiner individuellen Ehrsucht verkörpert der Held dasjenige, was die höfische Gesellschaft für ideal hält; die Herausforderung von außen muß in jedem Fall bewältigt werden. So agiert der exemplarische Held bei der Initialaventiure immer als Stellvertreter der Gesellschaft. Diese widersprüchliche Engführung kann auch dadurch markiert werden, daß der Held sich nicht förmlich vom König verabschiedet: Die Eigenmächtigkeit verhindert ein Ritual, das den Helden als isolierten einzelnen wieder aus dem Hof ausgliedern würde.

‚Erec': Erec kündigt der Königin gegenüber an, erst dann wieder zurückzukehren, wenn er sich beim Herrn des Zwergs gerächt habe. Sie will ihn zurückhalten, doch er insistiert so lange, bis sie ihm *urlou[p]* gewährt (V. 148 f.: ‚die Erlaubnis zu gehen'). Dann verfolgt er ohne Rüstung den Ritter, die Dame und den Zwerg.

‚Iwein': Iwein muß befürchten, daß sein Plan, das Brunnenabenteuer zu bestehen, dadurch vereitelt wird, daß auch Artus mit seinen Rittern dorthin will. Er bricht also heimlich auf.

Außerhalb:

4) Initialaventiure: Der Held bereinigt die Provokation und gewinnt dabei eine Frau, evtl. zusätzlich ein Reich. Dies geschieht in einem Raum, der zwar einerseits massiv höfisch geprägt ist, andererseits aber auch von einer verkehrten Ordnung.

‚Erec': In Tulmein regiert Herzog Imain. Vordergründig scheint hier alles mit höfischen Dingen zuzugehen, doch ist die Ordnung der Adelswelt sowohl im Zentrum als auch in der Peripherie gestört. Das Turnier um den Sperberpreis, das anhand der Kampfkraft der Ritter die Schönheit ihrer Freundinnen feststellen soll, wurde schon zweimal vom Falschen gewonnen, von Iders, dessen Freundin nicht die Schönste ist; Iders droht nun endgültig den Preis zu gewinnen und damit die verkehrte Ordnung auf Dauer zu etablieren. Am Rande der Stadt wohnt der verarmte Graf Koralus, ein Verwandter Imains, der selbst in seiner Jugend mit Erecs Vater die Schwertleite absolviert hat, inzwischen aber von seinen Verwandten seines Erbes beraubt worden ist; zudem wäre seine Tochter Enite die schönste aller höfischen Damen, sie muß aber aufgrund seiner Armut in schäbig zerschlissenen Kleidern herumlaufen. Erec macht einen Handel mit Koralus: Er wird seine Tochter heiraten, wenn sie mit ihm beim Sperberpreis auftritt und wenn Erec die alte Rüstung des Grafen tragen darf. Erec selbst stellt beim Turnier diese Verkehrung aus, indem er sich dem Ansinnen Imains verweigert, Enite in prachtvolle, neue Gewänder zu stecken. Enites Anblick beflügelt ihn beim Kampf gegen Iders und vervielfacht seine Kräfte. Das, was das Turnier bestätigen soll, wird so programmatisch markiert: die Abhängigkeit der Kampfkraft des Ritters von der Schönheit seiner Geliebten.

‚Iwein': Der wundersame Brunnen und das Brunnenreich vereinen Gegensätzliches (vgl. besonders HAMMER 2007, S. 215–237). Man kommt nur dorthin, wenn man sich von einem tierhaft häßlichen Waldmenschen, der als Viehhirte die unterste Stufe der menschlichen Kultur verkörpert, den Weg dorthin weisen läßt. Der Brunnen selbst, erlesenstes Kunsthandwerk, liegt mitten in der Wildnis; er ist gewissermaßen der einzige Grenzübergang ins Laudinereich und zugleich dessen metonymische Verdichtung: Begießt man ihn, bricht ein Unwetter herein, das, glaubt man dem dann herbeigeeilten Landesfürsten Askalon, das Brunnenland derartig verheert, daß dies Grund für einen Kampf auf Leben und Tod ist; andererseits sind schon bei Askalons Eintreffen keinerlei Unwetterspuren mehr zu erkennen. Die gewöhnliche Zeit erscheint hier aufgehoben. Der Brunnenbereich ist zum einen als *locus amoenus* das ‚zweite Paradies' (V. 687), zum anderen apokalyptische Todeslandschaft (die Sonne erlischt, die Vögel verstummen; Wolken, Donner, Blitz, Regen und Hagel; die Bäume sind wie verbrannt, die Tiere tot). Der Status des Brunnen-Begießens erscheint völlig unklar: Es ist einerseits eine auf Wiederholung im Sinne einer *costume* (eines regelhaften ‚Rechtsbrauchs') angelegte *âventiure*, die so lange neue Ritter anzieht, bis derjenige kommt, dem es vorherbestimmt ist, den Mechanismus zu zerstören (*âventiure brechen*); andererseits ist es als ‚Anschlag' auf das Land im Gegenteil ein Rechts- und Regelbruch. Der Landesfürst selbst ist riesenhaft, er kämpft grundsätzlich auf Leben und Tod, hat jedoch Kalogrenant zuvor laufenlassen. Iwein gewinnt gegen Askalon die Oberhand. Der schwerverletzte Brunnenherr versucht sich in seine Burg zu retten. Iwein setzt ihm nach und tötet ihn, findet sich aber hinter dem Torhaus in der Burg gefangen. Lunete, die engste Vertraute der Burgherrin Laudine, rettet ihn mit einem Zauberring, der ihn unsichtbar macht. Als sie bemerkt, daß Iwein sich in die hemmungslos trauernde Laudine verliebt hat, nimmt sie die Sache in die Hand. Weil sie weiß, daß ihre Herrin einen Beschützer für das fragile Brunnenreich braucht, schafft sie es, Laudine davon zu überzeugen, daß derjenige, der den bisherigen Beschützer besiegt hat, in jedem Fall ein besserer Beschützer sei. Iwein und Laudine heiraten, und es stellt sich offenbar auch bei Laudine bald Minne ein (wenn auch wohl nicht im gleichen emphatischen Sinn wie bei Iwein). Die Laudine-Gestalt ist so widersprüchlich wie ihr Reich: einerseits leicht getröstete und damit einigermaßen skrupellose Machtpolitikerin, andererseits ideale höfische Dame und aufrichtig trauernde Witwe.

Hof:

5) Zwischeneinkehr des ersten Cursus: Am Artushof werden die neuerlangte *êre* des Protagonisten sowie die Vortrefflichkeit seiner Gemahlin klassifikatorisch bestätigt.

Es ist dabei zu beachten, daß der Artushof prinzipiell nicht auf Karidol o. ä. räumlich festgelegt ist, sondern als mobil zu gelten hat: wo Artus und sein Gefolge sind, dort ist der Artushof. Wenn der Artushof sich im ‚Iwein‘ in den Laudinebereich begibt und dort die *êre* des Helden feiert, dann findet die Zwischeneinkehr zwar im Laudinebereich, jedoch zugleich am Artushof statt. Das ideelle Zentrum, auf das die Taten des Helden sich zu beziehen haben, wird verdoppelt.

‚Erec‘: Erec schickt zunächst den besiegten Iders mitsamt seiner Dame und dem Zwerg an den Artushof; Ritter und Zwerg tragen noch die Blessuren am eigenen Leib, als Iders dem Hof von Erecs Triumph erzählt. Dann kommen Erec und Enite selbst, die sich auf der Reise heftig ineinander verliebt haben. Erst hier wird Enite von Ginover neu und ihrer Schönheit gemäß eingekleidet. Ihr Anblick überwältigt alle. Als Sieger der Jagd auf den weißen Hirsch küßt Artus Enite und markiert sie damit als die Schönste. Erec und Enite heiraten; zum Fest reist Hochadel aus aller Welt an.

Im ‚Iwein‘ kommen Artus und seine Ritter zum Brunnen. Iwein als Landesherr besiegt unerkannt den voreiligen Keie. Artus zeigt sich äußerst angetan von Iweins Gattin und seinem neuen Königreich; umgekehrt ist sich auch Laudine sicher, den richtigen Mann gewählt zu haben.

6) Vorbereitung der ‚Krise‘: Der Held begeht einen grundlegenden Normverstoß, indem er das in der Initialaventiure erlangte Gleichgewicht zwischen Minne und Rittertum zugunsten eines der Pole verschiebt. Die Bedrohung der Harmonie entsteht also dadurch, daß die Verkoppelung der beiden Prinzipien, die konstitutiv für die Identität des ritterlichen Helden sind, zugunsten nur eines Prinzips aufgehoben wird.

‚Erec‘: Nachdem Erec höchst erfolgreich an einem Turnier teilgenommen hat, reitet er mit seiner jungen Gattin in sein Heimatreich. Sein Vater überläßt ihm die Herrschaft. Allerdings läßt Erec in seiner Hauptstadt Karnant alle herrscherlichen Repräsentationspflichten schleifen; es gibt zum Leidwesen beinahe aller keine Feste und keine Turniere mehr: Erec und Enite verlassen das gemeinsame Bett nur noch, um zu essen und den Gottesdienst zu besuchen. Sie *verligen* sich. In den Augen des Hofs hat Erec alle Ehre verloren.

‚Iwein': Als der Artushof zu Besuch im Brunnenreich ist, ermahnt Gawein seinen Freund Iwein, er solle sich das Beispiel Erecs vor Augen halten und deshalb weiter mit den Artusrittern an Turnieren teilnehmen. Iwein kann Laudine dazu überreden, ihn noch für ein Jahr auf Turnierfahrt gehen zu lassen. Doch der Held verliert sich in den Kampfspielen und bemerkt über einen Monat zu spät, daß er die Frist seiner Frau überschritten hat.

7) Klassifikation des Normverstoßes/‚Krise': Dem Helden wird Information über die öffentliche Wirkung seines Normverstoßes hinterbracht; implizit bzw. explizit hat er nun seine *êre* und somit seine Identität verloren.

‚Erec': Enite hat zufällig das Murren der Höflinge belauscht. Das gibt ihr, wieder im Ehebett, Anlaß zur Klage, als sie Erec schlafend wähnt. Gegen ihren Willen preßt ihr der Held die Wahrheit ab. Augenblicklich läßt er alles vorbereiten, um unerkannt mit Enite auf Aventiurefahrt zu gehen.

‚Iwein': Lunete, Laudines Vertraute, kommt an den Artushof und verkündet dort öffentlich, daß ihre Herrin den Helden für ehrlos und die Ehe mit ihm als aufgelöst betrachte. Wie vom Donner gerührt, rennt Iwein in den Wald und verliert seinen Verstand. Er befindet sich nun an der untersten Schwelle der menschlichen Kultur. Mit Hilfe eines Einsiedlers, dem er seine Jagdbeute vor die Klause legt, bekommt er wenigstens zubereitete Nahrung. Als er eines Tages neben einer Landstraße schläft, wird er von der Dame von Narison und ihren Begleiterinnen bemerkt; sie brauchen einen Beschützer gegen die Angriffe des Grafen Aliers und erkennen Iwein an einer berühmten Narbe. Durch die überdosierte Anwendung einer Salbe, die von der Fee Morgane stammt, erlangt der Held sein ritterliches Bewußtsein und sein höfisches Benehmen zurück.

Zweiter Cursus
Außerhalb:

8) Zweiter Aufbruch des Helden: Der Held begibt sich wieder auf Aventiurefahrt ins Außerhalb des Hofs, um seine *êre* und somit seine Identität zu restituieren. Die alte Identität scheint zunächst ausgesetzt.

‚Erec': Erec läßt Enite vorreiten und verbietet ihr unter Androhung des Todes, etwas zu ihm zu sagen. Er trägt über seiner Rüstung ein Prachtgewand, hat aber alle Zeichen entfernt, an denen er identifiziert werden könnte.

‚Iwein': Iwein besiegt für die Dame von Narison den Grafen Aliers. Dann trifft er auf einen Löwen und einen Drachen, die gerade miteinander kämpfen. Er entschließt sich, dem edleren Tier zu helfen, und gewinnt so einen treuen Begleiter. Fortan agiert er als ‚Ritter mit dem Löwen'.

9) Erste Aventiurekette des zweiten Cursus: Der Held absolviert erfolgreich mehrere Abenteuer, die semantisch auf den Normverstoß bezogen sind. Diese zweite Aventiurefahrt hat, mehr noch als die erste, etwas Kompensatorisches an sich. Der Normverstoß wird nicht dort bereinigt und korrigiert, wo er relevant geworden ist (am Hof von Karnant bzw. gegenüber Laudine), sondern der Held zeigt anderswo *stellvertretend*, daß dasjenige, was ihn in die Krise geführt hat, nun nicht mehr zu seinem Verhaltensrepertoire gehört. Er hat sich also verändert.

‚Erec': Immerhin ist Erec nun derjenige, der das ungezügelte Ausleben von Sexualität nicht mehr zuläßt, bei sich und bei anderen. Das Begehren der drei und dann fünf Räuber richtet sich am meisten auf Enite, ohne daß hier unterschieden würde zwischen der Schönheit ihres Körpers, der Pracht ihrer Kleidung und dem mit ihr verbundenen Ansehen. Ähnliches gilt noch für den Burggrafen, der die Trennung von Tisch und Bett beobachtet und Enite heiraten möchte.

‚Iwein': Iwein kämpft für schutzlose Frauen (die Dame von Narison, Gaweins Schwesterkind, Lunete), er verhindert also, daß sie in solche Situationen geraten, wie die, in die sein Terminversäumnis Laudine hätte bringen können. Dabei gerät er, weil die Hilfeabenteuer ineinandergeschachtelt sind und die Kämpfe immer vorab verabredet werden, mehrfach in massive Terminnot. So blitzt immer wieder die Möglichkeit auf, daß er sein vorgängiges Versäumnis wiederholen könnte – mit weitaus übleren Konsequenzen für seine Schutzbefohlenen. Aber offenbar genügt es nun, daß der Held auf seinen Zeitplan achtet, um zu garantieren, daß er jedesmal den Termin einhalten und siegen kann.

Hof:
10) Zwischeneinkehr des zweiten Cursus: Die wiedererlangte, doch objektiv nicht vollständig restituierte *êre* des Helden wird vom Artushof klassifikatorisch bestätigt.

‚Erec': Nach dem Kampf gegen den zwergenhaften Irenkönig Guivreiz wird der verwundete Erec zunächst vergeblich von Keie, dann erfolgreich von Gawein an den Artushof gelockt. Dort wird er mit einem Pflaster der Fee Morgane erstversorgt, und man erweist ihm und seiner Frau Ehrerbietung, indem man sie bittet, doch länger zu bleiben. Weil Erec sich selbst und Enite noch nicht wieder als ‚hoffähig' genug sieht, reist er mit ihr am nächsten Morgen wieder ab.

‚Iwein': Die Identität Iweins ist zum Zeitpunkt der Zwischeneinkehr noch nicht restituiert; noch gilt Iwein sowohl Laudine als auch dem Artushof als der Ritter mit dem Löwen. Wichtig ist im ‚Iwein' die Umstrukturierung der

Raumsemantik, die sich durch das zweite Zentrum des Laudinehofs ergibt: Iweins Zwischeneinkehr findet (nach dem Gerichtskampf für Lunete) *realiter* bei Laudine statt, die die *êre* des unbekannten Löwenritters klassifikatorisch bestätigt. Gleiches geschieht am Artushof, doch bedarf es dazu nicht der physischen Präsenz des Helden: die jüngere Gräfin vom Schwarzen Dorn erfährt dort von des Löwenritters Kampf gegen den Riesen Herpin, hört also an idealtypischem Ort von seinem Ruhm und beschließt, ihn als Gerichtskämpfer zu gewinnen, nachdem Gawein ihrer Bitte nicht nachkommen kann (er hat bereits Kampfhilfe für die ältere Schwester zugesagt, ist aber zum Schweigen verpflichtet). Die Klassifikation der *êre* des Löwenritters vollzieht sich also durch Erzählen (*mære*), was sich fortsetzt, als die Botin der mittlerweile erkrankten Gräfin auf der Suche nach dem Löwenritter an die Stätten seiner siegreichen Kämpfe kommt, wo ihr über seine Taten berichtet wird.

Außerhalb:
11) Zweite Aventiurekette des zweiten Cursus: Der Held absolviert erneut erfolgreich mehrere Abenteuer, deren letztes so angelegt ist, daß es programmatisch auf den Normverstoß zurückverweist – und darauf, daß der Held seinen Normverstoß überwunden hat, da sein Handlungsrepertoire nichts von dem mehr zuläßt, was ihn selbst in die ‚Krise' geführt hatte. Auch hierin zeigt sich die kompensatorische Natur der beiden Aventiurefahrten. Die Orte, an denen die Schlußaventiuren stattfinden, sind besonders davon geprägt, daß in ihnen die kulturkonstitutive Differenz zwischen dem Höfischen und dem Nicht-Höfischen aufgehoben ist. Durch seinen Sieg stellt der Held diese Differenz wieder her; die verwunschenen Orte und ihre Bewohner können wieder in die höfische Welt integriert werden.

‚Erec': Nach dem Riesenabenteuer, Erecs Scheintod, Enites Beinahe-Zwangsverheiratung, Erecs Sieg gegen Oringles, dem beinahe tödlichen Zusammentreffen mit Guivreiz und der zweiwöchigen Erholung auf Burg Penefrec kommen Erec, Enite und Guivreiz nach Brandigan. Indem Erec dort den tödlichen Aventiuremechanismus von Joie de la curt beendet und Mabonagrin, dessen Freundin und die 80 Witwen wieder in die höfische Gesellschaft zurückführen kann, zeigt Erec seinen Erkenntnisfortschritt durch seine Taten.

‚Iwein': Im ‚Iwein' erscheint hier eine interessante Modifikation: die Schlußaventiure wird aufgespalten in die Episode der Burg zum Schlimmen Abenteuer und den Gerichtskampf mit Gawein. Die Burg wird einerseits von üblen Riesen beherrscht, andererseits gibt es dort einen höfisch vollendeten alten Burgherrn, der sich in einem Baumgarten von seinem Töchterlein höfische Liebesgeschichten vorlesen läßt. Dem kontrastiert nun wiederum der üble Zustand von 300 gefangenen adeligen Jungfrauen, die hier in einer Art Manufaktur Zwangsarbeit leisten müssen, um dort höfische Kleidung zu verfertigen. Sie sind dorthin geraten, weil ihr Herrscher, der König der Jungfraueninsel, sich auf das Schlimme Abenteuer eingelassen hatte und sein Leben nur retten konnte, indem er seither jährlich 30 Jungfrauen in die Manufaktur schickt. Es war also die Schwäche des Landesherrn, die sie in diese Situation geraten ließ (man denke an die Vernachlässigung landesherrschaftlicher Pflichten im Laudinebereich). Und der Kampf mit Gawein am Artushof erfolgt zu einem gesetzten *Termin* (man denke an die Terminvernachlässigung gegenüber Laudine), nach perfektem höfischem Ritual (ohne den Löwen, der auch für eine mitunter notwendige animalische Regellosigkeit steht und Iwein im zweiten Cursus das relevante Merkmal seiner Identität geliefert hat) und für eine schutzbedürftige Frau. Gleichzeitig ist das Ergebnis des Kampfes die Restitution der Identität des Helden, und der Kampf leitet in die Schlußeinkehr am Artushof über.[37]

Hof:

12) Schlußeinkehr: Die vollständig restituierte *êre* des Protagonisten wird durch den Artushof klassifikatorisch bestätigt.

‚Erec': Nach Joie de la curt wird Erec am Artushof gefeiert.

‚Iwein': Nachdem Iwein und Gawein einander erkannt haben, wollen sie nicht mehr gegeneinander kämpfen. König Artus entscheidet den Erbstreit der beiden Töchter des Grafen vom Schwarzen Dorn mit einer List. Schon der Kampf hatte hinreichendes Aufsehen erregt; wie Gawein wird der verwundete Iwein dadurch geehrt, daß er auch vom Königspaar selbst versorgt wird.

Zielbereich:

13) Der Held kehrt in seinen Zielbereich zurück, in dem er sich vor der Krise bereits befunden hat. Der endgültige Zustand wird festgelegt: ein Gleichgewicht zwischen Herrschaft und Minne.

‚Erec': Nachdem Erecs Vater gestorben ist, kehrt er in sein Heimatland Destregales zurück und wird dort zum König gekrönt.

‚Iwein': Als Iwein körperlich genesen ist, erinnert er sich an seine alte Minnewunde. Er kommt zum Laudinereich und begießt den Brunnen. Lunete überredet ihre Herrin, daß sie einen Beschützer brauche: den Ritter mit dem Löwen, allerdings müsse Laudine ihm dabei helfen, die Gunst seiner Herrin wiederzuerlangen. Mit diesem Trick restituiert sie ihn, der Laudine zu Füßen fällt und um Vergebung bittet, wieder als Landesherrscher. In einem Teil der Überlieferung zeigt sich Laudine – wie bei Chrétien – wenig begeistert, will aber ihr Wort halten; in Handschrift B wird Reziprozität hergestellt, indem die

---

37 Vgl. auch hierzu genauer HAMMER 2007, S. 253–261. Die Forschung ist uneins, ob die *Pesme avanture*/Burg zum Schlimmen Abenteuer oder der Gawein-Kampf als Äquivalent zu Joie de la curt begriffen werden soll; das hier Vorgeschlagene könnte beide Positionen versöhnen.

Brunnenherrin ihrem verstoßenen Gatten zu Füßen fällt und ihn bittet, ihr zu verzeihen (vgl. HAUSMANN 2001).

Systemtheoretisch gesprochen, findet im Artusroman ein *re-entry* statt (der ‚Wiedereintritt' einer grundlegenden Unterscheidung): Die Leitdifferenz zwischen dem höfischen Zentrum und dem nicht-höfischen Außerhalb wird zum einen am Hof selbst gespiegelt, indem man auch dort damit beschäftigt ist, den Primat des Höfischen gegenüber dem Nicht-Höfischen durchzusetzen, zum anderen in der außerhöfischen Peripherie, indem es dort Weltausschnitte gibt, die trotz ihrer höfischen Grundorientierung gewissermaßen vom Nicht-Höfischen ‚überwuchert' worden sind. Die Stabilität der Artuswelt wird ganz grundsätzlich davon bedroht, daß die kulturkonstitutive Grenzziehung verwischt wird und die Basisdifferenzen in sich zusammenfallen. Gleichzeitig kann sie aber auch nur darauf errichtet werden, daß jeder Akt der befriedenden Ordnungssetzung gegen mächtige Gegner auf sein anarchisches Gegenteil angewiesen ist, auf die Ausübung überschießender, kaum mehr kontrollierbarer Gewalt.

Insofern ist nicht nur Gawein eine Spiegelfigur des Helden, an der er sich in bezug auf sein Rittertum und seinen Tugendadel zu messen hat: Auch Keie, der am Hof selbst die höfische Ordnung durchzusetzen hat, wird in dieser Funktion im Helden selbst gespiegelt, der diese Ordnung im Außerhalb des Hofs garantiert. Die kulturkonstitutive Basisdifferenz begegnet im Helden wieder, der notfalls selbst auf animalische Kräfte zurückgreifen kann (in der hierarchisch klar geregelten Symbiose zwischen Ritter und Pferd – oder in Form von Iweins Löwen), und sie begegnet in der ambivalenten Darstellung Keies wieder, der sich als Hüter der Ordnung am Hof immer wieder unhöfisch und chaotisch benimmt. Die Hierarchie zwischen dem Helden und Keie ist freilich eindeutiger als diejenige zwischen dem Helden und Gawein geregelt: Sobald Keie den Schutzraum des Hofs verläßt, um auch im Außerhalb für Ordnung zu sorgen, holt er sich eine blutige Nase und gebrochene Knochen.

Der arthurische Doppelweg blendet zwei Zeitsemantiken übereinander, eine teleologische, die auf ein Ziel hin gedacht ist, und eine zyklisch-repetitive bzw. iterative (‚wiederholende'). Die teleologische bestimmt die Biographie des Helden, der nur wird, was er werden *muß*; die zyklische ist seinem Weg abzulesen, auf dem er, der einzig legitime Grenzgänger, die Grenze zwischen dem Höfischen und dem Außerhöfischen immer wieder gegen andere Transgressionen in beide Richtungen restabilisieren muss, um eine ‚nichtsujethafte Kollision', d. h. das Kollabieren der kulturkonstitutiven Grenzziehung, zu vermeiden (vgl. die Ansätze bei SCHULTZ 1983).

Die zyklische Zeitsemantik offenbart sich in einer solchen ‚homöostatischen' Struktur (SIMON 1990, etwa S. 22); die teleologische darin, daß das Erzählen letztlich mit der Apotheose des Helden zu einem Abschluß kommt (sei sie auch ironisch gebrochen, wie im ‚Iwein').

CORMEAU 1977. – CORMEAU 1979. – HAMMER 2007. – HAUG 1971. – HAUG 1992. – HAUSMANN 2001. – KUHN 1948/1969a. – NOLTING-HAUFF 1974a. – SCHULTZ 1983. – SIMON 1990. – WARNING 1979a. – WARNING 1979b.

4.2.3.12 Artusroman und Mythos

Man hat dem Artusroman immer wieder eine Nähe zum Mythos unterstellt, und lange Zeit konnte diese intuitive Einsicht über Motivverwandtschaften hinaus kaum konkretisiert werden. Womöglich liegt der springende Punkt in den strukturellen Ambivalenzen, von denen die Gattung geprägt ist. Mythen erzählen oftmals davon, wie kulturkonstitutive Grenzziehungen entstanden sind, sie liefern auf diese Weise Gründungserzählungen, die erklären können, warum die Welt so ist, wie sie ist. Von dieser Grundfigur ist der ‚Doppelweg' der arthurischen Helden geprägt: Vor allem in der Schlußaventiure gerät der Held in eine Welt, in der alle wichtigen Unterschiede nichts gelten, in eine Welt also, in der Ambivalenz herrscht, und er stellt dort zuallererst Eindeutigkeit wieder her. Und mythisches Denken ist zugleich von zyklischen Zeitvorstellungen geprägt: nicht mehr für die Zeit, die für die jeweiligen Rezipienten die ‚unsere' ist, sondern für die Welt *in illo tempore* (‚in jener Zeit', d. h. der anderen, die vor ‚unserer' liegt). In einer solch zyklischen Zeit geschieht alles immer wieder, immer neu und doch immer wieder so, wie es schon immer ist. In mythischem Erzählen liegt eine grundlegende Paradoxierung vor: Man sucht nach Ursprungsfiguren gerade dort, wo eigentlich ein ‚Immer schon' und ‚Immer wieder' vorherrschen. LOTMAN (1990) betrachtet dies als ein Resultat dessen, daß im eigentlichen Sinn mythische Erzählungen, die gerade nicht *sujethaft* sind, kaum mehr auf uns gekommen sind, sondern daß diese mythische Struktur in den überlieferten Texten von einer sujethaft organisierten Welt überlagert wird, wie sie das ‚moderne' im Vergleich zum ‚archaischen' Erzählen bestimme:[38]

> ‚Sujet ist ein syntagmatisches Konzept, dementsprechend erfaßt es auch die Erfahrung der Zeit. So haben wir es mit zwei typischen Arten von Ereignissen zu tun, die den beiden Arten der Zeit entsprechen: zyklischer und linearer. In

---
38 Der Übergang vom ‚archaischen' zum ‚modernen' Erzählen ist für LOTMAN (1990, S. 153) ein jahrtausendelanger.

archaischen Kulturen herrscht die zyklische Zeit vor. Texte, die nach den Gesetzen der zyklischen Zeit gestaltet sind, sind keine sujethaltigen Texte in unserem Sinn, und überhaupt sind sie mit unseren normalen Kategorien schwer zu beschreiben. Das erste, was bei ihnen überrascht, ist die Abwesenheit der Kategorien des Anfangs und des Endes: Der Text wird als ein beständig wiederholtes System gedacht, das mit dem zyklischen Verlauf der Natur in Einklang gebracht wird: mit dem Wechsel der Jahreszeiten, von Tag und Nacht, mit den Bahnen, auf denen sich die Sterne bewegen. Das menschliche Leben wird nicht als eine Linie betrachtet, die von der Geburt bis zum Tod verläuft, sondern als ein endlos wiederholter Kreis. [...] Die Geschichte kann entsprechend bei jedem beliebigen Punkt anfangen, und dieser Punkt wird als Anfang der Erzählung dienen' (S. 151 f.; Übers. von mir, A. S.).[39]

Austauschbar sind die Helden des Artusromans, und im Blick auf ihre Funktion, die Welt so zu bewahren, wie sie sein soll, in der Unterscheidung zwischen dem Höfischen und dem Nicht-Höfischen, sind sie eigentlich alle zusammen nur ein Held in einem sich zyklisch immergleich gestaltenden Kosmos. Andererseits sind sie durch ihren je eigenen Weg, dem je eigene Abenteuer zugeordnet sind, und durch ihre Statusveränderung vom jungen unerfahrenen Ritter zum verheirateten Landesherrscher, Teile einer Welt, die auf ein Ziel hin ausgerichtet ist. Dabei wird diese Teleologie gerade durch die Wiederholungen im Sinne einer latent typologischen Steigerung markiert: Was der Held zunächst erreicht hat, kann im Blick auf das Ziel immer nur unvollkommen sein. In diesem Sinne ist die Struktur des Artusromans zyklisch und teleologisch zugleich.

Eine ähnliche Doppeltheit betrifft auch die Figurencharakteristik. LOTMAN (1990) schreibt davon, daß die mythische Welt von umfassenden Homöomorphismen bzw. Isomorphismen ('Gleich-Gestaltigkeiten') bestimmt werde, von einer umfassenden Ähnlichkeit, die die unterschiedlichen Ebenen der Erzählung, ihre Figuren und ihre Merkmale miteinander auf eine Weise in Beziehung setzt, die gerade nicht als bloße Analogie zu

---

[39] "Plot [= ‚Sujet', A. S.] is a syntagmatic concept and consequently involves the experiencing of time. So we have to do with two typological forms of events, which correspond to two types of time: cyclical and linear. In archaic cultures cyclical time predominates. Texts created according to the laws of cyclical time are not in our sense plot-texts [‚sujethaltige Texte', A. S.] and generally speaking they are hard to describe in our normal categories. The first thing that is striking about them is the absence of the categories of beginning and end: the text ist thought of as a constantly repeated system synchronized with the cyclical processes of nature: with the alternation of the seasons of the year, of day and night, with the cycles of the stars. Human life is looked at not as a line running from birth to death, but as an endlessly repeated cycle [...] The story, then, can begin at any point, and that point will serve as a beginning for the narrative."

4.2 Zentrale Muster mittelalterlichen Erzählens

beschreiben wäre, sondern als Wesensverwandtschaft bis hin zur Identität (S. 152). Dieser „isomorphism" sei nun das erste, was im Prozeß der Herausbildung des ‚modernen' Sujet-Textes auf der Strecke geblieben sei:

> ‚Ein Ergebnis war, daß die Charaktere auf unterschiedlichen Ebenen nicht mehr als unterschiedliche Namen für ein und dieselbe Person wahrgenommen werden konnten, und sie teilten sich in eine Reihe einzelner Figuren auf.' (S. 154, Übers. von mir, A. S.)[40]

Nun scheint der Artusroman genau von solchen Isomorphismen geprägt: Die unterschiedlichen Weltausschnitte ähneln sich – das wäre das, was ich oben mit der systemtheoretischen Denkfigur des *re-entry* zu beschreiben versucht habe. Diese Struktur der Welt bildet sich auch in ihren zentralen Protagonisten ab, im Helden selbst, in Artus, Ginover, Gawein und Keie (vgl. Kap. 2.3.4.1); und sie legt sogar eine Wesensverwandtschaft des Helden mit dem oftmals tölpelhaften Keie nahe. Das ganze Erzählen von der Artuswelt hat eigentlich nur ein einziges Thema: wie prekär die Grenze zwischen dem Höfischen und dem Nicht-Höfischen ist, auf der die Ordnung dieser Welt beruht (SCHULTZ 1983). Dieses Thema sorgt für den einen bestimmenden Isomorphismus, der die Artuswelt prägt. Dieser Isomorphismus ist in jedem Augenblick der Geschichte des Helden präsent, und das erklärt auch, warum dieses Erzählen so merkwürdig *kompensatorisch* ist, weil nämlich Störungen kaum je dort bereinigt werden, wo sie zuerst auftreten, im höfischen ‚Innen', sondern im unhöfischen ‚Außen'. Weil es diesen ubiquitären Isomorphismus gibt, besteht das Prinzip der Aventiure für den Helden nicht darin, nur einen bestimmten Weltausschnitt wieder in Ordnung zu bringen, sondern er sieht sich in jeder Aventiure mit der Totalität der Welt konfrontiert. Gewissermaßen hat jede Aventiure ihren archimedischen Punkt, von dem aus die ganze Welt wieder ins Lot gebracht werden kann.

Nur insofern ist diese Welt mythisch organisiert, aber sie ist es eben gerade nicht mehr in einem ‚archaischen' Sinne. Vielleicht könnte man mit LUGOWSKI (1932/1994) von einem ‚mythischen Analogon' sprechen, von einem ‚formalen Mythos', d. h. von einem Prinzip der Weltmodellierung, das sich nur noch der Form des Mythos bedient. Denn natürlich ist der Held nicht mit Keie identisch, ebensowenig wie die Dame des Feenmärchens identisch ist mit den Monstern, die als Schwellenwächter den Zugang zu ihr regulieren. Mythische Strukturen werden im Artusroman für

---

40 "One result was that the characters on different levels ceased to be perceived as different names for one and the same personage and they separated into a number of individual figures."

andere Funktionen genutzt: nicht zuletzt zur narrativen Reflexion über die Bedingungen höfischer Kultur, was sich vor allem in auffälligen Paradoxierungen äußert (zum Funktionswandel des Mythischen vgl. etwa HAMMER 2007).

MICHEL FOUCAULT hat die Episteme, die im 17. Jahrhundert abgelöst wird, als eine der Ähnlichkeit beschrieben, d. h. die Gleichförmigkeit und Merkmalsgleichheit zwischen unterschiedlichen Phänomenen dient im Mittelalter gerade nicht mehr dazu, ihre Identität zu behaupten. Vielmehr wird die Ähnlichkeit zwischen den Dingen zum Ausgangspunkt einer durchaus rationalen (und damit eben nicht mehr mythischen) Welterkenntnis. Erkenntnis bedeutet, den Zusammenhang zwischen allem, etwa zwischen Mikrokosmos und Makrokosmos, zu verstehen. Der mittelalterliche Umgang mit Analogien gründet auf *semiotischen* Vorstellungen: Die Ähnlichkeiten zwischen den Menschen und den Dingen werden in erster Linie als *zeichenhaft* verstanden – und eben *nicht mehr als wesenhaft*. Das eine Ähnliche *verweist* auf das andere Ähnliche – aber es ist gerade nicht dasselbe (auch wenn in den Texten eine solche Wesensidentität immer wieder als Ausnahmefall thematisiert wird). Es bedarf also allererst einer *Deutung*, um diese Zusammenhänge zu erkennen.

Wie bei den Erzählungen von der ‚gestörten Mahrtenehe' geht es offenbar um ein kalkuliertes Spiel mit dem Mythos, wobei der *Grad des Mythischen* durchaus skaliert werden kann. In der Welt, die die höfischen Erzählungen entwerfen, gibt es Ausschnitte, die in ihrem Zusammenfallen aller Differenzierungen, in ihrer Herausgehobenheit aus der gewöhnlichen Zeit und dem gewöhnlichen Raum, durchaus mythisch sind. Aber der Großteil dieser Welt ist keinesfalls mythisch, auch wenn es Ähnlichkeiten und Analogien geben mag. Das Mythische hat im höfischen Roman eine ähnliche Funktion wie das Heroische im Heldenepos: Es handelt sich gleichermaßen um kalkulierte Archaismen, die narrativ dazu genutzt werden, die Geltung des Höfischen auf die Probe zu stellen. Das kann gelingen, wie im Artusroman, und es kann katastrophal scheitern, wie im ‚Nibelungenlied'.

HAMMER 2007. – LOTMAN 1990. – LUGOWSKI 1932/1994. – SCHULTZ 1983.

4.2.3.13 Unterschiedliche Möglichkeiten der Schema-Realisation

Auch bei den Artusromanen gibt es eine Vielzahl abweichender Realisationen des Schemas. Dabei existieren unterschiedliche Möglichkeiten, die auch miteinander kombiniert werden können:

1) Die paradigmatische Komplikation des Schemas durch die Hereinnahme einer zweiten ‚Weltachse' neben dem Artushof, von der aus die Identität des Helden ganz wesentlich definiert wird, ohne daß dadurch das erste Zentrum, der Artushof, seine Geltung verlöre. Im ‚Iwein' ist dies der Laudinebereich, im ‚Parzival' die Gralswelt.
2) Die Hybridisierung des Artusroman-Modells mit anderen Erzählschemata: Der (syntagmatische) Handlungsfortgang ist paradigmatisch überdeterminiert, weil zentrale und weniger zentrale Ereignisse des Textes zwei Schemata zugleich realisieren müssen. Dies kann zu massiven Brüchen und Widersprüchen führen, die auch entsprechend ausgestellt werden; die Brüche können allerdings auch harmonisiert werden, indem sie sich als Scheinwidersprüche herausstellen. Etwa scheint der Handlungsgang des ‚Iwein' partiell von der Erzähllogik der ‚gestörten Mahrtenehe' geprägt, was zu massiven Friktionen auf der Ebene der Normen und Werte führt; eine ähnliche Hybridisierung findet sich auch im ‚Meleranz' des Pleier, wo allerdings sämtliche Probleme, die hieraus entstehen könnten, von vornherein unter dem Teppich gehalten werden. Wirnts von Grafenberg ‚Wigalois' hybridisiert das Artusroman-Modell mit einer Legendenstruktur, was vor allem Auswirkungen auf die Konzeption des Helden hat, der oftmals alle Selbstmächtigkeit verliert und auf göttliche Hilfe angewiesen ist. ‚Tandareis und Flordibel' des Pleier kombiniert eine linearisierte, serielle Artusstruktur mit dem Muster des ‚weltlichen' Liebes- und Abenteuerromans; hier herrscht weitgehende Harmonisierung (vgl. CORMEAU 1991).
3) Die Linearisierung der gesamten Romanstruktur, indem das Handlungssyntagma nurmehr aus zwei hintereinandergeschalteten Aventiurereihen besteht, wobei die zyklisch-mythenanaloge Teilstruktur, die sich vor allem in den Zwischeneinkehren im Artusbereich äußert, weitgehend ausgelöscht wird. Zumeist wird hier die ‚Krise' hinsichtlich ihrer normativen Implikationen deutlich verharmlost, so daß sie eigentlich nur noch die Motivation einer zweiten Ausfahrt ist. Derlei findet sich etwa in ‚Tandareis und Flordibel'.
4) Die Tendenz zur vollständigen Biographie mitsamt genealogischer Einbettung, indem vorab die Vorgeschichte der Eltern des Helden und seine Jugend erzählt werden, im Anschluß an die Haupthandlung dann die Geschichte seiner Nachkommen. Dies beginnt bereits beim ‚Parzival' und beim ‚Wigalois'.

Ich möchte im folgenden zwei dieser Möglichkeiten knapp diskutieren, um auch hier zu zeigen, wie erzähltheoretische Sachverhalte zur Interpretation der Texte selbst beitragen können.

CORMEAU 1991. – HAUG/WACHINGER 1991. – RUH 1980.

4.2.3.14 Schemainterferenzen: *her Îwein jaget in âne zuht*

Die Initialaventiure von Hartmanns ‚Iwein' hat der Forschung lange Zeit große Probleme bereitet. Nach Kalogrenants Erzählung über den wundersamen Brunnen und seinen bedrohlichen Hüter macht sich Iwein heimlich auf den Weg, um die Schmach seines Verwandten zu rächen und für sich selbst *êre* zu erwerben – und um Keie, der ihn wegen Großsprecherei maßregeln wollte, Lügen zu strafen. Bei der Brunnenaventiure selbst häufen sich die Irritationen: Als Wegweiser dient etwa ein selbst animalisch wirkender Tierhüter, ein Waldmann, dem Kalogrenant erst einmal erklären mußte, was *âventiure* sei: daß ein gewappneter Ritter einem anderen gewappneten Ritter begegne, mit dem er sich im Kampf messe, weshalb er *êre* erwerbe. Dies scheint zumindest unterkomplex: eine Information, die auf das einfache Gemüt des Waldmanns zurechtgeschnitten ist – oder eine implizite Kritik des Erzählers an einer Ehrsucht ohne jede soziale Komponente?

Als Iwein auf den Brunnenritter Askalon trifft, kann er ihn besiegen. Der Schwerverletzte versucht, auf seinem Pferd in seine Burg zu fliehen, weshalb er von Iwein verfolgt wird, weil dieser – vor allem gegenüber dem Spötter Keie – einen Beweis seines Sieges braucht. Verfolger und Verfolgter kommen schließlich in die Burg; Iwein tötet Askalon mit einem Schwertstreich, der ihm selbst das Leben rettet, weil er just dadurch den Körper nach vorn geworfen hat, als ein Fallgitter sein Pferd halbiert. In diesem Zusammenhang heißt es: *her Îwein jaget in âne zuht/ engegen sîner burc dan* (V. 1056 f.): ‚Monsieur Iwein jagte ihn ohne *zuht* seiner Burg entgegen'. *Zuht* kann die Selbstbeherrschung sein, die höfische Erziehung, das höfische Benehmen überhaupt – *âne zuht* könnte aber auch einfach heißen, daß Iwein die Zügel nicht ‚anzieht', sondern locker läßt. Was wird hier ausgedrückt: ein Mangel an ritterlichem Ethos? Ein kampfbedingter Überschuß in der Gewaltausübung, der jedoch moralisch völlig indifferent ist? Reitersprache? Von Anfang der 1960er Jahre, als WAPNEWSKI (1962) die sogenannte ‚Initialschuld'-These aufbrachte, bis in die 1980er Jahre gab es so gut wie keine ‚Iwein'-Interpretation, die sich nicht mit diesem Problem beschäftigte. Für WAPNEWSKI war das Terminversäumnis Iweins keinesfalls so gewichtig, als daß es die Reaktion Laudines und, dadurch bedingt, die beinahe bis zur Vertierung reichende Krise des Helden rechtfertigen könnte. Also suchte er nach einer weiteren Schuld Iweins – und fand sie in der Initialaventiure, in der Iwein aus egoistischer Ehrsucht den höfischen Comment verlasse (vgl. CRAMER 1966).

Man hat bis zum Anfang der 1980er Jahre gebraucht, um zu verstehen, daß diese Ehrsucht zwar aus heutiger Sicht egoistisch, aus mittelalterlichem Feudaldenken heraus hingegen völlig gewöhnlich ist – und daß individuelle *êre* zwar von der Gesellschaft zugemessen wird, deshalb aber noch lange keine sozialen Taten zur Grundlage haben muß (FISCHER 1983). Etwa zur selben Zeit hat man verstanden, daß Laudine vor dem Hintergrund des mittelalterlichen Rechts durchaus jeden Grund hat, Iwein nach Jahr und Tag seines Ausbleibens zu verstoßen – weil nach einer solchen Rechtsfrist einem Usurpator das Land zufallen könnte, das der Landesherr Iwein gerade nicht durch seine Anwesenheit verteidigt. Eine darüber hinausgehende Schuld ist überhaupt nicht nötig, um zu begründen, warum Iwein verstoßen wird (MERTENS 1978).

Rätselhaft ist weiterhin die Rolle Laudines, die zum einen aufrichtig um ihren toten Mann Askalon trauert, die sich anderseits allerdings auch als leicht zu tröstende Witwe herausstellt, weil sie nach der raschen Eheschließung mit Iwein ihrem ersten Mann keine Träne nachweint. Das hat bereits die zeitgenössische Kritik Wolframs von Eschenbach provoziert, der von seiner Sigune, die im ‚Parzival' in der Trauer um ihren toten Geliebten Schionatulander gewissermaßen als eine Art Minne-Märtyrerin erstarrt ist, behauptet, sie sei keinesfalls so eine Untreue wie die Laudine seines Dichterkollegen Hartmann.

Die Irritationen lassen sich insgesamt nur analytisch beseitigen, indem man annimmt, daß sich hier unterschiedliche Sinnbildungsmuster überkreuzen. Man kann die Ursache wie WARNING (1979a, 1979b) ganz prinzipiell in der Interferenz zwischen dem Aktanten- und dem Figuralschema sehen (vgl. oben, Kap. 4.1.5.3), man kann den Befund aber auch differenzierter erstellen. Schon die ältere Forschung hatte in ihrer motivgeschichtlichen Ausrichtung den naheliegenden Befund festgehalten, daß im Hintergrund der Figur Laudines als Herrin über den magischen Brunnen deutlich die Konturen einer keltischen Fee zu erkennen seien. Die Macht, die Laudine durch ihre Verstoßung über Iwein ausübe, sei zum einen aus dem Muster der ‚gestörten Mahrtenehe' zu erklären, zum anderen daraus, daß die ursprüngliche Fee hier als eine mittelalterliche Minneherrin auftrete, von deren Wohlwollen das männliche Ich vollständig abhängig sei, entsprechend der zeitgenössischen Liebesdoktrin, wie sie vor allem in der Trobador- und Minnelyrik verfochten werde.

Iweins Kampf gegen Askalon und seine Verbindung mit Laudine bilden, wie Simon (1990) gesehen hat, einerseits die Initialaventiure des Artusromans, andererseits sind sie vom Schema der ‚gestörten Mahrtenehe' her zu bestimmen. Das Feenreich hat offenbar schon einmal Kontakt zu Iwein gesucht, weil Lunete, die engste Vertraute Laudines, bereits zuvor als Botin am Artushof gewesen ist, wo sie einzig von Iwein gut behandelt worden war – dies nennt sie als Begründung dafür, warum sie dem Helden hilft, in der Burg sein Leben zu retten (mit einem Zauberring); und hieraus entspringt auch ihr geschicktes Agieren darin, eine Ehe zwischen der Landesherrin und dem Mörder ihres Mannes zu stiften. Vom Feenmärchen aus ist Askalon einer jener bedrohlich-ambivalenten Schwellenwächter, die den Zugang zur Fee regulieren – Abspaltungen, die die dunkle Seite der Fee repräsentieren, die der Held durch mitunter ausgesprochen brutalen Kampf eliminieren muß.

> „Laudine [...] *agiert in zwei Handlungsprogrammen gleichzeitig:* sie muß *als* Brunnenfee einen Beschützer haben und *als* höfische Dame dem Sittenkodex gehorchen. Als *Aktant zweier Erzählsysteme* kann sie in dem Moment, wo diese kollidieren, ihre *Rollenidentität* nicht mehr bewahren. Die Handlung, die dem Feenmärchen gehorchen muß, damit es nicht zerstört wird, steht im Widerspruch zum Ethos der Welt im höfischen Roman, in die das Feenmärchen überführt wurde." – „Der vielzitierte Satz *her Iwein jaget in âne zuht / engegen sîner burc dan* reflektiert gewissermaßen das Sichsträuben der von der Artuswelt dominierten Textoberfläche gegen die vom Feenmärchen aufgezwungene Handlungseinheit." (Simon 1990, S. 49 f. u. 54)

Es stellt sich allerdings die Frage, ob man wie Simon so weit gehen muß, den gesamten Roman als Hybridbildung im Sinne einer Überlagerung zwischen Artusroman- und Feenmärchenschema zu begreifen.

Denn ein tatsächliches axiologisches Problem, das Resultat einer solchen Schema-Interferenz ist, besteht nur in der Initialaventiure. Alle anderen Episoden des ‚Iwein' lassen sich auch problemlos allein vom Handlungsprogramm des Artusromans her verstehen[41] – mit der Einschränkung allerdings, daß die Hereinnahme eines zweiten Handlungszentrums neben dem Artushof, von dem aus die Wertigkeit des Helden bestimmt wird, sich strukturell auch in einer gewissermaßen verdoppelten Zwischeneinkehr (Laudinehof und Leumund am Artushof) sowie Schlußaventiure (*Pesme avanture*/Burg zum Schlimmen Abenteuer und Gawein-Kampf am Artushof) niederschlägt.

---

41 Vgl. auch Hammer 2007, S. 252–263, der besonders darauf abhebt, wie die mythischen Elemente, die den Text anfänglich bei der Brunnenepisode mitprägen, allmählich immer stärker zurückgedrängt werden.

Komplementär zu WARNING, der in der Ironie der Erzählhaltung Chrétiens das pragmatische Kriterium gesehen hat, über das sich die Identität eines heterogenen Textes wie des ‚Yvain' konstituiert (WARNING 1979a, 1979b), spricht SIMON (1990) für den ‚Iwein' Hartmanns von einer ‚strukturellen' Ironie, somit einer „objektive[n]", die aus der Polyperspektivität der Texte resultiere.

> „Die [...] hier vorgestellten Lektüren seien noch einmal zusammengefaßt: (a) mit der Laudinegeschichte rebelliert die *minne* gegen ihre Domestizierung im Artusroman; (b) die Laudinegeschichte ist nur ein thematischer Vorwand, um den Ernst des Ritterromans zu ironisieren (strukturelle Ironie); (c) die Handlungskomplexion, die durch die neuen Elemente ausgelöst wurde, differenziert die als konkrete Ethik fungierende Verhaltenskasuistik aus und ergänzt die *âventiuren* um die Dimension ihrer sozialen Funktion." (S. 63)

Das muß allerdings, wie gesagt, nicht auf den Roman als Ganzes zutreffen. Die Perspektivierung des Artusromans vom Feenmärchen her zeigt sich massiv nur in den Eingangssequenzen. Die ‚soziale Funktion', von der SIMON spricht, bezieht sich darauf, daß Iwein als Löwenritter fast ausschließlich bedrohten Frauen hilft; das Ehrversessene und Selbstzweckhafte der Initialaventiure tritt also im Verlauf des Romans deutlich hinter dem Kampf als Mittel der Ordnungsstiftung zurück.

CRAMER 1966. – FISCHER 1983. – HAMMER 2007. – MERTENS 1978. – SIMON 1990. – WAPNEWSKI 1962. – WARNING 1979a. – WARNING 1979b.

4.2.3.15 Strukturkomplexion: Wolframs ‚Parzival'

Auch die Struktur des ‚Parzival' weicht in mehrerlei Hinsicht von der des ‚klassischen' Artusromans ab. Ich versuche das hier nicht wie beim ‚Iwein' anhand einer Einzelszene zu zeigen, sondern im knappen Überblick. Das Folgende ist von der Forschung schon seit Jahrzehnten bemerkt worden:

1) Wolframs Text unterscheidet sich vom Handlungsmodell, wie es im ‚Erec' vorgegeben worden ist, durch die Hereinnahme eines zweiten Handlungszentrums neben dem Artushof, das erhebliche Relevanz für den Protagonisten hat: von dem aus seine Wertigkeit definiert wird und das letztlich sein Ziel darstellt. Dieses zweite Handlungszentrum, der Gralsbereich, stellt sich durch die religiöse Überhöhung als insgesamt höherwertig dar als der Artushof, ohne daß dadurch jedoch dessen Bedeutung dauerhaft in Frage gestellt würde. Schon KURT RUH hat richtig beobachtet, daß der Gralsbereich im ‚Parzival' exakt diejenige strukturelle Position einnimmt, die im ‚Iwein' das Reich Laudines hat (und RUH [1980, S. 50–139] geht davon aus, daß Wolframs

Vervollständigung von Chrétiens unvollendet gebliebenem Romantorso sich an der strukturellen Vorgabe des ‚Iwein' orientierte): der Normverstoß, der die Krise auslöst, betrifft den Gralsbereich (wie im ‚Iwein' den Laudinebereich); die Zwischeneinkehr des zweten Cursus findet bei Trevrizent als einem Vertreter der Gralsgesellschaft statt – und nicht am Artushof (ähnlich wie im ‚Iwein' die Zwischeneinkehr sich im Brunnenreich realisiert).

2) Weiterhin abweichend ist der Umstand, daß die ritterlichen Aufgaben des zweiten Cursus partiell an Gawan delegiert werden, den idealen Musterritter des Artushofes. Infolge der Mordbeschuldigung, die Gawan zur selben Zeit und am selben Ort erreicht wie Kundries Anklage den Helden (am Artushof nämlich), wird Gawan auf eine Abenteuerfahrt geschickt, die strukturelle Ähnlichkeit mit dem zweten Cursus des Artusromans hat – zwar gibt es keine Zwischeneinkehr, jedoch wird die Serie der Abenteuer strukturanalog mit einer hochsemantisierten Schlußaventiure abgeschlossen: Gawan befreit die eigenen weiblichen Verwandten aus erotischer Erstarrung und führt sie wieder der höfischen Gesellschaft, der höfischen Festfreude und der Gelegenheit zur Minne zu. Dem präludiert thematisch die Vielzahl erotisch aufgeladener Abenteuer, die der Erlösung von Schastel merveile vorausgehen (Gawan erweist sich als Minneritter für Obilot, Antikonie, Orgeluse). Weil Gawan im ersten Cursus noch nicht als Protagonisten-Stellvertreter aufgetaucht ist und sich noch nicht in einer Aventiure eine Frau und ein Reich erobert hat, geschieht dies erst jetzt. Vergröbert gesagt: Rein handlungslogisch und vom Artusprogramm aus gesehen, spaltet sich der Artusritter-Aktant in zwei Figuren auf – Parzival und Gawan. Die enge Verflechtung beider Schicksale wird dadurch deutlich, daß Parzival an allen Stationen von Gawans Weg als Hintergrundfigur erscheint. Das Erzählen von Gawans Taten ersetzt offenbar etwas, was sich der Beschreibung entzieht – den Zustand der Gottlosigkeit Parzivals, die auch mit einer Zeitlosigkeit einhergeht: erst bei Trevrizent tritt Parzival wieder in ein geordnetes Zeitgefüge ein.

3) Im ‚Parzival' wird die Genealogie zum textstrukturierenden Prinzip: die Identität des Helden entfaltet sich sukzessive im Abschreiten der eigenen Verwandtschaft, im Erhalt von Informationen, die das eigene Herkommen und die Bestimmung der Familie zum Gral allererst deutlich machen (SIMON 1990). Durch das genealogische Prinzip motiviert erscheinen auch die Neugestaltung der Elternvorgeschichte durch Wolfram und der dynastische Ausblick am Schluß des Romans.

Der ‚Parzival' entwirft letztlich eine Welt, in der nahezu jeder mit jedem verwandt ist, ein geschlossenes Universum der Verwandtschaft, so daß sich die Tötung eines anderen letztlich immer als Verwandtenmord herausstellen kann (man darf nicht vergessen, daß Parzival nach Ither niemanden mehr tötet, trotz der Vielzahl und der Wahllosigkeit seiner Kämpfe; Gawan selbst, der sich einer Tötungsanklage ausgesetzt sieht, tötet überhaupt niemanden).

Ruh 1980. – Simon 1990.

4.2.4 Minne- und Aventiureromane

Als letztes Erzählmodell soll der Minne- und Aventiureroman vorgestellt werden. Diese Untergattung des höfischen Romans ist insofern problematisch, weil sich hier kein Erzählschema aufzeigen läßt, das ähnlich spezifisch wäre wie diejenigen der gefährlichen Brautwerbung, der ‚gestörten Mahrtenehe' oder des Artusromans. Dennoch zeigen sich hier unterschiedliche Varianten schemagebundenen Erzählens. Trivial ist die Grundstruktur, die offenbar aus dem spätantiken Liebes- und Abenteuerroman übernommen ist: das Schema des Sich-Findens, der Trennung und der Wiedervereinigung eines Liebespaares. In der Trennungsphase werden die Protagonisten aus den gewohnten Ordnungen geworfen und finden sich in einer Abenteuerwelt wieder, die vom Walten des blinden Zufalls geprägt scheint, doch im Hintergrund setzt sich die göttliche Vorsehung als poetische Gerechtigkeit durch. Erst abschließend können sie wieder in die gewohnte Welt zurückwechseln. Dieses Schema überdauert auch das Mittelalter und wird als bestimmendes Muster des europäischen Romans erst Ende des 18. Jahrhunderts allmählich vom goethezeitlichen Bildungsroman abgelöst. Im Übergang zwischen den beiden Erzählmodellen stehen etwa Gellerts ‚Leben der schwedischen Gräfin von G***' (1747/48) oder Wielands ‚Geschichte des Agathon' (1766/67).

Das Muster von Sich-Finden, Trennung und Wiedervereinigung prägt im Mittelalter eine Reihe von Romanen, die ansonsten durchaus unterschiedlich sind, hinsichtlich ihres Handlungsaufbaus und hinsichtlich der in ihnen transportierten Ideale und Wertvorstellungen. Eine größere Genauigkeit in der Bestimmung und Beschreibung der narrativen Strukturen wird sich nur dann ergeben, wenn man eine Typenbildung vornimmt: Ich klammere diejenigen Texte aus, die das Grundmuster innerhalb einer vereinfachten Artusroman-Struktur realisieren. Ebenfalls klammere ich eine Reihe von Legenden aus, die die Handlungsstruktur der Liebes- und Abenteuerromane entlehnen. Unter diesen Voraussetzungen ergeben sich, grob gesagt, drei Untertypen:

1) Minne- und Aventiureromane, die direkte Erben des spätantiken Erzähltyps sind. Diese Untergruppe besteht eigentlich nur aus einem Roman, Heinrichs von Neustadt ‚Apollonius von Tyrland' (um 1300). Dieser Text geht auf einen spätantiken Liebes- und Abenteuerroman zurück: Der junge Herrscher über Tyrus wirbt um eine Königstochter, die allerdings in Blutschande mit ihrem Vater lebt; nachdem er dies öffentlich gemacht hat, wird er vom Zorn des Brautvaters verfolgt. Mit einer anderen Frau kann er eine Familie gründen, wird allerdings von ihr und seiner Tochter getrennt, er muß sie beide für tot halten und begegnet ihnen erst nach vielen Abenteuern wieder (‚Historia Apollonii regis Tyri'). Diese Geschichte wird im Mittelalter signifikant erweitert: Der Held gerät zwischenzeitlich in einen phantastisch anmutenden Orient, was die Gelegenheit eröffnet, erzählend über das Verhältnis zwischen dem Fremden und dem Vertrauten, über adelige Identität und die Variationen der Liebe zu spekulieren – Apollonius geht, da er seine Frau tot wähnt, eine Reihe anderer Minnebindungen ein. Zuletzt erweist sich der Held dann gar als heilsgeschichtlich bedeutsamer Wegbereiter des Christentums und als Tafelrundengründer vor König Artus.

2) Der ‚weltliche' Untertypus des Minne- und Aventiureromans. Am deutlichsten im ‚Willehalm von Orlens', variiert im ‚Wilhelm von Österreich', in Konrads von Würzburg ‚Partonopier' (der nicht allein ein ‚Feenmärchen' im Status des ‚Als-ob' ist) und seinem ‚Engelhard' geht es um eine ständische Mesalliance, die einen landfremden Grafen- oder Rittersohn zum Herrscher über ein Königreich macht.[42] Der Held wird durch die Hofgesellschaft von der einzigen Herrschaftserbin getrennt, als er sich ihrer körperlich zu bemächtigen sucht, und muß sie sich erst durch Taten neu ‚verdienen', bevor er sie dann mit öffentlicher Zustimmung heiraten und die Herrschaft über ihr Erbland antreten darf. Die öffentliche Legitimierung der Minne und damit auch der Minneehe dämmt die Sujethaftigkeit des Geschehens nicht erst im Augenblick der endgültigen Überschreitung entscheidend ein. Denn diese Tendenz ist von Anfang an auszumachen, indem schon der Grad

---

42 Ich blende hier die zusätzlichen Erzähllogiken aus, die die Struktur dieser hybriden Texte bestimmen.

der Mesalliance reduziert wird, weil der Grafensohn sich zum europäischen Spitzenadel zählen darf und das Mädchen das einzige Liebeshindernis allein in der noch fehlenden Schwertleite des jungen Mannes sieht. In den Texten wird zunächst eine konzeptionelle Konkurrenz zwischen Geburts- und Tugendadel etabliert, in der sich der Tugendadel des Helden letztlich durch seine schiere physische Evidenz öffentlich durchsetzt; in der Konsequenz setzt sich die passionierte Minne gegen die politisch bestimmte feudale Allianzbildung durch. Dabei erweist sich die Minneehe zuletzt als politisch oder heilsgeschichtlich sinnvoller als die alternativ mögliche politische Allianz des Mädchens mit einem ständisch passenderen Partner (SCHULZ 2000b). Mit invertierten Geschlechterrollen findet sich das Muster in Konrad Flecks ‚Flore und Blancheflur'. Dort verlieben sich der Sohn des heidnischen Königs von Spanien und die Tochter einer dort versklavten christlichen Gräfin ineinander. Die Eltern trennen das Paar und verkaufen das Mädchen Blancheflur als Braut an den Herrscher von Babylon.

3) Der ‚fromme' Untertypus: Hier ist das Paar bereits verheiratet, wenn es sich zur Weltflucht entschließt, um ein Bettler- oder Pilgerleben in Armut zu führen, so im ‚Wilhelm von Wenden' und in der ‚Guten Frau' (und auch schon in Chrétiens de Troyes ‚Guillaume d'Angleterre). Die Trennung zwischen Mann und Frau ist Resultat eines Kalküls, die Wiedervereinigung wird vor allem dadurch ermöglicht, daß die Frau trotz ihrer Identitätslosigkeit aufgrund der körperlichen Evidenz ihrer Tugenden woanders zur Landesherrscherin aufgestiegen ist (hierin zeigen sich auch starke Ähnlichkeiten zur ‚Crescentia'-Geschichte aus der ‚Kaiserchronik'). Die Radikalität der freiwilligen Weltentsagung und der Aufgabe der angestammten adeligen Identität wird auch hier kompromißhaft eingehegt, indem am Ende nicht der Sitz im Himmelreich, sondern die Erhöhung in der Welt steht. Die sujethafte Grenzüberschreitung – das freiwillige Verlassen der Welt der feudalen Repräsentation, der genealogisch bestimmten Identität, der Welt der genealogischen Prokreation – wird zuletzt rückgängig gemacht, sie bildet nur eine transitorische Phase, die letztlich gerade den Erfolg in dieser Welt garantiert (SCHULZ 2009b, 2009c).

Für den weltlichen wie für den frommen Untertypus lassen sich nun weitere Strukturmerkmale bestimmen, die das Schema des Sich-Findens, der Trennung und der Wiedervereinigung genauer spezifizieren. Beim weltlichen Typus könnte man von einer Art ‚Kernsujet' sprechen, das in das allgemeinere Schema eingelagert ist.

SCHULZ 2000b. – SCHULZ 2009b. – SCHULZ 2009c.

4.2.4.1 Zum Sujet des ‚weltlichen' Minne- und Aventiureromans

Ich habe in meiner Dissertation versucht, Rudolfs von Ems ‚Willehalm von Orlens' (um 1235) zum prototypischen Ausgangspunkt zu nehmen, um im Vergleich mit Konrads ‚Partonopier' und Johanns von Würzburg ‚Wilhelm von Österreich' einen idealtypischen Handlungsverlauf des ‚weltlichen' Minneromans zu rekonstruieren (SCHULZ 2000b). Derart spezifisch findet sich dieses Sujet und der damit verbundene Verlaufstyp in nur sehr wenigen Romanen. Allerdings ist sein narrativer Kern – eine heimliche Liebesbeziehung, die durch gesellschaftliche Instanzen getrennt wird und sich zuletzt doch legitimieren kann – in der Literatur des 13. bis 16. Jahrhunderts in unterschiedlichen Varianten ausgesprochen häufig thematisiert worden. Ich skizziere dennoch den gewissermaßen ‚vollständigen' Typus, weil an ihm die besondere Semantik, die von dem entsprechenden Erzählmuster ausgedrückt wird, besonders deutlich wird.

Das Erzählmuster dient nämlich vor allem dazu, sozialen Aufstieg innerhalb des Adels zu thematisieren, und es wird eingebunden in biographische Narration. Im ‚Willehalm von Orlens' von Rudolf von Ems geht es darum, wie ein junger Grafen- bzw. Herzogssohn noch als Kind – also noch nicht als Ritter! – zur weiteren Ausbildung an einen fremden Hof geht, wo er sich in die einzige Tochter des Königs verliebt und ihre Liebe gewinnt. Die Liebe muß vor allen verborgen werden, denn der Held ist defizient a) von der Altersstufe her: er ist noch kein Krieger-Mann, b) sozial: er steht ständisch unter der Geliebten. Diese stellt ihm eine Bedingung: Er soll erst Ritter werden, bevor sie sich ihm hinzugeben und ihn auch gegen alle Pläne ihres Vaters zu heiraten bereit ist. Er reist fort, unterzieht sich der Schwertleite und bewährt sich als Ritter; dann kehrt er zu ihr zurück. Nun soll das Mädchen aber aus politischen Gründen an einen anderen verheiratet werden. Die Liebenden beschließen, gemeinsam zu fliehen, doch die Flucht scheitert. Der Held wird verbannt, und das Mädchen muß zu ihrem Vater zurückkehren (im Gegensatz zum antiken Roman ist sie also nicht mehr in der Lage, sich räumlich zu bewegen). Der Held ist schwer angeschlagen, zeitweise auch körperlich, auf jeden Fall sozial: er hat seine öffentliche Identität verloren und muß sich, nach einer Erholungsphase, erst wieder eine neue erwerben. Andere Frauen wollen ihn haben; er widersteht. Viele Helfer bringen ihn seinem Ziel näher, der

Wiedervereinigung mit der Geliebten. Er ist hier oftmals ebenso passiv wie die Helden des antiken Romans, nur sind es keine Götter oder blinde Zufälle mehr, die sein Handeln steuern, sondern besagte Helferfiguren, deren wichtigste der Geliebten familiär oder sozial besonders nahesteht. Die Wiedervereinigung ist also gesellschaftlich sanktioniert. Das Paar heiratet öffentlich legitimiert, und der Held tritt später auch die Landesherrschaft über das Erbland der Geliebten an. In diesen Texten geht es um Herrschaftserweiterung, die durch den höchsten höfischen Profanwert, die Minne, legitimiert wird.

4.2.4.2 Zum Syntagma des ‚weltlichen' Minne- und Aventiureromans

Die Semantik dieses Entwurfs wird, wie gesagt, am deutlichsten im ‚Willehalm von Orlens'. Betrachtet man ihn als einen Text, in dem sich die Merkmale dieses Erzähltyps besonders verdichten, läßt sich aus ihm eine spezifische Reihe von Handlungselementen rekonstruieren. Ich zähle 25, aber es sind natürlich auch andere Gliederungen denkbar. Der kleingedruckte Text erläutert das Schema anhand der zugrunde liegenden Texte – in dieser Reihenfolge: ‚Willehalm von Orlens' als ‚Prototyp' bzw. ‚Idealtyp'; ‚Partonopier und Meliur' als Ergebnis einer Hybridisierung bzw. Gattungsmischung zwischen Feenmärchen, Minneroman und Chanson de geste; ‚Wilhelm von Österreich' als Text, dem der Handlungsverlauf des Minneromans nur als ein Grundgerüst dient, das von einem Übermaß von Motivdoppelungen und allegorisierenden Sequenzen überwuchert wird. Detailliertere Erläuterungen finden sich in SCHULZ 2000b. Gegenüber der Schemarekonstruktion dort (S. 45–63) habe ich im Wortlaut gekürzt und auf einige Differenzierungen verzichtet.

1) *Status des Helden:* Der Held ist einziger Erbe einer Grafschaft oder eines Herzogtums. Er ist perfekt höfisch erzogen worden und noch kein Ritter.

   Willehalm von Orlens ist Erbe der Grafschaft Hennegau und des Herzogtums Brabant; der französische König ist sein Cousin. Partonopier ist Erbe der Grafschaften Anjou und Blois; der französische König ist sein Onkel. Wildhelm von Österreich ist Erbe des Herzogtums Österreich.

2) *Räumliche Vermittlung:* Eine Nachricht oder Aktion aus dem Zielbereich lockt den Helden dorthin; markiert wird damit auch, daß er zu seiner späteren Herrschaft dort erwählt ist.

   Ein Knappe aus England klärt Willehalm von Orlens darüber auf, daß der Herzog von Brabant nicht sein wahrer Vater ist, und er fordert ihn dazu auf, seine Erziehung am Hof des Königs Rainher von England zu vervollkommnen. Er macht sich auf den Weg. Partonopier wird auf einer Jagd durch Meliurs Zauber in ein Schiff gelockt und nach Schiefdeire gebracht. Wildhelm von Österreich träumt jahrelang von Aglye von Zyzya und reist dorthin, wo er die Traumgeliebte findet.

3) *Ankunft im Zielbereich:* Der Held gelangt in das Land der Dame, ein König- oder Kaiserreich, dessen einzige Erbin die Dame ist. Der Held wird äußerst wohlwollend empfangen.

Willehalm von Orlens tritt in den Dienst des englischen Königs, der ihn hocherfreut in sein Gesinde aufnimmt. Partonopier sucht im scheinbar menschenleeren Schiefdeire das prächtigste Gebäude auf, Meliurs Palast, und wird von unsichtbaren Händen bedient. Wildhelm von Österreich wird in der Residenz Twingen von König Agrant an Kindes Statt aufgenommen.

4) *Begegnung mit der Dame:* Aufgrund seiner hervorragenden Tugenden darf der kindlich-jugendliche Held der Dame auch nichtöffentlich und ohne Aufsicht gegenübertreten.

Willehalm von Orlens wird von Rainher seiner Tochter Amelye als Spielgefährte zugeteilt. Meliur läßt Partonopier von unsichtbaren Dienern in ihre Kemenate führen. Wildhelm von Österreich und Agrants Tochter Aglye werden als Bruder und Schwester erzogen.

5) *Verbot eines erotischen Zugriffs:* Diese Erlaubnis setzt voraus, daß vom Helden keinerlei erotische Initiative ausgeht.

König Rainher geht davon aus, daß Willehalm ein idealer Spielgefährte für seine Tochter ist. Meliur erlaubt Partonopier, in ihrem Bett zu bleiben, nachdem er versprochen hat, sich *als ein juncfrouwe* (V. 1487: ‚wie eine Jungfrau') zu benehmen. Sie verbietet ihm, sie anzufassen. Im ‚Wilhelm von Österreich' ist das Verbot implizite Konsequenz aus der Erziehung als Geschwister (RIDDER 1998, S. 105 f.).

6) *Übertretung des Verbots:* Der Held fordert die Minne der Dame.

Willehalm von Orlens verliebt sich in Amelye und fordert ihre Liebe; zunächst verweigert sie sich ihm. Partonopier fordert Meliurs Minne und überwältigt das Mädchen, das sich scheinbar sträubt. Wildhelm von Österreich beginnt, mit Aglye über die Minne zu sprechen, worauf sie sich bereitwillig einläßt.

7) *Heimliche Minne:* Die Dame erklärt sich ebenfalls verliebt. Die Beziehung muß geheimgehalten werden. Die Dame stellt dem Helden die Bedingung, in ihrem Dienst Ritter zu werden (und somit ein entscheidendes Ehehindernis zu beseitigen, die fehlende Mannbarkeit).

Nachdem Willehalm von Orlens durch einen lebensbedrohlichen Hungerstreik Amelye von seiner Liebe überzeugt hat, erklärt sie, auch ihn zu lieben. Sie stellt ihm die Bedingung, die Schwertleite zu absolvieren und sich in ihrem Namen als Ritter zu etablieren; ihm hingeben wolle sie sich dann aber nur als

4.2 Zentrale Muster mittelalterlichen Erzählens   287

Ehefrau. Meliur eröffnet Partonopier, daß sie ihn hergelockt habe. Wenn er sie zur Frau haben und Herrscher ihres Landes werden wolle, müsse er Ritter werden und zweieinhalb Jahre lang auf ihren Anblick verzichten. Aglye erklärt sich bereit, mit Wildhelm von Österreich zu schlafen; es stellt sich heraus, daß auch sie ihn schon seit frühester Kindheit geliebt hat. Allerdings fordert sie ihn erst viel später zu ritterlichen Taten auf (V. 7623 f.).

8) *Entfernung des Helden* und
9) *Ritterwerdung:* Der Held verläßt den Bereich der Dame, um Ritter zu werden (und somit seine Ehefähigkeit sicherzustellen).

Willehalm von Orlens kehrt nach Brabant zurück, um als frischgebackener Ritter an Turnieren teilzunehmen. Partonopier kehrt nach Frankreich zurück, um dort einen Aufstand in seinem Erbland niederzuschlagen und dem französischen König gegen den Einfall heidnischer Sarazenen beizustehen. Nur Wildhelm von Österreich hat keinen Bewährungsauftrag: Um ihn von seiner Tochter fernzuhalten, schickt ihn Aglyes Vater in einer lebensgefährlichen Mission als Fehdeboten nach Marokko. Unterwegs besteht er ritterliche Abenteuer.

10) *Minnekommunikation:* In Briefen oder heimlichen Treffen versichern Held und Dame einander ihrer Minne, während der Held sich als Ritter bewährt.

11) *Komplikation seitens der Elterninstanzen:* Vor allem die Pläne der Eltern des Mädchens, ihre Tochter anderweitig zu verheiraten, bedrohen die heimliche Liebe. Der Held gerät in einen Loyalitätskonflikt, weil er den Elterninstanzen (den eigenen oder denjenigen der Dame) ebenfalls *triuwe* schuldet.

Willehalms Amelye soll aus politischen Gründen mit dem König von Spanien verheiratet werden. Partonopiers Mutter versucht mit allen Mitteln, ihren Sohn von seiner unsichtbaren Geliebten, die sie für einen Dämon hält, loszulösen: erst durch die Verlobung Partonopiers mit einer Verwandten des französischen Königs, dann durch eine Zauberlaterne, mit der er Meliur gegen deren ausdrückliches Verbot betrachten soll. Wildhelms Aglye soll mit Wildomis verheiratet werden.

12) *Rückkehr:* Der Held kehrt in den Bereich der Dame zurück und trifft sie dort heimlich wieder.

13) *Zentraler Normverstoß:* Der Held reagiert auf die Komplikation, indem er eine oder mehrere der von ihm eingegangenen *triuwe*-Verpflichtungen bricht. So setzt die Operation der Eltern ein Konfliktpotential frei, das angelegt war in dem Spannungsverhältnis zwischen heimlicher Minnebeziehung und öffentlich legitimierter und arrangierter Herrschaftsehe. Das unvermittelte Nebeneinander individueller und ge-

sellschaftlicher Ansprüche führt letztlich dazu, daß der Held einem der beiden Bezugssysteme nicht mehr gerecht werden kann.

Willehalm von Orlens entführt Amelye, obwohl er zum Ingesinde ihres Vaters gehört. Partonopier betrachtet Meliur gegen das vereinbarte und wiederholt affirmierte Verbot mit der Zauberlaterne, die ihm seine Mutter gegeben hat. Wildhelm von Österreich tötet Aglyes Bräutigam Wildonis im Turnier mit einer vergifteten Lanze, obwohl Wildomis sein Freund ist und obwohl er Wildomis' Vater Melchinor Treue gelobt hat.

14) *Öffentlichwerden der heimlichen Minnebeziehung:* Als Folge des Normverstoßes wird das heimliche Verhältnis allgemein bekannt.

Willehalm von Orlens wird mit Amelye auf der Flucht gefangengenommen und vor den englischen König gebracht. Partonopiers Verstoß gegen das Sichtverbot zerstört Meliurs Zauber. Am nächsten Morgen werden die beiden im Bett von den Hofdamen entdeckt und beschimpft. Wildhelm von Österreich wird gefangengenommen und rechtfertigt seine Tat durch seine Minne.

15) *Gericht über den Helden:* Der Held soll für seinen Treuebruch mit dem Tod bestraft werden.

16) *Fürsprache:* Hochrangige Figuren setzen sich für das Leben des Helden ein.

17) *Verstoßung:* Das Todesurteil wird nicht vollstreckt. Der Held wird sozial geächtet und muß die Nähe der Dame verlassen.

Der Graf, der Willehalm von Orlens gefangengenommen hat, setzt sich als weisester Ratgeber des Königs für den Helden ein. Er erwirkt, daß der schwerverletzte Willehalm aus England verbannt wird, er darauf warten muß, daß ihm eine Frau von königlichem Geblüt die Lanze, die in seiner Achsel steckt, entfernt, und er so lange kein Wort sprechen darf, bis ihn Amelye darum bittet. Meliurs Schwester Irekel ersucht die junge Kaiserin vergeblich darum, dem Helden noch einmal zu verzeihen. Allerdings kann sie ihn lebend aus dem Land schaffen, an mordgierigen Rittern vorbei. Um Wildhelms von Österreich Begnadigung bitten vergeblich König Welf von Indien und die heidnischen Damen. Es erscheint Parklise, die Botin der heidnischen Königin Crispin, und fordert – vorgeblich im Namen Mohammeds –, ihr den Helden zu übergeben. Dies geschieht. Tatsächlich braucht sie einen Kämpfer, der das Land ihrer Herrin von Merlin befreit.

18) *Durchgang durch einen symbolischen Tod:* Der Held gerät an den Tiefpunkt seiner bisherigen Existenz; er entfernt sich zwischenzeitlich aus der höfischen Gesellschaft bis hin zur Todesnähe. Dabei verliert er auch seine Identität (oder muß zumindest im folgenden inkognito auftreten).

4.2 Zentrale Muster mittelalterlichen Erzählens   289

Nur durch fremde Hilfe gelangt Willehalm von Orlens zum norwegischen König, dessen Tochter Duzabele ihm die Lanzenspitze aus der Schulter zieht. Am norwegischen Hof bleibt der Held identitätslos, weil er nicht sprechen darf und mit der Sprache auch seinen Namen verloren hat. Partonopier kehrt nach Blois zurück, verweigert dort jeden Kontakt mit Familie und Klerus und zieht dann in den Ardennenwald, um sich dort, völlig verwildert, den Tieren zum Fraß vorzuwerfen. Wildhelm von Österreich bricht nach dem siegreichen Kampf gegen den Zauberer Merlin in einer Art Jenseitsreich vor flammenspeienden Automaten wie tot zusammen. Seine Identität verliert er allerdings nicht (der Treuebruch richtete sich gegen die *heidnische* Gesellschaft, was vom Text offenbar als minderschweres Delikt gewertet wird).

19) *Erholung des Helden* und
20) *Gewinnen einer Helferin* und
21) *Wiederannäherung:* Der Held erholt sich bei einer hochstehenden Dame. Diese oder eine Frau aus ihrem Umfeld verliebt sich erfolglos in den Helden. Entweder sie selbst oder eine weitere Dame hat ausgezeichnete Verbindungen zum Zielbereich, die sie dazu gebrauchen kann, den Helden und seine Geliebte einander wiederanzunähern.

Willehalm von Orlens kämpft für Duzabele, die ihn körperlich wiederhergestellt hat, gegen feindliche Eindringlinge. Später verliebt sie sich in den Helden. Willehalm kämpft auch für die Äbtissin Saevine, die Tante seiner Geliebten, die in dem Stummen den verschollenen Liebhaber ihrer Nichte wiedererkennt. Sie arrangiert ein Wiedersehen auf norwegischem Grund. Meliurs Schwester Irekel findet Partonopier im Wald und pflegt ihn in ihrem Reich gesund. Ihre Vertraute Persanis verliebt sich in den Helden. Irekel sorgt dafür, daß sich Meliur eingesteht, den Helden immer noch zu lieben. Sie sorgt dafür, daß Meliur ihn zum Ritter schlägt, ohne ihn zu erkennen, womit er formal die Bedingungen erfüllt, um in einem Turnier um Meliurs Hand anzutreten. Die Frau eines Raubritters, die Partonopier aus einem Verlies befreit und mit einer Rüstung ausstattet, und ein vazierender getaufter Sarazene, der Partonopiers Turniergefährte wird, sind weitere wichtige Helfer. Wildhelm von Österreich wird von Gaylet (ebenfalls einem getauften Sarazenen, der mit dem Helden und mit Aglye verwandt ist) aus den Flammen gerettet und zur heidnischen Königin Crispin gebracht, die sich schon vom Hörensagen in ihn, den Befreier ihres Landes, verliebt hat. Gaylet begleitet Wildhelm fortan, und er gewinnt Crispin als Helferin, die König Agrant und seine Tochter Aglye nach Solia bestellt, wo sie das Mädchen heimlich zum Helden bringen läßt.

22) *Aufhebung des Inkognitos:* Der Held, der bislang unerkannt aufgetreten ist, ist nun wieder namentlich bekannt.

Am norwegischen Hof gibt Amelye Willehalm Sprache und Identität zurück. Augenblicklich ist er allen bekannt. Obwohl Partonopier beim Turnier um Meliurs Hand bislang inkognito aufgetreten ist, kennen beim abschließenden Turniergericht plötzlich alle seinen Namen und seine Herkunft. Wildhelm von Österreich tritt in Solia als Crispins Neffe verkleidet auf. Zunächst gibt er sich nur seiner Geliebten zu erkennen, doch nachdem er Aglye geheiratet hat, wird in der Stadt allgemein bekannt, daß *Wildhelm wær brútegun,/ von Österrich Liupoldes sun* (V. 15989 f.).

23) *Neue Komplikation:* Eine neue Komplikation von außen droht die Wiedervereinigung des Paares zu gefährden; sie zielt darauf, zu verhindern, daß aus dem Liebesverhältnis eine legitime Ehe wird.

> Duzabele fordert die Hand Willehalms von Orlens, weil sie ihm das Leben gerettet hat. Das Turniergericht zeigt sich unfähig, Partonopier zum rechtmäßigen Sieger zu erklären. Meliur droht an den heidnischen Sultan Floridanz vergeben zu werden. König Agrant sammelt ein gigantisches Heer, um seine von Wildhelm entführte Tochter wiederzubekommen. Es findet eine große Schlacht zwischen diesem Heer und einem christlichen Kreuzfahrerheer statt.

24) *Öffentliche Bereinigung der Komplikation:* Die Komplikation wird in öffentlichem Ratschluß bereinigt.

> Als Duzabele und Amelye öffentlich um Willehalm von Orlens verhandeln, stellt Duzabeles Vater Amelot fest, daß seine Tochter den Helden nicht heiraten kann, weil sie zu nahe mit ihm verwandt ist. Partonopier wird Meliur als Gatte zuerkannt, nachdem er Floridanz in einer öffentlichen Schönheitskonkurrenz ausgestochen hat. Wildhelm von Österreich besiegt mit einem christlichen Heer unter Anführung seines Vaters die weit überlegenen Truppen Agrants; dieser erkennt die Niederlage öffentlich an, läßt sich zusammen mit Zehntausenden Heiden taufen und akzeptiert Wildhelm als legitimen Schwiegersohn.

25) *Legitime Herrschaftsehe:* Held und Dame heiraten, die Ehe ist öffentlich legitimiert; der Zielraum wird vom Helden in Besitz genommen.

> Willehalm von Orlens und Amelye heiraten in Norwegen. Nach weiteren Verhandlungen akzeptiert Rainher, vor vollendete Tatsachen gestellt, den neuen Schwiegersohn, so daß dieser mit Amelye nach England zurückkehren darf. Nach Rainhers Abdankung wird Willehalm englischer König. Partonopier heiratet Meliur und tritt die Herrschaft über Schiefdeire an. Wildhelm von Österreich, der Aglye bereits zuvor geheiratet hatte, tritt die Herrschaft über Zyzya an.

Die Texte verhandeln das Problem, wie das ordnungsgefährdende Potential der heimlichen Minne in eine legitime Herrschaftsehe überführt werden kann, oder anders: wie die Expansion territorialer Herrschaft letztlich durch den höchsten Profanwert der feudalen Gesellschaft, die Minne, ideologisch legitimiert werden kann. Der Romanentwurf ist das Ergebnis einer Kompromißbildung, sowohl ideologisch als auch narrativ, da der Ascensus des Helden vom Grafen- bzw. Herzogssohn zum König beständig von sozialen Instanzen begleitet wird, die sein Handeln ‚von außen' steuern und die letztlich die legitime Herrschaftsehe erst ermöglichen.

RIDDER 1998. – SCHULZ 2000b.

5. Räume und Zeiten

5.1 Literarische Weltentwürfe

5.1.1 Ausschnitthafte oder verallgemeinernde Darstellung

Die zentralen Handlungsschemata, die für mittelalterliches Erzählen prägend sind, sind grundsätzlich auch an ein je spezifisches Sujet im Sinne LOTMANS gebunden, an eine je besondere Ereignisstruktur, die sich nur auf der Grundlage einer entsprechenden Weltaufteilung entfalten kann: einer Weltaufteilung, die zwischen einem Diesseits und einem Jenseits unterscheidet, wobei das Diesseits zumeist christlich und kultiviert-höfisch, das Jenseits hingegen nicht-christlich und/oder nicht-kultiviert und/oder nicht-höfisch ist. Diese grundlegenden Unterschiede können allerdings auch im Diesseits der kulturkonstitutiven Grenze und in ihrem Jenseits wiederbegegnen, und genau diese Aufweichung der Weltaufteilung ermöglicht dann allererst ein Erzählen davon, wie die bestehende Weltordnung bestätigt oder in eine neue überführt wird.

Jeder narrative Text setzt den Entwurf einer Welt voraus, sei dieser noch so ausschnitthaft und fragmentarisch ausgeführt. Überhaupt kann Literatur ‚Welt‘, sei diese nun als wirklich oder als nur erfunden gesetzt, immer nur ‚exemplarisch‘ darstellen, durch besondere Einzelheiten oder durch besondere Verallgemeinerungen, die im Sinne einer Synekdoche oder einer Metonymie ein größeres Ganzes implizieren sollen. Literarische Texte implizieren ein je spezifisches Weltmodell, das Modell einer vollständigen Welt, das unterschiedlich deutlich ausgearbeitet sein kann; es kann die zeitgenössisch kulturell üblichen Klassifikationen abbilden, muß dies aber nicht (LOTMAN 1989, S. 311–329).

Jeder literarische Text entwirft also – in eigentlicher Rede und durch sein metaphorisches System – die Struktur einer Welt; und umgekehrt ist die dargestellte Welt nur vor dem Hintergrund zeitgenössischer und kulturspezifischer Vorstellungen von der ‚realen‘ Welt adäquat zu verstehen. Die Struktur dieser Welt umfaßt zentral nicht allein Konzepte von Raum und Zeit, sondern auch vom Platz und vom Rang des Menschen innerhalb der raum-zeitlichen Ordnungen. Diese Weltentwürfe differieren von Einzeltext zu Einzeltext, sie differieren aber auch zwischen unterschiedlichen literarischen Systemen (Gattungen, Text- und Diskurstypen), und sie unterscheiden sich je historisch.

Im folgenden kommt es mir besonders auf die Raum- und Zeitsemantiken mittelalterlicher Erzähltexte an. Bevor ich anhand von zwei Beispielen näher darauf eingehe, seien zunächst ein paar grundsätzliche Kategorien und Merkmale genannt, die diese Semantiken bestimmen können. Ich halte dieses Kapitel relativ kurz, erstens weil UTA STÖRMER-CAYSA (2007) ein ausführliches Studienbuch zum Thema ‚Raum und Zeit im höfischen Roman' vorgelegt hat, und zweitens weil JÖRG DÜNNE und STEPHAN GÜNZEL 2006 eine kommentierte Anthologie kulturwissenschaftlicher Raumtheorie-Texte besorgt haben. Was auf den folgenden Seiten vermißt wird, möge man also dort nachlesen.

DÜNNE/GÜNZEL 2006. – LOTMAN 1989. – STÖRMER-CAYSA 2007.

5.1.2 Basale Kategorien der Raumorganisation

Hinsichtlich des dargestellten Raumes kann meist zwischen gegensätzlichen Relationen unterschieden werden: ‚oben vs. unten', ‚rechts vs. links', ‚vorn vs. hinten', ‚offen vs. geschlossen', ‚Punkt vs. Linie', ‚linear vs. flächig', ‚flächig vs. dreidimensional', ‚kontinuierlich vs. diskontinuierlich', ‚nah vs. fern', ‚Diesseits vs. Jenseits', ‚horizontal vs. vertikal', ‚abgegrenzt vs. nicht-abgegrenzt' etc. Auf dieser Grundlage kann die Ordnung einer Welt errichtet werden, die unterscheidet zwischen dem Gewöhnlichen und dem Außergewöhnlichen, dem Eigenen und dem Fremden, dem Höfischen und dem Nicht-Höfischen, den Lebenden und den Toten, den Guten und den Bösen, den Adeligen und den Nicht-Adeligen, den Menschen und den Nicht-Menschen etc. Insgesamt sind natürlich nicht allein zweigliedrige, sondern auch drei- und mehrgliedrige Relationen denkbar (etwa: ‚Himmel – Erde – Unterwelt'); ebenso sind oftmals skalierte Übergänge zwischen den Extremen denkbar. Mit LOTMAN (1989) sind topographische Räume, wenn sie entsprechend semantisiert sind, zugleich topologische Räume; semantische Räume können solcherart topographisch bzw. topologisch markiert sein, können aber auch einfach bestimmte Ordnungen bedeuten: etwa dasjenige, was sich gehört, gegenüber demjenigen, was sich nicht gehört; oder dasjenige, was man oder einer weiß, gegenüber demjenigen, was man oder einer nicht weiß. Narration im Sinne der Überschreitung einer semantischen Grenze kann sich immer auch dann entfalten, wenn die Scheidelinie zwischen zwei solchen Ordnungen überschritten wird

(S. 311–329). Im vormodernen Erzählen sind solche Transgressionen allerdings weitaus häufiger topographisch markiert als in neueren Texten.

LOTMAN 1989.

5.1.3 Basale Kategorien der Zeitorganisation

Auch im Blick auf die dargestellte Zeit sollte man sich zunächst ein paar grundlegende Merkmale und Kategorien deutlich machen, die es erlauben, die spezifische Zeitsemantik eines Textes zu verstehen. Zu nennen wären etwa: ‚kontinuierlich vs. diskontinuierlich', ‚linear vs. zyklisch', ‚linear vs. aggregativ' (‚aufeinanderfolgend vs. nebeneinander bestehend'), ‚repetierend/iterativ vs. einmalig', ‚reversibel vs. irreversibel', ‚vergangen vs. gegenwärtig', ‚gegenwärtig vs. zukünftig', ‚beständig vs. wandelbar', ‚meßbar vs. nicht-meßbar', ‚begrenzt vs. unbegrenzt' etc. Auch hier sind natürlich skalierte Übergänge möglich, drei- und mehrwertige statt zweiwertiger Relationen, und natürlich ist auch damit eine bestimmte Semantik verbunden. Wo die menschliche Lebenszeit, wie seit der Antike üblich, als Bogen (*bios*) angesehen wird, bei dem man seinen Zenit erreicht und übersteigt, erscheinen Greisenalter und Kindheit logischerweise merkmalsähnlich. Überhaupt wäre auf kulturell vorgeprägte Zeitvorstellungen zu achten (vgl. STÖRMER-CAYSA 2007).

Wie es Ausnahmeräume gibt, so gibt es auch Ausnahmezeiten, und oft genug sind Raum- und Zeitsemantiken eines Textes aufs engste miteinander verbunden, so etwa, wenn Ausnahmeweltausschnitte wie der Garten von Joie de la curt im ‚Erec' auch insofern vom Gewöhnlichen abweichen, als dort die Zeit merkwürdig stillgestellt ist: die Bäume tragen Frucht und Blüte zugleich. Der idyllische *locus amoenus* mit seiner naturhaften Vitalität, Ort der Sexualität auch zwischen Mabonagrin und seiner *âmîe*, ist zugleich ein Reich der Toten, denn hier befindet sich auch ein Kreis aus 80 Stecken, auf denen die abgeschlagenen Köpfe der Ritter prangen, die die Aventiure von Joie de la curt nicht bestanden haben.

STÖRMER-CAYSA 2007.

5.2 Literatur- und kulturwissenschaftliche Beschreibungsmodelle

5.2.1 BACHTINS ‚Chronotopos'-Konzept

Wo Raumsemantik und Zeitsemantik auf besondere Weise aneinandergekoppelt sind, spricht man mit dem russischen Kulturtheoretiker MICHAIL BACHTIN von ‚Chronotopoi' (von altgriech. *chronos* ‚Zeit' und *topos* ‚Ort'). STÖRMER-CAYSA hat auf der Grundlage dieser Theorie ein ganzes Buch über ‚Raum und Zeit im höfischen Roman' geschrieben.

BACHTINS Konzept des ‚Chronotopos' (1989) zielt auf je gattungsspezifische „Zeit-und-Raum-Beziehungen" (S. 7). Als Weltbilder bestimmen solche ‚Chronotopoi' die erzählerische Gestaltung von Zeit und Raum und das jeweilige Menschenbild (S. 8). Als Beispiel mag hier der „abenteuerliche[ ] Prüfungsroman" dienen (S. 10). Das ist der spätantike Liebesroman, der als Ursprung des europäischen Romans gilt, als historischer Vorläufer der mittelalterlichen und frühneuzeitlichen Liebes- und Abenteuerromane und damit letztlich auch des goethezeitlichen und nachgoethezeitlichen ‚Bildungsromans'. Es geht darin um das Sich-Finden, die Trennung und – nach langer Zeit – die Wiedervereinigung eines Liebespaares. Konstitutiv für diesen Romantyp ist, daß sich die Welt in ihm aus zwei unterschiedlichen Raum-Zeit-Strukturen zusammensetzt, die einander komplementär ergänzen (in LOTMANS Terminologie: aus zwei disjunkten semantischen Teilräumen): der ‚biographischen Zeit' und der ‚Abenteuerzeit'. Durch einen Zufall werden die Protagonisten aus dem sinnhaft-kohärenten Raum-Zeit-Kontinuum der ‚biographischen Zeit' geworfen und finden sich in einer Abenteuerwelt wieder, in der sie auf Gedeih und Verderb dem willkürlichen und zufälligen Walten fremder Mächte ausgeliefert sind. Wenn sie, wiederum aufgrund eines Zufalls, in die ‚biographische Zeit' zurückkehren, haben die Fährnisse der ‚Abenteuerzeit' „keinerlei *Spur*" (S. 14) an ihnen hinterlassen; sie sind völlig unverändert. Dem Helden gelingt es, so BACHTIN, „*sich selbst zu erhalten* und in diesem Spiel, durch alle Launen des Schicksals und des Zufalls hindurch unverändert seine absolute *Identität mit sich selbst* zu bewahren" (S. 32).

In einer solchen Welt ist der Mensch kaum mehr als der Spielball schicksalhafter Mächte, und er kann sich selbst nur als er selbst bewahren, indem er unbedingt an seiner Liebe festhält, an dem einzigen, was ihn als ihn selbst bestimmt. ‚Identität' heißt hier zuerst, *sich nicht zu verändern*, selbst angesichts auswegloser Lagen. Diese ‚Identität' ist wesentlich als

‚private' gedacht, allein in bezug auf die Liebe, die diese Identität allererst ausmacht.

Wo mittelalterliche Texte den Erzähltyp des ‚abenteuerlichen Prüfungsromans' aufgreifen, verändert sich der entsprechende Chronotopos, zum einen im Blick auf die Rolle der Schicksalsinstanzen, zum anderen im Blick auf die Konzeption von Identität. Hinter allen Zufällen steht hier dann doch die lenkende Vorsehung Gottes, und Identität bestimmt sich immer auch öffentlich – im Sinne sozialer Inklusion und im Blick auf den Status der Protagonisten als Erben einer Landesherrschaft. Und die Figuren bleiben keinesfalls unverändert; es handelt sich hier immer auch um Geschichten sozialer Initiation: der Held überschreitet Lebensaltersstufen, heiratet und steigt sozial auf. Beobachten läßt sich das etwa an den mittelalterlichen Liebes- und Abenteuerromanen (vgl. Kap. 4.2.4).

BACHTIN 1989. – STÖRMER-CAYSA 2007.

5.2.2 LUGOWSKIS ‚mythisches Analogon'

BACHTINS ‚Chronotopos'-Konzept lenkt den Blick auf die Bedingungen der dargestellten Welten: auf die Bedingungen einer Ereignishaftigkeit, die sich nicht allein auf der Grundlage raum-zeitlicher Ordnungen entfaltet. Denn es geht dabei immer auch um die Frage, welchen Handlungsspielraum das menschliche Subjekt überhaupt hat: ob ihm von dem einen Gott, von vielen Göttern oder vom Schicksal Grenzen gesetzt sind, ob es nur Spielball in den Händen dieser Instanzen ist, ob es der Vorsehung dieser Instanzen oder der nackten Zufälligkeit unterworfen ist, ob es selbstmächtig-aktiv sein darf oder fremdbestimmt-passiv dem Walten subjektexterner Kräfte ausgesetzt ist. Auf einen Punkt gebracht: Es geht um das Verhältnis von Providenz und Kontingenz.

‚Kontingenz' bedeutet, daß ein Sachverhalt „weder notwendigerweise besteht [...] noch notwendigerweise nicht besteht [...], dessen Bestehen also in diesem Sinne vom Zufall abhängt", d. h. von allem, „was nicht als notwendig oder beabsichtigt erscheint und für dessen Eintreten wir keinen Grund angeben können" (Wörterbuch der philosophischen Begriffe, s. v. ‚kontingent' und ‚Zufall', Zitate S. 358 und 751). Es geht um einen offenen Raum der Möglichkeiten, der auch das Sinnlose umfassen kann, die Unordnung. Mit LOTMAN (1989) gehört die Exposition von Kontingenz zum Erzählen selbst: „Das [narrative] Ereignis wird gedacht als etwas, was geschehen ist, obwohl es auch nicht hätte zu geschehen brauchen" (S. 336).

Sujethaftes Erzählen steht, so WARNING (2003), „im Zeichen von Sinnbestimmung und also von Kontingenzbewältigung" (S. 183).

Allerdings erscheint, wie schon mehrfach zu sehen war, die Sujethaftigkeit mittelalterlichen Erzählens in den meisten Fällen auffällig nivelliert. Das heißt vor allem, es ist von Anfang an völlig undenkbar, daß der herausragende Held an seiner Aufgabe scheitern könnte. Beschreiben läßt sich das mit Hilfe des Konzepts des ‚formalen Mythos'. LUGOWSKI setzt dabei eine kategoriale Leitdifferenz zwischen der „kontingenten Realitätserfahrung der Moderne" (MÜLLER 1985b, S. 93) und der ganzheitlichen ‚Hinterweltlichkeit' einer nicht weiter spezifizierten Nicht-Moderne, einer Ganzheit, die, in die erzählende Kunst transponiert, sich als ‚formaler Mythos', als ‚mythisches Analogon' manifestiert: als der Entwurf einer Welt, deren Ereignisse vorab determiniert sind und folglich auch in der Abfolge des Erzählens jederzeit präsent gehalten werden, als erzählte Welt, in der die Rolle des einzelnen sich in ihrer Bedeutung für das Ganze erschöpft, in der die Kategorien des Zufalls und der Entwicklung gar keine oder nur eine punktuelle Bedeutung haben. Die (finale) Determination des Geschehens ‚von hinten' dominiert über die (kausale) Motivation ‚von vorn' – oft werden Ereignisse überhaupt nicht, bloß ‚irgendwie' oder mehrfach und dann widersprüchlich begründet. Es kommt zu einer ‚thematischen Überfremdung' kausaler Motivationen durch das ‚Ergebnis' einer Handlung. Der Prozeß ist irrelevant, allein dieses Ergebnis zählt. Mit LUGOWSKI (1932/1994) zu sprechen: Die ‚Hinterweltlichkeit' des Geschehens, die durch die jederzeit kenntliche ‚Motivation von hinten' verbürgt ist, sorgt für eine ‚Begrenztheit der Hindernisse'. Da im vormodernen Erzählen die ‚Ob-überhaupt'-Spannung hinter der ‚Wie'-Spannung zurücksteht und so

> „das Ergebnis der Handlung auf Grund der Entspannung schon seit einem frühen Stadium der Erzählung gegenwärtig ist, wird die wirkliche ‚Entwicklung' der Dinge entkräftet, entwertet, wird ihr der Ernst, das Gefährliche, Ungewisse, Zeithafte genommen, sie wird zur bloß physischen Realität, hinter der die ‚metaphysische' Sphäre zeitlosen Seins im Ergebnis des glücklichen, befriedeten Daseins absolut gesichert ruht" (S. 73).

LOTMAN 1989. – LUGOWSKI 1932/1994. – MÜLLER 1985b. – WARNING 2003.

5.2.3 Providenz und Kontingenz im mittelalterlichen Weltbild

Offenbar ist das die literarische Konsequenz eines Weltbildes, das von der unhintergehbaren Grundannahme bestimmt wird, ‚über' oder ‚hinter' allem stehe letztlich eine verantwortliche Instanz – Gott selbst. Providenz und Kontingenz bilden im Mittelalter kein gleichwertiges Gegensatzpaar, sondern eine Hierarchie; auch das arbiträr-sinnlose Walten der Fortuna (der Personifikation der Kontingenz) ist einer höheren Ordnung unterworfen. Kontingenz ist nur im kleinen möglich, *unterhalb* des göttlichen Heilsplans; in der Summe alles einzelnen jedoch manifestiert sich die göttliche Providenz, auch wenn dies die menschliche Erkenntniskraft übersteigen kann. So formuliert schon Boethius im ‚Trost der Philosophie' (5. Jh.):

> Sola est enim divina vis, cui mala quoque bona sunt, cum eis competenter utendo alicuius boni elicit effectum. Ordo enim quidam cuncta complectitur, ut, quod adsignata ordinis ratione decesserit, hoc licet in alium tamen ordinem relabatur, ne quid in regno providentiae liceat temeritati (IV, p. 6).
>
> ‚Für die göttliche Kraft allein ist das Böse auch gut, nämlich wenn sie es angemessen verwendet und so die Wirkung eines Guten hervorbringt. Denn eine bestimmte Ordnung umfaßt alles insgesamt, so daß, was von der ihm durch Vernunft zugewiesenen Ordnung abgewichen ist, freilich in eine andre, aber doch wiederum in eine Ordnung zurückgleitet, auf daß im Reiche der Vorsehung nichts der blinden Willkür zustehe.'

Dieses Modell ist noch für Dante prägend, der, so ERICH KÖHLER (1973/1993), Fortuna als „Instrument der göttlichen Vorsehung" und „ihre Gaben" als „Prüfsteine[ ] für die menschlichen Seelen" betrachtet (S. 30). Deshalb ist selbst das vermeintlich Sinnlose grundsätzlich als Prüfung anzunehmen.

Dieses Weltbild beeinflußt auch die mittelalterliche Epik, die es grosso modo darauf anlegt, Kontingenz *innerweltlich* zu bewältigen. Wo alles Erzählte mit LUGOWSKI (1932/1994) im wesentlichen ein ‚Noch-nicht' ist, wo das Erzählen nur die Entelechie eines ‚zeitlosen Seins' ist, reicht die Macht des Zufalls nicht sehr weit – er mag im Sinne der ‚Wie'-Spannung ereignishafte Akzidenzien auf der Ebene einzelner Episoden bestimmen, aber nicht das Sujet selbst. Entsprechend kann sich der Zufall – wie in der arthurischen Aventiure – letztlich nur als Mittel providentieller Fügung herausstellen.

Grundsätzlich kann narrative Kunst, egal aus welcher Epoche sie stammt, Kontingenz allenfalls thematisieren, simulieren, inszenieren, fingieren, aber nicht ‚real werden lassen', nicht allein, weil die Ereignisse, von der sie erzählt, fast immer, vom Prozeß des Erzählens aus betrachtet, in der Vergangenheit situiert sind. Ereignisse, die sich je für den Augenblick oder aus der perspektivischen Sicht des Erzählers oder der Figuren als hochgradig kontingent und ergebnisoffen präsentieren, erweisen sich durch den bloßen Umstand, daß sie und keine anderen erzählt werden und daß es dann ein Ende gibt, als narrativ sinnstiftend und ordnungstragend, weil sie rückblickend notwendig funktional auf dieses Ende, auf dieses Ergebnis bezogen werden. Erzählen selbst stiftet Sinn, als Gegenpol zur Kontingenz, weil Erzählen immer einen Anfang und ein Ende hat, mag dieser Sinn nun optimistisch oder pessimistisch, eindeutig oder widersprüchlich angelegt sein, mögen der Anfang und das Ende deutlich markiert sein oder ihre Konturen in einer Fragmentform verwischt werden. Zumal in älterer Literatur, die überdies weitgehend dem Prinzip des ‚Wiedererzählens‘ (WORSTBROCK 1999) auf ein bekanntes Ende hin verpflichtet ist, dämmt der bloße Umstand, daß das Erzählen immer ein Ende hat, zuletzt alle Kontingenz wieder ein, auch wenn sie im Detail durchaus deutlich exponiert worden sein kann.

Im spätantiken Liebesroman werden die Liebespaare im Prinzip *zufällig* getrennt und nach langer Zeit *zufällig* wiedervereinigt. Im mittelalterlichen Minne- und Aventiureroman, seinem historischen Erben, ist dies keineswegs der Fall. Die Trennung hier ist die kalkulierbare Sanktion auf das Öffentlichwerden der heimlichen Liebe, und die Wiedervereinigung und damit die ‚Einlösung‘/‚Schließung‘ des Sujets wird durch hochrangige gesellschaftliche Instanzen ermöglicht, nachdem der Held sie sich durch Leistung verdient hat. Der Zufall spielt dabei nur noch eine sehr eingeschränkte Rolle.

Mittelalterliches Erzählen tendiert insgesamt intra- und intertextuell zur Reduktion von Sujethaftigkeit: durch zyklisch-homöostatische Erzählarrangements wie im Artusroman; durch die paradigmatische Variation immergleicher Situationstypen bzw. durch ein ‚Erzählen im Paradigma‘; durch das offene Zurschaustellen der ‚Motivation von hinten‘; oder durchaus analog durch die Schemagebundenheit, die das Erzählte einem erwartbaren Ablauf verpflichtet. Kontingenz wird zumeist nur punktuell, auf untergeordneter Ebene exponiert, um sie letztlich im Sinne der übergeordneten, göttlich vorgegebenen Ordnung zu negieren.[43]

HERBERICHS/REICHLIN 2009. – KÖHLER 1973/1993. – LUGOWSKI 1932/1994. – SCHULZ 2009c. – WORSTBROCK 1999.

---

43 Es ließe sich natürlich durchaus zeigen, daß auch solche Muster immer wieder an ihre Grenzen stoßen; vgl. SCHULZ 2009c.

5.2.4 Aggregaträume und Systemräume

Bevor ich auf auffällige und historisch fremd gewordene Raum-Zeit-Strukturierungen in der Heldenepik und im höfischen Roman eingehe, seien noch einige Kategorien und Begriffe beschrieben, die das eigene Instrumentarium im Umgang mit mittelalterlicher Erzählliteratur bereichern könnten. Man wird sie vernünftigerweise je nach verfolgtem Erkenntnisinteresse gebrauchen. Für einen vertieften Einblick in entsprechende Konzepte verweise ich auf die Textsammlung von DÜNNE/GÜNZEL (2006).

Aus der kunstgeschichtlichen Forschung im Umkreis der WARBURG-Schule stammt die Unterscheidung zwischen Aggregaträumen und Systemräumen. Formuliert wurde sie in den 1930er Jahren von ERWIN PANOFSKY. Aggregaträume sind dadurch bestimmt, daß sie von den Dingen und Körpern, die in Relation zueinander treten, allererst hergestellt werden; Systemräume hingegen positionieren das Subjekt innerhalb einer prinzipiell vorgängigen Raumstruktur (wie dies etwa notwendig aufgrund von Zentralperspektive oder Mercator-Projektionen entsteht). Ich zitiere an dieser Stelle die Zusammenfassung von STÖRMER-CAYSA (2007):

> „Ein Aggregatraum wird nach PANOFSKY durch die Dinge bestimmt, ganz so, wie Aristoteles den Raum vom Ort her verstanden hatte, gleichsam aus dem Inneren eines Körpers. Ein Systemraum dagegen ist im Bild den Dingen vorgängig, die sich in ihm und dadurch einander nach wiederkehrenden und gemeingültigen Regeln relational zuordnen." (S. 36)

In diesem Zusammenhang ist es wichtig, festzuhalten, daß die Bewegungen mittelalterlicher Protagonisten im erzählten Raum nur schwerlich auf Landkarten der dargestellten Welt übertragen werden könnten; ja überhaupt sind solche Landkarten nur schwer vorstellbar (anders als dies etwa bei modernen Fantasy-Romanen der Fall ist, den ‚Erben' mittelalterlicher Erzählstoffe, in denen ausgesprochen oft zur Orientierung der Leser Karten beigegeben werden, in denen die Topographie der erzählten Welt dargestellt wird). Räume erscheinen in mittelalterlichen Texten kaum je als kontinuierlich entfaltete.

DÜNNE/GÜNZEL 2006. – STÖRMER-CAYSA 2007.

5.2.5 Bewegungsräume und Schwellenräume

ANDREA GLASER (2004) unterscheidet in ihrer Dissertation über das Verhältnis zwischen dem Helden und dem dargestellten Raum im höfischen Roman zwischen Ordnungsräumen, Bewegungsräumen und Schwellenräumen. Wichtig ist hier, daß alle diese Kategorien ähnlich wie bei den PANOFSKYschen Aggregaträumen grundsätzlich in Relation zum handelnden Personal zu sehen sind, zu den Figuren, also nicht im Sinne vorgängiger Gegebenheiten, in die die Bewegung des Helden nur im nachhinein eingepaßt werde. Wenn Räume die Bewegung der Figuren zu strukturieren scheinen, handelt es sich um Ordnungsräume (das wäre die Kategorie, die den neuzeitlichen Systemräumen am nächsten käme: sie ist jedoch gerade nicht vorgängig gegeben, sondern sekundär). Es

> „entsteht mittels [...] Adverbien und Präpositionen die sehr genaue Vorstellung eines ‚Ordnungsraums‘: Raum wird strukturiert durch räumliche Beziehungen und durch Richtungen. Der Ordnungsraum ist meist die kleinste Einheit einer Raumvorstellung, die auf Bewegung basiert; gelegentlich spielt er aber auch in Schwellenräumen eine Rolle. *Bewegungsräume und Schwellenräume sind also dem Ordnungsraum übergeordnete Einheiten*" (GLASER 2004, S. 20).

In Schwellenräumen werden Grenzen überschritten, in Bewegungsräumen findet eine nicht durch Schwellen begrenzte Bewegung statt. Dabei gibt es auch Bewegungsräume, die sich in bezug auf die Protagonisten bewegen (S. 19). Schwellenräume sind „noch stark von mythischem Substrat, besonders von der keltischen Vorstellung der ‚Anderen Welt‘ beeinflusst" (S. 20). Räume sind im höfischen Roman für die Charakterisierung der Protagonisten wichtig, weil bei diesen Desorientierungen zumeist nicht psychisch, sondern physisch, im Raum, vorgeführt werden (S. 26 f.). „Raumvorstellungen in den Artusromanen [sind] meist *nicht-mimetisch*" sowie diskontinuierlich (S. 24).

GLASER 2004.

5.2.6 Diskontinuierliche Räume 1: Linearität und Insularität

Das wäre genauer auszuführen. Reiches Belegmaterial hierfür liefert die Dissertation von BERNHARD JAHN (1993), die sich mit Raumkonzepten in der Frühen Neuzeit befaßt. JAHN untersucht fiktionale und nichtfiktionale Texte des 15. und 16. Jahrhunderts, Romane, Reiseberichte und Wegbeschreibungen (sog. Itinerare), und es gelingt ihm dabei, unter Zuhilfenahme des kognitionspsychologischen Konzepts des *mind mapping* eine offenbar epochentypische mentale Struktur zu rekonstruieren: diejenige vormoderner Raumwahrnehmung. Denn seine Ergebnisse finden sich auch dann bestätigt, wenn man von Jahns Untersuchungskorpus aus den Blick zurück auf mittelalterliche Romane richtet.

Auffällig für solche vormodernen Raumvorstellungen sind zwei Konzepte, die man ‚Insularität' und ‚Linearität' nennen könnte. Der Raum hat gewissermaßen eine je unterschiedliche ‚Tiefe' bzw. Konkretion, je nachdem, wo sich die wahrnehmende Figur oder der Blick des Erzählers gerade befindet. Dem umgebenden Raum, der Landschaft, gehört nur in zwei Fällen die Aufmerksamkeit des Erzählers oder Berichterstatters: erstens dann, wenn er für denjenigen, der ihn durchquert, gefährlich wird (das trifft dann besonders zu, wenn Diskontinuitäten im Raum wie Flüsse, Schluchten, Steilwände ihn auf gefährliche Art und Weise begrenzen – oder wenn Seestürme und andere Hindernisse es unmöglich machen, den gewünschten Zielort zu erreichen); und zweitens dann, wenn es darum geht, die Lage eines Kultur-Ortes wie etwa einer Stadt oder einer Burg innerhalb der Natur, die ihn umgibt, genauer zu bestimmen. Für diejenigen, die unterwegs sind – die fiktiven Ritter des höfischen Romans ebenso wie die realen Pilger, die sich an die Itinerare halten –, sind die Eigenschaften der Räume, die sie zwischen den von Menschen besiedelten Stationen durchqueren, ansonsten völlig gleichgültig, egal ob es sich um einen tiefen Wald, Felder, eine Wüste oder das Meer handelt. Es wird oft nicht einmal benannt, welche Art von Umgebung der Reiseweg eigentlich passiert. Solche ‚Natur' ist ohne jede räumliche Tiefe, man durchquert sie gewissermaßen auf einer Linie.

Man könnte vielleicht mutmaßen, daß erst die rousseauistische und später dann romantische Begeisterung für die Natur endgültig so etwas wie einen im Kantschen Sinn ‚interesselosen' Blick auf die nicht von der Kultur vorgeprägte Umgebung des Menschen geschaffen hat. Die Protagonisten vormoderner Erzähltexte durchqueren einen Raum, der beinahe genauso gestaltlos ist wie derjenige, der von zeitgenössischen Reiseanleitungen, eben den genannten Itineraren, entworfen wird: Reisestrecken sind bloße Linien, die insulare Kultur-Orte miteinander verbinden. Was allein zählt, ist, wie lange man braucht, um sich auf diesen Linien vom Kultur-Ort A zum Kultur-Ort B zu bewegen. Entsprechend erscheinen Raumwechsel oftmals nicht als kontinuierliche Bewegungen, sondern geradezu sprunghaft, so daß Czerwinski (1993) sogar von ‚Aggregaträumen' gesprochen hat, die blockhaft *nebeneinander* stehen und die *nicht* miteinander verbunden sind.

Nur menschliche Siedlungen innerhalb des amorphen Raums der Nicht-Kultur bzw. Natur werden genauer beschrieben, wobei der Blick des Erzählers oder Berichterstatters aber wiederum kaum daran interessiert ist, den jeweiligen Kultur-Ort in seiner räumlichen Organisation dem Leser vor Augen zu führen.

Es geht nicht um räumliche Konturen und Strukturen, sondern die zentralen Räume werden zumeist nur additiv aufgeführt (etwa wenn die Rede davon ist, daß eine Stadt soundso viel Tore, soundso viel Türme, soundso viele Kirchen und soundso viele Paläste hätte); die Beschreibungskunst der *descripitio* ist dort, wo es Architekturbeschreibungen gibt, immer mehr an den Details des Beschriebenen, seiner Beschaffenheit und einer Nachzeichnung bestimmter Blick-Bewegungen interessiert als daran, wie diese Bauwerke sich innerhalb eines Systemraums etwa der Zentralperspektive darstellen würden. Hinzu kommt, daß die soziale Organisation solcher Kultur-Orte offenbar mindestens genauso wichtig ist wie die räumliche: Was Herrschaftssysteme und Handel (auch Handelswaren) betrifft, werden ihre sozialen Umstände für heutige Maßstäbe in der Regel weitaus präziser bestimmt als die räumlichen – vor allem dann, wenn es bestimmte Auffälligkeiten gibt (allerdings ist es im höfischen Roman und noch in vielen Reiseberichten des Mittelalters beinahe völlig unmöglich, sich eine soziale Welt vorzustellen, die nicht nach dem Prinzip der Feudalherrschaft organisiert ist). In vormodernen Texten scheint ‚Raum' allein schon deshalb diskontinuierlich zu sein, weil er eine unterschiedliche Tiefe oder Dichte hat.

Linearität, Insularität und Diskontinuität der dargestellten Räume in mittelalterlichen Texten sollten aber nicht dazu verleiten, dem Raum bei der Interpretation nur eine untergeordnete Rolle zuzuweisen. Gerade die Wegstruktur mittelalterlicher Romane hat oftmals eine symbolische Bedeutung, und ein Sich-Verirren im Raum bedeutet eben zumeist auch eine Verwirrung der Person selbst. Augenfällig wird dies etwa, wenn man sich Petrarcas Brief über seine Besteigung des Mont Ventoux durchliest. Was gerne als Beginn der Moderne oder zumindest des Alpinismus gefeiert wird, stellt sich bei genauerem Hinsehen als durchweg symbolisch geprägte Reise dar: Der Bergaufstieg geschieht inmitten einer Krise des Subjekts, im Reisegepäck liegen die ‚Bekenntnisse' des Augustinus, und beim Weg zum Gipfel ist von rechten und von falschen Wegen die Rede, von solchen, bei denen man es sich zu leicht macht, und von solchen, die gerechtfertigterweise beschwerlich sind.

CZERWINSKI 1993. – JAHN 1993.

5.2.7 Diskontinuierliche Räume 2: ‚Falträume' im Innen und im Außen

Räume im mittelalterlichen Erzählen sind diskontinuierlich, und es handelt sich vielmehr um Aggregat- als um Systemräume. Das zeigt sich etwa besonders bei den Phänomenen, die STÖRMER-CAYSA (2007) ‚Biegsame Landschaften und Sproßräume' nennt. Der Raum, der sich dem Protagonisten wie dem Betrachter zunächst als verschlossen, eng und begrenzt darstellt, gewinnt mit einem Mal erstaunliche Tiefe und Komplexität. In gewissem Sinn verändern sich solche Räume im Verlauf der jeweiligen Erzählung.

Beobachten läßt sich das sowohl bei Innen- als auch bei Außenräumen. Im ‚Iwein' Hartmanns von Aue findet sich der Held nach der Verfolgung und Tötung Askalons in einem eng umgrenzten Torhaus wieder, zu dem es keine weiteren Zugänge zu geben scheint. Doch mit einem Mal ist Lunete, die Vertraute der Burgherrin, beim Helden; offenbar kommt sie durch eine Tür, von der zuvor nicht die Rede war, und sie führt Iwein im selben Torhaus an eine Stelle, wo sich nun auch ein Ruhebett befindet. In Wirnts von Grafenberg ‚Wigalois' gewinnt das verschlossene Reich Korntin immer mehr an Differenziertheit. Anfänglich scheint darin der Raum extrem eng und begrenzt, doch mit jeder Aktion des Helden weitet er sich mehr. Raum erscheint wieder einmal – anders als im modernen Erzählen – nicht als eine der Handlung vorgängige Ordnung, sondern Raum präsentiert sich als abhängig von Figurenwahrnehmung und Figureninteraktion. Insofern verändern sich zentrale Attribute der jeweiligen Räume im Gefolge der Handlung. Raumdarstellung in mittelalterlichem Erzählen ist nicht mimetisch, zielt nicht auf die wertfreie Abbildung irgendwelcher Wirklichkeiten ab, sondern ist funktional auf die Handlung bezogen.

STÖRMER-CAYSA 2007.

5.2.8 FOUCAULTS Heterotopien

Den Blick für die Konzeptualisierung des Raumes in vormoderner Literatur zu schärfen vermag auch der Begriff der ‚Heterotopie' (des ‚anderen Raumes'), obwohl er für einen ‚realen' Gegenstandsbereich entwickelt worden ist. FOUCAULT (1991) verfolgt damit das Interesse, der Utopie eine komplementäre Kategorie an die Seite zu stellen.

> „Die Utopien sind die Plazierungen ohne wirklichen Ort: die Plazierungen, die mit dem wirklichen Raum der Gesellschaft ein Verhältnis unmittelbarer oder umgekehrter Analogie unterhalten. Perfektionierung der Gesellschaft

oder Kehrseite der Gesellschaft: jedenfalls sind die Utopien wesentlich unwirkliche Räume." (S. 38 f.)

Das, was FOUCAULT ‚Heterotopien' nennt, seien hingegen reale Orte in der realen Geschichte,

> „sozusagen Gegenplazierungen oder Widerlager, tatsächlich realisierte Utopien, in denen die wirklichen Plätze innerhalb der Kultur gleichzeitig repräsentiert, bestritten und gewendet sind, gewissermaßen Orte außerhalb aller Orte, wiewohl sie tatsächlich geortet werden können. Weil diese Orte ganz *andere* sind als alle Plätze, die sie reflektieren oder von denen sie sprechen, nenne ich sie im Gegensatz zu den Utopien die *Heterotopien*. Und ich glaube, daß es zwischen den Utopien und diesen anderen Plätzen, den Heterotopien, eine Art Misch- oder Mittelerfahrung gibt: den Spiegel" (S. 39).

Den Utopien wie den Heterotopien eigen ist somit die Funktion, die kulturell üblichen Raumkonzeptionen reflexiv werden zu lassen. Dabei unterscheidet FOUCAULT zwischen ‚Krisenheterotopien' – das wären, im Sinne der VAN GENNEPschen Übergangsriten, liminale Räume, Schwellenräume des Übergangs zwischen einem sozialen Status und einem anderen – und ‚Abweichungsheterotopien': „In sie steckt man die Individuen, deren Verhalten abweichend ist im Verhältnis zur Norm" (FOUCAULT 1991, S. 40; er nennt wörtlich S. 40 f. Erholungsheime, psychiatrische Kliniken, Gefängnisse, Altersheime). Im Lauf der Geschichte hätten die Abweichungsheterotopien die Krisenheterotopien abgelöst. Heterotopien könnten illusionär sein (Jahrmarkt) oder auch kompensatorisch (Kolonien). In ihnen könnte sich Heterogenes zusammenballen: Heterotopien können „an einem einzigen Ort mehrere Räume, mehrere Plazierungen zusammen[...]legen, die an sich unvereinbar sind" (S. 42), dies auch mit abweichender Zeitordnung: „Die Heterotopien sind häufig an Zeitschnitte gebunden, d. h. an etwas, was man symmetrischerweise Heterochronien nennen könnte. Die Heterotopie erreicht ihr volles Funktionieren, wenn die Menschen mit ihrer herkömmlichen Zeit brechen" (S. 43). Der Zugang zu ihnen scheint über eine Grenze reguliert, dennoch sind sie nicht völlig von der ‚gewöhnlichen Welt' abgeschlossen. „Die Heterotopien setzen immer ein System von Öffnungen und Schließungen voraus, das sie gleichzeitig isoliert und durchdringlich macht" (S. 44).

Dieses Konzept, das sich auf ‚reale' Räume bezieht, ist auch auf die Literatur übertragbar und weitgehend etwa mit dem BACHTINSCHEN Chronotopos-Begriff kompatibel. Ebenso gibt es Verbindungen zu Konzeptualisierungen mythischer Räume, wie sie etwa bei CASSIRER begegnen.

BACHTIN 1989. – CASSIRER 1923/1954. – FOUCAULT 1991.

5.2.9 Mythischer vs. profaner Raum bei CASSIRER

Im zweiten Band seiner ‚Philosophie der symbolischen Formen' unternimmt der Philosoph CASSIRER in den 1920er Jahren den Versuch einer Funktionsbeschreibung des mythischen Denkens. Es geht ihm dabei nicht um die Inhalte mythischer Erzählungen, um ihr mythologisches Personal, und es geht ihm dabei kaum je um die begründende Funktion des Mythos, der als ‚angewandte Erzählung' erklärt, warum die Welt so ist, wie sie ist. Es geht ihm vielmehr um die Formen mythischen Denkens, als dessen Grundlage er eine bestimmte raum-zeitliche Ordnung der Welt begreift:

> „Zu einer Gliederung des Raumes und der Zeit gelangt das mythische Bewußtsein, nicht indem es das Schwankende und Schwebende der sinnlichen Erscheinungen in dauernden Gedanken befestigt, sondern indem es auch an das räumliche und zeitliche Sein seinen spezifischen Gegensatz: den Gegensatz des ‚Heiligen' und ‚Profanen' heranbringt. Dieser Grund- und Urakzent des mythischen Bewußtseins beherrscht auch alle besonderen Scheidungen und Verknüpfungen im Ganzen des Raumes und im Ganzen der Zeit." (CASSIRER 1923/1954, S. 103)

Grundlegend für das mythische Denken ist also der

> „Unterschied zweier *Bezirke* des Seins: eines gewöhnlichen, allgemein-zugänglichen und eines anderen, der, als heiliger Bezirk, aus seiner Umgebung herausgehoben, von ihr abgetrennt, gegen sie umhegt und beschützt erscheint" (S. 106).

Das „Heilige erscheint" dabei grundsätzlich ambivalent, nämlich „immer *zugleich* als das Ferne und Nahe, als das Vertraute und Schützende wie als das schlechthin Unzugängliche, als das ‚mysterium tremendum' und das ‚mysterium fascinosum'" (S. 99). Das bedeutet, daß der grundlegende Gegensatz zwischen dem profanen und dem heiligen Raum auf der Seite des heiligen Raumes wiederkehrt, indem hier das Vertraute und das absolut Unvertraute ebenso vereint werden wie das Anheimelnde und das Bedrohliche. In systemtheoretischer Begrifflichkeit könnte man von einem *re-entry* sprechen. Wie bereits ausgeführt (Kap. 4.2.3.12), scheint besonders der Artusroman in seinen Anderswelthbereichen auf eine solche mythische Raumorganisation zurückzugreifen (ohne selbst ein mythischer Text zu sein). Ich komme darauf zurück.

Räumliche Relationen sind für das mythische Bewußtsein nicht an und für sich gegeben, sondern per se bedeutungstragend: Qualitative Unterschiede werden räumlich abgebildet, wie umgekehrt auch räumliche Unterschiede qualitative bedeuten (S. 107).

5.2 Literatur- und kulturwissenschaftliche Beschreibungsmodelle

> „Überhaupt ist die mythische Zeitanschauung, gleich der mythischen Raumanschauung, durchaus qualitativ und konkret, nicht quantitativ und abstrakt gefaßt. Für den Mythos gibt es keine Zeit, keine gleichmäßige Dauer und keine regelmäßige Wiederkehr oder Sukzession ‚an sich‘, sondern es gibt immer nur bestimmte inhaltliche Gestaltungen, die ihrerseits bestimmte ‚Zeitgestalten‘, ein Kommen und Gehen, ein rhythmisches Dasein und Werden offenbaren. Hierdurch wird das Ganze der Zeit durch gewisse Grenzpunkte und gleichsam durch bestimmte Taktstriche in sich abgeteilt; aber diese Abschnitte sind zunächst lediglich als unmittelbar empfundene, nicht als gemessene oder gezählte vorhanden." (S. 133)

Raum und Zeit können auf diese Weise unmittelbar aneinandergekoppelt sein; CASSIRER nennt dies ‚Konkreszenz‘, ein Zusammenwachsen, das auch Relationen wie diejenige zwischen den Zeichen und dem von ihnen Repräsentierten betrifft.

> „Wie es zum Wesen der mythischen Denkform überhaupt gehört, daß sie überall, wo sie eine *Beziehung* setzt, die Glieder dieser Beziehung ineinanderfließen und ineinander übergehen läßt, so waltet diese Regel der ‚Konkreszenz‘, des Zusammenwachsens der Beziehungsglieder, auch in der Art des mythischen Zeitbewußtseins." (S. 136)

In diesem Denken bedeutet Ähnlichkeit Identität bzw. Nachbarschaft, sei sie nun räumlich oder zeitlich gefaßt, eine unmittelbare Kausalität: Es „besteht eine durchgängige Verknüpfung, ein echter Kausal*nexus* zwischen allem, was durch räumliche Nachbarschaft oder durch seine Verbundenheit zu demselben dinglichen Ganzen noch so äußerlich als ‚zusammengehörig‘ bezeichnet ist" (S. 67). Anders ausgedrückt:

> „Jede Gleichzeitigkeit, jede räumliche Begleitung und Berührung schließt hier schon an und für sich eine reale kausale ‚Folge‘ in sich. Man hat es geradezu als Prinzip der mythischen Kausalität und der auf sie gegründeten ‚Physik‘ bezeichnet, daß hier jede Berührung in Raum und Zeit unmittelbar als ein Verhältnis von Ursache und Wirkung genommen wird. Neben dem Prinzip des *post hoc, ergo propter hoc* ist insbesondere auch das Prinzip des *juxta hoc, ergo propter hoc* für das mythische Denken bezeichnend." (S. 59 f.)

In der mittelalterlichen Erzählliteratur begegnen immer wieder Räume und Raum-Zeit-Zusammenhänge, die eine erstaunliche Nähe zu solch mythischen Konzeptionen aufweisen. Nun ist die mittelalterliche Literatur natürlich keine mythische mehr. Doch die Sequenzen, in denen solch mythenanaloge Strukturen vorzufinden sind, erscheinen als deutlich abweichend von den Interaktionsmustern, Raum- und Zeitordnungen derjenigen Welt, die für die Texte als ‚gewöhnliche‘ gesetzt erscheint. Es handelt sich also um ‚mythische Residuen‘ mit einer entsprechenden mythischen Residuallogik, nach deren Funktion im jeweiligen Einzelfall genauer nachzufragen ist; es geht darum, welche Funktion die Gegenüberstellung unterschiedlich organisierter Weltausschnitte – Chronotopoi – für den Bedeutungsaufbau der Geschichten hat, insofern dabei die Peripherie der gewöhnlichen Welt als Heterotopie organisiert erscheint. Ich erläutere das im Anschluß an den folgenden Abschnitt anhand von zwei Beispielen.

CASSIRER 1923/1954. – HAMMER 2007. – SCHULZ 2003a.

5.2.10 Das Prinzip des Transgressiven

Raumsemantische Vorstellungen wie diejenigen LOTMANS oder BACHTINS setzen die Überschreitung einer Grenze voraus. Diese Überschreitung wird nur bestimmten Figuren zugebilligt, die sich auf diese Weise als die Träger des Sujets herausstellen. Es gibt nun aber auch Erzählungen, in denen die Geschichte selbst kaum zum Fortschreiten kommt, weil die Grenze zwischen zwei oppositionellen semantischen Teilräumen niemals dauerhaft überschritten wird, indem sie gewissermaßen beständig umspielt wird. Ein Beispiel wären die Tristan-Erzählungen mit ihren Ehebruchsschwänken und Rückkehrabenteuern, in denen es zwar immer wieder zum Ehebruch kommt, der Ehebruch selbst aber grundsätzlich nicht in eine irgendwie final geartete Erzählstruktur eingebunden wird (WARNING 2003). Dementsprechend erscheinen die einzelnen Episoden je nach Fassung auch unterschiedlich angeordnet. Um ein solches ‚Prozessieren im Paradigma‘, wie es WARNING nennt, zu beenden, muß die einmal etablierte Geschichten-Matrix von einem systemexternen Punkt aus zum Kollabieren gebracht werden (in den Tristan-Geschichten wird dies durch Doppelgängerfiguren markiert: Tristan der Zwerg, der die Hilfe Tristans des Liebenden einfordert, um seine Geliebte gewaltsam zurückzugewinnen; Tristans Schwager Kaedin, der Tristans Hilfe beim eigenen Ehebruch einfordert – erst in solchen Abenteuern wird Tristan dann auch tödlich verletzt).

Geschichten, die solcherart zu keinem Ende finden, umspielen die Grenze zwischen unterschiedlichen Normbereichen, sie penetrieren sie beständig, aber sie überqueren sie niemals dauerhaft, im Sinne eines Überschritten-Habens. FOUCAULT (1963/2001) hat in seinem Vorwort zu GEORGE BATAILLES ‚Überschreitung‘ dieses Konzept des ‚Transgressiven‘ auf den Punkt gebracht:

„Das Spiel der Grenzen und der Überschreitung scheint von einer schlichten Beharrlichkeit beherrscht: Die Überschreitung durchbricht eine Linie und setzt unaufhörlich aufs Neue an, eine Linie zu durchbrechen, die sich hinter ihr sogleich wieder in einer Welle verschließt, die kaum eine Erinnerung zulässt und dann von neuem zurückweicht bis an den Horizont des Unüberschreitbaren. [...] Die Grenze und die Überschreitung verdanken einander die Dichte ihres Seins: Eine Grenze, die absolut nicht überquert werden könnte, wäre inexistent; umgekehrt wäre eine Überschreitung, die nur eine scheinbare oder schattenhafte Grenze durchbrechen würde, nichtig. Doch existiert die Grenze überhaupt ohne die Geste, die sie stolz durchquert und leugnet? [...] Und schöpft die Überschreitung nicht alles aus, was sie in diesem Augenblick ist, an dem sie die Grenze überquert und nirgendwo sonst ist als in diesem Punkt der Zeit? Ist nun aber dieser Punkt, diese eigentümliche Überkreuzung von Wesen, die außerhalb von ihm nicht existieren, sondern in ihm vollständig austauschen, was sie sind, nicht genau all das, was überall über ihn hinausgeht?" (S. 324 f.)

In diesem Sinn hat MÜLLER (2003a) die Tristan-Minne als eine durchgängig transgressive beschrieben. Normbruch und Normerfüllung liegen in ihr extrem nahe beisammen, weil die verbotene Liebe zugleich eine ist, die auf allem aufruht, was dieser höfischen Gesellschaft heilig ist: begonnen bei der Idealpassung adeliger Leiber und dynastischer Gleichrangigkeit hin zu einer umfassenden Merkmalsgleichheit, die die beiden Liebenden als ideale Hofmitglieder füreinander prädestiniert erscheinen lassen müßte.

Das Konzept des Transgressiven sollte besonders dann in Erwägung gezogen werden, wenn man es mit Erzählungen zu tun hat, deren Sujetstruktur durch Wiederholungsfiguren nicht recht entfaltet erscheint; in denen also die Erzählung nicht recht vom Fleck kommt, weil sie immer wieder von ausgesprochen ähnlichen Grenzüberschreitungen handelt, es sich also schwerlich sagen läßt, ob eine semantische Grenze wirklich dauerhaft zurückgelassen worden ist. Berücksichtigt sollte dabei überdies werden, daß semantische Grenzen nicht immer zugleich auch topographische sein müssen, daß es sich also auch um die Grenze zwischen unterschiedlichen Ordnungen handeln kann.

FOUCAULT 1963/2001. – MÜLLER 2003a. – WARNING 2003.

5.3 Sonderräume und Unorte im höfischen Roman

5.3.1 Tristrants Waldleben: Chronotopos, Heterotopie, Konkreszenz

Die vorgestellten Kategorien und Begriffe sollen nun abschließend auf ihre Tauglichkeit für die Textinterpretation überprüft werden. Meine beiden Beispiele handeln von Sonderräumen im Außerhalb der höfischen Kultur, wie sie besonders für den mittelalterlichen Roman prägend sind – als Gegenwelten, als Räume einer Fremdheitserfahrung, in denen der Held mit dem kategorial ‚Anderen' der eigenen Kultur konfrontiert wird. Zwei berühmte Episoden, die sich in solchen Sonderräumen abspielen, sollen analytisch beschrieben und in ihrer Funktion für das jeweilige Romanganze interpretiert werden. Die erste entstammt dem ‚Tristrant' Eilharts von Oberge, der ältesten deutschen Fassung des Tristan-Stoffes, und handelt davon, wie das Liebespaar Zuflucht im Wald sucht, wo Tristrant eigenartigerweise als Kulturheros die gesamte höfische Welt, aus der man eben geflohen ist, völlig neu erfinden muß; die zweite ist aus dem ‚Lanzelet' Ulrichs von Zatzikhoven, einem etwas schwer einzuordnenden Artusroman, in dem die dem Helden bestimmte Frau in einem merkwürdigen Weltausschnitt lebt, der jeglicher Zeitlichkeit enthoben zu sein scheint. In beiden Fällen erscheint dasjenige, was im jeweiligen Weltausschnitt geschieht, von einer mythischen Logik im Sinne CASSIRERS geprägt. Allerdings hat diese Prägung eine spezifische Funktion: im ‚Tristrant' ist sie offenbar aufs engste an die Problematisierung einer transgressiven Minne geknüpft, die ebenso vollendet höfisch wie bedrohlich anti-sozial, die ebenso legitim wie illegitim ist (vgl. MÜLLER 2003a); im ‚Lanzelet' erscheint sie im Zusammenhang einer narrativen Selbstvergewisserung der höfischen Kultur.

Nachdem Tristrant und Isalde des Ehebruchs überführt und zum Tode verurteilt worden sind, gelingt es ihnen und dem getreuen Kurnewal, sich mit List und Gewalt in einen wilden Wald zu flüchten. Bald stößt auch Tristrants Hund Utant zu ihnen, den ein Knappe im Wald freigelassen hat. Das Waldleben wird als eine Zeit der Entbehrung gezeichnet, in der die Flüchtigen sich mit primitivsten Mitteln das Überleben sichern müssen, Nahrung und Obdach. Das alles ist für die Liebenden nur zu ertragen, weil sie noch immer im Banne des magischen Tranks stehen: weil sie sterben müßten, träfen sie sich auch nur eine Woche nicht; für Kurnewal, dem ein entsprechender sexueller Ausgleich versagt ist, sind die Jahre im Wald entsprechend härter. Nachdem jedoch die Wirkung des Minnetranks nachgelassen hat, kehrt Isalde mit Marcks Einverständnis rasch an den Hof

5.3 Sonderräume und Unorte im höfischen Roman

zurück, während Tristrant, dem der König nicht verzeihen will, schließlich Zuflucht bei Artus sucht.

Im Blick auf den Gegensatz zwischen dem Höfischen und dem Nicht-Höfischen, der weite Teile der mittelalterlichen Epik prägt, fällt zunächst auf, daß der Raum der dauerhaft verwirklichten Liebe mit einer zunächst maximalen Distanz zum Höfischen und zur Kultur zusammenfällt. Das ungestörte Zusammenleben der Liebenden hat seinen Ort gleichsam im Urzustand der Menschheit, doch ist dieser Urzustand nicht paradiesisch: Tristrant

> het ain leben hert
> in dem wilden wald,
> beide er und die schön Ysald.
> ouch waß daß nit ain kindß spil,
> sie hetten ouch fröden vil
> von der grössen minn.
> so ich mich besÿnn,
> Kurnewal lit so größ nöt:
> daß er nicht lag töd,
> daß ist ain größ wunder (V. 4546–4555).[44]

‚[Tristrant] hatte ein hartes Leben in dem wilden Wald, sowohl er als auch die schöne Isalde. Das war auch kein Kinderspiel. Der großen Liebe wegen hatten sie auch viele Freuden. Wenn ich es recht bedenke, litt Kurnewal große Not: Daß er nicht gestorben ist, das ist ein großes Wunder.'

Gleich nachdem man einen sicheren Ort entdeckt zu haben glaubt, macht man sich daran, für die elementaren Bedürfnisse zu sorgen. Man errichtet eine Hütte aus Holz und Laub, ernährt sich erst von den Kräutern des Waldes, später von der Beute aus Fischfang und Jagd:

> Kurnewal do bald
> holtz und loub genůg
> Trÿstrand zů samen trůg
> und macht ain hútten.
> die frow dorst sich nit entschütten:
> die wÿl hielt die pfert die wÿß.
> nun wären sie ön spÿß
> me dann anderhalb jår.

---

44 Da die Übersetzung von BUSCHINGER/SPIEWOK „bewußt nicht als philologische, sondern als literarische [...] gefaßt" ist, wobei „geschmeidige Syntax und angemessener Stil leitende Orientierungen waren" und somit absichtsvoll „in Kauf genommen" wird, „daß der Leser in der Übersetzung über den archaischen Stil Eilharts getäuscht wird" (XXII), übersetze ich im folgenden selbst, auch wenn das Ergebnis nicht ganz befriedigen mag.

> ich sag úch fúr wår,
> daß die gůtten lút
> nicht aussen wen krut,
> daß sie in dem wald funden,
> wå sie daß sůchen kunden:
> daß waß ir beste spÿß,
> und so Trÿstrand der wÿß
> mit sinem bogen icht erschöß
> und siner list genöß,
> daß er etlichen visch gevieng
> in ainem wasser, deß da gieng,
> mit ainem angel, den er hat. (V. 4518–4537)

‚Kurnewal trug sogleich genügend Holz und Laub für Tristrant zusammen und baute (mit ihm) eine Hütte. Die Dame wollte sich nicht (von Arbeit) entlasten: Derweil hielt die Kluge die Pferde. Nun waren sie mehr als eineinhalb Jahre ohne (richtige) Nahrung. Ich sage es euch ehrlich, daß die vortrefflichen Menschen nichts als das Grünzeug aßen, das sie im Wald fanden, wo allein sie es suchen konnten: Das war ihre beste Nahrung, wenn der kluge Tristrant nicht mit seinem Bogen etwas erlegte oder für seine Geschicklichkeit belohnt wurde, wenn er mit der Angel, die er hatte, in dem Wasser, das dort floß, einige Fische fing.‘

Die Protagonisten finden sich auf den sozusagen naturnächsten Kulturstufen der Sammler und Jäger wieder, und die Nahrung, die sie zu sich nehmen, ist ganz offensichtlich roh; denn von Feuer ist weder hier noch später die Rede (explizit wird in dieser Hinsicht allerdings nur Hs. D: *wen sie hattin wedir vyr noch brot*, ‚denn sie hatten weder Feuer noch Brot‘; V. 4566). Merkwürdig ist nun, daß Tristrant kurzfristig zum Kulturheros hochstilisiert wird, zu demjenigen, der sowohl das Angeln als auch die Jagd mit Spürhunden erfunden hat:

> fúr wår mir man sagt
> und main, er wer der erst man,
> der ie anglen began.
> ouch hort ich sagen mer,
> daß er der erst wer,
> der daß erdächte,
> daß bracken brächte
> zů recht wildeß gefert. (V. 4538–4545)

‚Man versichert mir – und ich glaube das auch –, daß er der erste Mensch war, der je zu angeln anfing. Überdies hörte ich davon reden, daß er der erste war, der sich ausgedacht hatte, wie man Bracken richtig auf die Fährte des Wildes setzt.‘

Umso befremdlicher wirkt dieser Erzählerkommentar, da der ‚Tristrant‘ ansonsten in einer höfischen Welt spielt, die mit dieser adeligen Art des

Jagens durchaus vertraut ist. Der Held selbst hat sie lange zuvor gemeinsam mit Marck betrieben: *er waß geritten uß/ mit dem kúng birschen in den wald* („er war mit dem König zur Jagd mit Spürhunden ausgeritten", V. 3068 f.). Auch der Bracke Utant ist längst dressiert, denn unmittelbar vor der Waldleben-Episode hat ihn Kurnewal auf die Spur seines Herrchens gesetzt (V. 4486–4490).

Noch merkwürdiger wird die Ätiologie des adeligen Jagens – die durch die Parallelerfindung des keineswegs feudalen Angelns schon im Augenblick ihrer Setzung relativiert erscheint –, wenn man den Fortgang der Handlung betrachtet. Denn Tristrants Erfindung ist nicht der Ausgangspunkt eines dann immer höfischeren und komfortableren Lebens im Walde, denn alles wird nicht besser, sondern schlimmer. Zwar scheint es an (offensichtlich rohem) Fleisch nicht zu fehlen, doch fehlt jede Art kulturell verfeinerter Nahrung. Allmählich lösen sich sogar die Kleider auf, so daß die Flüchtigen zuletzt nackt sind:

> [...] sie enbissen kaineß brotß,
> metteß noch wineß,
> noch kainer hand fineß
> tranckeß, öch ässen ire roß
> nit me wenn moß
> und löb und graß.
> daß ir ainß genaß,
> daß mag úch größ wunder hon,
> wann sie wurden claider on
> von kaut und von regen:
> daß dú frow und die tegen
> nit ze tod erfroren[,]
> daß sÿ die claider verloren,
> daß ist ain wunder größ. (V. 4566–4575)

‚Sie aßen kein Brot, (tranken) weder Met noch Wein, noch ein anderes feines Getränk, auch aßen ihre Pferde nichts als Moos und Laub und Gras. Daß überhaupt jemand überlebte, dürft ihr für ein großes Wunder halten. Denn in Kälte und Regen wurden sie ihre Kleider los: Daß die Dame und die Helden sich nicht zu Tode froren, als sie die Kleider verloren hatten, das ist ein großes Wunder.'

Tristrants Gründungsakte sind im Hinblick auf die zeitliche Organisation des Gesamtgeschehens – und selbst der Waldleben-Episode – völlig ‚isoliert' (mit LUGOWSKI zu sprechen), und ihre Funktion ist auch nur aus dieser Isolation zu verstehen: Die entbehrungsreiche Zeit im Naturraum wird – ganz im Gegensatz zu Gottfried – punktuell zu einer Zeit jenseits und vor der ‚Erfindung' der adeligen Kultur stilisiert, obwohl das Waldleben nur räumlich außerhalb dieser Kultur situiert ist. Zeitliches Außerhalb und räumliches Außerhalb werden unvermittelt in eins gesetzt. Diese ‚Konkreszenz' (mit CASSIRERS Begriff) der raum-zeitlichen Orientierungen geht – residual begrenzt auf die befristete Zeit des Waldlebens – mit einem mythischen Zeitbewußtsein einher, für das die Ebenen der Vergangenheit, der Gegenwart und der Zukunft nicht eindeutig geschieden sind. Anders gesagt: Das ‚Heterotop' (mit FOUCAULTS Begriff) unterliegt auch einer Heterochronie; oder: der andere ‚Chronotopos' (mit BACHTINS Begriff) unterliegt einer anderen Raum-Zeit-Organisation.

Ähnlich unbestimmt ist die temporale Organisation nicht nur hinsichtlich der ‚vorzeitlichen' Gründungsakte, sondern in der Episode insgesamt. Die kulturferne Zeit ist genauso unstrukturiert wie das kulturferne Leben: Jede Bestimmung des Tages- und Jahreslaufs fehlt, und die Liebenden werden entdeckt, als sie tagsüber schlafen. Es werden zwar immer wieder Jahresangaben gemacht, die mit der auf vier Jahre begrenzten forcierten Wirksamkeit des Minnetranks korreliert werden, doch ist völlig unklar, wieviel Zeit die Flüchtigen tatsächlich im Wald zugebracht haben; einmal ist von über eineinhalb Jahren die Rede (V. 4525), dann von mehr als zweien (V. 4578); wann die beiden von Marck entdeckt werden und wann schließlich die Wirkung des Tranks nach insgesamt vier Jahren obsessiver Liebe nachläßt, wird überhaupt nicht deutlich. Die chronologische Ordnung des Geschehens ist, mythosanalog, völlig undurchsichtig, wichtig erscheinen allein bestimmte Fixpunkte des Geschehens, aber nicht ihre Abfolge auf einer Zeitachse. Dem entspricht auch der repetierende Gestus der Narration: Eilhart erzählt die Episode zunächst summarisch (V. 4524–4555), dann wiederholt er das Ganze und berichtet nun auch von den entscheidenden Wendepunkten.

Eine ähnliche Unbestimmtheit wie diejenige der Zeit findet sich in der räumlichen Organisation des Waldes. Zwar verstecken sich die Flüchtigen tief in ihm, um von niemandem gefunden werden zu können; zwar wird der Wald als ein Raum fernab aller menschlichen Behausungen imaginiert, doch werden Tristrant und Isalde darin umstandslos von Marcks Jäger und dann von diesem selbst entdeckt. Als sie nach dem Erwachen Marcks Schwert und seinen Handschuh sehen, fliehen sie noch tiefer in den Wald. Hinsichtlich der Nahrung nimmt damit ihre Distanz zur Kultur weiter zu: Sie ernähren sich nicht mehr von den Erträgen aus Fischfang und Jagd, sondern essen wieder nichts als Kräuter. Insgesamt geht es auch hier nicht um ‚reale' Distanzen, sondern um diejenigen zwischen unterschiedlichen Wert- und Normbereichen: zwischen dem Höfischen und dem Nicht-Höfischen, wobei diese Distanz offensichtlich mit der Distanz zwischen

Erfüllung und Nichterfüllung christlicher Normen zusammengespannt wird.

Denn seltsamerweise lebt ganz in der Nähe auch Marcks Beichtvater Igrim, ein Einsiedler, der Tristrant zunächst die Absolution verweigert, weil dieser nicht von Isalde lassen kann. Doch später, als die Wirkung des Tranks nachgelassen hat und die beiden reumütig zur Trennung bereit sind, schickt der hocherfreute Igrim Tristrant mit einem Brief an Marck nach Tinthaniol, das der Held in kürzester Zeit erreichen kann, denn er reitet nach Einbruch der Dämmerung los und findet Marck noch wach in seinem Schlafgemach vor. Die räumlichen Relationen werden von Hindernissen auf einer normativen Ebene bestimmt. Sobald diese beseitigt sind, können die Wegstrecken auf ein Minimum zusammenschrumpfen.

Eine derartige ‚Isolation' von handlungsdeterminierenden Umständen findet sich auch hinsichtlich der Kleidung: Obwohl man weiß, daß dem Liebespaar schon längst die zerschlissenen Kleider vom Leib gefallen sind, erregt Tristrant nicht die allerkleinste Verwunderung, als er sich am Hof nach dem Aufenthaltsort Marcks erkundigt. Er scheint also nicht nackt zu sein, doch später wiederum, nach Marcks Antwortbrief, muß er sich von Igrim armselige Leinengewänder leihen, als er Isalde dem König zurückbringt. Nah, fern, nackt, bekleidet – alle diese Merkmale bleiben, trotz meist ausdrücklicher Benennung, in einer widersprüchlichen Unbestimmtheit.

Diese Unbestimmtheit des Erzählens ist Relikt eines älteren Erzählgestus, unter Umständen sogar: dessen Simulation, indem der höfische Roman Chronotopoi bzw. Heterotopien struktureller Archaität entwirft, die von den kulturellen Standards des Höfischen deutlich abweichen. Raum und Zeit sind funktional den Erfordernissen der Handlung unterworfen; innerhalb der dargestellten Welt sind sie offensichtlich nicht absolut bestimmbar, sondern nur relational: im Sinne der Distanz zum Hof, im Sinne der Distanz zwischen Natur und Kultur. Der von beiden Seiten leicht zugängliche Einsiedler als Mittler zwischen Naturraum und Hof markiert die Möglichkeit, die Distanz jederzeit wieder aufheben zu können, sobald die Voraussetzungen dafür geschaffen sind. Weder gewährt der hinterste Winkel des Waldes einen ausreichenden Schutz vor Entdeckung, noch stehen die Entfernung und die Weglosigkeit der Wildnis einer raschen Wiederkehr in den höfischen Bereich entgen, zu Marck und zu Artus. Denn sobald die Wirkung des Minnetranks nachgelassen hat, entfällt der lebensbedrohliche Zwang, die Liebe unter allen Umständen aufrechterhalten zu müssen. Man trennt sich zunächst ziemlich umstandslos, weil die Situation schlicht nicht mehr zu ertragen ist; erst später wird deutlich, daß das illegitime Pärchen nicht minder verliebt ist, offenbar weil der lebenslang wirksame Trank nur seine anfänglich besonders intensive Wirkung verloren hat.

Die Tatsache, daß Tristrants Erfindungen nicht bloß insgesamt, sondern selbst für den eng begrenzten Bereich der Waldleben-Episode völlig folgenlos bleiben, markiert das Scheitern des Kulturheros. Die Liebenden sind kein Gründerpaar, das eine neue Kultur aufbauen kann, und trotz unausgesetzter sexueller Betätigung gibt es auch keine Nachkommenschaft. Es gibt keine gesteigerten Vitalkräfte, die man der Natur im Kampf abgewinnen kann, keine Möglichkeit, sich ihre Mächte anzuverwandeln. Man ist durch und durch auf die bereits bestehende adelige Kultur angewiesen. Als der Minnezwang wegfällt, bleiben nichts als Mangel und Entbehrung. Tristrants ‚Erfindungen' rufen einen Mythos ab, der sich allerdings im Fortgang der Handlung als ein dementierter erweist: Es bleibt alles fruchtlos; es gibt keine Alternative zur Rückkehr in die feudale Gesellschaft. Die Reminiszenzen an den Mythos sind hier narrativ funktionalisiert, im Sinne einer Erzählstrategie, die sich sonst vor allem in heldenepischen Texten findet: Das narrativ folgenlose Einspielen einer ‚abgewiesenen Alternative' sorgt zwar scheinbar für einen Bruch der Textkohärenz, es leistet jedoch die implizite Kommentierung des Geschehens (vgl. Kap. 6.2.2).

BACHTIN 1989. – CASSIRER 1923/1954. – FOUCAULT 1991. – FOUCAULT 1963/2001. – LUGOWSKI 1932/1994. – MÜLLER 2003a. – SCHULZ 2003a.

5.3.2 Mythische Unorte im Artusroman: Ulrichs von Zatzikhoven ‚Lanzelet'

Die Welt des höfischen Romans errichtet sich wie im ‚Tristrant' gewöhnlich über der Basisdifferenz zwischen dem Höfischen und dem Nicht-Höfischen. Die höfische Welt selbst konstituiert sich darin räumlich, sozial und ideell durch den Ausschluß des Nicht-Höfischen. Erst durch diese Grenzziehung wird sie zu dem, was sie ist, und erst dadurch gewinnt sie Geltung und Stabilität. Das Nicht-Höfische wiederum kann höchst unterschiedlich imaginiert bzw. inszeniert werden, aber grundsätzlich geschieht dies in der Negation zentraler Merkmale der ideell überhöhten Adelskultur.[45] Grundsätzlich zeigt sich die Tendenz, das Verhältnis zwi-

---

45 Etwa als Nicht-Adeliges (d. h. ‚Bäurisches': als Nicht-Affektkontrolliertes, Schmutziges, Rohes, ‚Ehrloses'), als Nicht-Menschliches (als Animalisches), als Nicht-Ritterliches (d. h. als atavistisch Heroisches, das wie das Animalische oft im Zusammenhang

schen dem Dazugehörigen und dem Ausgeschlossenen zu verräumlichen – und das Ausgeschlossene so fast immer als räumliches Jenseits des Hofes zu imaginieren.

Dabei zeigt sich allerdings auch, daß die Grenzziehung zwischen dem Höfischen und dem Nicht-Höfischen in den Unorten der außerhöfischen Welt nicht selten verwischt ist: Diese Weltausschnitte haben auf irritierende Weise sowohl am Nicht-Höfischen als auch am Höfischen teil, ja insgesamt fallen in ihnen kategoriale Gegensätze zusammen, so daß sie in ihrer strukturellen Ambivalenz durchaus als ‚mythisch‘ beschrieben werden können (im Sinne CASSIRERS). Auch der Held nimmt dort, wo er es mit den Mächten der Gegenwelt aufnimmt, oftmals etwas Nicht-Höfisches an (animalische Gewalt, heimtückische List etc.), so daß auch bei ihm die Grenzziehung verwischt, weil er anders der Gegenwelt nicht Herr werden kann, weil er anders die Gefahren und Ambivalenzen dieser Gegenwelt nicht bannen kann. Ordnung ist nicht herstellbar ohne dasjenige, was die Ordnung gerade als bedrohlich von sich ausschließen möchte.

Ritterliche Aventiure sieht innerhalb dieses Weltentwurfs so aus, daß der Held von außen in ein verwunschenes Gebiet kommt. Hier gilt die Ordnung der gewöhnlichen Welt auf merkwürdige Art und Weise nicht: hinsichtlich der Erreichbarkeit, hinsichtlich der räumlichen Ausdehnung, hinsichtlich des linearen Fortschreitens der Zeit und der ewigen Wiederkehr der Jahreszeitenzyklik, hinsichtlich der sozialen Organisation und schließlich hinsichtlich des Verhältnisses zwischen dem Höfischen und dem Nicht-Höfischen, anders gesagt: zwischen Kultur und Natur, Verfeinerung und Archaik, Affektkontrolle und nackter Gewalt, maximaler Regulierung und maximaler Regellosigkeit. Bei alledem zeigen sich in unterschiedlichem Maße Widersprüche, Ambivalenzen, Paradoxierungen. Nebeneinandergestellt wird, was nicht zusammenpaßt, oft etwa auch in der Kontrastierung der frühlingshaften, lieblichen Vitalität eines *locus amoenus* mit überschießender, tödlicher Gewalt. (In diesem Sinn besonders bekannte Unorte wären die Burg zum Schlimmen Abenteuer und der Baumgarten von Joie de la curt in den Artusromanen von Chrétien de Troyes und Hartmann von Aue.) Der Held dringt mit Waffengewalt in diese pervertierten Ordnungen ein und besiegt den- oder diejenigen, die sie zu verantworten haben. Danach können diese Räume wieder mühelos in

---

mit archaischer Gewalt steht), als Nicht-Genealogisches (etwa im Stillstellen der Zeit, auch im Zusammenhang mit dem ‚Wegsperren‘ heiratsfähiger junger Frauen oder inzestuöser Vater-Tochter-Beziehungen) oder als Minne-Feindliches (etwa in der prüden Abwesenheit oder im kruden Übermaß von Sexualität).

die höfische Welt integriert werden. Der Aventiureritter erscheint so immer zugleich auch als ein Kulturheros, der die Geltung der kulturkonstitutiven Grenze zwischen dem Höfischen und dem Nicht-Höfischen, die hier verwischt war, wiederherstellt. Solche Unorte verwandeln gewissermaßen, mit MICHEL DE CERTEAU (1988) gesprochen, das Prinzip der Grenze in einen Raum, einen Handlungsraum für den Helden (vgl. S. 234 f.). Sie geben dem (FOUCAULTschen) Prinzip des Transgressiven, das das Verlassen der gängigen Ordnung ständig bewußt hält, aber noch nicht endgültig realisiert, einen befristeten narrativen Raum.

Blickt man genauer auf die Texte, so sieht man, daß diese Grenzverwischung in der Peripherie, im Unort der Aventiure nur besonders manifest hervortritt, denn angelegt ist sie bereits im Zentrum der feudalen Gesellschaft, am Hof, etwa dem Artushof. Störungen, die es im kleinen bereits intern gibt, treten noch einmal überdeutlich von außen an den Hof heran und erzwingen den Ausritt des einen und besonderen Helden, der so im Außerhalb des Hofes zugleich auch die höfische Welt wieder ins Lot bringen kann. Mit FOUCAULT (1991) stellen die Unorte der Aventiure also Heterotopien dar, die in einem Reflexionsverhältnis zu den Orten der gewöhnlichen Ordnung stehen. Das Zusammenballen von Höfischem und Unhöfischem in diesen Unorten spiegelt im Außerhalb des Höfischen die Grundordnung wieder, auf deren Basis sich die Welt des höfischen Romans errichtet: den Gegensatz zwischen dem Höfischen und dem Unhöfischen, wobei die Grenzziehung immer wieder bedroht ist. Deshalb ist dieses Erzählen immer auch kompensatorisch: Die Störung der Weltordnung wird eben gerade nicht am Hof bereinigt, sondern statt dessen im Außerhalb der Aventiurewelt.

Zum Prinzip der Aventiure gehört idealerweise, aber nicht notwendigerweise auch der Gewinn einer Frau. Durch seine Erlösungstat hat der ritterliche Held legitimen Anspruch auf eine ebenso wunderschöne wie hochadelige junge Frau, die entweder in dieser pervertierten Welt oder in ihrer Peripherie gefangen ist – oder die auf andere, merkwürdige Art und Weise mit diesem verwunschenen Weltausschnitt verbunden ist. Im Sinne höfischer Minne wird dieser kalte Mechanismus überhöht dadurch, daß die Dame und der Ritter augenblicklich ineinander verliebt sind, sobald sie einander nur gesehen oder auch voneinander gehört haben.

Dieses Muster findet sich – in durchaus typischer Akzentuierung – im Lanzelet-Roman Ulrichs von Zatzikhoven (zum Folgenden vgl. ausführlicher SCHULZ 2007c). Die mythischen Orte sind hier durch zunächst undurchdringliche oder undurchdringlich erscheinende Grenzen von der gewöhnlichen Welt geschieden; sie unterliegen nicht dem Wandel der Zeit und sind von auffälligen Ambivalenzen geprägt, etwa vom Zusammenfallen der für die gewöhnliche Welt konstitutiven Opposition zwischen Natur und Kultur oder derjenigen zwischen Elterninstanz und potentiellem Liebespartner. Lanzelet selbst wird als Kleinkind von einer Fee entführt und in ihrem Reich großgezogen, das durch Wasser und eine unüberwindbare Mauer von der Außenwelt isoliert ist. Hier leben zehntausend Frauen und kein einziger Mann. Die Macht von Edelsteinen, mit denen die Mauern verziert sind, sorgt dafür, daß jeder, der ihnen auch nur einen Tag lang ausgesetzt ist, niemals mehr traurig sein wird. Das Feenreich unterliegt nicht dem Wandel der Jahreszeiten, denn das ganze Jahr über blüht es dort wie im Mai; innerhalb der Mauern wird auch in hundert Jahren kein Ding alt, und alles bleibt so schön wie zuvor (V. 226–229). Sachkultur und Konversationskultur stehen auf allerhöchstem Niveau, doch auch hier fällt punktuell die Opposition zwischen Natur und Kultur in sich zusammen; die Unterschiede verwischen, wenn sich die fundierende Natur des Inselreichs als wie von Künstlerhand gemachte präsentiert. Denn der Inselberg besteht aus einem Kristall, der kugelrund wie ein Ball ist. Ebenso verwischt hier das kulturkonstitutive Exogamiegebot, wenn die Differenz zwischen den Repräsentanten der Elterninstanz und potentiellen Liebespartnern aufgeweicht wird: Von den Feen, die den Helden erziehen, heißt es, daß sich eine jede erfolglos wünschte, *daz er si solte minnen* (V. 271).

Ein merkmalsähnlicher Raum ist Dodone, das Königreich Iweretz, des Vaters der Iblis, der Idealpartnerin Lanzelets, seiner dritten Frau, die hier beim *Schœnen Walde* (V. 3887) *Behforet* (V. 3989) aufwächst, der ebenfalls nicht dem Wandel der Zeit unterworfen ist, weil er das ganze Jahr über sommerlich grünt und seine Bäume auf der einen Seite Blüten, auf der anderen Früchte tragen, die jede Krankheit und jede Wunde augenblicklich heilen können; wer ihn durchwandert, vergißt jede Traurigkeit. Die Grenze zwischen Dodone und der Außenwelt wird durch den bislang unbesiegten Vater verteidigt und durch einen Klosterfriedhof markiert, auf dem Iweretz unterlegene Gegner begraben werden. Der *Schœne Walt* ist einerseits ein Ort maximalen Lebens und maximaler Vitalität, andererseits – wie die Burg des Galagandreiz und die Burg Limors – ein Ort des Todes für alle Fremden, die in ihn eindringen wollen. Doch auch das Leben dort ist statisch, ohne Wandel, ganz wie der Tod. Auch hier läßt mythische Ambivalenz kategoriale Gegensätze kollabieren.

Mit hundert Gespielinnen geht Iblis täglich in ein Tal, das *Vallis Iblê* (V. 4086), wo sie in ungerichteter Sehnsucht Blumen brechen und daraus

Kränze flechten, doch die Blumen wachsen augenblicklich wieder nach.[46] Im Innersten der prachtvoll verzierten Burg Dodone befindet sich ein ebenso prächtiges Schlafgemach, darin ein noch herrlicheres Bett; dort liegen *der wirt und sîn kint reine* (V. 4149), Vater Iweret und Tochter Iblis, die sich hier oftmals einerseits tendenziell inzestuös, andererseits sehr unschuldig amüsieren: *mit gewerlichen sachen/ minnet her Iweret/ sîn tohter, wan siu dicke tet,/ des er gelachen mohte* („aufmerksam liebte Herr Iweret seine Tochter, denn sie tat oft etwas, worüber er lachen konnte', V. 4162– 4165). Versteht man dies uneigentlich ad malam partem und das Blumenbrechen als klassische Entjungferungsmetapher, dann läßt sich der Eindruck schwer abweisen, daß hier ein Dauerinzest des Vaters mit seiner Tochter figuriert wird, der allerdings folgenlos bleibt, weil ein gegenläufiger Dauerautomatismus die Jungfräulichkeit der Iblis in diesem Reich ohne Wandel tagtäglich zyklisch restituiert – mythische Zeit. Unschuldiges Vergnügen und das Ungeheuerlichste werden höchst ambivalent miteinander enggeführt; auch hier verwischt der Unterschied in der mythischen Logik der Erzählung. Genau diese mythische Unbestimmtheit hat der Forschung bislang größte Schwierigkeiten bereitet, weil man glaubte, sich eindeutig zwischen Inzest und Nicht-Inzest entscheiden zu müssen. Das Problem liegt jedoch in der Logik des narrativen Arrangements selbst. Die zeitenthobene Statik dieser zugleich perfekten und perversen Welt kann nur aufgehoben werden, indem das geschlossene System von einem Eindringling durch die Beseitigung der Vaterinstanz aufgebrochen und der höfischen Welt eingegliedert wird: indem durch exogame Paarbildung die Voraussetzungen für Zeitlichkeit geschaffen werden, für die im Mittelalter so wichtige Genealogie. Gerade weil die mythischen Weltausschnitte nicht eindeutig gut oder böse, zivilisiert oder naturhaft, höfisch oder nicht-höfisch, sondern ambivalent sind, kann in ihnen der Held als derjenige vorgeführt werden, der mit brachialer Gewalt die kulturkonstitutive Grenzziehung innerhalb des zuvor Indifferenten vornimmt und somit Kultur schafft.

Das propagierte ‚Eigene' konturiert sich im ‚Lanzelet' nicht zuletzt im Zerrspiegel des fremd-vertrauten Mythischen. Insofern ist dieses die Reflexionsform des Höfischen, weil seine Ambivalenz die kulturkonstitutiven Grenzziehungen geradezu erzwingt – komplexer als dies simple Oppositionen wie ‚Gut – Böse' jemals zu leisten vermögen würden. Höfische

---

46 Der Erzähler sieht hierin den Ursprung der höfischen Sitte des Kranzflechtens (V. 4076–4078); die ätiologische Deutung markiert den mythischen Charakter der Szene auf einer zusätzlichen Ebene.

Romane handeln davon, wie man als Adeliger richtig in der Welt zu leben hat. Das geschieht weniger durch explizite Didaxe als durch die narrative Konfrontation des Helden mit Figuren und Figurationen problematischen Verhaltens, und genau das ist der Ort mythischer Residualorte, deren entdifferenzierende Ambivalenz eine Redifferenzierung zwischen dem Höfischen und dem Nicht-Höfischen erzwingt. Das ließe sich nun auch für andere Artusromane zeigen: Die Verabschiedung des Mythos erscheint als eine narrative Reflexionsform der höfischen Kultur. Zugleich aber mythisiert sich diese Kultur selbst, indem sie die ideologische Kopplung von Minne und Aventiure selbst in mythischen Konfigurationen fundiert und damit jeder diskursiven Begründung entzieht. Verabschiedung und Funktionalisierung des Mythischen stehen so nahe beieinander.

CASSIRER 1923/1954. – DE CERTEAU 1988. – FOUCAULT 1991. – FOUCAULT 1963/2001. – SCHULZ 2007c.

6. Verknüpfungen: Wie wird ein Text zu einem kohärenten Text?

6.1 Komposition, Wiederholung, Äquivalenz

6.1.1 Narrativer Zusammenhalt

Im folgenden geht es darum, was eine Abfolge von erzählten Handlungen zu einem zusammenhängenden Text macht. Es geht also darum, auf welche Weise aus disparaten Einzelelementen ein größeres Ganzes wird. Die Stichwörter, die sich in diesem Rahmen aufdrängen, sind ‚Verknüpfung‘, ‚Komposition‘ und ‚Kohärenz‘; im Anschluß an den Russischen Formalismus könnte man auch von ‚Sujetfügung‘ sprechen. Es wird sich zeigen, daß mittelalterliches Erzählen in dieser Hinsicht zwar notwendig aus dem gleichen Fundus von Möglichkeiten schöpft wie moderne Narration, daß einiges dabei jedoch zunächst ausgesprochen befremdlich erscheint.

Das Grundprinzip narrativen Zusammenhalts ist die variierende Wiederholung. Eine Erzählung, die immer wieder dasselbe mit genau denselben Worten sagt, würden wir nicht akzeptieren. Auf der anderen Seite würden wir eine Erzählung, in der nichts, aber auch wirklich gar nichts an das bereits Eingeführte anschließt, nicht als zusammenhängende akzeptieren, sondern allenfalls als äußerst heterogene Aneinanderreihung unterschiedlicher Geschichtenfragmente. Das läßt sich auf mehreren Ebenen zeigen: Wenn die einmal eingeführten Hauptfiguren aus dem Fokus der Geschichte verschwinden, dann erwarten wir, daß die neuen Handlungsträger etwas mit ihnen oder mit ihrer Geschichte zu tun haben: durch tatsächliche Beziehungen oder durch Analogien oder auch Kontraste – hinsichtlich der Situationen, in die sie geraten, hinsichtlich der Handlungen, die sie ausführen, hinsichtlich der Eigenschaften, die sie haben. Bleiben die Handlungsträger, die Figuren, weitgehend gleich, so erwarten wir noch mehr, nämlich daß ihre Handlungen miteinander zu tun haben, und zwar auf eine Weise, die nicht bloß eine zufällige zeitliche Abfolge bedeutet: etwa indem diese Handlungen bestimmte Eigenschaften der jeweiligen Figur oder eine Veränderung dieser Figur zum Ausdruck bringen; oder etwa indem sie in einem ursächlichen oder zumindest thematischen Zusammenhang miteinander stehen. Sie können dabei auch auf etwas Drittes verweisen: etwa auf die wundersame Ordnung einer Welt, in der alles durch die göttliche Vorsehung zum Besten gefügt ist; oder entgegengesetzt auf eine ordnungslose Welt des blinden Zufalls, die sich der Sinnhaftigkeit menschlichen Handelns penetrant verweigert. Es würden also die narrativen Ereignisse das jeweilige Prinzip der Weltorganisation illustrierend wiederholen. Ein weiterer Zusammenhang, der durch Wiederholung geprägt ist, liegt in der Stimme und im Wahrnehmungsfilter der jeweiligen Erzählinstanz: auch hier erwarten wir Analogien, Variationen, Kontraste, irgendeine Form von thematischem Zusammenhang, sobald die Erzählinstanz oder ihre grundlegenden Eigenschaften durch andere ausgetauscht werden. Gelingt es uns nicht, solche Zusammenhänge, die eben im weitesten Sinn durch Wiederholungen entstehen, zu erkennen, dann gibt es für uns keine Einheit der Erzählung.

Die Bedeutung von Wiederholungsfiguren auf allen Ebenen der Erzählung ist schon vom Russischen Formalismus erkannt worden, einer literaturwissenschaftlichen Richtung der 1910er und 1920er Jahre. LOTMAN hat dann später auf dieser Grundlage von paradigmatischen Mustern des literarischen Bedeutungsaufbaus gesprochen, das bedeutet: In der syntagmatischen Abfolge einer Erzählung werden durch Wiederholung und Variation einmal eingeführter Elemente und Themen Äquivalenzklassen geschaffen, die für die Erzählung selbst (wie überhaupt für jeden literarischen Text) als Paradigmen begriffen werden können. In diesem Sinn stiftet Wiederholung einen paradigmatischen Zusammenhalt, der neben den syntagmatischen der Abfolge tritt:

„Wiederholung ist gleichbedeutend mit Äquivalenz, die aufgrund einer Relation nicht vollständiger Gleichheit zustandekommt – unter der Voraussetzung, daß eine – oder mehrere – Ebenen vorhanden sind, auf denen die Elemente gleich sind, und eine – oder mehrere – Ebenen, auf denen keine Gleichheit herrscht.

Äquivalenz ist keine tote Einförmigkeit, und eben deshalb schließt sie auch Unähnlichkeit mit ein. Ähnliche Ebenen organisieren die unähnlichen, indem sie in ihnen die Relation der Ähnlichkeit herstellen. Gleichzeitig leisten die unähnlichen Ebenen die entgegengesetzte Arbeit, indem sie die Verschiedenheit im Ähnlichen aufdecken." (LOTMAN 1989, S. 125)

6.1.2 Korrelative Sinnstiftung

STOCK (2002) hat auf dieser Grundlage ein Interpretationskonzept ausgearbeitet, das es erlaubt, sich gerade den auffälligen Wiederholungsstrukturen mittelalterlichen Erzählens erzähltheoretisch und interpretatorisch zu nähern. Die Funktion solcher Wiederholungen sieht STOCK in einer, wie er es nennt, ‚korrelativen Sinnstiftung', die nicht allein dem Artusroman mit seiner ‚Doppelwegstruktur' vorbehalten sei, sondern die auch vor und außerhalb solcher genrespezifischen Narrationsformen vorzufinden sei, also unabhängig von ihnen: etwa in der ‚Crescentia'-Erzählung der ‚Kaiserchronik', im ‚Straßburger Alexander', im ‚Herzog Ernst B' oder im ‚König Rother'.

> „Komposition definiert LOTMAN als die ‚syntagmatische Organisiertheit der Sujet-Elemente', also als die Verknüpfung narrativer Elemente zu einem Sinnganzen. LOTMAN überträgt hier den linguistischen Terminus des Syntagmas auf die Beschreibung ganzer Texte und bezeichnet damit die reihende Anordnung der Textteile. Von entscheidender Bedeutung für die Struktur aber sind neben der Anordnung oder Reihung die Ersetzungs- und Distributionsphänomene, also – in analoger Übertragung aus der Linguistik – die ‚paradigmatische Achse der Bedeutungen'. Die Äquivalenz oder Wiederholung ist das wichtigste Ordnungsmittel in der ‚Organisiertheit' des Kunstwerks: Die kompositionelle Geschlossenheit der Texte wird vor allem durch signifikante Wiederholungen oder Äquivalenzen erzielt. Wiederholungs- und Ähnlichkeitsrelationen sind notwendig, um narrativ erzeugte Sukzession mit narrativ erzeugter Analogie oder Simultaneität zu kreuzen." (S. 20)

Wenn nun – wiederum mit LOTMAN – Wiederholung als „Invarianz auf einer Ebene bei Varianz auf anderen Ebenen" verstanden werden könne, wenn bei der Äquivalenz also „neben dem Moment der Ähnlichkeit auch ein notwendiges Moment der Unähnlichkeit eingeschlossen" sei (S. 23), werden dadurch Elemente des Textes, die syntagmatisch auf unterschiedliche Positionen verteilt sind, miteinander in Beziehung gesetzt, in eine Korrelation, die wiederum Bedeutung erzeugt: Struktur generiert Bedeutung. Wiederholung bzw. Äquivalenz schafft mit STOCKS Begriff eine ‚korrelative Sinnstiftung'. Bedeutung entsteht dabei, wie gesagt, aus der Ähnlichkeit einzelner Elemente bzw. Strukturen sowie ihrer jeweiligen Position im narrativen Verlauf (ebd.). In diesem Sinne erscheinen diese Textelemente nicht allein innerhalb ihres jeweiligen Kontextes mit Bedeutung aufgeladen (‚semantisiert'), sondern in bezug auf das Werkganze semiotisiert, sie gewinnen über ihre wörtliche Bedeutung hinaus einen gewissermaßen uneigentlichen Zeichenwert: „Semiotisierung bezeichnet also die Aufladung des Textelements mit strukturstiftender Funktion" (S. 26).

„Bei der Lektüre [...] ist also [...] nach Wiederholungen, Ähnlichkeiten, Echos, nach Techniken der Verknüpfung narrativer Teile zu fragen" (S. 24). Diese Äquivalenzen müssen nicht notwendig auf der gleichen

Ebene der Erzählung liegen, also z. B. nicht gleichermaßen auf der Ebene der *histoire* oder auf derjenigen des *discours*:

> „Zwar werden wohl die inhaltlich-handlungsbezogenen Äquivalenzen einen Großteil der strukturierenden Relationen bilden, aber die Relationen müssen nicht auf die Handlungsebene selbst beschränkt bleiben. Auch Namen und Orte, ja sogar bildliche Redewendungen, die an anderer Stelle in Handlung umgesetzt wieder erscheinen, können Äquivalenzrelationen aufbauen, die den Text grundlegend organisieren. Diese Offenheit des Äquivalenzprinzips ist von der strukturalistischen Interpretationsweise her nicht nur gedeckt, sondern gefordert" (S. 25).

STOCK interessiert sich nun besonders dafür, wie eine so verstandene ‚korrelative Sinnstiftung' interpretatorisch fruchtbar gemacht werden kann, bei Texten, die zum einen additiv aufgebaut sind, in der Abfolge zweier räumlich und raumsemantisch voneinander unterschiedenen Handlungsteile, die zum anderen aber von Wiederholungen und Äquivalenzen zwischen diesen unterschiedlichen Handlungsteilen bestimmt sind.

Komposition und Kohärenzstiftung sind also nicht allein ästhetische Verfahren, sondern bedeutungsgenerierende. Sie stiften nicht bloß Zusammenhalt, sondern auch sinnhaften Zusammenhang. Das wirft die grundsätzliche Frage danach auf, was eigentlich Kohärenz sei.

LOTMAN 1989. – STOCK 2002.

6.1.3 Kohärenz

Im ‚Reallexikon der deutschen Literaturwissenschaft' definiert ELISABETH STUCK (2000) ‚Kohärenz' als „[t]extlinguistische Kategorie für den semantisch-thematischen Zusammenhang zwischen einzelnen Textelementen"; sie entstehe „durch implizite Verknüpfung von Textelementen, wobei drei Arten der Wiederaufnahme wirksam werden können": erstens in einer Äquivalenzrelation, wobei die Wiederaufnahme auch durch „stilistische Figuren mit substituierendem Charakter" wie der Metonymie oder der Synekdoche geschehen könne und sich aus der Rekurrenz „übereinstimmende[r] semantische[r] Merkmale[]" eine Isotopie formieren könne; zweitens „in einer Oppositionsrelation" und drittens „durch thematische Verknüpfung" (S. 280). Die textlinguistische Kategorie der Kohärenz ist auch für die Literaturwissenschaft von eminenter Bedeutung. Bei der Analyse von Erzähltexten wird ‚Kohärenz' im Gegensatz zu einer weiten Definition wie derjenigen STUCKS zumeist auf die Frage nach der Stimmigkeit der Handlungsführung reduziert, letztlich also auf die Wahrscheinlichkeit der Abfolge der einzelnen Ereignisse im Sinne einer kausalen Relation von Ursache und Folge.

In der ‚Nibelungenlied'-Forschung etwa hat sich die interpretatorische Praxis darin verfestigt, Kohärenz vor allem im Blick auf die kausale Motivation der Ereignisse zu betrachten, besonders im Sinne eines Deutlichmachens der Antriebe der Figuren. Sind die Ereignisse derart kausal motiviert, ist syntagmatische Kohärenz gegeben, sind sie es wie so oft nicht, ist danach zu fragen, ob sie nicht bestimmte thematische Basiskonfigurationen durchspielen (die entweder durch ‚korrelative Sinnstiftung' entstehen oder vorab gegeben sind, etwa durch das Weltwissen der Rezipienten). Dann ist die Rede von paradigmatischer Kohärenz. Ein Beispiel hierfür wäre das Fazit MÜLLERs in seiner Untersuchung zu „Motivationsstrukturen und personale[r] Identität im ‚Nibelungenlied'" (1987). Auch er hat das Problem textueller Kohärenz im wesentlichen als Frage nach der Verknüpfung von Handlungseinheiten und der darin kenntlichen Motivierung begriffen. Ich zitiere:

> „Zu kurz greifen nicht nur psychologische Erklärungen, sondern vor allem Versuche, die *lineare* Verknüpfung von Aktionen und Gegenaktionen als plausibel zu erweisen. Hier sind Lücken, Unwahrscheinlichkeiten, Widersprüche unübersehbar. Anders sieht es aus, wenn man die Folge der Handlungen als Explikation dessen sieht, was als ‚richtig' und ‚selbstverständlich' geglaubt wird: Nicht ob Sîvrit leichtsinnig den *vriunden* vertraut, interessiert, sondern daß er sich normgerecht verhält. Nicht ob Kriemhilt zweckmäßig handelt, in Worms zu bleiben, ist die Frage, sondern daß jeder zu seinen *vriunden* gehört. Nicht ob die *suone* echt gemeint sein kann, ist das Problem, sondern daß sie rechtsverbindlich ist. Nicht ob Kriemhilt als Hunnenkönigin Sîvrits Besitz noch braucht, sondern daß ein Rechtsbruch (*leit*) Abhilfe (*ergetzen*) verlangt usw.: Verständigung über selbstverständlich-verbindliche Ordnungen ist Aufgabe des Epos. Dem entspricht ein weniger syntagmatisch-verknüpfender als paradigmatisch explizierender Motivationstypus. Wo widersprüchliche Antriebe und Anforderungen einander durchkreuzen, bemüht sich der Epiker weniger um lineare Verknüpfung oder deutliche Hierarchisierung, sondern er rückt sie scheinbar unverbunden nebeneinander, läßt die Entscheidung – Kriemhilts Einladung an die Brüder – aus der scheinbar alogischen und apsychologischen Konfrontation entgegengesetzter Motive hervorgehen." (S. 254 f.)

MÜLLER spricht hier von einer Motivation, die der Text selbst zwar nicht immer explizit liefert, die der zeitgenössische Rezipient jedoch grundsätzlich aufgrund seines eigenen Weltwissens vervollständigen kann. Ich komme darauf zurück. Die ‚paradigmatisch explizierende Motivation', von der bei MÜLLER die Rede ist, stellt in diesem Sinne eine Motivation dar, die nichts mit syntagmatischer Kausalität und vor allem nichts mit psychologischer Stimmigkeit zu tun hat. Es ist eine Motivation, die sich aus dem allgemeinen Weltwissen ergibt.

Die Frage „nach Kohärenz oder Inkohärenz in der Motivationsstruktur" (GUBATZ 2002), wie sie immer noch und immer wieder an mittelalterliche Epik herangetragen wird, sollte also allenfalls vorsichtig gestellt werden. Entsprechend kritisiert ANNE SOPHIE MEINCKE (2007), daß in der Interpretationspraxis ‚Kohärenz' zumeist mit ‚kausaler Linearität' gleichgesetzt zu werden scheint. Sie schreibt:

„*Beschränkung auf Ereignisse* und *Linearitätsdogma* [...] bilden – einhergehend mit einer *Verabsolutierung von ‚Kausalität'* zur anthropologischen wie narrativen Universalie – gleichermaßen den Grund für ein einseitiges, reduktionistisches Verständnis von Kohärenz, das der Komplexität literarischer Erzähltexte kaum gerecht zu werden vermag und zumal bei der Applikation auf ‚fremde' Texte sich als ungenügend bzw. untauglich erweist." (S. 244 f.)

Folglich wendet sich MEINCKE gegen

„eine[ ] Theorie, derzufolge textuelle Kohärenz nur durch Rückführung auf Vertrautes (*naturalization, vraisemblablisation*), im referentiellen *Vergleich* mit der eigenen ‚Lebenswelt', fest- bzw. hergestellt werden kann. [...] Plausibilität hängt nun nicht mehr primär an der Übereinstimmung der erzählten Welt mit der ‚Realität' [...], sondern zunächst einmal an der Überzeugungskraft der text*internen* Zusammenhänge, d. h. an dem Grad der Vernetzung der Elemente und deren – je spezifischer – Systematik. Hieraus erwächst wiederum die Möglichkeit, die Kohärenz auch solcher Texte zu beschreiben, deren erzählte Welt definitiv oder wahrscheinlich von unserer Lebenswelt abweicht, also auch mittelalterlicher Texte" (S. 246 f.).

MEINCKE führt dies selbst am Beispiel des ‚Eneasromans' vor. Eine solche Vernetzung kann durch Motivationsstrukturen erfolgen, muß dies aber nicht. Öfter wird sie im mittelalterlichen Erzählen durch ein schlichtes Nacheinander der Ereignisse oder durch thematische, oft metonymische Verknüpfungen erzeugt (vgl. Kap. 6.1.6).

GUBATZ 2002. – MEINCKE 2007. – J.-D. MÜLLER 1987. – STUCK 2000.

6.1.4 Motivationsarten: Unterschiedliche Formen der Klassifikation

Motivierung wird von MATIAS MARTINEZ im ‚Reallexikon der deutschen Literaturwissenschaft' verstanden als „Ursache oder Begründung für das in einem narrativen (dramatischen oder im engeren Sinne erzählenden) Text dargestellte Geschehen", wobei sie und der von ihr mitbedingte „Erklärungszusammenhang" besonders „zur Kohärenz narrativer [...] Texte bei[trügen]. Die erzählten Ereignisse folgen dann nicht nur chronologisch aufeinander, sondern nach Regeln oder Gesetzen auseinander". MARTINEZ (2000) benennt zunächst die ‚kausale Motivierung' als

> „Bestandteil der erzählten Welt", die „ein Ereignis lebensweltlich als Ergebnis einer Ursache-Wirkungs-Kette [erkläre]. Kausale Motivierung umfaßt psychologische Beweggründe der Protagonisten für ihre Handlungen, aber auch nicht-intentionale Ursachen wie Zufälle, Naturereignisse oder Gemengelagen von Handlungen. [...] In klassizistischen, aufklärerischen, realistischen und naturalistischen Poetiken wurde diese Eigenschaft zum Postulat einer nicht nur möglichen, sondern wahrscheinlichen oder gar notwendigen Motivierung verschärft. Die ‚kausale Motivierung' kann, besonders in vormodernen Werken, durch eine ‚finale Motivierung' ergänzt und überlagert sein. In finaler Motivierung erscheint das Geschehen vor dem Sinnhorizont eines mythischen Weltmodells durch das Wirken einer allmächtigen numinosen Instanz determiniert. Der Handlungsverlauf ist hier von Beginn an geplant, scheinbar freie Entscheidungen der Figuren oder Zufälle enthüllen sich als Fügungen göttlicher Providenz. Kausale oder finale Motivierungen des Geschehens können dem Leser explizit in der Erzähler- oder Figurenrede mitgeteilt werden; meist werden sie aber im Sinne von ROMAN INGARDENS ‚Unbestimmtheitsstellen' [...] im Akt der Lektüre als unbestimmt-vorhanden vorausgesetzt" (S. 643 f.).

MARTINEZ setzt der kausalen und der finalen Motivation auf der einen Seite die ‚kompositorische' als grundsätzlich davon unterschiedene gegenüber. Die ‚kompositorische Motivierung'

> „betrifft die funktionale Stellung einzelner Motive oder Ereignisse im Rahmen der gesamten Komposition – pointiert formuliert in ‚Cechovs These, wenn man zu Beginn einer Erzählung von einem Nagel in der Wand spreche, müsse sich der Held am Ende der Erzählung an diesem Nagel aufhängen'" (S. 644).

Ich selbst würde hier anders akzentuieren: Ich verstehe, anknüpfend an LUGOWSKIS Vorstellung der ‚Motivation von hinten', die finale Motivation als einen Wirkmechanismus der erzählten Welt, der nicht gleichgerichtet zur kausalen Motivation, sondern ihr entgegengerichtet zu begreifen ist, nicht vom Anfang zu einem Ende, sondern vom Ende zum Anfang, so daß ich die kompositorische Motivation im Sinne LUGOWSKIS (1932/1994) als Zusammenstimmen finaler und kausaler Handlungsmotivation verstehen würde: daß der Held in der Tragödie nicht allein am fünften Akt stirbt, sondern auch, weil dies entsprechend vorbereitet und vorab plausibel gemacht wird.

*Beispiel 1: Motivation in den Tristan-Dichtungen
Eilharts und Gottfrieds*
In der Germanistischen Mediävistik hat vor allem JAMES A. SCHULTZ (1987) versucht, ein historisch trennschärferes Raster von Motivationsarten zu entwickeln. Ich stelle das Modell im folgenden kurz vor, empfehle aber dennoch, es zunächst grundsätzlich mit den Kategorien der Kausalität, der Finalität und der Komposition zu versuchen, bevor man es unversehens mit zu vielen Begriffen zu tun hat. SCHULTZ entwickelt seine Kategorien im Blick auf die unterschiedlichen Erzählverfahren in den Tristanromanen Gottfrieds von Straßburg und Eilharts von Oberge, und zwar ausgehend von der Begründung dafür, warum die Liebenden vom Hof in den Wald fliehen. Bei Eilhart geschieht die Flucht im Anschluß an eine Sequenz, in der Tristan und Isolde, nach der Mehlstreuepisode des Ehebruchs für schuldig befunden, zum Tode verurteilt worden sind. Tristan kann sich mit dem berühmten Kapellensprung retten und befreit Isolde, bevor sie auf dem Scheiterhaufen rösten würde. Bei Gottfried verbannt Marke die Liebenden vom Hof, nachdem er, der sonst doch immer von grundsätzlicher Ungewißheit hinsichtlich seines Neffen und seiner Frau erfüllt gewesen ist, an ihren Blicken und Gebärden zum einzigen Mal zweifelsfrei erkannt hat, daß sie ein Liebespaar sind. Tristan erinnert sich an eine von Riesen ausgebaute Höhle, die er einmal auf der Jagd gefunden hat, und er und Isolde brechen dorthin auf.

SCHULTZ unterscheidet unterschiedliche Motivationsarten: erstens *story motivation* im Sinne kausaler Handlungsgründe, die auf der Ebene der *histoire* angesiedelt sind. Diese *story motivation* läßt sich wiederum aufteilen in eine ‚interne', nämlich im weitesten Sinn psychologisch zu verstehende, die SCHULTZ stärker bei Gottfried findet, und eine ‚externe', die Handlungen als unmittelbare Reaktionen auf andere Handlungen erscheinen läßt, die er eher bei Eilhart verwirklicht sieht. Weitere Unterscheidungskriterien wären hier eine längerfristig wirksame (‚durative') und eine nur punktuell greifende Motivation, erstere wieder stärker bei Gottfried, letztere bei Eilhart.

Dieser Motivierung auf der Ebene der erzählten Welt setzt SCHULTZ seine zweite Motivationsart entgegen, die *narrator motivation*. Sie liegt dann vor, wenn der Erzähler die Handlung explizit plausibilisiert, indem er das Geschehen durch Sprichwörter, Sentenzen und Kommentare als Erfüllung eines allgemeinen oder auch nur besonderen Gesetzes im Lauf der Welt benennt. Eine solche Motivation seitens des Erzählers steht so, anders als SCHULTZ dies im allzu korrekten Rekurs auf die Kategorien der Erzähltheorie sehen möchte, allerdings nicht unbedingt außerhalb der erzählten Welt. Denn wenn der Erzähler den Lauf der Welt, den er und sein Publikum außerhalb der erzählten Geschichte fraglos anerkennen, auch für seine dargestellte Welt in Anspruch nimmt, wird gerade dieser Unterschied zwischen dem intradiegetischen Personal der Erzählung und dem extradiegetischen Erzähler verwischt – in dem Sinne, daß das erzählte Geschehen dann auch Relevanz für die reale Welt von Autor und Publikum beanspruchen darf. Genau das tun mittelalterliche Erzählungen, wenn sie sich immer wieder in den Rahmen einer etwa moraldidaktisch zu verstehenden Wirkungspoetik stellen. SCHULTZ sieht hinsichtlich der *narrator motivation* nicht nur einen deutlichen Quantitätsunterschied zwischen Gottfried und Eilhart; er bemerkt auch, daß Eilharts Erzähler oft explizit seine Unkenntnis dessen ausstellt, warum nun etwas in seiner Geschichte geschieht oder auch nicht geschieht.

Eine dritte Motivationsart sieht SCHULTZ in der *recipient motivation:* Es handelt sich dabei um das Weltwissen des Publikums, das nicht selten Handlungsgründe auch dort ergänzen kann, wo sie explizit nicht benannt sind. Das entspräche etwa demjenigen, was J.-D. MÜLLER (1987) im Blick auf das ‚Nibelungenlied' festgehalten hat, als er die paradigmatische Motivationsform im wesentlichen vor dem Hintergrund eines solch kollektiven Wissens verstehen wollte. SCHULTZ vermerkt bei Eilhart eine häufige Unterbestimmtheit von Handlungsgründen, eben weil sie vom Publikum ergänzt werden könnten; daneben findet er allerdings auch unglaubwürdige Koinzidenzen, die dem Weltwissen des Publikums widersprechen, solange sie dahinter nicht eine providentielle Fügung vermuten. Demgegenüber erzähle Gottfried, indem die Unwahrscheinlichkeit einzelner Handlungen geradezu von einer Abundanz von Gründen auf der Ebene der Kausalität und auf der Ebene des Erzählers überdeckt werde, ausgesprochen häufig gegen das Weltwissen des Publikums an.

Die vierte und letzte Motivationsart findet SCHULTZ schließlich in der *actional motivation*. Gemeint ist zum einen ein einfacher erzähltheoretischer Befund, daß nämlich eine Handlung, solange sie nicht abgeschlossen und somit geschlossen ist, immer nach einer Fortsetzung bzw. einer Folgehandlung verlangt; zum anderen eine Finalität der Handlung, die vom Stoff selbst her vorgegeben ist, vielleicht im Sinne dessen, was FRANZ JOSEF WORSTBROCK (1999) als die typisch mittelalterliche Neigung zum ‚Wiedererzählen' benannt hat. Letzterem unterliegen sowohl Gottfried als auch Eilhart; im Blick auf die Geschlossenheit des Erzählens vermerkt SCHULTZ, daß Gottfried dazu tendiere, seine Episoden in weit höherem Grade abzuschließen, als dies Eilhart tue, was im Gegenzug einen weit höheren

Motivationsaufwand bedinge, das Geschehen durch Kausalitäten auf der Ebene der Geschichte oder des Erzählers wieder in Gang zu bringen.

Ergebnis dieser Untersuchung ist die Einsicht, daß es je historisch unterschiedliche Kohärenztypen gebe. Hierbei unterscheidet sich der Artusroman in seiner ‚klassischen' Prägung durch Chrétien und Hartmann von den Tristanromanen: indem hier nämlich die Funktion der Einzelepisode im wesentlichen von ihrer Position innerhalb der Doppelwegstruktur bestimmt sei, weshalb die Gründe, die für die einzelnen Handlungen explizit benannt werden, letztlich ebensogut verschwiegen werden könnten, weil von ihnen aus keine stimmige Deutung entstehen kann. Kann etwa die Auskunft befriedigen, Erec habe Enite all diesen Qualen ausgesetzt, nur um zu überprüfen, *ob si im wære ein rehtez wîp* (‚ob sie ihm eine passende/die richtige Ehefrau sei', ‚Erec', V. 6782)? Kohärenz entstehe hier im wesentlichen durch die Komplexität der Handlungsstruktur, nicht auf der Ebene der Motivierungen. Interessanter- und sinnvollerweise koppelt SCHULTZ also Motivation und Kohärenz nicht unmittelbar aneinander, auch wenn Motivation natürlich die Kohärenz erhöht, hier weitgehend einfach verstanden als Widerspruchsfreiheit.

In einem anderen Aufsatz von 1989 führt SCHULTZ aus, daß die Inkohärenzen, die so oft in mittelalterlicher Erzählliteratur zu finden sind, im wesentlichen durch historisch andere Kohärenzverständnisse bedingt sein könnten. Zum einen wäre hier die Erwartung (Norm o. ä.) zu nennen, daß eine Geschichte vollständig sein muß – etwa diejenige Tristans und Isoldes, wobei es dann keine Rolle spielt, wenn die Fortsetzertexte stilistisch, in ihrem ästhetischen Raffinement und in ihrer ethischen Problematik weit hinter dem Niveau Gottfrieds zurückbleiben. Das zweite andere Kohärenzverständnis, das SCHULTZ benennt, ist ein prinzipiell hierarchisches, das nicht so sehr an der Widerspruchsfreiheit der syntagmatischen Handlungsabfolge interessiert ist, weil es innerhalb dieser Abfolge auf Wichtigeres ankommt. Während sich beim modernen Erzählen die einzelnen Elemente gewissermaßen horizontal und gleichwertig aufeinander beziehen, so daß jedes auf das andere abgestimmt sein müsse, seien im Mittelalter die jeweiligen Handlungsumstände hierarchisch dem jeweils dominanten Thema untergeordnet, so daß sich horizontale Unstimmigkeiten im Handlungssyntagma durchaus zeigen könnten, während diese Unstimmigkeiten durch die Dominanz des jeweiligen Themas auf der vertikalen Ebene, gewissermaßen paradigmatisch, keine Rolle für die Kohärenz der Erzählung spielten.

LUGOWSKI 1932/1994. – MARTINEZ 2000. – J.-D. MÜLLER 1987. – SCHULTZ 1987. – SCHULTZ 1989. – WORSTBROCK 1999.

6.1.5 BARTHES' ‚Handlungsfolgen'

Nach BARTHES (1966/1988) ist es ein menschlicher Grundirrtum, auf den das Erzählen baut und den das Erzählen für sich ausnützt: *post hoc, ergo propter hoc*, die Annahme also, daß ein Ereignis, weil es auf ein anderes folge, nicht allein zeitlich, sondern notwendig auch kausal mit ihm verknüpft sei.

> „Alles weist darauf hin, daß die treibende Kraft der narrativen Aktivität die Verwechslung von zeitlicher Folge und logischer Folgerung ist, das Nachfolgende in der Erzählung als *verursacht von* gelesen wird; die Erzählung wäre in diesem Fall die systematische Anwendung des in der Scholastik unter der Formel *post hoc, ergo propter hoc* angeprangerten logischen Irrtums, der durchaus der Wahlspruch des Schicksals sein könnte, dessen ‚Sprache' die Erzählung im Grunde ist" (S. 113).

BARTHES versucht in einem anderen Aufsatz, diese nur scheinbare Kausalität durch eine Klassifikation dessen genauer zu beschreiben, was er den ‚proairetischen Code' nennt, eine Organisationsform der Erzählung, die die Verknüpfung der Handlungen rückblickend von ihrem Ende her unternimmt (im Gegensatz zum ‚hermeneutischen Code', der Gründe benennt, durch die von einem Vorausgehenden auf ein Künftiges fortgeschritten werden kann). BARTHES (1969/1988) unterscheidet im ‚proairetischen Code' das Folgende:

> „1. *Konsekutiv* [...]: was *danach* kommt, tritt als Produkt des *Davor* auf. [...] 2. *Konsequentiell*. Das ist die klassische Beziehung zwischen zwei Handlungen, von denen eine die andere determiniert [...]. 3. *Volitiv*. Vor einer Handlung [...] liegt eine Notation der Absicht oder des Willens [...]. 4. *Reaktiv*. Auf eine Handlung (zum Beispiel: *berühren*) folgt deren Reaktion (*schreien*): dabei handelt es sich um eine Variante des konsequentiellen Schemas, allerdings ist das Modell spürbar biologischer. [...] 5. *Durativ*. Der Diskurs notiert das Einsetzen oder die Dauer einer Handlung (oder eines Zustands) und anschließend deren Unterbrechung oder Einstellung [...]. 6. *Äquipollent*. Eine kleine Anzahl von (wie vorhin auf ihren Kern reduzierten) Folgen vollzieht nur im Wortschatz selbst angelegte Oppositionen; etwa bei *fragen/antworten*" (S. 149–151).

Die Typologie erhebt keinen Anspruch auf Vollständigkeit, und BARTHES sieht Möglichkeiten zur Reduktion (S. 151), von denen man wohl auch tunlichst Gebrauch machen sollte. Ich führe die Klassifikation nur auf, weil sich aus ihr womöglich ein Interpretationswerkzeug ergibt (etwa im Abgleich mit den Überlegungen von SCHULTZ 1987 u. 1989). Sieht man auf die Klassifikation des Verhältnisses zwischen dem narrativen Zuvor und der narrativen Folge, kann man feststellen, daß alle Relationen im Sinne einer Metonymie beschrieben werden könnten – Metonymie im Sinne einer Verknüpfung auf der Ebene faktischer Relationen wie räumliche und zeitliche Nähe, Merkmalsgleichheit oder tatsächlich auch Kausalität. Kausalität als Zusammenhang zwischen Ursache und Wirkung ist nämlich ein Sonderfall der Metonymie. So schreibt die Erzähltheoretikerin MONIKA FLUDERNIK (2006): „Selbst Handlungssequenzen sind auf Metonymie aufgebaut (Ursache – Wirkung), wie die Aufeinanderfolgen von Rede/ Antwort, Provokation/Forderung, Anschlag/Rache, Eifersucht/Mord etc. zeigen." (S. 56)

BARTHES 1966/1988. – BARTHES 1969/1988. – FLUDERNIK 2006. – SCHULTZ 1987. – SCHULTZ 1989.

6.1.6 Metonymisches Erzählen

Die Abfolge zweier Handlungen in einer Erzählung bildet also eine Relation, die sich in der Mehrzahl der Fälle als metonymisch beschreiben läßt. Metonymische Beziehungen sind solche, die sich auf ‚reale' Zusammenhänge stützen, das heißt zunächst ganz einfach: auf kausale, räumliche und zeitliche Zusammenhänge (worunter auch synekdochische Relationen – der Teil für das Ganze und umgekehrt – fallen). Schon ROMAN JAKOBSON (1935/1979) hat die „Berührungsassoziation", die das Fortschreiten der Erzählung bzw. der Handlungsverknüpfung leitet, in diesem Sinne verstanden:

„Es gibt Gedichte, die durch und durch von Metonymien durchwoben sind, und erzählende Prosa kann mit Metaphern gespickt sein [...], im Grunde aber ist die Verwandtschaft des Verses mit der Metapher und der Prosa mit der Metonymie eine zweifellos engere. [...] [D]er Grundantrieb der erzählenden Prosa ist die Berührungsassoziation; die Erzählung bewegt sich vo[m] Gegenstand zu seinem Nachbar[n] auf raumzeitlichen und Kausalitätswegen; der Weg vom Ganzen zu den Teilen und umgekehrt ist nur ein besonderer Fall dieses Prozesses." (S. 202)

Im Blick auf die Zeichentheorie von CHARLES SANDERS PEIRCE handelt es sich um *indexikalische* Beziehungen. In erzählenden Texten dienen sie nicht allein dazu, Handlungsverknüpfungen zu gewährleisten, sondern überhaupt zur Herstellung textueller Kohärenz, wie FLUDERNIK (2006) festhält:

> „Neben der Metaphorik existiert in vielen Romanen [...] eine Strategie, die wiederkehrende Schlagwörter und Wortfelder zu strukturellen Zwecken nutzt. [...] In solchen Texten kehren gewisse Begriffe leitmotivisch wieder, und durch ihre Assoziationen im Kontext der Figuren und des Plot wandeln sie sich in Symbole, die auf einer übergeordneten Ebene Zusammenhänge und Argumente suggerieren. [...] Die wiederkehrenden Verweise und Wortwiederholungen in ihrem Beziehungsgeflecht lassen also eine Symbolik entstehen, die [...] primär auf der Basis von Metonymie, als der wiederkehrenden Kontiguität der Schlüsselbegriffe mit Romanfiguren und bestimmten Situationen, funktioniert." (S. 91)[47]

HAFERLAND (2004, 2005a) hat darauf hingewiesen, welche bedeutende Rolle das Denken in metonymischen Relationen in der sozialen Praxis und in der Literatur des Mittelalters spielte. Dort, wo finales Erzählen vorherrscht, kann, so HAFERLAND, die unbegründete und kausal unwahrscheinliche Abfolge zweier Ereignisse einen metonymischen Konnex herstellen, der Sachverhalte zum Ausdruck bringt, die von vornherein final verbürgt sind: etwa bestimmte Eigenschaften einer Person wie deren Heiligkeit oder den göttlichen Willen selbst – auch ohne daß dies explizit markiert würde. Allerdings wird hier Sinnstiftung in ihrer ganzen Fülle nur vom Wissen um das Ende her deutlich.

Solche metonymischen Verknüpfungen sind besonders auffallend, wenn sie die Logik der Handlung als kausal aufgebauter Ereigniskette durchbrechen, aber sie können auch vorliegen, wenn die Kausalität der Ereignisse gewahrt ist. Befremdlich sind sie jedenfalls immer dann, wenn das, was narrativ vor Augen geführt werden soll, die erzählerische Ökonomie oder die raum-zeitliche Kohärenz der Ereignisfolge zu verletzen scheint.

LUGOWSKI hat dies schon 1932 in den Begriff der ‚thematischen Überfremdung' gefaßt. Es geht dabei um besagten Umstand, daß im vormodernen Erzählen die narrative Ökonomie oder die raum-zeitliche Kohärenz der dargestellten Handlungen immer wieder durch Schlaglichter gebrochen wird, die „[d]as, was in dieser kurzen Spanne das Thema der Erzählung ist", sich behaupten lasse, „während alle anderen Beziehungen

---

47 Die Fortsetzung des Zitats lautet: „Dennoch ähnelt die Struktur der Metapher insofern, als Elemente auf der syntagmatischen Achse miteinander korreliert und verglichen werden und sich Äquivalenzen (aber auch Kontraste) etablieren. Allerdings ist die Ähnlichkeit vorgegeben (die Begriffe sind Wiederholungen oder stammen aus demselben Wortfeld) und wird nicht erst als Sinneffekt produziert, sondern die vorhandenen Äquivalenzen werden genutzt, um Argumente, Kontraste und Interpretationen zu stricken, also quasi ein semantisches Netz von Äquivalenzen auf einer höheren Ebene zu konstituieren." Vgl. dazu unten.

von der thematischen Überfremdung unterdrückt werden" (1932/1994, S. 24). Derartige Formen des Erzählens unterscheiden sich bekanntermaßen deutlich von den nicht-avantgardistischen Narrationsformen der Moderne, deren Mimesiskonvention solche Brüche – LUGOWSKI spricht davon, daß die ‚thematische Überfremdung' Einzelglieder der Ereigniskette ‚isoliere' (ebd.) – nicht zulasse. Dies läßt sich systematisch im Rahmen eines ‚metonymischen Erzählens' beschreiben.

‚Metonymisches Erzählen' orientiert sich weniger am Postulat, potentielle Begebenheiten realer oder möglicher Welten nachzuahmen, als vielmehr am Ziel einer ‚präsentativen Symbolifikation' (BERTAU 1983, S. 81–84) von Bedeutung: eines nicht diskursiven, sondern narrativen Vor-Augen-Stellens von Sachverhalten in erzählerischen ‚Verkörperungen', wobei die jeweiligen Szenen nicht notwendig durch Beziehungen von Ursache und Folge verbunden sein müssen, sondern durchaus auch rein assoziativ – genauer: metonymisch – miteinander verknüpft sein können, insofern sie ans gleiche Thema gebunden sind.

Ein Beispiel für eine solche ‚thematische Überfremdung' findet sich im ‚Nibelungenlied', als Sivrit mit elf Begleitern nach Worms kommt, um dort um Kriemhilt zu werben. Der situative Rahmen ist zunächst durchaus friedlich. Als König Gunther danach fragt, um wen es sich bei den Neuankömmlingen handele, kann nur Hagen, der heroischste der Burgunden, den ihm merkmalsgleichen Heros Sivrit erkennen, und ebenfalls nur Hagen weiß die heroische Jugendgeschichte Sivrits zu erzählen: von seinem Hortgewinn gegen die Nibelungen und von seinem Drachenkampf. Ohne daß dies auch nur im leisesten motiviert würde, tritt Sivrit nun in Worms so aggressiv auf wie in der Geschichte, die Hagen eben erzählt hat. ‚Heros-Sein' ist also das Thema, von dem aus Sivrits Ankunft in Worms ‚überfremdet' wird. Metonymisch ist dieses Erzählen insofern, als ‚Heros-Sein' zugleich eine Eigenschaft ist, die an die Figur Sivrits (und hier auch an diejenige Hagens) gebunden ist. Dieses Konzept steht hier im Vordergrund der Erzählung und drängt alles andere zurück (SCHULZ 2010a; HAFERLAND/SCHULZ 2010).

Erzähltechnisch läßt sich metonymisches Erzählen also vor allem am Beispiel der Handlungsverknüpfung beschreiben, anhand einer Frage also, die nach gängigem modernem Verständnis mit Handlungsmotivierung zusammenhängt. Da älteres Erzählen viel deutlicher und viel spezifischer als modernes an vorgegebene Stoffe, Handlungsschemata und Motive gebunden ist, ist das Geschehen zumeist erheblich stärker final motiviert, das heißt vom Ende her. Einzelne Handlungsereignisse müssen so nicht eigens kausal begründet oder zumindest wahrscheinlich gemacht werden, sondern sie sind bereits durch die narrativen Vorgaben hinreichend begründet. Dementsprechend finden sich im vormodernen Erzählen viel weniger Gründe benannt, warum etwas geschieht; vielmehr sind die meisten Ereignisse nur durch ein einfaches Nacheinander miteinander verbunden. ‚Dann' oder ‚danach' wäre hier die zumeist passende Konjunktion, nicht aber ‚deshalb'. Der narrative Zusammenhalt wird auf der Ebene der *histoire* durch das Schema gewährleistet, auf der Ebene des *discours* durch wörtliche oder thematische Rekurrenz.

Auch ein einfaches Nacheinander suggeriert Kausalität. Von daher fällt es dem modernen Leser überhaupt nicht besonders auf, daß Kausalitäten in älterer Literatur zumeist gar nicht explizit gemacht werden. Der Erzählduktus erscheint geradliniger und dem Eindruck nach ‚märchenhaft', etwa im Artusroman. Deshalb sind dort Sequenzen besonders auffällig, in denen sich ausführliche Kausalmotivationen finden, zumal wenn sich der Erzählduktus im Laufe ein und desselben Textes signifikant zu verändern scheint. Genau hieran läßt sich die Spezifik metonymischen Erzählens besonders gut erkennen.

Beispiel 2: Metonymische Handlungsverknüpfung im ‚Wigalois'
Wirnts von Grafenberg
Das ist der Fall in Wirnts von Grafenberg ‚Wigalois'.[48] Nachdem der Held die Welt des Artushofs und die Welt der ‚gewöhnlichen' Aventiure verlassen und das Jenseitsreich Korntin betreten hat, wechseln offenbar die Regeln des Erzählens. Hatte Wigalois zuvor jeden beliebigen Gegner nach kurzem Kampf besiegen können, so stößt er nun an die Grenzen seiner heldischen Selbstmächtigkeit. Immer wieder hat er es mit Gegnern und Mächten zu tun, die ihm so sehr überlegen sind, daß das einzige, was ihm noch helfen kann, ist, sich völlig in Gottes Hand zu geben und auf Gottes Hilfe zu warten. Daneben allerdings trifft er immer noch auf Kontrahenten, die sich mit den gewöhnlichen Mitteln, die einem Aventiureritter zu Gebote stehen, durchaus besiegen lassen.

Dieses merkwürdige Hin und Her zwischen heldischer Selbstmächtigkeit und völliger Neutralisierung beginnt, als Wigalois sein erstes Abenteuer in Korntin absolviert hat: den Kampf gegen den Drachen Pfetan, bei dem der Artusritter zwar das Monster hat töten können, jedoch selbst in Ohnmacht gefallen ist und beinahe das Opfer eines plündernden Fischerehepaares geworden wäre. Der Text betreibt einigen Aufwand, um

---

48 Die Übersetzungen stammen nicht aus der Ausgabe, sondern von mir, weil sie bestimmte Sachverhalte verdeutlichen sollen.

zu motivieren, wie Wigalois zunächst in tödliche Gefahr kommt, dann aber durch die Hofdamen der Gräfin Beleare gerettet werden kann, während die voraufgehenden Ereignisse sich fast durchgängig in einem einfachen epischen Nacheinander realisierten. Nun aber ist die Rede vom Mondschein, der den See erleuchtet und es so ermöglicht, daß die Damen zunächst ein kleines Schiff auf dem See sehen; es ist die Rede davon, daß auf dem Schiff ein armes Fischerehepaar ist, das den Scheintoten findet; es ist die Rede von den kostbaren Besitztümern des Helden, die die Gier der Fischersfrau befördern und sie mordlustig werden lassen, bevor der Blick auf die Schönheit des nackten Ritters dann die edlen Triebe in ihr weckt; es ist die Rede davon, daß die Rüstung des Helden im Mondlicht so sehr glitzert, daß die Hofdamen auf diese Szene aufmerksam werden. Der Erzähler bemüht gleich danach sein Weltwissen, um zu begründen, warum eine der Damen über das Wasser, wo man eben weiter zu hören vermag als sonst, das Gespräch der Fischersleute belauschen kann und so mitbekommt, was eigentlich vor sich geht. Bis Wigalois wieder eine Rüstung trägt und auf einem Pferd sitzt, muß noch eine ganze Reihe weiterer Kausalitäten geltend gemacht werden. Fortan erscheint die Selbstmächtigkeit des Helden immer wieder, aber eben nicht durchgängig, massiv eingeschränkt.

Bei näherem Hinsehen zeigt sich, daß das Nebeneinander von ritterlicher Tat und wirkungslosem Verpuffen aller entsprechenden Bemühungen im Text schon in der Episode zuvor eingeführt worden ist. Als Wigalois von dem wunderbaren Tier, das ihn in dieses verschlossene Reich führt, an einer Schar zum Schein tjostierender Ritter vorbeigeführt wird, nötigen ihn seine *manheit* und sein ritterlicher *sin* (V. 4563: ‚seine Tapferkeit und sein ritterlicher Verstand') dazu, selbst einzugreifen (die abstrahierten Tugenden entscheiden also in metonymischer Verschiebung statt der Person selbst) – ohne konkreten Erfolg: die Lanzenspitze des Wigalois geht in Flammen auf, die Hitze peinigt ihn, wie er es noch nicht kennengelernt hat. Er muß erkennen, daß es sich offenbar um eine Art Turnier im Fegefeuer handelt, das Gott nur für diese Ritter bestimmt hat (*daz in daz leben/ got ze buoze hêt gegeben,* V. 4587 f.: ‚daß Gott ihnen dieses Leben als Buße auferlegt hatte'). Die Wiederholung dieses Nebeneinanders von Tatkraft und Ohnmacht paradigmatisiert eine neue Konzeption des Helden, die die Wigalois-Figur von ihrem Eintreten in das Jenseitsreich Korntin an bestimmt. Der Parallelismus macht deutlich, daß das Agieren des Helden seine Grenzen letztlich vor Gott findet.

Zwar bleibt immer gewiß, daß Wigalois unbeschadet aus dem jeweiligen Abenteuer hervorgeht, aber es ist im Einzelfall völlig ungewiß, wie dies geschehen wird: durch ritterliche Tat oder durch göttliche Hilfe? Die

Forschung ist sich seit vielen Jahren einig darin, daß im ‚Wigalois' Erzählstrukturen des Artusromans mit solchen der Legende hybridisiert werden (FUCHS 1997). Dies steht im Zusammenhang damit, daß der Gegensatz zwischen der höfischen Welt des Artushofs und der antiarthurischen Gegenwelt christlich überformt wird, indem die Gegenwelt massiv dämonisiert erscheint (vgl. etwa DIETL 2003). Wenn in dieser Gegenwelt oftmals nur noch göttliche Hilfe den Helden retten kann, infiltriert so das passive Protagonistenkonzept der Legende dasjenige des aktiven, handlungsmächtigen Artusritters. Ergebnis ist, mit STEPHAN FUCHS (1997) gesprochen, ein hybrider Held, der durch die Überblendung zweier Erzählmuster seltsam indeterminiert erscheint. Was dem Helden letztlich widerfährt, ist so nicht mehr vorab festgelegt, weil entweder das eine oder das andere Erzählschema greifen kann. Wo die finale Motivation schwindet, ist offenbar ein günstiger Nährboden für kausale Motivationen. Das bedeutet allerdings nicht, daß die Verknüpfung der Ereignisse bereits auf die Art und Weise vorzustellen sei, wie wir sie vom Mimesispostulat klassisch modernen Erzählens her kennen.

Im ‚Wigalois' zeigt sich dies etwa in der Episode um die wilde Frau Ruel. Nachdem der Held auf der Burg der Gräfin Beleare wiederhergestellt worden ist, macht er sich auf den Weg zur Burg des Teufelsbündners Roaz. Um über einen Fluß übersetzen zu können, muß er zunächst sein Pferd festbinden. Er findet ein kleines Floß und zieht es zu seinem Pferd, da sieht er eine wilde Frau aus einer Felsenhöhle auf ihn zulaufen. Sie möchte sich rächen, weil ihr Mann von einem Ritter getötet worden ist. Als sie Wigalois packt, wehrt sich dieser nicht, weil er zu höflich ist, um gegen eine unbewaffnete Frau Gewalt anzuwenden. Sie schleppt ihn davon, zieht ihm die Rüstung aus, nimmt ihm das Schwert ab, fesselt ihm die Hände auf dem Rücken mit einer Weidenrute und zieht ihn an den Haaren über einen Baumstumpf, um ihm dort den Kopf abzuschlagen. Nun geschieht etwas Merkwürdiges. Der Erzähler wendet sich an das Publikum: *nu sprechet, wiez im dâ ergê* (V. 6421: ‚nun sagt schon, wie es ihm dort ergehen wird'), um dann gleich fortzufahren:

> in dirre nôt gedâht er
> der schœnen magt Lârîen.
> sîn ors begunde schrîen
> und ze weien sêre.
> dem wîbe enwart niht mêre
> wan daz sin alsô ligen liez;
> daz swert si in die scheide stiez
> und vlôch ûz dem hol zehant (V. 6423–6430).

‚In dieser Bedrängnis dachte er an das schöne Mädchen Larie. Sein Pferd fing sehr zu brüllen und zu wiehern an. Der Frau blieb nichts anderes übrig, als ihn so liegen zu lassen. Das Schwert stieß sie in die Scheide (zurück), und sie floh augenblicklich aus der Höhle.'

Der Erzähler kündigt Aufklärung darüber an, warum dies so geschehen sei: *welt ir daz selbe mære/ hœren, daz will ich iu sagen* (V. 6435 f.: ‚wenn ihr die Geschichte hören wollt, werde ich sie euch erzählen'): Der Drache, den Wigalois erschlagen hat, habe sich oft in diese Gegend begeben, um dort dieser ‚Teufelsbraut' nachzustellen. Ruel habe nun das Wiehern des Pferdes für das Schnauben des Drachen gehalten und deshalb die Flucht vor dessen todbringendem Atem ergriffen. Der Erzähler fährt fort, daß Gott das Leben des Wigalois gerettet habe. Dieser ist immer noch mit der Weidenrute gebunden, wie ein Dieb, und kommt nicht frei. Da betet er zu Gott, und noch während er dies tut, löst sich die Fessel.

Der Erzähler benennt zwei Gründe, die für das Überleben des Helden verantwortlich sind: die Fehlwahrnehmung Ruels, die ausführlich begründet wird, und die göttliche Gnade. Der erste Grund scheint allerdings ausgesprochen gesucht – und letztlich verdeckt er eine andere Handlungsverknüpfung, die, ohne selbst Kausalität zu sein, thematisch viel zwingender erscheint als die geltend gemachte Kausalität: Mit dem Anblick des eigenen Schwerts konfrontiert, das ihm gleich den Kopf abschlagen wird, denkt Wigalois ausgerechnet an seine Geliebte, und exakt danach fängt sein Pferd zu wiehern an. Ans Sterben denkt er nicht. Es gibt hier also eine auffällige Zusammenballung von Schwert, Geliebter und Pferd; und es ist das Pferd, das die wilde Frau mit seinem offenbar gewaltigen Wiehern erschreckt. Das Pferd ist im Aventiureroman Teil einer symbiotischen Mensch-Tier-Kampfmaschine; ohne sein Pferd vermag ein Ritter nur wenig auszurichten. Das Pferd kann als metonymischer Stellvertreter des Ritters gelten, auch insofern es die von ihm kontrollierte animalische Kraft und seine eigene Vitalkraft repräsentiert.[49] In der Logik dieser metonymischen Repräsentation rettet Wigalois sich gewissermaßen selbst. Es handelt sich um eine kontiguitäre Logik, die eine unterschwellige Kausalität suggeriert: Dem Gedanken an die Geliebte folgt unmittelbar die Aktion seitens der externalisierten Vitalkraft des Helden (*in dirre nôt gedâht er/ der schœnen magt Lârîen./ sîn ors begunde schrîen …*). *Post hoc, ergo propter*

---

49 Ein besonders deutliches Beispiel ist die Episode in Konrads von Würzburg ‚Partonopier'-Roman (um 1277), in der der Held sich selbst bereits aufgegeben hat und sich im Ardennenwald den wilden Tieren zum Fraß vorsetzen will. Gegen einen Löwen muss ihn deshalb sein Pferd verteidigen.

hoc? Aventiure ist Weltbewältigung im Modus des Kämpfens, Minne und Aventiure sind grundsätzlich miteinander verkoppelt, und es ist im höfischen Roman – seit Hartmanns ‚Erec' – immer wieder der Gedanke an die Geliebte oder ihr Anblick, der die Kampfkraft des Helden auf dasjenige Maß zu steigern vermag, das es ihm erlaubt, eine lebensbedrohliche Gefahr als Sieger zu überstehen. Der Text suggeriert, daß Wigalois überlebt, *weil* er an die Geliebte denkt und *weil* er ein Ritter ist.

Daß es sich um einen Zusammenhang von Ursache und Folge handelt, wird in der unmittelbaren Abfolge der Themen lediglich nahegelegt. Denn dieser Zusammenhang bringt ein universelles Gesetz der dargestellten Welt zur Anschauung, indem er dafür sorgt, daß die kausal rekonstruierbare Abfolge der Einzelhandlungen in dieser Sequenz ‚thematisch überfremdet' wird. Die Folgerichtigkeit der Erzählung ist überdeterminiert – einerseits durch eine Kette blinder, nicht auf ein übergeordnetes Ganzes bezogener, nur jeweils punktuell greifender Einzelkausalitäten, andererseits durch eine Reihe metonymischer Verknüpfungen, die sich im Gegenteil stringent auf eines der Hauptthemen und auf einen der Hauptsanktionsmechanismen des Textes beziehen (lassen). Ein solches metonymisches Erzählen stellt Kohärenz her, indem Gegenstände, Eigenschaften, Sachverhalte, ja auch: Themen, die metonymisch mit den Figuren verknüpft sind, rekurrent werden. Die entsprechenden Rekurrenzen formen die Paradigmatik des Textes aus, auf die wiederum die einzelnen Verknüpfungen beziehbar sind (vgl. HAFERLAND/SCHULZ 2010).

Beispiel 3: Metonymische Handlungsverknüpfung im ‚Apollonius von Tyrland' Heinrichs von Neustadt
Ein ähnlich signifikantes Beispiel findet sich im ‚Apollonius von Tyrland', einem Minne- und Aventiureroman nach antikem Vorbild, dessen Plot von Heinrich von Neustadt bald nach 1300 signifikant erweitert worden ist. Die vierzehn Jahre, während deren Apollonius von seiner totgeglaubten Frau und von seiner Tochter getrennt ist, eröffnen in der spätantiken Vorlage einen zeitlichen Spielraum, den der mittelhochdeutsche Bearbeiter durch eine Reihe von Orientabenteuern füllt, in denen es vor allem um die zumeist miteinander verkoppelten Themen Herrschaftserwerb und Frauenerwerb geht. Das Konzept, das als narrative Ausprägung einer exogamen Heiratsregel in allen Fällen dahintersteht, ist das schematische ‚Gesetz', daß eine Rettungsaktion für eine unverheiratete Herrscherin dem Helden zugleich das Anrecht auf ihr Reich und auf ihren Körper verschafft. Das Gesetz wird erfüllt, oder es wird von ihm abgewichen, und die Handlungssequenzen innerhalb der besagten Lücke gewinnen eine besondere

Pikanterie dadurch, daß der Held eigentlich immer noch verheiratet ist, was er aber nicht weiß. Diese Episoden bilden also eine paradigmatische Reihe, und der Verlauf jeder einzelnen Episode ist – strukturell analog zum ‚Wigalois' – nicht bereits vorab durch den Stoff oder durch eine Vorlage vorgegeben. Jenseits der Gewißheit, daß der Held in jedem Fall erfolgreich aus der Situation hervorgeht, besteht ein großer Handlungsspielraum, der gerade nicht durch das spezifisch mittelalterliche ‚Wiedererzählen' (WORSTBROCK 1999) vorab eingeschränkt ist.

Im Laufe dieser Orientabenteuer wird Apollonius von seinen Getreuen auf einer Insel zurückgelassen. Man hat dort Station gemacht, und der Held ist einem wunderbaren, goldfarben, grün, gelb, rot, blau und weiß schimmernden, lieblich singenden Vogel in den Wald gefolgt. Unterdessen bricht ein Sturm über die Insel herein, und der Steuermann muß das Schiff vom Ufer wegbringen, offenbar damit es nicht zerstört wird. Der zurückgelassene Apollonius beklagt sein Schicksal und bemerkt dann einen hohen Berg, zu dem er sich hinwendet:

> Der perg was michel und groß.
> Ain schones wasser da floß,
> Das was suss und gut.
> Der kunig durch das wasser wüt.
> Deß wasser grieß was raine:
> Gar edels gestaine
> Floß dar inne als der sandt.
> Deß claubte der von Tyrland
> In seinem hemdes geren.
> Er gedachte nach den eren:
> Ob es ymer geschach
> Das man in pey den leutten sach,
> So ließ er sy schone
> Setzen in ain krone.
> Ain kraft er von denn stainen vie.
> Do sach er das gegen im gie
> Ain tier, das was herlich:
> Sein varbe di was wunderleich.
> […]
> Mer dan tausent lay var
> Was das tier her und dar.
> Sein haupt trug es schon enpar,
> Auff seinem hirne da vor
> Ain krone von ir selber art:
> So schone nie gemachet ward
> Von goltschmides henden.
> Do gedauchte den ellenden

So schone creature
War nicht ungehewre. (V. 6603–6636)

,Der Berg war sehr groß. Ein schöner Wasserlauf floß da, der war angenehm und vortrefflich. Der König watete durch das Wasser. Der Kies im Fluß war rein: Edelsteine lagen darin wie Sand. Davon klaubte der aus Tyrland einige in den Schoß seines Hemdes. Er dachte an seine Ehre: Wenn es noch geschehen sollte, daß man ihn in höfischer Gesellschaft sehen würde, dann würde er sie schön in eine Krone setzen lassen. Er gewann Kraft von den Edelsteinen. Da sah er, daß ein herrliches/herrengemäßes Tier auf ihn zuging: Seine Farbe/ äußere Gestalt war wundersam. [...] Mehr als tausenderlei Farben hatte das Tier überall. Sein Haupt trug es schön oben, vorn an seinem Hirn eine Krone eigener Art: Eine so schöne war nie von den Händen eines Goldschmieds gemacht worden. Da dachte der Fremde, daß eine so schöne Kreatur nicht ungeheuer sei.'

Dieses wundersame Tier unterwirft sich dem Helden. Es stellt sich als der ,Milgot' heraus, der Beherrscher aller anderen Tiere auf dieser Insel. Auch diese unterwerfen sich Apollonius und sorgen dafür, daß es ihm nicht am Notwendigsten mangelt. Selbst diese Robinsonade, die vordergründig aus der Reihe der Frauen- und Landeserwerbsabenteuer herausfällt, erweist sich so als vom Thema der Herrschaft bestimmt (zu den zentralen Paradigmen des Textes vgl. KIENING 2003, S. 56–80). Nur von daher ergibt es einen Sinn, daß der Held, während er mutterseelenallein auf der Insel ist, Edelsteine in den Schoß seines Hemdes packt, weil er ausgerechnet gerade an die Ehre denkt, daran, wie man ihn in der Öffentlichkeit sehen wird, daran, daß er sich die Steine in eine Krone setzen lassen kann. Die einzelnen Handlungen werden ähnlich wie im ,Wigalois' ad hoc durch Kausalitäten miteinander verbunden, doch das eigentliche Prinzip der narrativen Kohärenzerzeugung scheint hier die Rekurrenz von Eigenschaften und Dingen zu sein, die metonymisch mit den Agierenden verbunden sind: Die Farbenpracht verbindet den Vogel, der Apollonius von den Seinen weglockt, und den Milgot, der durch seine eigene Unterwerfung den Helden als irdischen Beherrscher aller Kreaturen auszeichnet; die Krone, die mit dem Thema der Herrschaft eng verknüpft ist, ist Teil der Pläne des Apollonius und Teil des Körpers des wundersamen Tiers; die Kraft, die Apollonius durch die Edelsteine bekommt, korrespondiert mit der Macht, die ihm der Milgot gleich im Anschluß übergibt; Schönheit bzw. Reinheit sind Eigenschaften des Vogels, des Wassers, der Edelsteine und des Milgot. Es handelt sich hier um ein Erzählen, das sich weniger an syntagmatischer Folgerichtigkeit orientiert als vielmehr an der Variation bestimmter Paradigmen.

Diese Paradigmen werden indes allererst durch Wiederholungen erzeugt: Parallelismen legen die Vergleichbarkeit des miteinander Parallelisierten nahe. Das metonymische Erzählen nähert sich hier der Metapher an, insofern es jeweils ein *tertium* gibt, das die Entitäten der erzählten Welt miteinander verbindet, miteinander vergleichbar macht (vgl. das Zitat aus FLUDERNIK 2006 in Anm. 47). Zugleich ist dieses *tertium* aber in einer jeweils zweistelligen Relation an die jeweilige Entität gebunden.

Metonymisches Erzählen ist nichts, was es nur im Mittelalter gäbe. Es tritt allerdings in mittelalterlichen Erzählungen besonders deutlich hervor. Dabei hat es zumeist eine bestimmte Funktion: in ‚präsentativer Symbolifikation' (BERTAU 1983) deutlich zu machen, was der Fall ist, und damit den Zusammenhalt der dargestellten Welt zu erhöhen. Allerdings handelt es sich dann weniger um eine kausale als vielmehr um eine thematische Kohärenz.

BARTHES 1966/1988. – BERTAU 1983, S. 81–84. – DIETL 2003. – FLUDERNIK 2006. – FUCHS 1997. – HAFERLAND 2004. – HAFERLAND 2005a. – HAFERLAND/SCHULZ 2010. – JAKOBSON 1935/1979. – KIENING 2003. – LUGOWSKI 1932/1994. – SCHULZ 2010a. – WORSTBROCK 1999.

6.1.7 Erzählen im Paradigma

Mit LOTMAN (1989) kann in narrativen Texten das komplexe Sujet „immer auf die Hauptepisode zusammengezogen werden – die Überschreitung der grundlegenden topologischen Grenze in der Raumstruktur"; ‚Sujet' meint, von der anderen Seite her formuliert, „die Entfaltung eines Ereignisses [...] – nämlich des Übergangs über eine semantische Grenzlinie" zwischen zwei Norm- und Wertbereichen, die meist räumlich figuriert wird und die explizit oder implizit als nicht-überschreitbar gesetzt ist (S. 338 f.). Diese Theorie ist zwar insgesamt äußerst nützlich, um mit der narratologischen Analyse auch die Interpretation der erzählerischen Sinnbildungsverfahren zu verbinden, weil es dabei immer auch um Semantik geht, es war jedoch – etwa beim Artusroman – bereits zu sehen, daß LOTMANS Basismodell nicht selten deutlich modifiziert werden müßte, wenn es zur Beschreibung mittelalterlicher Texte herangezogen werden soll.

Dies gilt besonders für dasjenige, was WARNING (2003) am Beispiel der Tristanromane als ‚Erzählen im Paradigma' beschrieben hat: für ein serielles Erzählen, das immer wieder die gleichen oder zumindest sehr ähnliche Basiskonfigurationen durchspielt, ohne auf dieser Ebene des Geschehens zu einem eindeutigen Ende kommen zu können. Die vermeintlich direkte

Linie, die vom Liebestrank bis hin zum Tod der Liebenden führt, ist für WARNING nur eine romantische Projektion, die sich vor allem der Tristan-Bearbeitung Richard Wagners verdankt, die so aber nicht in den mittelalterlichen Texten angelegt ist. In der Serie von Ehebruchsschwänken und Rückkehrabenteuern, aus der die Geschichte des ehebrecherischen Paares zusammengesetzt ist, läßt sich von Einzeltext zu Einzeltext zwar oftmals durchaus eine Art Abstieg rekonstruieren – etwa hat MÜLLER (1990) für Eilharts ‚Tristrant' von einer zunehmenden ‚Destruktion des Heros' gesprochen –, aber dies ist eine zusätzliche Semantik, die im Blick auf die mangelnde Finalisierbarkeit eines solchen ‚Prozessierens im Paradigma' eben nur eine sekundäre Semantik ist.

Beispiel 4: Prozessieren im Paradigma in den Tristan-Erzählungen
Überblickt man die sogenannten Fortsetzergeschichten – das sind diejenigen Abenteuer nach Tristans Begegnung mit Isolde Weißhand, die Gottfried von Straßburg nicht mehr erzählt hat –, dann findet sich bei Eilhart, Ulrich von Türheim und Heinrich von Freiberg, aber auch in dem altfranzösischen Torso des Thomas von Bretagne sowie in der davon abhängigen nordischen Saga-Fassung zwar ein äußerst ähnliches Episodenmaterial, doch diese Episoden können in durchaus unterschiedlicher Reihenfolge angeordnet sein. Obwohl jeder die Geschichte vom Liebestod kennt, kann deshalb nicht die Rede davon sein, daß das Geschehen zwangsläufig darauf hinauslaufen müßte. Innerhalb der Kette von Ehebruchsschwänken und Rückkehrabenteuern erscheint die Sujethaftigkeit der Texte sogar deutlich reduziert, weil im Mittelpunkt des Erzählens nicht die eine große Grenzüberschreitung steht, sondern eine Kette äußerst ähnlicher Normverstöße. Es handelt sich also um nichtidentische Wiederholung, im Sinne des Äquivalenzprinzips. Die Äquivalenz besteht auf einer paradigmatischen Ebene – derjenigen von Thema und Struktur –, und sie erzeugt deshalb Kohärenz auch dort, wo die einzelnen Abenteuer nur in loser Abfolge miteinander verbunden sind.

Die Wiederholung hat allerdings auch zur Folge, daß die semantischen Grenzen eingeebnet werden, daß ihre Überschreitung innerhalb der Textwelt nicht mehr ein hochrangiges, sondern nurmehr ein niederschwelliges ‚Ereignis' markiert, das auf das Regelsystem der Textwelt nicht – im Sinne LOTMANS verstanden – ‚revolutionär' wirkt, indem einzelne Figuren die semantischen Grenzen dauerhaft überschreiten und somit womöglich die Ordnung der semantischen Räume selbst verändern könnten, sondern diese Ereignisse werden gewissermaßen wieder getilgt, indem die Situation nach jedem Ehebruch wieder die Situation vor dem

Ehebruch ist. Der Normverstoß wird so einerseits abgemindert, andererseits beständig bewußt gehalten, in dem Sinne, wie MÜLLER (2003a) die Tristan-Minne mit FOUCAULTS Konzept des Transgressiven beschrieben hat (vgl. Kap. 5.2.10).

In der Tristan-Tradition gibt es sozusagen Sujets im kleinen, eine Kette von Mikrosujets, deren Thema der Ehebruch in einer auf allen Seiten zugleich legitimen und illegitimen Dreierkonstellation ist. Diese Kette könnte im Prinzip endlos fortgesetzt werden, weil ‚alle Lust Ewigkeit will', weil also das Begehren stets neu entfacht werden kann – und weil die Tristan-Erzählungen Marke nicht mit einem stabilen Gedächtnis ausstatten. Marke ist, was die Beziehung zwischen Tristan und Isolde betrifft, zwar grundsätzlich von seinem *zwîvel* in Alarmbereitschaft versetzt, doch scheint er selbst die sicheren Beweise, die er für den Ehebruch zu haben geglaubt hat, immer wieder zu vergessen – oder die Parteigänger des Paares können ihm recht mühelos ausreden, was er doch schon mit eigenen Augen gesehen hat. Auch diese Wiederholungsmuster scheinen – wie die zyklische Handlungsorganisation des Artusromans – ein strukturelles Erbe mythischer Erzählungen zu sein. Die Totalität der Welt baut sich hier über den Isomorphismus der beständig prozessierten Ehebruchskonstellation auf, im Sinne von WARNINGS Denkfigur einer „Dekonstruktion der Opposition von Norm und Transgression", die im ‚Tristan' „weder etwas Gesellschaftsfernes noch gar etwas Gesellschaftszerstörendes, sondern etwas Gesellschaftskonstitutives" sei (2003, S. 187) – weil nämlich die beiden Liebenden alle Normen auf der einen Seite vollständig erfüllen, um sie auf der anderen Seite beständig zu verletzen.

WARNING (2003) bringt die Frage nach dem ‚Erzählen im Paradigma' zusammen mit der Frage nach der Kontingenz: „Nicht um Kontingenzbewältigung scheint es beim Erzählen im Paradigma zu gehen, sondern um Kontingenzexposition" (S. 184). In den einzelnen Schwank- und Rückkehrerzählungen sind die Liebenden zwar immer wieder der blanken Zufälligkeit ausgesetzt, doch weil sie immer wieder zusammenfinden können und weil sie immer wieder davonkommen, erscheint diese Zufälligkeit der Welt auffällig reduziert.

Damit stellt sich allerdings die Frage, wie diese Geschichten zu einem Ende kommen können. Sie können es nur, indem Tristan nicht mehr im Mittelpunkt einer Liebesgeschichte steht, sondern zum Helfer in einer anderen, allerdings merkwürdig ‚nahen' Liebesgeschichte wird. Dort wird er tödlich verletzt, was dann auch den Liebestod Isoldes zur Folge hat. In der einen Branche der Tradition, wie sie im deutschsprachigen Raum von Eilhart vorgeprägt ist, erbittet Tristans Schwager, der Bruder der Isolde

Weißhand, der ihm selbst bei einigen Rückkehrabenteuern geholfen hat, die Hilfe des Helden bei einem amourösen Abenteuer mit einer längst verheirateten Jugendliebe. In der anderen Branche, wie sie im Torso des Thomas von Bretagne repräsentiert wird, tritt mit einem Mal eine Figur namens Tristan der Zwerg auf den Plan, dessen Geliebte entführt worden ist, und er richtet sich mit seiner Bitte um Hilfe bei der Befreiung dieser Geliebten an denjenigen, der die Liebe am tiefsten empfinden kann: an Tristan den Liebenden. In beiden Fällen führt dieses Abenteuer zur tödlichen Verwundung Tristans. Es gibt auch hier einen Isomorphismus, eine Gleichgestaltigkeit der Welt, indem nichtidentische Kopien der Tristan-Minne im Horizont der dargestellten Welt erscheinen – entweder hinsichtlich des Ehebruchs oder hinsichtlich der Identität des Protagonisten, die immer auch an seinem Namen haftet. Überhaupt scheint dem Stoff eine Art Dublettenmatrix inhärent zu sein: Situationen und Figuren – man denke an die zwei und dann nochmals zwei Isolden – treten in nichtidentischer Kopie auf.

Der Isomorphismus der Tristan-Welt ist jedoch ein anderer als derjenige der arthurischen Welt. Kann dort der Held im Außerhalb der Aventiure dasjenige kompensatorisch wieder in Ordnung bringen, was sich intern als Problem herausstellen könnte, so funktioniert die Zerstörung des narrativen Basisparadigmas der Tristan-Geschichten nur und ausschließlich über die Zerstörung der Kopie dieses Paradigmas – Tristans Schwager stirbt ebenso wie Tristan der Zwerg. Tristan der Liebende stirbt, weil er Helfer in diesen Dublettenszenarien war, und Isolde stirbt, weil Tristan gestorben ist. Erst durch den Systemwechsel kann das Prozessieren im Paradigma beendet werden, aber es handelt sich eben auch nur um einen Systemwechsel in eine Kopie des Ausgangssystems, die durch Analogien und Metonymien mit dem Basisparadigma verbunden bleibt. Diese intrikate Konstellation betont einerseits die blanke Zufälligkeit des Geschehens, weil doch alles so unglaublich ähnlich ist wie zuvor, als den Liebenden alles glückte, andererseits streicht sie diese Zufälligkeit wieder durch, indem sie gewissermaßen die neue Regel etabliert, daß der primordiale Ehebruch genau dann in die Katastrophe führt, wenn er nicht auf die beiden zugleich besten und amoralischsten Protagonisten dieser Tristanwelt beschränkt bleibt. Hier dient also der Isomorphismus der Welt zur kausallogisch zwar äußerst merkwürdigen, aber im Sinne des Äquivalenzprinzips durchaus kohärenten Finalisierung des Geschehens – eines Geschehens, das durch das Prozessieren im Paradigma auch bei loser Reihung durchaus kohärent zusammengeschlossen worden ist.

Beispiel 5: ‚Paradigm shifts' im ‚Lanzelet' Ulrichs von Zatzikhoven
Es sind nun auch andere, etwas unspektakulärere Möglichkeiten belegt, wie mit solchen narrativen Paradigmen umgegangen werden kann. Sie könnten mit dem vorläufigen Begriff *paradigm shifts* bezeichnet werden. Ein Beispiel wäre der ‚Lanzelet' Ulrichs von Zatzikhoven, ein Artusroman, von dem man immer noch nicht so recht weiß, ob er mit seiner einfacheren Struktur eine literarhistorische Stufe *vor* dem ‚Doppelweg' in der Prägung Chrétiens und Hartmanns repräsentiert – oder ob er als ‚nachklassischer' Roman gelten darf, der mit den bereits etablierten Mustern spielt. Der Hauptteil der Handlung ist zweigeteilt: Im ersten Teil sucht Lanzelet seine Identität, wobei er sich nacheinander mit drei Frauen verbindet, deren Vater oder Repräsentanten der Vaterinstanz er zuvor getötet hat. Bei der dritten, Iblis, bleibt er. Nachdem er seinen Namen und sein Herkommen erfahren hat, zieht er zum Artushof. Im Verbund mit den herausragendsten Rittern des Hofs kämpft er nun gegen all dasjenige, was die Artusherrschaft von außen bedroht. Dabei bleibt jedoch auch das Minnethema präsent: Während Lanzelet von der Königin von Pluris in Minnehaft gehalten wird und seiner Iblis zwar körperlich, nicht jedoch in Gedanken untreu wird, geht diese am Artushof aus einer Minne-Tugendprobe als einzige unbeschadet hervor. Hauptwidersacher des Artushofs ist Valerin, der behauptet, ältere Ansprüche auf Ginover zu haben als Artus. Zuletzt verwandelt Lanzelet durch seinen Kuß einen Drachen in das Mädchen Elidia zurück, die in diese Gestalt gebannt worden war, weil sie ihrem Liebhaber allzulange den Liebeslohn verweigert hat.

Blickt man auf den Text einmal nicht unter der Maßgabe des ‚Doppelwegs' (was sich in wiederholten Versuchen als wenig ertragreich erwiesen hat), so zeigt sich, daß es das Basisprinzip des Textes zu sein scheint, Episoden aneinanderzureihen und auch übergreifend aufeinander beziehbar zu machen, indem einige wenige Grundmuster im Verlauf der Narration verändert und in ihren Bestandteilen miteinander kombiniert werden. Anders gesagt: Es gibt ein begrenztes Set an Motiven, aus denen immer wieder neu ausgewählt und kombiniert wird. Ein Teil der Motive wird in der jeweils nächsten Episode beibehalten, während ein anderer Teil ausgetauscht wird. Die Motive, aus denen die Handlung schöpft, sind vor allem: eine heiratsfähige, höfische junge Frau; eine übermächtige männliche Figur aus der Vätergeneration mit teils höfischen, teils archaischen – mythischen oder heldenepischen – Anteilen; eine Rechtsbindung der Frau an diese Vaterinstanz; die Gefangenschaft des Helden; die Befreiung des Helden mit fremder Hilfe; eine Minneverbindung mit der jungen Frau; die Tötung der Vaterinstanz. Damit lassen sich nicht allein die drei Aventiuren des ersten Handlungsteils beschreiben, in denen sich der Held ein Land und eine Frau erwirbt, sondern auch die Minnegefangenschaft des Helden im zweiten Handlungsteil und die Gefangenschaft der Artusritter Erec und Walwein beim Zauberer Malduc.

Das Paradigma *shiftet* so gewissermaßen durchgängig, weshalb alle Versuche, der Romanstruktur im Blick auf den ‚klassischen Doppelweg' beizukommen, von vornherein zum Scheitern verurteilt sind; vielmehr erscheinen die Wiederholungen über das von STOCK (2002) entwickelte Prinzip der ‚korrelativen Sinnstiftung' beschreibbar. Oder anders gesagt: Es geht hier um Äquivalenzen im LOTMANschen Sinn. Die Wiederholung ist damit selbstverständlich auch als eine metonymisch relationierte denkbar.

LOTMAN 1989. – MÜLLER 1990. – MÜLLER 2003a. – STOCK 2002. – WARNING 2001. – WARNING 2003.

6.2 Von der Funktionalität ‚blinder' Motive

6.2.1 Widersprüchlichkeit als Erzählprinzip

Mittelalterliches Erzählen präsentiert sich immer wieder als Widerstreit konkurrierender Prinzipien, nicht nur, aber vor allem auch auf thematischer Ebene. Das wiederum hat Konsequenzen für den Bedeutungsaufbau der Texte. Vieles, was wir zunächst als dysfunktional und als Verstoß gegen jede erzählerische Ökonomie einordnen würden, vermeintlich überflüssige ‚blinde' Motive nämlich, die für den Handlungsfortgang nicht besonders relevant erscheinen, läßt sich bei näherem Hinsehen durchaus funktional deuten. Solche ‚blinden' Motive stören für den an goethezeitlichen Erzähltexten geschulten Geschmack massiv die Textkohärenz. Für die ältere Forschung galten sie von daher oft als Ausweis dichterischer Inkompetenz, entweder weil man dem Autor unterstellte, zu dumm zu sein, um die eigene Inkonsequenz zu bemerken, oder weil man dem Autor nicht genügend Formwillen zuerkennen wollte, um etwa mit eigener Hand gegen eine widersprüchliche Stofftradition bzw. Überlieferung anzukommen. Dabei zeigt sich darin die Andersheit mittelalterlichen Erzählens – eines Erzählens, das gerade vom Widerstreit unterschiedlicher Sinnbildungsmuster, Handlungsschemata, Themen, Interaktionsmuster und Anthropologien geprägt ist, eines Erzählens, in dem solche Widersprüche ausgesprochen deutlich zur Anschauung gebracht werden und dann auch im wesentlichen narrativ entschieden werden, ohne daß der Erzähler dies explizit kommentieren müßte. Es geht auch hier um ein Erzählen, dessen zentrales Merkmal BERTAU (1983) ‚präsentative Symbolifikation' genannt hat: Die Sinnbildung vollzieht sich hier primär im Vor-Augen-Führen der Narration – und nur sekundär oder überhaupt nicht auf der Ebene des Erzählerkommentars.

Zu seiner Untersuchung ‚höfischer Kompromisse' schreibt MÜLLER (2007a):

> „Jedes [...] Kapitel geht von einer antagonistischen thematischen Konstellation aus und untersucht dann deren narrative Bearbeitungen. Dabei stößt man auf der Erzähloberfläche immer wieder auf Versuche, gegenläufige Tendenzen zum Ausgleich zu bringen. Dem dienen spezifische narrative Verfahren, deren Untersuchung seit langem das Forschungsinteresse der Münchner Mediävistik gilt: das Verfahren der ‚abgewiesenen Alternative' (eine Handlungskonsequenz oder Bewertungsmöglichkeit wird angespielt, um explizit [eher: ‚implizit', A. S.] verworfen zu werden); die Prozessierung von kontradiktorischen Gegensätzen (einander ausschließende Alternativen werden narrativ hintereinandergeschaltet, so daß jede zu ihrem Recht kommt); die Überblendung differenter Erzählmuster (etwa Brautwerbung und Heilssuche); die Überdetermination (eine überschüssige und deshalb in sich unstimmige Motivation einer Handlungsfolge) und Ähnliches." (S. 43)

Diese Verfahren sollen im folgenden exemplarisch vorgestellt werden. Es wird sich dabei zeigen, daß sie alle ganz wesentlich miteinander zusammenhängen – daß also letztlich der Blickwinkel und das Frageinteresse des Interpreten die Entscheidung darüber leiten werden, wie man das jeweilige Phänomen nun konkret benennt.

Grundsätzlich geht es darum, daß auf unterschiedlichen Ebenen der Erzählung in der narrativen Abfolge, im Syntagma also, massive Widersprüche erscheinen, wobei diese Widersprüche allerdings als konkurrierende Optionen innerhalb des gleichen übergeordneten Themas verstanden werden können, so daß die Textkohärenz zwar nicht syntagmatisch, jedoch paradigmatisch durchaus gegeben bleibt (v. a. im Blick auf Verfahren metonymischen Erzählens). Diese Widersprüche können auf völlig unterschiedlichen Ebenen angesiedelt sein – begonnen bei einzelnen Handlungsdetails oder Einzelmotivationen bis hin zu größeren Episoden und Episodenketten. Auch kleinere oder größere Sequenzen unterschiedlicher Handlungsschemata können so in eine konkurrierende Abfolge gebracht werden. Auf diese Weise werden Widersprüche narrativ prozessiert, bis zu einem Ende, das unterschiedlich aussehen kann. Auf einer Skala gäbe es zwei Pole. Der Widerspruch kann auf der einen Seite entschieden werden, indem eine der narrativ ausspekulierten Alternativen sich als abgewiesene herausstellt, die nicht mehr fortgesetzt wird und so wie ein blindes Motiv erscheint. Auf der anderen Seite kann die Erzählung nacheinander jede der widersprüchlichen Einzelhandlungen zu einem befriedigenden Abschluß bringen und so den Widerspruch narrativ abarbeiten. Es sind dabei unterschiedliche Möglichkeiten denkbar.

BERTAU 1983, S. 81–84. – MÜLLER 2007a.

6.2.2 ‚Abgewiesene Alternativen'

Ich komme zum ersten Punkt, den sogenannten ‚abgewiesenen Alternativen'. Sie haben eine spezifische narrative Funktion, und ich zweifle daran, daß es dieses Verfahren in dieser Weise auch noch im modernen Erzählen gibt. Das Verfahren konturiert sich am deutlichsten zunächst in einer gattungssystematischen Perspektive; tatsächlich ist es jedoch nicht auf diese eine Gattung festzuschreiben. Es erfüllt eine Funktion der Bewertung von Handlungen und Handlungsmöglichkeiten, die heutzutage gewöhnlich entweder durch die dargestellten Äußerungen und Wünsche einzelner Figuren oder durch mehr oder weniger deutliche Äußerungen des Erzählers ausgefüllt wird – und zwar dort, wo auch eine andere Handlung möglich wäre.

Erzähler-Kommentare und -Räsonnements finden sich in der mittelalterlichen Literatur vor allem im höfischen Roman. In Heldenepen nehmen sie sich eher untypisch aus. Denn idealerweise firmiert der Erzähler dort als der Repräsentant eines kollektiven ‚Wir', der das sagt und singt, was alle immer schon wissen – eine archaische Inszenierung kollektiver Erinnerung, wie sie die Programmstrophe des ‚Nibelungenlieds' simuliert: *Uns ist in alten mæren wunders vil geseit* (1,1: ‚In alten Geschichten ist uns viel Wunderbares erzählt worden'). Während der Erzähler im höfischen Roman eine stark reflexive Vermittlungsinstanz zwischen Stoff und Publikum ist, welche immer wieder das Geschehen wertet und kommentiert, Alternativen diskutiert und Lob wie Tadel an die Protagonisten verteilt, erscheinen heldenepische Texte wie ‚Nibelungenlied' und ‚Kudrun' in dieser Hinsicht karg. Obwohl das Geschehen grundsätzlich nur in Superlativen zu fassen ist, beschränkt sich die Erzählinstanz beinahe durchgängig – und offenbar ostentativ – darauf, angeblich krude Faktizität aus den Vorzeiten des ‚heroic age' zu präsentieren, sie verzichtet weitgehend auf Reflexionen und räsonierende Wertungen. Wo sie sich einschaltet, hat dies meist eine andere Funktion: Vorausdeutungen und Klagen über ein unergründliches Schicksal dienen hier gerade nicht dazu, Alternativen zu diskutieren.

Pointiert gesagt: Es hätte eben nicht ‚auch anders kommen können'.[50] Alles ist, wie es ist und wie es der Hörer bereits vorab weiß. Das Geschehen ist durch finale Determination vorherbestimmt, und dies mag wenigstens zum Teil erklären, warum vormoderne Erzähltexte so wenig unseren Erwartungen an kausale, folgerichtige Handlungsverknüpfungen entsprechen. Die ‚Motivation von hinten', um es mit LUGOWSKI (1932/1994) zu sagen, überlagert diejenige ‚von vorn' (vgl. Kap. 6.1.4). Wo Kausalität zugunsten von Finalität aufgehoben ist, gibt es keine Wahl, keine Alternative, keine abwägende Wertung der beteiligten Personen und ihrer Motive, nichts also, worüber der Erzähler diskutieren könnte. Da heldenepisches Erzählen, vereinfacht gesagt, um die Pole von prunkvollem Fest und blutigem Kampf zentriert ist und nur wenig anderes in den Radius der dargestellten Welt rückt, beschränkt sich der Habitus des Erzählers notwendig auf Rühmen und Klagen.

Und dennoch ist den heldenepischen Texten ein Reflexionsmoment eingeschrieben, das dem modernen Beobachter zunächst entgeht, denn es äußert sich gerade dort nicht, wo man es ganz selbstverständlich erwartet, nämlich auf der Ebene des Erzählens, des *discours* also, sondern auf derjenigen des erzählten Geschehens, der *histoire:* Es werden potentielle Störungen – sozusagen: Störkeime – in den Handlungsverlauf inseriert, die aber gerade nicht in ihren Konsequenzen auserzählt und ausagiert, sondern nur eine Weile präsent gehalten und dann vom Fortgang der Handlung schlicht ignoriert und somit ‚vergessen' werden. Solche ‚blinden' oder ‚stumpfen' Motive, die Irritationen über die mangelnde Ökonomie des Erzählens auslösen mögen und für die Sujetfügung zunächst dysfunktional scheinen, gründen jedoch durchaus in einem narrativen ‚Verfahren', das seine Funktion gerade aus der Konfrontation derjenigen Widersprüche gewinnt, die es aufwirft.

Der Kommentar zum laufenden Geschehen wird nicht explizit formuliert, sondern erschließt sich nur indirekt aus der Handlungslogik:

---

50 Punktuelle Ausnahmen, die gegen den vorherrschenden Erzählduktus gerichtet sind, sind allerdings möglich, z. B. ‚Nibelungenlied' 1865,2–4: *het iemen gesaget Etzeln diu rehten mære,/ er het' wol understanden, daz doch sît dâ geschach./ durch ir vil starken übermuot ir deheiner ims verjach* (‚Hätte jemand Etzel die Wahrheit gesagt, dann hätte er durchaus verhindert, was später dort doch geschah. Ihres überbordenden Selbstvertrauens wegen erzählte ihm keiner davon'). Erst die ‚Klage', die ‚Fortsetzung' des ‚Nibelungenlieds', diskutiert immer wieder explizit Möglichkeiten, wie die Katastrophe hätte verhindert werden können.

Wenn dasjenige, was kurz als potentielle Alternative eingespielt wurde, in der Handlung nicht fortgesetzt wird, wird es damit zugleich verworfen. Die Texte prozessieren so unterschiedliche Handlungsmöglichkeiten, halten sie eine Zeitlang in der Schwebe, bevor dann eine Entscheidung fällt. Beim ‚Nibelungenlied' ist dies schon sehr lange bekannt. Schon KUHN (1969b) wies auf das „indirekte[ ] Erzählen[ ]" dieses Textes hin, der seine „Widersprüche geradezu herausfordernd" benutzt, „um unüberhörbar auf sein Thema zu lenken" (nämlich den trotz aller Deeskalationsversuche letztlich unabwendbaren „Untergang einer ganzen Heldenwelt"; S. 138); inzwischen haben PETER STROHSCHNEIDER (1997/2005) und JAN-DIRK MÜLLER (1998a, S. 140–144) den Sachverhalt prägnant in die Formel der ‚abgewiesenen Alternative' gefaßt (vgl. SCHULZ 2002a).

STROHSCHNEIDER entwickelt den Begriff ausgehend von der Frage, warum das ‚Nibelungenlied' mehrfach auf eine im Text nicht realisierte Liebesbeziehung zwischen Prünhilt und Sivrit anspielt, mithin auf einen potenziellen ‚Kurzschluß' (KUHN 1980) zwischen Braut und außergewöhnlichem Werbungshelfer. Er sieht den Grund für solche Störungen der Textkohärenz darin, daß sich hier konkurrierende, intertextuell vorgeprägte Werbungsregeln bzw. konkret ‚fehlbesetzte' Strukturschemata überlagern. Obwohl dabei eines über das andere dominiere, werden sie gleichermaßen präsent gehalten und zeigen so einen latenten Konflikt an. Hieran anschließend, arbeitet MÜLLER (1998a) die Funktion solcher Störungen heraus. Für ihn sind sie implizite Kommentare zur übergeordneten Finalität des Handlungsfortgangs: ‚Vergessene' Motive verweisen für ihn auf verspielte Alternativen; sie zeugen auch, wie er an anderer Stelle ausführt, von der Auseinandersetzung mit einem kollektiven Sagenwissen, das die buchepische Konzeption des ‚Nibelungenlieds' zwar nicht übergehen kann, das sie aber dennoch partiell verwirft – erzählt wird gleichermaßen mit der und gegen die Tradition (S. 73 f.).

Vorderhand überflüssige Handlungselemente, die in traditioneller Sicht als ‚blinde' Motive erschienen sind, erweisen sich oftmals dann, wenn man die Möglichkeit der abgewiesenen Alternative mitbedenkt, im Gegenteil als ausgesprochen funktional für den Bedeutungsaufbau der jeweiligen Texte: gerade nicht kohärenzzerstörend, sondern kohärenzstiftend. Alternative Handlungsmöglichkeiten können so eben auch narrativ prozessiert werden, bevor es zu einer Entscheidung kommt; dabei kann auch ein Widerspruch in ein erzählerisches Nacheinander übersetzt werden.

Um die Sache deutlicher zu machen, referiere ich im folgenden STROHSCHNEIDERS Beispiele zum ‚Nibelungenlied' und anschließend einige Beobachtungen STOCKS zum ‚Herzog Ernst B', um damit zu veranschaulichen, daß das Verfahren selbst, obwohl es im heldenepischen Erzählen allererst Kontur gewinnt, nicht auf diese eine Gattung beschränkt bleiben muß.

Beispiel 6: Der abgewiesene ‚Kurzschluß' zwischen Werbungshelfer und Braut im ‚Nibelungenlied'
STROHSCHNEIDER (1997/2005) setzt an bei den Basisregeln der ‚gefährlichen Brautwerbung', die da lauten: „„Dem Werber die Braut' und ‚Dem Besten die Schönste'" (S. 52). Sie können, wie in den Tristan-Erzählungen auch, in der Prünhilt-Werbung des ‚Nibelungenlieds' jedoch nicht zur Deckung gebracht werden, weil der Werber – Gunther – nicht identisch mit dem Besten – Sivrit – ist:

> „Gemäß dem Prinzip des Werbungsmodells wird Prünhilt zwar dem Wormser König zugeführt, doch zugleich hätte nach der Grundregel des Heldenschemas auch Sîfrit die Braut zu bekommen, denn die Braut ist hier die Schönste, aber der Werber ist ein anderer als der Beste, und der Beste, Sîfrit, ist nicht der Werber. [...] Dieser Regelkonflikt macht einen Kurzschluß zwischen Werbungshelfer und Braut eigentlich unvermeidlich. Dennoch findet er, anders als im Minnetrank des Tristanromans, im ‚Nibelungenlied' nicht statt. Seine Möglichkeit indes wird bewußt gehalten, und zwar bei der Landung auf Isenstein wie bei der Heimführung der Braut." (S. 52)

Denn auf Isenstein hält Prünhilt Sivrit für den eigentlichen Brautwerber, obwohl er sich als Untergebener Gunthers geriert, indem er ihm beim Anlandgehen in den Steigbügel hilft (List des ‚Stratordiensts'): *unt ist der starke Sîfrit komen in diz lant/ durch willen mîner minne, ez gât im an den lîp* (416,2 f.: ‚Wenn der starke Sivrit um meiner Minne willen in dieses Land gekommen ist, dann geht es ihm ans Leben'); sie begrüßt ihn dementsprechend zuerst, ungeachtet dessen, daß Gunther an der Spitze der vier Helden schreitet. STROHSCHNEIDER führt noch eine zweite Stelle an, wo der ‚Kurzschluß' zwischen Werbungshelfer und Braut „als abgewiesene Alternative bewußt gehalten zu sein scheint" (S. 53): Es handelt sich um die Rückfahrt von Isenstein nach Worms, an der Sivrit nicht teilnimmt, weil er als Bote vorausgeschickt worden ist. Ursprünglich hat Gunther jedoch für diese Aufgabe Hagen bestimmt, der allerdings betont, er sei besser als Hüter *der kamere* (531,2) geeignet, der Kammer auf dem Schiff, die als „Frauenkabine" metonymisch für „die Braut selbst" (S. 53) steht: *belîben ûf der fluot/ wil ich bî den frouwen, behüeten ir gewant,/ unz wir si bringen in der Burgonde lant* (531,2–4: ‚Auf dem Meer will ich bei den Damen bleiben, um ihr Gewand zu behüten, bis wir sie ins Land der Burgunden gebracht haben').

Hier nun erinnert STROHSCHNEIDER an die Tristan-Romane, wo das weiße Kleid der Braut metonymisch-metaphorisch für die Virginität der Braut steht, die ja unbedingt bis zur Hochzeitsnacht bewahrt werden soll (das Weiße steht metaphorisch für die Reinheit, das Kleid metonymisch für den Körper der Frau, den es umhüllt). So jedenfalls werde es in Brangaenes Erzählung deutlich. Sie spreche „von jenem schneeweißen Hemd, welches Isolt auf der Fahrt von Irland nach Cornwall schlecht behütet habe" (S. 53), bei jener Heimfahrt also, bei der im ‚Tristrant', anders als im ‚Nibelungenlied', der herausragende Werbungshelfer und nicht der Brautwerber selbst anwesend ist. Aus der Tatsache, daß Hagen Sivrit vorschlägt, statt seiner als Bote nach Worms zu fungieren, schließt STROHSCHNEIDER,

„daß Hagen genau denjenigen im Blick hat, der nach der Regel des übergeordneten Handlungszusammenhangs als der Beste eben in der Situation ihrer Heimführung mit der Braut kurzgeschlossen werden müßte, den Werbungshelfer" (S. 54).

Was STROHSCHNEIDER hier herausarbeitet, abgewiesene Alternativen, die nur relativ bruchstückhaft auf der Ebene der Textoberfläche repräsentiert werden, kann er freilich auch auf der Ebene ganzer Episoden zeigen. Es geht dabei um die achte Aventiure, in der Sivrit nach dem Werbungsbetrug an Prünhilt ins Nibelungenland reist, um von dort Unterstützung zu holen, nachdem Prünhilt es sich ausbedungen hat, die Heirat vorab von ihren Landesfürsten billigen zu lassen, bevor sie Gunther an den Rhein folgt. Denn während sich so auf Isenstein Prünhilts Leute in immer größeren Massen versammeln, wittern die Burgunden eine immer größere Gefahr. Sivrit holt 1000 Mann aus dem Burgundenland, doch werden sie dann überhaupt nicht gebraucht. Von der erzählerischen Ökonomie her scheint Sivrits Fahrt selbst zwar durchaus nicht völlig sinnlos, hinsichtlich der vielen einzelnen Handlungselemente, die damit verbunden sind, jedoch einigermaßen zweckfrei: „syntagmatisch nicht" und „motivationslogisch schlecht integrier[ ] und dysfunktional", wie STROHSCHNEIDER das Urteil der Forschung zusammenfaßt (S. 54). „Gleichwohl ist sie paradigmatisch mit Blick auf Prünhilt plausibilisiert und funktionalisiert im Bezug auf Sîfrit und die Hörer des Textes" (S. 54). Als Sivrit mit den Hilfstruppen wieder in Isenstein ist, erklärt Gunther Prünhilt, es handele sich um die Unterstützung, die er selbst sicherheitshalber sowieso mitgenommen habe – die Inszenierung falschen Scheins vor Prünhilts Augen setzt sich also fort, im Sinne einer vorgetäuschten Regelhaftigkeit des Brautwerbungsunternehmens: Was Machtmittel des Werbers selbst sein sollen, sind in Wahrheit Machtmittel des außergewöhnlichen Werbungshelfers.

Und dieser hat sie sich auf eine Weise erworben, die im Sinne des Äquivalenzprinzips merkwürdige Verbindungen zur Haupthandlung aufweist: Sivrit kommt unter seiner Tarnkappe vor der Nibelungenburg an und kämpft gegen diejenigen, die die dortige Herrschaft gegen fremde Usurpatoren sichern sollen, gegen den Riesen und gegen den gewaltigen Zwerg Alberich – genau so, wie er unter seiner Tarnkappe gegen Prünhilt gekämpft hatte, deren Kampfkraft gewissermaßen die Autonomie Isensteins verkörperte. Die Folgen des Kampfes sind zweierlei: zum einen die Verstärkung von Gunthers Macht, wie zuvor und danach auf Isenstein, zum anderen jedoch die ‚Wiederholung' des Herrschaftserwerbs im Nibelungenland, weil ihm Alberich nach dem Kampf – und nachdem Sivrit sich zu erkennen gegeben hat – bestätigt, *daz ir von wâren schulden muget landes herre wesen* (500,3: ‚daß Ihr mit gutem Grund der Landesherr [hier] sein könnt'). Hierzu wieder STROHSCHNEIDER:

> „Der legitime Herrscher ist der Beste, und daß er dies ist, beweist er in seinen Kämpfen. Indes muß er es hier beweisen, damit er es sein kann, weil er diesen Status auf Isenstein doppelt nicht zeigen kann: weder im Horizont von Gunthers Brautwerbung, denn da ist Sîfrit als der Werbungshelfer bei seinen heroischen Großtaten unter dem Tarnmantel verborgen, noch im Horizont seiner eigenen Heldengeschichte, denn da muß der Kurzschluß mit der schönsten und stärksten Braut unterbleiben, der den Besten eben als den Besten auswiese." (S. 55)

Dies zeigt sich auch in einer motivischen Verschränkung: Sivrit fesselt den Riesen und Prünhilt, „so wie später Prünhilt in der ersten Brautnacht Gunther fesseln wird" (ebd.). Auch hier sichert das Äquivalenzprinzip die paradigmatische Kohärenz und die Integration einer Episode, die syntagmatisch und kausal nur schwach eingebunden erscheint. Das Erzählen ist hier eben nicht auf eine lückenlose Handlungskette und auf ein Ziel hin organisiert, sondern streng von der Funktion aus, indirekt, aber nicht eben undeutlich Alternativen zur Anschauung zu bringen, die im Vordergrund der Handlung verleugnet werden, ohne die aber die Handlung nicht so verlaufen würde, wie sie dann tatsächlich verläuft. Der Widerspruch zur Haupthandlung wird in der scheinbar überschüssigen Episode thematisch und dann prozessiert.

Die achte Aventiure des ‚Nibelungenlieds' kann zum einen als Prozessierung des Widerspruchs zwischen demjenigen, der scheinbar der Beste ist, und demjenigen, der tatsächlich der Beste ist, gelesen werden, zum anderen indes als Abweisung einer narrativ möglichen Alternative, nämlich eines Kurzschlusses zwischen außergewöhnlichem Werbungshelfer und Braut. Dieser Kurzschluß wird abgewiesen, indem aus der Handlung, die Sivrit unter seiner Tarnkappe wiederholt, zwar in beiden Fällen ein Landgewinn resultiert, im zweiten Fall jedoch dasjenige fehlt, was in der ersten wesentlich damit verbunden war: der Gewinn einer Braut. Dieser Gewinn wird gewissermaßen entkoppelt, indem der vorausgeschickte Sivrit nach der Isenstein-Episode die frohe Kunde zuerst an Kriemhilt überbringen darf, deren Hand er sich durch die listenreiche Hilfe für Gunther nun endgültig erworben hat.

Beispiel 7: Die verweigerte ‚Reinigung' des Helden im ‚Herzog Ernst B'
Ich habe, um das Verfahren der ‚abgewiesenen Alternative' deutlicher hervortreten zu lassen, im wesentlichen von der Heldenepik gesprochen. Tatsächlich läßt es sich auch, wenngleich weniger deutlich, in anderen Gattungen nachweisen. Als weiteres Beispiel sei hier die Grippia-Episode aus dem ‚Herzog Ernst B' genannt, einem ausgesprochen hybriden Text, der zwar so etwas wie eine heldenepische Grundfabel aufweist, dessen Erzählform – vierhebige Reimpaarverse – und dessen Verarbeitung gelehrten Wissens jedoch deutlich auf den Bereich des höfischen Romans verweisen. Ich folge dabei einmal mehr STOCK (2002) – es geht auch hier um die Verbindung des Verfahrens der durch Äquivalenzen hergestellten ‚korrelativen Sinnstiftung' mit dem Verfahren der ‚abgewiesenen Alternative'. Die Situation ist die folgende: Herzog Ernst von Baiern, Stiefsohn und mächtigster Berater des Kaisers Otto, ist vom Pfalzgrafen Heinrich beim Kaiser verleumdet worden. Angeblich plane er den Kaiser zu entmachten. Weil Otto den Anschuldigungen glaubt und Ernst jede Möglichkeit verwehrt, öffentlich vor den Großen des Reichs und vor dem Kaiser Rechenschaft abzulegen, eskaliert die Situation immer mehr, bis hin zu Reichsacht, offenem Krieg und schließlich einem Guerilakrieg, den Ernst allerdings nicht gewinnen würde, so daß er sich halbwegs ehrenhaft auf eine Kreuzfahrt ins Heilige Land begibt, als er sich im Reich nicht mehr halten kann. Eine besondere Rolle in der Eskalation des Konflikts spielte ein nächtlicher Anschlag, den Ernst zusammen mit seinem engsten Gefährten, dem Grafen Wetzel, auf den Kaiser und den verleumderischen Pfalzgrafen verübt hat: Die beiden drangen mit gezückten Schwertern in die kaiserliche Kemenate ein, der Pfalzgraf wurde von ihnen enthauptet, und der Kaiser konnte nur noch sein nacktes Leben retten.

Später haben sich Ernst und seine Getreuen gerade von Konstantinopel aus ins Heilige Land eingeschifft, als ein dreimonatiger Seesturm sie in eine völlig fremde Welt bringt: in das Land Grippia. Sie landen vor einer orientalischen Prachtstadt, die jedoch gänzlich entvölkert erscheint. Allerdings weist alles darauf hin, daß sie ansonsten bewohnt ist: Es gibt einen Mechanismus, mit dem die Straßen durch fließendes Wasser gereinigt werden können, es gibt prachtvolle Bäder mit fließendem warmem Wasser, und im repräsentativen Zentrum der Stadt ist alles für ein großes Festgelage hergerichtet. Die müden Krieger laben sich an den bereitgestellten Speisen und kehren auf die Schiffe zurück, als Ernst die Neugier überfällt. Mit dem zur Vorsicht mahnenden Wetzel begibt er sich zurück in die Stadt, die beiden baden und ruhen sich im Prachtbett einer Kemenate aus. STOCK hält fest, daß dieses Baden die

> „einzige wirkliche Handlung auf ihrem Erkundungsausflug [sei]. Es verwundert, daß Ernst ein Bad in einer Stadt nehmen will, in der jedes Verweilen, wie Ernst selbst sagt, zur tödlichen Gefahr werden kann. Das Bad, so ist im folgenden zu begründen, hat eine symbolische eher als eine handlungslogische Funktion: Ernst und Wetzel baden, um sich zu reinigen. Um den Symbolgehalt dieser Reinigung soll es in der Folge gehen" (S. 203).

Dabei bemerkt STOCK vor allem die Massivität, in der in dieser Szene die Farbe Grün thematisch wird, eine Farbe, die nicht allein im Mittelalter mit ‚Regeneration' und ‚Erneuerung' konnotiert ist (S. 203 f.). Daraus folgert STOCK, daß hier eine „Erneuerung des Protagonisten" evoziert werden solle, im Sinne einer präsentativen Symbolifikation dessen, daß hier, in einem Raum, der als Ausnahmeraum Totenreichkonnotate hat, eine Art ‚rite de passage' vollzogen werde, nämlich die symbolische Tötung und reinigende Wiedergeburt eines Helden, der sich zuvor im Reichsteil der Handlung, auch ohne selbst der Auslöser gewesen zu sein, massiv in Schuld verstrickt hat (S. 205). Doch, so STOCK:

> „Es gehört zu den faszinierendsten Merkmalen des ‚Herzog Ernst B', daß er diese Assoziation aufbaut, um sie jedoch in der nächsten Sequenz als abgewiesene Möglichkeit kenntlich zu machen." (S. 205)

Denn inzwischen kehren die Bewohner der Stadt zurück, Hybridwesen, von den Füßen bis zum Hals Menschen, mit Hals und Kopf jedoch Kraniche. Diese Kranichschnäbler haben das stattliche Festmahl vorbereitet, weil sie gerade erfolgreich von einem Raubzug ins christliche Indien zurückgekehrt sind, bei dem sie den dortigen König getötet und seine Tochter als Braut für ihren eigenen König geraubt haben. Ernst und Wetzel verstecken sich. Sie können beobachten, wie der König der Kranichschnäbler der indischen Prinzessin Gewalt antut, indem er ihr beim Küssen den scharfen Schnabel in den Mund steckt, und sie beschließen einzugreifen, als das Hochzeitspaar sich in die Kemenate begibt. Allein, das Unterfangen scheitert katastrophal: Zwar können Ernst und Wetzel den König der Kranichschnäbler enthaupten (wie Ernst im Reichsteil den Pfalzgrafen in der Kemenate des Königs enthauptet hatte), doch wird die Prinzessin von den Vogelmenschen mit ihren spitzen Schnäbeln zu Tode gebracht. Im Sterben kann sie Ernst immerhin noch mitteilen, wer sie ist und daß sie ihn zum Dank für ihre Errettung zu ihrem Ehemann erwählt hätte.

Ernst und Wetzel und die Ihren können sich in einem Rückzugsgefecht gerade noch auf die Schiffe retten, um abermals von einem Seesturm erfaßt und zum Magnetberg getrieben zu werden. Für STOCK ist die Passage insgesamt geprägt

„von der abgewiesenen Möglichkeit, daß der erste Teil der Grippia-Episode eine Reinigung und Erneuerung des Herzogs gebracht habe; von mehreren verweigerten Möglichkeiten einer für Ernst positiven Wendung und stattdessen der Wiederholung alter Konstellationen; und von einem Umgang mit dem Fremden, der auf Ausmerzung des fremden Elements gerichtet ist" (S. 206).

Dies steht ganz im Gegensatz zum späteren Handlungsverlauf, als Ernst Wunderwesen des Orients auch ins Reich zurückbringt. Weder in Grippia noch in Indien hat Ernst sich neue Herrschaftsbereiche erschließen können; sein Abstieg setzt sich weiter fort, bis er sich endlich, nach einem weiteren symbolischen Tod und einer weiteren symbolischen Wiedergeburt im Sinne eines ‚rite de passage' dann im Lande der Einäugigen, Arimaspi, niederlassen kann, sich dort ein Herzogtum verdient und als erster Berater des Herrschers diejenige Position wieder einnimmt, die er im Reich innehatte und die er nach der Sympathielenkung des Textes dort auch wieder einnehmen soll und wird.

Die vorausgehenden Ausführungen haben sich mit dem Problem befaßt, wie mittelalterliches Erzählen Alternativen zur Hauptlinie der Handlung nicht diskursiv verhandelt, sondern in ‚präsentativer Symbolifikation' zur Anschauung bringt. Kohärenz wird dabei im wesentlichen nicht syntagmatisch, sondern paradigmatisch erzeugt, im Sinne des Äquivalenzprinzips bzw. der ‚korrelativen Sinnstiftung'. Die entsprechenden Verfahren habe ich mit der neueren Forschung als diejenigen der abgewiesenen Alternative bzw. diejenigen der Prozessierung von Alternativen bezeichnet. Diese Prozessierung kann nun in der Sujetfügung mittelalterlicher Texte eine weit größere Rolle spielen, als dies in den eben diskutierten Beispielen der Fall war. Besonders deutlich ist dies in Texten, in denen die Konkurrenz unterschiedlicher Lebensformen narrativ verhandelt wird. Dabei geht es vor allem um Texte, die ein Leben innerhalb feudaler Repräsentationszusammenhänge gegen ein gottgefälliges Leben in weltabgewandter Demut in Anschlag bringen. Solche Texte finden sich einerseits in der im Mittelalter weitverbreiteten Legendenepik, zum anderen in der frommen Variante der Minne- und Aventiureepik.

In diesen beiden Erzählgenres wird die Konkurrenz gegensätzlicher Lebensformen grundsätzlich im Rahmen narrativer Prozessierung verhandelt, wobei diese Prozessierung eine unterschiedliche Funktion und ein unterschiedliches Ergebnis haben kann. Geht es im ersten Fall darum, den Weg aus der Weltlichkeit in die Heiligkeit narrativ zum Ausdruck zu bringen, so geht es im zweiten Fall, den frommen Liebes- und Abenteuerromanen, darum, wie aus maximaler weltlicher Demut zuletzt maximale Erhöhung in der Welt wird.

KUHN 1969b. – KUHN 1980. – LUGOWSKI 1932/1994. – MÜLLER 1998a. – SCHULZ 2002a. – STOCK 2002. – STROHSCHNEIDER 1997/2005.

6.2.3 Prozessierung

Mit MÜLLER (2007a) meint Prozessierung, daß „einander ausschließende Alternativen [...] narrativ hintereinandergeschaltet [werden], so daß jede zu ihrem Recht kommt" (S. 43). Beobachten läßt sich derlei besonders dann, wenn in einer Erzählung antagonistische Lebensentwürfe thematisiert werden, oft genug anhand des gleichen narrativen Personals. Solche antagonistischen Lebensentwürfe speisen sich zumeist aus feudalen und radikalchristlichen Verhaltensimperativen.

Beispiel 8: Antagonistische Lebensformen in Konrads von Würzburg Alexius-Legende
Ein besonders auffälliges Beispiel ist die Alexius-Legende, deren literarisch anspruchsvollste Bearbeitung aus der Feder Konrads von Würzburg stammt (zweite Hälfte 13. Jh.). Alexius kommt aus einer der mächtigsten und einflußreichsten römischen Familien, und doch bricht er in der Nacht seiner prachtvoll gefeierten Hochzeit aus allem aus, was bislang seine adelige Identität ausmachte. Er verläßt sein Vaterhaus und wird zum Bettler. Die Boten seines Vaters suchen ihn in ganz Europa, aber selbst als sie unmittelbar vor ihm stehen, erkennen sie ihn nicht. Offensichtlich korreliert das Hintersichlassen der angestammten Adelsidentität mit einem Schwinden der äußeren Kenntlichkeit. Das verschärft sich noch, als Alexius

durch einen Seesturm wieder ins heimische Rom zurückgeworfen wird. Fortan lebt er unter der Kellertreppe in seinem Vaterhaus, unerkannt von seinen Eltern und von seiner früheren Braut, die seit der Hochzeit hier lebt.

Ganz offensichtlich hat der Heilige, wenigstens was seine Sichtbarkeit und seine Kenntlichkeit betrifft, je nach Lebensphase zwei unterschiedliche Körper: einen adelsschönen, den der Erzähler in den Zeiten weltlicher Pracht nicht genug lobpreisen konnte, und einen unauffälligen, unkenntlichen, der gerade nicht die Aufmerksamkeit aller auf den Protagonisten lenkt. Nachdem Alexius nach Jahrzehnten der Demut und der Entwürdigung unter der Kellerstiege gestorben ist, erhält er auffälligerweise seinen strahlenden Körper zurück. Jetzt ist es der verklärte Körper des Heiligen, auf den eine göttliche Stimme den Kaiser und die römische Kurie hinweist. War der Lichtkörper des Alexius vor seiner *conversio* Ausweis seiner adeligen Tugenden (und nur Vorschein des verklärten Körpers), so ist der Lichtkörper des Toten Ausweis seiner Heiligkeit, welcher diese Heiligkeit für die Adelsgesellschaft im Text evident macht. Der strahlende Körper wird der Adelswelt zunächst weggenommen und dann wieder zurückgegeben, aber eben gerade als heiliger Körper.

Der Text schaltet gegensätzliche Lebensformen hintereinander: erstens das adelige Leben in der Welt, wo es darauf ankommt, den eigenen sozialen Status zur Anschauung zu bringen; zweitens das Leben fernab der höfischen Repräsentation, wo es darauf ankommt, sich selbst sozial zum Verschwinden zu bringen; erstens das Leben innerhalb des feudalen Familienverbands; zweitens ein allem und jedem ausgesetztes Leben, dessen einziger fester Bezugspunkt Gott ist. Die Alexius-Legende reizt diesen Kontrast noch besonders aus, indem sie als Ort der Weltflucht des Protagonisten ausgerechnet denjenigen Raum bestimmt, in dem er eine herausragende Adelsexistenz führen könnte. Auf diesen Gegensatz kommt es ganz besonders an, denn wenn Alexius schon immer ein armer, sozial isolierter Mann gewesen wäre, wäre es nichts wert, wenn er sein altes Weltleben zugunsten eines religiösen Lebens aufgeben würde. Die Prozessierung der unterschiedlichen Lebensformen geht einher mit einer Prozessierung unterschiedlicher Kenntlichkeiten (SCHULZ 2008, S. 361–365).

Es handelt sich um eine narrative Kompromißbildung, die den kulturellen Rahmenbedingungen der höfischen Gesellschaft geschuldet ist: Einerseits mißtraut man dem äußeren Schein, andererseits weiß man sehr gut, daß in einer ‚Kultur der Sichtbarkeit' nur dasjenige Geltung hat, was auch visuell wahrgenommen und dementsprechend taxiert werden kann – auch die Heiligkeit des Protagonisten. Diese Prämisse ist im Mittelalter noch unhintergehbar. Der Widerspruch kann nicht logisch aufgelöst, sondern nur narrativ durch Prozessierung bewältigt werden: Das Ende bestimmt darüber, welche der konkurrierenden Lebensformen zu gelten hat.

Beispiel 9: Antagonistische Lebensformen in den ‚frommen' Minne- und Aventiureromanen
Anders, weil mit einem anderen Ende, ist dies in dem frommen Untertypus der Minne- und Aventiureromane, der von solchen Weltfluchtlegenden deutlich beeinflußt erscheint. Ihr ‚Prototyp' ist wohl Chrétiens de Troyes ‚Guillaume d'Angleterre' aus der zweiten Hälfte des 12. Jahrhunderts (die Zuschreibung ist allerdings unsicher). Im Lauf des folgenden Jahrhunderts nimmt die Produktion solcher Romane im deutschsprachigen Raum immer mehr zu. Zeitgleich gewinnen die Bettelorden an den Höfen immer mehr Einfluß. Offenbar hat dies zur Folge, daß der Geltungsanspruch höfischer Literatur auch dann vermehrt auf dem Prüfstand steht, wo sie von weltlichen Helden und Liebespaaren handelt, wie in der ‚Guten Frau', in ‚Mai und Beaflor' oder im ‚Wilhelm von Wenden'. In diesen und anderen höfischen Romanen finden sich massiert legendarische Motive und Strukturen, das christliche Armuts- und Demutsgebot bestimmt die Lebensentwürfe der Hauptfiguren, und doch zielen die Texte nicht oder nicht primär darauf, von Heiligkeit zu erzählen. Im Gegenteil wird zuletzt gerade „der bewußte Verzicht auf weltliche Macht und weltlichen Reichtum mit eben dieser Macht und mit noch größerem Reichtum [...] belohnt" (KARTSCHOKE 2004, S. 66).

Es geht um weltliche Protagonisten, die zugleich christliche Exempelfiguren sind und damit an dem konnotativen ‚Mehrwert' religiöser Lebensentwürfe und Identitätskonstruktionen partizipieren. Die legendarischen Romane des 13. Jahrhunderts versuchen sich so an – nicht immer konfliktfreien – Kompromissen, wie das standes- und selbstbewußte Leben in der Welt, in der Pracht der höfischen Gesellschaft, und eine gottgefällige, demütige, tendenziell gesellschaftsabgewandte, am Ideal der Armut orientierte Existenz am besten miteinander vereinbart werden können.

Die Grundstruktur dieser Romane ist dem hellenistischen Liebes- und Abenteuerroman entlehnt, nach dem Muster der Trennung und Wiederfindung zweier Liebenden, die sich allerdings zwischenzeitlich, als Bettler, Pilger und Büßer, radikal dem christlichen Armuts- und Demutsgebot unterwerfen. In der ‚Guten Frau' und im ‚Wilhelm von Wenden' geht es um junge Fürstenpaare, die nach einem religiösen Erweckungserlebnis alles aufgeben und als Bettler bzw. Pilger durch die Welt ziehen, wobei die Frau unterwegs zwei Söhne zur Welt bringt. Alle Familienmitglieder werden dann voneinander getrennt, die Kinder wachsen unstandesgemäß bei Pflegeeltern auf, der Mann zieht weiter durch die Welt.

Die weiblichen Tugenden der Frau, vor allem ihre Demut und ihre Schönheit, verhelfen ihr zu einem ungewollten sozialen Wiederaufstieg. Sie wird in der Fremde Landesherrscherin. Die ursprüngliche Ehe bleibt jedoch intakt. In anderen Texten bewahrt sie, selbst wenn sie sich mehrfach wiederverheiraten muss (wie in der ‚Guten Frau'), ihre Keuschheit. Zuletzt treffen die Familienmitglieder wieder zusammen, ohne sich gleich zu erkennen. Es ist die Frau, die dann aufgrund von Geschichten und Erkennungszeichen die Identität der anderen aufdecken kann, bevor sie im Einklang mit den Mächtigen ihres Reiches die Familie wieder zusammenführt.

Die widersprüchlichen Lebensformen werden zwar narrativ prozessiert, jedoch kommt es an den genannten Stellen zu Überblendungen, hier ganz einfach verstanden im filmischen Sinn: An solchen Gelenkstellen erscheinen die konkurrierenden Semantiken, die die konkurrierenden Lebensformen prägen, übereinandergeblendet, bevor die eine die andere ablösen kann. Das Prinzip der narrativen Prozessierung ist also verknüpft mit Phänomenen, die man als Überblendung, Hybridisierung, Überdetermination bezeichnen kann.

HONEMANN 1993. – KARTSCHOKE 2004. – MERTENS 1994. – MÜLLER 2007a. – SCHULZ 2008, S. 361–365. – SCHULZ 2009b. – STROHSCHNEIDER 2002c. – WALLICZEK/SCHULZ 2005.

6.2.4 Überblendung und Hybridisierung

Die klassische Definition solcher Überschneidungsphänomene stammt von BACHTIN (1979). Dazu entlehnt er den Begriff der Hybridität aus der Gartenkunst:

> „Wir nennen diejenige Äußerung eine hybride Konstruktion, die ihren grammatischen (syntaktischen) und kompositorischen Merkmalen nach zu einem einzigen Sprecher gehört, in der sich in Wirklichkeit aber zwei Äußerungen, zwei Redeweisen, zwei Stile, zwei ‚Sprachen', zwei Horizonte von Sinn und Wertung vermischen. Zwischen diesen Äußerungen, Stilen, Sprachen und Horizonten gibt es […] keine formale – kompositorische und syntaktische – Grenze; die Unterteilung der Stimmen und Sprachen verläuft innerhalb eines syntaktischen Ganzen, oft innerhalb eines einfachen Satzes, oft

gehört sogar ein und dasselbe Wort gleichzeitig zwei Sprachen und zwei Horizonten an, die sich in einer hybriden Konstruktion kreuzen, und sie hat folglich einen doppelten in der Rede differenzierten Sinn und zwei Akzente" (S. 195).

BACHTINS Begriff zielt auf die Überlagerung bzw. Überschneidung unterschiedlicher, intertextuell präfigurierter Semantiken im Wortlaut oder in der Struktur einer literarischen Äußerung. Wo, wie so oft in der Forschung, von der Hybridität mittelalterlicher Epik die Rede ist, meint dies also eben nicht nur, dass diese Texte mehr oder weniger geschickt aus dem bestehenden literarischen Inventar zusammenmontiert sind, im Sinne ihrer *syntagmatischen Integration*, sondern vor allem, dass ihre narrativen Syntagmen teilweise doppelt codiert sind, im Sinne einer *paradigmatischen Überdetermination* (vgl. Kap. 6.2.5).

Beispiel 10: Genealogie und Virginität im ‚Münchner Oswald'
Ein Beispiel wäre hier etwa der bereits knapp behandelte ‚Münchner Oswald', der ein Brautwerbungsepos mit einer Legende hybridisiert und dabei die konkurrierenden Imperative der Genealogie und der Virginität in eine spannungsvolle Konkurrenz bringt:

> „Brautwerbungsepik ist auf die Fortsetzung einer adligen Dynastie angelegt, das Zeugen von Nachkommen aber widerspricht dem Virginitätsideal. Das Epos soll beides versöhnen, was gelingt, indem es die entgegengesetzten Modelle hintereinanderschaltet. [...] Bevor man aber in die Debatte über ästhetisches (oder ideologisches) Gelingen oder Mißlingen überhaupt eintritt, wäre festzuhalten, daß auch hier zwei gleichermaßen mit einem Höchstwert besetzte Erzählkerne – gefährliche Brautwerbung bzw. Weltabkehr – in einem und demselben narrativen Zusammenhang realisiert werden sollen. Das hat Spannungen zur Folge, die die Fassungen der Sage auf unterschiedliche Weise zu bewältigen versuchen." (MÜLLER 2007a, S. 125; vgl. zum Folgenden auch S. 125–129)

Dies geschieht zum Beispiel, indem die topische Ratszene, in der dem jungen Herrscher zur Brautwerbung geraten wird, völlig ohne Beteiligung der Vasallen stattfindet: Es sind das Herz – als der Keim einer hier letztlich dann religiösen Innerlichkeit – und die Stimme eines Engels, die dem Helden dazu raten, sich eine Braut zu suchen.

Nach der glücklichen Heimholung der Braut, die gewisse Züge eines Kreuzzugs trägt, kommt ein Fremder an den Hof des Königs, der Oswalds Großzügigkeit auf die Probe stellen will – hier gibt es also den feudalen Imperativ der *milte*, dessen Aporien genauso schonungslos vorgeführt werden wie im Artusroman. Denn der Fremde beansprucht Oswalds Land und Frau, so wie die Fremden im Artusroman Ginover beanspruchen. Oswald übergibt sie ihm schweren Herzens – nur um zu erfahren, daß der Fremde niemand anders als Christus selbst ist, der Oswald auf die Probe stellen wollte. Christus gibt ihm die Frau zurück, erteilt aber beiden die Auflage, eine keusche Ehe zu führen. Nach einer Weile werden die Seelen Oswalds und seiner Frau von Engeln in den Himmel geführt.

Insgesamt kommt es hier zu einer Überblendung konkurrierender Lebensformen und dazugehöriger Verhaltensimperative, die Sicherung der Genealogie wird durch die Sicherung des eigenen Seelenheils qua Virginität abgelöst. Innerhalb dieser Sukzession erscheinen jedoch einzelne Sequenzen deutlich von den beiden konkurrierenden Logiken bestimmt. Der Übergang von der herrscherlichen Prokreationsehe in die Virginität wird durch die Umbesetzung eines der Urmotive des Höfischen bewerkstelligt: durch das verhängnisvolle Pauschalversprechen, welches gleichzeitig immer auch dazu dient, die Gefährdetheit, das Prekäre des Höfischen anzuzeigen. Und die Person, die diese Gefährdung an den Hof bringt, ist nicht etwa ein geheimnisvoller Ritter, der mit der Königin womöglich eine gemeinsame erotische Vergangenheit teilt, sondern Gott selbst. ‚Überblendung' liegt hier zum einen als Prozeß, zum anderen als Ergebnis dieses Prozesses vor. Der Text ist insgesamt eine Hybridform, und einzelne seiner Sequenzen sind in hybrider Weise überdeterminiert.

BACHTIN 1979. – MÜLLER 2007a. – SCHULZ 2002b.

6.2.5 Überdetermination

Im allgemeinsten Sinn liegt Überdetermination dort vor, wo sich konkurrierende semantische Ordnungen überschneiden. ‚Überdetermination' meint die „Mehrfachkodierung eines Zeichens oder Zeichenkomplexes durch konkurrierende semantische Ordnungen":

> „In der Literaturwissenschaft gelten polyvalente Zeichen oder Zeichenkomplexe als ‚überdeterminiert', wenn ihre Ambiguität nicht eindeutig auflösbar ist. Überdetermination benennt hier widersprüchliche ‚Mehrfachkodierung' bzw. Interferenz konkurrierender semantischer Ordnungen (Isotopien). Mittlerweile zeichnet sich ein einheitlicher Wortgebrauch ab:
> (1) Allgemein: Möglichkeit der Zuordnung eines Signifikanten(komplexes) zu konkurrierenden Signifikaten – v. a. (a) ‚wörtliche' vs. uneigentliche, (b) kontextuell-textinterne vs. intertextuell ‚bestimmte' Bedeutung; (c) bei Figuren der textinternen Rekurrenz [...]: Bedeutung im isoliert aktuellen vs. Bedeutung im vorigen, qua Rekurrenz aktuell mitkonnotierten Kontext [...].

(2) Narratologisch zur Erklärung von Störungen der Kohärenz im Text: (a) widersprüchliche Motivierung narrativer Ereignisse durch konkurrierende Kausalmotivationen, dies oft verbunden mit (b) einer Diskrepanz zwischen kausaler und finaler Motivierung [...] oder (c) einer Interferenz unterschiedlicher, intertextuell präfigurierter Handlungsmuster [...]; zu ergänzen wäre entsprechend (d) das Zusammenfallen widersprüchlicher Rollen, Handlungsrepertoires, Aktanten, ‚Prädestinationen' [...] etc. in einer literarischen Figur." (KECK/SCHULZ 2003, S. 715 f.)

Beispiel 11: Hetels Werbung um Hilde in der ‚Kudrun'
Der mediävistische Locus classicus hierfür ist Hetels Werbung um Hagens Tochter Hilde aus der ‚Kudrun'. Hier ist das Verhalten der herausragenden Werbungshelfer Fruote, Horant und Wate völlig widersprüchlich, weil sie sich einerseits als Kaufleute ausgeben, andererseits als Helden und höchstrangige Adelige, die von Hetel vertrieben worden seien. Der Widerspruch scheint jedoch niemanden zu kümmern, weil es offenbar darum gehen soll, so etwas wie eine ultimative Brautwerbungslist zu erzählen. Die entsprechende Schemaposition aus dem Brautwerbungsschema (vgl. Kap. 4.2.1) ist deshalb völlig überbesetzt: Man hat ein großes Heer im Bauch der Schiffe versteckt, zeigt sich jedoch nur in Begleitung von 60 Mann; man nutzt die Kaufmannsware, um am Hof Aufsehen zu erregen und durch das Verschenken der kostbaren Preziosen mit dem Brautvater in eine Konkurrenz der symbolischen Verschwendung (*milte*) zu treten, die gleichzeitig immer auch als ein Herrschaftshandeln zu gelten hat: Die Werbungshelfer wollen zugleich Adelige und Kaufleute sein, handeln aber gegen jede kaufmännische Ökonomie. Zugleich provozieren sie damit ausgerechnet denjenigen, in dessen Nähe sie ja ungestört kommen müssen, um seiner Tochter die Werbungsbotschaft auszurichten.

Sogar in körperliche Konkurrenz zum Brautvater Hagen tritt dann der alte Recke Wate, der zunächst dessen Waffenmeister in einem Schaukampf bezwingt und sich dann mit Hagen selbst mißt, wobei der Kampf eskaliert und schließlich gerade noch unter lautem Kriegergegröle halbwegs humorig beendet werden kann. Zuletzt verschafft sich der dritte Werbungshelfer Horant mit seinem Gesang, der das Höfische selbst in Form eines fast magischen Zwangs repräsentiert, Zugang zu Hilde, um ihr die Werbung Hetels zu überbringen. Ökonomisch, heroisch, höfisch: In allen Bereichen zeigen die Werbungshelfer selbstbewußt bis provokant ihre Macht in Konkurrenz zu Hagen. So gelingt es ihnen gerade dadurch, sich der Braut immer mehr zu nähern, während jede ‚regelhafte' Werbung anderer Bewerber bislang auf entwürdigende Weise am Galgen geendet hat.

Erstens ist die Werbungslist überdeterminiert und läßt sich in unterschiedliche, handlungslogisch nicht aufeinander abgestimmte Listen zerlegen, die nur in einer ‚thematischen' Lektüre rein additiv (ökonomisch, heroisch, höfisch) Sinn ergeben. Zweitens ist auch das Verhalten der Werbungshelfer insgesamt überdeterminiert, indem es zugleich den widersprüchlichen Verhaltensimperativen der Agonalität und der gerade nicht-kriegerischen Annäherung an die Braut Folge zu leisten hat. Die Alternative, daß das Geschehen bereits vor der Entführung der Braut in offene Gewalt eskalieren könnte, wird jedoch durch den rasch befriedeten Kampf zwischen Hagen und Wate als abgewiesene kenntlich gemacht.

Insgesamt liegt hier hinsichtlich der Textkohärenz offenbar dasjenige vor, was SCHULTZ (1989) als vertikale Form der Kohärenz beschrieben hat – die einzelnen Elemente einer Episode ordnen sich dem Thema dieser Episode unter, ohne horizontal aufeinander abgestimmt zu sein. Im Sinne LUGOWSKIS (1932/1994) läge hier eine ‚Isolation' der Einzelelemente bei gleichzeitiger ‚thematischer Überfremdung' vor.

DÖRRICH 2011. – KECK/SCHULZ 2003. – LUGOWSKI 1932/1994. – SCHULTZ 1989.

7. Vermittler zwischen Stoff und Rezipient: Erzähler und Erzählperspektive

7.1 Erzähler und Perspektive

Ohne den Erzähler gäbe es keine Erzählung. Die gängige Definition lautet zwar, daß der Erzähler „[i]n narrativen Texten diejenige Instanz [ist], die die Information über die erzählte Welt vermittelt" (ZELLER 1997, S. 502), d. h. ein Vermittler zwischen dem Plot bzw. der *histoire* und dem Rezipienten, tatsächlich aber entsteht der Plot nur, weil es eine Erzählinstanz und ihren *discours* gibt. Diese Erzählinstanz kann als Fiktion einer Person eine starke Präsenz im Text selbst erlangen, es kann jedoch auch darauf verzichtet werden, eine solche Figur im Text zu inszenieren.

Methodisch ist zu unterscheiden zwischen dem Autor (das ist die reale, empirische Person außerhalb des Textes, die den Text zu verantworten hat) und dem Erzähler (das ist die Instanz, der diese Verantwortung *innerhalb* des Textes zugeschrieben wird). Bei mittelalterlichen Texten, besonders bei höfischen Romanen, fällt diese einfache Unterscheidung oft etwas schwer, da der empirische Autor sich hier unter seinem realen Namen als Erzähler inszeniert. Zudem gibt es in der Forschung die etablierte Redeweise davon, daß Hartmann, Gottfried oder Wolfram etwas lobten oder tadelten, wo dies doch nur die Erzähler tun, die sie ihren Texten eingeschrieben haben. Grundsätzlich ist Vorsicht geboten: Gerade dort, wo die Erzählerfigur deutlich konturiert ist und strahlend aus dem Schatten ihrer Geschichte heraustritt, ist zumeist auch der Ort für metapoetische Aussagen, für Aussagen über den Kunst-Charakter der Dichtung, die oft auch äußerst kunstvoll inszeniert werden – und damit nicht selten im Rahmen uneigentlich, fiktional, allegorisch, ironisch etc. zu verstehender Rede.

Mittlerweile durchgesetzt hat sich die Erzähler-Klassifikation von GENETTE: Er

> „benutzt als Kriterium das Verhältnis des Erzählers zur erzählten Welt, die er *Diegese* nennt [...]. Ob ein Erzähler nun außerhalb der erzählten Welt steht (EXTRADIEGETISCH) oder innerhalb ihrer (INTRADIEGETISCH) als eine erzählte Figur, die ihrerseits erzählt – im einen wie im anderen Fall gibt es nur drei Möglichkeiten: der Erzähler erzählt (a) eine fremde Geschichte, an der er nicht teilhat und in der er also auch keine Figur als ‚Ich' bezeichnet (HETERODIEGETISCH, d. h. in einer anderen Diegese), (b) eine Geschichte aus eigener

> Teilhabe mindestens als Zeuge (HOMODIEGETISCH, d. h. in derselben Diegese), (c) als Sonderfall von (b) seine eigene Geschichte (AUTODIEGETISCH, d. h. in der eigenen Diegese) (GENETTE 1994, 175–181). [...] Zu beachten ist, daß zwischen der grammatischen Form und der Zugehörigkeit bzw. Nicht-Zugehörigkeit zur erzählten Welt keine eindeutige Zuordnung besteht: Homodiegetische Erzählungen können statt in der üblichen Ich-Form auch in der dritten Person gehalten sein [...], heterodiegetische in der Du-Form [...] oder in der Höflichkeitsform" (ZELLER 1997, S. 503).

In dieser Terminologie ist der Erzähler des höfischen Romans wie auch des Heldenepos ein *heterodiegetischer* Erzähler, der allerdings nicht unbedingt kategorisch *außerhalb* der dargestellten Welt steht (*extradiegetisch*), weil er für die Ereignisse seiner Erzählung grundsätzlich Relevanz für seine eigene Lebenswelt und diejenige seines Publikums behauptet: sei es als exemplarische Wahrheit, sei es als faktische. Mittelalterliche Texte verwischen also nicht allein die Grenze, die wir zwischen Erzähler und Autor setzen, sondern auch diejenige zwischen der Lebenswelt und der Welt der Erzählung.

Mit GENETTE läßt sich die Erzählinstanz in zwei weitere Kategorien ausfalten: erstens in die Frage danach, wer das Erzählte spricht („Qui parle?": Stimme), und zweitens in die Frage danach, wer das Erzählte wahrnimmt („Qui voit?": Modus). Letzteres wird als Erzählperspektive, Point of view oder Fokalisierung bezeichnet. Diese Kategorie behandelt das Verhältnis zwischen dem Wissen, das der Erzähler hat, und dem Wissen, das seine Figuren haben.

> „Es lassen sich drei Arten der Fokalisierung unterscheiden, die jeweils das Textganze oder zumindest größere Textabschnitte bestimmen:
> (1) NULLFOKALISIERUNG: Wenn das Wissen des Erzählers keinen Einschränkungen unterliegt, ist die Erzählung nicht fokalisiert (,Aperspektivisches Erzählen'). Der Erzähler weiß mehr als jede seiner Figuren, denen beispielsweise die Gedanken anderer Figuren verborgen bleiben.
> (2) INTERNE FOKALISIERUNG: Der Erzähler weiß gleich viel wie eine der dargestellten Figuren (,Fokalfigur'; ,Figurenperspektive'). Er kennt also beispielsweise bei der Darstellung eines Gesprächs neben dem äußeren Geschehen und der Rede aller Beteiligten auch die Wahrnehmungen und Gedanken dieser Figur.
> (3) EXTERNE FOKALISIERUNG: Der Erzähler weiß weniger als jede der dargestellten Figuren. Die Darstellung eines Telefongesprächs umfaßt in diesem Fall z. B. nur die Rede einer Figur und das Geschehen am Ort, wie sie von einem fest stationierten Aufnahmegerät aufgezeichnet werden könnten (CAMERA EYE). Nicht möglich ist neben der Wiedergabe der Gegenrede die Erfassung von Gedanken der redenden Figur." (STOCKER 2003, S. 55 f.)

Modus (Perspektive) und Stimme (Person) sind voneinander unabhängig. Etwa „kann ein erzählendes Ich z. B. in einer Lebensrückschau gegenüber dem erlebenden Ich über ein Mehrwissen verfügen" (ebd., S. 56). Zudem

> „ist möglich, daß der Erzähler den Spielraum der perspektivischen Vorgabe (meistens nur vorübergehend) nicht voll ausschöpft und Dinge, die er wissen müßte, sozusagen ‚verschweigt' (‚Paralipse') oder daß er mehr erzählt, als die Fokalisierung eigentlich zuläßt (‚Paralepse' […]). Während Paralepsen meistens auf dem erzähltechnischen Konflikt zwischen Perspektivenwahl und Informationszwang beruhen, können Paralipsen erzählpoetisch (durch einen unglaubwürdigen Erzähler, Erzählerironie usw.) oder auch fiktionsintern (z. B. durch ‚Verdrängung') motiviert sein" (ebd., S. 56).

Mittelalterliches Erzählen bevorzugt die dritte Person und die Nullfokalisierung, wobei „die Geschlossenheit der Perspektive […] durch Paralepsen durchbrochen werden [kann]" (ebd., S. 57).

Arg spitzfindig mögen die GENETTEschen Unterscheidungen zunächst wirken: erstens zwischen demjenigen, der wahrnimmt (Modus), und demjenigen, der spricht (Stimme); zweitens diejenige, ob derjenige, der spricht, Teil der dargestellten Welt (intradiegetisch/homodiegetisch) ist oder auch nicht (extradiegetisch/heterodiegetisch); drittens diejenige, ob derjenige, der spricht, nur sagt, was er weiß, oder ob er Dinge verschweigt (Paralipse) oder im Gegenteil mehr sagt, als er weiß bzw. überhaupt wissen kann (Paralepse). Doch gerade diese Differenzierungen machen es möglich, dasjenige, was mittelalterliches Erzählen von modernem trennt, deutlicher in den Blick zu nehmen; deutlicher jedenfalls, als es etwa der STANZELsche Typenkreis vermöchte. Allerdings muß man dabei manche Kategorien noch weiter differenzieren. Ich versuche es im folgenden wieder einmal mit einer gattungstypologischen Unterscheidung, auch wenn mir dabei bewußt ist, daß es selbstverständlich gewisse Übergänge gibt.

GENETTE 1994. – STOCKER 2003. – ZELLER 1997.

7.2 Sekundäre Mündlichkeit: Der Erzähler im Heldenepos und im höfischen Roman

7.2.1 Allgemeines

Mittelalterliche Erzähltexte sind geprägt von demjenigen, was URSULA SCHAEFER ‚Vokalität' genannt hat: Zwar ist der dominante Modus der Rezeption derjenige des Hörens, dennoch sind die Texte selbst schriftlich konzipiert und entworfen, wobei zum einen Reflexe auf ältere Formen primärer, reiner Mündlichkeit erhalten bleiben können, zum anderen jedoch auch die neue Form der Vokalität im Sinne einer ‚sekundären Mündlichkeit' reflektiert werden kann. SCHAEFER (2004) schreibt:

> „Medial gesehen steht außer Frage, daß mit der Schriftlichkeit der Erzähler – im wahrsten Wortsinn – ein ‚Script' für den Wiedergebrauch, für das ‚Spiel' des Mittlers erzählt. Es handelt sich hier tatsächlich um die ‚Verschriftlichung' des Erzählers, die die Folge von zwei scheinbar gegensätzlichen Zwängen ist. Einerseits verlangt die weiterhin phonische Rezeption, daß der Hiatus zwischen der Situation des dichtenden und des re-aktualisierten Erzählens überbrückt wird. Dies geschieht durch die graphische Virtualisierung des Erzählers. In diesem Prozeß wird der Erzähler im Sinn der Instanz, die die Erzählung wiedergibt, zuerst einmal ‚nur' verschriftet. Gleichzeitig setzt jedoch [...] ‚Verschriftung' immer auch ‚Verschriftlichung' in Gang, und insofern war, wie es scheint, die Entdeckung der ‚fiktive[n] Erzählerrolle', von der WARNING spricht, wohl unausweichlich. Im Zug des Wandels von der rhapsodischen Erzählung, in der die ‚Tradition als Subjekt der Narration' [R. WARNING] fungiert, hin zu Erzählungen, die über eine explizite Mittlerinstanz – eben den fiktiven Erzähler – verfügen, wird ein Grundkonstituens aufgegeben, das die Tätigkeit des Erzählens selbst legitimierte: das gemeinsame Erinnern. Wenn die Schriftlichkeit einerseits die folgenreiche Möglichkeit eröffnet, Wissen vom Wissenden zu trennen, so muß, wenn die ‚Nähe' des gemeinsamen Erinnerns entfällt, der wissende Erzähler neu mit der ‚gewußten' Erzählung verklammert werden." (S. 93)

Genau an diesem Verhältnis zum Wissen kann der Unterschied zwischen der Erzählerrolle des Heldenepos und derjenigen des höfischen Romans konturiert werden.

SCHAEFER 2004.

7.2.2 Narrative Wissensvergabe und sekundäre Mündlichkeit im Heldenepos: Das ‚Nibelungenlied'

Mein heldenepisches Beispiel ist das ‚Nibelungenlied', dessen Erzählweise und Sprachstil, so jedenfalls die These von MICHAEL CURSCHMANN (1979/ 2005), nicht mehr die ursprüngliche, primäre Mündlichkeit des Epos repräsentiert, sondern ein bewußt archaisierendes Kunstprodukt ist – ein ‚Nibelungisch' im Rahmen dessen, was man sich angewöhnt hat, ‚sekundäre Mündlichkeit' zu nennen: die Thematisierung mündlicher Kommunikations-, Textproduktions- und Textrezeptionsvorgänge in Texten, deren Konzeption jedenfalls immer schon die Schrift voraussetzt. Die bekannte Programmstrophe des ‚Nibelungenlieds' (die sich gar nicht in allen Fassungen findet) lautet wie folgt:

> Uns ist in alten mæren wunders vil geseit
> von helden lobebæren, von grôzer arebeit,
> von fröuden, hôchgezîten, von weinen und von klagen,
> von küener recken strîten muget ir nu wunder hœren sagen. (1,1–4)
>
> ‚In alten Geschichten ist uns viel Wunderbares erzählt worden: von lobenswerten Helden, von großer Mühe, von Freuden, Festen, vom Weinen und vom Klagen, vom Kampf kühner Helden könnt Ihr nun Wunderbares sagen hören.'

Hierzu schreibt Curschmann (1979/2005):

> „In diesem Spiel der Pronomina konstituiert sich ein Erzähler, ohne sich doch als Autor zu konstituieren: die Geschichte ist der Gemeinschaft aller (*uns*) überkommen, aber im Vollzug des ersten Satzes der Erzählung differenziert sich, ohne daß ein ‚ich' in Erscheinung träte, diese Gemeinschaft in ein Publikum und seinen Erzähler, der nun doch an ein *ir* weiter vermittelt. Die Weiter- und Wiedergabe des Überkommenen als begrenzte, ‚unpersönliche' Neuschöpfung ad hoc könnte kaum kunstvoller (und einfacher) in Worte gefaßt werden. Wir haben in dieser Strophe die literarisch-poetische Metapher für den Akt des mündlichen Erzählens." (S. 166)

MÜLLER (2002a) betont, auch hieran anschließend, vor allem die ‚sekundäre Mündlichkeit' der Programmstrophe:

> „Während eine mündliche Erzählung mit der Stimme dessen, der erzählt, einfach einsetzen kann, muß in der Schrift der Ort dessen, was gesagt wird – *alte mæren* –, eigens bestimmt werden. Angekündigt wird eine uralte Geschichte, wobei der Sprecher von einer Position der Distanz aus zu sprechen scheint. [...] Die Programmstrophe setzt also [weil ‚alt' mit FRANZ BÄUML nur in der schriftlichen Überlieferung Dignität sichert] Schriftlichkeit schon voraus, auch wenn sie einsetzt, als sei sie mündliche Rede in einer Gemeinschaft von Anwesenden, die Sprecher und Hörer umgreift (*uns*). [...] Die Programmstrophe besagt, daß, was das Epos zu erzählen hat, von alters her erzählt wird. Erzählen heißt *sagen*, mündliche Rede, die sich seit je an ‚uns' richtet. Der Erzähler will keinen Neubeginn markieren, sondern behauptet, nur fortzusetzen, was schon lange vor ihm gesagt wurde. Die Strophe macht Bedingungen von Heldenepik explizit: daß sie wiedererinnert (oder wiederzuerinnern vorgibt), was man seit langem weiß. Darin schließt sich die Schrift der schriftlosen *mémoire collective* an. Indem es diesen Anschluß aber explizit macht, steht das Epos schon außerhalb der Tradition, die es fortzusetzen vorgibt. Der Erzähler führt nicht einfach fort, sondern er sagt, daß er fortführen werde. Die Schrift setzt ihren Anfang, indem sie auf etwas verweist, das sie nicht ist.
>
> ‚Sage' wird ‚seit je' gesprochen, und deshalb ist ihr Beginn absolut: Das *mære* kann an irgendeinem Punkt einer unendlichen Rede einsetzen, ohne sich

> um das Vorher zu kümmern, denn alles, was ihr Gegenstand sein kann, ist letztlich zeitlos nebeneinander präsent. Heldenepisches Erzählen ist Fortsetzung, wobei das, was fortgesetzt wird, nicht thematisiert werden muß. Umstandslos knüpft es an früher Gesagtes an, indem es aus dem Sagengedächtnis herausgreift, was für dieses Mal präsent gemacht werden soll. Das ‚Nibelungenlied' bewahrt einige der traditionellen Initialformeln, die solch voraussetzungslosen Beginn aussprechen, der sich aus unendlicher Rede herauslöst." (S. 53)[51]

Ich möchte noch einmal besonders auf die Umstände und die Formen der Wissensvergabe zurückkommen, weil ich darin einen auffälligen Unterschied zum Erzählen im höfischen Roman sehe; das ‚Nibelungenlied' simuliert hier die ältere Form. Es geht dabei um ein Wissen, das einerseits allen bekannt ist, und zwar im Modus der Rezeption mündlicher Überlieferung, das andererseits aber einen Mittler braucht, um wieder zu seinem Publikum zu finden. Wird zunächst eine Gemeinschaft zwischen dem namenlos bleibenden Sprecher und dem Publikum heraufbeschworen, so wird in einem zweiten Schritt diese Gemeinschaft wieder in ihre Bestandteile zerlegt: in diejenigen, die zuhören, und, implizit, in denjenigen, der spricht.

Entsprechend den Prämissen dieses Erzählens ist nicht das Wissen, das der Erzähler hat und vermittelt, exklusiv, sondern nur die Stimme, die dieses Wissen aktualisiert und vermittelt: Nur insofern kann diese Stimme sich auch als ein ‚Ich' äußern: *Die drîe künege wâren, als ich gesaget hân,/ von vil hôhem ellen* (‚Die drei Könige hatten, wie ich gesagt habe, große Tapferkeit', 8,1 f.). Diese Stimme kann dasjenige, was alle wissen, neu und anders perspektivieren, als es alle wissen, sie kann dieses Wissen neu anordnen, aber sie kommt an diesem Wissen selbst nicht vorbei. Entsprechend hat die Forschung auch immer wieder festgehalten, daß das Erzählen des ‚Nibelungenlieds' sich vor dem Hintergrund einer bestehenden Stofftradition mit der und gegen diese Tradition konturiert – etwa wenn Sivrits heroische Jugendgeschichte von Hagen nachgetragen wird, als der Heros zum ersten Mal an den Burgundenhof gelangt, um dort um Kriemhilt zu werben, während die zweite Aventiure uns nur einen Sivrit darstellt, der mit den dort ausgestellten höfischen Qualitäten passend auf die höfische Kriemhilt der ersten Aventiure hingeschrieben wird.

---

51 Die Formeln ursprünglicher Mündlichkeit lauten hingegen: *Ez wuohs* (erste und zweite Aventiure) und *was gesezzen*: Damit „können immer neue Handlungsfolgen aus der heldenepischen Welt herausgesponnen werden. Der formelhafte Einsatz dissimuliert Schriftlichkeit, sucht Mimikry an mündliches Erzählen." (MÜLLER 2002a, S. 54)

7.2 Der Erzähler im Heldenepos und im höfischen Roman

Um es zu wiederholen: Zwar hat der heldenepische Erzähler eine eigene Stimme, die sich als das ‚Ich' der Narration konturiert, aber diese Stimme verfügt nicht über ein Wissen und eine Wahrnehmung, die von derjenigen des Publikums unterschieden wäre. Sie verfügt auch nur teilweise über ein Wissen und eine Wahrnehmung, die von derjenigen des handelnden Personals der dargestellten Welt unterschieden wäre. Wenn der Erzähler schon in der zweiten Strophe Kriemhilts Schönheit als Anlaß für den Tod vieler Helden und in der sechsten die Feindschaft zweier Damen als Grund für den Untergang der Burgunden nimmt, dann ist dieses Wissen nur teilweise unterschieden von demjenigen der Figuren. Denn Ute deutet Kriemhilts Traum von dem Falken, der von zwei Adlern zerrissen wird, als Vorausdeutung auf den Tod des Geliebten ihrer Tochter. Der Erzähler bestätigt diese Vorausdeutung und konkretisiert, daß Kriemhilt später den Tod des Geliebten an ihren Verwandten rächen würde, die ihn auch erschlagen hatten.

Die Zukunftsgewißheit der Figuren, die über ihr eigenes episches Schicksal erstaunlich informiert sind, zeigt sich auch im zweiten Handlungsteil, vor allem in Gestalt Hagens, der das Geschehen genau dorthin vorantreibt, wo es nach dem Wissen des Erzählers und auch Hagens selbst hintreiben wird (Gerok-Reiter 2006). Hinsichtlich des Wissens sind also der Erzähler – trotz seiner grundsätzlichen Allwissenheit – und die Figuren nicht notwendig voneinander geschieden. Protagonisten wie Hagen agieren wenigstens im teilweisen Bewußtsein eines Geschehens, das sich noch gar nicht abgespielt hat; sie agieren im Horizont des eigenen Mythos.

Im ‚Nibelungenlied' ist „Erzählen [...] nicht von der Sehweise, der zufälligen Kenntnis oder gar den Interessen eines einzelnen abhängig". Was einer einmal gesagt hat, wissen alle. „Zwischen dem, was der Erzähler, und dem, was seine Figuren sagen, besteht grundsätzlich kein Unterschied in Bezug auf den Wahrheits- und Geltungsanspruch" (Müller 1998a, S. 128). Das Heldenepos entwirft eine Welt, in der es keine je individuelle Sicht auf die Dinge gibt, eine Welt, die grundsätzlich für jeden gleich ist.

Curschmann 1979/2005. – Gerok-Reiter 2006. – Müller 1998a. – Müller 2002a.

7.2.3 Narrative Wissensvergabe und sekundäre Mündlichkeit im höfischen Roman

Von diesem Weltmodell setzt sich der höfische Roman seit Anbeginn ab. Veldekes ‚Eneasroman' etwa betont immer wieder die unterschiedliche Verteilung von Wissen; die Beurteilung der Handlungen seines Protagonisten ist je perspektivisch gebrochen. Der Erzähler weiß wie sein Publikum und sein Held von dessen Bestimmung; doch indem Eneas die göttlichen Handlungsaufträge ausführt, erscheint er für andere Figuren der Erzählung als Feigling, Verräter und Usurpator – als einer, der aus seiner Heimatstadt flieht, statt ehrenvoll im Kampf zu sterben; als einer, der seine Geliebte Dido verläßt und so in den Tod treibt; schließlich als einer, der die legitim verabredete Ehe zwischen Lavinia und Turnus vereitelt.

So will die Frau des Latinus ihren Mann davor warnen, ihre Tochter Lavinia dem Eneas zu geben:

> ez kumet von unsinne,
> daz dû kêrest an den man,
> der ûzer Troie entran
> sînem hêren und sînen knehten,
> wander niht getorste vehten.
> her entran sînen mâgen,
> die dâ erslagen lâgen:
> fliehende schiet her dannen
> mit den sînen mannen,
> der her genûch vant.
> her quam ze Lybiâ in daz lant
> unde zû Kartâgô.
> des hât diu frouwe Dîdô
> engolden vile sêre,
> daz si im gût und êre
> zû vil tete unde erbôt.
> dorch sînen willen liget si tôt.
> daz is im unmâre. (V. 4212–4229)

‚Es ist Wahnsinn, daß du dich an einen Mann hängst, der aus Troja seinem Herrn und seinen Kampfgenossen entfloh, weil er keinen Mut hatte zu kämpfen. Er ließ seine Verwandten im Stich, die dort den Tod fanden. Durch Flucht entzog er sich mit denen, die ihm folgten und deren er viele fand. Er kam in das Land Libyen und nach Karthago. Deshalb hat Frau Dido schmerzlich büßen müssen, daß sie ihm Besitz und Ehre allzu reichlich gewährte und entbot. Um seinetwillen ist sie gestorben. Ihm ist das gleichgültig.'

Doch auch hier bleibt für ‚Subjektivität' wenig Raum: aus der allwissenden Perspektive des Erzählers ist sie nichts als Unwissen über die wahren Sachverhalte, die überdies meist als Böswilligkeit diffamiert wird.

In Hartmanns ‚Erec' wird das Wissen des Helden und seiner Frau geschickt gegeneinander ausgespielt. Schon vom Unmut des Hofes über sein *verligen* bekommt der junge König im Gegensatz zu Enite nichts mit; und auf der anschließenden Abenteuerfahrt wäre er, die perfekte menschliche Kampfmaschine, verloren ohne ihre Wahrnehmungen und ihre Warnungen, ohne ein Wissen also, das ihm selbst nicht zugänglich ist. Doch auch hier integriert die übergeordnete Perspektive des Erzählers die unterschiedlichen Wissensbestände.

Diese Perspektive ist allerdings exklusiv, und hier liegt der entscheidende Unterschied zwischen Heldenepos und höfischem Roman. Es handelt sich um ein exklusives Verfügen über einen Stoff, der zwar bekannt und tradiert ist, jedoch nicht auf eine Weise dem kollektiven Gedächtnis eingeschrieben ist, wie dies für die Stilisierung des nibelungischen Buchepos zutrifft.

Es geht im höfischen Roman immer auch darum, den Erzähler als Fiktion einer Person auszugliedern aus demjenigen, was kollektives Wissen ist – und das ist dem Erzählgestus des Heldenepos ja grundsätzlich fremd. Dort firmiert der Erzähler als Sprachrohr dessen, was alle wissen, eines kollektiven Wissens also, und dieses Wissen ist so allgemein, daß der Erzähler keine Exklusivität beanspruchen kann: dieses Wissen teilen sogar die Figuren der dargestellten Welt. Was einer einmal (öffentlich) gesagt hat, wissen alle. Nur dasjenige, was in der Heimlichkeit des eigenen Herzens, in der Heimlichkeit des Liebeslagers oder in der Heimlichkeit der Intrige exklusiv geplant oder formuliert worden ist, entzieht sich zwar nicht dem Wissen des Erzählers, doch dem Wissen seiner anderen Figuren.

Im höfischen Roman zeigt sich der Erzähler als souveräner Mittler zwischen dem Stoff – der das gesamte relevante Wissen umfaßt – und dem Publikum. Die Kategorie der Stimme wird hier von einem extradiegetischen Erzähler erfüllt, wobei hinsichtlich des Modus im großen und ganzen eine Nullfokalisierung vorliegt. Einen solchen Erzähler charakterisiert TIMO REUVEKAMP-FELBER (2001) wie folgt:

> „Zwischen Autor und erzählter Geschichte einerseits sowie Publikum und erzählter Geschichte andererseits tritt eine Erzählerfigur als Vermittler des Textes und zugleich als dessen Bestandteil. Dieser Erzähler führt Dialoge mit einem fiktiven Publikum, kommentiert und ordnet scheinbar die Erzählung und wird gleichzeitig dabei selbst zur Figur der Erzählung, die sich der Interpretation stellt. […] So haben wir in den höfischen Romanen zwei Ebenen

des Erzählens, jene der *histoire*, der erzählten Geschichte, und jene des *discours*, in welcher sich der Erzähler einschaltet. Diese Ebenen können miteinander konform gehen; dann kommentiert der Erzähler zuverlässig die Handlung, ohne Irritationen beim Leser zu hinterlassen. Doch der Erzähler kann vom Autor auch bewusst konträr zum Erzählten entworfen werden: dann werden Erzählerkommentare unpassend und sind mit der Handlung nicht in Übereinstimmung zu bringen. Der Erzähler stimmt nicht mehr mit den Normen überein, die der Autor über die Geschichtsebene in den Text hineinprojiziert. Der Erzähler wird unzuverlässig und ermöglicht ein kontrastreiches, ironisches Rollenspiel zwischen dem Autor als Erzählsubjekt und der textimmanenten Figur des Erzählers. Mit dieser Figur schaffen Autoren eine fiktionale Erzählkultur, deren Raffinement man nicht unterschätzen darf." (S. 3 f.)

REUVEKAMP-FELBER betont besonders, daß dasjenige, was die Erzähler über sich selbst äußern, nur höchst selten als Eins-zu-eins-Selbstaussagen der realen Autoren gewertet werden darf, weil diese Aussagen zumeist eine Funktion innerhalb des jeweiligen Textgefüges haben, etwa wenn sich der Autor einer Rittergeschichte auch als Ritter zu erkennen gibt, während der Autor einer Sündengeschichte seine Arbeit als Buße für eigene Sünden darstellt.

Ein solches Rollenspiel kann nun auch die sekundäre Schriftlichkeit des Textes selbst thematisieren. In Hartmanns ‚Erec' tritt der Erzähler in einen Dialog mit einem fingierten Zuhörer, in dem er mit ihm wetteifert, wer das zutreffende Wissen über den Sattel von Enites Pferd hat und wer dieses Wissen am besten darstellen kann. Der Erzähler ‚Hartmann' erklärt, daß er den Sattel zwar niemals gesehen habe, aber nach bestem Wissen von ihm berichten werde. Daraufhin schaltet sich ein Zuhörer ein:

> wan als mir dâ von bejach,
> von dem ich die rede hân,
> sô wil ich iuch wizzen lân
> ein teil, wie er geprüevet was,
> als ich an sînem buoche las,
> sô ich kurzlîchest kan.
> „nû swîc, lieber Hartman:
> ob ich ez errâte?"
> ich tuon: nû sprechet drâte.
> „ich muoz gedenken ê dar nâch."
> nû vil drâte: mir ist gâch.
> „dunke ich dich danne ein wîser man?"
> jâ ir. durch got, nû saget an.
> „ich wil diz mære sagen." (V. 7487–7500)

‚aber das, was ich von dem weiß, von dem ich die Geschichte habe, davon will ich Euch ein wenig berichten, wie der Sattel – so wie's in seinem Buche steht – beschaffen war, so kurz ich kann. „Nun sei still, lieber Hartmann: vielleicht

7.2 Der Erzähler im Heldenepos und im höfischen Roman

errate ich es?" Gut denn: fangt nur an. „Erst muß ich nachdenken." Nur zu: ich freue mich darauf. „Hältst Du mich denn für einen klugen Mann?" Natürlich. Nun erzählt, seid so gut. „Ich will diese Geschichte erzählen."'

Doch natürlich verfügt nur der Autor exklusiv über das richtige Wissen, und nur er ist in der Lage, dieses Wissen keinesfalls, *sô er kurzlîchest kan*, sondern überaus ausführlich und mit allem rhetorischen Schmuck auszubreiten. Hartmanns rhetorisches Kunststück, das dann auf den Dialog mit dem fingierten Zuhörer folgt, zeigt nicht nur die Exklusivität eines solchen Erzählerwissens, sondern auch eines der zentralen Verfahren der rhetorischen Gestaltung des Stoffes: der *dilatatio materiae*, der ‚Ausbreitung' des Stoffes im Gegensatz zur *abbreviatio*, dem Kürzen.

Es ist typisch für die sekundäre Mündlichkeit, die sich auch in Hartmanns ‚Erec' zeigt, daß das literarische Werk *in statu nascendi* behauptet wird. Die Fiktion lautet, daß das Werk von einem anwesenden Erzähler im Prozeß öffentlicher Performanz, zugleich im Rückbezug auf eine oder mehrere vorhandene Quellen allererst konzipiert, elaboriert und verschriftet wird, obwohl es bereits als schriftliches existiert und nur vorgetragen oder gar nur still gelesen wird.

Ein besonders markantes Beispiel hierfür stammt aus Johanns von Würzburg ‚Wilhelm von Österreich':

> schriba, schriber! ymmer schrip,
> swaz mûge der minne gelichen,
> sit si Wildehelmen, den richen
> jungen herzogen zart,
> uf wan in schicket dise vart.
> **V**rawe Aventûr! sit daz ir welt
> daz ich den künftigen helt
> verweis in daz ellende,
> so bietet uf die hende
> und sweret mir des ainen ait,
> daz mit gewalt iwer werdekait
> im zallen ziten bi geste! (V. 884–895)

‚Schreib, Schreiber! Schreib immerzu, was auch immer der Minne gleichkommen mag, wenn sie schon Wildhelm, den mächtigen feinen jungen Herzog in unsicherer Hoffnung auf diese Reise schickt. Dame Aventiure! Wenn Ihr schon wollt, daß ich den künftigen Helden in die Fremde schicke, so hebt die Hand und schwört mir einen Eid, daß Eure Adelskraft ihm mit Macht jederzeit beistehen werde!'

Inszeniert wird hier eine Aufspaltung bzw. Vervielfachung der Instanzen, die die Geschichte als *histoire* und die Erzählung als *discours* zu verantworten haben: die Dame Aventiure als Personifikation des (final in seinem

Handlungsablauf vorbestimmten) Stoffs; die Minne als kausale Motivation der Handlungen; der Erzähler als derjenige, der vor allem der Aventiure als Personifikation des Stoffs, aber auch der Minne als Personifikation der Antriebe der Figuren verpflichtet ist und aus diesen Verpflichtungen heraus seine mündliche Rede vor Publikum gestaltet; und schließlich der Schreiber, der diese mündliche Rede verschriftet (und offenbar nicht verschriftlicht). Im Mittelhochdeutschen sind die Termini, die für das Verfertigen poetischer Rede gebraucht werden, selten eindeutig, sie werden zumeist nur okkasionell verwendet. Das Nachdenken über die Herstellung von Literatur erfolgt zumeist in solchen metanarrativen Passagen, in Form von Verbildlichungen, Personifikationen, Allegorien; auch hier also im Sinne einer nicht diskursiven, sondern eben präsentativen Symbolifikation (vgl. allgemein DICKE/EIKELMANN/HASEBRINK 2006).

Dasjenige, was die Vorgaben repräsentiert, kann dabei höchst unterschiedlich auftreten: als *buoch*, das metonymisch für seinen Inhalt steht, als Autor, der metonymisch für das von ihm Geschriebene steht (wenn Wolfram dasjenige beurteilt, was Chrétien und angeblich Kyot gesagt haben), als *materi*, der metaphorische Stoff, aus dem die Erzählung geformt wird, oder als Personifikation bzw. Allegorie des Stoffes als Frau Aventiure.

DICKE/EIKELMANN/HASEBRINK 2006. – REUVEKAMP-FELBER 2001.

7.2.4 Mittelalterliches Wiedererzählen

Erzählen gewinnt allererst Dignität, wenn es sich nicht um neue oder erfundene Sachverhalte handelt, sondern um solche, die bereits von anderen erzählt worden sind. Das Kunst- und Selbstbewußtsein der Autoren schöpft also nicht aus dichterischer Originalität, aus eigenem Schöpfertum, sondern aus der Fähigkeit zur Gestaltung von etwas Vorgegebenem. Hierzu schreibt WORSTBROCK (1999):

> „Keiner der mittelalterlichen Erzähler, der lateinischen, romanischen, deutschen, hat beansprucht, eigenmächtig ersonnene Geschichten zum besten zu geben, keiner eine erste und ausschließliche Urheberschaft an seiner *historia*, seinem *conte*, seinem *mære* geltend gemacht. Erfundene Geschichten wurden auch von niemandem erwartet. Originäre Erfindung kam als ein Vermögen, das sich in Attraktivität und Prestige einer Erzählung ausgezahlt hätte, nicht in Anschlag. Im Gegenteil, beansprucht und erwartet wurde die Überliefertheit des Erzählten. Die wiederkehrenden Versicherungen der Verfasser, Geschichten zu bieten, die sie mündlichen oder schriftlichen Quellen entnommen hätten, entsprachen einer grundlegenden Übereinkunft mit dem Pu-

blikum, mögen ihre Einlassungen auch von Fall zu Fall verschieden konnotieren, hier als zutreffende oder doch plausible, dort als ironische und tatsächlich fiktive zu lesen sein." (S. 128)

Mittelalterliches Erzählen ist, in eine Formel gefaßt, vor allem ein ‚Wiedererzählen'. Hierzu wiederum WORSTBROCK:

„Wiedererzählen könnte die fundamentale allgemeinste Kategorie mittelalterlicher Erzählpoetik sein, eine, die noch die Unterscheidung von Mündlichkeit und Schriftlichkeit, mündlichem und schriftlichem Erzählen übergreift." (S. 130)

Seine Legitimation erhält mittelalterliches Erzählen durch den Bezug auf dasjenige, was wiedererzählt wird: auf den Stoff, wobei dieser Stoff als unabhängig von seinen vorgängigen Realisationen begriffen wird, denn die mittelalterlichen Autoren weichen in ihren Bearbeitungen älterer Quellen nicht bloß in einzelnen Details ab, sondern mitunter recht massiv.

„Bezugsgröße des Wiedererzählers ist nicht die besondere Textualität der Vorlage, ihm genügt der bloße Stoff. [...] Mit der Reduktion der Vorlage auf die Materia ist ihre Form suspendiert. [...] Daraus folgt aber, daß der Wiedererzähler seinerseits über ein formschaffendes Vermögen verfügen muß. Er beansprucht es auch, und zwar eines in Bezug auf eine gegebene Materia." (S. 135)

Der Stoff, dem man sich verpflichtet fühlt, ist offenbar eine ideale Größe jenseits aller konkreten Manifestationen, und die Autoren bemühen sich darum, diesem Ideal schreibend nahezukommen (LIEB 2005). Die Verfahren, die sie dazu gebrauchen, sind aus zeitgenössischen lateinischen Poetiken bekannt:

„Ordo naturalis und Ordo artificialis, Dilatatio materiae und Abbreviatio, Ornatus difficilis und Ornatus facilis. Das gesamte Tun des Dichters wird verstanden als das Verfahren eines Artifex, der eine alte Materia neu formt. Kunstgriff und Kunstfertigkeit des Artifex werden als *artificium* bezeichnet. Der Artifex ist als neuernder Gestalter am stärksten gefordert, wenn er eine allbekannte, schon vieltraktierte Materia wählt." (WORSTBROCK 1999, S. 137)

Allerdings werden diese normativen Vorgaben immer wieder überschritten, wenn der Formwille der Autoren eine spezifische Sujetfügung zu verantworten hat, die sich nicht in den Vorgaben findet: etwa die Struktur des Artusromans, dessen rein stofflicher Ursprung offenbar in mündlichen Erzählungen von Spielleuten liegt; oder die Struktur der mittelalterlichen Eneasromane, die aus der Heirat mit Lavinia eine Liebesgeschichte herausspinnen, die die Dido-Minne des ersten Handlungsteils übersteigernd variiert.

Den Erzähler-Exkurs um Enites Pferd deutet WORSTBROCK so im Blick auf die schulmäßigen ‚kleineren' Poetiken des 12. Jahrhunderts, vor allem im Blick auf Galfrid von Vinsauf und seine ‚Poetria nova', in der die *dilatatio* (mit anderen Worten: *amplificatio* im Gegensatz zur *abbreviatio*) eine prominente Rolle einnimmt:

> „Die Dichter selbst begreifen ihre Vorlagen als verbindliche Gegebenheiten, die sie knapper oder weiter fassen, mit kommentierenden und deutenden Einlagen versehen können, die in Stoff und Handlungsgefüge entscheidend anzutasten aber außer Betracht liegt. *maere niuwen* wollen sie, nicht sie erfinden, Diener, nicht Herren von Erzählungen sein, für deren *rihte* und *warheit*, mit Gottfried von Straßburg zu sprechen, immer schon die *buoch* der Vorgänger stehen." (WORSTBROCK 1985, S. 1)

LIEB 2005. – WORSTBROCK 1985. – WORSTBROCK 1999.

7.2.5 Frau Aventiure als Personifikation des Stoffs

Aus einer solchen Poetik erhellt, daß in metanarrativen Passagen, dort also, wo das Erzählen selbst reflexiv wird, keinesfalls das Finden des Stoffs, sondern seine Gestaltung thematisch wird. Besonders auffällig ist dies dort, wo der Erzähler sich mit den Vorgaben zu arrangieren hat, die ihm Frau Aventiure mitteilt. In dieser fiktiven Erzählerfigur und in der Personifikation verkörpern sich gewissermaßen poetologische Aussagen. Eine der berühmtesten Stellen ist diejenige in Wolframs ‚Parzival', als Frau Aventiure ins Herz des Dichters will.

> ‚Tuot ûf.' wem? wer sît ir?
> ‚ich wil inz herze dîn zuo dir.'
> sô gert ir zengem rûme.
> ‚waz denne, belîbe ich kûme?
> mîn dringen soltu selten klagn:
> ich wil dir nu von wunder sagn.'
> jâ sît irz, frou âventiure?
> wie vert der gehiure?
> ich mein den werden Parzivâl,
> den Cundrîe nâch dem grâl
> mit unsüezen worten jagte,
> dâ manec frouwe klagte
> daz niht wendec wart sîn reise. (433,1–13)

> „‚Macht auf!" Wem? Wer seid Ihr? „Ich will in Dein Herz hinein zu Dir." Dann wollt Ihr in einen zu engen Raum. „Was denn, soll ich nicht bleiben? Mein Hineindrängen wirst Du nicht beklagen. Ich will Dir nun Wunder erzählen." Ja seid es Ihr, Dame Aventiure? Wie geht es unserem lieben Helden?

Ich meine den edlen Parzival, den Kundrie nach dem Gral mit unsüßen Worten hinausgejagt hat, als viele Damen klagten, daß seine Fahrt nicht abgewendet werden konnte.' [Übersetzung von mir, A. S.]

Der Stoff muß also erst ins Herz gelangen, mithin an denjenigen Ort, in dem sich laut dem anthropologischen Entwurf der volkssprachigen Dichtung (nicht aber der gelehrten lateinischen Literatur!) die affektiven und rationalen Vermögen des Menschen verkörpern. Ohne diesen Stoff gibt es nichts, was der Erzähler äußern könnte. Und tatsächlich kann die Erzählung nun wiederaufgenommen werden: *nu tuot uns de âventiure bekant* (434,11: ‚Nun läßt uns die Aventiure wissen …').

CURSCHMANN (2004) hat dieser Stelle gegenüber Wolframs Thematisierungen schriftlicher Quellen großes Gewicht eingeräumt, besonders gegenüber der rätselhaften Kyot-Stelle, in der sich der Erzähler über die Herkunft seines Wissens über den Gral ausläßt:

> „Aufs Ganze gesehen geht die Erzählung nicht aus irgendwelchen Quellschriften hervor, sondern aus dem Erzählprinzip der Aventiure. Die hatte [...] sogar persönlich bei dem gegenwärtigen Erzähler angeklopft [...]. Was ihn seinerseits zu der Aufforderung berechtigt: *Lât hœren uns diu mære* (433,29). Solche *mæren* sind Geschichten, finite Produkte der Aventiure; man kann sie *volsprechen*, man kann ihnen aber auch ‚Unrecht' tun. Die Aventiure selbst ist über solche Zufälle erhaben und sie lebt allein im gesprochenen Wort, nicht in der Schrift. Mit diesem Konzept hat Wolfram deutlich über seine Quellen hinaus in den Bereich zurückgegriffen, der dort für vorliterarische Willkür steht." (S. 24)

Man sollte indes ergänzen, daß diese Deutung nur dann zutreffend ist, wenn man sie in den Rahmen sekundärer Mündlichkeit stellt.

Eine solche sekundäre Mündlichkeit zeigt sich massiv auch in den Prologen, mit denen Rudolf von Ems die fünf Bücher seines um 1235 verfaßten Minne- und Aventiureromans ‚Willehalm von Orlens' beginnen läßt. Hierzu formuliert FRANZISKA WENZEL (2000):

> „Der Erzählakt weist in allen Prologen auf die Modalitäten mündlicher Kommunikation zurück, und alle Prologe sind zugleich Foren, in denen die unterschiedlichen Möglichkeiten der Textproduktion und -vermittlung überdacht werden. Dabei überblenden die Konstituenten der mündlichen Kommunikationssituation die Schriftsprachlichkeit des Textes immer wieder" (S. 209).

Genuin schriftsprachlich wäre etwa das Akrostichon, das den Prolog des zweiten Buches ziert (*WILLEHALM*). Wovon der Prolog indes spricht, ist eine Situation mündlicher Kommunikation unter Anwesenden, die freilich durch die Personifikation als uneigentliche Rede ausgewiesen ist.

‚Wer hat mich gûter her gelesen?
Ist es ieman gewesen
Lebende in solicher wise,
Lob er mich dez mich prise
Es sig man oder wip,
Hab er so getrúwen lip,
Ane vålsche sol er mich
Lieben, das ist frúntlich,
Mit sûzer sinne stúre:
Ich bin dú Aventúre,
Diu des mit flehelichen sitten
Wil die ere gernden bitten
Das si mich niht verkeren
Unde minen maister lerin,
Der mich biz her getihtet hat,
Ane spot so wisen rat
Das er mich vollebringe,
Wan ich an in gedinge,
Sol er min vurspreche wesen,
Er frume mich also gelesen
Das man fúr gût ŏch dulde mich.
Rûdolf, nu sprich du mich
Und sage der mære mere von mir,
An den bin ich givolgic dir
Nach der gewåren warhait
Die dú walsh von mir sait!'
‚Vrŏ Aventure, sit ir das?' (V. 2143–2169)

„»Welcher Gute hat mich bis hier (vor)gelesen? Ist es jemand gewesen, der auf solche Weise lebt und der mich so lobt, daß ich darauf stolz sein kann? Es sei Mann oder Frau, wenn er so treu ist: Wenn er nichts verfälscht, wird er sich mir angenehm machen, das ist freundlich-vertraut, mit Hilfe eines süßen Verstands: Ich bin die Aventiure, die mit innigem Flehen die auf Ehre Bedachten bitten möchte, daß sie mich nicht verfälschen/falsch verstehen und meinem Meister, der mich bis hierher aufgeschrieben hat, ohne Spott einen so klugen Rat erteilen, daß er mich zu einem Ende bringt. Denn ich erhoffe mir von ihm, daß er derjenige ist, der mich sprechend vertritt. Er möge mir nutzen, indem er mich so (vor)gelesen hat, daß man mich auch im Guten bei sich läßt. Rudolf, nun deklamiere mich und sage mehr Geschichten von mir, mit denen ich dir folge, nach der zuverlässigen Wahrheit, die das Französische von mir sagt!" „Dame Aventiure, seid ihr das?"'

Es folgt ein Literaturexkurs, in dem der Autor bzw. Erzähler seine Unfähigkeit gegenüber einer literarischen Tradition betont, in die er sich gleichwohl stellt: gegenüber Heinrich von Veldeke, Hartmann von Aue, Wolfram von Eschenbach, Gottfried von Straßburg, Bligger von Steinach, Ulrich von Zatzikhoven, Wirnt von Grafenberg, Freidank, Konrad von

Fußesbrunnen, Konrad Fleck, den Verfasser des Eckenlieds, den Stricker, Gottfried von Hohenlohe, Albrecht von Kemenaten. Doch die Aventiure entgegnet:

> ‚Da was ich do bi den tagen
> In wälsche verborgen unz nu
> An dise selben zit das du
> Mich begundost tihten.' (V. 2252–2255)
> „‚Da war ich seinerzeit im Französischen verborgen bis jetzt, bis zu dem Augenblick, in dem du mich aufzuschreiben begannst."'

Seitens der Aventiure wird im folgenden besonders betont, daß es bei einer Tat auf die redliche Absicht ankomme, so auch beim Dichten, bei dessen handwerklicher Seite ‚Rudolf' sich nur geringe Kompetenz zuschreiben möchte (was natürlich zu den gängigen Captatio-benevolentiae-Topoi gehört, zu den üblichen Bescheidenheitsformeln). Die Qualität, die sein ‚Willehalm von Orlens' für sich beanspruchen möchte, ist diejenige eines besonders redlichen Umgangs mit seiner Quelle: Das Artificium steht hier hinter dem Anspruch auf eine Wahrheit zurück, die trotz des pseudohistorischen Stoffes nicht als eine Wahrheit der ‚Bücher', sondern als eine der höfischen Face-to-face-Interaktion mit einer Dame inszeniert wird. Auch hier ist die Beziehung des Erzählers zu seinem Stoff wieder eine besondere, eine exklusive: Die Aventiure läßt sich eben nicht von den aufgezählten Berühmtheiten dichten und deklamieren, sondern von ihrem getreuen Diener Rudolf.

CURSCHMANN 1971. – CURSCHMANN 2004. – F. WENZEL 2000.

7.3 Zwei Fallbeispiele

7.3.1 Fokalisierung/Point of view/Perspektive in Gottfrieds ‚Tristan'

Auch wenn der Erzähler des höfischen Romans ein allwissender ist, in GENETTES Terminologie also ein heterodiegetischer mit Nullfokalisierung, so haben wir doch mitunter den Eindruck, daß sich mittelalterliches Erzählen sehr den Wahrnehmungen einer einzelnen Figur anschmiegt. Dies betrifft immer wieder längere Sequenzen des arthurischen Romans. Daß eine Erzählung, die im großen und ganzen auf Nullfokalisierung abgestellt ist, in variabler Fokalisierung dem Wissens- und Erfahrungshorizont einer Fokalfigur folgen kann, erscheint uns zunächst vollkommen vertraut. Insofern nähmen wir in dieser Hinsicht zunächst keine Andersheit mittelalterlichen Erzählens wahr, gäbe es da nicht Irritationen, weil eine solche Perspektivierung nicht mit der Stringenz durchgehalten ist, die wir brauchen, um fokalisiertes Erzählen als ‚natürlich' und ‚realistisch' im Sinne postgoethezeitlicher Mimesiskonventionen zu akzeptieren. Die narrative Konstruktion wird durchbrochen, und zwar durch Paralipsen und Paralepsen, durch Verschweigen plausiblen Wissens und durch Aussprechen von Wissen, das die jeweilige Figur eigentlich gar nicht haben dürfte. Besonders deutlich wird dies in direkter Rede. Festgehalten haben dies schon MAX HERMANN JELLINEK und CARL VON KRAUS (1893):

> „Oft kommt der Fall vor, dass der Dichter sich an die Stelle seiner Personen setzt: er lässt sie Äußerungen thun, die ein Wissen von den Dingen voraussetz[en], das sie nicht haben können." – „In allen diesen Fällen wird die Fiction gestört, dass nicht der Dichter, sondern eine von ihm verschiedene Person spricht." (S. 692 u. S. 695)

Darauf kommt es an: Denn dort, wo noch nicht das Lesen im stillen Kämmerlein der dominierende Modus der Rezeption von Literatur ist, sondern der mündliche Vortrag, dort spricht der real anwesende Rezitator nicht allein die Stimme des Erzählers, sondern auch die direkte Rede der Figuren. In seiner Stimme geht zusammen, was nach unserem Verständnis scharf voneinander getrennt sein müßte, und dies betrifft eben nicht allein die Stimme, sondern auch das Wissen, das diese Stimme vermittelt.

Anführungszeichen, die die Erzählerrede streng von der Figurenrede trennen, hat es im Mittelalter noch nicht gegeben – wo wir sie in den modernen Textausgaben lesen, sind sie Zutat der Herausgeber. So betrachtet, erscheinen bestimmte Unregelmäßigkeiten in der textuellen Informationsvergabe durchaus nicht so schwerwiegend, wie wir sie gewichten würden. Überdies erscheinen sie schwerwiegend nur im Blick auf die Mimesiskonvention, die nach modernem Verständnis etwa mit dem personalen Erzählen oder mit bestimmten Fokalisierungstechniken verbunden ist. Wenn es aber vor allem darauf ankommt, daß der Erzähler über sein Wissen von der dargestellten Welt exklusiv verfügen kann, verlieren solche Ebenenbrüche an Gewicht.

Vor allem GERT HÜBNER (2004) hat kritisiert, daß die gängigen Kategorien der Narratologie, sofern sie auf den Erzähler und die Erzählperspektive abzielen, allzuoft von historisch spezifischen Erzählformen abgeleitet sind, die uns heute zwar vollkommen natürlich erscheinen mögen, dies jedoch im Blick auf ein vormodernes Erzählen keinesfalls sind. So offenbart sich in den zahlreichen *man sach*-Konstruktionen des höfischen Romans etwas, was wir in dieser Massivität überhaupt nicht kennen: ein

‚leeres Zentrum', ein „kognitives Zentrum", das nicht zugleich auch mit einer Figur identifiziert werden kann (S. 131), weil es darum geht, was *alle* hätten sehen können, nicht ein einzelner. Es geht hier um die Wahrnehmung eines Kollektivs. Für uns befremdlich ist der Umstand, daß der höfische Roman einerseits einen souverän über die erzählte Welt Bescheid wissenden Erzähler inszenieren und andererseits zugleich die Informationsvergabe dem beschränkten Blickwinkel einer einzelnen Figur anpassen kann. HÜBNER schreibt hierzu:

> „Es ist [...] durchaus vorstellbar, daß die narrative Repräsentation des Geschehens der Perspektive einer Figur folgt und daß zugleich anhand von Erzählerkommentaren eine das Geschehen bewertende Erzählerstimme und damit ein Erzählerstandpunkt profiliert wird. Diese Konstellation – sie ist für manche Episoden höfischer Romane charakteristisch – würde wegen der Perspektivierung nicht der des modernen ‚auktorialen' Erzählens entsprechen und wegen der ‚auktorialen' Erzählerstimme nicht der des modernen ‚personalen' Erzählens. [...] Meine Position wäre, daß im höfischen Roman die Restriktion der narrativen Information auf den kognitiven Horizont einer Figur unabhängig von der mehr oder weniger starken Profilierung einer kommentierenden Erzählerstimme ist. Streng ‚aus Figurenperspektive' wird beispielsweise auch in Hartmanns ‚Iwein' über weite Partien erzählt, und außerdem gibt es Erzählerkommentare. Das ist nicht weniger konsequent, sondern anders als beim modernen personalen Erzählen." (S. 133 mit Fußnote 18)

Als Hauptfunktion der Fokalisierung macht HÜBNER die Thematisierung von axiologischen Gegensätzen aus, von Gegensätzen, die die Bewertung bzw. Beurteilung der dargestellten Welt betreffen. Das ist als Prinzip kaum anders als im modernen Erzählen, als Verfahren jedoch durchaus. Ich komme noch mit einem Beispiel aus Konrads von Würzburg ‚Partonopier'-Roman darauf zurück. Vorher möchte ich aber noch die These vorstellen, die HÜBNER zum ‚Tristan' entwickelt, wo er ein narratives Verfahren beschreibt, das die Problematisierung fixer Axiologien vollkommen anders betreibt, als wir dies heute gewohnt sind.

Ausgangspunkt für HÜBNERS Interpretation des Gottfriedschen ‚Tristan' (2003) ist die alte Frage, ob die normative Widersprüchlichkeit des Textes aufzulösen sei oder ob man an den offenkundigen Ambivalenzen nicht vorbeikomme (S. 264–397). Ausgehend von dem Befund, daß Gottfried kaum je parallel zum Wissensstand seiner Protagonisten erzählt, selten Filtertechniken verwendet und prinzipiell Zugriff auf die Innenwelt aller seiner Figuren hat, entwickelt HÜBNER eine ebenso originelle wie bedenkenswerte These über die ungewöhnliche Rezeptionslenkung des Textes: In den untereinander widersprüchlichen Erzählerkommentaren und in den Erzählereinwürfen, die punktuell in die Innensichtdarstellungen inseriert sind, würden vorzugsweise Ansichten vertreten, die auch diejenigen der jeweiligen Figuren sein könnten, allerdings ohne daß darüber hinaus ein explizites Einverständnis signalisiert würde. Die Erzählerstimme schmiege sich somit an den Normen- und Werthorizont der jeweiligen Figur an, im Sinne einer ‚Fokalisierung' ihrer „evaluativen Funktion" (S. 117), die von der modernen Narratologie gar nicht vorgesehen sei. Im *huote*-Exkurs etwa vertrete die Stimme des Erzählers „den Standpunkt der vom Begehren bedrängten Isolde" (S. 344; vgl. S. 341–346).

In solchen Verfahren sieht HÜBNER ein Anerzählen gegen das Verständnis des Sujets als Negativexempel über bestraften Ehebruch (S. 265): Gottfried modelliere „eine identifikatorische Rezeption", die nicht „aus einer moralischen Ordnung deduzierbar" sei (S. 118), um so den „Zusammenhang zwischen [...] Fehlverhalten und Strafe" aufzubrechen (S. 268). Die narrative Informationsvergabe hätte damit also eine Funktion innerhalb des Normen- und Wertegefüges des Textes selbst.

HÜBNER 2003. – HÜBNER 2004. – JELLINEK/VON KRAUS 1893.

7.3.2 Experimente oder Fehlgriffe? Konrads ‚Partonopier'

Konrads von Würzburg ‚Partonopier' aus dem Jahr 1277 enthält einige Experimente mit der Erzählhaltung bzw. Erzählperspektive. Während Konrads altfranzösische Vorlage von einem massiv sich selbst inszenierenden Erzähler geprägt war, coupiert Konrad diese Selbstthematisierung zugunsten einer relativ konsequenten Verschiebung des Point of view bzw. der Perspektive auf die Wahrnehmung des jeweiligen Protagonisten. Das Ergebnis ist für die Anfangspartien der Geschichte annähernd dasjenige, was wir als personale bzw. Er-Erzählung kennen, mit den GENETTESCHEN Kategorien gesprochen: Die Stimme, die die Erzählung spricht, ist zwar diejenige eines extradiegetischen Erzählers, eines Erzählers also, der sich außerhalb der dargestellten Welt befindet, die Wahrnehmung ist hingegen auf den jeweiligen Protagonisten fokalisiert. Vor allem der Held dieser Geschichte, Partonopier, firmiert hier auf diese Fokalfigur, durch deren Wahrnehmungsfilter das Geschehen betrachtet wird.

Die Rolle des höfischen Romanerzählers als Mittler zwischen Stoff und Publikum wird hier also weniger durch einen exklusiven Zugriff auf den Stoff profiliert als vielmehr durch einen exklusiven Zugriff auf das wahrnehmende Bewußtsein seines Protagonisten. Diese besondere Exklusivität scheint es auszuschließen, daß das erzählende Ich sich gegenüber dem erzählten Ich, aus dessen Perspektive das Geschehen geschildert wird, so massiv in den Vordergrund schiebt, wie dies ansonsten im höfischen Roman – und zumal im höfischen Roman des Spätmittelalters – der Fall ist.

Auch wenn uns dieses Verfahren höchst banal, weil durch moderne Erzählungen und ihre Mimesiskonventionen ubiquitär verbreitet, erscheint: Aus dem zeitgenössischen Blickwinkel mittelalterlichen Erzählens handelt es sich um ein Experiment, das der besonderen Geschichte geschuldet ist, die im ‚Partonopier' erzählt wird.[52] Konrads Roman blendet zwei unterschiedliche narrative Strukturmuster übereinander: das Muster des Minne- und Aventiureromans und das Muster der ‚gestörten Mahrtenehe' (Kap. 4.2.4 und 4.2.2).

Die Logik der Geschichte – Vergehen und Sanktion – greift nicht in finaler Determination gewissermaßen selbständig, sondern sie setzt voraus, daß der Held glaubt, sich mit einer Fee eingelassen zu haben. Das Schema der ‚gestörten Mahrtenehe' kann also nur einrasten, weil sich dem Protagonisten selbst die Geschichte, in der er sich befindet, nicht als Minne- und Aventiureroman darstellt, sondern als ein Feenmärchen. Entsprechend hat es die Erzählung mit folgendem Problem zu tun: Sie muß den Helden als eine Figur vorführen, die entscheidend weniger weiß, als zum Verständnis der dargestellten Welt erforderlich ist; sie muß die Begrenztheit des Figurenwissens anschaulich machen, um zu plausibilisieren, warum der Held sich verhält, wie er sich verhält, und sie muß zugleich vorführen, wie die Dinge ‚wirklich' sind, damit niemand auf die Idee kommt, der Held lasse sich tatsächlich mit einer Dämonin ein.

Dieser Spagat führt zu auffälligen Paralepsen oder Paralipsen: Der Erzähler sagt mehrfach zu viel oder zu wenig, bezogen auf den Wahrnehmungsfilter der Fokalfigur, aus deren Perspektive gerade erzählt wird. Es kommt auch mehrfach vor, daß eine Figur viel mehr weiß, als es nach den Gesetzen der Logik eigentlich möglich ist.

Mein erstes Beispiel stammt aus dem Beginn des ‚Partonopier'. Der Held hat sich auf einer Eberjagd in den Ardennen verirrt. Die Nacht bricht ein, und der junge, kaum dreizehnjährige Graf beginnt sich zu fürchten. Die Erzählerstimme schmiegt sich immer mehr an die Wahrnehmungen des Protagonisten an, dessen Ängste zunächst noch mit seiner Jugend entschuldigt werden. In dieser Sequenz wird alles, was der Held tut, explizit

---

52 Die folgenden Ausführungen setzen Überlegungen aus SCHULZ 2000b und SCHULZ 2008 fort.

motiviert durch seine Wahrnehmungen und die Schlüsse, die er aus ihnen zieht. Schon hier verhält es sich so, daß die literarischen Schemata nicht von selbst greifen, sondern die finale Motiviertheit des Geschehens eskamotiert wird zugunsten einer überexpliziten Kausalmotivation, wie es sie im mittelalterlichen Erzählen nur höchst selten gibt.

Es geht offenbar darum, die Handlung aus der Perspektive ihrer Protagonisten zu begründen, weil sie sich nur dann so verhalten, wie es vom Schema her vorgesehen wäre – denn tatsächlich befindet sich Partonopier in einem Minne- und Aventiureroman, keinesfalls jedoch in einer eskapistischen Feengeschichte. Aber die Geschichte funktioniert wie eine Feengeschichte, weil Partonopier *ad bonam partem* glaubt, sich in einer zu befinden, und weil seine Familie *ad malam partem* glaubt, daß ihr Verwandter sich allnächtlich mit einem Dämon abgibt. Exemplarisch ist schon der Beginn:

> doch kam er nie sô balde
> von dem berge zuo dem sê,
> diu naht het in begriffen ê
> mit ir schîne tunkelvar.
> iedoch kam er ze jungest dar
> zuo dem mer ûf einen sant.
> den meiden fuorte er an der hant
> bî dem stade ûf unde nider.
> er dâhte für sich unde wider,
> waz er solte grîfen an.
> her unde hin, dar unde dan
> gie der getriuwe denkende,
> sîn herze in sorge senkende
> vast ûf des grüenes plâne.
> nu gap der liehte mâne
> durch diu wolken sînen glast,
> dâ von der ellende gast,
> vil reine an der gebürte,
> bî dem stade spürte
> ein schif und eine brücke dran,
> ûf der man sanfte mohte dan
> getreten in die barken.
> daz selbe schif mit starken
> listen was gezieret,
> und allenthalp gewieret
> mit golde und mit gesteine,
> sam ez ein wilde feine
> ze wunsche ir selber hæte erwelt.
> iedoch envant der junge helt
> niht lebendes dar inne.

er dâhte in sînem sinne,
daz in dem schiffe mære
doch fridelicher wære
dann ûf dem sande bî dem mer.
dâ von sô gieng er âne wer
an die barken wünnesam.
sîn pfärit fuorte er unde nam
mit im dar vil schiere,
durch daz diu wilden tiere
niht kæmen ûz dem walde
unde ez harte balde
frazen ûf dem sande breit. (V. 614–655)

‚Doch kam er nicht so schnell vom Berg zum Meer (hinab), ehe die Nacht ihn mit ihrem dunklen Glanz erfaßt hatte. Schließlich kam er doch dorthin ans Meer auf einen Sandstrand. Das Pferd führte er an der Hand am Ufer auf und ab. Er dachte bei sich hin und her, was er anfangen sollte. Her und hin, hierhin und dorthin ging der Treue nachdenkend, sein Herz sehr in die Sorgen versenkend auf der grünen Ebene. Nun spendete der helle Mond seinen Glanz durch die Wolken hindurch, deshalb bemerkte der heimatlose Fremde, der überaus makellos hinsichtlich seiner Geburt war, am Ufer ein Schiff und daran eine Landungsbrücke, auf der man angenehm in die Barke hineingehen konnte. Dieses Schiff war mit großer Kunstfertigkeit verziert und überall mit Gold und mit Edelsteinen geschmückt, als ob es eine wilde Fee für sich selbst nach ihrer Lust ausgesucht hätte. Allerdings fand der junge Held nichts Lebendiges dort drinnen. Er dachte bei sich, daß es in dem Schiff doch friedlicher sei als am Strand beim Meer. Deshalb ging er, ohne an Verteidigung zu denken, zu der wunderbaren Barke. Sein Pferd führte er und nahm es mit sich unverzüglich dorthin, damit die wilden Tiere nicht aus dem Wald kämen und es ganz bald auf dem breiten Strand fräßen.'

Anders als bei modernem personalem Erzählen kaschiert sich die Erzählerstimme nicht. Sie erzählt weitgehend ‚konsonant' mit dem Figurenbewußtsein und nimmt dabei eine weitgehend synthetische Haltung ein, d. h. sie distanziert sich nicht ‚analytisch' von demjenigen, was Wahrnehmen und Erleben der Figur ist. Aber dies ist nur die Tendenz dieses Erzählens, denn immer wieder finden sich Einsprengsel wie diejenigen über den Adel des Protagonisten, die dezidiert aus der Sicht des Erzählers heraus formuliert sind. Zumeist erscheinen solche kleineren Unstimmigkeiten funktional begründet: Als Partonopier dann, in einer offensichtlich menschenleeren Burg, sich in ein prächtiges Bett gelegt hat, nähern sich unsichtbare Schritte, die der Erzähler eindeutig als menschliche identifiziert, während sein Protagonist sich unbestimmten Ängsten hingibt. Es ist eben keine Dämonin, die sich nun an Partonopiers Seite in das Prachtbett legt, sondern eine junge Frau, die den Eindringling mit barschen Worten vertreiben möchte. Als Partonopier ihr nach einigem Hin und Her gewaltsam seine körperliche Liebe aufdrängt und mit ihr schläft, läßt der Erzähler das Publikum wissen, daß Partonopier damit keinesfalls gegen den Willen der jungen Dame gehandelt habe – so soll jeder Anschein der Vergewaltigung vom Protagonisten genommen werden, der sich wiederum durch die Seufzer der Frau, die er anders als ihren verbalen Protest als authentische Zeichen der Verliebtheit wertet, zu seinem Handeln ermutigt sieht. Partonopier benimmt sich als einer, der zu wissen glaubt, daß er in einer Feengeschichte gelandet ist, aber das entsprechende Signal wird explizit nicht über die Darstellung seines Bewußtseins gegeben, sondern über die Erzählerrede. Es findet sich in der Beschreibung des Schiffs, das so aussieht, *als ob* es von einer wilden Fee ausgewählt worden sei.

Weitaus befremdlicher noch erscheinen drei Szenen, bei denen die Wissensverteilung deutlich anders ist, als wir sie von einer plausiblen Geschichte erwarten würden. Die erste ereignet sich nach dem Tabubruch. Das heimliche Liebesverhältnis ist öffentlich geworden, Meliurs Hofdamen scharen sich in der Kemenate und betrachten den nackten Jüngling, den die junge Kaiserin eben verstoßen hat, zunächst voller Wut, dann aber mit zunehmendem Wohlgefallen. Ihren ersten Auftritt in der Geschichte hat nun Irekel, Meliurs Schwester, die die junge Kaiserin davon zu überzeugen sucht, daß es für sie doch besser wäre, ihrem Geliebten zu verzeihen. Sie argumentiert dabei mit einem Sachverhalt, von dem sie eigentlich überhaupt nichts wissen kann, nämlich damit, daß Partonopiers Mutter den jungen Helden massiv beeinflußt hat – und sie setzt dieses Wissen explizit als allgemein bekannt voraus. Außerdem kennt sie Partonopiers Namen.

Diese Merkwürdigkeiten sind bereits JELLINEK und VON KRAUS (1893) aufgefallen, die hier einen Ebenenbruch konstatieren: „Die Worte ‚*wir hân ez alle wol vernomen*‘ gelten nur für das Publicum des Dichters" (S. 693). Ein Problem entsteht hier allerdings nur dann, wenn man eine Mimesiskonvention zugrunde legt. Das erscheint mir bei diesem Text allerdings fehl am Platze, denn zuvor war es dem Protagonisten bereits möglich, unmittelbar hintereinander auf vier Türme zu steigen und von oben Meliurs Reich gewissermaßen nicht in geographischer, sondern in thematischer Schau zu überblicken: vom ersten Turm aus sieht er die Schiffahrts-Handelswege bis hin zum Hafen von Alexandria, mitsamt den Schiffsladungen; vom zweiten Turm aus sieht er Kräutergärten, Obstbäume, Weinreben; vom dritten Turm aus sieht er korntragende Felder; und vom vierten Turm aus sieht er einen Fluß und eine Burg, an die ein Jagdrevier mitsamt seinen tierischen Bewohnern grenzt. Die Ordnung des Raumes, wie ihn der Protagonist wahrnehmen kann, ist eine thematische: Ihm werden die Grundlagen von Meliurs Reichtum und Herrschaft vor Augen geführt. Mimetisch ist dieser Blick nicht.

Die Verstöße gegen das Wissen, über das Irekel eigentlich verfügen dürfte, entstehen nicht aus der Logik der narrativen Informationsvergabe heraus, sondern daraus, daß das Geschehen an dieser Stelle von anderen Logiken ‚thematisch überfremdet' wird: zum einen vom Erzählschema des Minne- und Aventiureromans, in dem nach dem gravierenden Normverstoß des Helden eine Szene vorgesehen ist, in der ein Fürsprecher Partei für ihn ergreift, wobei er auf Informationen aus dem früheren Geschehen zurückgreifen muß; zum zweiten von der spezifischen Codierung von Magie im Text: Meliurs Magie dient nämlich ausschließlich der Herstellung von Unsichtbarkeit, die grundsätzlich mit Heimlichkeit gleichgesetzt wird, also damit, Sachverhalte wie die Liebesbeziehung der jungen Kaiserin vom kollektiven Wissen fernzuhalten. Offenbar hat diese Gleichsetzung zur Folge, daß der Gegenzauber, den Partonopier anwendet, nicht allein Sichtbarkeit herstellt, sondern die vollständige Öffentlichkeit seiner Liebesbeziehung mit Meliur.

Effekt ist also, daß alle und zumal Irekel nun alles über die vormals heimliche Liebe wissen. Für diese Deutung spricht auch, daß Meliur nach Partonopiers Tabubruch nicht mehr zaubern kann, obwohl sie sich die entsprechenden Künste angelesen und, wie sie eigens betont, dieses Wissen keinesfalls verloren hat. Auch das erklärt sich nur, wenn man annehmen darf, daß Zauber, Unsichtbarkeit und Heimlichkeit so eng miteinander verkoppelt sind, daß die Zerstörung der Unsichtbarkeit zugleich die Zerstörung der Heimlichkeit und die Zerstörung der Fähigkeit zum Zaubern bedeutet.

Das erklärt auch, warum keinerlei Anstalten getroffen werden, Partonopier am Hof zu verstecken, und es erklärt ebenso, warum die Hofdamen in der Lage sind, zu erkennen, daß der immerhin recht kampferprobte Jüngling im Bett der Kaiserin noch ein *garzûn* (V. 8440) bzw. *kneht* (V. 8447) ist, ein Knappe, dem rein rechtlich gesehen nicht allein der Ritterstand mangelt, sondern damit zugleich auch die Heiratsfähigkeit. Dies ist plausibel, wenn man nicht erwartet, daß der Text in irgendeiner Weise Realitäten mimetisch abbildet. Von der Eigenlogik des Textes her ist die Wissensvergabe konsequent.

Die zweite vorderhand befremdliche Szene ist diejenige, in der der völlig verwilderte Partonopier im Ardennenwald von Irekel gefunden wird. Er ist heimlich dorthin geritten, um sich den wilden Tieren zum Fraß vorzuwerfen. Allerdings verschmähen sie ihn, nur sein Pferd muß sich – offenbar als metonymischer Repräsentant seiner verleugneten Adels-,

Krieger- und Herrscherfähigkeiten – gegen einen Löwen zur Wehr setzen. Partonopier kriecht auf allen vieren, ernährt sich von Waldeskräutern und lebt in einer hohlen Eiche. Eines Tages fährt zufällig ein Schiff vorbei, auf dem eine junge Dame das Sagen hat. Man hört das brüllende Wiehern von Partonopiers Pferd, das eben den Löwen getötet hat, und beschließt, der Sache nachzugehen. Ein alter kundiger Seemann weiß einen Zauber, mit dem man die wilden Untiere im Ardennenwald einschläfern kann. Also geht man an Land. Man findet den toten Löwen und eine Blutspur, die auffälligerweise aber gerade nicht zu dem Pferd führt, das der Löwe zuvor verletzt hat, sondern zu Partonopier.

Auch hier ist die narrative Wissensvergabe von einer thematischen Ordnung bestimmt: Es geht nicht um ein reales Pferd, sondern darum, daß das Pferd ein Stellvertreter für dasjenige ist, was Partonopier zwar als Potenz in sich trägt, was er selbst aber nicht mehr tut. Deshalb führt die Spur auch zum Helden selbst. Die junge Dame wird auf ihn aufmerksam, weil sie ein Seufzen hört, sie zieht ihn aus dem hohlen Baum, bettet ihn in ihren Schoß und spricht ihn zielsicher als Adeligen an, als *jungelinc* (V. 10784), bei dem sie sich nach dem Grund seines tapferen Leidens, seiner *arbeit* (V. 10800) erkundigt. Plausibel ist dies nur, wenn man die Prämisse akzeptiert, die der Text sonst auch setzt, nämlich daß Adel eine angeborene, unzerstörbare und jederzeit kenntliche Eigenschaft ist. Die Dame sieht den Helden lange an und erkennt ihn schließlich namentlich. Sie selbst gibt sich, was der Rezipient zeitgleich mit dem Protagonisten erfährt, als Irekel zu erkennen, die auf der Suche nach Partonopier ist.

Wieder paßt sich das Erzählen nur partiell an den Wissensstand des Protagonisten an. Es liegt auktoriales Erzählen, Erzählen mit Nullfokalisierung, vor, zum einen hinsichtlich des Protagonisten, zum anderen hinsichtlich des Rettungskommandos. Aber die Allwissenheit wird durch eine auffällige Paralipse eingeschränkt: durch das Verschweigen von Namen, Absicht und Mission Irekels. So kann sich dasjenige, was zunächst als bloßer Zufall erscheinen mag, letztlich als absichtsvoll geplant und providentiell gesichert herausstellen. Nicht umsonst hegt man auf dem Schiff die Absicht, *âventiure* zu *schouwen* (V. 10638 f.) – Aventiure ist der Zentralbegriff für eine Weltsicht, in der sich das Zufällige immer auch als Bestimmung des Menschen offenbart.

Modernes Erzählen würde konsequent auf die Fokalfigur Partonopier bezogen bleiben, vor dessen Augen dann mit einem Mal eine junge Dame, eine Reisegesellschaft und ein paar Schiffsleute auftauchen würden. Für das mittelalterliche Romanerzählen mit seiner Wegstruktur ist es aber wenig vorstellbar, daß sich etwas ereignet, wenn man wartet, weil Dinge eigentlich nur dann passieren, wenn man sich bewegt. Partonopier bewegt sich nicht mehr, Irekels Schiff aber durchaus. Das wäre der erste Grund. Der zweite wäre, daß es dem Text darum zu tun ist, vorzuführen, daß Partonopiers adeliges Bewußtsein zwar nicht ausgelöscht, aber gewissermaßen ausgeschaltet ist. Von daher agiert auch nur noch sein metonymischer Repräsentant, das Pferd. Ein nicht-adeliges Bewußtsein erscheint offensichtlich nicht als darstellungswürdig. Die Szene kann nicht aus Partonopiers Sicht erzählt werden. Es muß erst eine symbolische Wiedergeburt vollzogen werden, bevor Partonopier überhaupt wieder – in adeliger Hinsicht – sprach- und damit bewußtseinsfähig wird.

Die dritte Auffälligkeit in Konrads ‚Partonopier' ist eines der frühesten volkssprachigen Experimente mit der Ich-Erzählung. Kontrastierend zur Erfolgsgeschichte des Helden gibt es so etwas wie eine Gegengeschichte. Es ist die Geschichte Anshelms, eines getauften Heiden, den Partonopier auf seiner selbstzerstörerischen Reise in den Ardennenwald heimlich verlassen hat. Anshelm gelangt dann an den Kaiserhof, wo er sich den böswilligen Intrigen eines Sozialaufsteigers, eines Findelkinds, ausgesetzt sieht, das in Wahrheit ein Bauernsohn ist. Partonopier, der eben glücklich Meliur heiraten konnte, trifft den klagenden und zeternden Anshelm auf der Jagd im Wald. Nachdem man einander wiedererkannt hat, bittet Partonopier Anshelm, seine Geschichte an seinem Hof zu erzählen. Dies geschieht, und der Erzähler leiht hier über längere Zeit seine Stimme der Figur Anshelm. Anshelm hätte am Kaiserhof sein Glück machen können, eine Verwandte des Herrschers begehrte ihn heimlich, er erwiderte diese Liebe, aber alles wurde trotz Unterstützung durch die Kaisergattin von einem intriganten Sozialaufsteiger zunichte gemacht. Anshelm und Igla wurden getrennt, sein getreuer Hund vom Kaiser eigenhändig ermordet, er selbst in Gefangenschaft gesetzt, aus der ihn nur die Hilfe der Kaiserin befreien konnte.

Diese Geschichte weist einige Parallelen zu derjenigen Partonopiers auf, aber sie führt vor, daß Ähnliches nicht unbedingt zum gleichen glücklichen Ergebnis führen muß. Ich will hier nicht weiter diskutieren, ob damit der Einbruch von Kontingenz in eine Welt vorgeführt wird, die zuvor noch so sehr providentiell gesichert erschien. An dieser Stelle geht es mir nur um Anshelm, dessen Ich-Rede auffälligerweise nicht auch aus einer durchgängigen Ich-Perspektive erzählt wird. Es handelt sich um eine Ich-Erzählung, bei der das Ich, das die Handlung erleidet, nicht konsequent zur Fokalfigur gemacht wird. Das hat mit der besonderen Logik der Intrige zu tun. Auf der einen Seite ist Anshelm der Protagonist seiner eigenen Geschichte, er ist eine Figur, die mit einem höchst begrenzten Wissensstand handelt und erleidet. Andererseits ist Anshelm der Erzähler dieser Geschichte, er ist die Figur, die die Geschehnisse retrospektiv besser weiß, als es die Figur zum Zeitpunkt des Erlebens wußte. Das ist eine relativ einfache Konstruktion – wir kennen sie etwa aus vielen Erzählungen des bürgerlichen Realismus, in denen sich ein alter Mann an seine Jugend erinnert und im Rückblick souverän Dinge mit einem inzwischen hinzugewonnenen Wissen erklären kann, über das er damals, als die Geschichte sich ereignete, noch überhaupt nicht verfügen konnte. Modernes Erzählen würde allerdings immer plausibel machen, woher dieses Wissen stammt, wenn es sich nicht von selbst erklärt. Floskeln wie „Später erfuhr ich von XY …/Später fand ich heraus, daß …" sind hier unerläßlich. Nicht so Konrads Ich-Erzähler Anshelm. Er weiß Dinge, die eine Figur der dargestellten Welt unmöglich wissen kann. Das beginnt schon damit, daß er das Findelkind präzise als Bauernsohn bestimmen kann, und es setzt sich fort, wenn er die Intentionen und Pläne des Intriganten genau benennen kann, wo doch dieser Intrigant bevorzugt mit Lügen und in der Heimlichkeit operiert, also auf eine Weise, die es der Außenwelt unmöglich macht, über sein Tun und Trachten informiert zu sein.

Das Subjekt des Erzählens und das Subjekt des Erlebens sind nicht miteinander vermittelt. Es wird kein Wort darüber verloren, wie Anshelm zu diesem Wissen gelangt. Auch hier greifen moderne Mimesiskonventionen nicht. Funktional geht es darum, die Niederträchtigkeit des Sozialaufsteigers vorzuführen, und das ist aus der Perspektive eines Betrogenen, der oft nicht einmal ahnen kann, wer für sein Unheil verantwortlich ist, nur höchst begrenzt möglich. Es muß also ein überlegenes Wissen geben, ein Wissen, das gegenüber der Figur des erlebenden Subjekts exklusiv und privilegiert ist. Anshelms Rede führt, aus moderner Sicht höchst widersprüchlich, diese beiden Aspekte zusammen.

Ich vermute, daß die Akzeptanz einer solchen Widersprüchlichkeit den mündlichen Vortrag einigermaßen notwendig voraussetzt. Denn anders als in einer stillen Lektüre ist es nicht so, daß die Erzählerrede von einer wörtlichen Figurenrede zwischen Anführungszeichen abgelöst würde, im Sinne einer parataktischen Konstruktion, bei der die beiden Redeformen gleichwertig sind (weil der Erzähler nur notiert, was die Figur sagt), sondern der Vortragende leiht seine Stimme über eine gewisse Zeit der Ich-Erzählung Anshelms, bleibt aber gleichwohl als Verkörperung einer übergeordneten Erzählinstanz anwesend, die auch über ein übergeordnetes Wissen verfügt. Insofern wäre hier Anshelms Ich-Erzählung der gleichzeitig vorhandenen Stimme des übergeordneten Erzählers untergeordnet. Es läge also eine hypotaktische Struktur vor, bei der der Widerspruch durch eine Hierarchisierung bereinigt würde. Insofern wäre die Ich-Rede funktionsäquivalent zu einer Erzählerrede mit Nullfokalisierung, die sich teilweise allerdings der Sicht einer der Figuren anschmiegte.

Konrad von Würzburg ist *der* Meistererzähler der zweiten Hälfte des 13. Jahrhunderts. Er ist nicht allein ein Stilist, der seinesgleichen sucht, sondern auch einer, der die Probleme, die mit dem adeligen Weltverständnis verbunden sind, immer wieder höchst anschaulich zum Vorschein bringt, und er ist ein Meister der Sujetfügung, was sich besonders in seiner Bearbeitung des Troja-Stoffes zeigt. Von daher muten die beschriebenen Unstimmigkeiten zunächst reichlich seltsam, wenn nicht inkompetent an. Das ist anders, wenn man vor allen ästhetischen Verdikten zunächst nach ihrer Funktion innerhalb des vormodernen Erzählens fragt, das nicht in gleicher Weise Mimesiskonventionen unterliegt wie modernes. Ich würde gar nicht leugnen, daß Plausibilität in mittelalterlichen Texten durchaus eine große Rolle spielt – nur tut sie das nicht mit dem gleichen systematischen Anspruch, wie er in der Romantheorie seit dem 18. Jahrhundert immer wieder formuliert worden ist.

JELLINEK/VON KRAUS 1893. – SCHULZ 2000b, S. 82–121. – SCHULZ 2008, S. 409–455.

Literatur

Quellen

Das Ambraser Mantel-Fragment. Nach der einzigen Handschrift neu hg. v. Werner Schröder, Stuttgart 1995 (Sitzungsberichte der Wissenschaftlichen Gesellschaft an der Johann Wolfgang Goethe-Universität Frankfurt am Main 33/5).

Alpharts Tod. Dietrichs Flucht. Rabenschlacht, hg. v. Ernst Martin, 2., unveränderte Aufl., Dublin u. Zürich 1967 (Deutsches Heldenbuch 2).

[Andreas Capellanus: De amore.] Andreas, königlicher Hofkapellan: Von der Liebe. Drei Bücher, übers. u. mit Anmerkungen u. einem Nachwort versehen v. Fritz Peter Knapp, Berlin u. New York 2006.

Aristoteles: Über Gedächtnis und Erinnerung [De memoria et reminiscentia], in: ders.: Kleine naturwissenschaftliche Schriften [Parva naturalia], übers. u. hg. v. Eugen Dönt, Stuttgart 1997 (RUB 9478), S. 87–100.

Aristoteles: Über die Seele [De anima]. Mit Einleitung, Übersetzung (nach W. Theiler) und Kommentar hg. v. Horst Seidl. Griechischer Text in der Edition v. Wilhelm Biehl u. Otto Apelt. Griechisch–deutsch, Hamburg 1995 (Philosophische Bibliothek 476).

Augustinus, Aurelius: De doctrina christiana. De vera religione, hg. v. Joseph Martin, Turnhout 1962 (Corpus Christianorum: Series Latina 32. Aurelii Augustini Opera 4,1).

Augustinus, Aurelius: Die christliche Bildung (De doctrina christiana). Übersetzung, Anmerkungen u. Nachwort v. Karla Pollmann, Stuttgart 2002 (RUB 18165).

Bartholomaeus Anglicus: De rerum proprietatibus, Frankfurt/M. 1601, Repr. Frankfurt/M. 1964.

[Bernardus Silvestris:] The ‚Cosmographia' of Bernardus Silvestris, übers., eingeleitet u. kommentiert v. Winthrop Wetherbee, New York u. London 1973 (Records of civilisation, sources and studies 89).

Berol: Tristan und Isolde, hg. u. übers. v. Ulrich Mölk, 2. Aufl., München 1991 (Klassische Texte des Romanischen Mittelalters in zweisprachigen Ausgaben 1).

Boethius: Trost der Philosophie. Consolatio Philosophiae. Lateinisch und deutsch. Hg. und übers. v. Ernst Gegenschatz u. Olof Gigon. Eingeleitet u. erläutert v. Olof Gigon, 5. Aufl., Düsseldorf [u. a.] 1998 (Sammlung Tusculum).

Der Busant, in: Gesammtabenteuer. Hundert altdeutsche Erzählungen: Ritter- und Pfaffen-Mären, Stadt- und Dorfgeschichten, Schwänke, Wundersagen und Legenden, hg. v. Friedrich Heinrich von der Hagen, Bd. 1, Stuttgart u. Tübingen 1850, S. 337–366.

Chrestien de Troyes: Lancelot, übers. u. eingeleitet v. Helga Jauss-Meyer, München 1974 (Klassische Texte des Romanischen Mittelalters in zweisprachigen Ausgaben 13).

Chrestien de Troyes: Yvain, übers. u. eingeleitet v. Ilse Nolting-Hauff, München 1983 (Klassische Texte des Romanischen Mittelalters in zweisprachigen Ausgaben 2).
Chrétien de Troyes: Erec et Enide, in: Hartmann von Aue: Erec, hg. v. Manfred Günther Scholz, übers. v. Susanne Held, Frankfurt/M. 2007 (DKV im Taschenbuch 20), S. 10–15.
Chrétien de Troyes: Guillaume d'Angleterre. Der altfranzösische Text nach Band IV/2 der Sämtlichen Werke, hg. v. Wendelin Foerster. Übers., hg. und mit Anmerkungen v. Heinz Klüppelholz, München 1987 (Klassische Texte des Romanischen Mittelalters in zweisprachigen Ausgaben 24).
Dietrichs Flucht. Textgeschichtliche Ausgabe, hg. v. Elisabeth Lienert u. Gertrud Beck, Tübingen 2003 (Texte und Studien zur mittelhochdeutschen Heldenepik 1).
Dukus Horant, hg. v. P. F. Ganz, F. Norman u. W. Schwarz, mit einem Exkurs v. S. A. Birnbaum, Tübingen 1964 (ATB. Ergänzungsreihe 2).
Das Eckenlied. Sämtliche Fassungen, hg. v. Francis B. Brévart, 3 Tle., Tübingen 1999 (ATB 111).
[Egenolf von Staufenberg:] Der Ritter von Staufenberg, hg. v. Eckhard Grunewald, Tübingen 1979 (ATB 88).
Egidio Colonna (Aegidius Romanus): De regimine principum libri III. Recogniti et una cum vita auctoris in lucem editi per F. Hieronymum Samaritanium, Rom 1607, Repr. Aalen 1967.
Eilhart von Oberg: Tristrant und Isalde, mittelhochdeutsch/neuhochdeutsch, hg. v. Danielle Buschinger u. Wolfgang Spiewok, Greifswald 1993 (Wodan 27).
Fleck, Konrad: Flore und Blanscheflur. Eine Erzählung, hg. v. Emil Sommer, Quedlinburg u. Leipzig 1846 (Bibliothek der gesammten deutschen National-Literatur von der ältesten bis auf die neuere Zeit 12).
Fortunatus, in: Romane des 15. und 16. Jahrhunderts. Nach den Erstdrucken mit sämtlichen Holzschnitten hg. v. Jan-Dirk Müller, Frankfurt/M. 1990 (Bibliothek der Frühen Neuzeit 1), S. 383–585 [Text] u. 1159–1225 [Kommentar].
[Freidank:] Fridankes Bescheidenheit, hg. v. H. E. Bezzenberger, Halle/S. 1872, Repr. Aalen 1962.
Friedrich von Schwaben, aus der Stuttgarter Handschrift hg. v. Max Hermann Jellinek, Berlin 1904 (DTM 1).
Füetrer, Ulrich: Das Buch der Abenteuer, Tl. 2: Das annder púech: Von Wigoleis – Von Seyfrid – Von Melerans – Von Iban – Von Persibein – Von Poytislier – Von Flordimar. Nach der Handschrift A (Cgm. 1 der Bayerischen Staatsbibliothek) in Zusammenarbeit mit Bernd Bastert hg. v. Heinz Thoelen, Göppingen 1997 (GAG 638/2).
Gottfried von Straßburg: Tristan, nach dem Text v. Friedrich Ranke neu hg., ins Neuhochdeutsche übers., mit einem Stellenkommentar und einem Nachwort v. Rüdiger Krohn, Bde. 1 u. 2: Text, 9. bzw. 6. Aufl., Stuttgart 2001 u. 1999 (RUB 4471 u. 4472); Bd. 3: Kommentar, Nachwort u. Register, 5. Aufl., Stuttgart 1998 (RUB 4473).

Die Gute Frau. Gedicht des dreizehnten Jahrhunderts, hg. v. Emil Sommer, in: ZfdA 2 (1842), S. 385–481.
Hartmann von Aue: Erec, hg. v. Manfred Günter Scholz, übers. v. Susanne Held, Frankfurt/M. 2007 (DKV im Taschenbuch 20).
Hartmann von Aue: Gregorius, hg. v. Hermann Paul, 13., neu bearb. Aufl. besorgt v. Burghart Wachinger, Tübingen 1984 (ATB 2).
Hartmann von Aue: Iwein, hg. v. G. F. Benecke u. K. Lachmann, neu bearb. v. Ludwig Wolff, 7. Ausgabe, Bd. 1: Text, Berlin 1968.
Die Heidin. Fassung B, in: Novellistik des Mittelalters. Märendichtung, hg., übers. u. kommentiert v. Klaus Grubmüller, Frankfurt/M. 1996 (Bibliothek des Mittelalters 23), S. 364–469 [Text] u. 1153–1171 [Kommentar].
Heinrich von Freiberg, hg. v. Alois Bernt, Halle/S. 1906, Repr. Hildesheim u. New York 1978.
Heinrich von Neustadt: Apollonius von Tyrland, nach der Gothaer Handschrift [...] hg. v. S[amuel] Singer, 2. Aufl., Dublin u. Zürich 1967 (DTM 7).
Heinrich von dem Türlin: Die Krone, Bd. 1: Verse 1–12281. Nach der Handschrift 2779 der Österreichischen Nationalbibliothek nach Vorarbeiten v. Alfred Ebenbauer, Klaus Zatloukal u. Horst P. Pütz hg. v. Fritz Peter Knapp u. Manuela Niesner; Bd. 2: Verse 12282–30042. Nach der Handschrift Cod. Pal. germ. 374 der Universitätsbibliothek Heidelberg nach Vorarbeiten v. Fritz Peter Knapp u. Klaus Zatloukal hg. v. Alfred Ebenbauer u. Florian Kragl, Tübingen 2000 u. 2005 (ATB 112 u. 118).
Heinrich von Veldeke: Eneasroman. Mittelhochdeutsch/Neuhochdeutsch, nach dem Text v. Ludwig Ettmüller ins Neuhochdeutsche übers., mit einem Stellenkommentar u. einem Nachwort v. Dieter Kartschoke, Stuttgart 1986 (RUB 8303).
Herrand von Wildonie: Vier Erzählungen, hg. v. Hanns Fischer. 2., revidierte Aufl. besorgt v. Paul Sappler, Tübingen 1969 (ATB 51).
Herzog Ernst. Ein mittelalterliches Abenteuerbuch. In der mittelhochdeutschen Fassung B nach der Ausgabe v. Karl Bartsch mit den Bruchstücken der Fassung A hg., übers., mit Anmerkungen u. einem Nachwort versehen v. Bernhard Sowinski, 2. Aufl., Stuttgart 1979 (RUB 8352).
Historia Apollonii regis Tyri. Die Geschichte vom König Apollonius, übers. u. eingeleitet v. Franz Peter Waiblinger, 2. Aufl., München 1994 (dtv 9324).
Hugo von Sankt Viktor: Didascalicon de studio legendi. Studienbuch, übers. u. eingeleitet v. Thilo Offergeld, Freiburg/Br. [u. a.] 1997 (Fontes christiani 27).
[Jacobus de Voragine:] Die Legenda aurea des Jacobus de Voragine. Aus dem Lateinischen übers. v. Richard Benz, 12. Aufl., Gerlingen 1997.
Johann von Würzburg: Wilhelm von Österreich, hg. aus der Gothaer Handschrift v. Ernst Regel, mit 2 Tafeln im Lichtdruck, Berlin 1906 (DTM 3).
Der jüngere Sigenot. Nach sämtlichen Handschriften und Drucken hg. v. A. Clemens Schroeder, Heidelberg 1928 (Germanische Bibliothek III/6).
Die Kaiserchronik eines Regensburger Geistlichen, hg. v. Edward Schröder, Hannover 1892 (Monumenta Germaniae Historia. Deutsche Chroniken und andere Geschichtsbücher des Mittelalters 1/1).
Die Königin vom Brennenden See, hg. v. Paul Sappler, in: Wolfram-Studien 4 (1977), S. 173–270.

König Rother. Mittelhochdeutscher Text und neuhochdeutsche Übersetzung v. Peter K. Stein, hg. v. Ingrid Bennewitz unter Mitarbeit v. Beatrix Koll u. Ruth Weichselbaumer, Stuttgart 2000 (RUB 18047).
Konrad von Megenberg: Das Buch der Natur. Die erste Naturgeschichte in deutscher Sprache, hg. v. Franz Pfeiffer, Stuttgart 1861, Repr. Hildesheim, Zürich u. New York 1994.
Konrad von Megenberg: Von der sel. Eine Übertragung aus dem Liber de proprietatibus rerum des Bartholomäus Anglicus, hg. v. Georg Steer, München 1966 (Kleine deutsche Prosadenkmäler des Mittelalters 2).
[Konrad von Stoffeln:] Der Ritter mit dem Bock. Konrads von Stoffeln ‚Gauriel von Muntabel', neu hg., eingeleitet u. kommentiert v. Wolfgang Achnitz, Tübingen 1997 (Texte und Textgeschichte 46).
Konrad von Würzburg: Alexius, in: Die Legenden II, hg. v. Paul Gereke, Halle/S. 1926 (ATB 20), S. 1–63.
Konrad von Würzburg: Engelhard, hg. v. Ingo Reiffenstein, 3., neubearb. Aufl. der Ausgabe v. Paul Gereke, Tübingen 1982 (ATB 17).
[Ps.-]Konrad von Würzburg: Die halbe Birne, in: Novellistik des Mittelalters. Märendichtung, hg., übers. u. kommentiert v. Klaus Grubmüller, Frankfurt/M. 1996 (Bibliothek des Mittelalters 23), S. 178–207 [Text] u. 1083–1101 [Kommentar].
Konrad von Würzburg: Heinrich von Kempten. Der Welt Lohn. Das Herzmaere. Mittelhochdeutsch/Neuhochdeutsch. Mittelhochdeutscher Text nach der Ausgabe v. Edward Schröder. Übers., mit Anmerkungen u. einem Nachwort versehen v. Heinz Rölleke, Stuttgart 1968 (RUB 2855).
Konrad von Würzburg: Pantaleon. 2. Aufl., hg. v. Winfried Woesler, Tübingen 1974 (ATB 21).
Konrad von Würzburg: Partonopier und Meliur. Aus dem Nachlasse v. Franz Pfeiffer hg. v. Karl Bartsch, mit einem Nachwort v. Rainer Gruenter in Verbindung mit Bruno Jöhnk, Raimund Kemper u. Hans-Christian Wunderlich, Wien 1871, Repr. Berlin 1970 (Deutsche Neudrucke, Reihe: Texte des Mittelalters).
Konrad von Würzburg: Der trojanische Krieg, nach den Vorarbeiten K. Frommanns und F. Roths hg. v. Adelbert v. Keller, Stuttgart 1858 (BLVSt 44).
Kudrun, hg. v. Karl Bartsch, neue ergänzte Ausgabe der 5. Aufl., überarb. u. eingeleitet v. Karl Stackmann, Wiesbaden 1980 (Deutsche Klassiker des Mittelalters).
Mai und Beaflor. Eine Erzählung aus dem dreizehnten Jahrhundert, Leipzig 1848 (Dichtungen des deutschen Mittelalters 7).
Marie de France: Lanval, in: dies.: Die Lais, übers., mit einer Einleitung, einer Bibliographie sowie Anmerkungen versehen v. Dietmar Rieger unter Mitarbeit v. Renate Kroll, München 1980 (Klassische Texte des romanischen Mittelalters in zweisprachigen Ausgaben 19), S. 208–249.
Mauricius von Craûn. Mittelhochdeutsch/Neuhochdeutsch. Nach dem Text v. Edward Schröder hg., übers. und kommentiert v. Dorothea Klein, Stuttgart 1999 (RUB 8796).
Des Minnesangs Frühling [MF]. Unter Benutzung der Ausgaben v. Karl Lachmann u. Moriz Haupt, Friedrich Vogt u. Carl von Kraus bearb. v. Hugo Moser

u. Helmut Tervooren, Bd. I: Texte. 38., erneut revidierte Aufl. Mit einem Anhang: Das Budapester und Kremsmünsterer Fragment, Stuttgart 1988.
Der Münchner Oswald. Mit einem Anhang: die ostschwäbische Prosabearbeitung des 15. Jahrhunderts, hg. v. Michael Curschmann, Tübingen 1974 (ATB 76).
Die Nibelungenklage. Synoptische Ausgabe aller vier Fassungen, hg. v. Joachim Bumke, Berlin u. New York 1999.
Das Nibelungenlied. Nach der Ausgabe v. Karl Bartsch hg. v. Helmut de Boor, 22., revidierte u. v. Roswitha Wisniewski ergänzte Aufl., Wiesbaden 1996 (Deutsche Klassiker des Mittelalters).
Orendel, hg. v. Hans Steinger, Halle/S. 1935 (ATB 36).
Ortnit und die Wolfdietriche. Nach Müllenhoffs Vorarbeiten hg. v. Arthur Amelung u. Oskar Jänicke, 2., unveränderte Aufl., 2 Bde., Dublin u. Zürich 1968 (Deutsches Heldenbuch 3 u. 4).
Ortnit und Wolfdietrich D. Kritischer Text nach Ms. Carm. 2 der Stadt- und Universitätsbibliothek Frankfurt am Main, hg. v. Walter Kofler, Stuttgart 2001.
Partonopeu de Blois. A french romance of the twelfth century, hg. v. Joseph Gildea O.S.A., 2 Bde., Villanova/Pennsylvania 1967–1970.
[Pfaffe Konrad:] Das Rolandslied des Pfaffen Konrad. Mittelhochdeutsch/Neuhochdeutsch, hg., übers. u. kommentiert v. Dieter Kartschoke, Stuttgart 1993 (RUB 2745).
Der Pleier: Meleranz, hg. v. Karl Bartsch, Stuttgart 1861 (Bibliothek des Litterarischen Vereins in Stuttgart 60), Repr. Hildesheim u. New York 1974.
[Der Pleier:] Tandareis und Flordibel. Ein höfischer Roman von dem Pleiaere, hg. v. Ferdinand Khull, Graz 1885.
[Prosa-Lancelot:] Lancelot und Ginover. Nach der Heidelberger Handschrift Cod. Pal. germ. 147, hg. v. Reinhold Kluge, ergänzt durch die Handschrift Ms. allem. 8017–8020 der Bibliothèque de l'Arsenal Paris, übers., kommentiert u. hg. v. Hans-Hugo Steinhoff, 2 Bde., Frankfurt/M. u. Leipzig 2005.
[Pseudo-Aristoteles:] Die Aristotelische Physiognomik. Schlüsse vom Körperlichen auf Seelisches. Aus dem Griechischen übers. u. mit einer Einleitung versehen v. M. Schneidewin, Heidelberg 1929.
Rudolf von Ems: Willehalm von Orlens, hg. aus dem Wasserburger Codex der fürstlich Fürstenbergischen Hofbibliothek in Donaueschingen v. Victor Junk, 2., unveränderte Aufl., Dublin u. Zürich 1967 (DTM 2).
Salman und Morolf, hg. v. Alfred Karnein, Tübingen 1979 (ATB 85).
[Schweizer Anonymus:] Eine Schweizer Kleinepiksammlung aus dem 15. Jahrhundert, hg. v. Hanns Fischer, Tübingen 1965 (ATB 65).
Serial Killers. Das Buch der blutigen Taten, hg. v. Annette Keck u. Ralph J. Poole, Leipzig 1997 (Reclam-Bibliothek 1592).
Sibote: Frauenzucht. Kritischer Text und Untersuchungen, hg. v. Cornelie Sonntag, Hamburg 1969 (Hamburger Philologische Studien 8).
Der Stricker: Verserzählungen, hg. v. Hanns Fischer u. Johannes Janota, 2 Bde., 4., revidierte Aufl., Tübingen 1979 u. 1997 (ATB 53 u. 68).
Thomas: Tristan, eingeleitet, textkritisch bearbeitet u. übers. v. Gesa Bonath, München 1985 (Klassische Texte des Romanischen Mittelalters in zweisprachigen Ausgaben 21).

[Thomas von Cantimpré:] Thomas Cantimpratensis: Liber de natura rerum, Bd. 1: Text, hg. v. H. Boese, Berlin u. New York 1973.
Thomasin von Zerklaere: Der Welsche Gast. Ausgewählt, eingeleitet, übers. u. mit Anmerkungen versehen v. Eva Willms, Berlin u. New York 2004.
Thomasin von Zirclaria: Der welsche Gast, hg. v. H. Rückert, Quedlinburg u. Leipzig 1852, Repr. Berlin 1965.
[Thüring von Ringoltingen:] Melusine, in: Romane des 15. und 16. Jahrhunderts. Nach den Erstdrucken mit sämtlichen Holzschnitten hg. v. Jan-Dirk Müller, Frankfurt/M. 1990 (Bibliothek der frühen Neuzeit 1), S. 9–176 [Text] u. 1012–1087 [Kommentar].
Tristan als Mönch, hg. v. Betty C. Bushey, Göppingen 1974 (GAG 119).
Ulrich von Etzenbach: Wilhelm von Wenden, hg. v. Hans-Friedrich Rosenfeld, Berlin 1957 (DTM 49).
Ulrich von Türheim: Tristan, hg. v. Thomas Kerth, Tübingen 1979 (ATB 89).
Ulrich von Zatzikhoven: Lanzelet, hg. v. Florian Kragl, Bd. 1: Text und Übersetzung; Bd. 2: Forschungsbericht und Kommentar, Berlin u. New York 2006.
[Vinzenz von Beauvais:] Vincentius Bellovacensis: Speculum naturale [= Speculum quadruplex sive speculum maius, Tom. I], Duaci 1624, Repr. Graz 1964.
[Warbeck, Veit:] Magelone, in: Romane des 15. und 16. Jahrhunderts. Nach den Erstdrucken mit sämtlichen Holzschnitten hg. v. Jan-Dirk Müller, Frankfurt/M. 1990 (Bibliothek der frühen Neuzeit 1), S. 587–677 [Text] u. 1226–1260 [Kommentar].
Wickram, Georg: Gabriotto und Reinhart, hg. v. Hans-Gert Roloff, Berlin 1967 (Georg Wickram: Sämtliche Werke 2).
Wickram, Georg: Der Goldtfaden, hg. v. Hans-Gert Roloff, Berlin 1968 (Georg Wickram: Sämtliche Werke 5).
Wickram, Georg: Ritter Galmy, hg. v. Hans-Gert Roloff, Berlin 1967 (Georg Wickram: Sämtliche Werke 1).
Wickram, Georg: Von guoten und boesen Nachbaurn, hg. v. Hans-Gert Roloff, Berlin 1969 (Georg Wickram: Sämtliche Werke 4).
Der Wiener Oswald, hg. v. Gertrud Fuchs, Breslau 1920 (Germanistische Abhandlungen 52), Repr. Hildesheim u. New York 1977.
Wilhelm von Conches: Philosophia, hg., übers. u. kommentiert v. Gregor Maurach unter Mitarbeit v. Heidemarie Telle, Pretoria 1980 (Studia. University of South Africa 16).
Wirnt von Grafenberg: Wigalois. Text der Ausgabe von J. M. N. Kapteyn, übers., erläutert u. mit einem Nachwort versehen v. Sabine Seelbach u. Ulrich Seelbach, Berlin u. New York 2005 (de Gruyter Texte).
Wolfram von Eschenbach: Parzival. Studienausgabe. Mittelhochdeutscher Text nach der sechsten Ausgabe v. Karl Lachmann, Übersetzung v. Peter Knecht. Mit Einführungen zum Text der Lachmannschen Ausgabe und in Probleme der ‚Parzival'-Interpretation v. Bernd Schirok, 2. Aufl., Berlin u. New York 2003.

Wolfram von Eschenbach: Willehalm. Text der Ausgabe v. Werner Schröder. Völlig neubearb. Übersetzung, Vorwort u. Register v. Dieter Kartschoke, Berlin u. New York 1989.

Darstellungen und Hilfsmittel

Althoff, Gerd: Spielregeln der Politik im Mittelalter. Kommunikation in Frieden und Fehde, Darmstadt 1997.
Angenendt, Arnold: Heilige und Reliquien. Die Geschichte ihres Kultes vom frühen Christentum bis zur Gegenwart, 2., überarb. Aufl., München 1994.
Assmann, Jan: Das kulturelle Gedächtnis. Schrift, Erinnerung und politische Identität in frühen Hochkulturen, München 1992.
Bachorski, Hans-Jürgen, u. Judith Klinger: Körper-Fraktur und herrliche Marter. Zu mittelalterlichen Märtyrerlegenden, in: Langer/Ridder 2002, S. 309–333.
Bachtin, Michail M.: Das Wort im Roman, in: ders.: Die Ästhetik des Wortes, hg. u. eingeleitet v. Rainer Grübel, Frankfurt/M. 1979, S. 154–300 (edition suhrkamp 967).
Bachtin, Michail M.: Formen der Zeit im Roman. Untersuchungen zur historischen Poetik, hg. v. Edward Kowalski u. Michael Wegner, übers. v. Michael Dewey, Frankfurt/M. 1989 (Fischer Wissenschaft 7418).
Baisch, Martin: *man bôt ein badelachen dar:/ des nam er vil kleine war* (167,21 f.). Über Scham und Wahrnehmung in Wolframs ‚Parzival', in: Greenfield 2004, S. 105–132.
Baisch, Martin, Jutta Eming, Hendrikje Haufe u. Andrea Sieber (Hgg.): Inszenierungen von Subjektivität in der Literatur des Mittelalters, Königstein/Ts. 2005.
Barthes, Roland: Einführung in die strukturale Analyse von Erzählungen [1966], in: ders.: Das semiologische Abenteuer, übers. v. Dieter Hornig, Frankfurt/M. 1988 (edition suhrkamp N. F. 441), S. 102–143.
Barthes, Roland: Die Handlungsfolgen [1969], in: ders.: Das semiologische Abenteuer, übers. v. Dieter Hornig, Frankfurt/M. 1988 (edition suhrkamp N. F. 441), S. 144–155.
Bausinger, Hermann: Bemerkungen zum Schwank und seinen Formtypen, in: Fabula 9 (1967), S. 118–136.
Behr, Hans-Joachim: [Art.] ‚Spielmannsdichtung', in: Reallexikon der deutschen Literaturwissenschaft, Bd. 3, hg. v. Jan-Dirk Müller gemeinsam mit Georg Braungart, Harald Fricke, Klaus Grubmüller, Friedrich Vollhardt u. Klaus Weimar, Berlin u. New York 2003, S. 474–476.
Beller, Manfred: Von der Stoffgeschichte zur Thematologie. Ein Beitrag zur komparatistischen Methodenlehre, in: Arcadia 5 (1970), S. 1–38.
Beller, Manfred: Thematologie, in: Manfred Schmeling (Hg.): Vergleichende Literaturwissenschaft. Theorie und Praxis, Wiesbaden 1981, S. 73–97.
Beller, Manfred: Stoff, Motiv, Thema, in: Brackert/Stückrath 1992, S. 30–39.
Bennewitz, Ingrid (Hg.): *Der frauwen buoch.* Versuche zu einer feministischen Mediävistik, Göppingen 1989 (GAG 517).

Bennewitz, Ingrid: Der Körper der Dame. Zur Konstruktion von ‚Weiblichkeit' in der deutschen Literatur des Mittelalters, in: Jan-Dirk Müller (Hg.): ‚Aufführung' und ‚Schrift' in Mittelalter und Früher Neuzeit, Stuttgart u. Weimar 1996 (Germanistische Symposien-Berichtsbände 17), S. 222–238.

Bennewitz, Ingrid, u. Helmut Tervooren (Hgg.), *Manlîchiu wîp, wîplîch man.* Zur Konstruktion der Kategorien ‚Körper' und ‚Geschlecht' in der deutschen Literatur des Mittelalters (Internationales Colloquium der Oswald von Wolkenstein-Gesellschaft und der Gerhard-Mercator-Universität Duisburg, Xanten 1997), Berlin 1999 (Beihefte zur ZfdPh 9).

Bertau, Karl: Über Literaturgeschichte. Literarischer Kunstcharakter und Geschichte in der höfischen Epik um 1200, München 1983.

Bisky, Jens: Wir sind Gott. Jan Philipp Reemtsmas Studie über ‚Vertrauen und Gewalt', in: Süddeutsche Zeitung Nr. 59, 10. März 2008, S. 14.

Bleumer, Hartmut: Im Feld der *âventiure*. Zum begrifflichen Wert der Feldmetapher am Beispiel einer poetischen Leitvokabel, in: Dicke/Eikelmann/Hasebrink 2006, S. 347–367.

Bloh, Ute von: *Engelhart der Lieben Jaeger. Freundtschafft und Liebe* im ‚Engelhart', in: Zeitschrift für Germanistik N. F. 8 (1998), S. 317–334.

Bloh, Ute von: Ausgerenkte Ordnung. Vier Prosaepen aus dem Umkreis der Gräfin Elisabeth von Nassau-Saarbrücken: ‚Herzog Herpin', ‚Loher und Maller', ‚Huge Scheppel', ‚Königin Sibille', Tübingen 2002 (MTU 119).

Bloh, Ute von: Doppelgänger in der Literatur des Mittelalters? Doppelungsphantasien im ‚Engelhart' Konrads von Würzburg und im ‚Olwier und Artus', in: ZfdPh 124 (2005), S. 341–359.

[BMZ:] Mittelhochdeutsches Wörterbuch. Mit Benutzung des Nachlasses v. Georg Friedrich Benecke ausgearbeitet von Wilhelm Müller u. Friedrich Zarncke. 3 Bde., Leipzig 1854–1861, Repr. Hildesheim 1986.

Bowra, Cecil M.: Heldendichtung. Eine vergleichende Phänomenologie der heroischen Poesie aller Völker und Zeiten, Stuttgart 1964.

Brackert, Helmut, u. Jörn Stückrath (Hgg.): Literaturwissenschaft. Ein Grundkurs, Reinbek 1992 (Rowohlts Enzyklopädie 523).

Brandt, Rüdiger: Enklaven – Exklaven. Zur literarischen Darstellung von Öffentlichkeit und Nichtöffentlichkeit im Mittelalter. Interpretationen, Motiv- und Terminologiestudien, München 1993 (Forschungen zur Geschichte der älteren deutschen Literatur 15).

Braun, Manuel: Ehe, Liebe, Freundschaft. Semantik der Vergesellschaftung im frühneuhochdeutschen Prosaroman, Tübingen 2001 (Frühe Neuzeit 60).

Braun, Manuel: Stifterfamilien, Josephs-Ehen, Spitzenahnen. Entwürfe von Familie und Verwandtschaft im Spiegel kulturwissenschaftlicher Forschung, in: PBB 126 (2004), S. 446–466.

Braun, Manuel: *violentia* und *potestas*. Mediävistische Gewaltforschung im interdisziplinären Feld, in: PBB 127 (2005), S. 436–458.

Braun, Manuel: Versuch über ein verworrenes Verhältnis: Freundschaft und Verwandtschaft in mittelalterlichen und frühneuzeitlichen Erzähltexten, in: Sibylle Appuhn-Radtke u. Esther P. Wipfler (Hgg.), Freundschaft. Motive und Bedeutungen, München 2006 (Veröffentlichungen des Zentralinstituts für Kunstgeschichte in München 19), S. 67–96.

Braun, Manuel, u. Cornelia Herberichs (Hgg.): Gewalt im Mittelalter. Realitäten – Imaginationen, München 2005.
Brémond, Claude: Morphology of the french folktale, in: Semiotica 2 (1970), S. 247–276.
Brinker-von der Heyde, Claudia: Geliebte Mütter – Mütterliche Geliebte. Rolleninszenierung in höfischen Romanen, Bonn 1996 (Studien zur Germanistik, Anglistik und Komparatistik 123).
Brunner, Otto: Land und Herrschaft. Grundtypen der territorialen Verfassungsgeschichte Österreichs im Mittelalter, Darmstadt 1973 [= reprographischer Nachdruck d. 5. Aufl., Wien 1965].
Bumke, Joachim: Höfische Kultur. Literatur und Gesellschaft im hohen Mittelalter, 2 Bde., 5. Aufl., München 1990 (dtv 4442).
Bumke, Joachim: Höfische Kultur. Versuch einer kritischen Bestandsaufnahme, in: PBB 114 (1992), S. 414–492.
Bumke, Joachim: Höfischer Körper – Höfische Kultur, in: Heinzle 1994, S. 67–102.
Bumke, Joachim: Emotion und Körperzeichen. Beobachtungen zum ‚Willehalm' Wolframs von Eschenbach, in: Das Mittelalter 8 (2003), S. 13–32.
Bumke, Joachim: Wolfram von Eschenbach. 8., völlig neu bearb. Aufl., Stuttgart u. Weimar 2004 (Sammlung Metzler 36).
Bumke, Joachim, u. Ursula Peters (Hgg.): Retextualisierung in der mittelalterlichen Literatur, Berlin 2005 (ZfdPh-Sonderheft 124).
Burdorf, Dieter: Einführung in die Gedichtanalyse, 2., überarb. u. aktualisierte Aufl., Stuttgart 1997 (Sammlung Metzler 284).
Burkert, Walter: Literarische Texte und funktionaler Mythos: Zu Ištar und Atrahasis, in: ders., Jan Assmann u. Fritz Stolz: Funktionen und Leistungen des Mythos. Drei altorientalische Beispiele, Freiburg/Schweiz u. Göttingen 1982 (Orbis biblicus et orientalis 48), S. 63–82.
Burkert, Walter: Mythos und Mythologie, in: Propyläen Geschichte der Literatur. Literatur und Gesellschaft der westlichen Welt, Bd. 1: Die Welt der Antike. 1200 v. Chr. bis 600 n. Chr., hg. von Erika Wischer, 2. Aufl., Berlin 1988, S. 11–35.
Burkert, Walter: Kulte des Altertums. Biologische Grundlagen der Religion [engl. 1996], München 1998.
Butler, Judith: Körper von Gewicht. Die diskursiven Grenzen des Geschlechts. Gender Studies, übers. v. Karin Wördemann, Frankfurt/M. 1997 (es 1737 [N. F. 737]).
Cassirer, Ernst: Philosophie der symbolischen Formen. Zweiter Teil: Das mythische Denken [1923], 2. Aufl., Oxford 1954.
Cessari, Michaela Fabrizia: Der Erwählte, das Licht und der Teufel. Eine philosophiegeschichtliche Studie zur Lichtmetaphorik in Wolframs ‚Parzival', Heidelberg 2000 (Frankfurter Beiträge zur Germanistik 32).
Chinca, Mark, u. Christopher Young: Literary theory and literary field in the German romance c. 1200, in: Peters 2001, S. 612–644.
Chinca, Mark, Timo Reuvekamp-Felber, u. Christopher Young (Hgg.): Mittelalterliche Novellistik im europäischen Kontext. Kulturwissenschaftliche Perspektiven, Berlin 2006 (ZfdPh-Sonderheft 13).

Cormeau, Christoph: ‚Wigalois' und ‚Diu Crône'. Zwei Kapitel zur Gattungsgeschichte des nachklassischen Aventiureromans, München u. Zürich 1977 (MTU 57).
Cormeau, Christoph: Artusroman und Märchen. Zur Beschreibung und Genese der Struktur des höfischen Romans, in: Wolfram-Studien 5 (1979), S. 63–78.
Cormeau, Christoph, u. Wilhelm Störmer: Hartmann von Aue. Epoche – Werk – Wirkung, München 1985 (Beck'sche Elementarbücher).
Cormeau, Christoph: ‚Tandareis und Flordibel' von dem Pleier. Eine poetologische Reflexion über Liebe im Artusroman, in: Haug/Wachinger 1991, S. 39–53.
Cramer, Thomas: *sælde* und *êre* in Hartmanns ‚Iwein', in: Euphorion 60 (1966), S. 30–47.
Curschmann, Michael: Das Abenteuer des Erzählens. Über den Erzähler in Wolframs ‚Parzival', in: DVjs 45 (1971), S. 627–667.
Curschmann, Michael: Der Erzähler auf dem Weg zur Literatur, in: Wolfram-Studien 18 (2004), S. 11–32.
Curschmann, Michael: ‚Nibelungenlied' und ‚Nibelungenklage'. Über Mündlichkeit und Schriftlichkeit im Prozeß der Episierung [1979], in: Fasbender 2005, S. 159–189.
Czerwinski, Peter: Der Glanz der Abstraktion. Frühe Formen von Reflexivität im Mittelalter. Exempel einer Geschichte der Wahrnehmung I, Frankfurt/M. u. New York 1989.
Czerwinski, Peter: Gegenwärtigkeit. Simultane Räume und zyklische Zeiten, Formen von Regeneration und Genealogie im Mittelalter. Exempel einer Geschichte der Wahrnehmung II, München 1993.
Daston, Lorraine, u. Peter Galison: Objektivität, übers. v. Christa Krüger, Frankfurt/M. 2007.
de Certeau, Michel: Kunst des Handelns, übers. v. Roland Voullié, Berlin 1988 (Internationaler Merve Diskurs 140).
Dicke, Gerd: [Art.] ‚Exempel', in: Reallexikon der deutschen Literaturwissenschaft, Bd. 1, hg. v. Klaus Weimar gemeinsam mit Harald Fricke, Klaus Grubmüller u. Jan-Dirk Müller, Berlin u. New York 1997, S. 534–537.
Dicke, Gerd: Gouch Gandin. Bemerkungen zur Intertextualität der Episode von ‚Rotte und Harfe' im ‚Tristan' Gottfrieds von Straßburg, in: ZfdA 127 (1998), S. 121–148.
Dicke, Gerd, Manfred Eikelmann, u. Burkhard Hasebrink (Hgg.): Im Wortfeld des Textes. Worthistorische Beiträge zu den Bezeichnungen von Rede und Schrift im Mittelalter, Berlin u. New York 2006 (Trends in Medieval Philology 10).
Dietl, Cora: Minnerede, Roman und *historia*. Der ‚Wilhelm von Österreich' Johanns von Würzburg, Tübingen 1999 (Hermaea N. F. 87).
Dietl, Cora: Wunder und *zouber* als Merkmal der *âventiure* in Wirnts ‚Wigalois'?, in: Friedrich Wolfzettel (Hg.): Das Wunderbare in der arthurischen Literatur. Probleme und Perspektiven, Tübingen 2003 (Schriften der Internationalen Artusgesellschaft 5), S. 297–311.
Dorner-Bachmann, Hannelotte: Erzählstruktur und Texttheorie. Zu den Grundlagen einer Erzähltheorie unter besonderer analytischer Berücksichti-

gung des Märchens und der Gothic Novel, Hildesheim u. New York 1979 (Studia semiotica. Series practica 8).

Dörrich, Corinna: Poetik des Rituals. Konstruktion und Funktion politischen Handelns in mittelalterlicher Literatur, Darmstadt 2002 (Symbolische Kommunikation in der Vormoderne).

Dörrich, Corinna: Die Schönste dem Nachbarn. Die Verabschiedung des Brautwerbungsschemas in der ‚Kudrun‘, in: PBB 133 (2011), S. 32–55.

Drux, Rudolf: [Art.] ‚Motiv‘, in: Reallexikon der deutschen Literaturwissenschaft, Bd. 2, hg. v. Harald Fricke gemeinsam mit Georg Braungart, Klaus Grubmüller, Jan-Dirk Müller, Friedrich Vollhardt u. Klaus Weimar, Berlin u. New York 2000[a], S. 638–641.

Drux, Rudolf: [Art.] ‚Motivgeschichte‘, in: Reallexikon der deutschen Literaturwissenschaft, Bd. 2, hg. v. Harald Fricke gemeinsam mit Georg Braungart, Klaus Grubmüller, Jan-Dirk Müller, Friedrich Vollhardt u. Klaus Weimar, Berlin u. New York 2000[b], S. 641–643.

Duby, Georges: Die ‚Jugend‘ in der aristokratischen Gesellschaft, in: ders.: Wirklichkeit und höfischer Traum. Zur Kultur des Mittelalters, übers. v. Grete Osterwald, Berlin 1986, S. 103–116 u. 171–173 [Anm.].

Duerr, Hans Peter: Sedna oder: Die Liebe zum Leben, Frankfurt/M. 1984.

Dünne, Jörg, u. Stephan Günzel (Hgg.): Raumtheorie. Grundlagentexte aus Philosophie und Kulturwissenschaften, Frankfurt/M. 2006 (stw 1800).

Ebel, Kai-Peter: Huld im ‚Herzog Ernst B‘. Friedliche Konfliktbeilegung als Reichslegende, in: Frühmittelalterliche Studien 34 (2000), S. 186–212.

Ehlert, Trude: Das Kochbuch des Mittelalters. Rezepte aus alter Zeit, eingeleitet, erläutert und ausprobiert von T. E., Düsseldorf 2000.

Eming, Jutta: Emotion und Expression. Untersuchungen zu deutschen und französischen Liebes- und Abenteuerromanen des 12. bis 16. Jahrhunderts, Berlin u. New York 2006 (QuF 39 [273]).

Ernst, Ulrich: Der Körper des Asketen. Zur Theatralik von ‚Heiligkeit‘ in legendarischen Texten von der Spätantike bis zur Frühen Neuzeit, in: Langer/Ridder 2002, S. 275–307.

Fasbender, Christoph (Hg.): Nibelungenlied und Nibelungenklage. Neue Wege der Forschung, Darmstadt 2005.

Feistner, Edith: Historische Typologie der deutschen Heiligenlegende des Mittelalters von der Mitte des 12. Jahrhunderts bis zur Reformation, Wiesbaden 1995 (Wissensliteratur im Mittelalter 20).

Feistner, Edith: Rollenspiel und Figurenidentität. Zum Motiv der Verkleidung in der mittelalterlichen Literatur, in: GRM N. F. 46 (1996), S. 257–269.

Feistner, Edith: *manlîchiu wîp, wîplîche man*. Zum Kleidertausch in der Literatur des Mittelalters, in: PBB 119 (1997), S. 235–260.

Fieguth, Rolf: [Art.] ‚Formalismus‘, in: Reallexikon der deutschen Literaturwissenschaft, Bd. 1, hg. v. Klaus Weimar gemeinsam mit Harald Fricke, Klaus Grubmüller u. Jan-Dirk Müller, Berlin u. New York 1997, S. 615–619.

Fischer, Hanns: Studien zur deutschen Märendichtung, Tübingen 1968, 2. Aufl. Tübingen 1983.

Fludernik, Monika: Einführung in die Erzähltheorie, Darmstadt 2006 (Einführung Literaturwissenschaft).

Fortmann, Patrick: ... *und sanc ir sîniu liet*. Der Auftritt des Sängers in der Epik, in: ZfdPh 125 (2006), S. 342–367.
Foucault, Michel: Andere Räume, in: Karlheinz Barck, Peter Gente, Heidi Paris u. Stefan Richter (Hgg.): Aisthesis. Wahrnehmung heute oder Perspektiven einer anderen Ästhetik. Essais, 3. Aufl., Leipzig 1991 (Reclam-Bibliothek 1352), S. 34–46.
Foucault, Michel: Vorrede zur Überschreitung [Préface à la transgression, 1963], in: ders.: Schriften in vier Bänden. Dits et Ecrits, Bd. 1: 1954–1969, hg. v. Daniel Defert u. François Ewald unter Mitarbeit v. Jacques Lagrange, übers. v. Michael Bischoff, Hans-Dieter Gondek u. Hermann Kocyba, Frankfurt/M. 2001, S. 320–342.
Frenzel, Elisabeth: Vom Inhalt der Literatur: Stoff – Motiv – Thema, Freiburg [u. a.] 1980 (Studia-visuell-Literatur).
Frenzel, Elisabeth: Neuansätze zu einem alten Forschungszweig. Zwei Jahrzehnte Stoff-, Motiv- und Themenforschung, in: Anglia 111 (1993), S. 97–117.
Fricke, Harald: Gesetz und Freiheit. Eine Philosophie der Kunst, München 2000.
Fricke, Harald: [Art.] ‚Potenzierung‘, in: Reallexikon der deutschen Literaturwissenschaft, Bd. 3, hg. v. Jan-Dirk Müller gemeinsam mit Georg Braungart, Harald Fricke, Klaus Grubmüller, Friedrich Vollhardt u. Klaus Weimar, Berlin u. New York 2003, S. 144–147.
Friedrich, Udo: Metaphorik des Spiels und Reflexion des Erzählens bei Heinrich Kaufringer, in: IASL 21 (1996), S. 1–30.
Friedrich, Udo: Die Zähmung des Heros. Der Diskurs der Gewalt und Gewaltregulierung im 12. Jahrhundert, in: Müller/Wenzel 1999, S. 149–179.
Friedrich, Udo: Der Ritter und sein Pferd. Semantisierungsstrategien einer Mensch-Tier-Verbindung im Mittelalter, in: Peters 2001, S. 245–267.
Friedrich, Udo: Spielräume rhetorischer Gestaltung in mittelalterlichen Kurzerzählungen, in: Beate Kellner, Peter Strohschneider u. Franziska Wenzel (Hgg.): Geltung der Literatur. Formen ihrer Autorisierung und Legitimierung im Mittelalter, Berlin 2005 (Philologische Studien und Quellen 190), S. 227–249.
Friedrich, Udo: Diskurs und Narration. Zur Kontextualisierung des Erzählens in Konrads von Würzburg ‚Trojanerkrieg‘, in: Müller 2007[b], S. 99–120.
Frings, Theodor, u. Max Braun: Brautwerbung, Tl. 1, Leipzig 1947 (Berichte über die Verhandlungen der Sächsischen Akademie der Wissenschaften zu Leipzig, Philologisch-Historische Klasse 96,2).
Fromm, Hans: ‚Doppelweg‘, in: Ingeborg Glier [u. a.] (Hgg.): Werk – Typ – Situation. Studien zu poetologischen Bedingungen in der älteren deutschen Literatur. Fs. Hugo Kuhn, Stuttgart 1969, S. 64–79.
Fuchs, Stephan: Hybride Helden: Gwigalois und Willehalm. Beiträge zum Heldenbild und zur Poetik des Romans im frühen 13. Jahrhundert, Heidelberg 1997 (Frankfurter Beiträge zur Germanistik 31).
Ganz, Peter: *curialis/hövesch*, in: Gert Kaiser u. Jan-Dirk Müller (Hgg.): Höfische Literatur – Hofgesellschaft – Höfische Lebensformen um 1200. Kolloquium am Zentrum für Interdisziplinäre Forschung der Universität Bielefeld (3. bis 5. November 1983), Düsseldorf 1986 (Studia humaniora 6), S. 39–56.

Garstka, Ruth: Untersuchungen zu Konrads von Würzburg Versroman ‚Partonopier und Meliur'. Funktionsänderung epischer Komposition im nachhöfischen Epigonenroman im Vergleich zu Beispielen aus den ‚klassischen' Artusromanen Hartmanns, Berlin 1979.
Gaunt, Simon: Gender and genre in medieval French literature, Cambridge [u. a.] 1995 (Cambridge Studies in French 53).
Geary, Patrick J.: Am Anfang waren die Frauen. Ursprungsmythen von den Amazonen bis zur Jungfrau Maria, übers. v. Andreas Wirthensohn, München 2006.
Genette, Gérard: Die Erzählung, übers. v. Andreas Knop, mit einem Vorwort hg. v. Jürgen Vogt, München 1994 (UTB für Wissenschaft).
Gerok-Reiter, Annette: Der Hof als erweiterter Körper des Herrschers. Konstruktionsbedingungen höfischer Idealität am Beispiel des ‚Rolandsliedes', in: Christoph Huber u. Henrike Lähnemann (Hgg.): Courtly literature and clerical culture. Höfische Literatur und Klerikerkultur. Littérature courtoise et culture clericale. Selected papers from the Tenth Triennial Congress of the International Courtly Literature Society, Universität Tübingen, Deutschland, 28. Juli–3. August 2001, Tübingen 2002, S. 77–92.
Gerok-Reiter, Annette: Individualität. Studien zu einem umstrittenen Phänomen mittelhochdeutscher Epik, Tübingen u. Basel 2006 (Bibliotheca Germanica 51).
Girard, René: Das Heilige und die Gewalt, übers. v. Elisabeth Mainberger-Ruh, Zürich u. Düsseldorf 1987.
Girard, René: Der Sündenbock, übers. v. Elisabeth Mainberger-Ruh, Zürich u. Düsseldorf 1988.
Girard, René: Ich sah den Satan vom Himmel fallen wie einen Blitz. Eine kritische Apologie des Christentums. Mit einem Nachwort von Peter Sloterdijk, übers. v. Elisabeth Mainberger-Ruh, München u. Wien 2002.
Glaser, Andrea: Der Held und sein Raum. Die Konstruktion der erzählten Welt im mittelhochdeutschen Artusroman des 12. und 13. Jahrhunderts, Frankfurt/M. [u. a.] 2004 (Europäische Hochschulschriften I/1888).
Gonzalez, Emilio, u. Victor Millet (Hgg.): Die Kleinepik des Strickers. Texte, Gattungstraditionen und Interpretationsprobleme, Berlin 2006 (Philologische Studien und Quellen 189).
Graf, Michael: Liebe – Zorn – Trauer – Adel. Die Pathologie in Hartmanns ‚Iwein'. Eine Interpretation auf medizinhistorischer Basis, Bern [u. a.] 1989 (Deutsche Literatur von den Anfängen bis 1900: 7).
Greimas, Algirdas J.: Elemente einer narrativen Grammatik [1970], in: Heinz Blumensath (Hg.): Strukturalismus in der Literaturwissenschaft, Köln 1972 (Neue wissenschaftliche Bibliothek 43), S. 47–67.
Greenblatt, Stephen: Verhandlungen mit Shakespeare. Innenansichten der englischen Renaissance, übers. v. R. Cackett, Berlin 1990.
Greenfield, John (Hg.): Wahrnehmung im ‚Parzival' Wolframs von Eschenbach. Actas do Colóquio Internacional 15 e 16 de Novembro de 2002, Porto 2004 (Revista da Faculdade de Letras do Porto, Línguas e Literaturas, Anexo 13).

Grob, Thomas: [Art.] ‚Aktant', in: Reallexikon der deutschen Literaturwissenschaft, Bd. 1, hg. v. Klaus Weimar gemeinsam mit Harald Fricke, Klaus Grubmüller u. Jan-Dirk Müller, Berlin u. New York 1997, S. 32 f.
Groebner, Valentin: Identität womit? Die Erzählung vom dicken Holzschnitzer und die Genese des Personalausweises, in: von Moos 2004[a], S. 85–97.
Groebner, Valentin: Der Schein der Person. Steckbrief, Ausweis und Kontrolle im Europa des Mittelalters, München 2004[b].
Groebner, Valentin: Das Mittelalter hört nie auf. Über historisches Erzählen, München 2008.
Grubmüller, Klaus: Das Groteske im Märe als Element seiner Geschichte. Skizzen einer historischen Gattungspoetik, in: Walter Haug u. Burghart Wachinger (Hgg.): Kleinere Erzählformen des 15. und 16. Jahrhunderts, Tübingen 1993 (Fortuna vitrea 8), S. 37–54.
Grubmüller, Klaus: [Art.] ‚Fabel$_2$', in: Reallexikon der deutschen Literaturwissenschaft, Bd. 1, hg. v. Klaus Weimar gemeinsam mit Harald Fricke, Klaus Grubmüller u. Jan-Dirk Müller, Berlin u. New York 1997, S. 555–558.
Grubmüller, Klaus: Gattungskonstitution im Mittelalter, in: Nigel F. Palmer u. Hans-Jochen Schiewer (Hgg.): Mittelalterliche Literatur und Kunst im Spannungsfeld von Hof und Kloster. Ergebnisse der Berliner Tagung 9.–11. Oktober 1997, Tübingen 1999[a], S. 193–210.
Grubmüller, Klaus: *Natûre ist der ander got*. Zur Bedeutung von *natûre* im Mittelalter, in: Alan Robertshaw u. Gerhard Wolf in Zusammenarbeit mit Frank Fürbeth u. Ulrike Zitzlsperger (Hgg.): Natur und Kultur in der deutschen Literatur des Mittelalters. Colloquium Exeter 1997, Tübingen 1999[b], S. 3–17.
Grubmüller, Klaus: [Art.] ‚Predigtmärlein', in: Reallexikon der deutschen Literaturwissenschaft, Bd. 3, hg. v. Jan-Dirk Müller gemeinsam mit Georg Braungart, Harald Fricke, Klaus Grubmüller, Friedrich Vollhardt u. Klaus Weimar, Berlin u. New York 2003, S. 156 f.
Grubmüller, Klaus: Die Ordnung, der Witz und das Chaos. Eine Geschichte der europäischen Novellistik im Mittelalter. Fabliau – Märe – Novelle, Tübingen 2006.
Grubmüller, Klaus, L. Peter Johnson, u. Hans-Hugo Steinhoff (Hgg.): Kleinere Erzählformen im Mittelalter. Paderborner Colloquium 1987, Paderborn [u. a.] 1988 (Schriften der Universität-Gesamthochschule Paderborn. Reihe Sprach- und Literaturwissenschaft 10).
Gsell, Monika: Die Bedeutung der Baubo. Kulturgeschichtliche Studien zur Repräsentation des weiblichen Genitales, Frankfurt/M. u. Basel 2001.
Gubatz, Thorsten: *„waz ob si alsô zürnet, daz wir sîn verlorn?"* Zur Frage nach Kohärenz oder Inkohärenz der Motivationsstruktur in der siebten Aventiure des ‚Nibelungenlieds', in: Euphorion 96 (2002), S. 273–286.
Gülich, Elisabeth: Modelle zur Beschreibung von Erzähltexten, in: dies. u. Wolfgang Raible: Linguistische Textmodelle. Grundlagen und Möglichkeiten, München 1977 (UTB 130), S. 192–314.
Gumbrecht, Hans Ulrich: Die Identität des Heiligen als Produkt ihrer Infragestellung, in: Marquard/Stierle 1979, S. 704–708.

Günther, Hans: [Art.] ‚Verfremdung$_2$', in: Reallexikon der deutschen Literaturwissenschaft, Bd. 3, hg. v. Jan-Dirk Müller gemeinsam mit Georg Braungart, Harald Fricke, Klaus Grubmüller, Friedrich Vollhardt u. Klaus Weimar, Berlin u. New York 2003, S. 753–755.

Haferland, Harald: Höfische Interaktion. Interpretationen zur höfischen Epik und Didaktik um 1200, München 1988 (Forschungen zur Geschichte der Älteren deutschen Literatur 10).

Haferland, Harald: Das Mittelalter als Gegenstand der kognitiven Anthropologie. Eine Skizze zur historischen Bedeutung von Partizipation und Metonymie, in: PBB 126 (2004), S. 36–64.

Haferland, Harald: Metonymie und metonymische Handlungskonstruktion. Erläutert an der narrativen Konstruktion von Heiligkeit in zwei mittelalterlichen Legenden, in: Euphorion 99 (2005[a]), S. 323–364.

Haferland, Harald: Das Vertrauen auf den König und das Vertrauen des Königs. Zu einer Archäologie des Skripts, ausgehend von Hartmanns von Aue ‚Iwein', in: Frühmittelalterliche Studien 39 (2005[b]), S. 335–376.

Haferland, Harald: Verschiebung, Verdichtung, Vertretung. Kultur und Kognition im Mittelalter, in: IASL 33 (2008), S. 52–101.

Haferland, Harald, u. Armin Schulz: Metonymisches Erzählen, in: DVjs 84 (2010), S. 3–43.

Hahn, Ingrid: Zur Theorie der Personerkenntnis in der deutschen Literatur des 12. bis 14. Jahrhunderts, in: PBB 99 (1977), S. 395–444.

Hammer, Andreas: Tradierung und Transformation. Mythische Erzählelemente im ‚Tristan' Gottfrieds von Straßburg und im ‚Iwein' Hartmanns von Aue, Stuttgart 2007.

Harvey, E. Ruth: The inward wits. Psychological theory in the middle ages and the renaissance, London 1975 (Warburg Institute Surveys 6).

Haubrichs, Wolfgang: ‚Labor sanctorum' und ‚labor heroum'. Zur konsolatorischen Funktion von Legende und Heldenlied, in: Christa Baufeld (Hg.): Die Funktion außer- und innerliterarischer Faktoren für die Entstehung deutscher Literatur des Mittelalters und der frühen Neuzeit. Tagung Greifswald 18.9. bis 20.9.1992, Göppingen 1994 (GAG 603), S. 27–49.

Haubrichs, Wolfgang: *Habitus Corporis*. Leiblichkeit als Problem einer historischen Semantik des Mittelalters. Ein Beispiel physiognomischer Körperdarstellung in der ‚Limburger Chronik', in: Langer/Ridder 2002, S. 15–43.

Haug, Walter: Die Symbolstruktur des höfischen Epos und ihre Auflösung bei Wolfram von Eschenbach, in: DVjs 45 (1971), S. 668–705.

Haug, Walter: Über die Schwierigkeiten des Erzählens in nachklassischer Zeit, in: Haug/Wachinger 1991, S. 338–365.

Haug, Walter: Literaturtheorie im deutschen Mittelalter. Von den Anfängen bis zum Ende des 13. Jahrhunderts, 2. Aufl., Darmstadt 1992.

Haug, Walter: Entwurf zu einer Theorie der mittelalterlichen Kurzerzählung, in: Walter Haug u. Burghart Wachinger: Kleinere Erzählformen des 15. und 16. Jahrhunderts, Tübingen 1993 (Fortuna vitrea 8), S. 1–36.

Haug, Walter: Warum versteht Parzival nicht, was er hört und sieht? Erzählen zwischen Handlungsschematik und Figurenperspektive bei Hartmann und Wolfram, in: Greenfield 2004, S. 37–65.

Haug, Walter, u. Burghart Wachinger (Hgg.): Positionen des Romans im späten Mittelalter, Tübingen 1991 (Fortuna vitrea 1).
Haupt, Barbara: Der schöne Körper in der höfischen Epik, in: Langer/Ridder 2002, S. 47–73.
Hausmann, Albrecht: Mittelalterliche Überlieferung als Interpretationsaufgabe. ‚Laudines Kniefall‘ und das Problem des ‚ganzen Textes‘, in: Peters 2001, S. 72–95.
Haustein, Jens: Die *zagheit* Dietrichs von Bern, in: Gerhard R. Kaiser (Hg.): Der unzeitgemäße Held in der Weltliteratur, Heidelberg 1998 (Jenaer germanistische Forschungen N. F. 1), S. 47–62.
Heinzle, Joachim: Märenbegriff und Novellentheorie. Überlegungen zur Gattungsbestimmung der mittelhochdeutschen Kleinepik, in: ZfdA 107 (1978 [a]), S. 121–138.
Heinzle, Joachim: Mittelhochdeutsche Dietrichepik. Untersuchungen zur Tradierungsweise, Überlieferungskritik und Gattungsgeschichte später Heldendichtung, München u. Zürich 1978[b] (MTU 62).
Heinzle, Joachim: [Art.] ‚Heldenbücher‘, in: ²VL, Bd. 3 (1981), Sp. 947–956.
Heinzle, Joachim: Altes und Neues zum Märenbegriff, in: ZfdA 117 (1988), S. 277–296.
Heinzle, Joachim (Hg.): Modernes Mittelalter. Neue Bilder einer populären Epoche, Frankfurt/M. u. Leipzig 1994.
Heinzle, Joachim: Einführung in die mittelhochdeutsche Dietrichepik, Berlin u. New York 1999 (de Gruyter Studienbuch).
Heinzle, Joachim: [Art.] ‚Heldendichtung‘, in: Reallexikon der deutschen Literaturwissenschaft, Bd. 2, hg. v. Harald Fricke gemeinsam mit Georg Braungart, Klaus Grubmüller, Jan-Dirk Müller, Friedrich Vollhardt u. Klaus Weimar, Berlin u. New York 2000, S. 21–25.
Hellgardt, Ernst: Dietrich von Bern in der deutschen ‚Kaiserchronik‘. Zur Begegnung mündlicher und schriftlicher Traditionen, in: Annegret Fiebig und Hans-Jochen Schiewer (Hgg.): Deutsche Literatur und Sprache von 1050–1200. Fs. Ursula Hennig, Berlin 1995, S. 93–110.
Hempfer, Klaus W.: Gattungstheorie. Information und Synthese, München 1973 (UTB 133).
Hempfer, Klaus W.: Die potentielle Autoreflexivität des narrativen Diskurses und Ariosts ‚Orlando furioso‘, in: Eberhard Lämmert (Hg.): Erzählforschung. Ein Symposion, Stuttgart 1982 (Germanistische Symposien-Berichtsbände 4), S. 130–156.
Hempfer, Klaus W.: [Art.] ‚Gattung‘, in: Reallexikon der deutschen Literaturwissenschaft, Bd. 1, hg. v. Klaus Weimar gemeinsam mit Harald Fricke, Klaus Grubmüller u. Jan-Dirk Müller, Berlin u. New York 1997, S. 651–655.
Herberichs, Cornelia: Auf der Grenze des Höfischen. Gewalt und Minnesang, in: Braun/Herberichs 2005, S. 341–363.
Herberichs, Cornelia: Das Moselfränkische Katharinenspiel (1430/1440), in: Herberichs/Kiening 2008, S. 317–336.
Herberichs, Cornelia, u. René Wetzel: Einleitung [Heil], in: Christian Kiening u. Martina Stercken (Hgg.): SchriftRäume. Dimensionen von Schrift zwischen

Mittelalter und Moderne, Zürich 2008 (Medienwandel – Medienwechsel – Medienwissen 4), S. 277–284.

Herberichs, Cornelia, u. Christian Kiening (Hgg.): Literarische Performativität. Lektüren vormoderner Texte, Zürich 2008 (Medienwandel – Medienwechsel – Medienwissen 3).

Herberichs, Cornelia, u. Susanne Reichlin (Hgg.): Kein Zufall. Konzeptionen von Kontingenz in der mittelalterlichen Literatur, Göttingen 2010 [recte: 2009] (Historische Semantik 13).

Herzmann, Herbert: [Art.] ,Schwank$_1$', in: Reallexikon der deutschen Literaturwissenschaft, Bd. 3, hg. v. Jan-Dirk Müller gemeinsam mit Georg Braungart, Harald Fricke, Klaus Grubmüller, Friedrich Vollhardt u. Klaus Weimar, Berlin u. New York 2003, S. 405–407.

Honemann, Volker: ,Guillaume d'Angleterre', ,Gute Frau', ,Wilhelm von Wenden'. Zur Beschäftigung mit dem Eustachius-Thema in Frankreich und Deutschland, in: Martin H. Jones u. Roy Wisbey (Hgg.): Chrétien de Troyes and the German middle ages. Papers from an international symposium, Cambridge u. London 1993 (Arthurian Studies XXVI), S. 311–329.

Huber, Christoph: *Wort sint der dinge zeichen.* Untersuchungen zum Sprachdenken der mittelhochdeutschen Spruchdichtung bis Frauenlob, München u. Zürich 1977 (MTU 64).

Huber, Christoph: Geistliche Psychagogie. Zur Theorie der Affekte im ,Benjamin Minor' des Richard von St. Victor, in: Jaeger/Kasten 2003, S. 16–30.

Hübner, Gert: Erzählform im höfischen Roman. Studien zur Fokalisierung im ,Eneas', im ,Iwein' und im ,Tristan', Tübingen u. Basel 2003 (Bibliotheca Germanica 44).

Hübner, Gert: Fokalisierung im höfischen Roman, in: Wolfram-Studien 18 (2004), S. 127–150.

Illouz, Eva: Gefühle in Zeiten des Kapitalismus. Frankfurter Adorno-Vorlesungen 2004, übers. v. Martin Hartmann, Frankfurt/M. 2007[a] (stw 1857).

Illouz, Eva: Der Konsum der Romantik. Liebe und die kulturellen Widersprüche des Kapitalismus, übers. v. Andreas Wirthensohn, Frankfurt/M. 2007[b] (stw 1858).

Jaeger, C. Stephen, u. Ingrid Kasten (Hgg.): Codierungen von Emotionen im Mittelalter/Emotions and sensibilities in the middle ages. Redaktionelle Mitarbeit: Hendrikje Haufe, Andrea Sieber, Berlin u. New York 2003 (Trends in Medieval Philology 1).

Jahn, Bernhard: Raumkonzepte in der Frühen Neuzeit. Zur Konstruktion von Wirklichkeit in Pilgerberichten, Amerikareisebeschreibungen und Prosaerzählungen, Frankfurt/M. [u. a.] 1993 (Mikrokosmos 34).

Jakobson, Roman: Randbemerkungen zur Prosa des Dichters Pasternak [1935], in: ders.: Poetik. Ausgewählte Aufsätze 1921–1971, hg. v. Elmar Holenstein u. Tarcisius Schelbert, Frankfurt/M. 1979 (stw 262), S. 192–211.

Jauß, Hans Robert: Theorie der Gattungen und Literatur des Mittelalters, in: ders. u. Erich Köhler (Hgg.): Grundriß der romanischen Literaturen des Mittelalters, Bd. 1, Heidelberg 1972, S. 107–138.

Jellinek, Max H., u. Carl von Kraus: Widersprüche in Kunstdichtungen, in: Zeitschrift für die österreichischen Gymnasien 44 (1893), S. 673–716.

Jolles, André: Einfache Formen. Legende – Sage – Mythe – Rätsel – Spruch – Kasus – Memorabile – Märchen – Witz [1930]. 7. Aufl., Tübingen 1999 (Konzepte der Sprach- und Literaturwissenschaft 15).
Jütte, Robert: Geschichte der Sinne. Von der Antike bis zum Cyberspace, München 2000.
Kartschoke, Dieter: *Der ain was grâ, der ander was chal.* Über das Erkennen und Wiedererkennen physiognomischer Individualität im Mittelalter, in: Johannes Janota [u. a.] (Hgg.): Festschrift Walter Haug und Burghart Wachinger, Bd. 1, Tübingen 1992, S. 1–24.
Kartschoke, Dieter: Der Kaufmann und sein Gewissen, in: DVjs 69 (1995), S. 666–691.
Kartschoke, Dieter: Armut in der deutschen Dichtung des Mittelalters, in: Otto Gerhard Oexle (Hg.): Armut im Mittelalter, Ostfildern 2004 (Vorträge und Forschungen 58), S. 27–78.
Kasten, Ingrid: Inszenierungen des Sichverliebens im höfischen Roman, in: Encomia-Deutsch, Sonderheft der Deutschen Sektion der ICLS (2002), S. 94–106.
Keck, Annette, u. Armin Schulz: [Art.] ‚Überdetermination', in: Reallexikon der deutschen Literaturwissenschaft, Bd. 3, hg. v. Jan-Dirk Müller gemeinsam mit Georg Braungart, Harald Fricke, Klaus Grubmüller, Friedrich Vollhardt u. Klaus Weimar, Berlin u. New York 2003, S. 715–717.
Keller, Hildegard Elisabeth: Berner Samstagsgeheimnisse. Die Vertikale als Erzählformel in der ‚Melusine', in: PBB 127 (2005), S. 208–239.
Kellner, Beate: Gewalt und Minne. Zu Wahrnehmung, Körperkonzept und Ich-Rolle im Liedcorpus Heinrichs von Morungen, in: PBB 119 (1997), S. 33–66.
Kellner, Beate: Kontinuität der Herrschaft. Zum mittelalterlichen Diskurs der Genealogie am Beispiel des ‚Buches von Bern', in: Müller/Wenzel 1999, S. 43–62.
Kellner, Beate: Melusinengeschichten im Mittelalter. Formen und Möglichkeiten ihrer diskursiven Vernetzung, in: Peters 2001, S. 268–295.
Kellner, Beate: Der Ritter und die nackte Gewalt. Rollenentwürfe in Konrads von Würzburg ‚Heinrich von Kempten', in: Meyer/Schiewer 2002, S. 361–384.
Kellner, Beate: Ursprung und Kontinuität. Studien zum genealogischen Wissen im Mittelalter, München 2004.
Kemp, Simon: Medieval psychology, New York, Westport u. London 1990 (Contributions in Psychology 14).
Kemp, Simon: Cognitive psychology in the middle ages, Westport u. London 1996 (Contributions in Psychology 33).
Kiening, Christian: Arbeit am Muster. Literarisierungsstrategien im ‚König Rother', in: Wolfram-Studien 15 (1998), S. 211–244.
Kiening, Christian: Zwischen Körper und Schrift. Texte vor dem Zeitalter der Literatur, Frankfurt/M. 2003 (Fischer Taschenbuch 15951).
Kiening, Christian: Heilige Brautwerbung. Überlegungen zum ‚Wiener Oswald', in: Gisela Vollmann-Profe, Cora Dietl, Annette Gerok-Reiter, Christoph Huber u. Paul Sappler (Hgg.): Impulse und Resonanzen. Tübinger mediä-

vistische Beiträge zum 80. Geburtstag von Walter Haug, Tübingen 2007, S. 89–100.

Klein, Dorothea: Einleitung, in: Mauricius von Craûn. Mittelhochdeutsch/Neuhochdeutsch. Nach dem Text v. Edward Schröder hg., übers. u. kommentiert v. Dorothea Klein, Stuttgart 1999 (RUB 8796), S. 7–43.

Klinger, Judith: Möglichkeiten und Strategien der Subjekt-Reflexion im höfischen Roman. Tristan und Lancelot, in: Müller/Wenzel 1999, S. 127–148.

Köbele, Susanne: Der paradoxe Fall des Ich. Zur ‚Klage' Hartmanns von Aue, in: Philipowski/Prior (2006), S. 265–283.

Koch, Elke: Trauer und Identität. Inszenierungen von Emotionen in der deutschen Literatur des Mittelalters, Berlin u. New York 2006 (Trends in Medieval Philology 8).

Köhler, Erich: Le rôle de la ‚coutume' dans les romans de Chrétien de Troyes, in: Romania 81 (1960), S. 386–397.

Köhler, Erich: Der literarische Zufall, das Mögliche und die Notwendigkeit [1973], Frankfurt/M. 1993 (Fischer Taschenbuch 11928).

Kragl, Florian: Mythisierung – Heroisierung – Literarisierung. Vier Kapitel zu Theoderich dem Großen und Dietrich von Bern, in: PBB 129 (2007), S. 66–102.

Krah, Hans: Einführung in die Literaturwissenschaft/Textanalyse, Kiel 2006 (Limes – Literatur- und Medienwissenschaftliche Studien – Kiel 6).

Kraß, Andreas: Geschriebene Kleider. Höfische Identität als literarisches Spiel, Tübingen u. Basel 2006 (Bibliotheca Germanica 50).

Kuhn, Hugo: Erec [1948], in: ders.: Dichtung und Welt im Mittelalter. Kleine Schriften 1, 2. Aufl., Stuttgart 1969[a], S. 133–150.

Kuhn, Hugo: Hildebrand, Dietrich von Bern und die Nibelungen, in: ders.: Text und Theorie. Kleine Schriften 2, Stuttgart 1969[b], S. 126–140.

Kuhn, Hugo: ‚Tristan', ‚Nibelungenlied', Artusstruktur, in: ders.: Liebe und Gesellschaft. Kleine Schriften 3, hg. v. Wolfgang Walliczek, Stuttgart 1980, S. 12–35 u. 179 f. [Anm.].

Kunze, Konrad: [Art.] ‚Legende', in: Reallexikon der deutschen Literaturwissenschaft, Bd. 2, hg. v. Harald Fricke gemeinsam mit Georg Braungart, Klaus Grubmüller, Jan-Dirk Müller, Friedrich Vollhardt u. Klaus Weimar, Berlin u. New York 2000, S. 389–393.

Lamping, Dieter: [Art.] ‚Gattungstheorie', in: Reallexikon der deutschen Literaturwissenschaft, Bd. 1, hg. v. Klaus Weimar gemeinsam mit Harald Fricke, Klaus Grubmüller u. Jan-Dirk Müller, Berlin u. New York 1997, S. 658–661.

Langer, Otto, u. Klaus Ridder (Hgg.): Körperinszenierungen in mittelalterlicher Literatur. Kolloquium am Zentrum für interdisziplinäre Forschung der Universität Bielefeld (18. bis 20. März 1999), Berlin 2002 (Körper – Zeichen – Kultur 11).

Laqueur, Thomas: Auf den Leib geschrieben. Die Inszenierung der Geschlechter von der Antike bis Freud, übers. v. H. Jochen Bußmann, München 1996 (dtv 4696).

Leach, Edmund: Kultur und Kommunikation [engl. 1976]. Zur Logik symbolischer Zusammenhänge, Frankfurt/M. 1978 (stw 212).

Lebsanft, Franz: Die Bedeutung von altfranzösisch *aventure*. Ein Beitrag zur Theorie und Methodologie der mediävistischen Wort- und Begriffsgeschichte, in: Dicke/Eikelmann/Hasebrink 2006, S. 311–337.
Le Goff, Jacques: Lévi-Strauss in Brocéliande. Skizze zur Analyse eines höfischen Romans, in: ders.: Phantasie und Realität des Mittelalters, übers. v. Rita Hörner, Stuttgart 1990, S. 171–200 u. 371–386 [Anm.].
Le Goff, Jacques, u. Nicolas Truong: Die Geschichte des Körpers im Mittelalter, übers. v. Renate Warttmann, Stuttgart 2007.
Lévi-Strauss, Claude: Die elementaren Strukturen der Verwandtschaft [1948], übers. v. Eva Moldenhauer, Frankfurt/M. 1993 (stw 1044).
Lexikon der christlichen Ikonographie [LCI], Bde. 5–8: Ikonographie der Heiligen, hg. v. Wolfgang Braunfels, Freiburg/Br. [u. a.] 1973–1976.
Lexikon des Mittelalters, hg. v. Rudolf Auty [u. a.], 10 Bde., München u. Zürich 1980–1999.
Lieb, Ludger: Die Potenz des Stoffes. Eine kleine Metaphysik des ‚Wiedererzählens', in: Bumke/Peters 2005, S. 356–379.
Loerzer, Eckart: Eheschließung und Werbung in der ‚Kudrun', München 1971 (MTU 37).
Lotman, Jurij M.: Die Struktur literarischer Texte, übers. v. Rolf-Dietrich Keil, 3. Aufl., München 1989 (UTB 103).
Lotman, Yuri M.: Universe of the mind. A semiotic theory of culture, übers. v. Ann Shukman, eingeleitet v. Umberto Eco, London u. New York 1990 (Tauris Transformations [3]).
Lovejoy, Arthur O.: Die große Kette der Wesen. Geschichte eines Gedankens, übers. v. Dieter Turck, Frankfurt/M. 1985.
Lugowski, Clemens: Die Form der Individualität im Roman [1932]. Mit einer Einleitung von Heinz Schlaffer, 2. Aufl., Frankfurt/M. 1994 (stw 151).
Luhmann, Niklas: Individuum, Individualität, Individualismus, in: ders.: Gesellschaftsstruktur und Semantik. Studien zur Wissenssoziologie der modernen Gesellschaft, Bd. 3, Frankfurt/M. 1989, S. 149–258.
Luhmann, Niklas: Liebe als Passion. Zur Codierung von Intimität [1982], 3. Aufl., Frankfurt/M. 1996 (stw 1124).
Lüthi, Max: Motiv, Zug, Thema aus der Sicht der Volkserzählungsforschung, in: Adam J. Bisanz u. Raymond Trousson (Hgg.): Elemente der Literatur. Fs. Elisabeth Frenzel, Bd. 1, Stuttgart 1980, S. 11–24.
Magerl, Sabine: Liebe muss sich rechnen, in: Süddeutsche Zeitung Magazin Nr. 33, 14. August 2008, S. 14–19.
Markowitsch, Hans J., u. Harald Welzer: Das autobiographische Gedächtnis. Hirnorganische Grundlagen und biosoziale Entwicklung, Stuttgart 2005.
Marquard, Odo, u. Karlheinz Stierle (Hgg.): Identität, München 1979 (Poetik und Hermeneutik 8).
Martinez, Matias: Fortuna und Providentia. Typen der Handlungsmotivation in der Faustinianerzählung der Kaiserchronik, in: ders. (Hg.): Formaler Mythos. Beiträge zu einer Theorie ästhetischer Formen, Paderborn, München, Wien u. Zürich 1996 (explicatio [7]), S. 83–100.

Martinez, Matias: [Art.] ‚Erzählschema', in: Reallexikon der deutschen Literaturwissenschaft, Bd. 1, hg. v. Klaus Weimar gemeinsam mit Harald Fricke, Klaus Grubmüller u. Jan-Dirk Müller, Berlin u. New York 1997, S. 506–509.

Martinez, Matias: [Art.] ‚Motivierung', in: Reallexikon der deutschen Literaturwissenschaft, Bd. 2, hg. v. Harald Fricke gemeinsam mit Georg Braungart, Klaus Grubmüller, Jan-Dirk Müller, Friedrich Vollhardt u. Klaus Weimar, Berlin u. New York 2000, S. 643–646.

Matejovski, Dirk: Das Motiv des Wahnsinns in der mittelalterlichen Dichtung, Frankfurt/M. 1996 (stw 1213).

Mecklenburg, Michael: Parodie und Pathos. Heldensagenrezeption in der historischen Dietrichepik, München 2002 (Forschungen zur Geschichte der älteren deutschen Literatur 27).

Meincke, Anne Sophie: Finalität und Erzählstruktur. Gefährdet Didos Liebe zu Eneas die narrative Kohärenz der ‚Eneide' Heinrichs von Veldeke?, Stuttgart 2007.

Mertens, Volker: Laudine. Soziale Problematik im ‚Iwein' Hartmanns von Aue, Berlin 1978 (ZfdPh-Beihefte 3).

Mertens, Volker: Melusinen, Undinen. Variationen des Mythos vom 12. bis zum 20. Jahrhundert, in: Johannes Janota [u. a.] (Hgg.): Festschrift Walter Haug u. Burghart Wachinger, Bd. 1, Tübingen 1992, S. 201–231.

Mertens, Volker: Herrschaft, Buße, Liebe: Modelle adliger Identitätsstiftung in ‚Mai und Beaflor', in: Volker Honemann, Martin H. Jones, Adrian Stevens u. David Wells (Hgg.): German narrative Literature of the twelfth and thirteenth centuries. Fs. Roy Wisbey, Tübingen 1994, S. 391–410.

Mertens, Volker: Der deutsche Artusroman, Stuttgart 1998 (RUB 17609).

Mertens, Volker: Frau *Âventiure* klopft an die Tür, in: Dicke/Eikelmann/Hasebrink 2006, S. 339–346.

Meyer, Matthias: Die Verfügbarkeit der Fiktion. Interpretationen und poetologische Untersuchungen zum Artusroman und zur aventiurenhaften Dietrichepik des 13. Jhs., Heidelberg 1994 (GRM-Beiheft 12).

Meyer, Matthias, u. Hans-Jochen Schiewer (Hgg.): Literarische Leben. Rollenentwürfe in der Literatur des Hoch- und Spätmittelalters. Fs. für Volker Mertens zum 65. Geburtstag, Tübingen 2002.

Miklautsch, Lydia: Das Mädchen Achill. Männliches Crossdressing und weibliche Homosexualität in der mittelalterlichen Literatur, in: Meyer/Schiewer 2002, S. 575–596.

Miklautsch, Lydia: Montierte Texte – hybride Helden. Zur Poetik der Wolfdietrich-Dichtungen, Berlin u. New York 2005 (QuF 36 [270]).

Miller, Dean A.: The epic hero, Baltimore u. London 2000.

Miller, Nikolaus: Brautwerbung und Heiligkeit. Die Kohärenz des ‚Münchner Oswald', in: DVjs 52 (1978), S. 226–240.

Moos, Peter von (Hg.): Unverwechselbarkeit. Persönliche Identität und Identifikation in der vormodernen Gesellschaft, Köln, Weimar u. Wien 2004 (Norm und Struktur 23).

Müller, Jan-Dirk: SIVRIT: *künec – man – eigenholt*. Zur sozialen Problematik des Nibelungenlieds, in: ABÄG 7 (1974), S. 85–124.

Müller, Jan-Dirk: Noch einmal: Maere und Novelle, in: Alfred Ebenbauer (Hg.): Philologische Untersuchungen, Wien 1984, S. 289–311.
Müller, Jan-Dirk: Die *hovezuht* und ihr Preis. Zum Problem höfischer Verhaltensregulierung in Ps.-Konrads ‚Halber Birne‘, in: JOWG 3 (1984/85), S. 281–311.
Müller, Jan-Dirk: Wandel von Geschichtserfahrung in spätmittelalterlicher Heldenepik, in: Christoph Gerhardt [u. a.] (Hgg.): Geschichtsbewußtsein in der deutschen Literatur des Mittelalters, Tübingen 1985[a], S. 72–87.
Müller, Jan-Dirk: Volksbuch/Prosaroman, in: IASL, 1. Sonderheft (1985[b]), S. 1–129.
Müller, Jan-Dirk: Motivationsstrukturen und personale Identität im ‚Nibelungenlied‘. Zur Gattungsdiskussion um ‚Epos‘ und ‚Roman‘, in: Fritz Peter Knapp (Hg.): Nibelungenlied und Klage. Sage und Geschichte, Struktur und Gattung. Passauer Nibelungengespräche 1985, Heidelberg 1987, S. 221–256.
Müller, Jan-Dirk: Die Destruktion des Heros oder wie erzählt Eilhart von passionierter Liebe?, in: Paola Schulze-Belli u. Michael Dallapiazza (Hgg.): Il romanzo di Tristano nella letteratura del medioevo – Der ‚Tristan‘ in der Literatur des Mittelalters. Atti del convegno – Beiträge der Triester Tagung 1989, Triest 1990, S. 19–37.
Müller, Jan-Dirk: Jörg Wickram zu Liebe und Ehe, in: Heide Wunder u. Christina Vanja (Hgg.): Wandel der Geschlechterbeziehungen zu Beginn der Neuzeit, Frankfurt/M. 1991 (stw 913), S. 27–42.
Müller, Jan-Dirk: Woran erkennt man einander im Heldenepos? Beobachtungen an Wolframs ‚Willehalm‘, dem ‚Nibelungenlied‘, dem ‚Wormser Rosengarten A‘ und dem Eckenlied, in: Gertrud Blaschitz, Helmut Hundsbichler, Gerhard Jaritz u. Elisabeth Vavra (Hgg.): Symbole des Alltags – Alltag der Symbole. Fs. Harry Kühnel, Graz 1992, S. 87–111.
Müller, Jan-Dirk: Ratgeber und Wissende in heroischer Epik, in: Frühmittelalterliche Studien 27 (1993), S. 124–146.
Müller, Jan-Dirk: Das Gedächtnis der Universalbibliothek: die neuen Medien und der Buchdruck, in: Hartmut Böhme u. Klaus M. Scherpe: Literatur und Kulturwissenschaften. Positionen, Theorien, Modelle, Reinbek 1996 (rowohlts enzyklopädie 575), S. 78–95.
Müller, Jan-Dirk: Spielregeln für den Untergang. Die Welt des Nibelungenliedes, Tübingen 1998[a].
Müller, Jan-Dirk: Öffentlichkeit und Heimlichkeit im ‚Nibelungenlied‘. Wahrnehmung und Wahrnehmungsstörung im Heldenepos, in: Gert Melville u. Peter von Moos (Hgg.): Das Öffentliche und Private in der Vormoderne, Köln, Weimar u. Wien 1998[b] (Norm und Struktur 10), S. 239–259.
Müller, Jan-Dirk: Der Widerspenstigen Zähmung. Anmerkungen zu einer mediävistischen Kulturwissenschaft, in: Martin Huber u. Gerhard Lauer (Hgg.): Nach der Sozialgeschichte. Konzepte für eine Literaturwissenschaft zwischen Historischer Anthropologie, Kulturgeschichte und Medientheorie, Tübingen 2000, S. 461–481.
Müller, Jan-Dirk: Das Nibelungenlied, Berlin 2002[a] (Klassiker-Lektüren 5).

Müller, Jan-Dirk: Zeit im ‚Tristan', in: Christoph Huber u. Victor Millet (Hgg.): Der ‚Tristan' Gottfrieds von Straßburg. Symposion Santiago de Compostela, 5. bis 8. April 2000, Tübingen 2002[b], S. 379–397.
Müller, Jan-Dirk: Gottfried von Straßburg: ‚Tristan'. Transgression und Ökonomie, in: Gerhard Neumann u. Rainer Warning (Hgg.): Transgressionen. Literatur als Ethnographie, Freiburg/Br. 2003[a] (Rombach Wissenschaften. Reihe Litterae 98), S. 213–242.
Müller, Jan-Dirk: Imaginäre Ordnungen und literarische Imaginationen um 1200, in: Jahrbuch des Historischen Kollegs 2003[b], S. 41–68.
Müller, Jan-Dirk: Identitätskrisen im höfischen Roman um 1200, in: von Moos 2004, S. 297–323.
Müller, Jan-Dirk: *schîn* und Verwandtes. Zum Problem der ‚Ästhetisierung' in Konrads von Würzburg ‚Trojanerkrieg'. (Mit einem Nachwort zu Terminologie-Problemen der Mediävistik), in: Dicke/Eikelmann/Hasebrink 2006, S. 287–307.
Müller, Jan-Dirk: Höfische Kompromisse. Acht Kapitel zur höfischen Epik, Tübingen 2007[a].
Müller, Jan-Dirk (Hg.): Text und Kontext. Fallstudien und theoretische Begründungen einer kulturwissenschaftlich angeleiteten Mediävistik, München 2007[b] (Schriften des Historischen Kollegs: Kolloquien 64).
Müller, Jan-Dirk, u. Horst Wenzel (Hgg.): Mittelalter. Neue Wege durch einen alten Kontinent, Stuttgart u. Leipzig 1999.
Müller, Klaus E.: Das magische Universum der Identität. Elementarformen sozialen Verhaltens. Ein ethnologischer Grundriß, Frankfurt/M. u. New York 1987.
Müller-Funk, Wolfgang: Die Kultur und ihre Narrative. Eine Einführung, 2., überarb. u. erweiterte Aufl., Wien u. New York 2008.
Neuschäfer, Hans-Jörg: Boccaccio und der Beginn der Novelle. Strukturen der Kurzerzählung auf der Schwelle zwischen Mittelalter und Neuzeit, München 1969 (Theorie und Geschichte der Literatur und der schönen Künste 8).
Nolting-Hauff, Ilse: Märchen und Märchenroman. Zur Beziehung zwischen einfacher Form und narrativer Großform in der Literatur, in: Poetica 6 (1974 [a]), S. 129–178.
Nolting-Hauff, Ilse: Märchenromane mit leidendem Helden. Zur Beziehung zwischen einfacher Form und narrativer Großform in der Literatur (zweite Untersuchung), in: Poetica 6 (1974[b]), S. 417–455.
Nöth, Winfried: Handbuch der Semiotik, 2., vollständig neu bearb. u. erweiterte Aufl., Stuttgart u. Weimar 2000.
Oswald, Marion: ‚Kunst um jeden Preis'. Gabe und Gesang in Gottfrieds von Straßburg ‚Tristan', in: Beate Kellner, Ludger Lieb u. Peter Strohschneider (Hgg.): Literarische Kommunikation und soziale Interaktion. Studien zur Institutionalität mittelalterlicher Literatur, Frankfurt/M. [u. a.] 2001 (Mikrokosmos 64), S. 129–152.
Oswald, Marion: Gabe und Gewalt. Studien zur Logik und Poetik der Gabe in der frühhöfischen Erzählliteratur, Göttingen 2004 (Historische Semantik 7).
Panzer, Friedrich: Einleitung, in: Merlin und Seifrid de Ardemont von Albrecht von Scharfenberg. In der Bearbeitung Ulrich Füetrers hg. v. F. P., Tübingen

1902 (Bibliothek des litterarischen Vereins in Stuttgart 227), S. LXXII–LXXX.
Pearson, Mark: Fremdes Heldentum. Der Fall ‚Kudrun‘, in: Wolfgang Harms u. C. Stephen Jaeger (Hgg.): Fremdes wahrnehmen – fremdes Wahrnehmen. Studien zur Geschichte der Wahrnehmung und zur Begegnung von Kulturen in Mittelalter und früher Neuzeit, Stuttgart u. Leipzig 1997, S. 153–165.
Peschel-Rentsch, Dietmar: Pferdemänner. Sieben Essays über Sozialisation und ihre Wirkungen in mittelalterlicher Literatur, Erlangen 1998 (Erlanger Studien 117).
Peters, Ursula: Texte vor der Literatur? Zur Problematik neuerer Alteritätsparadigmen der Mittelalter-Philologie, in: Poetica 39 (2007), S. 59–88.
Peters, Ursula (Hg.): Text und Kultur. Mittelalterliche Literatur 1150–1450, Stuttgart u. Weimar 2001 (Germanistische Symposien-Berichtsbände 23).
Philipowski, Katharina: Wer hat Herzeloydes Drachentraum geträumt? *Trûren, haz, scham* und *nît* zwischen Emotionspsychologie und Narratologie, in: PBB 128 (2006[a]), S. 251–274.
Philipowski, Katharina: Bild und Begriff: *sêle* und *herz* in geistlichen und höfischen Dialoggedichten des Mittelalters, in: Philipowski/Prior 2006[b], S. 299–319.
Philipowski, Katharina, u. Anne Prior (Hgg.): *anima* und *sêle*. Darstellungen und Systematisierungen von Seele im Mittelalter, Berlin 2006 (Philologische Studien und Quellen 197).
Platz-Waury, Elke: [Art.] ‚Figur$_3$‘, in: Reallexikon der deutschen Literaturwissenschaft, Bd. 1, hg. v. Klaus Weimar gemeinsam mit Harald Fricke, Klaus Grubmüller u. Jan-Dirk Müller, Berlin u. New York 1997, S. 587–589.
Pörksen, Gunhild und Uwe: Die ‚Geburt‘ des Helden in mittelhochdeutschen Epen und epischen Stoffen des Mittelalters, in: Euphorion 74 (1980), S. 257–286.
Propp, Vladimir: Morphologie des Märchens [1928], hg. v. Karl Eimermacher, München 1972 (Literatur als Kunst).
Quast, Bruno: *Diu bluotes mâl*. Ambiguisierung der Zeichen und literarische Programmatik in Wolframs von Eschenbach ‚Parzival‘, in: DVjs 77 (2003), S. 45–60.
Ragotzky, Hedda: Gattungserneuerung und Laienunterweisung in Texten des Strickers, Tübingen 1981 (STSL 1).
Ragotzky, Hedda, u. Horst Wenzel (Hgg.): Höfische Repräsentation. Das Zeremoniell und die Zeichen, Tübingen 1990.
Rahner, Karl: Le début d'une doctrine des cinq sens spirituels chez Origène, in: Revue d'ascétique et de mystique 13 (1932), S. 113–145.
Rahner, Karl: La doctrine des ‚sens spirituels‘ au moyen-âge, en particulier chez Saint Bonaventure, in: Revue d'ascétique et de mystique 14 (1933), S. 263–299.
Raible, Wolfgang: Was sind Gattungen? Eine Antwort aus semiotischer und textlinguistischer Sicht, in: Poetica 12 (1980), S. 320–349.
Reemtsma, Jan Philipp: Vertrauen und Gewalt. Versuch über eine besondere Konstellation der Moderne, Hamburg 2008.

Reuvekamp-Felber, Timo: Autorschaft als Textfunktion. Zur Interdependenz von Erzählerstilisierung, Stoff und Gattung in der Epik des 12. und 13. Jhs., in: ZfdPh 120 (2001), S. 1–23.

Ridder, Klaus: Mittelhochdeutsche Minne- und Aventiureromane. Fiktion, Geschichte und literarische Tradition im späthöfischen Roman: ‚Reinfried von Braunschweig‘, ‚Wilhelm von Österreich‘, ‚Friedrich von Schwaben‘, Berlin u. New York 1998 (QuF 12 [246]).

Röcke, Werner: Die Faszination der Traurigkeit. Inszenierung und Reglementierung von Trauer und Melancholie in der Literatur des Spätmittelalters, in: Claudia Benthien, Anne Fleig u. Ingrid Kasten (Hgg.): Emotionalität. Zur Geschichte der Gefühle, Köln, Weimar u. Wien 2000 (Literatur – Kultur – Geschlecht: Kleine Reihe 16), S. 100–118.

Röhrich, Lutz: [Art.] ‚Mahrtenehe: Die gestörte M[ahrtenehe]‘, in: Enzyklopädie des Märchens, begründet v. Kurt Ranke, hg. v. Rolf Wilhelm Brednich, Bd. 9, Berlin u. New York 1999, Sp. 44–53.

Ruh, Kurt: Epische Literatur des deutschen Spätmittelalters, in: Willy Erzgräber [u. a.] (Hgg.): Europäisches Spätmittelalter, Wiesbaden 1978 (= Klaus von See [Hg.]: Neues Handbuch der Literaturwissenschaft, Bd. 8), S. 117–188.

Ruh, Kurt: Höfische Epik des deutschen Mittelalters. Zweiter Teil: ‚Reinhart Fuchs‘, ‚Lanzelet‘, Wolfram von Eschenbach, Gottfried von Straßburg, Berlin 1980 (Grundlagen der Germanistik 25).

Schaefer, Ursula: Zum Problem der Mündlichkeit, in: Heinzle 1994, S. 357–375.

Schaefer, Ursula: Die Funktion des Erzählers zwischen Mündlichkeit und Schriftlichkeit, in: Wolfram-Studien 18 (2004), S. 83–97.

Scheerer, E.: [Art.] ‚Sinne, die‘, in: Historisches Wörterbuch der Philosophie, hg. v. Joachim Ritter u. Karlfried Gründer, Bd. 9: Se–Sp, Basel u. Darmstadt 1995, Sp. 824–869.

Schleusener-Eichholz, Gudrun: Das Auge im Mittelalter, 2 Bde., München 1985 (Münstersche Mittelalter-Schriften 35/1–2).

Schmid, Elisabeth: [Art.] ‚Höfischer Roman‘, in: Reallexikon der deutschen Literaturwissenschaft, Bd. 2, hg. v. Harald Fricke gemeinsam mit Georg Braungart, Klaus Grubmüller, Jan-Dirk Müller, Friedrich Vollhardt u. Klaus Weimar, Berlin u. New York 2000, S. 69–74.

Schmid, Wolf: Elemente der Narratologie, Berlin u. New York 2005 (Narratologia 8).

Schmid-Cadalbert, Christian: Der ‚Ortnit AW‘ als Brautwerbungsdichtung. Ein Beitrag zum Verständnis mittelhochdeutscher Schemaliteratur, Bern 1985 (Bibliotheca Germanica 28).

Schmidt-Wiegand, Ruth: Gebärdensprache im mittelalterlichen Recht, in: Frühmittelalterliche Studien 16 (1982), S. 363–379.

Schmitt, Kerstin: Poetik der Montage. Figurenkonzeption und Intertextualität in der ‚Kudrun‘, Berlin 2002 (Philologische Studien und Quellen 174).

Schnell, Rüdiger: Ovids ‚Ars amatoria‘ und die höfische Minnetheorie, in: Euphorion 69 (1975), S. 132–159.

Schnell, Rüdiger: Causa amoris. Liebeskonzeption und Liebesdarstellung in der mittelalterlichen Literatur, Bern u. München 1985 (Bibliotheca Germanica 27).

Schnell, Rüdiger: Unterwerfung und Herrschaft. Zum Liebesdiskurs im Hochmittelalter, in: Heinzle 1994, S. 103–133.
Schnell, Rüdiger: Erzählstrategie, Intertextualität und ‚Erfahrungswissen'. Zu Sinn und Sinnlosigkeit spätmittelalterlicher Mären, in: Wolfram-Studien 18 (2004 [a]), S. 367–404.
Schnell, Rüdiger: Historische Emotionsforschung. Eine mediävistische Standortbestimmung, in: FmSt 38 (2004[b]), S. 173–276.
Schnell, Rüdiger: Ekel und Emotionsforschung. Mediävistische Überlegungen zur ‚Aisthetik' des Häßlichen, in: DVjs 79 (2005[a]), S. 359–432.
Schnell, Rüdiger: Medialität und Emotionalität. Bemerkungen zu Lavinias Minne, in: GRM 55 (2005[b]), S. 267–282.
Schnell, Rüdiger: Emotionsdarstellungen im Mittelalter. Aspekte und Probleme der Referentialität, in: ZfdPh 127 (2008), S. 79–102.
Schnyder, Mireille: Die Entdeckung des Begehrens. Das Märe von der halben Birne, in: PBB 122 (2000), S. 263–278.
Schnyder, Mireille: Ich-Geschichten. Die (Er)findung des Selbst, in: Baisch/Eming/Haufe/Sieber 2005, S. 75–90.
Schultz, James A.: The shape of the round table. Structures of Middle High German Arthurian romance, Toronto, Buffalo u. London 1983.
Schultz, James A.: Why do Tristan and Isolde leave for the woods? Narrative motivation and narrative coherence in Eilhart von Oberg and Gottfried von Straßburg, in: MLN 102 (1987), S. 586–607.
Schultz, James A.: The coherence of Middle High German narrative, in: Albrecht Classen (Hg.): Medieval German literature. Proceedings from the 23rd International Congress on Medieval Studies, Kalamazoo, Michigan, May 5–8, 1988, Göppingen 1989 (GAG 507), S. 75–86.
Schulz, Armin: *Dem bûsant er daz houbt abe beiz*. Eine anthropologisch-poetologische Lektüre des ‚Busant', in: PBB 122 (2000[a]), S. 432–454.
Schulz, Armin: Poetik des Hybriden. Schema, Variation und intertextuelle Kombinatorik in der Minne- und Aventiureepik: ‚Willehalm von Orlens' – ‚Partonopier und Meliur' – ‚Wilhelm von Österreich' – ‚Die schöne Magelone', Berlin 2000[b] (Philologische Studien und Quellen 161).
Schulz, Armin: Die Zeichen des Körpers und der Liebe. ‚Paris und Vienna' in der jiddischen Fassung des Elia Levita, Hamburg 2000[c] (Poetica 50).
Schulz, Armin: Texte und Textilien. Zur Entstehung der Liebe in Georg Wickrams ‚Goldfaden' (1557), in: Daphnis 30 (2001), S. 53–70.
Schulz, Armin: Fragile Harmonie. ‚Dietrichs Flucht' und die Poetik der ‚abgewiesenen Alternative', in: ZfdPh 121 (2002[a]), S. 390–407.
Schulz, Armin: Morolfs Ende. Zur Dekonstruktion des feudalen Brautwerbungsschemas in der sogenannten ‚Spielmannsepik', in: PBB 124 (2002[b]), S. 233–249.
Schulz, Armin: *in dem wilden wald*. Außerhöfische Sonderräume, Liminalität und mythisierendes Erzählen in den Tristan-Dichtungen: Eilhart – Béroul – Gottfried, in: DVjs 77 (2003[a]), S. 515–547.
Schulz, Armin: [Art.] ‚Stoff', in: Reallexikon der deutschen Literaturwissenschaft, Bd. 3, hg. v. Jan-Dirk Müller gemeinsam mit Georg Braungart, Harald Fricke,

Klaus Grubmüller, Friedrich Vollhardt u. Klaus Weimar, Berlin u. New York 2003[b], S. 521 f.
Schulz, Armin: [Art.] ‚Stoffgeschichte', in: ebd. (2003[c]), S. 522–524.
Schulz, Armin: [Art.] ‚Sujet', in: ebd. (2003[d]), S. 544–546.
Schulz, Armin: [Art.] ‚Thema', in: ebd. (2003[e]), S. 634 f.
Schulz, Armin: Spaltungsphantasmen. Erzählen von der ‚gestörten Mahrtenehe', in: Wolfram-Studien 18 (2004), S. 233–262.
Schulz, Armin: Die Verlockungen der Referenz. Bemerkungen zur aktuellen Emotionalitätsdebatte, in: PBB 128 (2006), S. 472–495.
Schulz, Armin: Liebe und Wahrheit: Jörg Wickrams ‚Gabriotto und Reinhart', in: Maria E. Müller u. Michael Mecklenburg unter Mitarbeit v. Andrea Sieber (Hgg.): Vergessene Texte – Verstellte Blicke. Neue Perspektiven der Wickram-Forschung, Frankfurt/M. [u. a.] 2007[a], S. 333–346.
Schulz, Armin: Das Reich der Zeichen und der unkenntliche Körper des Helden. Zu den Rückkehrabenteuern in der Tristan-Tradition, in: Friedrich Wolfzettel (Hg.): Körperkonzepte im arthurischen Roman, Tübingen 2007[b], S. 311–336.
Schulz, Armin: Der neue Held und die toten Väter. Zum Umgang mit mythischen Residuen in Ulrichs von Zatzikhoven ‚Lanzelet', in: PBB 129 (2007[c]), S. 419–437.
Schulz, Armin: ‚Heldendichtung', in: Enzyklopädie der Neuzeit, Bd. 5: Gymnasium – Japanhandel, im Auftrag des Kulturwissenschaftlichen Instituts (Essen) und in Verbindung mit den Fachwissenschaftlern hg. v. Friedrich Jaeger, Stuttgart u. Weimar 2007[d], Sp. 368–371.
Schulz, Armin: Schwieriges Erkennen. Personenidentifizierung in der mittelhochdeutschen Epik, Tübingen 2008 (MTU 135).
Schulz, Armin: Ein Kriminalstück vor der Kriminalliteratur. Erzählform und Anthropologie im mittelniederdeutschen Märe ‚Der Dieb von Brügge', in: Euphorion 103 (2009[a]), S. 253–272.
Schulz, Armin: Hybride Epistemik. Episches Einander-Erkennen im Spannungsfeld höfischer und religiöser Identitätskonstruktionen: ‚Die gute Frau', ‚Mai und Beaflor', ‚Wilhelm von Wenden', in: Peter Strohschneider (Hg.): Literarische und religiöse Kommunikation in Mittelalter und Früher Neuzeit. DFG-Symposion 2006, Berlin u. New York 2009[b], S. 658–688.
Schulz, Armin: Kontingenz im mittelhochdeutschen Liebes- und Abenteuerroman, in: Herberichs/Reichlin 2009[c], S. 206–225.
Schulz, Armin: Die Ambivalenzen des Höfischen und der Beginn arthurischen Erzählens, in: Scientia Poetica 13 (2009[d]), S. 1–20.
Schulz, Armin: Fremde Kohärenz. Narrative Verknüpfungsformen im ‚Nibelungenlied' und in der ‚Kaiserchronik', in: Harald Haferland u. Matthias Meyer unter Mitarbeit v. Carmen Stange u. Markus Greulich (Hgg.): Historische Narratologie – Mediävistische Perspektiven, Berlin u. New York 2010[a] (Trends in Medieval Philology 19), S. 339–360.
Schulz, Armin: Der Schoß der Königin. Metonymische Verhandlungen über Macht und Herrschaft im Artusroman, in: Matthias Däumer, Cora Dietl u. Friedrich Wolfzettel (Hgg.): Artushof und Artusliteratur, Berlin u. New York

2010[b] (Schriften der Internationalen Artusgesellschaft. Sektion Deutschland/Österreich 7), S. 119–135.
Schulz, Armin: [Art.] ‚Stoff‘, in: Gerhard Lauer u. Christine Ruhrberg (Hgg.): Lexikon Literaturwissenschaft. Hundert Grundbegriffe, Stuttgart 2011, S. 312–315.
Schulz, Armin: [Art.] ‚Maere‘ [erscheint in: Ralf Klausnitzer, Marina Münkler u. Guido Naschert (Hgg.): De Gruyter Lexikon der literarischen Gattungen, Berlin u. New York, vorauss. 2015].
Schulz, Monika: Eherechtsdiskurse. Studien zu ‚König Rother‘, ‚Partonopier und Meliur‘, ‚Arabel‘, ‚Der guote Gêrhart‘, ‚Der Ring‘, Heidelberg 2005 (Beiträge zur älteren Literaturgeschichte).
Schulze, Ursula: Das Nibelungenlied, Stuttgart 1997 (Literaturstudium; RUB 17604).
See, Klaus von: Was ist Heldendichtung?, in: ders. (Hg.): Europäische Heldendichtung, Darmstadt 1978 (Wege der Forschung 500), S. 1–38.
See, Klaus von: Held und Kollektiv, in: ZfdA 122 (1993), S. 1–35.
Seitz, Barbara: Die Darstellung häßlicher Menschen in mittelhochdeutscher erzählender Literatur von der ‚Wiener Genesis‘ bis zum Ausgang des 13. Jahrhunderts, Diss. Tübingen 1967.
Seus, Olga: Heilsgeschichten vor dem Heil? Studien zu mittelhochdeutschen Trojaverserzählungen, Stuttgart 2011.
Sieber, Andrea: Konfusion der Geschlechter? Zur Sozialisation Achills im ‚Trojanerkrieg‘ Konrads von Würzburg, in: Der Deutschunterricht 55 (2003), S. 76–89.
Siefken, Hinrich: Überindividuelle Formen und der Aufbau des Kudrunepos, München 1967 (Medium aevum 11).
Simon, Ralf: Einführung in die strukturalistische Poetik des mittelalterlichen Romans. Analysen zu deutschen Romanen der matière de Bretagne, Würzburg 1990 (Epistemata: Reihe Literaturwissenschaft 66).
Sosna, Anette: Fiktionale Identität im höfischen Roman um 1200: ‚Erec‘, ‚Iwein‘, ‚Parzival‘, ‚Tristan‘, Stuttgart 2003.
Stanzel, Franz K.: Typische Formen des Romans, Göttingen 1964.
Stanzel, Franz K.: Theorie des Erzählens, Göttingen 1979.
Stierle, Karlheinz: Die Verwilderung des Romans als Ursprung seiner Möglichkeit, in: Hans Ulrich Gumbrecht (Hg.): Literatur in der Gesellschaft des Spätmittelalters, Heidelberg 1980 (Begleitreihe zum GRMLA 1), S. 253–313.
Stock, Markus: Kombinationssinn. Narrative Strukturexperimente im ‚Straßburger Alexander‘, im ‚Herzog Ernst B‘ und im ‚König Rother‘, Tübingen 2002 (MTU 123).
Stock, Markus: Alexander in der Echokammer. Intertextualität in Ulrichs von Etzenbach Montagewerk, in: Nikolaus Henkel, Martin H. Jones u. Nigel F. Palmer (Hgg.): Dialoge. Sprachliche Kommunikation in und zwischen Texten im deutschen Mittelalter (Hamburger Colloquium 1999), Tübingen 2003, S. 113–134.
Stocker, Peter: [Art.] ‚Perspektive‘, in: Reallexikon der deutschen Literaturwissenschaft, Bd. 3, hg. v. Jan-Dirk Müller gemeinsam mit Georg Braungart,

Harald Fricke, Klaus Grubmüller, Friedrich Vollhardt u. Klaus Weimar, Berlin u. New York 2003, S. 55–58.
Störmer-Caysa, Uta: Gewissen und Buch. Über den Weg eines Begriffes in die deutsche Literatur des Mittelalters, Berlin u. New York 1998 (QuF 14 [= 248]).
Störmer-Caysa, Uta: Melusines Kinder bei Thüring von Ringoltingen, in: PBB 121 (1999), S. 239–261.
Störmer-Caysa, Uta: Einführung in die mittelalterliche Mystik, 2., überarb. und ergänzte Neuausgabe, Stuttgart 2004 (RUB 17646).
Störmer-Caysa, Uta: Grundstrukturen mittelalterlicher Erzählungen. Raum und Zeit im höfischen Roman, Berlin u. New York 2007 (de Gruyter Studienbuch).
Strasser, Ingrid: Vornovellistisches Erzählen. Mittelhochdeutsche Mären bis zur Mitte des 14. Jahrhunderts und altfranzösische Fabliaux, Wien 1989 (Philologica germanica 10).
Strohschneider, Peter: Die Zeichen der Mediävistik. Ein Diskussionsbeitrag zum Mittelalter-Entwurf in Peter Czerwinskis ‚Gegenwärtigkeit‘, in: IASL 20 (1995), S. 173–191.
Strohschneider, Peter: Inzest-Heiligkeit. Krise und Aufhebung der Unterschiede in Hartmanns ‚Gregorius‘, in: Christoph Huber, Burghart Wachinger u. Hans-Joachim Ziegeler (Hgg.): Geistliches in weltlicher und Weltliches in geistlicher Literatur des Mittelalters, Tübingen 2000, S. 105–133.
Strohschneider, Peter: Fürst und Sänger. Zur Institutionalisierung höfischer Kunst, anläßlich von Walthers Thüringer Sangspruch 9,V [L. 20,4], in: Ernst Hellgardt, Stephan Müller u. Peter Strohschneider (Hgg.): Literatur und Macht im mittelalterlichen Thüringen, Köln, Weimar u. Wien 2002[a], S. 85–107.
Strohschneider, Peter: *Georius miles – Georius martyr.* Funktionen und Repräsentationen von Heiligkeit bei Reinbot von Durne, in: Meyer/Schiewer 2002 [b], S. 781–811.
Strohschneider, Peter: Textheiligung. Geltungsstrategien legendarischen Erzählens im Mittelalter am Beispiel von Konrads von Würzburg ‚Alexius‘, in: Gert Melville u. Hans Vorländer (Hgg.): Geltungsgeschichten. Über die Stabilisierung und Legitimierung institutioneller Ordnungen, Köln, Weimar u. Wien 2002[c], S. 109–148.
Strohschneider, Peter: Einfache Regeln – komplexe Strukturen. Ein strukturanalytisches Experiment zum ‚Nibelungenlied‘ [1997], in: Fasbender 2005, S. 48–82.
Strohschneider, Peter: *âventiure*-Erzählen und *âventiure*-Handeln. Eine Modellskizze, in: Dicke/Eikelmann/Hasebrink 2006, S. 377–383.
Stuck, Elisabeth: [Art.] ‚Kohärenz‘, in: Reallexikon der deutschen Literaturwissenschaft, Bd. 2, hg. v. Harald Fricke gemeinsam mit Georg Braungart, Klaus Grubmüller, Jan-Dirk Müller, Friedrich Vollhardt u. Klaus Weimar, Berlin u. New York 2000, S. 280–282.
Titzmann, Michael: Strukturale Textanalyse. Theorie und Praxis der Interpretation, 2. Aufl., München 1989[a] (UTB 582).

Titzmann, Michael: Kulturelles Wissen – Diskurs – Denksystem. Zu einigen Grundbegriffen der Literaturgeschichtsschreibung, in: Zeitschrift für französische Sprache und Literatur 99 (1989[b]), S. 47–61.
Titzmann, Michael: Skizze einer integrativen Literaturgeschichte und ihres Ortes in einer Systematik der Literaturwissenschaft, in: ders. (Hg.): Modelle des literarischen Strukturwandels, Tübingen 1991 (STSL 33), S. 395–438.
Titzmann, Michael: [Art.] ‚Äquivalenzprinzip‘, in: Reallexikon der deutschen Literaturwissenschaft, Bd. 1, hg. v. Klaus Weimar gemeinsam mit Harald Fricke, Klaus Grubmüller u. Jan-Dirk Müller, Berlin u. New York 1997[a], S. 12 f.
Titzmann, Michael: [Art.] ‚Bedeutungsaufbau‘, in: Reallexikon der deutschen Literaturwissenschaft, Bd. 1, hg. v. Klaus Weimar gemeinsam mit Harald Fricke, Klaus Grubmüller u. Jan-Dirk Müller, Berlin u. New York 1997[b], S. 207 f.
Titzmann, Michael: [Art.] ‚Homologie‘, in: Reallexikon der deutschen Literaturwissenschaft, Bd. 2, hg. v. Harald Fricke gemeinsam mit Georg Braungart, Klaus Grubmüller, Jan-Dirk Müller, Friedrich Vollhardt u. Klaus Weimar, Berlin u. New York 2000, S. 88 f.
Titzmann, Michael: Semiotische Aspekte der Literaturwissenschaft: Literatursemiotik, in: Roland Posner, Klaus Robering u. Thomas A. Sebeok (Hgg.): Semiotik/Semiotics. Ein Handbuch zu den zeichentheoretischen Grundlagen von Natur und Kultur. A handbook on the sign-theoretic foundations of nature and culture, Bd. 3, Berlin u. New York 2003 (HSK 13/3), S. 3028–3103.
Todorov, Tzvetan: Die Kategorien der literarischen Erzählung, in: Heinz Blumensath (Hg.): Strukturalismus in der Literaturwissenschaft, Köln 1972 (Neue wissenschaftliche Bibliothek 43), S. 263–294.
[TPMA] Thesaurus proverbiorum medii aevi. Lexikon der Sprichwörter des romanisch-germanischen Mittelalters. Begründet von Samuel Singer. Hg. vom Kuratorium Singer der Schweizerischen Akademie der Geistes- und Sozialwissenschaften, 13 Bde., Berlin u. New York 1995–2002.
Turner, Victor: Das Liminale und das Liminoide in Spiel, ‚Fluß‘ und Ritual. Ein Essay zur vergleichenden Symbologie, in: ders.: Vom Ritual zum Theater. Der Ernst des menschlichen Spiels [engl. 1982], Frankfurt/M. 1989, S. 28–94.
van Gennep, Arnold: Übergangsriten (Les rites de passage) [1909], übers. v. Klaus Schomburg u. Sylvia M. Schomburg-Scherff, mit einem Nachwort v. ders., Frankfurt/M. u. New York 1986.
Vorstand der Vereinigung der deutschen Hochschulgermanisten (Hg.): Textsorten und literarische Gattungen. Dokumentation des Germanistentages in Hamburg vom 1. bis 4. April 1979, Berlin 1983.
Voßkamp, Wilhelm: Gattungen als literarisch-soziale Institutionen. Zu Problemen sozial- und funktionsgeschichtlich orientierter Gattungstheorie und -historie, in: Walter Hinck (Hg.): Textsortenlehre – Gattungsgeschichte, Heidelberg 1977 (Medium Literatur 4), S. 27–42.
Voßkamp, Wilhelm: Gattungen, in: Brackert/Stückrath 1992, S. 253–269.
Voßkamp, Wilhelm: [Art.] ‚Gattungsgeschichte‘, in: Reallexikon der deutschen Literaturwissenschaft, Bd. 1, hg. v. Klaus Weimar gemeinsam mit Harald Fricke, Klaus Grubmüller u. Jan-Dirk Müller, Berlin u. New York 1997, S. 655–658.

Walliczek, Wolfgang, u. Armin Schulz: Heulende Helden. ‚Sentimentalität' im späthöfischen Roman am Beispiel von ‚Mai und Beaflor', in: Thomas Betz u. Franziska Mayer (Hgg.): Abweichende Lebensläufe, poetische Ordnungen. Für Volker Hoffmann, Bd. 1, München 2005, S. 17–48.

Wapnewski, Peter: Hartmann von Aue, Stuttgart 1962 (SM 17).

Warning, Rainer: Formen narrativer Identitätskonstitution im höfischen Roman, in: Marquard/Stierle 1979[a], S. 553–589.

Warning, Rainer: Heterogenität des Erzählten – Homogenität des Erzählens. Zur Konstitution des höfischen Romans bei Chrétien de Troyes, in: Wolfram-Studien 5 (1979[b]), S. 79–95.

Warning, Rainer: Imitatio und Intertextualität. Zur Geschichte lyrischer Dekonstruktion der Amortheologie: Dante, Petrarca, Baudelaire, in: Willi Oelmüller (Hg.): Ästhetischer Schein, München, Paderborn, Wien u. Zürich 1982 (UTB 1178. Kolloquium Kunst und Philosophie 2), S. 168–207.

Warning, Rainer: Poetische Konterdiskursivität. Zum literaturwissenschaftlichen Umgang mit Foucault, in: ders.: Die Phantasie der Realisten, München 1999, S. 313–345.

Warning, Rainer: Erzählen im Paradigma. Kontingenzbewältigung und Kontingenzexposition, in: Romanistisches Jahrbuch 52 (2001), S. 176–209.

Warning, Rainer: Die narrative Lust an der List. Norm und Transgression im ‚Tristan', in: ders. u. Gerhard Neumann (Hgg.): Transgressionen. Literatur als Ethnographie, Freiburg/Br. 2003 (Rombach Wissenschaften. Reihe Litterae 98), S. 175–212.

Wawer, Anne: Tabuisierte Liebe. Mythische Erzählschemata in Konrads von Würzburg ‚Partonopier und Meliur' und im ‚Friedrich von Schwaben', Köln, Weimar u. Wien 2000.

Weichselbaumer, Ruth: *Er wart gemerket unde erkant/ durch seine unvroweliche site.* Männliches Cross-Dressing in der mittelhochdeutschen Literatur, in: Bennewitz/Tervooren 1999, S. 326–341.

Wenzel, Franziska: Situationen höfischer Kommunikation. Studien zu Rudolfs von Ems ‚Willehalm von Orlens', Frankfurt/M. [u. a.] 2000 (Mikrokosmos 57).

Wenzel, Franziska: Die Geschichte des gefährlichen Brautvaters. Ein strukturalistisch-anthropologisches Experiment zur ‚Kudrun', in: Euphorion 99 (2005), S. 395–423.

Wenzel, Horst: Repräsentation und schöner Schein am Hof und in der höfischen Literatur, in: Ragotzky/Wenzel 1990, S. 171–208.

Wenzel, Horst: Hören und Sehen. Zur Lesbarkeit von Körperzeichen in der höfischen Literatur, in: Helmut Brall, Barbara Haupt u. Urban Küsters (Hgg.): Personenbeziehungen in der mittelalterlichen Literatur, Düsseldorf 1994 (Studia humaniora 25), S. 191–218.

Wenzel, Horst: Hören und Sehen, Schrift und Bild. Kultur und Gedächtnis im Mittelalter, München 1995.

Wenzel, Horst: [Art.] ‚Repräsentation$_2$', in: Reallexikon der deutschen Literaturwissenschaft, Bd. 3, hg. v. Jan-Dirk Müller gemeinsam mit Georg Braungart, Harald Fricke, Klaus Grubmüller, Friedrich Vollhardt u. Klaus Weimar, Berlin u. New York 2003, S. 268–271.

Williams-Krapp, Werner: [Art.] ‚Legende', in: Literatur Lexikon, hg. v. Walther Killy, Bd. 13, Gütersloh u. München 1992, S. 503–507.
Wolf, Jürgen: Einführung in das Werk Hartmanns von Aue, Darmstadt 2007 (Einführungen Germanistik).
Wolfzettel, Friedrich: [Art.] ‚Fee, Feenland', in: Enzyklopädie des Märchens, begründet v. Kurt Ranke, hg. v. Rolf Wilhelm Brednich, Bd. 4, Berlin u. New York 1984, Sp. 945–964.
Worstbrock, Franz Josef: Dilatatio materiae. Zur Poetik des ‚Erec' Hartmanns von Aue, in: Frühmittelalterliche Studien 19 (1985), S. 1–30.
Worstbrock, Franz Josef: Wiedererzählen und Übersetzen, in: Walter Haug (Hg.): Mittelalter und frühe Neuzeit. Übergänge, Umbrüche und Neuansätze, Tübingen 1999 (Fortuna vitrea 16), S. 128–142.
Wörterbuch der philosophischen Begriffe, begründet v. Friedrich Kirchner u. Carl Michaëlis, fortgesetzt v. Johannes Hoffmeister, vollständig neu hg. v. Arnim Regenbogen u. Uwe Meyer, Darmstadt 1998.
Wyss, Ulrich: Theorie der mittelhochdeutschen Legendenepik, Erlangen 1973 (Erlanger Studien 1).
Wyss, Ulrich: Legenden, in: Volker Mertens u. Ulrich Müller (Hgg.): Epische Stoffe des Mittelalters, Stuttgart 1984 (Kröners Taschenausgabe 483), S. 40–60.
Wyss, Ulrich: Was bedeuten Körperzeichen? Über Melusines ‚Kinder', in: Langer/Ridder 2002, S. 385–395.
Zeller, Rosmarie: [Art.] ‚Erzähler', in: Reallexikon der deutschen Literaturwissenschaft, Bd. 1, hg. v. Klaus Weimar gemeinsam mit Harald Fricke, Klaus Grubmüller u. Jan-Dirk Müller, Berlin u. New York 1997, S. 502–505.
Zellmann, Ulrike: ‚Lanzelet'. Der biographische Artusroman als Auslegungsschema dynastischer Wissensbildung, Düsseldorf 1996 (Studia humaniora 28).
Ziegeler, Hans-Joachim: [Art.] ‚Moriz von Craûn', in: ²VL, Bd. 6 (1984), Sp. 692–700.
Ziegeler, Hans-Joachim: Erzählen im Spätmittelalter. Mären im Kontext von Minnereden, Bispeln und Romanen, München u. Zürich 1985 (MTU 87).
Ziegeler, Hans-Joachim: [Art.] ‚Maere', in: Reallexikon der deutschen Literaturwissenschaft, Bd. 2, hg. v. Harald Fricke gemeinsam mit Georg Braungart, Klaus Grubmüller, Jan-Dirk Müller, Friedrich Vollhardt u. Klaus Weimar, Berlin u. New York 2000, S. 517–520.
Ziegeler, Hans-Joachim: [Art.] ‚Schwank$_2$', in: Reallexikon der deutschen Literaturwissenschaft, Bd. 3, hg. v. Jan-Dirk Müller gemeinsam mit Georg Braungart, Harald Fricke, Klaus Grubmüller, Friedrich Vollhardt u. Klaus Weimar, Berlin u. New York 2003, S. 407–410.

Autoren- und Textregister

Abaelard
– ‚Ethica seu liber dictus scito te ipsum'   44, 77
Aegidius Romanus
– ‚De regimine principum libri'   84–87
Aelred von Rievaulx
– ‚De spirituali amicitia'   111
Albrecht von Kemenaten   383
Andreas Capellanus
– ‚De amore'   62, 138, 222
Anonyme Werke
– ‚Abor und das Meerweib'   214
– ‚Alpharts Tod'   6
– ‚Buch von Bern'   s. ‚Dietrichs Flucht'
– ‚Busant'   38
– ‚Dietrichs Flucht'   103, 151, 153, 192, 210–214
– ‚Dukus Horant'   20, 192, 201–202, 206
– ‚Eckenlied'   151, 383
– ‚Fortunatus'   78
– ‚Friedrich von Schwaben'   214, 223, 225–226
– ‚Gute Frau'   52, 148, 283, 361–362
– ‚Herzog Ernst B'   13–17, 19–20, 32–34, 67–72, 192, 324, 353, 356–358
– ‚Jüngerer Sigenot'   151
– ‚Kaiserchronik'   42–43, 151, 209, 283, 324
– ‚Königin vom Brennenden See'   214, 229
– ‚König Rother'   191, 193–194, 201–204, 206–208, 241, 324
– ‚Kudrun'   17, 109–110, 180, 183, 192–193, 198–199, 201, 203, 206, 212, 350, 365–366

– ‚Mai und Beaflor'   52, 115–116, 148, 361
– ‚Mantel'   44–48, 133, 262
– ‚Mauricius von Craûn'   137–139
– ‚Münchner Oswald'   191, 193, 199, 207–209, 363–364
– ‚Nibelungenlied'   9, 13, 16, 20–21, 28, 64, 73, 75, 109, 118, 123, 150–151, 153–157, 183, 192, 199–200, 202, 204–207, 274, 326, 330, 335, 350–356, 370–373
– ‚Orendel'   191, 207–209
– ‚Ortnit AW'   150, 192–193, 199, 206, 210–211
– ‚Partonopeu de Blois'   235–236
– ‚Passional'   144
– ‚Prosa-Lancelot'   47
– ‚Rabenschlacht'   151
– ‚Ritter von Staufenberg'   214, 222–223, 226–228
– ‚Salman und Morolf'   191
– ‚Straßburger Alexander'   324
– ‚Tristan als Mönch'   12–13, 47, 79, 96–97, 199, 308–309, 331, 343–346, 353–354
– ‚Wiener Oswald'   191, 208
– ‚Wolfdietrich'   33–35, 150–151
– ‚Wolfdietrich B'   192, 200, 202, 256
– ‚Wolfdietrich D'   32, 34, 89–90, 121, 192, 200, 202, 256
Aristoteles
– ‚De anima'   39–40
– ‚De memoria et reminiscentia'   40
Augustinus, Aurelius
– ‚De doctrina christiana'   63

Bartholomaeus Anglicus
– ‚De rerum proprietatibus'   23, 82

Béroul
- ‚Tristan et Iseut'   124
Bligger von Steinach   382
Boethius
- ‚De consolatione philosophiae'
   151, 162, 298

Chrétien de Troyes   173–174, 248,
   250, 279, 317, 331, 347, 378
- ‚Erec et Enide'   49–51, 242,
   245–246, 262
- ‚Guillaume d'Angleterre'   283,
   361
- ‚Le Roman de Perceval'   242, 280
- ‚Yvain ou le chevalier au lion'   172,
   174, 228, 242, 244, 256–257, 269,
   279
Cicero, Marcus Tullius
- ‚De amicitia'   111

Dante   298

Eilhart von Oberge   330
- ‚Tristrant'   12–13, 58, 64, 79,
   96–97, 124–125, 164, 169, 192,
   199, 308–316, 329–331,
   343–346, 354
Eleonore von Österreich   151
Elisabeth von Nassau-Saarbrücken
   151

Fleck, Konrad   383
- ‚Flore und Blanscheflur'   56, 95,
   283
Freidank   382
- ‚Bescheidenheit'   23
Füetrer, Ulrich
- ‚Merlin'   218
- ‚Poytislier'   214
- ‚Seifrid de Ardemont'   214, 218,
   236–240

Galfrid von Vinsauf
- ‚Poetria nova'   380
Gottfried von Hohenlohe   383
Gottfried von Straßburg   23, 165,
   330–331, 367, 380, 382

- ‚Tristan'   12–13, 27, 56, 58,
   61–62, 84, 123–126, 192, 199,
   213, 313, 329–331, 344, 382,
   385–386

Hartmann von Aue   165, 185, 245,
   250, 277, 317, 331, 347, 367, 382
- ‚Erec'   16, 44, 48–52, 57–58, 66,
   79, 83, 125–126, 129, 169, 185,
   189, 242, 244–250, 260–269,
   279, 294, 331, 340, 375–377
- ‚Gregorius'   64, 94, 131–132, 134
- ‚Iwein'   32–33, 37–38, 59–60, 88,
   90–91, 125–126, 172–174, 228,
   242, 244, 262–271, 275–279,
   304, 385
Heinrich von dem Türlin
- ‚Krone'   245
Heinrich von Freiberg
- ‚Tristan'   12, 79, 96–97, 123, 199,
   308–309, 331, 343–346
Heinrich von Morungen
- ‚West ich, ob ez verswîget möhte sîn'
   (MF 127,1)   39
Heinrich von Neustadt
- ‚Apollonius von Tyrland'
   199–200, 282, 340–342
Heinrich von Veldeke   382
- ‚Eneasroman'   34–36, 58–59,
   327, 374
Herrand von Wildonie
- ‚Treue Gattin'   96–97
Hugo von Sankt Victor
- ‚Didascalicon'   39

Jacobus de Voragine
- ‚Legenda aurea'   144, 146, 148
Johann von Würzburg
- ‚Wilhelm von Österreich'   56, 84,
   87, 95–96, 282, 284–290,
   377–378

Konrad von Fußesbrunnen
   382–383
Konrad von Megenberg
- ‚Buch der Natur'   23
Konrad von Stoffeln

– ‚Gauriel von Muntabel, der Ritter mit dem Bock‘   32–33, 214, 228, 231
Konrad von Würzburg   40, 395
– ‚Alexius‘   148–149, 359–360
– ‚Engelhard‘   41, 111–112, 282
– ‚Halbe Birne A‘   139–143, 152, 177
– ‚Herzmäre‘   41
– ‚Pantaleon‘   147
– ‚Partonopier und Meliur'   40–41, 56, 81, 88–89, 95, 214–215, 222–223, 225–231, 235–236, 241, 282, 284–290, 339, 385–395
– ‚Trojanerkrieg‘   34, 36, 59, 106

Marie de France
– ‚Lanval‘   215, 217, 222, 226, 231–235

Otto von Freising
– ‚Chronica sive Historia de duabus civitatibus‘   137
Ovid
– ‚Ars amatoria‘   60

Petrarca, Francesco   303
Pfaffe Konrad
– ‚Rolandslied‘   80–81
Der Pleier
– ‚Meleranz‘   214, 275
– ‚Tandareis und Flordibel‘   56, 59–60, 275

Richard von St. Victor   113
Rudolf von Ems   383
– ‚Willehalm von Orlens‘   56, 84–87, 95, 190, 282, 284–290, 381–383

Sibote
– ‚Frauenzucht‘   107–109
Statius, Publius Papinius
– ‚Achilleis‘   106
Stricker   136–137, 143, 383

Thomas de Bretagne
– ‚Tristan et Yseut‘   124–125, 169, 308–309, 344, 346
Thomas von Cantimpré
– ‚Liber de natura rerum‘   23, 39
Thomasin von Zerklaere
– ‚Welscher Gast‘   23, 79–80
Thüring von Ringoltingen
– ‚Melusine‘   98–101, 214, 216–217, 221, 223, 225–227

Ulrich von Etzenbach
– ‚Wilhelm von Wenden‘   52, 93–95, 148, 283, 361
Ulrich von Türheim
– ‚Tristan‘   12–13, 32, 79, 96–97, 199, 308–309, 331, 343–346
Ulrich von Zatzikhoven
– ‚Lanzelet‘   57, 101–103, 164, 310, 316, 318–321, 347–348, 382

Vinzenz von Beauvais
– ‚Speculum naturale‘   23, 39, 215

Walther von der Vogelweide   64
Warbeck, Veit
– ‚Schöne Magelone‘   26–27, 64
Wickram, Jörg
– ‚Gabriotto und Reinhart‘   78
– ‚Goldfaden‘   78
– ‚Ritter Galmy‘   78
– ‚Von guten und bösen Nachbarn‘   78
Wilhelm von Conches
– ‚Philosophia‘   39
Wirnt von Grafenberg   383
– ‚Wigalois‘   83, 245, 275, 304, 336–342
Wolfram von Eschenbach   165, 245, 277, 367, 378, 382
– ‚Parzival‘   18–19, 31, 34–35, 48, 64, 74, 79, 83, 125, 127–128, 130, 242, 244, 275, 277, 279–281, 380–381
– ‚Willehalm‘   41

www.ingramcontent.com/pod-product-compliance
Lightning Source LLC
Chambersburg PA
CBHW022103290426
44112CB00008B/528